崔建英版本目录学文集

崔建英 著

凤凰出版社

图书在版编目（CIP）数据

崔建英版本目录学文集 / 崔建英著. -- 南京 : 凤凰出版社, 2012.2
ISBN 978-7-5506-1047-7

Ⅰ. ①崔… Ⅱ. ①崔… Ⅲ. ①版本学－文集②目录学－文集 Ⅳ. ①G256.2-53②G257-53

中国版本图书馆CIP数据核字(2012)第021989号

书　　名	崔建英版本目录学文集
著　　者	崔建英
责任编辑	郭馨馨
出版发行	凤凰出版传媒集团 凤凰出版传媒股份有限公司 凤凰出版社(原江苏古籍出版社) 发行部电话025-83223462
集团地址	南京市湖南路1号A楼,邮编:210009
集团网址	http://www.ppm.cn
出版社地址	南京市中央路165号,邮编:210009
照　　排	南京凯建图文制作有限公司
印　　刷	江苏凤凰盐城印刷有限公司 江苏省盐城市纯化路29号,邮编:224001
开　　本	880×1230毫米　1/32
印　　张	19
字　　数	511千字
版　　次	2012年2月第1版　2012年2月第1次印刷
标准书号	ISBN 978-7-5506-1047-7
定　　价	68.00元

(本书凡印装错误可向承印厂调换,电话:0515-88153006)

崔建英先生(1931—2006)

在工作中

在深圳龟山美伦山庄参加续修四库全书史部编纂总结会议

子部后七类审目会

在南京西苑宾馆参加中国古籍总目第六次编纂会

在中国古籍总目第七次编纂会上

在普林斯顿大学

在北京大学图书馆（1992年5月1日）

与同事、学生合影(左一王海燕,右一贾卫民,右二李晓亚)(1991年8月26日)

出版说明

这本文集收录了版本目录学家崔建英先生关于版本目录学、古籍文献方面的论著45篇。

崔建英(1931—2006)先生,生前是中国科学院图书馆研究馆员。自1956年起进入中国科学院图书馆工作,直至1992年退休,先后从事过图书采访、古籍文献整理和古籍编目等工作,曾任该馆第二文献服务部主任。

20世纪70年代末起,中国大陆图书馆界陆续开始编辑一些大型的图书文献总目、联合目录、善本书目等,特别是集合了大陆图书馆界古籍编目工作者编辑《中国古籍善本书目》的工作,影响深远,意义重大。崔建英先生参加了《中国古籍善本书目》的汇编和审校工作,在向《善本书目》报送本馆条目的审订过程中,他发现前人在古籍版本的鉴定与著录方面存在着大量误订的情况,而且这种情况具有普遍性。他认为,这说明了传统的古籍编目工作所依托的古籍版本目录之学缺乏扎实的根基,倘若后人不加检验,盲目信从,用来指导古籍编目,势必会降低书目的质量。从这时起,他带领本馆古籍编目人员开始对馆藏善本进行重新鉴定编目,历时10年,编辑完成了《中国科学院图书馆藏中文古籍善本书目》(第一辑)。1989年,崔建英先生还曾代表中国科学院图书馆参加了在美国进行的编制中国古籍善本书机读联合目录的实验工作。在将近三十年的古籍编目实践过程中,崔建英先生先后发表了数十篇论文,深入探讨了版本目录学的内涵、版本鉴定的规律和版本目录工作的相关理论,努力使这门传统的学问建立在科学的基础上。90年代初,崔先生退休,又先后参加过《续修四库全书》和《中国古籍总目》的编辑工作。2006年出版了历时20余年辛苦辑订的著作《明别集版本志》。

我们认为，崔建英先生对版本目录学的贡献主要在三个方面，一是打破前人多从外部形式着眼鉴定版本的做法，确立了坚持以文献内容考证为主进行综合判断的科学方法；二是在群体视野中观察版本现象，注意区分版刻印刷古籍的不同刷印阶段，提出或严格界定了一系列内涵谨严的关于区分同版的版本概念，如初印本、后印本、补修本、增修本、递刻本、汇印本等，从而解决了容易造成古籍目录体系混乱的关键问题；三是提出了建立“中国古籍版本志”的设想，并以他所著的《明别集版本志》和《日本见藏稀见中国地方志书录》做了示范。崔建英先生在数十年的学术生涯中，坚持独立思考，绝不剿袭旧说，所论皆从实践中来。他对版本目录学的研究无疑是具有开拓性的，对建立科学的古籍版本目录学具有理论意义，也使中国古典文献学的研究得以深入。

由于先生生前没有来得及编订个人文集，先生去世后我们对他发表过的论文以及未刊稿进行了搜集，得50余篇。编选过程中，所收个别文章尽管内容上或略有重复，但考虑到搜访不易，为方便读者我们还是收录进来。我们对文集中的论著大致进行了区分，第一部分是关于版本学、版本目录学理论的论述，第二部分是古籍编目实践与探讨，第三部分是古籍文献和图书馆古籍工作方面的论述，第四部分是一篇关于叶德辉事迹的稿本——《郎园学行记》的整理本。各篇文章末尾，注明了发表出处与时间，对未正式发表过的篇目则略加说明。

限于水平，编选工作一定会有疏漏，不当之处，敬希指正！

贾卫民　崔野韩　崔野宋

2011年7月

目　录

版本目录学

古籍编目实践

文献研究与图书馆古籍工作

文献整理

版本目录学

对版本目录学的探讨和展望

说起来，版本目录学是一门很古老的学科，“从刘向大规模校书，开创目录学的时候，就把广搜异本作为一道重要的程序，也可以说，版本学和目录学是同源而同时诞生的”（来新夏《古典目录学浅说》）。后世曾版本学、目录学分称，不过是有所侧重，如史志目录，过去只标目，不问何本；研究版本的，往往着重对一部书版本的考证、分析。但自《遂初堂书目》而后，凡反映具体收藏的目录，很少有避开版本的。对这种目录的评价，往往要从两个方面着眼：个体——是何本，辨识判断是否正确；整体——部伍是否得法，排列是否有序。因此版本学与目录学就又合流，汇为版本目录学。

正式这样叫起来，好像始于近代。而在此时先后办起来的当代模式的图书馆中，却把它化作一项具体工作，俗称“线装编目”。

尽管在它单独以目录学或版本学名义问世时就曾经引起过一些学者的非议，“今世有所谓书目之学者矣，记其撰人之时代，分帙之簿翻，以资口给。即其有得于此者，亦不过以为挦扯獭祭之用。”（全祖望《鲒埼亭集》卷三十二）“以甲乙簿为目录，而目录之学转为无用。多识书名，辨别版本，一书估优为之，何待学者乎？”（朱一新《无邪堂答问》卷二）却无人认真追究何以惹人轻视的原因。

1978 年以来，我国图书馆界为实现周恩来总理遗愿，古籍工作者几乎全体动员参与编制《中国古籍善本书总目》。两年之后才发现，号称“版本目录之学”者，原来是沙上建塔，缺乏根基。

何以说，以审订版本而言，遍阅前人成果，讲究形式者多，留意内容者少；持玩古董态度者多，用科学方法考证者少。因粗疏而犯的常识性错误，几乎在在皆是。又有不少缺乏独立判断习惯，对前人著录盲目轻信，因袭套引，往往更错上加错。目录组织多属随意，类目是套“四库”的，类目中的排列则毫无章法，往往是随意堆积，或竟对古籍目录的组织原则毫无所知，四部分类体系与四库分类区别何在，并不是人人清楚的。这就迫使人们不得不对版本目录学进行全面探讨，重新认识：它的内涵到底是什么，应该有哪些要求，需要从事于它的人具备哪些素养？

顾名思义，版本目录学是由版本和目录两类事物组成的。版本，指的是鉴别图书个体的版本属性；目录，是图书集体按照类目与学术源流的组合。

文献流传从抄写过渡到版刻印刷以后，不同的刻本有了明显的个体属性——时代、地区、主持人或单位。这些属性分别标志着刻本的校勘、文物和版刻艺术价值。但传世过程越长，识别标记失去的也越多，再加上有意造伪或人为制造混乱，识别判断的难度就大了。约自明末以来，藏书家们渐渐注意此道，称之为“版本学”，但从一开始并不是采用谨严的考证方法，把它当学问来做，而是以之标榜富厚高雅，视为消闲清玩。因此专就外在形式着意，信口论定，不加检验。在这方面虽然也积累了些经验，但多属局部特征和规律，不能构成全称肯定或否定，后人再不加思辨地生搬硬套，结果可想而知。

如，一些专讲版本的书，动辄说元刻本的特点之一是写刻，赵松雪体。但元刻上限应是 1234 年，灭金之后，大都和平水的书坊依旧刻书营生，淮南是南宋，所谓景定本、咸淳本都产生于灭金之后。而且赵孟頫生于 1254 年，到忽必烈建元时才只十八岁，他是南宋宗室，1279 年南宋亡后又隐居若干年，才被找出来做官，至成名，已是十四世纪了。如何他的书法能影响整个元代刻书字体？《中国版刻图录》中收了 60 种蒙古、元刻本，但称赵松雪体的有几种？倒是明初，甚至直至宣德间，闽浙一带书坊刻书，却多是赵体。不少人家把明刻看成元刻，受这种说法影响的成分很大。

又断言元刻不避宋讳，也陆续被人找出来了。如现藏山东博物馆的至元丁亥（二十四年，1287）武夷詹光祖月崖书堂刻本《黄氏补千家集注杜工部诗史》，就照避宋讳，从“玄”、“匡”，到“慎”、“敦”。《天禄琳琅书目》、毛春翔《古书版本常谈》都曾把此书列入宋刻(《文物》1983 年 12 期崔巍《明鲁荒王墓出土元刊古籍略说》)。

文献不同于器物,专门的版本标记尽管失去了,文献内容本身,序跋作者或校注人的生活年代,以至结衔、职官、地理、纪年等用语,甚至印章中的文字,稍加考辨都能反映那些失去的,或根本不具有的标记。而忽略这些,片面地只抓外形特征,就难免失误。这些失误往往是常识性的,不能遮掩,不可原谅。

而只用不能完全概括的形式特征辨别版本者,又推出一条相当误人的法则,"书内没有题出版年的,可以书中所叙正文的最晚时间或最晚的序、跋文年代为出版年"。这种法则当然简单易行,初入门者每喜巧得要领,奉行不疑,不知多少混乱也从此而生。

如:《四部丛刊》初编,收了一部金泰和刻本的《重修政和经史证类备用本草》。定金泰和本的依据是书中有处题为《重修本草之记》的牌记,末书"泰和甲子下己酉冬日南至晦明轩谨记"。"甲子下己酉"是什么,著录者未理会,只看到泰和,泰和是金章宗年号,因作金刻。不知此书刻于 1249 年己酉(蒙古定宗贵由四年),金亡于 1234 年。《中国通史》第五册,还专用它附了个金刻书影,可知影响。

《侯太史摘选黍丘文集三卷诗集六卷》 明彭尧谕撰,侯恪选。卷端题"同社侯恪若木选"藏家作万历刻本。不察明代称"太史"的侯恪只有一个,即侯方域的叔父,他是万历四十七年进士,选庶吉士,下科为天启二年。按明代常例,庶吉士在馆,尚不能称太史,既称"太史",必在天启二年散馆授职之后。

《罗山诗稿》三卷 明张孚敬撰。原藏单位定正德刻本。此书编年为序次,始辛未,迄丙申。张孚敬是正德辛巳(十六年)进士,因议大礼希旨,得朱厚熜宠信,嘉靖初即连擢为辅臣。辛未,当是正德六年,丙申则已是嘉靖十五年。又卷三《吊桂见山三首》后自注:"上御文华殿问臣孚敬曰:'桂萼安否!'时子已逝数日矣,伤哉!"张孚敬原名璁,因与熜同音,请旨改名,由朱厚熜特赐名为孚敬。既见孚敬之名,亦可知决非正德刻本。

《琼台类稿》七十卷　明丘濬撰。有弘治五年何乔新序，提到："都宪闵公出镇两广，见之叹曰：'此名世之文也，当为刻之，以传于天下后世。'先生因委予序之。""当为刻之"是打算刻，还没刻。藏书单位即据以定为刻年，且作"明弘治五年闵睦刻本"却不顾卷端著者题名结衔为："少保兼太子太保户部尚书武英殿大学士赠太傅谥文庄丘濬仲深"。赠，且谥，已是身后了。丘濬卒于弘治八年。

《二如亭群芳谱》　明王象晋撰。"明天启元年沙村草堂刻本"。最近出版的《明代版刻综录》，仍如此著录。《四库简明目录标注》著为"明沙村草堂刻本"。所谓"沙村草堂刻"的依据是有个封面，上镌"沙村草堂藏板"。这且不管，只说这个本子凡卷端都有一大串题名，末行是"济南孙××　曾孙××校阅"。孙辈有王士禛，士禛生于崇祯七年，天启元年刻，已站不住，更有士禛诸子王启汸、王启浵，据《渔洋山人自订年谱》，三子启汸，康熙元年生，五子启浵康熙十一年生。又有玄孙若干人，"玄"皆缺笔(非剜)。

所说印章也能断版本，为其制约，如，陈仁锡晚年作序多不署年，喜钤"两朝讲官"名章。陈仁锡是天启二年探花，曾为讲官，不久死去。所以凡这种序，都必是崇祯间做的。

袁应泰曾用过衔名印"赐剑靖夷经略司马柱史之章"。据《明史》，袁应泰泰昌元年九月自按察使擢右佥都御史巡抚辽东，逾月擢兵部右侍郎，代熊廷弼为经略，朱由校即位，赐尚方剑，天启元年十月，沈阳陷，殉国。则用此章必在泰昌元年十月以后天启元年十月以前。

由于当前古籍收藏比较集中，专业人员观察版本的视野较前开阔，更发现了一些版本属性中的新问题，如：丛书与单刻汇印，丛书另种与单刻，汇印本另种与单刻初印本，增修，递刻与异版，初印与后印，原版与翻刻，等等。过去眼界局限于一家一户的藏品，对这些或难发现，或可含糊带过，有的甚至连概念都不存在，如汇印本。现在因为要进行古籍版本的总清理，必须比较鉴别。这就使本属以个体为对象的版本鉴别又增加了以群体为对象的内容。

经过鉴别确定了版本属性的个体被介绍给读者时，通常是用集体组合的形式，即所谓目录。

目录的最早含义，原在揭示一书，标题曰“目”，解题称“录”。后来渐渐衍为组合目或录的专名词。但问题不在这里，问题在于组合有何要求，是只具方法意义呢，还是别具学术内容。

中国古籍目录，以分类编排为主，类目中的位置顺序强调体现学术源流。质量高的目录，往往就是一部学术史纲。

但是对这些，长期以来存在着不同看法。大抵说，不是专门搞古籍的人，主张用通行的分类法，专门搞古籍的，大多主张沿用经史子集四部法。这种分歧，不是偶然形成的，它基于对我国封建社会文化结构的认识程度。

简而言之，经史子集四部分类，是经过筛选，演化形成的事物，并非由哪一代帝王的行政命令维持下来的，倘若是由于行政命令，改朝换代时也必遭改革。

我国封建社会文化结构的特点是什么？

国家对文化采取严格控制的政策，从汉代以来就形成了一组以立国、治国的指导思想和对君主、大夫、士教养内容为核心的“六艺略”，后来衍化，称为“经”；而属于立国、治国的措施、经验教训的，称为“史”；二者体用结合，相辅相成。其它的视为杂学，“夫学者研理于经，可以正天下之是非；征事于史，可以明古今之成败，余皆杂学也”（《四库全书总目·子部总叙》）。“集”则是对以个人为中心的诗文著作汇集体裁专门容纳。这四部的基本概念，绰有余裕地从宏观上把当时次第产生的文化典籍囊括了下来。

四部之下，也就是在总的原则体系之下，类目设置，增减删易，却相当灵活，可称是因书设类，有其书则有其类。历代的史志目录和有影响的藏书目录、总目录，没有一部类目是相同的。《四库全书总目》只是其中之一，《四库全书》分类法只是适用于《四库全书》的分类法，是四部分类体系的一个典型代表，但不等于四部分类。

四部分类体系溯源于《七略》，定型于《隋书·经籍志》，完善于《四库全书总目》，一直是在发展的、变化的，确实不曾存在过固定的成法。

但《四库全书》只是一部选编，是从维护正统封建文化着眼的推荐书目，和历代经籍志、艺文志有所不同，并不囊括一代图书，如杂涉经史子集的丛书，释道以外的宗教著作，话本、公案、演义之类的文学作品等就都不收，无可位置之类目。此外，由于学术发展，乾隆末年以后所出著作，如金石学又推向一个新的高潮，视野之广，研讨之精，论述之系统，卷帙之繁多，远逾前代。尤其清末，陶器、甲骨、简牍迭出，著录、摹写、纂辑、考订，皆置诸金石范畴，俨然包容了册页图书以前的历史文献学。后世目录自当在史部别辟一类。

当然，古籍和现代图书是有界限的。从文献史角度看，中国古籍基本上是中国封建文化的产物，无论内容、形式、体裁，莫不受这一历史时期政治、思想、经济和文化的制约。“经史子集”四部分类体系也是基于此形成和完善的。而鸦片战争以后，中国社会进入半封建半殖民地，其文化除了原来的封建部分之外，逐渐掺入在西方资本主义社会形成的、属于近代科学的部分。科举制度废除之后，这部分迅速居于主流，自成体系，内容、形式、体裁都有别于前者。

古籍纳入现代图书分类体系，是行不通的。现代图书分类法，基于现代科学的明细分类，古籍无法从属。如《礼记》，包括了儒家的政治理想、教育思想、道德标准、社会秩序，以及其它学说，是部综合性文献。南宋以后，其中的《大学》、《中庸》两篇且与《论语》、《孟子》合为《四书》，是明清以来科举考试八股文题所由出的必修课程。两千多年来一直是国家用以递传孔子基本思想，教化社会成员，培养统治人才的主要经典之一。而《中国图书馆图书分类法》指定分入 K829.9，即历史地理类，风俗习惯目“古代礼制”，《中国科学院图书馆图书分类法》也指定分入 26.709，即历史类，风俗习惯目“古代风俗制度”。倒是大同小异，但《礼记》果然如此单一，只是记载风俗的么？

再如“别集”，两种分类都置于文学类下。别集之源起和文学确是很有关系，但自宋元以来，纯为诗文者甚少，多属个人著作合集，说经述史，杂涉百家，书疏铭记，诗赋词章，结构、体裁，不受任何约束，仍以文学视之，未免削足适履。

以考辨内容为主，全面地用科学方法鉴别版本，和以学术史纲为坐标，组织目录，不是轻易可为的，因此迫使很多版本目录工作者正视现实，针对自身差距，加强素养和功力锻炼，在实践中前进。

近期，可能有这样一些成果：按照对版本目录学的新概念，每鉴定一部书，都将留下识辨和判断的记载。某种意义上说，每种书都将建立一份版本档案。这种考订笔记，可为后人鉴别版本提供依据。不一定都很准确，但确是有价值的参考资料。也只有在这种基础上，才有可能汇集诸家收藏，去伪存真，理出头绪，编出版本体系清楚、判断正确的这种那种总目录。

与此同时将产生一系列的专题总结——论文和疑难版本考订报告。

至于目录编排，分类等问题，涉及甚广，知识素养要求更高，必须从论述它的学术内涵着手，普及知识，而后上升为各方面理论性的探讨、论证。有了这样的基础才可统一认识，从而在条件成熟之后编制以前从没有过的、总结性的中国古籍分类法。

到这时，中国古籍版本目录学，将有丰富而充实的内涵，严密而完整的科学体系，作为一门古老而新兴的应用学科，崛起于学术之林。

（发表于《津图学刊》1984 年第 4 期）

版本学概说

一、引言

版本学原起，在标示一书之不同传本，供校勘时选择、参考或作文献来源说明。现传世汉刘向所撰书录中，犹可见异本说明，如"中书"、"外书"、"太常书"、"太史书"、"臣某书"等。北齐颜之推《颜氏家训·书证》中，标有"江南本、江南旧本、江南古本、江南书本、俗本"等名目。《隋书·经籍志》中每见注"汲冢本"，说明来源；又或见注异本，如"《景初历》三卷，晋杨伟撰，梁有《景初历术》三卷，又一本五卷，并杨伟撰"；"《易林》十六卷，焦赣撰，梁又本三十二卷"；"后汉黄门郎《葛龚集》六卷，梁五卷，一本七卷"。

北宋以来，版刻印刷大兴，一书不仅传本多，而且不同流传来源可以有更为明显的区别。近人叶德辉《书林清话》中说："自镂版兴，于是兼言版本，其例创于宋尤袤《遂初堂书目》。目中所录，一书多至数本，有成都石经本、秘阁本、旧监本、京本、江西本、吉州本、杭本、旧杭本、严州本、越州本、湖北本、川本、川大字本、川小字本、高丽本……同时岳珂刻《九经三传》其沿革例所称……合二十三本。知辨别版本，宋末士大夫已开其风。"

"版本"一词最初是指已刻印之书的，尚以抄本流传的称"藏本"。《宋史·邢昺传》："上幸国子监阅库书，问昺经版几何，曰：'国初不及四千，今(景德二年，1005)十余万，经传正义皆具。臣少从师业儒，经具有疏者，百无一二，盖力不能传写。今版本大备，士庶家皆有之。斯乃儒者逢辰之幸也。'"叶梦得《石林燕语》："世既一以版本为正，而藏者日亡。"自诸家目录中出现异本区别之后，逐渐成为标志不同传本个体特异属性的专词。

然而在当时讲求版本，仍是求其完善，用作校勘。叶梦得《石林燕语》:“余在许昌得宋景文用监本手校《西汉》一部,末题用十三本校,中间有脱两行者。”

陈振孙《直斋书录解题》:“《元和姓纂》绝无善本,顷在莆田,以数本参校,仅得七八。后又以蜀本校,互有得失,然粗完整矣。”

约自明代中期以后,前代宋、金、元传下的旧刻日见稀少,自然形成一种文物价值。又由于社会经济发展,文化普及面愈宽,各种著述增多,社会对图书的需要量也大增。为速于流通,更易传布,除了少数官刻、藩府刻和豪门家刻本以外,多采用可以快速写版和刊刻的字体、价格较廉的墨和纸。和前代一些刻印纸墨俱精的版本相较,自然逊色。明高濂《遵生八笺·燕闲清赏笺》:“宋人之书,雕镂不苟,纸坚刻软,字画如写。格用单也,间多讳字。用墨稀薄,虽著水经燥,无湮迹。开卷一种书香,自生异味。”清孙从添《藏书纪要》:“若果南北宋刻本,纸质罗纹不同,字画刻手,古劲而雅,墨气香淡,纸色苍润,展卷便有惊人之处。”

因此,开创了一种以宋刻本为文玩之风,讲求版本首重时代,直至以偏代全,不再顾及校勘方面的因素。《书林清话》卷六:“藏书贵宋本,人人知之矣。然宋本亦有不尽可据者。经如《四书》朱注本,不合于单注、单疏也。其它《易》程传、《书》蔡传、《诗》集传、《春秋》胡传,其经文沿误,大都异于唐、蜀五经及北宋蜀刻。宋以来儒者但求义理,于字句多不校勘,其书即属宋版精雕,只可为赏玩之资,不足供校雠之用。”

清代称这种风气为“佞宋”。其始,则自明末,代表人物如钱谦益、毛晋,其后钱曾、黄丕烈等继之。

流风所及,直至宫廷,“乾隆四十年,大学士于敏中奉敕编《天禄琳琅书目》十卷,分列宋版、元版、明版、影宋等类,于刊刻时地、收藏姓名、印记,一一为之考证。嘉庆二年,以前编未尽及书成以后所得,敕彭元瑞等为后编二十卷”。(《书林清话》卷一《古今藏书家纪版本》)

至此,讲求版本虽已成专学,有所谓“考订家”、“校雠家”、“收藏家”、“赏鉴家”、“掠贩家”(清洪亮吉《北江诗话》卷三),但对后世收藏、鉴别与著录起直接影响的，还是“赏鉴家”与“掠贩家”。

所谓“赏鉴家”正是“佞宋”的嫡派，“第求精本，独嗜宋刻，作者之旨意纵未尽窥，而刻书之年月最所深悉”。果真如此，原也该是一种扎实的学问，但实际上多是徒有其声，经不得推敲（参见《版本目录识谬述例》）。所以如此，正是失于把版本学只用来玩古董。玩古决非考古，是随意的，主观的，不受科学方法的约束，因此很难经得起考验。

正因为有玩古董的“赏鉴家”，所以才滋生了“掠贩家”。“眼别真赝，心知古今，闽本、蜀本一不得欺，宋椠、元椠见而即识”，是要积一定功力的，也是一种实实在在的学问。但问题是，古籍版本中的一些假案、疑案，几乎全是他们造成的。因为要作案，不惜种种破坏。其实一些案子做得很拙劣，今人往往一眼就能识破，也正说明玩古董者很不高明，很少学问。

这种作伪，约自明代就开始了，“自宋本日希，收藏家争相宝贵。于是坊估射利，往往作伪欺人，变幻莫测。总之不出以明翻宋板剜补改换之一途。或抽去重刊书序，或改补校刊姓名，或伪造收藏家图记钤满卷中，或移缀真本跋尾题笺，掩其赝迹”。（《书林清话》卷十《坊估宋元刻之作伪》）皇家编制的《天禄琳琅书目》中就有不少种伪品。

待清代嘉、道以后，“佞宋”已失去了条件，“赏鉴”一派退而求明嘉靖、隆庆、万历。本世纪中，退至清初。而“掠贩”一派，也就相应作伪。明清不似宋元，品种百倍过之，百余年来，造成诸家藏品真伪间杂，头绪繁乱，清不胜清，理不胜理，倒是需要一种扎扎实实的专门之学，去认识它、清理它。

由于过去版本学的主流是从“赏鉴”与“掠贩”汇聚而成，所以虽然总结了不少从字体、板式、讳字、纸墨等方面辨识与鉴别的经验，但失于单纯从外在形式着眼，忽视内容的制约，即使是专讲外在形式，也往往是以偏概全，许多概念缺乏科学性，甚至有明显的常识性错误。

版本学应是目录学、校勘学或史料学、文献学的基础，自有严谨的科学的内涵。但这种特质在以某一版本的个体为对象的窄视野鉴别中，往往容易被忽视；只有在以某一版本的群体为对象的广视野鉴别中，才容易被意识到。就是说，随意的、片面的、不遵守内容制约的、无确切依据的种种判断，会生出种种差异，使同一版本难以归纳。在这种条件下，任何总目录都是编不好、编不成的，硬要成编，必然错误叠出，大大降低应用价值，更无目录的学术性可言。

面临的信息时代，对目录学、文献学有广义的、现实的要求。作为它基础的版本学就有必要认真地检讨，去伪存真，去粗取精，总结提高，建立新的观念，丰富新的内涵。

二、版本鉴定

1. 前人经验中一些片面或绝对化的提法

版本学的核心，是版本鉴定。

如此形成，基于前述历史渊源。然而，并非意味着它已走向歧途，或简单化。无论它的内涵如何展延，弄清一部书的身份，总是最基本的程序，清末学者朱一新曾讥讽地说过："多识书名，辨别版本，一书估优为之，何待学者乎！"（《无邪堂答问》卷二）。问题或者就在这里，辨别版本是那样容易、不需要学识吗？

检验一下清人成果，从《天禄琳琅书目》、《天一阁书目》、《郘亭知见传本书目》直至《四库全书简明目录标注》，如果今人手头有书，会很快就同意朱一新的讽刺并非刻薄，如果"辨别版本"就是那样一种水平，确是对"学者"的讽刺。

"近人陆心源之以'皕宋'名楼，自夸有宋本书二百也。然析《百川学海》之各种，误以单本名之，取材亦似太易。况其中有明仿宋本，有明初刻似宋本，有误元刻为辽金本，有宋版明南监印本，存真去伪，合计不过十之二三"。（《书林清话》卷十）

公允地讲，前人识别版本，确是经过长期认识，进行过一番总结研究的，只是态度不对，不是认真当学问来做，而是用来标榜富厚高雅，视为消闲清玩。因此得出的结论，往往以偏概全，拘泥僵化，用来指导实践，难免不出差错。

前人鉴别版本，每从字体、版式、纸墨、讳字、刻工、序跋、牌记、印章、题识等方面入手。

一个时代，一个地区，流行某种版刻字体，是事实，但不能就此绝对化，说某朝某地用某体。

南宋浙江本多欧体，福建本多柳体，蜀本多颜体，但江西等处书院或官署刻本或颜或柳，无规律可循。南宋建阳坊刻《周易》，建阳书肆王叔道刻《后汉书》字体秀媚，皆近瘦金体。即使像叶德辉这样确有成就、知识广博的通人，竟也断定“有元一代官私刻本，皆尚赵松雪字”。（《书林清话》卷二《刻书分宋元体字之始》）“有元一代”，要从蒙古灭金，在淮河、秦岭以北建立“大蒙古国”时算起，是公元 1234 年，赵孟頫则生于 1254 年，是南宋两浙西路湖州人。南宋亡于 1279 年，赵孟頫逃亡，到被找出来做元朝的官，成名，书法影响于世，已是十四世纪了，如何他的书法能影响整个元代刻书字体呢？《中国版刻图录》中收了 60 种蒙古、元刻本，能称赵松雪体的有几种？倒是明初，甚至直至宣德间，闽浙一带坊刻本却多还是赵体。不少人把明初刻本误为元刻，受这种说法的影响很大。

约从明万历末年到清康熙初年，江南、苏州、松江一带刻书多用窄行长宋体，因为品种很多，流传广，世称“启祯体”。认为这是一种流派是对的，但冠以“启祯”就不大恰当。现知这种字体约在万历末年就已形成，一直到康熙初年才逐渐消失，而正是启祯间，常熟毛氏汲古阁刻书却绝不用这种窄行长宋。北方、湖广、江西等处也未受它影响。

版式也是如此，孙从添《藏书纪要》曰：“元刻不用对勘，其字脚行款黑口，一见便知。”其说未免过于武断。“蒙古国”时代刻本且不论，单是中统建元以后所刻的，如至元二十八年魏天佑刻《资治通鉴》、大德三年广信书院刻《稼轩长短句》、大德八年丁思敬刻《元丰类稿》、大德十年绍兴路儒学刻《吴越春秋》、延祐七年叶曾南阜书堂刻《东坡乐府》、天历二年平江路儒学刻《玉灵聚义》、至正四年集庆路儒学刻《金陵新志》等，就都是白口。也正因为有这些陋说，

《元丰类稿》确曾被海源阁误认为宋本,《资治通鉴》也曾被误认为宋鄂州孟太师府鹄山书院刻本(见《中国版刻图录》)。

纸墨也是如此,黄丕烈《士礼居藏书题跋记》曰:“宋本每叶纸背,大半有字迹,盖宋时废纸多值钱也。”叶昌炽《藏书纪事诗》王颂蔚序曰:“宋刊宋印,大都用公私簿帐。”这便是公文纸为宋本说。后来发现北京图书馆藏元刻本《周易集说》用的也是公文纸背,宋刻《增修互注礼部韵略》竟是用洪武七年粮册纸印的。

通称明万历刻本用竹纸,但嘉靖间刻本也出现过用竹纸刷印的。到今日,区别纸质时代已经很难。

泛言明万历以后刻本纸墨不佳,但东雅堂《昌黎先生集》、赵均小宛堂刻《玉台新咏》等等,纸墨都不亚于宋刻宋印。

宋刻本很讲讳字,但不能断言元刻无讳字。现藏山东博物馆的至元丁亥(二十四年,1237)武夷詹光祖月崖书堂刻本《黄氏补千家集注杜工部诗史》仍照避宋讳,从“玄”、“匡”到“慎”、“敦”。《天禄琳琅书目》、毛春翔《古书版本常谈》都曾把此书列入宋刻。清内府藏明嘉靖袁褧刻《文选》十部,八九部都被别人做了手脚,冒充宋本,其先决条件之一,是这部翻宋刻本,宋讳一律照避。“校”字是专避明熹宗朱由校讳的,但雍正十年刻本《高陵县志》中仍还以“校”为“校”,而天启六年蒋之翘刻《楚辞》,卷端迳刻“宋新安朱熹集注明槜李蒋之翘评校”,“校”竟不讳。

刻工可以大体反映一个时代,宋刻宋元递修本《经典释文》鉴定依据即据刻工。“卷中刻工约分三期:孙勉、徐茂、徐升、陈明仲、徐政、张清、张杲、余集、骆宝、毛谅、陈彦、陈锡、骆升、顾渊、包正、葛珍、张谨等南宋初叶杭州地区良工为第一期;石昌、金祖、丁松年、方至、朱春、童过、曹鼎、凌宗、金荣、金嵩、陈寿、庞知柔、徐洪等南宋中叶杭州地区补版工人为第二期;元时补版工人张富、何健、余友山、滕庆、沈贵等为第三期。因知此书确是宋元两朝递修本。前人因卷七后有乾德三年、开宝二年校勘官衔名,定为北宋监本,绝非事实。”(《中国版刻图录》)但年代不可能具体。如明代刻工何序,嘉靖间刻过《方山薛先生全集》,隆庆间刻过《庄子》,万历间又刻过《宪章录》。如果又出现何序刻的书，只凭题名，很难断定是嘉、是隆、是万，也只能笼统作“明刻本”。

序跋题识，是鉴定版本的重要依据，但必须全面考察，所要引据的是“原序”，还是刻本书的序，否则必定张冠李戴。民国以来图书馆著录古籍流行一种“以序断年”的做法，“书内没有题出版年的，可以书中所叙正文的最晚时间或最晚的序、跋文年代为出版年”。初从事古籍著录者每因此制造错误和混乱，是断不可取的。

牌记的作用有如现代的“书名页”，倘或牌记不失，当然可以立辨何版。但例外也不少，翻刻本往往照翻牌记。《中国通史》第六册有一帧“金刻本”书影，想用晦明轩刻《政和经史证类备用本草》。“晦明轩刻政和本草”是否在金代，还是另外一个问题，单就书影而论，分明用的是明翻刻本。致误的原因，恐怕就在所有的翻刻本都带有晦明轩刻书牌记。编者缺乏这方面的知识，误信了。此外牌记也有伪造的，如“天禄琳琅”所藏之《战国策》，系明刻，卷末伪造“嘉定五年夏月世采堂刊”木记；明刻《东坡全集》序后原署姓名，割去，补刊“乾道九年闰正月望选德殿书赐苏峤夫”；嘉靖袁褧刻《文选》，六十卷末伪造“河东裴氏考订诸大家善本，命工锲于宋开庆辛酉季夏，至咸淳甲戌仲春工毕”题记，等等。

名人藏印有间接旁证或烘托藏品身份作用，但也有伪造，如毛晋的印章，清宫中的玺印，或印章为后人持有，滥加钤盖，如孔继涵的“荭谷”，等等。

2. 约略地归纳前代版刻印刷中一些有共性的形式上的特点

前代版刻印刷确实形成了一些以时代为核心的共同性的特点。但它们的概率性很强，约略地归结，有助于对主流的认识，是必要的。若生搬硬套，单纯就形式条件“对号”，则无助于实践。这点和“读方三年觉天下无不可医之病，临症三年知天下无可用之方”，道理是同样的。

就版刻形式讲，大致来说，宋代刻有浙、闽、蜀三种主要类型。

浙刻，字体多近欧，笔画方整，多白口，单鱼尾，左右双边，版心下镌刻工姓名，多用白麻纸。

闽刻，字体多近柳，起落顿笔，早期多线黑口，双鱼尾，左右双边；后期多粗黑口，四周双边，栏外有“耳子”，多用黄麻纸，较薄，传至今日已呈茶褐色。

蜀刻，字体近颜，笔画肥劲，字形大，多白口，左右双边，无耳，版心下镌刻工姓名，如浙本，多用白纸。

元代刻本早期类宋刻（金刻和宋刻无特殊区别），晚期多赵体，黑口，双花鱼尾，版心所刻字数、卷数和页数多用草书，正文也有用行草上版的。后期纸质粗糙，现皆呈深褐色。

明代初期，官、私、坊刻，皆黑口，坊刻本版式、字体与元后期刻本相似。正德、嘉靖间兴起翻宋刻本，板式、字体久如旧貌，甚至宋讳照旧，但只是形似。渐渐演成一种横平竖直，字形方正的字体，可说是现代仿宋体的前身。

隆庆万历间这种字体逐渐向横轻竖重，起落顿笔有棱角、字形更硬挺发展。万历末年，以苏、松一带为中心，演成一种窄行格、长方字。

自明初讫明末都并行书写体，以楷书居多。

万历间兴起彩色套印，初时应用于图，如《程氏墨苑》和《花史》，末年应用于刻印批注校本，正文、注、批校等各用一色。主要集中于湖州闵、凌两家，称套印本。崇祯间又兴起饾版拱花。现传世有《萝轩变古笺谱》和《十竹斋笺谱》。

活字本始于宋、元，有文可证。但未见传世。现传世之活字本，最早者在弘治、正德、嘉靖间，多铜活字。

万历以后坊刻本大增，多翻刻同代刻印的畅销书，不具自己的牌记或标志，刻工拙劣，版面粗糙，讹误极多。

明初印书用纸，麻纸为少数，多黄色棉纸。正德至隆庆间多用白棉纸。万历以迄明末，竹纸居多。

清代版刻，从鉴别角度论，约分两期，即乾隆中期以前和乾隆晚期以后。乾隆晚期以后的版印的，传世至今，大体上说，封面、序跋、牌记、题记等都很完整，不难鉴别。乾隆中期以前版印的，由于自然毁损和人为毁损等多种原因，形成的假象也很多，也须细辨。

大体上说，顺治间刻本字体笔画粗肥、笨拙、无讳字，纸质薄而劣。康熙间一般刻本字体方而略肥比较拘板，约康熙十余年后避“玄”字讳，缺末笔。

但同时的一些写刻本则很精美，如《御制诗》、《全唐诗》、《渔洋山人精华录》等等，不亚于宋刻。用纸较杂，开化纸、太史连纸、毛边纸、毛太纸等皆有。用开化纸者不仅只限于内府刻，坊刻者也有，如《芥子园画传》第一、二、三集初印本。

雍正以后，字体多很秀美，版面布置均匀。同时出现了铸造精致，不逊于今日铅字的武英殿铜活字。这套铜活字不仅用来排印《古今图书集成》，也还印了其它一些书，如《钦定星历考原》。

雍正以前刻本虽需避讳字，但不十分严格，乾隆刻本则极少例外。

这一时期的坊刻本，相较之下，刻印拙劣者居多，用纸也粗糙。

3. 从内容入手鉴别

版本之所以需要通过鉴定才能被认识，无非是因为种种原因，原来说明身份的一些标记失去了。但文献不同于器物：文献内容本身，序跋作者或校注人的生活年代，以至结衔、职官、地理、纪年等用语，甚至印章中的文字，稍加考辨都能反映那些失去的，或根本不具有的标记。而忽略这些，片面地只抓外形特征，就难免失误。

《罗山诗稿》三卷，明张孚敬撰。某藏家定正德刻本，依据是“版刻风貌”，即字体与版式的一些特征。此书编年为序次，始辛未，迄丙申。张孚敬是正德辛巳（十六年）进士，因议大礼希旨，得朱厚熜宠信，嘉靖初即擢为辅臣。辛未，当是正德六年；丙申，则已是嘉靖十五年。又卷三《吊桂见山三首》后自注：“上御文华殿问臣孚敬曰：‘桂萼安否！’时子已逝数日矣，伤哉！”张孚敬原名璁，因与熜同音，请旨改名，由朱厚熜特赐名为孚敬，既见孚敬之名，亦可知决非正德刻本。

《侯太史摘选黍丘文集》三卷《诗集》六卷，明彭尧谕撰，侯恪选。卷端题：“同社侯恪若木选”。藏家据“版刻风貌”作万历刻本。

不察明代称“太史”的侯恪只有一个，即侯方域的叔父。他是万历四十七年进士，选庶吉士，下科为天启二年。按明代常例，庶吉士在馆尚不能称“太史”，现称“太史”，必在天启二年散馆授职之后。

《琼台类稿》七十卷，明丘濬撰。有弘治五年何乔新序，提到：“都宪闵公出镇两广，见之叹曰：‘此名世之文也，当为刻之，以传于天下后世。’先生因委予序之。”“当为刻之”是打算刻，还没刻。藏家即据以定刻年，且作“明弘治五年闵珪刻本”，却不顾卷端著者题名结衔为“少保兼太子太保户部尚书武英殿大学士赠太傅谥文庄丘濬仲深”。赠，且谥，已是身后事了，丘濬卒于弘治八年。

《二如亭群芳谱》，明王象晋撰“明天启元年沙村草堂刻本”。近年出版的《明代版刻综录》，仍如此著录。《四库简明目录标注》著为“明沙村草堂刻本”。所谓“沙村草堂刻”的依据是有个封面，上镌“沙村草堂藏版”。这且不管，只说这个本子凡卷端都有一大串题名，末行是“济南孙×× 曾孙××校阅”。孙辈有王士祯，士祯生于崇祯七年，天启元年刻，已站不住，更有士祯诸子王启汸、王启汧。据《渔洋山人自订年谱》，三子启汸康熙元年生，五子启汧康熙十一年生，又有玄孙若干人，“玄”缺末笔(非剜)。

《四部丛刊》初编，收了一部称“金泰和刻本”的《重修政和经史证类本草》，定金泰和本的依据是书中有题为《重修本草之记》的牌记，末书“泰和甲子下己酉冬日南至晦明轩谨记”。“甲子下己酉”是什么，著录者未理会，只看到泰和。泰和是金章宗年号，因作金刻。不知此书刻于 1249 年己酉(蒙古定宗贵由四年)。金亡于 1234 年。

陈仁锡晚年作序多不署年，喜钤“两朝讲官”衔名章。陈仁锡是天启二年探花，散馆后即充讲官，以忤魏忠贤罢去，崇祯时起用，又为讲官，不久即死去。所以凡钤这种名章的序，都是崇祯间做的。

袁应泰曾用过衔名“赐剑靖夷经略司马柱史之章”。据《明史》，袁应泰泰昌元年九月自按察使擢右佥都御史巡抚辽东，逾月擢兵部右侍郎，代熊廷弼为经略，朱由校即位，赐尚方剑，天启元年十月,沈阳陷,殉国。则用此章必在泰昌元年十月以后,天启元年十月以前。

《中医图书联合目录》载《校刻伤寒图歌活人指掌》五卷,一条作"明末致和堂刻本",一作"清初王轩重刻本"。查此书十行二十二字,白口,四周双边,单黑鱼尾,版心上镌"伤寒活人指掌",封面镌"吴蒙斋先生著　伤寒图歌活人指掌　致和堂梓"。有清苑大乘居士《校刻伤寒活人指掌引》,后镌钤印文"乙丑进士"、"大乘居士"、"王轩之印",文中"校"、"玄"等字皆不讳。此本版刻风貌近万历,"校"字亦不讳,作"明末刻"似无据。著为"清初王轩重刻本"约是失去封面,但不查王轩乃嘉靖四十四年进士,如何能活到清初刻书。

三、刻年著录

版本学的核心是版本鉴定,版本鉴定的核心是著录刻年。前人鉴定版本于刻年往往持宽其上下限的泛指法,如:宋刻本、元刻本、明刻本,或嘉靖间刻本、万历间刻本,等等。这样做,有其不得不如此的理由,但也不排斥其粗略从事。

刻年著录包括版刻年代和主持刻书者,所以要求具体,一是意味已查考精详,一是明以后图书品种剧增,倘不区分清楚就无以别甲、乙、丙、丁。例如:三十卷、附录一卷的《沧溟先生集》,明代就有七种刻本,不能都著为"明刻本",必须详加分辨。结果有:

明隆庆刻本

明万历三年胡来贡刻本

明万历二十八年吴用光刻本

明万历三十四年陈升刻本

明徐履道起凤馆刻本

明刻张弘道校本

明刻本

又如:《重修政和经史证类备用本草》三十卷,明代有十一种刻本:

明成化四年原杰刻本
明嘉靖二年陈凤梧刻本
明嘉靖十六年楚府崇本书院刻本
明嘉靖三十一年周琉刻本
明隆庆三年谷中虚刻本
明隆庆六年施笃臣刻本
明万历五年蜀府刻本
明万历七年归仁斋刻本
明万历十五年内府刻本
明天启刻胡驯、陈新校本
明富春堂刻本

版刻年代和主持刻书者之依据，必须取自本书，或与本书同版之他本，切忌自其他目录中套引，以免误植。

书中可以提供版刻年代和主持刻书者之处多在封面、序跋、版心下、卷端大题后、牌记等处，而清乾隆以前刻本封面、牌记等能保存下来的很少，多需靠序跋，和版心下、大题后的题刻。

通常以序跋的最后署年为刻年，是一种极其简单化的做法，断乎不可取。

如：清蒋基修、王开沃纂《永寿县新志》十卷，有乾隆五十六年蒋基《永寿县新志序》，曰："王丈半庵（开沃）为太仓世胄，壮游关辅，向毕制军秋帆公抚秦时曾延修名县志书……余昨岁于役乾陵，遇于王刺史念庵公座上，刺史亟以志事属焉。乃招致县署，晨夕商榷，间以己见质疑，猥承许可，阅二载余而后书成。"只言稿成，并未及刻，《中国地方志综录》、《中国地方志联合目录》、《上海图书馆地方志联合目录》等，皆作"乾隆五十六年刻本"，迳以蒋序署年为刻年。据中国科学院图书馆藏本，此志还有个原刻封面，上镌"乾隆癸丑刊成　永寿县新志　古豳官署藏板"。癸丑，是乾隆五十八年。

序跋中虽提及本书之刊刻，但语气模棱，并不肯定的，也必须多方考察，不宜径作引据。

如:《矫亭存稿》十八卷,有嘉靖辛卯(十年)吴仕《矫亭先生文集序》,曰:“先生有弟曰改亭侍御,实与齐名。其稿乃所删定……将锓梓以传。”“将锓梓”就是欲锓而未锓。据《矫亭续稿》周凤鸣序称:“矫亭先生《存稿》十八卷,昔在乙未(嘉靖十四年)既刻梓行世……先生有辑所著……厘为八卷。”是刻于嘉靖十四年。

必须注意的是,某书中的序跋,基于多种原因,有可能不是为此次刻印写的,是别本旧序。必须善于辨识。

如:《梅花集咏》一卷,卷端题:“山西按察司副使沂水杨光溥集　山西按察司副使卫辉刘璋校正　河南道监察御史曾孙杨东野梓”。

诸序多作于弘治三年,藏家依“凭序断年”,即定弘治刻本。倘稍加思考,杨光溥乃成化五年进士,弘治初方官副使,尚在强壮之年,何以有已官监察御史之曾孙?再查杨东野,万历五年进士,官御史当亦在万历初年。

著录者每注意序跋,而忽视附在书中某处的识记。一般说,识记具有跋的性质,往往是题识者自居谦卑所采取的形式,而内容于本书刊刻多至为关键,不可忽视。

如:《沈氏韵经》五卷,卷端题“梁吴兴沈约撰类　宋会稽夏竦集古　渤海吴棫补叶　明弘农杨慎转注　江夏郭正域校　古燕张纯修重较刊”。此本有乾道四年徐蒇《沈氏韵补序》,嘉靖辛卯杨慎《转注古音略题辞》,万历己亥郭正域《韵经序》。郭序中有“余故刊《韵经》于南雍,以备考文广律之一端”,故藏家多定为“明万历二十七年郭正域刻本”,但忽略了卷末有未署年张纯修识记,张曰:“是编获于绣水王概安节,为旧南雍镂板,且遵以为经,中循沈约氏四声旧谱,故其字多于世行本,遂重锓以广其传。”绣水王概居于江宁,与其兄王蓍俱活动在顺康间,为《芥子园画传》之主要撰稿人。曰“旧南雍”,亦是入清后之语。

某些序跋、识记所述之年代需加必要的考订,甚至结合正文内容考订,始可认识。

如:《蓟丘集》四十七卷,仅一盛以弘《蓟丘集序》,未署年。序中有“吾师王弘岳先生既卒之逾年，季弟奉孺公搜其遗稿曰《蓟丘集》绣梓以传”语。卷四十七后有《中大夫四川按察使弘岳王先生洎配李淑人马淑人行状》，内称：“万历丙午（三十四年）十一月二十日寅刻弘岳王先生卒于都门里第，无子，其季弟孝廉公为营窀穸，缵述生平，而门人盛以弘为之状”。则盛序当作于万历三十五年。

序跋年代不明的，有些可以作序跋人的名号、结衔、印章，以至职官、地理等方面寻出考辨的线索。

如：《大司马张海虹先生文集》十七卷，此本仅一徐光启《大司马海虹先生文集叙》，曰：“顷先生之冢孙司隶君数千里邮缄，则先生之全集以寿诸梨枣而又命启为之叙”。未署年，但结衔为“太子太保礼部尚书文渊阁大学士”。据《明史·宰辅年表》，光启崇祯六年七月以太子少保礼部尚书乐阁大学士晋此，十月即卒，可知此序当作于此间。

《抚虔草》十六卷，未署年赵进美序曰：“虔南开幕府，盖割据四藩之险统之……今大中丞苏公辍内台机务任之，其重可知矣……公刻《虔南稿》成，凡为疏、奏、檄、移……之文若干首。”按，《隋书·地理志·南康郡》，“开皇九年置虔州”。明清时为江西赣县。《大明会典·都察院》，“弘治十年，闽、广、湖、湘之间多盗，始设巡抚，所辖则江西之南安、赣州、建昌，福建之汀州，广东之潮州、南雄，湖广之郴州。四省三司，皆听节制。驻扎赣州。清初因之，康熙四年裁”。据《清代职官年表·巡抚》，顺治十五年六月，苏弘祖以左佥都御史授南赣巡抚，康熙元年二月免。赵进美犹称“今大中丞”则尚在解职之前。此集之刻或在顺治末年，亦不排斥康熙元年闻讯去官之际。

考辨刻年，可以越出本书寻求证据，但需独立思考，复核检验，盲目套引，往往会形成错误误植。

如：《边华泉集》八卷《集稿》六卷，仅有魏允孚《重刻边华泉集》一序，无署年，序中述及“余理济之明年从先生仲子搜得数十篇，因叙入集中为重锓之”。考订者曾据《道光济南府志》查魏允孚官推官之年代，见列入嘉靖间，即转引为刻年，而府志此条实误列。前任谢廷寀，后任郝大猷；谢为隆庆五年进士，魏为万历二年进士，郝为万历八年进士。明代习以新进士释褐先官推官，习理刑名。魏允孚为济南推官或即在万历三年，刻书或在万历四年。

“藏板处”并不一定是主持刻书者，应分别情况，具体对待。

如：清孙绳祖纂《禺峡山志》四卷，康熙五十九年孙绳祖序曰：“捐俸授梓，板付寺僧，谨藏于寺。”

《苏米志林》三卷，八行十八字，白口，四周单边，板框中心不相连，无鱼尾，无直格，版心下右镌“绿君亭”。卷端题：“明东吴毛凤苞子晋辑”。此版入清转为文粹堂所有，印本皆加封面，镌“琴川毛氏原本　苏米志林　文粹堂藏板”。

《班余剪烛集》十四卷，封面镌“纳兰常安履坦著　受宜堂班余剪烛集　本堂藏板”。受宜堂为纳兰常安堂号，此为其诗集，有乾隆五年自序，“暇日为裒次所作，命之梓人”。文集刻于雍正十三年，即曰《受宜堂集》。

刷印年代与版刻年代多非同时，相隔遥远，尚可以从用纸判断，但亦不能确切、具体，较近，则无从辨识。除后印有据者，难以细究。至于刻本中标明刷印年代，多见于经藏本。

如：万历三十年程应衢刻本《梵纲经心地品菩萨戒义疏发隐》五卷，序前有朱印整页题记，曰：“时万历岁次戊午（四十六年）孟冬上浣之季，菩萨戒弟子耿广晋无以上报佛恩，鸠募净资并捐己俸，虔诚印选《菩萨戒义疏发引》五十三部，奉请凉山大会律师随处讲演，普度群迷，悉得严净尸罗但知闻法同证舍那心地者。”

四、同版与异版

同版与异版，前人已曾注意。莫友芝《宋元旧本书经眼录》：“元兴文署刊本《资治通鉴》胡三省注二百九十四卷，装九十六册。刻字体多波折，四边线极粗。嘉庆间，鄱阳仿刻，亦称善本，而未能毕似也。明正、嘉以来，是版归南监，递有修补。此本则元末版未漫漶时印。”元兴文署刻《资治通鉴》有原印本，版未泐时印本，还有明正嘉以来南京国子监递有修补本，是同版；又有清嘉庆间鄱阳胡三省翻刻本，则是异版。

宋元版有这种区分，明清版由于品种多，印刷多，相对地讲现传世的数量也多，这种区分就更复杂。

1. 同版

（1）初印本

初印本这个概念，过去多指版片刻成后初次或早期刷印的本子。这种本子字迹清晰，无模泐，无断痕，美观悦目，不仅保持了内容完整，也还反映了版刻艺术，因此很受收藏家珍视。

但是何者为初刻，或清晰、完整在何种程度始可称初印，却很难界说。闽浙一带的书坊或一些地方刻印方志，为图速镌和工料价廉，每用质地疏松的劣木，一次刷印虽百数十部，前后印张即有差异，板片稍为放置，即有扭曲断裂。地方一些显宦人家刻书，选板甚精，木质坚致，虽历百年再印，与始刻初印无异。因此只能凭经验，就眼界，据比较，相对而言。泛泛空谈，则无实际意义。

近年在从群体着眼的版本审订中，发现同一版本在定型传世之前，往往有个先行阶段。这种先行问世的本子，或尚缺序跋、凡例，或卷帙尚未最后清厘，或错字误句尚未订正或仅属全集之部分，尚未合编，或篇幅尚未刻足，迹似现代印本的清样。这种传本多不具备定型传世本的刻年依据，或与之有某些差异。倘就自然状态著录，必得出另一种结果，明明为同一版，却列出两种以上条目。这对清理古籍版本，理清版本体系，显然不利。因此在所对比的条件下，应尽可能纳入一条，加定语以为区别。这个定语以“初印本”为较确切。增入这种内涵，初印本这个概念，也将具体丰满有形有质了。

例：《归先生文集》三十二卷附录一卷

明万历四年翁良瑜雨金堂刻初印本

《梅村集》二十卷

清康熙七年顾湄等刻初印本

（2）后印本

刻板印书，限于物质和技术条件，一般一次不会很多，即以需求量较大的类书或地方志而言，也不过在二三百部之间，家刻本就更少。但书板多能久贮，随时可再刷印。倘书板木质坚致，再印时间又较近，很难区别何者为第一次印，何者为第二次印，家刻本中这种情况很多。若书板木质松软，稍隔时日再印，即会出现断裂、模泐，地方志中这种情况较普遍。过去书业就以严重断裂、模泐为标准识别后印，所谓“烂明版”、“大花脸本”等即是。

这种区别，从商品角度讲，“按质论价”，当然合理。但后印本并非只因商品价值有差异而需要区别。

后印本每加“重刻”序跋，或剜改大题、更易标卷，或铲易讳字，改刻卷端题名，倘就一书著录，不在群体中考察比对，又不加思辨，很容易误作另一种刻本，即或不称重刻，也未剜改更易，每因后印时增入序跋，著录者狃从“以序跋之最后署年为刻年”之误说，亦多作另本，形成版本体系混乱。

又一种情况，后印时有所申明，但部位隐晦或闪烁其辞，或增后人所撰碑传，不细加识辨，也极易忽略。著录中倘不标示，即造成常识性错误。

凡此种种，有必要赋后印本以更符合实际情况的界说，使之利于提示著录时辨识和鉴别。然而基于版本问题中的一些特殊情况，后印本只能是一种狭义的概念，不能等同后印。后印，则是广义的。属于后印的还有补修、增修、汇印等。

后印本的界说是：凡有据可见，印本年代非在正文刻成年（或稍后一、二年），正文书板无增易，或仅有局部剜改（包括大题、讳字、参校、刊梓等人名氏），增删序跋、附录，或书板已见明显断裂、模泐等属之。

例：《四有斋丛说》三十八卷

明万历七年刻后印本

《重刊经史证类大全本草》三十一卷

明万历二十八年籍山书院刻后印本

《楚辞》八卷《后语》六卷《辨证》二卷

明万历朱崇沐刻后印本

《仪真志》二十二卷

清康熙五十七年刻后印本

《册府元龟》一千卷

明崇祯十五年刻后印本

(3) 补修本

书板搁置年久，难免脱落残缺，后人再刷印，必然要补镌齐全，间或增益附录篇章，称补修本。

补修本多有序跋题记，说明原委，或以明显的标记提示，但也有不具、或失去说明与标记者。

无说明与标记之补修本，可据补刻版片辨识。历年越久，原刻版片与补刻版片之字体、刀法越有明显差异，版式、模泐程度也可见区别。稍具版本常识者，一望可知。

补刻版片较之原刻版片，间有文字更易。进行以群体审校为基础的古籍著录，多可考出此种更易，记载下来，可做一般情况下只就一书个体著录时判断原则或补修的依据。

例:《拙庵集》十卷

明成化刻嘉靖四年张友直补修本

《史记》一百三十卷

明万历二十四年南京国子监刻补修本

《广舆记》二十四卷

明万历刻清补修本

(4) 转版

一书版片，由原刻家转让，继有者另镌封面或标记印行，称转版。明清之间行销与流通量较多的民间和士人常备书，如医书、类书、名家诗文等，出现这种情况较多。

转版再印，当然属于后印；不少书版于转版时已残泐短缺，每需重新补刻，又属补修。因此后印本或补修本的一些特点它都具备，只是明确标示另为某版。

单就一部书著录，倘无前人记载参考，转版不易被察觉。只有在群体审校中才容易发现。不辨转版，必然使同版误著为两种甚至两种以上刻本，造成版本体系混乱，对编辑目录，建立标准化的版本目录用语都不利。

例：《类经》三十二卷《图翼》十一卷《附翼》四卷

明天启四年刻天德尚贤堂印本

明天启四年刻童涌泉印本

《本草汇言》二十卷

清顺治刻有文堂印本

清顺治刻大成斋印本

《论衡》三十卷

明刻黄嘉惠印本

(5) 增修本

一书刻就行世，相隔若干时日又在原版基础上对正文内容进行增、补，或加篇章，或益新卷，皆称增修。

凡后印本、补修本所具的一些特点，增修本也多具有。更由于所增皆属正文，倘内容时代标志不明显，时间距离近，增刻版与原刻版区别不大，又无序跋题识说明，则更较难辨别。

利用前刻板片又增益新卷的，因卷数不同，过去著录多视为不同版本。也只有在群体审校的基础上，才得以发现。

虽也是利用同一种版片增加篇卷，但重新做了全面调整，编排次序不同，则当视为异版。

例：《济宁直隶州志》三十四卷卷首一卷

清乾隆四十三年刻五十年增修本

《何柏斋文集》十卷

明嘉靖三十三年周镐刻马汝彰增修本

《三补简便验方》四卷首一卷

明崇祯十七年刻本

(6) 递刻本

已成一书，又对本文有所增益称增修。一书经历两个以上阶段始刻成，则属递刻。或多次增修，目前传世只见增修至最后的本子，也称递刻。

递刻本与汇印本的区别是：递刻者是同一种书，分阶段刻成；汇印本则是多种书，分别于不同时期刻成，在某个时间汇集诸版合印。

例：《樊氏集》十二卷

明嘉靖十三年孔天胤二十三年吴九经递刻本

《木厓续集》二十四卷卷末一卷

清康熙递刻本

(7) 汇印本

明清间有些名家巨族，先后刻印过不少种书，若干年后板片犹存，由本人、后裔，或为他人购得重予汇印。特征是：1. 似丛书、总集、全集，但无总名、总目；2. 各单种版式、行格、字体多不相同，但纸色纸质一致；3. 各单种皆具独立之序跋，刻年可征，或尚有刻书牌记；4. 版多模泐，间有补刻；5. 前人著录中或有种、卷数与之相合相近者，虽有总名，核之书内必无征，属于代拟，间见明显失当，或无总名，多种汇著一条；6. 著录时应取何总名，种、卷数何者为全，版本项如何落笔，往往大费踌躇。

例：《浮湘稿》四卷《近言》一卷《国宝新编》一卷《缓恸集》一卷《凭几集》五卷《续集》二卷《山中集》四卷《息园存稿》诗赋十四卷文九卷(《山西省古籍善本书目》)。

《六科证治准绳》六种四十四卷(《中国丛书综录》)。

《王百榖全集》十种十九卷(《中国丛书综录》)。

《王渔洋遗书》三十八种二百七十三卷(《中国丛书综录》)。

2. 异版(内容略)

五、版本录

版本之有录当滥觞于钱曾《读书敏求记》，如："《外台秘要》四十卷。朝散大夫守光禄卿直秘阁判登闻检院上护军臣林亿等上进。熙宁二年五月二日准中书札子：'奉圣旨镂板施行。'《医说》云，此书撰于唐王珪。《经籍志》云，唐王焘撰。则知林亿等乃校刊上进也。”总属语焉不详。至乾隆间编制内府藏书《天禄琳琅书目》,始定体例。“一书而两刻皆工致,则两本并存,犹尤袤《遂初堂书目》例也。一版而两印皆精好,亦两本并存,犹汉秘书有副例也”。

每书各有解题,详具锓梓年月及收藏家题识印记并一一考其时代爵里,著授受之源流。案,张彦远《历代名画记》有论十六篇,其十一记鉴识收藏阅玩,十二记自古跋尾、押署,十三记自古公私印记。自后赏鉴诸家递相祖述。至《铁网珊瑚》所载书画始,于是事特详。然藏书著录则未有辨订及此者,即钱曾于《也是园书目》之外,别出《读书敏求记》,述所藏旧刻旧抄,亦粗具梗概,不能如是之条析也。(《四库全书总目》)很明显,着眼于赏鉴,仿玩赏书画例,玩赏古书。虽云版本有录,但侧重于对以往收藏家及题识、印记之考究,明析所谓递藏授受之源流,而对锓梓年月缺乏详明考证,不过是一篇书籍古董账。

这类版本录,更不对原书进行描述,版式、行格无由得知,除讳字外,于可资鉴别判断处绝少提示。倘非面对所录原书复按,于版本鉴定极少参考价值。

嗣后孙星衍《平津馆鉴藏书籍记》等,注意到行格,就为后人参考或参与鉴别提供了较具体的条件。

如:“《玉台新咏》十卷,十五行三十字,本甚精好,后有永嘉陈玉父跋。云,自李氏得旧集本。嘉定乙亥在会稽借得豫章刻本五卷,后付石氏录本补校,于是其书复全。盖明人仿宋本不著序,或贾人去之。有任丘庞锭之印记。”(《平津馆鉴藏书籍记》卷二)

因为提示了行格,兼以《玉台新咏》版本不太复杂,后人就可以判断出所录的是明崇祯刻本,卷后有一篇崇祯六年赵均《玉台新咏集跋》,确是被书估抽去了,图充宋本,即或不太清楚《玉台新咏》诸本的源流,径持相同版本对照参考,也可获得启示,进一步去考订。其后,杨绍和《楹书偶录》等也多仿此。

近人王重民继承了这种方法,所著《中国善本书提要》,详录每书的行格、版心尺寸、卷端著者姓氏等题刻、刻工名氏、序跋简目等，更便于检核。然而王氏着力处在考订著者爵里生平、编刊始末及与它本编次之同异，就事论事，信笔为录。介绍特定藏书版本状况，固属功力之作，用于同书之版本检索，却嫌特征提示不足。

当前古籍编目多有纳入各种总目录的背景，为使条目正确，归属不乱，必须建立各种图书的版本档案，经过严格的考订之后，对版式、行格、刻年依据等各作准确详明的记录，使之成为“标准量具”，供今人、后人著录时检验参考。

例：十一种明刻《重修政和经史证类备用本草》的版本录

1. 成化四年原杰刻本

十二行二十三字，黑口，四周双边，双黑鱼尾，尾间镌“本草”。

成化四年商辂《重刊本草序》，称：“原君杰奉命巡抚山东，见而善之，谋诸左右布政使……命工重锓诸梓，以广其传。”

卷三十末《翰林学士宇文公书证类本草后》后镌：“成化四年岁次戊子冬十一月暨望重刊”（后有督工人等题名四行，略）。

2. 嘉靖二年陈凤梧刻本

十行二十三字，白口，四周单边（卷一第一至二页四周双边），双线鱼尾，尾间镌“本草”。

嘉靖癸未陈凤梧《重刊证类本草叙》，曰：“凤梧以谫陋承乏巡抚，咨询民隐，悯齐鲁之医昧于药性，而病者横罹于死亡也，乃檄臬司访旧本而重锓之”。

3. 嘉靖十六年楚府崇本书院刻本

十行二十三字，白口，四周单边，双线鱼尾，尾间镌“本草”。

卷三十末有莲龕牌记，镌“嘉靖丁酉孟春吉旦楚府崇本书院重刊”。

4. 嘉靖三十一年周珫刻本

十二行二十三字，白口，四周单边，双线鱼尾，尾间镌“本草”。卷一首页版心下镌“李朝”，12～14 页“程仁”，卷二十一第三页“肖孜”。

嘉靖壬子王积《重刊证类本草叙》，曰：“宪使周珫曰：‘此书不可坐令其废。’乃谋于方伯……请为重刊。”

大德丙午刘祁序后镌"嘉靖三十一年岁次壬子春正月重刊(下略)"。

5. 隆庆三年谷中虚刻本

十二行二十三字,白口,四周双边,双黑鱼尾,尾间镌"本草"。

隆庆四年谷中虚《重刊证类本草序》,曰:"余来督抚两浙……暇日检自敝笥,得尝所校雠《证类本草》一编,表而梓之。"

卷三十后《翰林学士宇文公书证类本草后》后镌"隆庆三年岁次己巳秋八月吉旦重刊"。

6. 隆庆六年施笃臣等刻本

十一行二十三字,白口,四周双边,双黑鱼尾,尾间镌"本草"。版心下刻工及字数上镌分册序数(按天干)。卷一首页版心下镌"甲　四百七十八　谢义"(它略)。

卷三十末镌"隆庆壬申孟冬山东布政使司左布政使施笃臣右布政使黄科重梓　布政使照磨刘子厚督刊"。

7. 万历五年蜀府刻本

十二行二十三字,黑口,四周双边,双鱼尾,尾间镌"本草"。

万历五年周俶《重刊本草证类序》,曰:"蜀府承奉正陈君瑛购得善本进览,奉命捐赀梓行。"

8. 万历七年归仁斋刻本

十行二十一字,黑口,四周单边,单黑鱼尾,版心上镌"大观本草"。

封面镌:"大观本草纲目全书　【　】东原版图经证治　江右鼎新重梓"。

书中晦明轩《重修本草之记》后镌:"大明万历戊寅岁冬至吉旦归仁斋重刊",卷三十末镌"龙飞万历己卯春月杨先春新梓",皆莲龛牌记。

9. 万历十五年内府刻本

十二行二十三字,黑口,四周双边,双黑鱼尾,尾间镌"本草"(版式阔大,具明内府刻本特征)。

万历十五年《御制重刻证类本草序》及跋。

10. 天启刻胡驯、陈新校本

十二行二十三字，白口，四周单边，双线鱼尾，尾间镌“本草”。卷一首页版心下镌“甲　张茂盛刊　五百三十”。

各卷末多镌“天启甲子岁历下世医邑庠生胡驯　府庠生陈新同校”。

诸序皆同周珫刻本。

11. 明富春堂刻本

十一行二十一字，白口，双黑鱼尾。版心上镌“大观本草”，下镌“富春堂梓”。（现藏中国医学科学院，只存卷二十三）

（1985年油印讲义）

古籍中的“初印本”

传世的古籍中，偶尔可遇到两种版同而又有差异的本子，或卷数不一，或刻年、刻书人难求一致。细审，其牌记、序跋及署年、卷端撰校人题名，以及部分篇章排列顺序、某些页的文字，都或有不同，但全书视为异版，又不妥。

例一、甲

《梅村集》二十卷　九行十九字，线黑口，单黑鱼尾，尾下镌“梅村集”。顺治庚子钱谦益序。卷一卷端题：“太仓吴伟业骏公著　后学许旭九日　顾湄伊人订”。

《梅村集》四十卷　九行十九字，线黑口，单黑鱼尾，尾下镌“梅村集”。封面镌“吴梅村先生诗集　本府藏板翻刻必究”、“吴梅村先生文集　本府藏板　翻刻必究”（两封面版式、刻工全同）。顺治庚子钱谦益序，康熙八年卢纮序，陈瑚序。陈瑚曰：“往岁戊戌，梅村先生年五十，瑚尝颂之以诗，而窃拟先生于子美、退之，时人闻之皆以瑚为知言也。越十年而为戊申（康熙七年），先生著作日富，门弟子顾伊人辈裒集其诗文四十卷刻而行之。工将竣，先生以书来告”。卷一至二十为诗，卷一卷端题，“太仓吴伟业骏公著　后学许旭九日　顾湄伊人订　男暻元朗暄少融较”。诗二十卷版与二十卷本者全同，卷一卷端题名系就原版剜补。两本相较，二十卷本字迹明显清晰，印在前。

例一、乙

宁澹斋全集十卷　九行十八字，白口，四周单边，单线鱼尾，尾上镌“宁澹斋全集”。卷一首页版心下镌“吴郡刘时达刊”。无序跋。总目前题：“宁澹斋全集总目　诗部”。卷端题：“句章杨宁勤克之甫著　同社姚孟燿汝行甫校”。

宁澹斋全集二十卷　九行十八字，白口，四周单边，单线鱼尾，尾上镌“宁澹斋全集”。诗部八卷，文部十二卷，卷次各自起讫。诗部卷一首页版心下镌“吴郡刘时达刊”，卷端题，“句章杨守勤克之甫著　同社姚孟熣汝行甫校”。李维桢《宁澹斋全集序》，天启二年陈继儒《宁澹斋诗集叙》，天启壬戌卓迈《宁澹斋诗集跋》。陈继儒曰：“诗文一百四十篇，不沦为泰山碑、广陵散则嗣君扃藏缮写与门生卓令君捐俸流传之力耳。”卓迈曰：“吾师殁，而梓所遗《宁澹斋集》以行。”

十卷本与二十卷本相校，二十卷本诗部八卷，卷七第八页以前与十卷本皆同版。第九页另刻，后半页刻入十卷本卷八之《朱元易年丈守德安》、《谒龙郡丞祠》，又增第十页，刻入《斋头乐》。十卷本之卷八即仅此三首。二十卷本之诗部卷八即十卷本之卷九、卷十。第一至五页与卷九第一至五页版同，第六、七页易版，第七页所刻与卷十首页同，第八至十四页与卷十第二至八页同版，仅剜改页码。十卷本卷十第二页首行“疑是星辰摘下来”，诗部八卷本“摘”剜改为“谪”（在卷八第八页）。

例一、丙

遂初堂诗集十二卷　文集十五卷　十行二十一字，小字双行同，下黑口，双黑鱼尾，四周单边，版心上镌“遂初堂集”。

无序跋。

诗集鱼尾间镌子集名及卷次，如：“少游草卷上”、“梦游草卷上”。各卷大题次行镌子集名，下缀起讫年月，如“少游草　起癸卯秋至壬子夏”。卷七、八大题作“遂初堂集”，卷七、十二大题下当镌卷次处留墨钉。

文集卷一至七鱼尾间镌卷次及篇名。卷七末四页至卷十五鱼尾间镌“卷之　”，下镌篇名，当镌卷次及页码处均为墨钉。

遂初堂诗集十六卷文集二十卷别集四卷　十行二十一字，小字双行同，白口，四周单边，单黑鱼尾，版心上镌“遂初堂集”。

康熙四十九年许汝霖序。

诗集鱼尾下镌子集名及卷次，如：“少游草卷上”，“梦游草卷上”。各卷大题次行镌子集名，下不缀起讫年月，如“少游草”。

以诗集十二卷本相校，系同版，铲去版心下黑条和下鱼尾，以及子集题下之起讫年月等。但有增刻及调整。如卷三《梦游草上》第二十页左，易原诗《画松歌为梅瞿山作》为《万柳堂》，以下皆改刻；卷四《梦游草中》，原为下，一至十四页皆旧版，十五页易《壬戌除夕》为《安南行》，以下皆改刻，《壬戌除夕》移至第二十、二十一页；卷九《台荡游草》，十二卷本为卷七，大题改刻为“遂初堂诗集”；卷十《闽游草》，十二卷本为卷八，共十五页，北□自十五页左增刻诗三首，至十七页，大题亦改刻为“遂初堂诗集”；卷十五《卧游草》、卷十六《补遗》皆新增。

文集鱼尾下只镌卷次及页码。较之文集十五卷本，增补变动较多，如十五卷本卷一赋，收十一篇，此本十五篇，次序亦多有调整，原以《璇玑玉衡赋》为首章，改为《述征赋》。因冠大题需后移一行，遂全篇改版。其它，因原刻每篇自为一版，故虽调整序列而不牵连全局，多仍原版，只削去下鱼尾、版心下黑条及篇名。

别集四卷为与方外来往之作，其中多有自文集十五卷本中剔出者，如《重建少林禅寺碑铭》（原题无“铭”，补嵌）、《蒋山南音禅师塔铭》等。

例二、甲

杜工部诗说十二卷　中国科学院图书馆藏本九行二十一字，小字双行同，黑口，左右双边，单黑鱼尾，尾下镌“杜诗说”及卷次。有封面，镌“天都黄白众先生定　杜诗说　一木堂梓”。

康熙己未（八十年）黄生《杜诗说序》，曰：“不慧出入杜诗余三十年，不敢漫为之说，惟以我之意逆杜之志，窃比于我孟子兢兢既宾主相失之诮。书成将请益于海内大雅君子，取其中者而弹射其不中者，期于杜公之志无憾而后即安，是固余所深原也”。

通行本多著“康熙三十五年一木堂刻本”，两书相校，版全同，封面亦然，只黄生序署年“己未”剜作“丙子”（康熙三十五年）。另增《杜诗说凡例》，曰：“余囊无一钱，不能不以剞劂之资告助于亲友，而始终其事者有洪未斋，中间出资独多者有黄仲宾、黄若周、黄采思。其余参订诸公出资不等，如集众狐以成一裘，簇千花以为一塔。迨臻厥成，已历寒暑者六也。”

例二、乙

归先生文集三十二卷附录一卷　十行二十字，白口，四周双边，单黑鱼尾，版心书名同大题，版心下镌“雨金堂”。卷一首页版心下镌“章右之刻”，二页“右之”。

万历三年周诗《归先生文集小引》，曰：“吾师卒于官而家弗给，其文不能行于世。书林翁贾请梓而传之，梓垂成，谋所以冠其首者……诗故僭为之引。”

附录后万历四年翁良瑜刻集成《祭文》末，镌“万历癸酉男子祜子宁编次丙子浙人翁良瑜梓行”。

浙江瑞安玉海楼与安徽博物馆藏本与之同版，但无序跋，卷末牌记镌“隆庆壬申男子祜子宁编次　万历癸酉浙人翁良瑜梓行”。

例三、甲

国雅二十卷续国雅四卷杂附一卷国雅品一卷　十行二十一字，线黑口，左右双边，单线鱼尾，尾下镌“国雅”、“续国雅”、“国雅附”、“国雅品”及卷次。《国雅》卷一首页版心上右镌著者“高侍郎”，下右镌刻工“何镃”；《续国雅》卷一首页版心上右镌篇名“述续”，上左镌著者“郑高士”，下左镌刻工“珮”；《国雅品》第四十二页版心上镌篇名“闺品”，下左镌刻工“珮之”。

《国雅》及续卷端题：“勾吴顾起纶玄言选”（续卷一题：“勾吴顾起纶玄言纂”）。

《国雅品》卷端题：“勾吴顾起纶玄言撰”。卷末不隔行镌姚咨题识，后镌行书“勾吴武陵郡奇字斋新雕”长方形牌记。

万历元年八月皇甫汸《国雅序》。（万历元年）九月张佳胤与顾起纶书，后镌顾起纶题识，版心下右镌“癸酉（万历元年）冬刻”。

万历元年三月姚咨《国雅后序》，顾祖源《国雅私识》，姚咨记，万历元年冬孟顾起纶识语，（共三页，连刻，版心俱镌“国雅卷二十”，第三页不镌页码，版心下左镌“言”）。

姚咨《国雅后序》曰：“《国雅》若干卷，吾友郁林二守九华外史顾君玄言所纂也。……达而王公,微而隐逸,及夫闺秀释老搜罗抉剔殆尽,又得俞、张二氏所新纂,乃崇雅黜浮,裒多益寡,汇勒此编。……越裘葛数易,始克锓梓。”

张佳胤与顾起纶书曰:“适承使者贻我四诗并及《国雅》,益见岩穴名流用情斯文以扬一代文明之音,意甚善矣。”后缀一语,“刻中错数字,乞易之”。

万历元年冬孟顾起纶识语曰:“是编属之同好诸友所参校也,顷承抚台巴邵张公赐阅,详示舛错而不可读者数十处。故余手所撰次犹失其真若是,是以知雠校之责艰甚。乃复躬勘至再,刊其脱误颇多,庶乎证可已。其原本小注仍从其旧,间有疑字不敢辄为肤亿窜改”。

诸家所藏《国雅》多为此本,中国科学院图书馆藏一部与之版同、卷同,无万历元年九月张佳胤与顾起纶书及顾起纶题识,亦无万历元年冬孟顾起纶识语。识语原镌于不镌页码之第三页页左,此部此页犹为墨板,未雕。

两部对校,科图藏本《国雅》卷一首页左末行“妾身没虏不须怜”,通行本“没”剜作“殁”。科图藏本《国雅》卷十七第八页版心下左镌“世”,左末行为墨板,未镌;通行本易版,页左原镌王大名(叔杲)《郊行》、《忆别朱在明次韵奉答》两诗,易为《孟春初入山二首》。第九至十一页科图藏本尚缺,通行本镌齐,亦王大名诗。科图藏本《国雅》卷十八缺十九至二十二页,通行本补入十九、二十页,为瞿进士(钟玉)、王户部(三锡)诗,仍缺二十一、二十二页。《续国雅品目》首页版心上右,科图藏本镌“洪武终”、上左镌“永顺终”;通行本“终”俱铲去。

例三、乙

问奇类林三十五卷　九行二十字,小字双行同,白口,四周单边,无鱼尾,版心上书名同大题,中刻卷次、类目。

万历己酉黄吉士《叙问奇类林》,万历己酉毕懋康《问奇类林序》,万历己酉(三十七年)郭良翰《问奇类林题辞》。

郭良翰曰:“繁阳黄直指公,博古君子也,嗜学若饴,架上不数邺侯三万轴。一日相遇，偶阅斋头手钞若而帙，觑觑惊曰：'……是何不裒而成一家言，予且为子传之'……遂殚三余，重加删纂。汰者七而增者三，事各分门，门各比类，类各为断，凡得千余板，卷三十五，为言三十六万奇。证响今故，参伍议论，即不敢谓大无挂漏，然亦崖略庀矣。黄公遂逌然捐倡以锓，同志诸君子庚协赞之”。

《名公订正捐梓姓氏》首列“黄吉士字叔相号云蛟”。

传世本多与续三十卷汇印。汇印本增万历庚戌（三十八年）金忠士《问奇类林序》、万历庚戌陈玉辉《问奇类林序》。黄吉士《叙问奇类林》改题为《问奇类林序》，易行书版为楷书版。

原刻卷八至十卷端题名为：“莆中郭良翰通宪纂辑　繁阳黄吉士叔相订正　庐陵彭惟成无性　巴西徐绍吉元甫　温陵吕图南尔搏　楚黄穆天颜尔玄仝订”。汇印本“巴西徒绍吉元甫”一行挖去，嵌为“阆中徐绍吉元甫”。

又，卷一第二页左六行原刻“于迳”，汇印本作“于垤”；五页左四行“孝宗登极之日”，汇印本作“弘治改元之日”；二十二页右七行“季王父”，汇印本作“季玉父”；左五行“遇赦则曲幸免”，汇印本作“遇赦则曲者幸免”；二十五页左末行“手引李嗣须衣以头触之”，汇印本作“手引李嗣源衣以头触之”；二十六页前五行“非亡者耶”，汇印本作“非仁者耶”；二十七页右七行“魏武长子曹日战没”，汇印本“魏武长子昂因战没”，等等。

例一三组都有一个刻未足卷先行传世的印本。梅村集二十卷是吴伟业的诗集，刻成后先作流传，尚未征序。钱谦益一序是早年做的，所以先刻进来。科图藏四十卷本中尚保留着诗集单独具有的封面，当是曾先行流传的遗留物。文集二十卷刻成之后，合在一起，由陈瑚做序说明结集刊刻始末。翌年，又增入卢纮序。在此期间为调整卷端题名，增入吴暻、吴暄二人，就原版做了剜嵌。

单独著录，四十卷印本当作：清康熙七年顾湄等刻本；二十卷印本则只能作:清刻本[1]。形成异版。

宁澹斋全集十卷印本也是诗部刻成后先作流传的。后来发现卷八以后篇幅过少,遂将卷八合入卷七,卷九卷十并为卷八,又剜改了个别误字。待文部刻成,遂合为二十卷并广征序跋。

单独著录,二十卷印本当作:明天启二年卓迈刻本;十卷印本亦只能作:明刻本。也形成异版。

遂初堂诗集十二卷文集十五卷印本还处于未竣工的“毛坯”状态,不仅尚无序跋,卷次、篇章亦未编定,版式、大题犹待推敲。

正式刊行的印本与之有很大差异,不但诗文都增加了卷数篇章,还另编了别集。版式也有重要变动,版心下面的黑线铲去了,成了白口;铲去了下黑鱼尾,成了单黑鱼尾。又铲去子集题下的起讫年月和版心所镌的篇名,更正了不妥的大题。几乎面目俱非了,但整体序列未动。不宜把偶然先行传布,尚未定型的“毛坯”看成异版。

例二两组都有一个已刻成行世,后又因故停印,再次刷印时变更牌记或标志刊行年代序跋署年的本子。

通行本《杜工部诗说》黄生序之署年为“康熙丙子”,但“丙子”两字系剜嵌。科图藏本为原刻,“丙子”作“己未”。似初无《凡例》,版行十七年后又加修整。按现行较严谨的著录方法,两本均可作:清康熙一木堂刻本。虽不致形成异版,却掩盖了两本的明显差异。

《归先生文集》目前传世者包括它的后印本尚不下数十部,多是“明万历四年翁良瑜雨金堂刻本”,孰知天壤间竟还存在两部它的前身,“明万历元年翁良瑜雨金堂刻本”。各就存在条件著录,必然形成异版。这部书是由坊贾翁良瑜刻的,或始于万历元年,至三年垂成又征序跋,竣工于四年。似乎始刻即镌牌记,未料迁延数年始成,稍作刷印后,又虑牌记标示梓行已数年,不如新刻诱人,故改

① 或泥有顺治庚子钱谦益序即作“清顺治刻本”者则误。集中“玄”字缺末笔。卷七《沈文长两过福源寺》序曰:“余以己亥春游石公山宿文长山馆,丁未复至”。己亥,顺治十年;丁未,已是康熙六年。

刻，且纠正一个误字(?)。竟作异版处理，似乎失当。

例三两组都有一个稍在通行本之前，已刻成行世，但尚未及修改某些错字误句或犹有缺页尚未足帙的本子。

《国雅》刻成后本省巡抚兼名士张佳胤提了些具体意见，必须改正，且可藉以提高编者和本书的身价。万历元年三月刻成，九月张佳胤来函指出错误，十月立即修改，同时补刻了缺页。

两本著录也会同是“明万历元年刻本”，应予区别。

《问奇类林》刊行后甚畅销，第二年又刻了续三十卷。万历庚戌(三十八年)黄吉士《续问奇类林》序中曰：“自通宪氏《问奇类林》出，几于洛阳纸贵……遂述之以续。”此后即正续两版汇印同行。汇印本《问奇类林》不仅增加了几篇序，还全面修改了一些错字误句。单独著录则都是“明万历三十六年黄吉士刻本”。也宜区别。

对这种与通行本同版，而又出现在通行本之前的印本如何著录，踪迹前人经验，似乎尚未涉及。所以被忽略，当有两方面的原因。一是过去藏家著录多只就一书，逢甲则甲，逢乙即乙，虽甲乙版同，彼此参商不见，无从比较同异。甲乙款目组成目录后，或即形成异版，或显示为复本，不两本同阅，难以发现问题。一是虽曾被编入联合目录或总目录，但编者很少调原书覆校，多即就原著款目迻录，对款目虽同，但系异版误植，虽属同版但应区分刷印阶段，或款目不同实属同版等等，缺乏认识。

当代，一种联合目录或总目录，在很大程度上起着文献开发向导作用，实用性很强。错误或不准确的著录，不只降低目录的学术水平，也还影响使用。由于向导错误造成时间和经济的损失估量起来将是很惊人的。本文所述只不过涉及其中一个面，其它容待另文探讨。

与通行本同版，而又出现在通行本之前的印本，著录时似以即用通行本的刻年刻家而加“初印”为妥。如：归先生文集三十二卷附录一卷　明万历四年翁良瑜雨金堂刻初印本。

初印本这个概念，过去多指版片刻成后初次或早期刷印的本子。这种本子字迹清晰，无模乎泐，无断痕，美观悦目，不仅保持了内容完整,也还反映了版刻艺术,因此很受收藏家珍视。

但是何者为初印,或清晰、完整在何种程度始可称初印,却很难界说。闽浙一带的书坊或一些地方刻印方志,为图速镌和工料价廉,每用质地疏松的劣木,一次刷印虽百数十部,前后印张即有差异,版片稍为放置,即有扭曲断裂。地方一些显宦人家刻书,选版甚精,木质坚致,虽历百年再印,与始刻初印无异。因此只能凭经验,就眼界,相对而言,难以构成定义明确的概念。

现在用来标示与通行本同版,而又出现在通行本之前的印本,有形有质,似乎更为贴切。

当然,这种概念只在有比较区别的条件下才有实际意义,通常只就个体著录编目难以发现和鉴别。但是,随着文献资源的广泛使用和交流,目录工作已进入以群体为对象的时代,各种专题的或综合的总目录、联合目录将迭相而生,而编制过程中必然会产生种种可供参考的版本资料,可以借鉴。而且,在这种局面中古籍编目不能再是由一次著录即可完成的,必然要经过以群体为背景的审校阶段。在视野相对开阔的条件下使用这种概念,不仅是可能的,而且是必要的。

(发表于《图书情报工作》1987 年第 6 期)

古籍中的后印本

刻板印书，限于物质和技术条件，一般一次不会很多，即以需求量较大的类书或地方志而言，也不过在二三百部之间。家刻本就更少，但书板多能久贮，随时可再刷印。倘书板木质坚致，再印时间又较近，很难区别何者为第一次印，何者为第二次印，家刻本中这种情况很多。若书板木质松软，稍隔时日再印，即会出现断裂、模沕，地方志中这种情况较普遍。过去书业就以严重断裂、模沕为标准识别后印，所谓"烂明板"、"大花脸本"等即是。

近年笔者于审辨版本中发现，有些后印本每加"重刻"序跋，或还剜改大题、更易标卷，又或铲易讳字，改刻卷端撰校等人题名，倘只就一书著录，不在群体中考察比对，又不加思辨，很容易误作另一种刻本。即或不称重刻，也无剜改更易，每因后印时增入序跋，著录者狃从"以序跋之最后署年为刻年"之误说，亦多作另本，造成一书版本混乱。

又一种情况，后印时有所申明，但部位隐晦，或闪烁其辞，或增后人所撰碑传，不细辨，也极易忽略。著录中倘不标示，即造成常识性失误。

鉴于此，似有必要赋后印本以更具体的界说，以利于提示辨识和鉴别。基于版本问题中的一些特殊情况，后印本只能是一种狭义的概念，不能等同后印。后印，是广义的。属于后印的还有补修、增修、汇印等等。

后印本的界说应是：凡有据可见，印本年代非在正文刻成年（或稍后一二年），正文书板无增易，或仅有局部剜改（包括大题、讳字、参校刊梓等人名氏），增删序跋、附录，或书版已见明显断裂、模沕等属之。

例一　有易于辨识的增刻序跋或附录

1. 归先生文集三十二卷　明归有光撰　附录一卷　明万历四年翁良瑜雨金堂刻后印本

十行二十字，白口，四周双边，单黑鱼尾，版心书名同大题，版心下镌“雨金堂”，卷一首页版心下镌“章右之刻”，卷端题：“吴郡归有光著　门人王执礼校”。

万历三年周诗《归先生文集小引》。

附录后万历四年翁良瑜刻集成《祭文》末镌：“万历癸酉男子祜子宁编次　丙子浙人翁良瑜梓行。”

此集有初印本，具见拙文《古籍中的初印本》(《图书情报工作》1987.6)，又有后印本。

后印本增万历戊子(十六年)陈文烛《归太仆集叙》，又有崇祯乙亥归昌世跋。跋曰：“是集也，乃先年诸父所辑以应翁贾之请者。经术之文已备载，而应世诸篇当十不及五，然而海内文坛六十年来以为巨观”。

附录中增入万历戊子陈文烛《太仆寺丞归震川先生墓表》。

2. 仰节堂集十四卷　明曹于汴撰　清康熙二年吕崇烈等刻后印本

八行二十字，白口，单鱼尾，四周双边。卷一卷端题：“安邑曹于汴自梁父著　男曰良　门人临川吴之甲　会稽董元儒较正。”卷一第二十五页末行“读史断章序”下为墨钉，上附阴文“一日六十正”。

康熙二年吕崇烈《重刻仰节堂文集序》曰：“余师真予曹先生《仰节堂文集》行世已久……己丑兵燹，运城极厄，无论片墨不存，并其原板不可问矣。奈何！一日先生之外孙景君字望蘧者，忽遇此集于安邑市上，盖几与败絮残楮相为没灭耳。景君意购之，若惊若喜，见余而道其由来，余乃仰天谢曰：‘先生之灵不泯，天地鬼神为之呵护也欤！’于是聚而谋诸弘运书院之友。诸友曰：‘硕果之存，危哉！’相与鸠金而为重刻，以固不朽。刻成，诸友属余序。”

后印本有《明史·曹于汴传》，传后有乾隆丁巳(二年)宋在诗识记，曰：“在诗向官翰林读中秘书，见大司农华亭王公所著《明史》

稿本,为先生立传,叙事详核……手抄珍藏,用志景仰。兹以母忧读书于家,偶阅先生《仰节堂集》……爰梓向所抄史传授其后裔,俾冠于卷首。”(此数页版心下皆镌“附卷首”)

卷二首页“汴”、“志”间有断板痕。

“弘”剜末笔。

北京大学图书馆藏《四库全书》所用《仰节堂集》底本亦此种后印本。

例二、序跋中述后印为重刻

1. 慎修堂集二十卷　明亢思谦撰　明万历刻后印本

九行十八字,白口,四周单边,单线鱼尾,写刻,版心上书名同大题。卷端题:“河汾亢思谦子益著。”

万历甲辰詹思虞《慎修堂集序》,何东序《慎修堂集后序》。

后印本增康熙丙辰徐元文序,康熙丙辰何元英《重刻慎修堂集序》,康熙十五年盛符升《题后》,亢宗瑗《重修慎修堂集乞言》。

盛符升曰:“《慎修堂集》者,明四川方伯临汾亢公水阳先生之所著也。自诗、赋、序、记迨杂著状诔凡二十卷,万历甲辰镂版行世,历今七十年,散佚不可考,其四世孙辚声(宗瑗)重为校辑,谋更辑之。”

实乃旧版重印,且因避清讳,多处挖改。如目录卷二《送曹纪山》、《和杨胥江》两题之间填墨钉,万历原印乃《送陈雨泉宪副帅师师戍蓟二首》,正文中则挖去,成空白;目录卷十五《拟弭灾疏》、《不加赋而国用足议》之间亦两行墨钉,万历原印乃《论地震疏》、《防边议》,正文中自第五页至十一页未印,成缺页。

2. 重刊经史证类大全本草三十一卷　宋唐慎微撰　明万历二十八年籍山书院刻后印本

十二行二十三字,白口,四周单边(卷一首页四周双边),双线鱼尾|<○　|<,尾间镌　“本草”。卷一首页版心下镌“承　四百五十一”,二页“方”。卷一卷端题:“知南陵县事楚武昌后学朱朝望重梓　春谷义民王秋原刊　庠生王大献　引礼程文绣仝校”;卷二题:“春谷王秋捐赀命男　大献大成仝校录。”

卷三十一后镌莲盦墨记“万历庚子岁秋月重锲于籍山书院”。万历庚子岁，二十八年。

后印本卷一首页所题“朱朝望”之“朱”字已泐，二页版心下“方”字须细辨始可识。

增万历庚戌(三十八年)彭端吾《重刻本草序》，同年金励《重刻大观本草序》。

金励曰：“《大观图经本草全书》明兴大中丞原公刻在东藩，陵之义民王秋者，输金再镂之，嘉惠长淮以东京若省万万生灵。然自丁丑(万历五年)迄今，人易世矣，刻已劘矣，侍御彭公视鹾正莅宣，忻见是书，曰‘鹾以课国，国以生民，民生不育，即竞长淮而熬之，何益！余嘉秋有是刻，不虞其久而圮也’。厘工新之，以委署事抚厅梁君及新令张君。未浃月而梓成，模者蚀者朗星日于斗霄。”

据序中语似据王秋旧板补修，实仅重刷籍山书院板而已。彭端吾非直辖长官，又非巡按御史，虽有补修王秋刻本之意，但地方官却以无需补修之籍山书院版刷印敷衍。后人不细辨，多误从金说。

王秋刻本仍有传世者，版式、行格同朱朝望刻本，但版心不镌刻工、字数，鱼尾作||<○|<||，卷一、二卷端皆镌：“春谷王秋捐赀命　男大献大成全校录”。

例三　后印时剜改大题、更易标卷或调整页码

1. 逋斋诗四卷二集二卷又二卷　清刘正宗撰　清顺治刻本

八行十八字，白口，四周单边，无鱼尾，无直格(二集单黑鱼尾，有直格)，版心上下栏不相连，镌“逋斋集”。卷端题：“北海安丘刘正宗可宗父著。”

任濬《宪石诗序》，王辰《序言》，胡世安序，顺治己丑薛所蕴序，张缙彦《诗序》，《宪石先生诗序》。

胡世安曰：“此诗草四卷，逋斋丁亥后所著也……自庚寅以往，别有集在。”

张缙彦曰：“己巳(疑己丑之误)间曾读《逋斋》、《雪鸿》两集，今复出《庚寅草》、《西征杂咏》二帙。”

按，二集卷一为顺治庚寅（七年）岁作，首章即《庚寅元日》，卷二为辛卯（八年）岁作，内有《西征杂咏》组诗。

《宪石先生诗序》在又二卷前，曰："先生秉道佐燮，纳百揆以熙庶……迩后裒集近稿付梓。"又二卷为壬辰（顺治九年）、丙申（顺治十三年）间诗。

此集见藏于中国科学院图书馆，又有后印本，大题皆剜改为"御墨楼诗"，版心书名俱铲去。

2. 隐秀轩集三十三集五十三卷　明钟惺撰　明天启二年沈春泽刻本

八行十七字，白口，四周单边，无鱼尾。按《千字文》顺序为集，各集卷数不等：宇、往、秋、藏、余各二卷，地、辰各三卷，黄、列各四卷，昃六卷，余皆一卷；合诗十集十六卷，文二十三集三十七卷。卷端大题及版心书名皆镌"隐秀轩"及集名，如"隐秀轩诗天集"、"隐秀轩文盈集"。封面镌"绣梓钟伯敬先生诗文集　隐秀轩藏板"。卷端大题后镌："竟陵钟惺伯敬著　海虞沈春泽雨若阅。"

天启壬戌沈春泽《刻隐秀轩集序》，曰："伯敬先生既以视闽学政，出裒其新旧所撰著诗文若干卷，合而名之曰《隐秀轩集》……余之梓是集而序之也，非序先生之集，而序世之学为先生集者也。"

传世者多后印本，封面易为："钟伯敬先生全集　书林近圣居重较定二刻新板　一集诗　一集文　隐秀轩元本。"卷端大题仍旧，版心只存"隐秀轩"及卷次，集名剜去。以原天至玄集为一卷，玄至黄集为二卷，宇至盈集为三卷，昃集为四卷，辰集为五卷，宿至列集为六卷，张至冬集为七卷，藏至云集为八卷。

藏家每因无可比较，即视八卷本为别本，其实乃同版后印。

3. 新镌古今大雅南宫词纪六卷　明陈所闻辑　明万历刻本

十行二十字，白口，四周单边，无鱼尾。版心上栏不相连，镌"南宫词纪"。有眉栏，镌音注。

封面镌"新镌啸余谱别集　秣陵陈荩卿南九宫词谱　本衙藏板"

卷端题："秣陵陈所闻荩卿粹选　陈邦泰大来辑次。"

万历乙巳(三十三年)俞彦《题南宫词纪》,顾起元《阅荩卿所集词纪漫赋》。

卷二“二卷四四”页下接“二卷四七”页,内容衔接。

后印本“二卷四七”页剜改为“二卷四五”,依此下推,至终卷。

卷四“四卷四八至五十”页下接“四卷五一”页。

后印本“四卷四八至五十”页剜改为“四卷四八”,原“四卷五一”页剜改为“四卷四九”,依此下推,至终卷。

卷六“六卷十四”页下接“六卷十七”页,内容衔接。

后印本原“六卷十七”页缺,以原“六卷十八”页剜改为“六卷十五”页相接,依此下推至终卷。

例四　后印时剜改卷端或它处撰校、刊刻等人题名

1. 诗经类考三十卷　明沈万钶撰　明万历刻本

十行二十字,白口,四周单边,单黑鱼尾。尾上书名同大题。卷一首页版心下右镌“槜李钱士明书”。卷端题:“明武塘沈万钶仲容采辑”。

陈继儒序,沈思孝《诗经类考叙》,沈师昌《诗经类考叙》。

传世者有崇祯十一年印本,卷端挖嵌为:“明武塘沈万钶仲容辑　云间陈子龙卧子　彭宾燕又　陈增远寉朋较。”增入戊寅周立勋序,彭宾序,宋存标序,陈子龙《诗经类考序》,李雯《诗经类考序》,戊寅郑圻《诗经类考叙》,宋征舆《诗经类考序》,李是楫叙,戊寅(崇祯十一年)陈增远《诗经类考序》。

陈增远曰:“是书也,成于神皇帝丙午丁未之年,会沈先生宦游,未及广其传而殁。当庚申辛酉间廓园魏先生为輶轩之使,尝以其书上之天子为石渠天禄之藏久矣,余独悲其未甚显于人间,特为表而出之。”

2. 楚辞八卷后语六卷辩证二卷　宋朱熹集注　明万历朱崇沐刻本

九行十七字,小字双行同,白口,四周双边,单线鱼尾。

卷一首页大题后镌:“后学监察御史高安朱吾弼重编　礼部郎中婺源汪国楠　婺源知县嘉兴谭昌言　婺源教谕新淦朱家梾　光

禄署丞歙邑吴勉学同校　婺源庠生王正已　文公裔孙庠生朱崇沐阅梓。”

另本卷一首页易版，大题后改镌：“后学监察御史高安朱吾弼重编　礼部郎中婺源汪国楠　婺源知县嘉兴谭昌言　婺源知县当湖金汝谐　婺源教谕新淦朱家棶　中书舍人歙邑吴养春　中书舍人休宁朱家用　光禄署丞歙邑吴勉学同校　婺源庠生王正已　文公裔孙庠生朱崇沐订梓”。

据《婺源县志》，谭昌言万历三十二年来官，三十三年以忧去；金汝谐三十三年来官，三十七年考选御史去。则此刻当在万历三十二年。易版印本属后印，在万历三十三年至三十七年间。

例五，后印时避时讳，剜改讳字

1. 仪真志二十二卷，清陆师纂　清康熙五十七年刻本

十二行二十五字，白口，四周单边，单黑鱼尾，尾下镌“仪真志”。封面镌，“仪真志　采碧山堂藏板”。

目录前镌“行取仪真县知县归安陆师修”。

常鼐《仪真志序》，康熙五十七年吴存礼《仪真志序》，康熙五十七年陆师《仪真志序》。

陆师曰：“丁酉春正，师始到官即取县志阅之，旧者体例善而事不续，新者件目具而义未精，欲重修之。遂蓄意为搜采，盖逾年而未克即举。会已得征，因汲汲成之，诚不敢以岁月之浅而自诿，而缺此地之一要务也。假馆汪氏之园，从事于排纂缀属，溽暑中未尝暇逸，自孟夏至秋而卷帙完。”又曰，“是书之成，不敢以捐俸请之上台，亦未尝谋诸邑中佽助。用己力节缩之余，经营以就梓。去取详略之间，稍以己意裁之。窃恐一人之见未必有合于众目，仍藏板于采碧山堂，亦不欲贮之公库。”

此刻板印俱精，书法隽秀。传世则多后印本，大题及版心“真”字皆挖补为“徵”，文中“真”字或缺笔，“弘”字铲去末笔，或作“宏”，“历”或铲去“日”之半。不存原封面，缺吴存礼序。

2. 四素山房集十九卷皇华集二卷　明刘鸿训撰　明崇祯十三年刘孔中刻本

九行二十一字，白口，四周单边，版心上书名同大题。卷端题“济南刘鸿训青岳著”。

王与胤《四素山房集序》，崇祯十六年周应期《四素山房集序》，章世纯序，（崇祯）庚辰（十三年）刘孔中《皇华集序》。

刘孔中曰：“兹拣先大人遗稿付剞劂，向《皇华集》独为一编。”

传世本多属后印，“玄”、“胤”等字皆剜末笔。

例六，因刻年含混，后印不易区别，或后印标示不明显，须细加判读始可识出

1. 册府元龟一千卷目录十卷，宋王钦若等撰　明崇祯十五年刻后印本

十行二十字，小字双行同，白口，四周单边，无鱼尾，版心书名同大题。卷端题：“淮南李嗣京参阅　西极文翔凤订正　豫章黄国琦校释。”

此刻传世者多后印本，时已入清，著录者每失察。后印本在崇祯壬午（十五年）黄国琦《册府元龟序》后又附一序，曰：“壬午，李少文先生按闽，与胡公蘖山、郭公正夫厥剞氏之掖，且念数千祀主极臣谟应羞左个，而竟以读礼焚疏。迄甲申（崇祯十七年）春，余召对中左门，将自呈，复痛时之已棘，伤哉！自辛酉（天启元年）讫辛巳（崇祯十四年）二十年间，师友兄弟死者既如客，生者又不知作何处青山主人。唯此书阅尽兵火，岿然灵光。”

2. 古园集十二卷　明卢雍撰　明归仁刻本

十行十八字，白口，左右双边，无鱼尾，版心中镌“卢师邵集”及卷次。卷二第六至七页版心下镌“雇千”，卷三第十九至二十页、卷五首二页等“章景华”。目录前镌：“文林郎河南道监察御史吴郡卢雍著”。各卷末镌，“门人长洲归仁校刻”。

胡缵宗序，唐龙序。

《古园集》甚罕传世，鲜见著录。近年知上海图书馆及山东文登县图书馆各藏一部，两家所述行格、版式、刻工、序跋等皆同，唯文登县藏本卷十一末镌“万历己未八月曾孙吴庠启祥　胤　道衡　道元　源材　抡全校”，上海馆藏本卷十一末则镌“崇祯六年岁

次癸酉春日曾孙翰重校梓”。

限于条件，此两本皆未及目验，但据前述材料，已可判断两本皆是归仁刻之后印本。

卢雍字师邵，吴县人，正德辛未（六年）进士。唐龙、胡缵宗皆正德戊辰（三年）进士，为人作序皆在正德、嘉靖间。归仁既称门人，生活年代亦不会晚于嘉靖。章景华乃嘉靖初年之刻工，曾刻《慈湖先生遗书》。故此集之刻或即在嘉靖初年。万历己未为四十七年，相隔或近百年，自是后印。后十余年，卢翰又再印，铲去前次刷印题名，换嵌己名。“重校梓”是欺世之言，后印本中其例不乏见。

3. 吴越春秋十卷　汉赵晔撰　元徐天祐注　明万历十四年冯念祖卧龙山房刻后印本

八行十七字，小字双行同，白口，左右双边，单线鱼尾。版心上书名同大题，尾下镌卷次及页码。写刻。卷端大题连小题，如：“吴越春秋吴太伯第一”。卷一卷端题后一行镌“后汉赵晔撰”。

目录第三页后原刻有牌记，印时垫去。

《吴越春秋序》第三页系补刻，单黑鱼尾，字体迥异。首二行题“古史氏二酉主人题于留余草堂”，三四行镌阳文篆书“伯敬之印”、阴文篆书“钟惺氏”墨记，刻工拙劣。

按，此序本徐天祐撰，原刻四页，印时当缺三、四页，得板者未补刻，径将第二页末行末字“其”剜去以结句，另刻衔名一页，且盗钟惺名为撰序人，撤去目录第三页后原刻牌记“万历丙戌之秋武林冯念祖重梓于卧龙山房”，冀充一新刻。

4. 震泽先生集三十六卷　明王鏊撰　明嘉靖刻本

十一行二十字，白口，左右双边。版心上镌文体“赋”、“诗”等，鱼尾下镌“文集”及卷次。卷一第一至三页及卷四各页版心下镌“周”，卷二、卷三“郁”。卷端不镌撰人等名氏。

嘉靖十五年霍韬《叙文恪公集》。

后印本有封面，镌“王文恪公全集　鹤来堂藏板”。卷端嵌入“震泽王鏊济之著”。卷一首页中部“体”“乎”、“诒”“岁”间有明显断痕。霍韬序外，又有董其昌《震泽先生集序》，署“云间后学董其昌譔”，印文为“董其昌”、“太史氏”。按，董其昌为万历十七年进士，后官至礼部尚书，此序当作于庶吉士散馆后不久，或在万历二十年前后。

（发表于《图书情报工作》1989年第6期）

古籍中的补修本

书版搁置年久，难免有残缺脱落，或刷印过频，木版质劣，出现严重模泐断裂，再刷印，则需补镌，为补修本。

一书补修再印，每有序跋题记，说明原委，或用明显的标记提示补版。但也有的不加任何说明、标记，或为充原刻，将说明、标记撤去、铲掉。

无说明与标记的补修本，可据补刻的版片辨识。历年越久，原刻版片与补刻版片的字体、刀法越有明显差异；从版式、模泐程度中也可见区别。稍具版本常识者一望可知。

部分补版，内容有更易，或增补附录文献，增刻编校等人题名，可从版式、字体、与序跋年代是否相符等方面辨识。极少数的只有部分文字变动，而补版与原刻年代甚近，字体近乎相同，则需在有比较的条件下始可识出。这类区别，宜专做记载，为在一般条件下只就一书著录判断原刻或补修提供依据。

一、有说明补修始末的序跋

1. 盛京通志四十八卷　清王河　宋筠等修　魏枢纂　清乾隆刻咸丰二年雷以諴补修本。有咸丰二年奉天府府丞兼学政雷以諴跋。曰：“《盛京通志》始于雍正末年，蒇事于乾隆初。考核精详，胥臻美备。乃岁月深久，版刊字迹脱落弥多，若不及时修补，将必等诸无用，甚且委弃尘埃，大有铜驼荆棘之惧。道光庚戌，余视学来沈，与署承德令蔚堂兴司马、署府学裕三纲司铎合议此举，均慨然有同志。奈此地藏书家迄无善本，靡所遵循，几至中止。裕三乃命其子于京师世家觅见昔年初印原本，而其人珍如珠宝，不获出假。因就近另购一旧本，与所藏初本对核照抄，票签明晰，于咸丰元年冬由驿赍到。余窃喜裕三之力果而心精也，即以现存新本与旧本亲加校核，计共签出约七千数百余字。又经蔚堂司马取出原版逐加洗刷，偕各官合相重校，总计应行修补并全换页者共三万余字。爰合力捐赀，鸠工付剞，两阅月而事竣。”

2. 柳待制文集二十卷　元柳贯撰　外编附录一卷　清顺治十一年冯如京刻康熙五十年查遴补修本。有康熙辛卯（五十年）查遴《补刻柳文肃公文集序》。曰：“元至正间武威余文宣公阙，过其家，得遗文若干首，已命监县廉侯刻置浦江学宫，乃不久毁于兵燹。明天顺间督学张公又命教谕欧阳溥刻之。历百年至国朝顺治癸巳，晋阳秋水冯公建节婺郡，又欣然捐俸命梓，更为善本。……无何数十年来板藏尊经阁者又十亏其二三，是谁之责哉！会傅子旭元募刻《宋文宪公集》，因与经营，多方措置，补其缺轶，令为完书。”

二、无说明补修始末的序跋，但有明显的补修标记

1. 史记一百三十卷　汉司马迁撰　宋裴骃集解　唐司马贞索隐　张守节正义　明万历二十四年南京国子监刻补修本。此本原刻单黑鱼尾，版心上镌“万历二十四年刊”、“万历二十五年刊”，版心下多镌刻工名氏。如卷一首页“何鲸刊”，二页“戴惟孝”，三页“陶学”。补修本多铲去原镌刻工名氏。补版多双黑鱼尾，版心上或镌刊补人。如卷四《周本纪》第三十三页镌“东厢王　南厢周同补”。或镌补刻年。如卷十七《诸侯年表五》第九、十页镌“顺治十五年刊”，二十页镌“康熙二十年补刊”。补刊年亦有镌于版心下者，如《周本纪》第三十三页，镌“崇祯十一年助厅韦校刊”。

2. 金华文统十三卷　明赵鹤辑　明正德七年赵鹤李玘刻万历七年金华府补修本。正德壬申李玘题志后镌“万历柒年岁己卯三月吉旦金华府重修”。

三、无说明补修始末的序跋，也无明显的补修标记，据补版辨识

1. 补版文字有更易，叙事年代明显在后

广舆记二十四卷　明陆应阳辑　明万历刻清补修本。此本补版颇多，且每见文字更易。如：原刻卷一首页第五至七行“我祖文皇帝尝龙潜于此，及缵承大统，遂建为北京”，补版易为“明初为北平布政司，永乐中成祖迁都，是为北京。大清定鼎，仍为京师”；卷二首页第四至六行“有我太祖高皇帝定鼎于此，永乐中建都北平，此遂为南京云”，补版易为“明太祖高皇帝定鼎于此，永乐中迁都，改为南京。大清改为江南首省”。

2. 补版文献形成年代明显在后

小山类稿选二十卷　明张岳撰　张襄惠公辑略一卷　明末刻清补修本。此本除补版外，且增入《四库全书总目·小山类稿提要》。

3. 补版校刊等人生活年代明显在后

定山先生集十卷　明庄昶撰　明嘉靖十四年刘缙等刻萧维馨补修本。原刻各卷卷端题：“南京户部主事云南陈常道编辑　南京户部主事四川周满校正　应天府江浦县知县桂林刘缙　儒学署教谕陈应奎　训导龙寿山同刊”。补修本各卷首二页或首页皆补版，卷端题名除原刻所列者外，于“训导龙寿山同刊”一行后加“巡按直隶监察御史金溪黄希宪重订　南京户部郎中太康何维同校　应天府江浦县知县庐陵萧维馨校刊　江西道监察御史邑人朱贤类次”数行。黄希宪、朱贤俱嘉靖三十二年进士。据光绪《江浦县志职官表》，萧维馨在刘缙后七任。

4. 补版版式与原版有明显区别

由拳集二十三卷　明屠隆撰　明万历八年冯梦祯补修本。原刻下线黑口，单线鱼尾，左右双边。补版皆白口，四周单边，间黑鱼尾。

5. 补版字体与原版有明显区别

万二愚先生遗集六卷　明万国钦撰　明万历三十七年万尚烈刻清补修本。原版写刻，字近颜体。补版仿宋体，“玄”缺末笔。

6. 补版粗劣，误字多

空同集六十三卷　明李梦阳撰　明嘉靖十年曹嘉刻三十一年朱睦㮮补修本，补版刊刻粗劣，几乎页页有误字。如：卷一第十二页右三行“孔”，作“孔”；卷三第十页右二行“啄”，作“啄”；卷四第七页右十行“哲人畏威”，作“哲人畏戚”；卷十一第六页左十行“调寡弥工”，作“调寡弥王”；卷十八第二页左十行“不可攀”，作“不扣攀”，左末行“含笑”，作“仓笑”；卷二十一第三页右四行“令伯冋”，作“令伯间”，等等。

四、虽属补修，但称重刻

1. 说文长笺一百卷首二卷解题一卷六书汉义七卷　明赵宧光撰　明崇祯四年赵均刻本。十行二十字，小字双行同，白口，左右双边，单线鱼尾，尾下镌卷次，版心上书名同大题。封面镌“赵凡夫　先生纂　说文长笺　金阊大观堂发行”。崇祯四年钱谦益《说文长笺序》（末镌“门人邵弥书”），万历丙午赵宧光《说文长笺自叙》，崇祯辛未（四年）赵均《刻说文长笺成敬题》。卷端题：“汉太尉祭酒许慎说文　唐教书郎徐铉韵谱　明祭酒诸生赵宧光长笺　男赵均书篆字　明大司徒李宗延刊定　郎官镏〔刘阙〕应遇效刊”。卷末多镌“长洲颜听元方缠较”。

有所谓康熙四十三年程稍玉禾堂刻本者，封面镌“赵凡夫先生原本　说文长笺　广陵玉禾堂藏板”。钤钟鼎文“玉禾堂”朱印。有康熙甲戌（三十三年）尤侗《重刻说文长笺》，蔡方炳《重刻说文长笺序》，康熙甲申（四十三年）程稍《重刻说文长笺自序》。程稍称，“吴郡赵凡夫先生《说文长笺》发凡启例，触类引申，广证博钩，援经摭史，声音点画，纤悉无遗，可谓集古今字学大成矣。先生胸中蕴奥《长笺》，本末具见于《报吴敬甫论字》一书……先生役用心神，耗费简札，著为此书，未及版行，遂归道山。其子灵均校而授梓。然年远世移，枣梨残缺，余兹愍焉，重为校刊，并以《报吴全书》附列简端。”后署“谨题于广陵之玉禾堂”。

两书对校，程稍实据旧版补刻。补版大抵较原版略低。如卷一首页，原版版心高 21.6 厘米，补版高 21.1 厘米，二页，原版版心高 21.6 厘米，补版高 21 厘米。补版甚多，仅卷一即有 1—2 页、5—6 页、9—13 页、15—16 页、19—22 页。补版文字间有小异，如《六书汉义》卷三第四页右七行小字“宔”，补版作“宔正”；右八行小字“敁”，补版作“敁正”；右九、十行“声只半体故曰附佗字为子其法与附体指事相类调合义未当”，补版作小字双行注。

2. 纺授堂集八卷二集十卷文集八卷　明曾异撰撰　明崇祯刻本。八行二十字，白口，四周单边，单黑鱼尾，版心上书名同大题。卷端题：“闽曾异撰弗人著”。有崇祯壬午李世熊《纺授堂集序》，潘曾纮《曾生诗序》。

此集原印已罕见，现传世者皆补修本，补版视原刻字体稍大而肥，板框高于原刻 2 至 3 毫米。有康熙戊戌（五十七年）曾天采跋，却称重刻，曰：“此先祖弗人公旧草也，明季已付梨枣，驰天下。缘戊、己间灾于回禄，于今六十年矣……今年春，友人陈与予商再梓，公同好。”

（发表于《图书情报论坛》1989 年第 3 期）

古籍中的增修本和著录审校

一

古籍中,同一版图书已经流通,又增益篇卷的,称增修本。

增修本多见于族谱、传记,地方志、山志、寺庙志、祠堂志等递增性史料文献,但明清间一些诗文集中也屡有所见。

如:增定太白山人漫稿八卷　明孙一元撰　附录一卷　明万历二十五年张睿卿刻,万历三十九年增修本增补遗一卷。有万历辛亥(三十九年)张睿卿补遗叙,称:“余既刻《太白山人漫稿》成,词林竞赏。嗣后往往从故家得山人手迹……凡是若干篇……因分次合而梓之。”

虽也是利用同一种版片增加篇卷,但重新做了全面调整,编排体系不同,则属异版别本。

如:甲,秋笳集二卷附西曹杂诗一卷　清吴兆骞撰　清康熙徐乾学刻本。吴兆骞赋并志曰,“余弟汉槎自塞外贻书徐健庵,以所著《秋笳集》奉寄。今健庵亟谋剞劂,不负故交万里之托。余为怆然感泣,赋此志谢”。《秋笳集》不标卷次,前一卷赋、后一卷诗。

乙,秋笳集八卷　清吴兆骞撰　清雍正四年吴振臣刻本。雍正丙午吴振臣跋曰,“右《秋笳集》八卷,先君子汉槎先生所作也。先君少负大名,登顺治丁酉贤书,为仇家所中,遂至遣戍宁古。……昆山徐健庵先生悲故人之沦落,千里命介索其草稿梓以问世。……振臣愚蒙不肖,既不能发名成业以显扬我先君矣,敢复蹈不仁不明,致使先君没没于后世哉!爰就旧刊,增以家藏,析为八卷,汇为一集。其先四卷系健翁所刻,后四卷则振臣所增也。”

所谓先四卷者,以徐刻赋卷为卷一,诗卷析为卷二、卷三,《附西曹杂诗》为卷四。原诗卷第三十、三十一页间《与旧史》一诗铲去，移入卷五，空出三十一页首二行，改镌“秋笳集卷三”及“吴江吴兆骞汉槎氏著”。

二

出于种种原因，增修本有明确标示、说明的是少数。多数序跋中或有所述，但语多模棱隐晦，易生歧义，或无任何序跋题识，每被忽略。还有的变动刻书人，剜改卷端大题或刻人题名等等，故意制造伪象，更容易被误作另一版本。

例一，宣化府志四十二卷首一卷　清金志章等修　吴廷华纂　清乾隆刻本。此志传世者多为增修本，有乾隆二十二年口北道良卿叙、宣化知府张志奇叙。良卿叙中说，“乾隆元年观察使者金君志章负著作之才，慨然以此自任，后王君芥园与太守王君畹先后成厥事，发凡起例少变孙志，而参订考正更为完密，共得四十二卷。已寿梨枣杀青矣，乃收掌官不戒于火，毁其大半。予与今太守渤海张君志奇念前人搜罗之不易，恐其愈久而遂湮，谋复刻之。又念自前志成后迄今又已十余年，其间因革损益之处皆宜以次纂入”。张志奇序中说：“典守经历郭廷邦不戒于火，致版毁过半。向之自无而有者，今且自有而无，余怆焉念之陈之。观察良公亦以是为急，乃请于制府谋重梓，而以宣化黄令可润职其事。”

据良、张二序，似乎前志已毁于火，又重刻。实则仍用旧版，只略作修补，而于各卷后略事添增。增修部分多冠大题，称“宣化府续修志”，页码则与原刻连计。

又，济宁直隶州志三十四卷首一卷　清胡德琳　兰应桂修　周永年　盛百二纂　清乾隆四十三年刻五十年王道亨增修本。有封面，镌“乾隆五十年岁次乙巳重修　济宁直隶州志　其计板一千一百九十页　藏尊经阁吏房监收”。又有乾隆五十年王道亨《重修济宁州志序》，称：“余于戊戌之岁蒙恩迁济州。先是升州直隶于省，割兖州府之汶上、嘉祥、鱼台属焉。前刺史定海兰公因重刊州志，以三邑附入之。剞劂甫毕而余至矣。越明年复以汶上还兖州，而割金乡来属。于是封圻之域转瞬间已为陈迹。且职官迁移，人文科第月异而岁不同，则改修又乌能已。”

据封面和王序，可以以为另是一本。其实王道亨只据乾隆四十三年刻本稍加增添，补入之版字体与前迥异。

例二，横云山人集二十六卷飏言集五卷　清王鸿绪撰　清康熙刻。增修本横云山人集增卷二十七，别无序跋题识，只字体较前二十六卷粗肥，墨色灰而无光泽。

又，钓台集二卷　明杨束辑　明万历十三年刻本。有万历十三年杨束《重刻钓台集后序》。但传世者多增修本，鲜为人著出。增修本无增修序跋，细按，可见卷上第六十四页左接刻郭士望《严光先生辩》，后增“又六十四”、“再六十四”页，末署“万历丁巳岁季秋月”。丁巳，为万历四十五年。六十五、六十六页《严先生祀田记》末题“知桐庐县事孙梗立石”。据《桐庐县志》，孙梗，万历二十四年来官知县。六十七、六十八页为李长庚《登钓台小记》，李长庚名下题“湖广麻城　山东巡抚”，据《明实录》，李长庚巡抚山东始于万历四十四年。卷下百又八六页载“国朝太师”叶向高诗三首，第二首为《四年甲子冬再蒙恩予告过此仍次前韵》，“四年甲子”当是天启四年。百九十一页陈景璐《又戏题》后注“此县令语也”，据《桐庐县志》，陈景璐天启二年来官知县。

例三，何柏斋文集八卷　明何瑭撰　明嘉靖三十三年周镐刻。有嘉靖甲寅（三十三年）周镐《刊何柏斋先生文集序》，曰：“先生家居，庐舍不过数椽，敝（㡚）衣蔬食，日以观书玩道为乐，当世达人公卿亦罕接会，惟关中泾野、浚仪、浚川诸公至则屏从造庐，雅谈终日。其制作随意所发，温厚淳蔚，稿多不存旧。余见论先后天卦位及造化、气运、乐律、歌调等篇，每出先儒所见，今购未得，所刻者才什之三四，然亦足见先生心志及为治大略云”。

增修本为十卷，即此板增刻卷九、卷十，卷九为《阴阳管见》、《乐律管见》，卷十为《医学管见》。《刊何柏斋先生文集序》末页改刻，“其制作随意所发，温厚淳蔚，根极理要，而奏疏尤为剀切。至其论太极、阴阳、伏羲卦象，每出先儒所见。而乐律十章尤足以破先儒承袭之谬。细至于医道、摄养等篇，皆能穷其玄妙。非先生见道之精，何以至是，诚不可弗传也。先生名瑭，字粹夫，河内人，柏斋其号云。”署年依旧，作序人则改为马汝彰。

八卷本今仅见藏北京大学图书馆，十卷本传世稍广，但皆著录为“明嘉靖三十三年马汝彰刻本”，俨然两书，其实应是“明嘉靖三十三年周镐刻马汝彰增修本”。

又，荆门州志三十六卷　清舒成龙修　李法孟　陈荣杰纂　清乾隆十九年刻。《中国地方志联合目录》中所载之“嘉庆十四年刻本　荆门直隶州志三十六卷”实即此志之增修本。其封面镌“嘉庆己巳秋重镌　荆门直隶州志　宗陆堂藏板”。各卷大题及版心书名原为“荆门州志”皆挖嵌为“荆门直隶州志”。

又，宋鲁斋王文宪公遗集十二卷　宋王柏撰　明崇祯五年阮元声刻。卷一至九卷端题：“世孙王宇启尔　王寀熙哉仝辑”。

有所谓顺治十一年冯如京刻十三卷本者，卷一至九卷端题名作“古晋冯如京秋水甫重梓　裔孙王周同男三聘辑　同郡祝基阜长康甫校”，有顺治甲午冯如京《重刻鲁斋遗集序》，称：“余弱冠雅嗜濂洛宗旨，虽能诵说，而见闻未广。比承乏分藩于婺，考丽泽之遗踪，搜正学之的派，得先生裔孙王琉以遗集视余，喜而读之……第遗文虽存而梨枣散佚，余惧文献之或墜也，亟谋捐梓，以承其传。别有《石笥清风录》十卷，殊有裨于世教，余将辑而嗣刻之。”实仅据旧板增刻补遗一卷，为卷十三，剜改卷端等处辑梓人题名。当是“明崇祯五年阮元声刻清顺治十一年冯如京增修本”。

三

例一、例二都必须细察全书始可发现是就原刻增修而非另刻。例三所示，则必须两书对校才能判断。

细察全书而后著录，本是对编目人员的基本要求，从事古籍编目的人员也必须具备能够审查判读某书刻印情况的素养。对校审辨，过去却很少为人注意。

近年古籍界曾编制几种大型的总目录或联合目录，因汇集反映多家收藏，视野较阔，每发现明清刻本中一些同书名、同著者、同版式行格的本子尽管或卷数不同,原著刻年不一,彼此间往往有同一的关系。而一些书名、著者、卷数、版式行格甚至原著刻年皆同的,却又并非同版。从而认识到在明清刻本中存在着需要区别同版、异版的问题。要弄清这些,必须调取原书对校,或称"群体审校"。对校中可以发现版同而又有异,多表现在印刷阶段不同,包括初印、后印、补修、增修、转版、汇印等等。弄清它,每可纠正前人只凭一书判断造成的疏漏或失误。

如:皇明文范六十八卷目录二卷　明张时彻辑,各家著录有隆庆刻本(甲本)和万历三年刻本(乙本)两种。版式行格皆具以下特征:半页十一行二十二字,白口,左右双边,单线鱼尾,尾下镌"皇明文范"及卷次;版心下右间镌刻工名氏,卷一首页"茹子凌"、三页"甄子良",卷二首页"许亨",卷三首页"鲁耒",等。

经对校,甲本只有隆庆己巳(三年)张时彻《皇明文范序》,乙本增万历三年皇甫汸《皇明文范序》,序中但言"余小子不文,谬承奖饰,属以集序,三覆终篇",云云。

再校,发现甲本《氏名爵里》十二页右六行"宗训庐州人字伯昭号玉台小史隐士",乙本剜易为"赵时春平凉人号浚谷都御史";十四页左六行"黄训歙县人号黄潭参议",乙本剜易为"杨博蒲州人号虞坡少傅吏部尚书";十八页左十行"吴元赋",剜易为"黄训歙县人号黄潭参议";十九页右二行"睦檡周府宗室号西亭","室"剜易为"正";第二十页改镌,甲本仅张士瀹、程烨、陆瑞家、曾一台、张文柱、吴子玉、卢叔麟等七人,乙本增入李先芳、王世懋、陈文烛、苏濂、吴元赋、宗训等六人。

乙本篇目卷上第二十一页右十行嵌补"七引　苏濂"一行(正文中易题);第三十九页左四行增入"送四明竹墟屠公之广南臬长序　杨博"一行,后两条亦相应移行嵌补;第四十五页左四、五行嵌补"寿襄王序　张居正"、"西陵何氏族谱叙　张居正"两行。

乙本篇目卷下第六页右九至十一行嵌补"赠宪副王君备兵陕西序　何迁"等三行;第八页右七、八行嵌补"太霞洞天序　王世懋"等二行;第十页左二、三行嵌补"赠罗后江香山之任序　冯震"

等二行；十二页右六行剜去原刻嵌入“赠刘汝际序　程烨”，原刻“赠刘都督序　余寅”一行改刻，嵌入右第八行；二十一页左六行嵌补“重修泾州城记　赵时春”一行；二十五页右八行嵌补“薛考功祠堂记　李先芳”一行；四十二页右三行嵌补“赵子元达墓志铭　林应麒”一行；五十二页左十一行嵌补“奉寄曹几山都宪　林应麒”一行；又增刻第五十三页，原五十三页改镌“五十四”（下推至六十六页，改镌“六十七”）；六十五页左（甲本六十六页左）增入“七秘　赵时春”等三行。

正文中相应增刻，又多增目录中未列者。如卷二十八第四十五页右七行起增刻《赠宪副王君备兵陕西序》等三篇，又张瀚《金双虹二守序》等四篇，目录中未增列，增刻四十六至五十六页卷；五十八第三十八页易版，增入林应麒《奉寄曹几山都宪》，又增刻三十九至四十二页，增入目录未载之林应骐《答徐少初司谏》等二篇。

再综合版式、刻工、字体等其它特征判断，此书当刻于隆庆间，即甲本，万历初又行增补，同时收入皇甫汸序，即乙本。乙本应是“明隆庆刻增修本”，作“明万历三年刻本”，误。

四

辨识传世古籍的版本体系和刷印阶段，于版本学、目录学、校勘学都是有积极意义的。一部版本著录混乱的目录，将给古籍整理或研究造成许多扑朔迷离的幻界，增加困难，也难以标榜自身的学术水平。

当然，审校条件过苛，如必须两本甚至多本对校始可判断，不是置身一般收藏单位所能做到的。但也并非绝对不可为，同行间加强横向联系，代查、交流审校报告，是可以弥补条件不足的。

（发表于《中国图书馆学报》1988 年第 3 期）

明清诗文集中的增修本及其它

一书刻成已行世，又予增补，著录时称为增修本。这种情况多见于地方志和祠祀录之类。近年审校明清诗文集版本，发现类似情况也很多，所不同者，同书同版而卷数不同，并非只在卷后增页，有的卷数竟增一倍以上。因此多被当作同书异版。

以揭示图书客体为目的的目录必然是版本目录。版本目录贵在明晰、准确。虽卷数不同，但毕竟是同版，列为异版便造成版本体系混乱。一家收藏，所见无它，只可就书著录，难以区分；藏品较丰之家，往往多种并存，则可比较。尤其是编制总目性质的版本目录，多家收藏咸集，视野开阔，更有条件清理和避免这种混乱。由此而产生的"版本书录"，将给后人著录提供借鉴，细微区别，开卷可寻。清清楚楚的中国古籍版本目录，只有在这样的基础上才可产生。

和增修本近似的有递刻本，以及容易与之混淆的异版、初印和后印本。一起对照分析、会有助于鉴别和判断，因此并作一文论述。

一、增　修　本

一书刻成行世以后，又在原版基础上增刻，在明人诗文集中虽不太多，但也不乏其例。如：

《何柏斋文集》（十行二十二字，白口，单鱼尾，四周单边。版心上镌"柏斋文集"或"何柏斋文集"。卷三、七至十卷端大题为"柏斋文集"。大题后不镌撰人名氏）。

初刻八卷[①]，有嘉靖甲寅（三十三年）周镐《刊何柏斋先生文集

---

① 八卷本传世甚罕，今仅见藏北京大学图书馆。

序》，曰："先生家居，庐舍不过数椽，敞(敝)衣蔬食，日以观书玩道为乐，当世达人公卿亦罕接会，惟吴中泾野、浚仪、浚川诸公至，则屏从造庐，雅谈终日。其制作随意所发，温厚淳蔚，稿多不存旧。余见论先后天卦位及造化、气运、乐律、歌调等篇，每出先儒所见，今购未得，所刻者才什之三四，然亦足见先生心志及为治大略云。"后增刻二卷，卷九为《阴阳管见》。《乐律管见》，卷十为《医学管见》，行款同前八卷，唯字体有明显区别。

十卷本仍有《刊何柏斋先生文集序》，署年依旧，作序人改为马汝彰。序首页仍旧版，只是后部改刻，前文依然衔接，尾语有所改动，"其制作随意所发，温厚淳蔚，根极理要，而奏疏尤为剀切。至其论太极阴阳、伏羲卦象，每出先儒所见。而乐律十章尤足以破先儒承袭之谬。细至于医道、摄养等篇，皆能穷其玄妙。非先生见道之精，何以至是，诚不可弗传也。先生名瑭，字粹夫，河内人，柏斋其号云。"

过去藏家分别著录为：

何柏斋文集八卷　明嘉靖三十三年周镐刻本

何柏斋文集十卷　明嘉靖三十三年马汝彰刻本

当是：

何柏斋文集八卷　明嘉靖三十三年周镐刻本

何柏斋文集十卷　明嘉靖三十三年周镐刻马汝彰增修本①

清人诗文集中这种现象就比较多了。有的径直在封面标明。如：

《野客斋诗集》八卷(九行十九字，白口，黑鱼尾，左右双边)，封面镌"乾隆二十二年镌　野客斋诗集　乾隆四十一年续刻四卷联前八卷"②。

有的在序跋中述明。如：

---

① 增刻著为增修，只是考虑避免在一项著录中用词重复、"修"在这种版本用语场合，可作"刻"的同义词。

② (清)毛曙撰，见藏北京大学图书馆。

《蓄斋集》十六集(九行二十字,白口,左右双边,版心书名同大题。卷一卷端题"吴门黄中坚震孙著甥雇佺人全男会显成孝锡备成校订")。

卷十六末有黄会识记,曰:"是集授梓于己丑,迄于辛卯(康熙五十年),其中有卷编已定不便增入者,家君概欲置之,愚兄弟惜其未全,勉于甲午春(康熙五十三年)将辛卯以前诗文补刻四卷,其后著述更俟他日云。"目录卷十三题"补编十一首",卷十四题"补编二首",卷十五诗,卷十六诗、诗余。前十二卷无诗词。①

有的剜改原刻序跋中所述之卷数。如:《宠寿堂诗集》三十卷(九行十九字,白口,四周单边,版心书名同大题。版心下镌"石镜山房"。卷端题"虎林张竞光觉庵氏著")。康熙二年自叙曰:"余友人及诸子姓辈皆称道(诸篇章)不置,悉索所藏,授之剞劂,约共三十卷,汇为一编。"康熙二年张沁跋曰:"宗盟于是函丈之暇,益好为吟咏,以近今所构,合之旧作,计共三十卷。""约共三十卷"、"计共三十卷",皆系剜版后嵌入。另有二十四卷本,版同,叙跋中分别作"约二十四卷"、"计二十四卷",也是剜补。原刻卷数尚不明②。

有的增刻后改动大题。如:

十二卷补遗二卷者,前四卷与之版同,但第二卷起大题皆嵌补作"尊水园集略"(版心书名同,一卷亦补嵌"略"字)。增入顺治庚子(十七年)李源序及卢孝余跋。李源曰:"卢德水先生既没,程子正夫取其生平所为诗文汇成十二卷,先梓四卷已行矣,兹其次公仲绳兄复梓八卷。"卢孝余曰:"谨借皮为楮,削骨代颖,举付剞劂以传。"卷五至十二目录前镌"德州卢世淮德水著　受教程先贞正夫　李源星来　赵其星仲启辑"③。

① 据中国科学院图书馆藏本。

② 两本皆见藏北京市文物局。

③ 四卷原刻见藏首都图书馆;十二卷补遗二卷据中国科学院图书馆藏本。

二、递 刻 本

增修，是在已成一书的基础上又有所增益，而有些是累次增刻始成一书的，目前传世又只见增刻至最后的本子，似宜称递刻本。如：《木厓续集》二十四卷卷末四卷（十行十八字，黑口，双鱼尾，四周单边，鱼尾间书名同大题。卷一卷端题：“桐城潘江蜀藻著　男仁标　仁树　仁樾　孙义灿　义炳　义烺　义焘　义熙　义炅较”[①]。康熙辛酉（二十年）吴道新序曰：“蜀藻刊《木厓集》予已为作序……今刊其丙辰后五年诗寄予山中。”丙辰后五年为康熙十九年庚申，此集编年为卷，卷一起丙辰十月，卷六至庚申十二月。又，康熙二十四年张英序曰：“丙辰岁有《木厓全集》之刊，予既序而行之，今其从游诸子又汇集丙丁后十年之诗为十五卷，梓以问世。”康熙丙辰后十年为二十年乙丑，卷十五至乙丑七月。此后，续刻即无序跋称述。卷二十四至丙子八月，丙子为康熙三十五年；卷末四卷，起丙子九月至庚辰六月，庚辰为康熙三十九年。故应著录为“清康熙递刻本”。

《亦园全集》六卷（九行二十字，白口，左右双边，版心上镌“亦园全集”。封面镌“龙眠姚戊生著　亦园全集　瑞隐窝藏板”。卷一大题作“亦园初集”以次为二集……六集。卷一卷端题：“龙眠姚孙棐戊生父著　后学鲍士骢汉御订　孙士塈注若敬校。”诗纪年讫壬寅（康熙元年）[②]。

卷三前有姚孙棐序，曰：“吾伊之余，得句辄书之，年复一年，遂成帙，盖亦删者半，存者半焉，则《亦园初集》、《二集》之已有刻也。……四兄石岭曰：‘弟之初二集已行于世，三集其终秘诸？’……余承兄言为是刻。”当著录为“清初递刻本”。

---

① 《贩书偶记》著录亦为二十四卷；本文所据为中国科学院图书馆藏本。

② 《贩书偶记续编》著录亦为六卷；本文所据为北京图书馆藏本。

三、异 版

有些虽也属据旧版增修，甚至多次增修，卷数各异，但每次都对旧版编排系列做过全面调整，各本卷次虽同，所收篇章却多有增易，似乎就宜各视为一书，而非同版。如：

清康熙刻本，清毛际可撰《松皋文集》（九行十九字，白口，四周单边，版心书名同大题），有十卷、十二卷、十四卷三种。十卷本①，卷一至四序，卷五记，卷六记、书，卷七传，卷八墓表、志、铭，卷九题辞，卷十说、书后。卷一序首篇为《愿息斋文集序》。

十二卷本②，卷一至三序，卷四碑，卷五记，卷六论，卷七书，卷八传，卷九志、铭、行述、卷十文、祭文，卷十一说，卷十二议、题跋、辨、赞，对。卷一序首篇为《经源序》。

十四卷本③，卷一书，卷二至五序，卷六记，卷七碑，卷八论，卷九至十传，卷十一志、铭、行述，卷十二文、祭文，卷十三说，卷十四议。卷二序首篇为《心远堂诗序》。

清康熙元年大业堂刻本，清吴嘉纪撰《陋轩诗》（八行十九字，白口，无鱼尾，写刻，版心上书名同大题，不别卷次，按文体分卷）有六卷、八卷两种。

六卷本④页码通计，为：五古（1—7 页）、七古（8—26 页）、五律（27—38 页）、七律（39—42 页、五绝（43—44 页）、七绝（45—46 页）。

八卷本⑤为：四古（1—2 页）、五古（1—18 页）、七古（1—30 页）、五律（1—16 页）、七律（1—4 页）、五绝（1—4 页）、六绝（1 页）、七绝（1—5 页）。

---

① 据中国社会科学院历史所藏本。

② 据中国人民大学图书馆藏本。

③ 据中国科学院图书馆藏本。

④ 据中国科学院图书馆藏本。

⑤ 据泰州市图书馆藏本。

四、初印本和后印本

易与上述混淆的还有初印本和后印本。

所谓初印，是指正文刻初成，尚无序跋，先刷印试样，嗣又征得序跋、补充附录，调整版式、牌记后正式印行。传世多是正式印本，偶尔也会发现初印本。如：

《归先生文集》三十二卷　附录一卷（十行二十字，白口，四周双边，版心书名同大题。版心下镌“雨金堂”。卷一首页版心下镌“章右之刻”，二页“右之”。卷端题：“吴郡归有光著门人王执礼校”）。

此书现传世者尚较多，一般收藏较丰之馆多备。正文前有万历三年周诗《归先生文集小引》，附录末有万历四年翁良瑜刻集成《祭文》，其后镌“万历癸酉男子祜子宁编次丙子浙人翁良瑜梓行”。而安徽博物馆和浙江瑞安玉海楼藏本无序跋，卷数、行格、刻工等皆同上述，只是卷末镌：“隆庆壬申男子祜子宁编次　万历癸酉浙人翁良瑜梓行”，当即是万历四年翁良瑜雨金堂刻之初印本。

后印本有三类。一类夹杂补版，原版模沏或多有断裂，补版清晰，字体版式亦多有不同。这类情况较简单，稍具识别版本经验，一望可知。

一类是增入序跋附录。如上述《归先生文集》就又有后印本，于正文无所增删，皆原板片，只增入万历戊子陈文烛《归太仆集叙》，崇祯乙亥归昌世跋；附录中增入万历戊子陈文烛《太仆寺寺丞归震川先生墓表》等。正文无变动，不属增修，只算后印。亦不应作“崇祯乙亥刻本”。

一类是部分内容间有剜改删易。倘缺乏比对的条件，易忽略，较难辨识。如：

《许文穆公集》六卷　明万历许立言刻本（十行二十字，白口，四周单边间左右双边，版心书名同大题，有万历辛亥焦竑《许文穆公集序》。）

卷端题：“门人瑯琊焦竑　海阳邵庶　金沙王尧封　豫章刘曰

宁校阅　男立言辑梓”。

又一部，同版，卷端题：“门人福塘叶向高　燕山方从哲纂辑　瑯琊焦竑校阅　男立言　立礼辑梓”。

两部对阅[①]，辨出后一部卷端校梓人题刻是剜后嵌补的。此书只有焦竑一篇序，述及：“公少好学有文，穷探力取，极六艺之指要，盖温厚尔雅，蔚然有德之言，非支词绮语类也。今殇未久，求其遗编仅得一二，岂公有所重而不甚屑意于此欤……诗文若干篇，子立言汇为六卷，门人竑校而序于简端。”序中所述和前一部卷端校梓人题刻十分吻合，而和后者题名诸人毫无关联。何以又剜改呢？自然是万历末年以后叶向高官阶甚崇，许氏后人重刷此版时拉进来壮门面的。

这两部书单独著录，都会标为“明万历许立言刻本”，但同时出现，显然个体有异，应加以区别，后者当著录为“明万历许立言刻后印本”。

仍属此类，但情况又复杂些的，如：

《慎修堂集》二十卷　明亢思谦撰　明万历刻本[②]

《慎修堂集》二十卷　明亢思谦撰　清康熙刻本[③]看来是两种版本，对校，实是一种（九行十八字，白口，四周单边，写刻，版心书名同大题。卷端题：“河汾亢思谦子益著”。）

原本只有万历甲辰詹思虞《慎修堂集序》。所谓清康熙刻本，詹序之外，又加了康熙丙辰，徐元文序康熙丙辰何元英《重刻慎修堂集序》，康熙十五年盛符升《题后》，亢宗瑗《重修慎修堂集乞言》。《题后》且曰：“《慎修堂集》者，明四川方伯临汾亢公水阳先生之所著也，自诗、赋、序、记、迨杂著状诔凡二十卷，万历甲辰锓版行世，历今七十年，散佚不可考。其四世孙辚声（宗瑗）重为校辑，谋更辑之。”实是重印，诡称重刻。加以山左显宦之家，刻书择版精良，虽

---

① 皆见藏中国科学院图书馆。

② 据中国科学院图书馆藏本。

③ 《山西省古籍善本书目》115页；本文实例取自清华大学图书馆藏本。

历七十余年，毫无模泐断裂，一如初印，难怪只就一书著录会上亢氏后人在曾祖书板上欺世盗名的当。

经审，后印本为避清讳有多处挖毁。如：目录卷二《送曹纪山》、《和杨胥江》两题之间填墨钉，万历原印墨钉处乃《送陈雨泉宪副帅师戍蓟二首》，正文中则全诗挖去，成空白；目录卷十五《拟弭灾疏》、《不加赋而国用足议》之间亦两行墨钉，万历原印乃《论地震疏》、《防边议》，正文中五至十一页全撤去，成缺页。

（发表于《图书情报工作》1984 年第 5 期）

旧板汇印本及著录

一

明清间有些名家巨族，先后刻印过不少种书，若干年后板片犹存，由本人、后裔，或为他人购得重予汇印。旧板之所以被汇印，是因为著者晚年名气甚大，社会上对其著作竞相求索，而早年之初印本一般印数不多，已不能满足需求，因此印数较多。因汇印较初印年代稍近，传世者也相对为多。其特征是：1. 似丛书、总集、全集，但无总名、总目；2. 各单种版式、行格、字体多不相同，但纸色纸质一致；3. 各单种皆具独立之序跋，刻年可征，或尚有刻书牌记；4. 版多模沏，间有补刻；5. 前人著录中或有种、卷数与之相合相近者，虽有总名，核之书内必无征，属于代拟，间见明显失当，或无总名，多种汇著一条；6. 著录时于应取何总名，种、卷数何者为全，版本项如何落笔，皆大费踌躇。

例一：

“浮湘稿四卷　近言一卷　国宝新编一卷　缓恸集一卷　凭几集五卷续集二卷　山中集四卷　息园存稿诗赋十四卷文九卷　明顾璘撰　明嘉靖吴郡沈氏繁露堂刻本”（《山西省古籍善本书目》1981 年山西省图书馆印本　313—314 页）

例二：

“六科证治准绳（六种四十四卷）　明王肯堂辑　明万历三十年至三十六年刊本”　（《中国丛书综录》1959 年上海中华印本　720 页）

例三:

“王百穀全集(十种十九卷) 明王稺登撰 明万历中刊本”(《中国丛书综录》 480页)

例四:

“王渔洋遗书(三十八种二百七十三卷) 清王士禛撰 清刊本”(《中国丛书综录》 492页)

例一是这类旧板汇印本著录的原始状态。著录者面对一组合装数函,纸色纸质一致,应属自著丛书而版式行格不同的顾璘著作,寻不出总名,刻年亦不同,但又不宜拆散,于是持慎重态度,多种汇列一条。但是版本项该如何落笔,仍属为难。用“明嘉靖吴郡沈氏繁露堂刻本”,是以偏代全,只适用于《近言》①,不能概括其它七种。

例二的前身原是,“证治准绳八卷 杂病证治类方八卷 伤寒证治准绳八卷 疡医准绳六卷 幼科证治准绳九卷 女科证治准绳五卷”(《上海图书馆善本书目》1957年上海图书馆印本 卷三,6页),应是稍后在编辑《中国丛书综录》时鉴于多种汇列不便入总目,才括以总名的。但是这样一来就造成一种版本源流方面的错觉,俨然是在明万历三十年至三十六年间就刻了一种《六科证治准绳》。王肯堂确是在这期间辑刻过六种医书,但并无总名,是随辑

① 详见后文。

随刻,各自独立的[①]。直到清康熙三十一年,旧版归了金坛虞氏,修补汇印,仍无总名,只称"医书六种"[②]。乾隆后因《四库全书总目》以《证治准绳》统称之[③],却还讲得通,渐渐"约定俗成"才有了个总名。

这种错觉的直接结果是,把传世早就不多、已属珍贵的少量单刻初印本降为丛书零种,视同残书,而把失去"虞氏藏板"封面、已经模泐了的修补汇印本当成初印全书。据近来调查,北图、北大、科图、医学科学院、中医研究院等主要收藏单位,都无六种俱存的初印本。上海图书馆所藏的六种中,《疡医准绳》大概也是混入的汇印本,因为1958年上海卫生出版社据上海图书馆藏本影印《证

---

① 万历三十年《证治准绳自叙》:"嘉善高生隐从余游,因遂采取古今方论,参以鄙见,而命高生次第录之,遂先成杂病论与方各八巨帙。高生请名,余命之曰"证治准绳"。……家贫无赀,假贷为之,不能就其半,会侍御周鹤阳公以按鹾行县,至金坛,闻而助成之,遂行于世。"

万历三十二年《伤寒证治准绳自序》:"丁酉戊戌间,因嘉善高生请,始辑杂病准绳而不及伤寒,非后之,盖难之也。今岁秋,同年姜仲文知余辑杂病外,尚有伤寒、妇婴、疡科为准绳者四,遣使来就抄,而不知余夺于幽忧冗病未属草也。因感之,而先成伤寒书八帙,始于八月朔,而告完于重九。……丹阳贺知忍中秘,心乎济物而勇于为义,愿为余流通,书未成已鸠工庀具矣,余之遄成以此。"

万历丁未(三十五年)《女科证治准绳自序》:"稿成,而兵宪蔡虚台公,明府涂振任公助之赀,刻行之。"

万历三十五年《幼科证治准绳自序》:"大中丞沈太素公从大梁寄余俸金百,以助刻费,而是书稿适成,遂鸠工刻之,又逾年始竣。"

万历三十六年《疡医准绳自序》:"余童而习岐黄之术,弱冠而治女弟之乳疡、虞翁之附骨疡,皆起白骨而肉之,未尝有所师受,以为外科易易耳,欲得聪明有志者指授之,使为疡医,而竟无有故集,故集先代名医方论,融以独得而成是编。……余既以便差还故山,例得支俸,受之则不安,辞之则立异,乃以付梓人。"

② 北京大学图书馆藏本封面镌:"康熙壬申新修王损庵先生辑　医书六种　金坛虞氏藏板。"

③ 《四库全书总目·医家类二》。

治准绳》时,《疡医准绳》另选了南京图书馆藏本。

例三的基本情况同例二,但是引出的问题更复杂些。一是所取的总名和另一部真正的自著丛书重了。万历四十七年,金陵书林叶氏鉴于王百穀诸集“剞劂参差未善也”,“乃新其板始一”①。这个本子十行二十字,白口,四周单边,分两段刻成,初刻十二种二十三卷,有封面,镌“王百穀全集 前后十二部 聚星馆叶均宇梓”②,增刻二十一种四十二卷,有封面,镌“王百穀全集 前后二十一部 聚星馆叶均宇梓”③。《中国丛书综录》本应收入此种,但由于自己先据所藏汇印本定成《王百穀全集》④,就误以为别家所藏《王百穀全集》也都是它,一律划入(图一、二)。

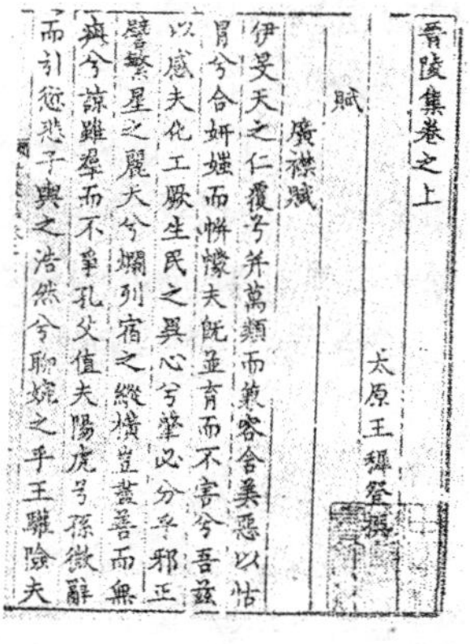
晉陵集卷之上
賦
太原王穉登撰
廣襟賦
伊旻天之仁覆兮并萬類而兼容含美惡以怙
冒兮合妍媸而憐憫夫既並育而不害兮吾茲
以感夫化工厥生民之異心兮肇必分乎邪正
譬繁星之麗天兮爛列宿之縱橫豈盡善而無
疵兮諒雖羣而不爭孔父值夫陽虎兮孫徹辭
而引愆悲子輿之浩然兮聊婉之乎王驩險夫

图一 旧板汇印本《晋陵集》

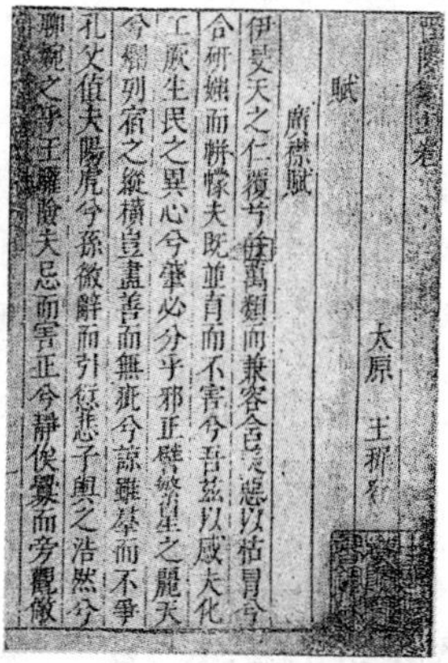
晉陵集上卷
賦
太原 王穉登
廣襟賦
伊旻天之仁覆兮并萬類而兼容含美惡以怙冒兮
合妍媸而憐憫夫既並育而不害兮吾茲以感夫化
工厥生民之異心兮肇必分乎邪正譬繁星之麗天
兮爛列宿之縱橫豈盡善而無疵兮諒雖羣而不爭
孔父值夫陽虎兮孫徹辭而引愆悲子輿之浩然兮
聊婉之乎王驩險夫忌而害正兮靜俟覺而旁觀微

图二 《王百穀全集》本《晋陵集》

《中国丛书综录》列示此书藏于科图、北师大、上海、华师、福建师大,现查,除华师情况不明外,科图、北师大、福建师大所藏皆金陵

① 十行二十字本《王百穀全集》中万历己未史兆斗《王百穀集廿一种序》。

② 湖北省博物馆藏本有此封面。

③ 许昌市图书馆藏本有此封面。

④ 《上海图书馆善本书目》卷五载有“王伯穀全集十种十九卷”。

叶氏刻十行二十字本。二是种、卷数仅据一家所藏即标为全帙，欠于全面调查。王百穀原刻诸集汇印于何时，汇印了多少种，不像《证治准绳》那样清楚。现知不少藏家都有类此汇印本，但品种并不相合。以《西谛书目》1963 年文物出版社本 91—92 页所载为例①，虽只存八种十五卷，但其中《延令纂》二卷、《竹箭编》二卷就不在《中国丛书综录》所列的十种之内。三是刻年明显不当，这个汇印本中的《晋陵集》是嘉靖四十三年吴履谦刻本②，《燕市集》与《青雀集》是隆庆四年靖江朱宅快阁刻本③，《金昌集》与《清茗集》、《采真篇》刻年不明，据刻工姓名，当在嘉、隆、万之间④，笼统作明刻本则可，作万历刻，则欠妥。正因如此，很容易与它本相混。

例四更多值得推敲之处。首先，总名取得就欠考虑，三十八种不都是王士禛所撰辑，尚有王之垣（士禛曾祖）《历仕录》一卷，王象晋（士禛祖父）《清寤赏心编》一卷、《剪桐载笔》一卷，王与胤（士禛伯父）《陇首集》一卷。原来新城王氏乃山左世家，康熙末年王士禛曾多方搜求曾祖以下四代著作旧板归新城⑤，雍正以后⑥曾汇印，也无总名。近人《书林清话》卷七《明毛晋汲古阁刻书之三》："明王象晋之《群芳谱》在王士禛《渔洋全集》三十六种中，今王

---

① 题为《王百穀集》，经查核，实即此种汇印本。

② 《晋陵集》二卷，十行十八字，白曰，左右双边，版心鱼尾下镌书名同大题。刻工：章右之、章甫言等。嘉靖甲子（四十三年）吴履谦《晋陵集序》："今年春，百穀以射策北上，余益惜其远别，请于家君太仆及广西佥宪陈公编次其言两卷，刻为《晋陵集》，贻之惠好。"卷末镌"毗陵吴氏春雨廊刊"。

③ 《燕市集》二卷、《青雀集》二卷，皆十行十八字，白口，左右双边，版心鱼尾下镌书名同大题。《燕市集》各卷末俱镌"隆庆庚午三月靖江县朱氏快阁雕本"，《青雀集》卷末镌"隆庆庚午仲夏靖江朱氏快阁雕本"。

④ 《金昌集》、《采真篇》刻工中俱有章甫言、章右之，《清茗集》卷上首页版心下镌"吴郡章镛刻"。

⑤ 康熙四十一年王士禛《历仕录后序》，"先方伯著书尤富，版在常熟毛氏汲古阁者多散佚，唯《群芳谱》一书亦归吴中质库。士禛于二千里外多方赎归，告诸家庙。"

⑥ 汇印本"胤"、"禛"之末笔多被剜。

书全者，京师厂肆插架尚多，其板何时归王，则郑（德懋）、顾（湘）考所未及。”似乎清末有《渔洋全集》之名，但民国初年就只称“三十六种”。当年在琉璃厂学徒从业，现年逾七十的老人，至今犹如此称之。问题又出来了，这“三十六种”原来还包括王象晋《群芳谱》，即《二如亭群芳谱》。查北大、清华、科图所藏，也确是如此，全书一般分装十二函，《二如亭群芳谱》即占三函。而《中国丛书综录》著录时则予删掉。是否编目时考虑到卷帙如此之多，实不宜作附录，为屈就《王渔洋遗书》之总名，只好割舍？倘如此，又何以完整地揭示自然汇印在一起的藏品呢？

至于种、卷数，也是笔糊涂账。有“三十六种”之说，《中国丛书综录》明显删去其一，却还有三十八种；北大、科图所藏实际是四十一种，却又都少《中国丛书综录》中列入的《古夫于亭杂录》。

刻年不仅笼统，也不宜概括为“清刊本”。即使除去《二如亭群芳谱》，《清寤赏心编》、《剪桐载笔》，也都是明崇祯刻本。

二

综上述，可知著录古籍时必须对这类旧板汇印本有所识别，予以专门处理，否则将引出互为牵连的版本混乱，尤其不利于编辑各类型的总目。

多种汇列于一条，不失为保持自然状态。不过，仅只几种，又都属别集，刻年相同，尚无大谬，遇到《王渔洋遗书》这样的部头，就绝不可能，也不宜用于“丛书”，丛书总得有个名字。

看来，凡旧板汇印本皆以加冠总名为宜，但须审慎。既要防止与别本重名，又要力求合理。已经约定俗成，又无大出入的，如《四库全书总目》所称之《证治准绳》，可以沿用。明显不当的，则宜改易。如《王渔洋遗书》，倘改为《新城王氏家集》，似乎就合理些。

判断是否全帙，除依据前人已得出的结果，如例二，还须参考各家书目、书录，不可局限于一馆所藏，最好进行实物调查。发现有几家以上所藏版同、种卷也同的——如例一，现知科图、山西祁县图书馆、台湾地区“中央图书馆”[①]皆藏，版种卷俱同，就可以视为全帙。否则可暂作存种卷若干。倘正在编辑某种总目，不妨就现藏状况做一次普查，当可得出结果。

版本一项不宜笼统定一个刻年，一则难以概括，且易生分歧，使人误以为是另一套版本。似以子目中各系原版刻年，再总括以汇印年代较妥。如例四，可作“清汇印本”。

辨识过程中较困难的是面对有汇印本的单种如何区分汇印本和初印本。这需要从事版本目录工作的同行共同努力，积累一些资料，倘能汇集各种旧板汇印本的文字说明和书影，就容易解决了（图三、四）。目前只能靠个人的鉴别功力，感性成分很大，如无实物对比，难免失误。

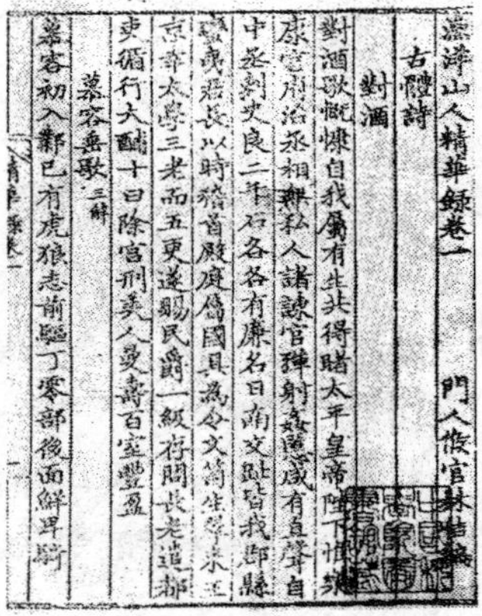
漁洋山人精華錄卷一　門人侯官林佶編
古體詩
對酒
對酒歌慨慷自我屬有生共得睹太平皇帝陛下惟樂
康宮府洽丞相無私人諸諫官彈射姦邪歲有直聲自
中丞刺史良二千石各各有廉名日南交趾皆我郡縣
蠻夷君長以時稽首殿庭屬國具為令文萄生翠來王
京宰太學三老而五更遂賜民爵一級存問長老遣都
吏循行大酺十日除宮刑美人曼壽百室豐盈
慕容垂歌 三解
慕容初入鄴已有虎狼志前驅丁零部後面鮮卑騎

图三　旧板汇印本《渔洋山人精华录》

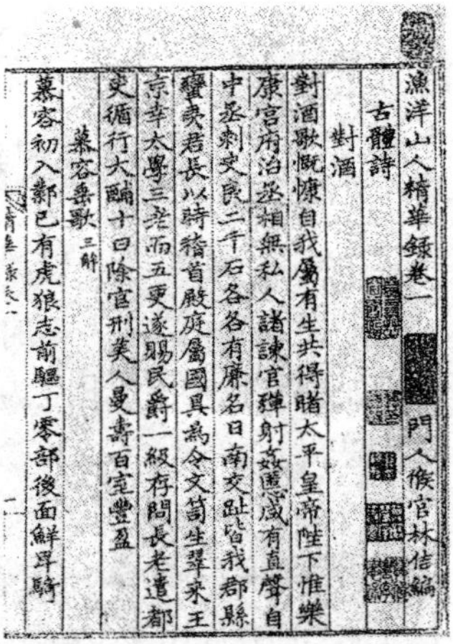
漁洋山人精華錄卷一　門人侯官林佶編
古體詩
對酒
對酒歌慨慷自我屬有生共得睹太平皇帝陛下惟樂
康宮府洽丞相無私人諸諫官彈射姦邪歲有直聲自
中丞刺史良二千石各各有廉名日南交趾皆我郡縣
蠻夷君長以時稽首殿庭屬國具為令文萄生翠來王
京宰太學三老而五更遂賜民爵一級存問長老遣都
吏循行大酺十日除宮刑美人曼壽百室豐盈
慕容垂歌 三解
慕容初入鄴已有虎狼志前驅丁零部後面鮮卑騎

图四　单刻初印本《渔洋山人精华录》

传统的版本目录，仅仅书名（包括卷数）、著者、版本三项，失于过简，一些失误遂多由此产生。笔者以为可仍保留这种形式，用于一般性揭示，并应鼓励著录人员写版本录。版本录包括两部分，即

① 《国立“中央图书馆”善本书目》增订本 1967 年台北印本 1032 页，原系北京图书馆藏书，现由该馆代藏，北图有缩微胶卷。

版式、行款述描与书名、著者、版本三项的依据。有条件可配以书影。写版本录可以提高观察、鉴别能力,是对版本目录学的一项基本建设。一般版本有此需要,旧板汇印本更是如此。

试为例一做版本录:

顾东桥集八种四十一卷
明顾璘撰
明汇印本

浮湘稿四卷　明嘉靖刻本
山中集四卷　明嘉靖刻本
凭几集五卷续二卷　明嘉靖刻本
息园存稿九卷　明嘉靖刻本
息园存稿十四卷　明嘉靖刻本
缓恸集一卷　明嘉靖十九年刻本
国宝新编一卷　明嘉靖刻本
近言一卷　明吴郡沈氏繁露堂刻本

纸色纸质同,祁县图书馆、台湾地区“中央图书馆”代藏北京图书馆善本,皆有此八种一组,经用科图藏本核校书影,版全同,属于旧板汇印。总名据科图所拟。

浮湘稿四卷　九行十六字,白口,四周单边,鱼尾上多镌阴文符号“×”,版心书名同大题。正文卷端题:“前进士开封知府迁知全州姑苏顾璘撰。”

蔡羽《顾全州诗序》,金大车《浮湘稿后序》(后镌“江右吴纲刻”)。

金大车曰:“吾师东桥顾公以直道忤权奸,谪刺全州,感时触兴,一寓于诗,题曰《浮湘稿》……今历官御史中丞,阶则崇矣,而卒不获大伸其志,诸门下士乃请是集梓行之。”据《山中集》陈束序,嘉靖十六年起璘为右副御史巡抚湖广,又璘卒于嘉靖二十四年,则此刻当在嘉靖十六至二十四年间。

山中集四卷　十一行二十字，白口，左右双边，版心上书名同大题。刻工：左（卷一首页版心下）、宋（2 页）、宇（3 页）、堂（17 页）。正文卷端题："东桥居士顾璘。"

嘉靖十七年陈束《山中集序》（首页版心下镌刻工姓氏"左"）曰："嘉靖丁酉（十六年），有诏起公于山中，节镇全楚之地，声训所流，湘湖震荡。束与在观听之末，既幸得祗承宪度，又尽得山中之作而观之。"

凭几集五卷续二卷　十一行二十字，白口，左右双边，鱼尾下书名同大题。刻工：宇（卷一 1、6、8 页）、宋（3 页）、左（卷四首页）、堂（卷四 3 页）。续集大题及卷次下缀"续"。正文卷端题："东桥居士顾璘。"

嘉靖庚子皇甫汸《凭几集序》、东桥居士《凭几集序》。

璘曰："丁酉秋八月，余发武昌行台，历诸郡殆遍，至明年戊戌夏四月始返，盖八越月。在车之日几半，凡行七千余里，所乘帷车前有一横板，下为抽匮，藏书二三册，笔砚亦具，日凭而诵若几焉。山川映发于目，时序变易于前，情感事触，悲喜百状，率口占为诗词，将以寓怀消日，不求体调，所谓优贤乎已者也。止辄笔之，不觉成帙，题曰《凭几集》，凡楚所得亦附焉。"

息园存稿九卷　十一行二十字，白口，左右双边，鱼尾下书名同大题。刻工：宇（卷一 1—3 页版心下）、左（17—18 页）、宋（卷二 11 页、卷三首二页）、堂（卷三 13 页、20 页）。正文卷端题："姑苏顾璘。"

嘉靖十七年邓继曾《息园存稿序》曰："曾自学于塾，学为文，知海内擅大家者有东桥先生矣，未见其所为文也。及仕入琐垣，或见一二什札，则起敬三复，思欲尽见美富，而左于宦游，徒增饥渴。顷以议裁赋徭，备端书之役，获睹《息园存稿》，遍取而读之。叹曰：'此道蕴之发也，此世教之一振也。'"（首页版心下镌"宇"）。

息园存稿十四卷　九行十六字，白口，四周单边，鱼尾下书名同大题。正文卷端题："姑苏顾璘。"

嘉靖戊戌（十七年）陈大壮《息园存稿序》曰："嘉靖癸未真州蒋

南泠先生刺乡郡，壮盖从之游，闻其绪论，谓当代艺苑如东桥顾先生者，百世士也。后十六年，壮始以郡役获示《息园存稿》凡十四卷，且重以校仇之委，乃昔之耳食者得遂酬饫。"（第二页版心下镌"宇"）。九卷本为文，十四卷本为诗。

缓恸集一卷　九行十八字，白口，四周单边，版心上书名同大题，鱼尾下镌页码。正文卷端题："东桥居士著。"

嘉靖庚子（十九年）东桥居士顾华玉《缓恸序》曰："女亡，余哭之恸……思无以缓吾恸，乃志其墓以著明淑，未几，又录其善言，且缀诗十三章哀之。吾闻后有传者为不朽，不朽者虽死不死也……吾女小善，岂敢希踪于前美，使其片言单行，撰女史者或采焉，是亦可以不死矣，吾恸不其少缓乎！遂不避而梓之备焉。"

国宝新编一卷　九行十六字，白口，四周单边，鱼尾下镌"国宝新编"。正文首页无大题，不著撰人名氏。卷末镌："国宝新编叙赞终。"

嘉靖丙申袁袠《国宝新编序》，嘉靖丙中顾璘《国宝新编序》，嘉靖丁酉袁褧跋，嘉靖戊戌陈束《跋国宝新编后》。

璘曰："诸官盛业，大如邵宗伯宝、储少宰巏诸公若干人，国史他日立传，璘得以略，乃录李子梦阳以下，或仕或隐，合若干人，叙其名字爵里及其行业，大都为一卷，名曰《亡友录》……门人请更曰《国宝新编》。"褧曰："东桥顾公撰《新编》寄吴门，俾梓以传。"

近言一卷　九行十五字，白口，四周单边，双黑鱼尾，尾间书名同大题。正文卷端题："奉训大夫知全州吴郡顾璘撰。"

王廷相《近言序》，黄绾《近言序》（后镌"吴人沈与文校刻"）。

王廷相曰："吴郡顾华玉氏达识往谟，游心治体，慨道纪之久湮，哀王政之弗续，乃作《近言》十三篇，以昭时范。"

卷末镌"吴郡沈氏繁露堂雕"。

（发表于《文物》1985 年第 1 期）

版本目录识谬述例

为群书录目,在我国文化史中可以说是件源远流长的事。传世所见,《汉书艺文志》以降,何止数百家。尽管种类繁多,就实体而论,不外提要与标题两种。

提要目录源于《七略》,标题目录始自《汉书艺文志》。提要目录旨在揭示图书内容,标题目录则"但录题及言","至于作者之意,无所论辩",可算一种简目。对于标题目录虽有人"疾其浑漫",但篇幅简短,醒目易寻,易成易传,"史志"、"知见",公私藏家,多用其体。

标题目录每条原只书名、篇卷、撰人三项,版刻图书日多之后,出现同一书的不同版本。这些不同的版本各具特有的内涵。如果目录反映的是图书的个体,就必须增入版本这项内容。

标题目录增录版本之后,不管编著者的主观意愿如何,实际上就已构成版本目录。在这种目录中,所有著录项目要求做到准确全面,以保证对图书无误地揭示。从版本目录的自然出现到意识到应对它有必要的要求,有过一段漫长的历程。

公认的版本目录之始,是南宋初年尤袤《遂初堂书目》。或因所录乃私藏,品类有限,对版本区分尚不感到迫切,《遂初堂书目》虽开始对不同版本的区别著录,但只见于有限的几类,有限的几种,且著录比较笼统,如:"旧监本尚书"、"高丽本尚书"、"秘阁本山海经"、"池州本山海经"。如是而已。

直到清初,这种局面并无多大突破,被一些人奉为版本目录典范的钱曾《读书敏求记》,实质也不过如此。《读书敏求记》卷四(乾隆十年沈尚杰刻本):"《玉台新咏集》十卷　是集缘事东朝,事先天监,流俗本妄增诗几二百首,遂至子山窜入北之篇,孝穆滥擘笺之曲,良可笑也。此本出自寒山赵氏,余得之于黄子羽。卷中简文尚称皇太子，元帝称湘东王，未改选录旧观。牧翁云：'凡古书一经庸妄手，纰缪百出，便应付蜡车覆瓿，不独此集也！'披览之余，复视牧翁跋语，为之掩卷怃然。"按《玉台新咏》，赵氏前已见数刻，即直接与赵氏有关者亦有宋本与崇祯赵均翻宋本，"出自"字义模棱，竟不知何指。

清中期考据之学大兴，学者从校勘图书的角度明确提出目录中应该准确地标示版本的要求，"由宋以降，版刻众矣，同是一书，用较异本，无弗敻若径庭者。每见藏书家目录，经某书、史某书云云，而某书之为何本，漫然不可别识。然则某书果为某书与否且或有所未确，又乌从论其精粗美恶耶！"（顾广圻《石研斋书目序》）。

约在顾广圻写《石研斋书目序》稍前，在阮元授意下，天一阁范氏后裔和宁波的一些人士编刻了《天一阁书目》。就当时说，庋藏历史之久、品类之丰，私人藏书中天一阁是第一家。目录一出，影响很大，也很久。至于目录著录的质量，则不无可以商榷之处。试举例以说明之。

在《天一阁书目》（清嘉庆文选楼刻本）中，明何景明诗文集有四条著录：

一、"《大复集》三十七卷　刊本　明何景明撰　嘉靖三年兰谿唐龙序称：'康德涵、张时济皆何子之友也。何子既殁，张子收其遗稿，访康子于浒西之野，而共扬榷之，凡得若干首。时关中执事君子咸兴嘉乐之怀，乃刻而传之。'嘉靖十年王廷相序。嘉靖三年康海序。嘉靖乙卯濂渠邹察跋。其传、行状暨墓志铭乔世〔宁〕撰。"

二、"《何仲默集》十卷　刊本　明何大复著　嘉靖三年兰谿唐龙序。西安门人费槃、李文华、种云汉、张三畏校刊。武功友生康海序称：'仲默所著数万言，可以上薄屈、宋、董、贾，有相如、子长之风，顾世无知之者，独曰何子有诗人之遗意。厥觌浅矣！仲默岂特工于诗者！十六年秋，仲默既卒，又三年，次第其文为若干卷，首赋、次诗、次文，皆随体区裁，因制列卷，题曰《何仲默集》，录在家笥。仲默，予别有传，兹不载。'"

三、"《何氏集》三十七卷　刊本　明信阳何大复著　嘉靖十年王廷相序云:'大复集辞赋三卷、四言古诗一卷、乐府二卷、使集二卷、家集五卷、京集七卷、秦集一卷、内篇一卷、外篇四卷,通二十六卷,别论若干卷,刻在潞州。斯集枣行久矣,尚未有序,其甥王朝良属余序之。'"

四、"《何氏集》二十六卷　刊本　明何大复撰　任良干校刊"。

从这样的著录中要明确地辨出"某书之为何本"是不易的,而且一、三两条从字面看就有矛盾:第一条据唐龙序,当是"关中执事君子""刻而传之",何以又有乙卯年(嘉靖三十四年)邹察的跋?第三条王廷相序中"刻在潞州","枣行久矣"的本子是二十六卷,这个本子是三十七卷,不是为此书写的序。何景明诗文集的各种版本现在都仍传世,以"何氏集"为书名的只有两种二十六卷本,却没有任良干刻本。

此后,莫友芝《郘亭知见传本书目》以识多见广名噪一时,对何景明诗文集著录为:"《大复集》三十八卷　明何景明撰　嘉靖十年刊本三十七卷　五世侄孙洙源等刊本　顷收嘉靖三年唐龙序雅竹斋刊本二十六卷,又见嘉靖十年义阳书院刊本亦二十六卷,版式相同,有唐序、王廷相序。"虽较《天一阁书目》的著录有所进步,但也存在两个问题:以一种书名概括所有版本;刻年依据失当。

为了便于具体剖析,现将有关上述何景明诗文集的各种版本资料列下:

《大复集》三十七卷　附录一卷　明嘉靖三十四年袁璨刻本

十行十八字　白口　双鱼尾　四周双边　版心不镌书名

嘉靖三年唐龙、康海,嘉靖十年王廷相《大复集序》,嘉靖乙卯(三十四年)邹察《跋何大复先生集》。

跋曰:"何大复先生文集刻行海内久矣。有遗稿弗尽录,读者恨不见全编。岁甲寅春,廉宪及斋魏翁过信阳,首访先生子立,得诗赋若干篇,命察附刊之。既而先生馆甥袁君璨与立校其歌行杂体诸篇，并遗稿分类刻之，凡几卷。刻成，属跋诸末。”

卷端大题：大复集。题下间镌：都指挥婿袁璨刊。

《何仲默集》十卷　明嘉靖费槃等刻本　九行二十字　白口　四周单边　无鱼尾　版心中镌：何仲默

嘉靖三年唐龙《何仲默集序》，康海《何仲默集序》。康序后镌：“西安门人费槃、李文华、种云汉、张三畏校刻。”

卷端大题：何仲默集。

《何氏集》二十六卷　明嘉靖野竹斋刻本　十行十八字　白口　左右双边　鱼尾下镌：何氏集。

嘉靖三年唐龙《何仲默集序》（第二页版心下镌：野竹斋雕。）

卷端大题：何氏集。

《何氏集》二十六卷　明嘉靖义阳书院刻本　十行十八字　白口　左右双边　鱼尾下镌：何氏集。版心下镌：义阳书院。刻工：清（卷一2—4页）、李潮（5—6页）、敖（10页）等。

嘉靖十年王廷相《何氏集序》。

卷端大题：何氏集。题后一行：奉直大夫知信阳州桂林任良干校。

《何大复先生集》三十八卷　附录一卷　明万历五年陈堂、胡秉性刻本　十行二十字　白口　四周单边　鱼尾下镌：大复集。刻工：温志明（卷一首页）、芴铣（卷一4页）等。

嘉靖戊午（三十七年）王世贞《何大复集序》、嘉靖十年王廷相《大复集序》、嘉靖三年唐龙《大复集序》、嘉靖三年康海《大复集序》。康序后镌万历丁丑（五年）周子义志。志曰：“集凡几刻，本或缺佚弗全，公之孙伯子汇萃编次裒为成帙。会典试来南都，及侍御陈君偕，间出以示侍御，谓南雍故藏书府，四方人士游览者众，是集永足以风，盍刻而藏旃！爰暨乃僚胡君捐赎缓梓之……陈君名堂，南海人；胡君名秉性，信阳人。”

卷端大题：何大复先生集。

《何大复先生集》三十八卷　附录一卷　清乾隆十五年何辉少等刻本

九行二十字　白口　四周双边　鱼尾上镌：大复集。

嘉靖戊子王世贞《何大复集序》，嘉靖三年唐龙《大复集序》，嘉靖三年康海《大复集序》，嘉靖十年王廷相《大复集序》，万历丁丑周子义题识，乾隆十四年任弘业序，河中崔琳序，乾隆己巳张钺《何大复先生遗集序》，乾隆庚午（十五年）何辉少〔　〕《重刻先学宪大复公集跋》。跋曰：“学宪公……诗文诸集经当代名公卿选订者，北潞南都亦经数刻，播之四海矣！鼎革以来，镂版浸佚，辉少居自愧无状，不能奉扬先德……兹幸观察任公以中翰监莅斯土，与郡伯张公俱留心文献，时为诏勉，而族祖广宁东山公适以许之参军分摄州事，慨省清俸，共勷厥成，乃于州志工竣之际获新梨枣焉！”

卷端大题：何大复先生集。题后镌：五世孙源洙字鲁存六世侄孙维基字培庵同校订　七世侄孙辉少字诵芬　八世侄孙永谦重梓。”

不难看出，《天一阁书目》所录之第一条，误在没细读邹察跋，因而也就忽视了“婿都指挥袁璨刊”这一行标志的意义，注意的焦点放在唐龙序中。所录之第三条，疑即第四条之重出，误录大题及卷数，后又更正为第四条（第四条和前三条未列一起，页码靠后，似增补）。但第四条作“任良干刻”，则无据，且又忽略了版心下刻“义阳书院”的标志。

《郘亭知见传本书目》之误，一是由于各种版本笼统用一个书名，没意识到书名取录已因处于稳定位置的卷端大题成为本书版本特征的有机组成，不能任意了。称《大复集》的必是嘉靖三十四年袁璨刻本，又只是三十七卷。三十八卷本虽有数种，但都称《何大复先生集》，而二十六卷本的则名《何氏集》。一是由于刻年多据某序署年，而忽略此序和某刻是否有直接关系。“嘉靖十年刊本三十七卷”，该是指嘉靖三十四年袁璨刻本《大复集》？“嘉靖十年刊”当取自王廷相序，即使抛开邹察跋，王廷相序分明是为二十六卷本写的，写的时候书已“刻在潞州”，“枣行久矣”！如何又拖进三十七卷本中来用？“嘉靖十年义阳书院刊本”自然也是据那个王廷相序，且不说王序是为“刻在潞州”那本补作的，单就这义阳书院刻本讲，卷端有一项曾经《天一阁书目》注意过的时间标志“奉直大夫知信阳州桂林任良干校”竟被忽略了。据《乾隆信阳州志》，任良干官信阳知州在嘉靖十四年至二十一年间。“校”，自当在信阳州任内；“刻”，则只能靠后，不会提前。

《天一阁书目》是私藏，《郘亭知见传本书目》是闻见。上世纪末至本世纪中，仁和邵氏祖孙四代辑录的《四库简明目录标注》，则俨然一部总目录。在中国古籍总目尚未编成之前，这部目录仍有其较高的实用价值，但从版本目录角度衡量，它的材料来源多辑自他人著录或得之传闻，未经目验，因而各家著录中的失误也都未能是正。仍就何景明诗文集为例，《标注》记录为：

“大复集三十八卷　明何景明撰

嘉靖十年刊本三十七卷

〔附录〕旧刻黑口板题《何氏集》有王廷相序(星诒)。

〔续录〕明刊黑口本　五世孙洙源等刊本　明嘉靖三年唐龙序雅竹斋刊二十六卷本、嘉靖十年义阳书院刊二十六卷本，版式相同，有唐序、王廷相序　赐策堂刊有附录本。”

很明显，《标注》基本上抄自《郘亭知见传本书目》，连一些误字都没纠正。“雅竹斋”之“雅”，系“野”之误；“五世孙洙源等刊”，“五世”应是“七世”之误，“洙源”应是“源洙”。何景明诗文集最早的也当刻于嘉靖初，是否有黑口本，亦可疑。

约在邵氏第三、四代补辑《四库简明目录标注》的同时，我国近代的图书馆也陆续兴办。近代图书馆著录图书,在著录项目、内容、次序、格式方面,甚至用语都有规定。但其成果,则绝大多数只是形式划一,在实质上却仍有未当之处。

仍以何景明诗文集为例,展示一下本世纪二十年代至七十年代以来一些有影响的图书馆的著录:

《天津图书馆书目》:

何大复集三十八卷附录一卷(作者略,下同)明嘉靖十年刻本

《国学图书馆图书总目》:

何大复集三十八卷附录一卷　嘉靖刊本　又一部三十八卷附录一卷　乾隆重刊

《北京人文科学研究所藏书简目》:

何大复先生集三十八卷　清刊本

《上海图书馆善本书目》:

何大复先生集三十八卷　明嘉靖刻本

何氏集三十六卷　明嘉靖吴郡沈与文野竹斋刻本　又

何氏集二十六卷　明嘉靖十年义阳书院刻本(837601—8)(788542—9)　(855866—81)

何氏集二十六卷　明嘉靖三年沈辨之野竹斋刻本(407213—20)　(808324—9)　(771567—70)

何大复先生集三十八卷明万历刻本　(825732—47)(T06207—12)

何大复先生集三十八卷附录一卷　明嘉靖三十七年刻本　清莫友芝跋(841474—85)

《北京大学图书馆藏善本书目》:

何大复先生集三八卷附录一卷　明万历五年刻本

何仲默集二六卷　明嘉靖三年野竹斋刻本

何氏集二六卷　明嘉靖义阳书院重刻本

《北京大学图书馆藏李氏书目》:

何大复先生集三八卷　附录一卷　明嘉靖刻本

《国立“中央图书馆”善本书目》:

大复集三十八卷　附录一卷　明嘉靖十年刊本　明嘉靖三十四年袁璨刊本

何大复先生集三十八卷附录一卷　明嘉靖刻本

何氏集二十六卷　明嘉靖三年吴郡沈氏野竹斋刻本

何氏集二十六卷　明嘉靖间义阳书院刊本

何仲默集十卷　明嘉靖间费椠等刊本

以上著录正确的，是极少数。《天一阁书目》和《郘亭知见传本书目》出现的错误，大都仍存在。分析原因，有三：

一、盲目套引　古籍编目人员每于案头广置各家书目，用备参照，号称“工具书”。这是必要的，但必须通过对实物目验，进行识判，据实著录，不得盲目套引。

二、依据不全　万历五年陈堂、胡秉性刻本之多被误作嘉靖刻本，乾隆十五年何辉少刻本弄不清具体刻年，多是因为书贾割去有关识、跋，以冒充前刻。著录时倘缺乏版本参考资料，就极易出错。

三、识力不足　凡盲目取一序跋之署年即定为刻本者，多因未读通序跋，不知所云。且有径以诸序跋之署年最后者为刻年，而置内容叙述和其它条件于不顾者，更为误人。其实刻书年代除序跋内容外，正文载记，撰、刻人及序跋作者之题衔、印章，以及版刻风格等，在在都可有所透露，这就要求专业工作者一定要有足够的识别能力。

拙文以何景明诗文集各种版本的著录为例，对前代、当代一些有代表性的版本目录做了一些分析，是为了集中于一点对版本目录存在的问题做些揭示。不当之处，敬希指正。

（发表于《文物》1983 年第 7 期）

古籍刻年著录致误原因分析

版刻印刷兴起之前，文献靠抄写流传，除作为个人宗教功德摹写经书者外，很少添注传抄年代和传抄人名氏。编制书目，但标示书名、卷数、著者，无须，也很难著出同一种书，不同传本的区别。

北宋以来，版刻印刷大兴，一书不仅传本多，而且不同传递者可以有所标示。但由于品种仍归有限，当时著录书目，仍多按传统方式，所谓“版本目录”者，亦不过偶或标出版刻地区或主持单位。如，川本、监本。

明代以后，前朝宋、金、元传下的旧刻日渐稀少，加以旧刻工艺多很精美，形成一种文物价值，与古董书画同列，成为有力赏玩者追求的对象。于是藏书家莫不重视版刻年代，但只及标示出文物身分即止，并不详求具体。如，宋板、元板。

又由于明代中期以后重刻、翻刻前代图书，新刻当代著作，品种激增，后世藏家每获同种异本，须加区别。约自清末，刻年著录渐趋加详。

刻年著录加详，是同书异本逐渐增多之后必然的趋向。不如此，不能区分同异，但难度也随之加大。

早期的刻年著录，多从形式鉴别，即依据版式、字体、纸质等特征，约略估计为何年代刻印。加详，则须判读内容，注意有关序跋、牌记、讳字、大题后和版心的题刻，以至进行必要的考辨，或有疏漏，每导致产生常识性失误。

从清人直到当代，古籍著录中刻年著录不详或误著的现象比较普遍，某些书目中几乎篇篇可见，触目即是。近年笔者从事此项审校，理其致误之由，除因缺乏版本学基本常识，不知如何措手者外，约略归为数端。兹例述，期与同道共作探讨。

一、误从以序跋的最后署年为刻年之谬说

古籍刻印，原或有牌记、封面著明年代，但递藏辗转，极易失落，后世著录每取序跋中关于刻印之记载为据。但其中情况相当复杂，前人或不加深究，相沿竟有以序跋之最后署年为刻年之成说。初从事者喜其简明易为，奉为要领，鲜不致误。

1. 序跋多作于稿成，稿成非尽立即刊刻。

例，永寿县新志十卷　清蒋基修　王开沃纂

此志有乾隆五十六年蒋基《永寿县新志序》，曰："王丈半庵（开沃）为太仓世胄，壮游关辅，向毕制军秋帆公抚秦时曾延修各县志书……余昨岁于役乾陵，遇于王刺史念庵公座上。刺史亟以志事属焉。乃招致县署，晨夕商榷，间以己见质疑，猥承许可。阅二载余而后书成。"近年方志目录皆作"乾隆五十六年刻本"。

检视原书，此志有原刻封面，镌"乾隆癸丑刊成　永寿县新志古豳官署藏板"。癸丑，乾隆五十八年。

2. 群序中年份最后者，或不署年，易被忽略

例，范勋卿文集六卷诗集二十一卷　明范凤翼撰

此本诸序署年皆在崇祯年间，故藏家多著为"崇祯刻本"。而又有未署年冒起宗之《范勋卿全集序》，内云："余自丧乱后，闭户如退院僧……今春枉次公女受之命驾示余以全稿，而属之序。""丧乱"一语，封建时代非遭国家大变不敢轻言。阅文集卷四《寄陈旻昭》，有"国遭奇变，急欲得忠正诸公同心报元，有待中兴，而不意满朝皆争官争利"语；《复张都督》，有"先帝罹千古未有之惨，吾辈憯痛何以为生"等语。诗集卷十五有题《庚寅清和日》，此庚寅当是清顺治七年。则冒序当作于清初，此本亦当作清初刻本。

3. 误据前刻旧序

例，何氏集二十六卷　明何景明撰

十行十八字，白口，单鱼尾，左右双边，鱼尾下镌"何氏集"，版心下镌"义阳书院"。卷端题："奉直大夫知信阳州桂林任良干校。"

此本所冠嘉靖十年王廷相《何氏集序》，曰："《大复集》辞赋三

卷、四言古诗一卷、乐府二卷、使集二卷、家集五卷、京集七卷、秦集一卷、内篇一卷、外篇四卷，通二十六卷，别论若干卷，刻在潞州。斯集枣行久矣，尚未有序，其甥王朝良属余序之。”前人多径据此序标刻年，《郘亭知见传本书目》、《四库简明目录标注》皆作“嘉靖十年义阳书院刊本二十六卷”，一不究“刻在潞州”、“斯集枣行久矣”所言何意，二不察任良干知信阳州是在何年。据《乾隆信阳州志》，任良干官信阳知州在嘉靖十四年至二十一年间。“校”自当在信阳知州任内，刻则只能靠后，不会提前。此本宜作嘉靖义阳书院刻本。王序乃是刻在嘉靖十年前之“潞州本”所作，属“原序”。

4. 有关刊刻记载不在序跋中，或在易被忽略之附录内

例，白云巢集二十四卷　明邢大道撰

此本仅张铨《叙白云巢集》一序，未署年，亦未述及刊刻，兼以明清间晋南一带刻书较少，版刻特征未形成，藏家多觉刻年难定。其实，即在张铨序后有范弘嗣《少鹤山人传》，读之，刻年可立见。

传内曰：“(大道)父讳实，嘉靖乙未进士。岁己酉，余以台檄晋阳史馆修晋乘，是时李本宁先生掌臬宪，主盟词坛……余以山人集为贽，本宁先生读未竟，不胜击节服，走使五百里外聘山人纂局……丁巳之首夏，折一柬召余……出其未刊稿，强余删定……为卷二十有四，计十二万余言，付剞劂未竣，而山人果以六月不起，卒之日犹书一《不寐诗》刻集中，盖绝笔也。”李本宁即李维桢，隆庆进士，官山西按察使时已近万历末年。己酉，当是万历三十七年，其后之丁巳，乃万历四十五年。首夏为四月，邀范弘嗣删文稿，旋付刻，尚未成，邢大道即于六月病死。故此集为万历四十五年刻本。

二、孤立地就版刻特征判断

版刻印刷于不同时代、不同地区确曾形成过一些不同的特征。如南宋时期浙江刻本字体多近欧阳询，福建刻本字体多近柳公权；明初至弘治间刻本多黑口、书写体，正德、嘉靖间江南一带刻本多白口、字体方正；天启、崇祯间苏州、松江一带刻本多窄行，字近长宋，等等。但都是约略而言，不绝对，上下限也并不与年号变更同

步。不考虑其它条件,即据以定具体刻年,也极易失误。

例,刘初人存痂草一卷未刻草一卷　清刘樾蒨撰

此本有自序,不署年,前人著录曰:“似万历间刻”,又改“明刻本”。

《存痂草》中有《寄候王觉斯先生》,称“蒨也虽疏莽,虚怀见导师”,又注“甲午腊初,异风雪三日,父老见所未有”。王觉斯即王铎,孟津人,生于万历二十年,天启二年进士。天启前之甲午为万历二十二年,既称王铎为导师,则当是天启后之甲午,已是清顺治十一年。《未刻草》中有《五芳井题词》,曰:“定兴失守,范箕生家内君暨男媳溺井死之,三女从,一时殉难称最。”定兴失守,发生于崇祯九年七月清兵入侵畿南时。“万历间刻”自难成立,作“明刻本”亦非是。

三、疏于查考

判断一书刻年,不仅需要通读序跋、题记,注意版刻特征,往往还须就有关内容全面查考。古籍是文献,一书的正文、注释,序跋作者或校注人的生活年代,以及结衔、职官、地理、纪年等用语,甚至印章文字,往往都与刻年有关,都能标明年代。识别出来,有助于判断;忽略了,就会造成常识性失误。前述诸例在这些方面都或有所涉及,兹再拾例专述。

1. 某些序跋、识记所述之年代须加查考方能明确

例一,景岳全书六十四卷　明张介宾撰

十三行二十四字,白口,左右双边,单黑鱼尾,尾下镌卷次,版心上书名同大题。分“入道须从性理,明心必贯天人,谟烈圣贤大德,图书宇宙长春”二十四集,集次镌于卷端大题及卷次下。

卷端题:“会稽张介宾会卿著　会稽鲁超谦庵订”。

前人目录载此本作“明刊本”。

据书中张日蔚《全书纪略》曰是编成于(先外祖)晚年,“力不能梓,授先君,先君复授日蔚。余何人斯,而能继先人之遗志哉!岁庚辰,携走粤东,告方伯鲁公。公曰:‘此济世慈航也,天下之宝,当

与天下共之'。捐俸付剞劂,阅数月工竣。不肖得籍慰先人”。“玄”字缺末笔。

方伯鲁公,即鲁超,与张介宾同里,官广东布政使在清康熙三十七年至四十年。岁庚辰,当是康熙三十九年。

此本乃清康熙三十九年鲁超刻本,亦是《景岳全书》之首刻。

例二,沈氏韵经五卷 梁沈约撰 宋夏竦集古 吴棫补叶 明杨慎转注

八行十四字,白口,左右双边,版心书名同大题。卷端题:“梁吴兴沈约撰类 宋会稽夏竦集古 渤海吴棫补叶 明弘农杨慎转注 江夏郭正域校 古燕张纯修重较刊”。

此本除乾道四年徐葳《沈氏韵补序》外,尚有嘉靖辛卯杨慎《转注古音略题辞》,万历己亥郭正域《韵经序》,三序连刻。郭序中有“余故刊《韵经》于南雍,以备考文广律之一端”语,故藏家多作“明万历二十七年郭正域刻本”。

三序连刻,是载刻旧序之版式,新序则绝少如此处理者。又,卷末有未署年张纯修识记,被忽略。识记中曰:“是编获于绣水王概安节,为旧南雍镂版,且尊以为经,中循沈约氏四声旧谱,故其字多于世行本,遂重锓以广其传。”

绣水王概,居江宁,与其兄王蓍活动于顺治康熙间,为《芥子园画传》之主要撰稿人。“旧南雍”亦是入清后语。

此本当是清初张纯修刻本。

2. 序跋中虽述及本书之刊刻,但语气模棱,并不肯定的,不宜径行引据

例一,字考启蒙十六卷 明周宇撰

此本有万历十一年周宇《刻字考启蒙序》,曰:“侄子请谋梓布同志。余谓尔知尽良梓人耶。苟且剜刻,适意长短,以幸速利,即禾〔音稽〕禾奚辨,朿〔音刺〕朿旋淆,奈之何,奈之何!”

前人著录每只据此序即定刻年为“万历十一年”,未究虽序题曰刻,序中语实无即刻之意。卷十六末有周申识记,且曰:“四考本我叔氏养疴适志者,然反复订正,盖自庚辰(万历八年)历乙酉(万

历十三年)，凡六阅岁五易稿始克就绪，犹自娓娓然，谓检核恐未至，意亦勤矣。故前序论有四难之叹焉。申手录议梓。既更虑模印轻重间尚不免断文涴墨，毫发少爽，即甲由移易，淆乱失真，若更积久，又当何如。兹不重一难乎。尚望同志字学君子，省览之下，时正辨之”。是延至万历十三年尚止言稿成。

卷二、五、七、九、十、十五、十六末镌：“犹子申校书　升誊稿　门人许权　犹子在吾　三俊同校不肖男传诵梓于家塾”。

此本只宜作明万历周传诵刻本。

例二，春草堂文集选六卷诗集选一卷诗集选附录一卷　明乌斯道撰　清熊伯龙选黄敬修评　附录一卷

此本卷端题：“慈溪乌斯道继善著　钟陵熊伯龙次侯选　西湖黄敬修右序评　十世孙乌震又韩梓”。传世本除明初宋濂等“原序”外，多只具熊伯龙《春草先生集选序》及崇祯二年萧基《乌先生春草斋集序》。熊伯龙序中曰：“岁在辛丑奉命总裁会试，得乌生震。来谒时询其自出，则先生之裔也……越日，乌日捧一编来，跪而请曰：‘此吾祖遗稿，行世日久，板几漫灭，且篇帙甚夥，携取为艰，惟拔其尤者而登之。更藉加如椽，以光剞劂。’余诺其请。”熊伯龙，顺治六年进士，十八年辛丑以侍讲为武会试副考官。诸家多据以著录为“顺治十八年刻本”。

熊序只述及乌震求其选集，“以光剞劂”，非即刻集。嘉兴市图书馆藏一“康熙二十一年刻”者，亦此本。究之，尚保存一康熙二十一年黄敬修叙，曰：“今岁得识乌君又韩，又韩为春草先生十世孙，尽出其遗稿而语余曰：‘若为全集，若为钟陵熊老师选本。曩成进士时即欲授之梨枣，然鹿鹿宦途，崎岖乌道，车尘马足之不暇，而暇鸠工庀材作此风雅事乎！今者宦途既倦，岁月甚闲，唯是先业之未光为惧。又僦寓西湖，得与吾子逆，幸为我序而行之。’余受而卒业，见全集甚繁，告成不易，而次侯先生选本矜贵异常，篇篇精当，不必增损其间，直可付梓。但次侯先生有选无评，恐不足以娱阅者之目，偶有管窥，潜缀数语其后。”是黄敬修置评且在二十余年之后。

此本宜作康熙乌震刻本。

3. 即使序跋中述明已刻,仍须审阅正文。

例一　河南通志八十卷　清田文镜修

此本前人著录或作“雍正八年刻本”,或作“雍正十三年刻本”,皆误。八年刻之说,当据雍正九年田文镜《河南通志总序》,内曰:“七年春,檄河南各府州县整辑郡邑志送到臣署,越明年二月乃始开馆置局。礼聘名彦,焚膏继晷,键户闭关,凡阅期有二月而后成书。书成,凡八十卷,敬付剞劂。”书中又有雍正十三年王士俊进书表,作十三年刻者或依此。但表中只述,“谨缮新函,恭吴睿鉴”、“重编豫志盖自前督臣田文镜总辑,未及开雕”。八年固未刻,十三年所进亦一写本。

阅志中逢“弘”皆作“洪”,“曆”作“歷”,皆原刻,非剜嵌;卷七十九《艺文八、记》末篇《巡抚雅尔图重修万金渠记》,已是乾隆六年事。此志之刻当在乾隆初年,宜作乾隆刻本。

例二,牧斋初学集一百十卷　目录二卷　清钱谦益撰

此本只一刻,前人多按崇祯癸未(十六年)程嘉燧《牧斋先生初学集序》、崇祯癸未瞿式耜《牧斋先生初学集目录后序》作“崇祯十六年瞿式耜刻本”。

瞿式耜曰:“先生为文,每削稿,式耜辄手抄而藏之。先生不能禁也。乃固请于先生,出其所缮写釐为一百卷,锲梓以公之当世。先生力禁之不得,复手削其什之四五,命其名曰《初学集》。”

程嘉燧曰:“岁癸未冬,海虞瞿稼轩刻其师牧斋先生《初学集》一百卷,既成。”

两序皆称所刻为一百卷,刻本实为一百十卷。且卷二十下《东山诗集》题下注“起癸未正月尽十二月”,末章则为《甲申元日》,下注“附”,目录中此章则未刻;卷四十《石田诗钞序》尾署“崇祯甲申春月”;卷四十四《莱阳姜氏一门忠孝记》,尾书“崇祯甲申三月记”;《韩蕲王墓碑记》内有“甲申二月观梅邓尉还过灵岩山”语。又有崇祯甲申中秋曹学佺《饯受之先生集序》。当是随刻随调整,成书已是百十卷,在甲申三月以后。或有谓刻于顺治间者,观卷中触清讳

之篇章字句比比，亦无可能。

此本宜作崇祯瞿式耜刻本。

4. 单就一序一跋或难判断，综数家之言每可合成始末清楚的刻年依据。

例，白沙子全集九卷　明陈献章撰　附录一卷

此本九行十八字，白口，四周单边。卷端不题撰人名氏。前冠弘治、嘉靖、隆庆、万历诸序甚多，皆旧序。述此本刊刻始末者，仅黄士俊《重刻陈白沙先生文集序》、黄之正《重刻陈白沙先生文集序》，皆未署年。

黄士俊曰："新会邑侯黄君宰邑之明年即求白沙陈文恭集而重锓之。"黄之正曰："予癸巳赴铨部，甲午春二月得新会一签……薪火之下先生之梨枣亦灾，此则守典籍者之过也……乃与邑之荐绅先生谋有以重锓之，佥曰可。"据《康熙广州府志》，新会知县黄之正顺治十一年任。顺治十一年为甲午，与黄之正所述相合，则此本当刻于顺治十二年。为顺治十二年黄之正刻本。

5. 单就序跋内容无从考辨年代者，或可从序跋作者之名号、结衔、印章等方面寻求线索。

例一，张石初也足山房尤癯稿六卷　明张廷玉撰

此本卷端题："关中无歧子张廷玉汝光父著"。有陈盟《尤癯稿序》，张斌《尤癯诗集弁言》，李桢宁《张石初尤癯集序》，晋淑抃《张石初先生尤癯集叙》，张著铭《张石初先生尤癯稿序》，张鉷化《张石初先生尤癯集序》，李流芳跋。皆未署年。

据《明清进士题名碑录索引》，关中张廷玉乃万历三十八年进士。张斌署衔为"大理评事"，钤印文曰"戊申解元"、"乙丑进士"，则此乙丑当是天启五年。又，《张石初尤癯稿较阅批点姓氏》首列"国子监祭酒鹿城顾锡畴"，"司业川南陈盟"。据《钦定国子监志》卷三十三，顾锡畴崇祯二年官祭酒，陈盟崇祯元年官司业。卷中有《落旄头行——闻老奴死喜作》，曰："……老奴死，老奴骄，三岔河，东西辽，自从腥臊秽我土，獍恶鸱张如此忼。"老奴，当指努尔哈赤。似此内容亦绝无入清后刊刻之可能，故当刻于崇祯间。宜作崇祯

刻本。

例二，咏春堂集七卷　明冯有经撰

此本亦仅一未署年之袁应泰《咏春堂序》，言及“嗣君已付梓人，未卒业，遽索序于小子某。”是在何时，无从判断。但袁应泰名下钤一印，文曰：“赐剑靖夷经略司马柱史之章”。按袁应泰泰昌元年九月自按察使擢右佥都御史巡抚辽东，是谓“柱史”；逾月擢兵部右侍郎代熊廷弼为经略，是谓“经略司马”；熹宗赐尚方剑，是谓“赐剑靖夷”。天启元年十月，沈阳陷，袁应泰殉国。故此印之刻之用，只能在泰昌元年十月至天启元年十月一年之间。

此本宜作明末刻本。

6. 查考可越出本书，间接引据；但对前人叙述须加覆核，不宜径行套引。

例一，松陵集十卷　唐陆龟蒙　皮日休撰

八行十九字，白口，左右双边，无鱼尾。版心上书名同大题，中右镌卷次，下镌“汲古阁”。卷一至六、卷八至九末镌“虞山毛晋校刊　男扆再校”。“男扆再校”一行系嵌补。

此本传世者甚多，多作“明末毛氏汲古阁刻本”。

据《曝书亭集》卷七十九《严孺人墓志铭》，谓崇祯二年孺人来归毛晋，为继室，生四子，扆居季，则毛扆生年当在崇祯六年前后，又据《爱日精庐藏书续志》卷四毛扆《存悔斋诗跋》，“先君手跋在崇祯十三年闰正月十三，扆生于是年六月二十六”，能校父刻书，当在成年后，已入清矣。

汪士钟旧藏毛扆手校本《松陵集》，卷二末有毛扆题识，署年己未（见王重民《中国善本书提要》458 页），曰：“《松陵集》弘治间有刘济民刻本，都玄敬跋之详矣。先君子得古本重刊之，是时扆尚未生也。……甲寅岁（康熙十三年）吴兴贾人持宋刻四册求售，不惜重价购之。……随用比较家刻，多所是正。”又据顾广圻题记，已校出“谁可作梁栋”（卷一第十一页右七行），为“谁可征弄栋”之误；“庄生问枯骨，三乐成虚言”（卷二第六页左四、五行），“三”为“王”之误；“远棹投何处”（卷五第十九页第四行），“棹”为“帆”之误等。

刻本中皆未更动。是此本当印刷在康熙己未(十八年)之前。宜作明末毛氏汲古阁刻清毛扆校印本。

例二,边华泉集八卷集稿六卷　明边贡撰

十行二十二字,白口,无鱼尾,四周单边。卷端不另镌撰人名氏。

此本刻年藏家著录颇不一,或作“明刻本”,或作“明嘉靖刻本”。盖书中所能引据者仅魏允孚《重刻边华泉集序》一序,又未署年。或即按具体刻年不明处理;或仓促考订,未加详审,转生讹误。

魏允孚序中曰:“先生集旧有本,岁久而蚀,又遗所为文不载。余理济之明年,从先生仲子搜得数十篇,因叙入集中为重锓之。”考订者曾据《道光济南府志》查魏允孚官推官之年代,见列入嘉靖间,即转引为刻年。而府志此条实误列。魏允孚前任为谢廷寀,后任为郝大猷。谢廷寀为隆庆五年进士,魏允孚为万历二年进士,郝大猷为万历八年进士。明代新进士释褐外用者,多先为府推官,熟悉律例,寓观政之意。推官俗称司理。魏允孚为济南推官或即在万历三年,刻《边华泉集》则或在万历四年。

此本宜作明万历魏允孚刻本。

(发表于《图书情报工作》1989 年第 2 期)

古籍编目与版本志

古籍编目本是中国图书馆一项传统的基础工作，虽有约定俗成的著录条例，却也不排斥自立章法。前人或目之为“版本目录之学”，或讥之为“吏胥簿录”。何以评价如此分歧，其内涵到底有些什么，似乎还无人深究，一向各行其是。

近年兴起编制一些汇聚多家收藏的这种或那种联合目录，从体例或成果中看，似乎都走过一个从自然汇聚条目到考定合并条目的历程，却又不彻底，两种状态皆存。不管编者对此主观认识如何，客观形成却是一种因果关系的展示，值得研究、剖析。

从自然汇聚条目到考定合并条目，说明编者已发现原藏书单位提供的条目著录多有不确。即使是联合目录，如果包含着并非个别存在的乙亦是甲，丙当是丙、丁、戊，或其它常识性误差的话，于使用价值，于自身水平，都将有影响，故必须加以审校考定。工作进行了，但又有大量遗留，说明其中情况复杂，难度大，常会陷入“剪不断，理还乱”的境地。

联合目录多属大家支持的协作性工作，一般在进行之初都已经过协商讨论，拟有彼此理解、共同遵守的条例，参与者提供素材时，都已根据要求有所整理。即使这样，仍还不能就此汇聚，看来问题主要不在著录的项目、方法、格式与用语上，而在于如何正确反映条目的特殊属性。

文献流传从抄写过渡到版刻印刷以后，不同的刻印本都有了明显的个体属性——特定的名称、卷次，刻印的时代、阶段，主持人或单位等等。这些属性明显地区别出甲何以是甲，乙何以是乙，从而方便阅读、引据、校勘、收藏，直至鉴赏、负贩者按需求检索、选择。但传世过程越长，识别标记失去的也就越多，再加上有意造伪或人为制造混乱，识别判断就有了难度。约自明末以来，藏书家渐渐注意此道，从概括版式、字体、讳字、纸质、刻工姓名等时代特征方面进行版本考定，总结出不少经验。但多有不严谨之处。如讲元刻，说字的特征是赵松雪体，忽略了蒙古族在中华本土的政权是从公元1234年起建立的。金亡之后，中都和平水的书坊依旧刻书营生，有名的晦明轩刻本《重修政和经史证类本草》就刻成于1249年。赵孟𫖯则生于1254年，生活在同期的南宋地区，1279年南宋亡后又隐居若干年才被找出来做官，至成名，已是十四世纪了，倒是明初，直至宣德前后，闽浙一带书坊刻书却多还是赵体。后人倘不加思辨，盲目信从，难免失误。

文献又不同于器物，专门的版本标记尽管失去了，文献内容本身，序跋作者或校注人的生活年代，以至结衔、职官、地理、纪年等用语，甚至印章中的文字，稍加考辨都能反映那些失去的，或根本不具有的标记。明张介宾撰《景岳全书》六十四卷，曾有“明刻本”之录。其书有张日蔚《〈全书〉纪略》，曰：“先外祖张景岳公…肆力于轩歧。探隐研神，医日进，名日彰，时人比之仲景、东垣云。苦志编辑内经，穷年缕析，汇成《类经》若干卷问世，也奉为金匮玉函者久矣，《全书》者，博采前人之精义，考验心得之玄微，以自成一家之书……是编成于晚年，力不能梓。授先君，先君复授日蔚。余何人斯，而能继先人之遗志哉！岁庚辰，携走粤东，告方伯鲁公。公曰：‘此济世慈航也，天下之宝，当与天下共之。’捐俸付剞劂，阅数月工竣，不肖得藉慰先人。”文中“玄”缺末笔。卷端题“会稽张介宾会卿著　会稽鲁超谦菴订”。方伯鲁公，当是鲁超，其人康熙三十七年至四十年官广东布政使；岁庚辰，应是康熙三十九年。《全书》首刻于康熙三十九年鲁超，不可能有明刻。前人鉴别版本，过于着眼外形特征，不注意有关内容，难免出现各种常识性错误。

古籍刷印，往往是多阶段的，不同的阶段，于篇卷、文字以至版本标志，往往有变化，而从整体看，仍属同版。如《归先生文集》三十二卷，明归有光撰，附录一卷，现可见四种著录：甲、明万历元年翁良瑜雨金堂刻本，乙、明万历四年翁良瑜雨金堂刻本，丙、明万历十六年陈文烛刻本，丁、明崇祯八年归昌世刻本。取原书合校，只是一种版本，即乙。甲乃乙之初印本。此本初刻成时，卷末牌记镌“隆庆壬申男子祜子宁编次　万历癸酉浙人翁良瑜梓行”，无序跋。已行世，又觉某些不妥，未广作流通（今仅见藏浙江玉海楼及安徽博物馆）。旋征得万历三年周诗《小引》，又于附录后缀万历四年翁良瑜刻集成《祭文》，于《祭文》末改镌牌记为“万历癸酉男子祜子宁编次　丙子浙人翁良瑜梓行”，始为定本。流通后于万历十六年增入陈文烛《归太仆集叙》及《太仆寺丞归震川先生墓表》，又于崇祯八年增入归昌世跋。藏家或有狃于“以序跋之最后署年为本书刻年”之误说者，遂以之定为丙、丁，实皆乙之后印本。

又如，明何瑭撰《何柏斋文集》，现传世者有两种著录为明嘉靖三十三年刻的本子。一本八卷，称周镐刻；一本十卷，称马汝彰刻。经对校，也是一种版本。嘉靖三十三年，周镐刻本八卷，后由马汝彰增刻两卷，改刻嘉靖三十三年周镐《刊何柏斋先生文集序》末页，署己名，署年则依旧。十卷本应是明嘉靖三十三年周镐刻马汝彰增修本。

《说文长笺》一百卷首二卷解题一卷《六书汉义》七卷　明赵宧光撰。现可见两种著录：明崇祯四年赵均刻本，清康熙四十三年程稍玉禾堂刻本。后者有康熙四十三年《重刻说文长笺自序》，称“吴郡赵凡夫先生……著为此书，未及版行，遂归道山。其子灵均校而授梓。然年远世移，枣梨残缺，余兹愍焉，重为校刊”。后署“谨题于广陵之玉禾堂”。两本对校，所谓重刻，实系据赵刻旧版补修，原版补版间杂，明显可辨。“程稍玉禾堂刻本”应作：“明崇祯四年赵均刻清康熙四十三年程稍补修本。”

又如，见载于某联合目录者有“《六科证治准绳》，明王肯堂辑，明万历三十年至三十六年刊本”，而各家实际收藏多是散藏的“零种”。这些“零种”其实是单刻。即：《证治准绳》八卷《杂病证治类方》八卷，明万历三十年刻本；《伤寒证治准绳》八卷，明万历三十二年贺知忍刻本；《女科证治准绳》五卷，明万历三十五年刻本；《幼科证治准绳》九卷，明万历三十五年刻本；《疡医准绳》六卷，明万历三十六年刻本。各单刻都自有序跋，各述编辑、撰述及刊刻始末，原非丛书。聚五部六种于一帙，始于清康熙三十一年，时王氏书版皆归金坛虞氏，予汇印，称“医书六种”。书版至此，多已磨损断裂，远非单刻原印时之清爽面目。“六科证治准绳”又为近人所拟。这种现象，“丛书”、“总集”、“全集”中多有所见，应建立“汇印本”概念，明确其组合关系，用专门方法著录。否则必然出现名实不副、单书和丛刻纠结等一系列混乱。

此外，还有“转版”，以及似同实异，必须从字里行间细微处分辨始可区别的重刻本、翻刻本等等。

可以想见，如果用谨严的态度对待古籍编目，竟要处理这样一些绝非轻易可为的考察与识辨。周详的条例只能提示注意规范格式与用语，能否进行观察、分析、判断，系于编目人员的视野和素养。而这种视野和素养又基于学识与经验的积累，是功力的体现。

当然，简单从事，录出书名、卷数、著者，估出或套引刻年刻家，却也并非难事，粗通文字，稍加技术培训，也颇可优为之。“版本目录之学”并非高自位置；“吏胥簿录”也不是刻意贬低，正反映出这项工作历史上就曾高下相杂，直至现在。

如果古籍编目至今仍处于“小农经济”时代，即藏书单位各编各的，自立家法，原可听其自然，“各人自扫门前雪，莫管他人瓦上霜”，无需生议。但在信息时代，中国古籍也属于待开发的资源，各种联合目录、总目录将应运而生，其中相当一部分将反映国家版本目录学水平，文献向导作用将影响国际国内、今人后人，不能不严肃对待。因此，有必要正视现状，分析成因，探索解决问题的途径。

有分析地继承前人经验，原属正常的认识事物的规律。考察书中各方面的文字内容，结合形式特征鉴定版本，关系学识素养，自有要求。倒是具备了这些，实际工作起来也未必得心应手。它还涉及视野问题。

即使是历史久、收藏多、藏品精的单位，也很难说每部藏书都有完整的标示个体属性的依据。工作谨严的，往往把原始著录相同或近似者调集一起编目。这样，视野加宽，多可发现此失彼存的依据，不仅可以提高准确辨识率，也有助于保持著录文字一致。但是,从编辑联合目录角度要求,却还不够。数以百计收藏单位提供的条目构成的,是一个个大群体,甲乙丙丁区分的视野更宽,是只靠任何一家收藏所难比拟的。

合格的联合目录条目,应该是经过充分考察,尽可能全地搜集到它原具有的主要依据,基本上可以正确反映它本来面目的。一种书的版本依据,往往来自天南地北,或得于自然提供,或求诸多方查索。种种周折,甚至是靠某种机遇,可一不可再。正因为如此,这些来龙去脉多被保存下来,记录有案,有意无意地编写了一批"版本档案"。

尽管目前编出的各种联合目录从整体看尚多有待商榷处,但部分条目的考定记录却是合格的考据报告。其数量,约略估计,目前已不少于两三万种,但散在多家多人手中。

中国古籍虽称浩瀚,数目总是有限的,以同一版本为单位计,传世品种未必超出十万。经清理、记录有案的已有两三万,不能说不是已经有了个可观的基数,截至目前,任何一种联合目录都还没有完整的"版本档案",当有它各自具体的原因,亦无需回顾。却是今后再编,倘仍沿前辙,自然汇聚,重新摸索,精粗并存,不仅费时费力,或更难收功。倒不如把这些已得的成果汇集起来,统一体例,稍加整理,以事半功倍之效,先合成《中国古籍版本志》。

《中国古籍版本志》载录的每一种,都具有版式描述、特征记载、版本考定三部分,如果有条件,还可各附书影。和过去的"提要"、"书志"、"书录"等不同的是,不是随笔式的,而是程序式的。按照认识规律安排固定的记载程序,通过这些程序完成考定。和"植物志"、"动物志"、"矿物志"等一样,是本学科研究对象的标本群。但又非纯自然的采集、揭示,它要对复杂的古籍版本现象进行调查、整理、归纳、考定,使之超越现存自然状态,揭伪解疑,缀合残缺,各复本原,完整地显现出群体的共同属性和个体的特殊属性。在现有的基础上分期、分类地增益补充之后,将成为中国古籍版本总结性的资料集。今后无论编制任何联合目录、总目录,只需持素材据以检索、对照,既省从头考定之功,又收条目正确、著录标准之效。其速度、质量及难易，将不可与今日同语。

过去联合目录的编者每每苦于合作同事水平参差，甚至缺乏共同的业务语言。对于如何交流、改善，措施很少；希图独力完成，又力所不及。如今古籍编目队伍后继乏人现象更趋严重，相当一部分单位已出现“断档”。而任务方兴，要求日高。将要完成的任何一项，都非一家一户单枪匹马所能承应，需要一支训练有素，善于协同，分布多方的专业队伍。这样的队伍期待自生自长，自然形成，是幻想。须是围绕一项协作任务来凝聚。这任务，以编纂《中国古籍版本志》为最理想。

图书馆界过去有些事情喜欢官办，固然有有所依靠的好处，但往往按处理行政问题的方式去处理学术问题，以致拖拖拉拉，很难完成，质量也经不起推敲。倒不如民办官助，设一项科研课题基金，招标承揽。承包者提出具体方案，经过答辩、评议，优者入选。由有关机构支持并监督，克日完成，质量当有保证。

（发表于 1987 年 9 月《古籍整理出版情况简报》第 180 期）

关于《中国古籍善本书目》的收录范围

（一）

七路巡回检查，提出了不少关于收录范围的问题。过去南京会议、成都会议、广州会议都曾把它作为重点之一，从形成条款到补充说明、举例解释，试图把它解决。现在看来还不彻底，许多道理没有说清楚，讲透，解决实际问题的办法也不具体。因此个别单位有分歧看法。当然绝大多数是认真执行，但掌握不准，或是偏严，或是偏宽、偏乱。

什么是善本，这种概念不像自然科学中的定理、定律，有一个相对稳定的内涵，在历史过程中随着时代的推移，客观需要，有过不同的理解，直到现在也仍然如此。但要编一部全国总目，就必须有一个共同的标准，否则将体例混乱，归不了总。

南京会议通过并为全国接受的"三性九条"就是基于这个道理产生的。现在讨论问题，必须以这些原则和条款为前提。

去年秋天总目领导小组曾组织过一次大区检查，那时就发现各地各单位在具体理解与执行中普遍存在问题，也就是，主要对清代图书的收录有偏严、偏宽和偏乱的现象。少数单位仍按本世纪初的通行标准：清代的基本不收，稿本抄本全收。

为此，成都会议试图解决这个问题，提出了一些补充说明，为了便于掌握，紧接着广州会议又针对这些说明作了一些举例。文字虽有些变动，实质内容是一致的。例如：乾隆以前刻印图书只收三类，略去了成都会议补充说明中的后两类，是因为这两类已包括在前三类之中，无需重复。按理说，轮廓够清楚了。其所以仍然贯彻不到底，原因怕有两个：一是几次参加会议的人员有更换，会议时间又短，大家的见解没有交换透，半生不熟地拿了回去，执行的同志不了解来龙去脉，很难具体掌握；一是总目办公室在会后缺乏进一步宣传解释和及时检查辅导，再加上有的省馆传达不及时，直到这次检查还有些单位不知道成都会议和广州会议议了些什么。

(二)

收录范围中的问题主要集中在清代，是有种种历史原因的，归结起来不外乎是：不熟悉，不习惯。在这次编辑全国总目之前，一般只习惯于从明以前图书中择取善本，标准基本上是按时代断限，只要版本鉴别不发生失误，碰到的大抵是些枝节问题，如某丛书之零种该不该收；某翻刻本应不应录，之类，比较容易解决。清代的，倒不是绝对不收，但所选极窄，大抵是名人批校本，名家抄本，稿本，负盛名的精刻本之类，也比较容易解决。而现在，时代的下限延伸到清代，那么近，能算善本么——不习惯；清代的书那么多，又不都收，怎么收呢，无例可循——不熟悉。总目的九条收录范围中有七条是针对或涉及清代的。是不是总目想标新立异，不是的，总目编制在二十世纪七十年代末八十年代初，扩大清代图书的容量是历史的自然趋势。

大约迄今三百年前后，藏书家中有一派，号称“佞宋”，在他们眼中，除了宋版书都是值不得看重的，而到迄今百年前后，宋版书传世者已寥寥无几，即使着眼于“玩古董”的藏书家也不能不把标准降到明代的嘉靖。本世纪中期，嘉靖以前的也难得一遇，不论观点如何保守，善本的下限一律延伸到明末，目前已届八十年代，饱经沧桑和劫难的古籍，所处的条件又远非三十年前。当时，像中国科学院文学研究所，还可以白手起家，购入上千种清人文集，罕见品种或初刻本数以百计。今天，即使挟资百万，不靠调拨、交换，想人藏千把种刻本图书，已是不可能的事。很多收藏单位中的清代图书不少已成孤本或罕见本。因此前人选择善本未曾多加考虑的清代图书，仅从时代与流传的尺度（也可以说是历史文物尺度）考虑，今天也该提到日程上来了。

"古为今用"是社会主义文化事业的方针，普查，整理，揭示与保管古籍善本是立足于用。我国有悠久的历史与文化，我国也有丰富的古代典籍。但是，还远不能说这些历史与文化都经过了充分的研究和总结，这些典籍都得到充分发掘和利用。就目前传世的古籍品种而言，明代以前的，大抵还有目录或提要可以稽考，清代的则有相当数量尚未被人所知，这中间有明代人记载的明代政治、军事和经济、文化史料，有清代人的学术著作，地方历史，家族史以及各项历史大事的原始资料。从目前明清史研究的幅度和深度来看，很多还没涉及，是今后立说，立论，研究我国封建社会晚期，资本主义前期以及半封建半殖民地初期各种问题的丰富素材。其中相当数量的刻本、稿本、抄本、写本又十分孤罕，不及时整理，揭示和加以保管，随时有毁坏散失的可能。因此，从学术资料的角度，也有必要重视这部分图书。从版刻艺术方面来看，清代的套印，活字摆印以及写、绘版刻，都达到相当高的水平，成就超越前代，但其中不少已十分难得。大家都很熟悉的《芥子园画传》，原刻本在不少省图书馆和大型藏书单位中都找不到。不用说雍正铜活字本《古今图书集成》，即使乾隆《武英殿聚珍版丛书》传世部数也已屈指可数。乾隆间金农用宋藏经纸仿宋刻的《冬心先生画竹题记》已成书林珍品。但，清代究竟时间较近，现存图书品种数量巨大，目前还不能"一刀裁"，按时代断个限，什么都收进来。那样，古籍善本将和古籍图书等同，失去"善本"的意义。从清代刻印图书的情况分析，大体可分三个阶段。乾隆以前，由于统治阶级思想钳制较严，文字狱迭兴，更有数不清的告发、审查、抽毁、禁毁，人民不堪其扰，惧生事端，除通行无碍的一些士子常用书，如群经、正史、诸子、文选、类书之类而外，私家刻书的并不很多，即使内府版、殿版，也多因印数少，传世不广。清初虽曾沿明代刻书自由之风，刻印或补刻、翻刻过当代和前代的一些史书、文集，但受康熙以后历次文字狱影响和修《四库全书》中的变相查禁，多数毁版、书佚，这是第一个阶段。嘉庆以后，文网渐疏，刻书、印书、著书远比前代活跃，前代著作当时无人敢刻的，如著名学者顾炎武、王夫之等人的主要著作,多在这以后刊行,前代刻而失传或印刷量小,传世不广的,也多在这以后重刻,翻刻。这算第二个阶段。洋务运动以后,铅字和石印技术大兴,更由于鸦片战争后知识界思想活跃,清政府在文化控制上宣告崩溃,不只印书,还编杂志,办报纸,品种和印量是以前刻版印书时期无法比拟的。这算第三阶段。

南京会议期间,代表们对这些情况进行了充分讨论和研究,最后认为、乾隆以前的可只做历史文物性要求,凡这期间的刻、印本,只要传世不多,都可视为善本,嘉庆以后,则需加学术资料性或艺术代表性方面的要求,铅印、石印的图书暂不列入古籍范围。实践证明,这种轮廓性的想法原则上是适当的,但是线条太粗,具体掌握有困难。

成都会议的补充说明,是基于对问题做了全面分析后提出来的。"乾隆以前流传较少的",这种概念确实太笼统。一些藏书较集中的地区和馆,虽然可由有经验的同志做出适当的抉择,但几个单位归并一起,总会有出入。藏书较少的地区或馆,纵然不乏熟悉文献的同志,但毕竟视野受局限,多与少的概念出入就更大了。还是拟一个较具体的轮廓,彼此都能遵守为宜。顺康雍乾间的图书,不外三种类型,即:1. 明代或明以前人的著作,顺康雍乾间始刻或前代虽曾刊刻,但已久佚,版毁,顺康雍乾间重刻,以及前代刊刻非足本,顺康雍乾又行辑补者。前者如:乾隆二十九年靖安况氏刻,明况钟撰《明况太守龙冈公治苏政绩全集十六卷,续集十二卷卷首卷尾各一卷》;顺治十七年毕际有刻本,明毕自严撰《石隐园藏稿八卷》;康熙五十一年朱岳寿刻本,宋朱长文撰《吴郡乐圃朱先生遗稿十卷》;乾隆四年赐书楼刻本,明叶盛撰《叶文庄公全集三十卷》。后者如:康熙五十二年曹培廉校刻本,元倪瓒撰《清闷阁集十二卷》;康熙九年孙光炅刻本,明石珤撰《熊峰先生诗集七卷文集三卷》等。2. 当代人著作,顺康雍乾时初刻本。如:清初刻本,清吴伟业撰《梅村集二十卷》;康熙刻本,清陈梦雷撰《松鹤山房文集二十卷诗集九卷》;康熙二十六年高平书院刻本《溧水县永折全书三卷》;雍正十一年刻本,清稽曾筠撰《防河奏议十卷》;乾隆间强善斋刻本,清丁宜曾撰,《西石梁农圃便览不分卷》等等。3. 前代屡曾刊刻,各种版本传世尚多,顺康雍乾间又未加整理,增订,纯属重刻、翻刻的,如:清康熙六十年曹寅刻本,宋朱熹撰,《周易本义十卷易图一卷》;清康熙五十四年项氏群玉堂刻本,明朱谋玮笺《水经注四十卷》;清顺治十二年吴玉昌刻本,明李时珍撰《本草纲目五十二卷,附图三卷奇经八脉考一卷,脉诀考证一卷,濒湖脉学一卷》;乾隆长洲叶氏海录轩刻本,梁肖统编唐李善注《文选注六十卷》等。这三种类型中的第一、二类从历史文物性,学术资料性,艺术代表性考虑,条件较全面,尤其从学术资料性考虑,都各居一格,无可取代。传世也较少。以第二类所举四例分析:《梅村集》二十卷本是吴伟业集子的最早刻本,因为前面刻有钱谦益《序》及《与梅村先生书》,乾隆间被列为"抽毁书"实际在定案之前早因吴与钱谦益、龚鼎孳并称"江左三大家"遭到全毁,等"落实政策",幸存下来的已成"鲁殿灵光"了。"四人帮"时代这类事出过不少,大家记忆犹新,何况古代。所以虽然是清初刻本,又是吴伟业这个大名头人物的著作,传世却没几部。陈梦雷是编纂《古今图书集成》的主要负责人,但因为他两次获罪遣戍,个人著作《松鹤山房诗文集》传世也极少,最近上海古籍出版社想重印这部书,寻遍全国才找到几部,还都有抄配,需互作补充才能凑成一部完书。《溧水县永折全书》是当时地方绅士呼求政府减轻无理负担,多次斗争得到初步结果之后刻印的备忘录,其中详细记载了江苏溧水县明清之际需为被水淹没已成湖塘的田地缴纳虚粮,农民不堪负担,鬻卖妻儿,逃亡流徙,而政府深知实情,但格于成案,因循沿袭,不肯减少额征之弊政。后世研究明清经济的,但知江南赋税重,重到何种程度,每语焉不详。可知似此类资料很少有人接触过。《防河奏议》的作者嵇曾筠,是清代继靳辅之后的水利专家,建坝,引河杀险,皆有所长,任河道总督多年,其奏议是水利史中的重要史料,但相当罕见,现藏中国科学院图书馆的一部,还是残本。《西石梁农圃便览》是总结鲁南苏北沿海一带农圃经验的农书,基于"樊迟问稼"被目为"小人",这类的观念流传很广,1956 年中华书局校点排印时,即称原刻本已不多见。已故著名史学家邓之诚先生曾多年购求这一时期文集的原刻本，毕生只积了有限的几百种。20 世纪 50 年代中期以后建馆的，尽管有的经费充裕，曾整车整店地购进古籍图书，册数，种数都颇可观，但绝大部分是后世的翻刻本，铅印本、石印本。还应该一提的，这期间有些和《溧水县永折全书》类似的，如方志以外的地方政务记载，职司记载，族谱，缙绅录，登科录，赋役全书等，或资料丰富，有利于具体问题的研究，或有裨于人物检索。但因长期科举制度留下的后遗症，知识分子每每自我束缚，“书”、“史”的概念理解极窄，把很多经世致用，但与举业无关的图书弃置。直到目前，还有不少人受此影响，不肯承认这些也是“书”。正因为如此，由于一向无人注意收藏，这些书只是偶然流传下来，而且绝少复本。应毫不置疑地视为善本。而第三类，从校勘、学术资料考虑，已无意义，除极个别品种外，在版刻艺术方面也不具备特殊价值，而且都属常用书，传世者较多。（广州会议中据中山图书馆的同志反映以梅县专区为例，这一类的占 90%）。经过充分酝酿和讨论，就按照这样的思路从总体出发画了个轮廓：第一、二类，分列五条，收；第三类不收。暂时避开当做斟酌的个体以便于掌握。广州会议中举例解释时为避免重复，又把五条并为三条。

成都会议对嘉庆以后图书应如何具体收录虽没有单独形成文字的补充说明，但也进一步研究了这一时期图书的特点。清代自嘉庆以后，农民起义蜂起，统治集团疲于应付，民族矛盾渐渐让位于阶级矛盾，地主阶级内部，思想控制逐步松弛，文网不那么严密，文字狱的频率显著减少。另一方面，脱离政治，脱离现实的学术空气也已养成，正处于“乾嘉学派”学术活动的全盛时期。清以前不少重要学术著作，清前期一些主要学者的著作，以及乾嘉学派各主要流派的著作，多在这以后刻印。内容涉及经学、文字音韵，史学、地理学、金石学、校勘、辑逸、植物学、医药、自然科学、工艺等各个方面。由于时代较近，传世者尚多，目前确实只能选择其中学术资料价值或版刻艺术突出，而传世极少者收录。但要做到这些，就得要求鉴别人员有一定判断能力和经验，有理有据地一部一部地斟酌。广州会议从这个角度试做了一些举例，提倡选择时对每部书的内容、版本源流或印刷特点，传世情况都进行具体辨识。这次检查中发现，各地各单位都摸索出不少经验，鉴别人员为弥补目前一般存在的古代史、思想史、学术史和各种专门学科知识的不足，就多看提要目录、评论、序跋，借助前人的认识和判断。就权宜之计来说，是可取的。

清代图书中稿本和抄本占很大比重。就目前已知的品种看，从清初实录的稿本，清初著名学者如王夫之的手稿到清末三家村学究的怀古、咏史诗手稿，数以千计。钞本更杂，有代代以钞本传世的各种著作，清初秘密流传的明季野史，遗民著作，传抄四库馆，自《永乐大典》辑出的佚书或罕见本，清末文网松弛后传抄的各种杂史，各行各业的备忘录、手册(如:《布经》、《香珠集》、《典略》)，士子临场揣摩的程墨、试帖诗，传诵一时的时文，因原刻难求或无力购买而借录的，伪作名目改头换面的牟利品，摘自某书的节要或篇章，等等，说是数以万计，并不过分。

倒是在这以前，明以前刻本作为善本划线盛行时，多对清代的稿本或抄本宽待，理由是稿本不可再得，钞本有可抄的价值，甚至清末民初某权威人士曾主张“凡抄皆善”。虽然南京会议对此有明确的要求，但抄稿本的收录受此流风影响，做起来还是失于宽者多，从严者少。成都会议对清代钞本收录提出“从严掌握，认真考核”，并原则上提出几点约束。广州会议考虑到如此还嫌笼统，就在举例中做了进一步分析说明。

一般说来，清代的抄本、稿本可分成这样一些类型。1. 明以前人著作，清代以前以抄本传世(包括刻本罕见)的清代抄本。如:宋吴龙翰撰《古梅遗稿六卷》，清中期以前，从无单刻本，向以抄本传世;元王翰撰《友石山人遗稿一卷》，据八千卷楼著录，曾有弘治刻本，但现已不见传世，清代亦多以抄本流传。对这一类的清代抄本，可选择其抄、校精者入善。2. 清人著作，清代未曾刊印过，具有学术资料价值的稿本和清代抄本这点，要求过高也确实难掌握，一般说来，只要把那些不涉及当世人物，事情和社会活动，本人亦无社会影响，一味吟风写月，怀古抒情，而又无文学价值的诗集、或试帖诗、制艺、纯属应酬的四六文，空无内容的高头讲章，一般士子的闱墨之类剔除，就可以了。属于此类型的抄本，性质应该和稿本相同。3. 虽曾刻印，但有学术资料价值的清人著作稿本。如果说抄本和稿本应该有个区别，区别也就在这里，虽有刻印本，但稿本究竟在前，可以看出作品的原始面貌，作者的思路过程和被删去的内容。抄本则不具备这样的特点，相反在刻印本之后的抄本，包括抄《四库全书》本在内，作为善本收藏的意义不大。4. 虽曾刻印，但传抄在刻印之前，具有学术资料价值的清代抄本。收录这类抄本的意义，实质上又和稿本相同。刻印前流传的抄本，可和刻印本校勘比较，刻印本有错误，抄本倒可能正确，往往还会有重大异同，抄本中保留原著的初貌。科学院馆藏有清初抄本，清彭孙贻撰《流寇志九卷》，这《流寇志》有康熙刻本和民国铅印本，但名《平寇志》。《平寇志》起崇祯元年，至顺治十八年，十二卷，无序。抄本《流寇志》起崇祯二年十月，讫顺治十七年三月九卷，有序。抄本《流寇志》有涉及满清之语，称之为“建人”，《平寇志》皆删。《流寇志》中时时流露“尊王攘夷”之旨，具有民族观点，《平寇志》则一变为尊崇清朝，“反清”精神不复存在，所以易名“流寇”为“平寇”也是这个原因。很明显，钞本《流寇志》还保留着作者著述的主题思想，刻本《平寇志》则是作者后人为避文字祸，篡改了作者的原意。彭孙贻是明末遗民，入清奉母不仕，民族气节很强，死后乡人私谥为“孝介”。比较起来只有抄本能真实地反映他的思想。

以上这四类是应该收录为善本的。无需收录的，除前面所说不具学术资料价值和刻印本传世尚多，据刻印本传抄的以外，还应该注意辨识不少清代钞本是摘抄于某书，或是几种书的汇抄。这些不只不宜做善本，还应注明来历，帮助读者识别，以免误引误录。如：科学院馆藏有清钞本明郑大渻撰《河防考四卷》，其实是弘光刻本《经国雄略》中的一篇；清抄本清王树枏撰《新疆岁时记不分卷》乃是《新疆图志》卷五十二《物候一》；清抄本《河幕指南不分卷》大部分抄自陈潢撰《河防述言》。

(三)

尽管有一系列条款、补充说明和举例，尽管大家都执行无误，也不是说问题就此一次解决了。以顺康雍乾间刻印本为例，即使按前述办法分类型处理也还存在部分品种现时传世者尚多，不宜一一入善的问题。成都会议对此只提了一个附加条件，即初刻初印。什么叫初印，笔画栏线清楚，无断板，就算，因为同一版本中达到这个标准的是少数，已起了从书品上约束的作用。至于具体的哪种书传世太多，不应入善，就不能再提了。目前无法说清楚。再笼笼统统地提个“其中传世尚多者不收”等于重蹈覆辙，还是让人无所适从。拟个标准书目让大家参照好不好，问题是目前这种书目很难拟得妥帖，无法避免片面性。目录上载的本单位未必有，目录上没有的，本单位有，也许正是该当入善的，反倒因此束缚手脚。这类问题可到总编时统筹解决。类似的还有嘉庆以后刻印本收录问题，目前只能由大家有理有据地选，至于理和据是否妥当，不宜再加要求，可在总编时斟酌平衡。总之，要看到工作的阶段性，需要两步走的不要急于一蹴而就。

偏严、偏宽、多与少这种概念也是相对的，要从实际出发，具体分析，机械地订个数字界线，恐怕也不够妥当。就以毫无疑问要算善本的宋元版图书而言，其中难道没有超过几部以上的？明版更不用说，一些经史、类书，子书、文集，相同版本现传世在百部以上的恐怕还不是少数。何况数字来源也未必可靠。以《地方志综录》而言，直到现在还在校订版本，版本都还含含糊糊，依附的数字又怎能靠得住？四十多年前北方地区就认为咸丰初刻本《盾鼻随闻录》难得，这件事写进《续修四库提要》里，而南方的南京馆目前还有复本；南方的一位同志访求光绪刻本《攀古小庐杂著》二十余年未遇，北方不少馆家家都有收藏。不管这两种书目前到底还有多少部，从确知传世不多而又分布不平衡这点说，都可以算为少。

(四)

从北京和东北地区来看，大家确实很重视“共同纲领”，绝无各行其是之意，发现一些和收录范围有出入的问题主要原因是对一些“条条框框”的来龙去脉不清楚，不知如何下手。说清楚了，方法很简单，很快就能掌握。

分辨顺康雍乾间图书的类型，主要是读书的序跋和凡例。一般序跋和凡例中对版刻源流，刻书起因，本书特征等都写得很清楚，是初刻、增刻还是重编、重刻，一目了然。遇到没说清楚的，可查一查书目，常用的是《四库全书总目》、《四库全书简明目录标注》、《贩书偶记》。

对嘉庆以后刻本是否符合收录标准的判断，主要也是依靠读序跋。一般说，重刻翻刻较多的，初刻本传世必少，少的始末由来往往从重刻、翻刻的写序中可看到。此外一些史料笔记中也多有记载。

辨识钞本曾否刊刻过，要在对钞本年代有个大体判断的基础上查书目，常用的是《四库全书总目》、《四库全书简明目录标注》、《贩书偶记》、《书目答问》、《丛书综录》以及各家藏书目录。至于辨识是否摘抄、换名、就只有靠知识积累了，对有怀疑，自己断不下来的不妨集中起来多找几个人看看。在这方面“通才”是极少的，但个人多有方面之长，集众人之长，总会多发现些问题。

(五)

重复前面说过的几句话：

编一部全国总目必须有一个共同的标准，否则将体例混乱，归不了总。

南京会议、成都会议、广州会议所通过和形成的收录范围、补充说明,收录举例,标准是一致的,并无修改,只是越来越具体化。

解决问题有阶段性,该两步走,不要打算一步走完,那样会自乱步伐。

以上属于个人对问题的理解,不当之处,请批评指正。

1979年12月于南昌

(发表于江西图书馆编《图书馆工作》1979年第2期)

清代图书中的“善本”

——编辑《中国古籍善本书目》中的一个重要问题

一

从清代图书中如何提善本，是在编辑《中国古籍善本书目》过程中遇到的一项最棘手、一时难以解决的具体问题。

善本，是一种概念，凡概念都有内涵。然而，善本之概念属于文物制度，带有上层建筑的性质，可随基础的不同要求而转换，不像自然科学中的定理、定律有其相对的稳定性。

在编辑《中国古籍善本书目》问题提出以前，无论国内国外，辨识中国古籍善本的概念有两种意见：一派着眼于使用，指内容可靠，钞刻精足；一派立足于收藏，取其古旧难得，有艺术价值，传世孤罕。其实两者并不对立，甚至互为补充。

尽管这两种认识各有历史渊源，也各有相对合理性，但要编制一部全国性的总目，必须用一个统一标准，一个统一的概念。

南京会议之前，有关部门曾邀集一些重点藏书单位的古籍工作者反复研究了古籍善本工作的历史和现状。认为有必要把两种概念融合起来，给予一种理论性的概括，从而提出“三性”——历史文物性，学术资料性，艺术代表性。具体体现分列为九条。这“三性”和“九条”又经南京会议的代表反复讨论、推敲，已原则上通过，成为现行的《中国古籍善本书目收录范围》。

但是，原则终归是原则，从原则到具体实现，尚有一个复杂的认识与理解过程。已经熟悉的事物，做起来驾轻就熟，出现问题也是枝节的，容易解决。不熟悉的，则必须逐步探索，充分认识之后，才可理解，才能具体实现。

从清代图书中提善本，是目前大多数图书馆古籍工作者不甚熟悉的事物。由于种种历史原因，在此之前，一般只习惯于从明以前图书中择取善本，其标准基本上是按时代断限，只要版本鉴别不发生失误，碰到的问题也大抵是些枝节问题，如某丛书之另本该不该收，某后印本应不应录等等，比较容易解决。清代的，倒不是绝对不收，但所选极窄，大抵是名人批校本、名家钞本、稿本、负盛名的精刻本之类，也比较容易解决。而现在复杂了，九条标准中多数针对清代，而且都有很不直接了当可以“一刀裁”的定语。一时无从措手，或出现各行其是现象，是可以理解的。

二

善本中扩大清代图书的容量，是历史的自然趋势。

图书馆从藏书的群体中区分出善本来，用意是加强保管，减少或避免佚亡毁损，同时也寓选拔推荐之意。什么书需要这样对待呢，当然是刊印时间早，内容有价值，现时传世少，已不可多得的。这就构成了历史文物性的广义内涵。但人类文化史上还自然形成一种概念：某些只具相对的时间因素的人类文化产物，不论其个体有否特殊的含义或使用价值，也构成历史文物。如一块汉瓦当，一区普通的六朝造象，一纸内容习见的唐代写经，等等。这又是历史文物的狭义内涵。然而，不论广义或狭义，其主要因素都有个时间在内。这时间的下限是随着客观条件的变化和岁月的流逝而延伸的。

大约迄今三百年前后，藏书家中有一派，称为“佞宋”。在他们眼中，除了宋版书都是不值得看重的。到了近代，宋版已寥寥无几了，即使着眼于“古董”的藏书家，也不能不把标准降到明代嘉靖。本世纪中期，嘉靖以前刻本也已难得一遇，不论观点如何保守的藏书单位，善本的下限又一律延伸到明末。目前已届八十年代，饱经沧桑和劫难的古籍图书，所处的条件又远非三十年前。当时，像中国科学院文学研究所，还可以白手起家，购入几百种明刻明人文集和上千种清刻清人文集，罕见品种数以百计。今天，即使挟资百万，不靠调拨、交换，想藏入千把种刻本图书，已是不可能的事了。很多收藏单位中的清代图书不少已成孤本或罕见本。因此，前人选择善本未曾多加考虑的清代图书，仅从历史文物角度上着眼，今天也该提到需要考虑的日程上来了。

“古为今用”，普查、整理、揭示与保管古籍善本是立足于“用”。我国有悠久的历史与文化，我国也有丰富的古代典籍。但是，还远不能说这些历史与文化都经过了充分的研究和总结，这些典籍都受到了充分发掘和利用。就目前传世的古籍品种而言，明代以前的，大抵还有目录或提要可以稽考，清代的则有相当数量尚未被人所知，这中间有明代人记载的明代政治、军事和经济、文化史料，有清代人的学术著作、地方历史、家族史以及各项历史大事的原始资料。从目前明清史研究的广度和深度来看，很多还没涉及，是今后立说、立论、研究我国封建社会晚期、资本主义前期以及半封建半殖民地初期各种问题的丰富素材。而其中相当数量的刻本、稿本、钞本、写本又十分孤罕，不及时整理、揭示和加意保管，随时有毁坏散佚的可能。因此，从学术资料的角度，也应格外重视这部分图书。

从艺术方面来看，清代的套印、活字摆印以及写、绘版刻都达到相当高的水平，成就超越前代，但其中多数已十分难得。大家都很熟悉的《芥子园画传》，原刻本在不少省图书馆和大型藏书单位中都看不到。不用说雍正铜活字本《古今图书集成》，即使乾隆《武英殿聚珍版丛书》传世部数也已屈指可数。乾隆间金农用宋藏经纸仿宋刻的《冬心先生画竹题记》已成书林珍品。

但是清代究竟时间较近，现存图书品种数量还是很大的，目前还不能“一刀裁”，按时代断限，什么都收。那样，古籍善本将和古籍图书等同，失去“善本”的意义。

从清代刻印图书的情况分析，大体可分三个阶段：乾隆以前，由于统治阶级思想箝制较严，文字狱迭兴，加以数不清的告发、审查、抽毁、禁毁，人民不堪其扰，惧生事端，除通行无碍的一些士子常用书，如群经、正史、诸子、文选之类而外，私家刻书的并不很多，即使内府版、殿版，也多因印数少，传世不广。清初虽曾沿明代刻书自由之风，刻印或补刻、翻刻过当代和前代的一些史书、文集，但受康熙以后历次文字狱影响和修《四库全书》中的变相查禁，多数版毁、书佚。这是第一个阶段。嘉庆以后，文纲渐疏，刻书、印书、著书，远比前代活跃，前代著作当时无人敢刻的，如著名学者顾炎武、王夫之等人的主要著作，多在这以后刊行，前代刻而失传或印刷量小、传世不广的，也多在这以后重刻、翻刻。这算第二个阶段。洋务运动以后，铅字和石印技术大兴，更由于鸦片战争后，知识界思想活跃，清政府在文化控制上宣告崩溃，不只印书，还编杂志，办报纸，品种和印量是以前刻版印书时期无法比拟的。这算第三个阶段。

制定《中国古籍善本书目收录范围》时，对这些情况曾进行过充分讨论和研究，最后认为，乾隆以前的，可只做狭义的历史文物性要求，凡此期间的刻、印本，只要传世不多，都可视为善本；嘉庆以后，则需加学术资料性或艺术代表性方面的要求，铅印、石印的图书暂不列入古籍范围。但是，实践证明，这种轮廓性的想法由于线条太粗，很难具体掌握。

一九七九年前后的成都会议和广州会议，对这些问题做了重新探讨，订了一些进一步的说明，但是如何理解，怎样掌握，意见仍不大一致。有的则主张干脆从严，按老传统办事，把清代这部分基本甩开；有的想摸索出一个“标准书目”来，供大家套用。避开矛盾，不是解决问题的办法，订个“标准书目”既非短时之功，更容易机械被动，派生的问题将会更多，还是从进一步探讨规律入手较好。

三

清乾隆以前的图书，大约可分三种类型：第一种类型是明代或明以前的人的著作，顺康雍乾间始刻或前代虽曾刊刻，但已久佚、版毁、顺康雍乾间重刻，以及前代刊刻者非足本，顺康雍乾间又行辑补者。《四库全书》中所据的版本属于此类者不少，虽然《四库全书》对版本的选择不十分严格，但也并非毫不考虑，滥用后刻。

明代或明以前人著作，顺康雍乾间始刻者，例如：乾隆二十九年靖安况氏刻，明况钟撰，《明况太守龙冈公治苏政绩全集十六卷续集十二卷卷首卷尾各一卷》，乾隆四十一年徐镇孩浦庄刻本，明徐宏祖撰，《游记十二卷》；顺治十七年毕际有刻本，明毕自严撰，《石隐园藏稿八卷》；康熙三年于藻庐陵刻本，明方以智撰，《物理小识十二卷》；顺治刻本，明李盘撰，《李小有诗纪二十五卷》。

明以前虽曾刊刻但久佚版毁，顺康雍乾间重刻，目前传世已以此为最早版本者，例如：康熙五十一年朱岳寿刻本，宋朱长文撰，《吴郡乐圃朱先生馀稿十卷》；康熙五十五年石键刻本，宋石介撰，《徂徕石先生全集二十卷》；乾隆四年赐书楼刻本，明叶盛撰，《叶文庄全集三十卷》；顺治十年王铑苏州刻本，清王铎撰，《拟山园选集八十二卷》；康熙间沈业刻本，明释弘坚（沈泓，崇祯进士）撰，《怀谢轩遗咏不分卷》。

前代刊刻者非足本，顺康雍乾间又行辑补者，例如：康熙五十二年曹培廉校刻本，元倪瓒撰，《清閟阁全集十二卷》；康熙九年孙光忌刻本，明石珤撰，《熊峰先生诗集七卷文集三卷》，（《四库》本改题《熊峰集十卷》）；康熙二十九年罗美才刻本，明罗玘撰，《罗圭峰文集三十卷》。

第二种类型是当代人著作，顺康雍乾时初刻本。例如：清初刻本，清吴伟业撰，《梅村集二十卷》；康熙刻本，清陈梦雷撰，《松鹤山房文集二十卷诗集九卷》；康熙二十六年高平书院刻本，《溧水县永折全书三卷》；雍正十一年刻本，清嵇曾筠撰，《防河奏议十卷》；乾隆间强善斋刻本，清丁宜曾撰，《西石梁农圃便览不分卷》，等等。

一直有人认为，清初离现在较近，所刻书籍传世必还很多。实际并非如此，就以第二种类型五例分析：《梅村集》二十卷本是吴伟业集子的最早刻本，因为前面冠有钱谦益《序》及《与梅村先生书》，乾隆间被列为"抽毁书"，实际在定案之前，早因吴与钱谦益、龚鼎孳并称"江左三大家"，遭到全毁。等到"落实政策"，幸存下来的已成"鲁殿灵光"了。"四人帮"时代，这类事出过不少，大家记忆犹新，何况古代。所以虽然是清初刻本，又是吴伟业这个名人的著作，传世却没几部。陈梦雷是编纂《古今图书集成》的主要负责人，但因为他两次获罪遣戍，个人著作《松鹤山房集》传世也极少，最近上海古籍出版社想重印这部书，寻遍全国才找到几部，还都不全，需互作补充才能凑成一部完书。

《溧水县永折全书》是当时地方绅士吁求政府减轻无理负担、多次斗争得到初步结果之后刻印的备忘录，其中详细记载了江苏溧水县明清之间需为被水淹没已成湖塘的田地缴纳虚粮，农民不堪负担，鬻卖妻儿，逃亡流徙，而政府深知实情，但格于成案，因循沿袭，不肯减少额征之弊政。后世研究明清经济的，但知江南赋税重，重到何种程度，每语焉不详，可知此类资料很少有人接触过。《防河奏议》的作者嵇曾筠，是清代继靳辅之后的水利专家，建坝、引河杀险皆有所长，任河道总督多年，其奏议是水利史中的重要史科，但相当罕见，现藏中国科学院图书馆的一部，还是残本。《西石梁农圃便览》是总结鲁南苏北沿海一带农圃经验的农书，基于“樊迟问稼”被目为“小人”这类的观念，流传不广。一九五六年中华书局校点排印时，即称原书已不多见。

似乎这些都是特殊例子。其实，倒是例外的少。已故著名史学家邓之诚先生曾多年购求这一时期文集的原刻本，毕生只积了有限的几百种。五十年代中期以后建馆的，尽管有的经费充裕，曾大量购进古籍图书，但绝大部分是后世的翻刻本、铅印本和石印本。

应该一提的倒是这期间有些和《溧水县永折全书》类似的东西。如方志以外的地方政务记载、职司记载、族谱、搢绅录、登科录、赋役全书等，或资料丰富，有利于具体问题的研究，或有裨于人物检索。但因长期科举制度留下的后遗症，知识分子每自我束缚，“书”、“史”的概念理解极窄，把很多经世致用、但与举业无关的图书弃置。直到目前，还有不少人受此影响，不肯承认这些也是“书”。正因为如此，由于一向无人注意收藏，这些书只是偶然流传下来，而且绝少复本，应毫不置疑地视为善本。

第三种类型是前代屡次刊刻，各种版本传世尚多，顺康雍乾间又未加整理、增订，纯属重刻、翻刻的。此类多属当时知识分子的常备书，如：群经、诸史、子书、类书、名家文选、文集等，除个别的如殿版仿宋刻之外，从校勘、学术资料、版刻艺术等方面，都不具特殊价值，目前可以不收，掌握也比较容易。这类书，在目前传世的顺康雍乾刻印本中，比例确实较大，人们印象中的顺康雍乾本传世者尚多，是把它包括在内的。

争议较多的是对顺康雍乾间内府本、殿版的处理。内府本、殿版的特点是刊刻精，纸张考究，品种较多，当时印刷的部数一般也较民间自刻书略多，但从目前传世情况看，除少数图书馆，如北京图书馆、辽宁省图书馆外，收藏并不系统，有的虽原著录为殿版，其实是浙江、江西等书局的翻刻本，部分品种如康熙间扬州诗局刻本《全唐诗》，可能传世确还较多，但时至今日有谁再去访求，除已入公藏者也是难得一遇了。内府本、殿版无需作单独类型考虑，其取舍应和其它清代图书同样处理。

四

清代自嘉庆以后，农民起义蜂起，统治集团疲于应付，民族矛盾渐渐让位于阶级矛盾。在地主阶级内部，思想控制逐步松弛，文纲也不再那么严密，文字狱的频率显著减少。另一方面，脱离政治、脱离现实斗争的学术空气也已养成，正处于“乾嘉学派”学术活动的全盛时期。清以前不少重要的学术著作，清前期一些重要学者的著作，以及乾嘉学派各主要流派的著作，多在这以后刻印。内容涉及经学、文字音韵、史学、地理学、金石学、校勘辑逸、植物学、医药、自然科学、工艺等各个方面。由于时代较近，传世者尚多，既不能按时代“一刀裁”，又不适于按类型取舍，目前只宜按广义的历史文物性要求，选择其中学术资料价值突出、而传世甚少者，部分收录。

做到这些，要求鉴别人员有一定的识别能力和经验，有理有据地一部一部地斟酌。比起对乾隆以前的要求，是难了一层。从目前工作进程中看，绝大多数收藏单位，对此尚游移观望，不敢下手。

广州会议中，南京图书馆曾就嘉庆以后刻印本的收录做了一些举例,对每部书的内容、版本源流或印刷特点、传世情况等,都进行了一番辨识。这种思路是值得参考、提倡的。

一般说来,这一时期的图书有以下特点而又具突出的学术资料价值者,可以考虑:

1. 一种书,虽传世较多,但版本不同,原刻本印刷量少于重刻本,而且版片不少在咸同间战乱中毁损,或因它故毁版,后又重刻。如:

嘉庆十年士乡堂刻本　清陈鳣撰
缀文六卷

嘉庆十四年刻本　清张惠言撰
茗柯文初编一卷,二编二卷,三编一卷,四编一卷

道光十年三槐堂刻本　清王清任撰
医林改错二卷

道光十七年泾川书院刻本　清胡培翚撰
研六室文钞十卷

道光十八年四馀堂刻本　清严可均撰
铁桥漫稿十二卷

咸丰四年海昌蒋氏刻本　清钱仪吉撰
衎石斋记事稿十卷续稿一卷

咸丰四年刻本　题樗园退叟撰
盾鼻随闻录八卷

咸丰九年刻本　清沈储撰
舌击编九卷

同治刻本　清潘钟瑞撰
苏台麋鹿记二卷

2. 因内容涉及面窄,过分专门,或当时不为社会注意,印刷不多,传世少。如:

嘉庆九年刻本　清谢济世撰
四书经学考十一卷首一卷

嘉庆刻本　清赵如椿撰

黎阳见闻录一卷

道光元年刻本　清李明彻撰

圜天图说三卷续编二卷

道光九年话雨楼刻本　清王鲲纂

松陵见闻录十卷

道光十四年刻本　清黄育楩撰

破邪详辩三卷卷首一卷

道光十四年刻本

审音鉴古录十四种

道光十六年张氏刻本　元朱世杰撰

清罗士琳补草　易之瀚校算　四元玉鉴释例三卷

道光十九年石梁陈氏刻本　清明安图撰

陈际新续成　割圜密率捷法四卷

道光刻本　清司廷栋撰

凌犯视差新法二卷

同治二年刻本　清王世雄撰

温热经纬五卷

同治刻本　清吴其浚纂

滇南矿厂图略不分卷

《中国古籍善本书目收录范围》中，对这一时期图书学术资料性的要求是作为两条分别处理的。资料价值，比较易于判断。学术价值，倘非对思想史、学术史有一定了解，就不易辨识，但非一日之功。就目前古籍工作人员的一般素养来说，不能不采取些权宜性的措施，边实践边提高。其办法是，多读些提要目录，多看些专门或零星的评论。书的序跋读仔细些，其中虽难免浮词吹捧，但总会有些实质性的评议。著者身分，也可做为参考的依据，历史上有定评的人，其著作总归有些价值。但必须明确，这只可应急，做为“引子”。止此而已是永远跳不出“书皮子学问”境界的，决难在目录学、版本学或广义的文献学中有什么造诣。

至于“少”或“极少”，只是相对而言，前面列举的，多数在民国初年就被认为稀见，但在某一地区，某一馆内，可能还会有复本。《盾鼻随闻录》刊刻不久就被何桂清毁版，在北方，连日本翻刻本都被认为稀见，但在南京馆，原刻本尚有两部。南京馆举例中有《攀古小庐杂著》，为了这部书，一位有经验的采访员曾访求二十余年而未一遇，但在北京几家大馆中都有入藏。从整体上说，还应认为“极少”。斤斤计较到底这部书目前传世有几部，是三部或五部以内为善本，还是几部以上就不作为善本，是没有多大意义的。

五

清代图书中稿本和钞本占很大比重。就目前已知的品种看，从清初实录的稿本，清初著名学者如王夫之的手稿到清末三家村学究的怀古、咏史诗手稿，数以千计。钞本更杂，有代代以钞本传世的各种著作，清初秘密流传的明季野史、遗民著作，传钞四库馆自《永乐大典》辑出的佚书或罕见本，清末文网松弛后传钞的各种杂史，各行各业的业务备忘录，士子临场揣摩的程墨、试帖诗，传诵一时的时文，因原刻难求或无力购买而借录的，伪作名目改头换面的牟利品，摘自某书的节要或篇章，等等，更加其间不乏复本，说是数以万计，并不过分。

倒是在这以前，明以前刻本作善本划线盛行时，多对清代的稿本或钞本宽待，理由是稿本不可再得，钞本有可钞的价值。甚至清末民初有位权威人士曾主张“凡钞皆善”。

从目前各收藏单位选录情况来看，因受以前流风影响，失于宽者多，从严者少。

一般说来，清代的钞本、稿本可分成这样一些类型。

1. 明以前人著作，清代以前以钞本传世（包括刻本罕见）的清代钞本。如：

宋吴龙翰撰《古梅遗稿六卷》，清中期以前，从无单刻本，向以钞本传世。元王翰撰，《友石山人遗稿一卷》，据八千卷楼著录，曾有弘治刻本，但现已不见传世，清代亦多以钞本流传。

对这一类型的清代钞本，可选择其钞、校精者入善。《古梅遗稿》,中国科学院图书馆藏有道光四年东武味经书屋钞本;《友石山人遗稿》,广东省中山图书馆藏有知不足斋钞本,都优于一般草率钞录的本子。

2. 清人著作,清代未曾刊印过,具有学术资料价值的稿本和清代钞本。

虽是稿本,但必须具有学术资料价值。这点,要求过高确也难掌握,一般说来,只要把那些不涉及当世人物、事件和社会活动,本人亦无社会影响,一味吟风写月,怀古抒情,而又无文学价值的诗集,或试帖诗、制艺、纯属应酬的四六文,空无内容的高头讲章,一般士子的闱墨之类剔除,就可以了。属于此类型的钞本,性质应该和稿本相等。就目前所知,清代未曾刊印过的清人著作钞本,当时有若干复本同时流传,这种情况极少,倘非名人墨迹,区别稿本与钞本的不同价值,意义不大。

3. 虽曾刻印,但有学术资料价值之清人著作稿本。

如果说钞本和稿本应该有个区别,区别也就在这里。虽有刻印本,但稿本究竟在前,可以看出作品的原始面貌,作者的思路过程和被删去的内容。钞本则不具备这样的特点,相反,在刻印本之后的钞本,包括钞四库全书本在内,作为善本收藏的意义不大。

4. 虽曾刻印,但传抄在刻印之前,具有学术资料价值的清代钞本。

取录这类钞本的意义,实质上又和稿本相同。刻印前流传的钞本,可和刻印本校勘比较,刻印本有误,钞本中倒可能是正确的,往往还会有重大异同,钞本中保留着原著的初貌。中国科学院图书馆藏有清初钞本,清彭孙贻撰,《流寇志》九卷,这《流寇志》有康熙刻本和民国铅印本,但名《平寇志》。《平寇志》起崇祯元年,讫顺治十八年,十二卷,无序。钞本《流寇志》起崇祯二年十月,讫十七年三月,九卷,有序。钞本《流寇志》有涉及满清之语,称之为"建人";《平寇志》皆删。《流寇志》中时时流露"尊王攘夷"之旨,具有民族观点;《平寇志》则一变为尊崇清朝,"攘夷"精神不复存在,其易名"流寇"为"平寇"亦以此故。很明显,钞本《流寇志》保留着作者著述的主题思想，刻本《平寇志》则系作者后人为避文字祸，篡改了作者原意。彭孙贻是明末遗民，入清后奉母不仕，民族气节很强，死后乡人私谥为“孝介”。比较起来，只有钞本能真实地反映他的思想。

以上这四类是应该收录为善本的，无需收录的，除前面所说不具学术资料价值和刻印本传世尚多，据刻印本传钞的以外，还应注意辨识，不少清代钞本摘钞于某书，或是几种书的汇钞。这些，不只不宜做善本，还应注明来历，帮助读者识别，以免误引、误录。例如：中国科学院图书馆藏有清钞本，明郑大湝撰《河防考》四卷，其实是弘光刻本《经国雄略》中的一篇；清钞本，清王树枏撰《新疆岁时说》不分卷，乃是《新疆图志》卷五十二《物候一》。清钞本《河幕指南》不分卷，其中分三篇：河务便览、河防述言、杂录。《河防述言》基本上全抄陈潢原著（收入《四库全书》附靳辅《治河奏议书》后），其它皆系汇钞诸河工杂著。

名家钞本，倘非名家墨迹，又不符合善本收录标准，也不宜收录。广州会议上经过反复讨论，多数同志都同意淘汰一部清侯官郑氏注韩居钞本《闽部疏》。这钞本用的是“注韩居”钞书纸，有郑氏及林则徐藏印。但考虑此书曾收刻于《广百川学海》、《记录汇编》、《宝颜堂秘笈》及《说郛·续弓》，皆在钞本之前，很可能就是从上述丛书中钞出的，不符合收录标准。因此虽属名家钞本，且有递藏渊源，也还是不收。

六

传统的善本标准中很注意批校题跋，尤其是名人的批校题跋本，其理由不难理解。但是沿袭下来往往趋于简单化，即不问如何批校，只要有朱墨圈点就算。不知古人读书往往有圈点断句的习惯，尽管“丹黄烂然”，其作用仅只是标志本书曾被人读过而已。对待名人批校题跋也是不注意内容，只要有一行“××校过”，便身分迥异，身价十倍。有所好，必有所趋，弄得“假古董”迭出，置一书的使用价值于不顾，去鉴别可以导向无休止争论的墨迹。

为避免此类偏向，现在大家比较一致地趋向从内容出发，即所批校题跋的内容有否价值，倘有，即使过录，也无妨。否则单凭题个名，未必可以作善本。清代的名人学者数以百千计，尤其晚近的，不少人总喜欢在购藏的书中题几个字，而书的版本往往极普通。倘因此即可定为善本，那就不单是“顾批黄校”的问题，牵连广泛，枝节旁生，不易处理。为此耗费工夫精力，实无意义。

清代的地方志何为善本，也是个具体问题，单纯按时代划线，譬如乾隆以前，似乎也太杂、太多。有种意见，以《中国地方志综录》所载部数为依据，凡有三家以上收藏的即不做善本，不足三家则收。这种想法很不全面，一则《中国地方志综录》(包括即将修订的新版)收录并不全面，不足以精确地反映现时实际传世部数。再则虽说在目录中同列某一版本，实际书品大相径庭，有的是初印本，有的可能是百年后的后印本，断版模糊，不成样子。这要就书论书。大体上说，而今传世的绝大多数乾隆以前版地方志，初印或版印清晰者不多，凡遇到这样的本子，可视为善本，断版模糊的后印本，除个别品种稀见者外，可暂不算善本。

七

重复前面说过的一层意思：善本概念属于文物制度，带有上层建筑的性质，可随着基础的不同要求而转换；但要编制一部全国性的总目，必须用一个统一的标准。

然而任何标准都只能是原则的，概括的，不同的人基于不同的业务修养，执行时难免见仁见智。只要判断无误，有理有据，产生的分歧是容易解决的。

全国的情况不等于地区的情况。从目前条件平衡，全国善本总目中不包括的，不意味地区不可以做为善本。据前一段普查，有些专区，甚至于省、自治区，目前乾隆以前刻本都算在一起不过百把部，这些专区、省或自治区把它们都作为善本，编入本地区的善本书目，也不为不可。个别单位偏要从严，固执地非明刻本不录，也并不意味水平独高。衡量任何一种善本目录的学术水平，着眼于选择是否有理有据，版本考订是否正确，著录是否完整，以及分类编排是否合理、有序。

大幅度地选择清代图书为善本，是历史的自然趋势。将来《中国古籍善本书目》中清代图书多于前代，是正常的，不足为怪。任何时代的善本目录中，总是近多于远，倒是对清代图书的版刻源流、文献价值以及传世情况、刻印特点等等，一向少人研究。希望通过这次按《中国古籍善本书目收录范围》编制《中国古籍善本书目》，把它带起来，以丰富我国历史文献学的内容和扩大视野。

（发表于《图书情报工作》1980年第2期）

中国古籍分类问题

一

中国古籍该如何分类？这是目录学界和版本目录学界长期聚讼的一个问题。

根据现有资料，照通常说法，中国古籍分类始于西汉刘向、刘歆所著《七略》。《七略》产生于简帛时代晚期。由于西汉国家长期统一，中期内部无大战乱，生产力发展，国家倡导文化事业，公私文献激增，部分已散佚的先秦古籍又重新述传，政府藏书“百年之间，书积如丘山”。成帝时因有散亡，又加征集。因此需要组织人力整理，整理则需比类区分，以便分工，易于归结。据《汉书·艺文志》载，当时分为“六艺”、“诸子”、“诗赋”、“兵书”、“术数”、“方技”六类。

其后，西晋荀勖又著《中经新簿》，基本依《七略》各类合为甲、乙、丙、丁四部。甲部包括六艺和小学，乙部包括古诸子家、近世子家、兵书、兵家、术数，丙部包括史记、旧事、皇览簿，丁部包括诗赋、图赞、汲冢书。与《七略》最大的不同是为史书单独设类。后世推为四部分类之始。

东晋李充于战后收拾残余，把见存仅及《中经新簿》十分之一的书又做了一次整理，“因荀勖旧簿四部之法，而换其乙丙之书；没略众篇之名，总以甲乙为次”①，“自尔因循，无所变革”②。

南北朝结束后，唐贞观年间政治安定，经济发展，开始进行文化建设，以魏徵为首的图书整理人员，总结前代的经验，除了甄别

---

① 阮孝绪《七录序》。

② 《隋书·经籍志》卷一。

著录图书的个体外，还专门从分类角度研究了图书的整体，“远览马史班书，近观王阮志录。挹其风流体制，削其浮杂鄙俚。离其疏远，合其近密”[①]。在甲乙丙丁四部的基础上，采纳了南北朝以来赋予四部的“经”、“史”、“子”、“集”专名[②]，并明确其内涵，下设四十个二位类。此后，直到清代编修《四库全书总目》，凡史志及公私收藏书目，都基本沿用这种分类体系。

由于《四库全书总目》修于满族统治者全面接受并承袭了传统的封建文化之后，上有文化素养很高的皇帝弘历直接督导，下面罗致了全国各方面的学者参与，又从辨章学术、考镜源流的角度对二位类以下类目作了深入推敲，较大幅度地进行了一次全面调整。使这种分类体系更加清晰明确，有一定的内在逻辑联系。因此在古籍书目中，这种分类体系基本上被沿用到今天。

按姚名达说法，这种分类体系是“中国目录学史之主要潮流，亦即分类史之正统派”[③]。但是“非正统派”，历代也不乏见。刘宋王俭用甲乙丙丁四部编制《元徽书目》后，自觉不满意，又按《七略》体例，别撰《七志》，分为：经典志、诸子志、文翰志、军书志、阴阳志、术艺志、图谱志。梁阮孝绪也曾博采当时公私书目汇为《七录》，分为：经典录、纪传录、子兵录、文集录、技术录五内篇，佛法录、仙道录两外篇。

南宋著名目录学家郑樵所著《通志·艺文略》是他理论的体现，分：经、礼、乐、小学、史、诸子、天文、五行、艺术、医方、类书、文，十二类。他的族孙郑寅“以所藏书为七录：曰经、曰史、曰子、曰艺、曰方技、曰文、曰类”[④]。

---

① 《隋书·经籍志》卷一。

② 经、史、子、集之专名究竟始于何时何人，尚待考。现只知梁阮孝绪《七录》已易“六艺”为“经典录”，“诗赋”为“文集录”；北齐颜之推参与校书时已按“经史子集”四部分工（见《北齐书·文苑传》）。

③ 《中国目录学史·分类编》。

④ 《直斋书录解题》。

就在《四库全书》编成后不久，嘉庆间孙星衍《孙氏祠堂书目》曾创十二类：经学、小学、诸子、天文、地理、医律、史学、金石、类书、词赋、书画、小说。

这些“非正统派”影响很小，后来都没有得到发展。原因何在呢？杜定友说：“四库类例自唐而后无有改者，非其法之善也，徒以各朝帝王之命，下官素于奉行，惮于更易，不得不行耳!”[①]。但遍检文献，虽然像清代乾隆皇帝曾强调过“以经史子集为纲”，但并未见哪一朝帝王曾对此下过不得改易的命令。其原因还应从内在规律探讨。

二

从人类文化发展历史看，事物的改革与演进，淘汰与消亡，都取决于事物本身的内在条件。一种存在状态相对稳定的事物，必有适于相对稳定的内部因素。寻究中国古籍分类何以长期稳定于“经史子集”四部体系，必须探索这种体系从源起、发展到定型的一系列内在因素。战国时法家思想和措施使秦国迅速强大并统一了天下，但它内在的流弊也导致了秦的迅速灭亡。司马迁对此曾进行认真的分析，概括地总结为，“繁刑严诛，吏治刻深。赏罚不当，赋敛无度。天下多事，吏弗能纪，百姓困穷而主弗收恤。然后奸伪并起，而上下相遁，蒙罪者众，刑戮相望于道，而天下苦之。自君卿以下至于众庶，人怀自危之心，亲处穷苦之实，咸不安其位，故易动也。”[②]

因此，西汉曾采用过清静无为的黄老之术，与民休养生息的政策，“当孝惠高后时，百姓新免毒蠚，人欲长幼养老。萧曹为相，镇以无为，从民之欲，而不扰乱”。[③]

但是秦末之恶风劣习不会仅仅因一时政策改变就能纠正的，

---

① 《校雠新义》卷二。

② 《史记·秦始皇本纪》。

③ 《汉书·刑法志》。

“其遗风余俗，犹尚未改”，[①]需要进行思想建设。于是董仲舒提出“更化”，以从根本稳定社会秩序，维护统治。“更化”的核心就是要采用儒家的“仁谊礼知信五常之道”。[②] 董仲舒提出罢黜百家，独尊儒术后，政治与社会风气取得了明显效果。“儒术”已成为当时稳定统治、养育人才、改易风俗的国策，是不可动摇的了。“元成以后，刑名渐废。上无异教，下无异学。皇帝诏书，群臣奏议，莫不援引经义，以为据依。国有大疑，辄引《春秋》为断。一时循吏多能推明经意，移易风化，号为以经术饰吏事”[③]。

刘向就是因“招选名儒俊材”而进用的，刘歆也是“少以道《诗》、《书》能属文召”。“父子俱好古，博见强志，过绝于人”。成帝时，“诏向领校中《五经》秘书”，面对“六艺群书”如何着手，必然要依循主客观存在的条件。

既属名儒，当通经传；好古博见，必习诸子；“不学诗，无以言也”，又是儒生本色。因此，“校经传诸子诗赋”由自家承担，至于其它，皆涉专业，当由专门人材分揽。是以“步兵校尉任宏校兵书，太史令尹咸校数术，侍医李柱国校方技”。

从《汉书·艺文志》所载的“六艺”、“诸子”、“诗赋”三略来看，“六艺”中《易》、《书》、《诗》、《礼》、《乐》、《春秋》之外，还包括《论语》、《孝经》、《尔雅》和小学诸家。则“六艺”已属一种特殊的事物概念，即，这是一组已定型的，由乡塾至学官所用的维护政体，养育统治人才，与民教化的基本教材。

尽管“儒术”已处独尊地位，但其时去战国“百家争鸣”时代未久，余绪尚存，对待不同的思想、学说，颇还能从学术探讨的角度相容。不过立场也明确，对“诸子”只是撷取融合，补“六艺”之未尽。“今异家者，各推所长，穷知究虑，以明其指。虽有蔽短，合其要归，亦六经之支与流裔”，“若能修六艺之术而观此九家之言，舍短取

① 《汉书·贾谊传》。

② 《汉书·董仲舒传》。

③ 皮锡瑞《经学历史》。

长，则可以通万方之略矣”①。

“诗赋”倘依《楚汉春秋》、《太史公》附于“六艺”《春秋》之例，原当附于《诗》，但诗赋家数、篇数太多了，所以别出。正如阮孝绪所说，“刘氏之世，史书甚寡，附见《春秋》，诚得其例。今众家记传倍于经典，犹从此志，实为繁芜。且《七略》‘诗赋’不从‘六艺’《诗》部，盖由其书既多，所以别为一略”。②

由此可见，尽管形式上分为三略，实质上是围绕一个中心，“六艺”是主体，“诸子”与“诗赋”是辅翼。

其它三略，虽然因其各有专业实体，亦即章学诚所说“皆守法以传艺”者，须委诸于专门人员，但序列安排并非因专业间有何联系，只是依校理者之官位高低。③

综上所述，这所谓中国古籍分类之始的《七略》，类的概念是依政治功能和校理时的专业分工形成的，并无专门的类例观念。

魏晋之际虽然玄学盛行，但在庙堂之上难以代替已为中国封建社会建立了一整套从伦理道德到礼法制度的儒家学说的正统地位。是以西晋荀勖“因中经更著新簿”时，必然要接受《七略》“六艺”这一赋有特殊含义的概念，且列居群书之首，作“甲部”。至于“乙部”，分明是《七略》中“诸子”、“兵书”、“术数”的聚合。何以如此？以“古诸子家”而言，两汉间儒家崛起独尊，阴阳家、法家已徒具旧名而已。道家尽管还在对一时社会风气起重大影响，却严重地破坏了社会秩序，不能为统治阶级相容，给予政治地位。“近世子家”大约指的是陆贾《新语》、贾谊《贾子》、扬雄《扬子太玄经》、刘向《说苑》、《新序》之属，在非古圣贤不能立言的时代，时近人轻，是不可能与经传抗衡的。“兵书”、“兵家”约莫也是以先秦兵法如《吴孙子兵法》、《齐孙子》为“兵家”，汉以后《黄石公三略》、《魏武帝兵

① 《汉书·艺文志》。

② 《广弘明集》阮孝绪《七录序》。

③ 据《汉书·百官公卿表》载：步兵校尉秩二千石，太史、太医皆太常寺属官，最高者令丞，秩仅千石。

法》之类为"兵书"。地位安排略同古近世诸子家"数术"兼具天文、历象与卜筮。科学与迷信杂糅，真正能从科学角度掌握的，或代无一人。所以亦尾入诸子，附于"百家之言"①。

甲、乙部之分，主次观念俨然，即独尊的"六艺"与备一格的"百家之言"。尽管具体处稍有不同，却分明是《七略》结构的继承。

引起后世注意的是丙部。"史记"、"旧事"、"杂事"当属史书。这类书《汉书·艺文志》中已有所见，但种数篇卷甚少，只附列于《书》及《春秋》后。东汉至魏晋以来，封建社会渐趋成熟，政府职能日益健全，加以载体材料帛、纸日渐广泛应用，书写方便，推进了对国家治理经验的记载和总结，"一代之史，至数十家"，形成"诗赋"不能附于《诗》的同样局面，亦须别出。但其中《皇览簿》却不是史书，而可能是一种众书汇抄，何以与史书混列？颇疑部之设，亦有均衡数量以便庋藏的因素。这从丁部所包括的内容也可得到印证：有诗赋，又有图赞、汲冢书。如果说"诗赋"别出，仍属《七略》类例，则"图赞"当属史，"汲冢书"无论内容、体裁以及载体形式都与前两者不相类。

综合以上情况来看，荀勖的"甲""乙""丙""丁"四部并非专指四类。从整体看，它很可能是序数。

何以荀勖所用之序数只到四，不为五、六？譬如，汲冢书单列，为"戊"？这或与宫室建筑制度有关。西晋时国家书库是何格局？目前仍缺乏具体资料，《隋书·经籍志》中，记有："炀帝即位，秘阁之书……于东都观文殿东西厢构屋以贮之。东屋藏甲乙，西屋藏丙丁"。从我国文化史角度看，隋与两晋、南北朝同属一个时代，晋代或许也是在秘书监之类院内，如隋那样两厢分库以藏。而且"四"，在中国古代社会意识中是烘托，陪衬主体，或代表事物完整的最佳形式和概念。

东晋李充编制目录"因荀勖旧簿四部之法，而换其乙丙之书。"从分类角度看，却颇具重要意义。

---

① 至于"方技"，余嘉锡以为"已统于术数之中"(《目录学发微》十)。

前此之“六分”也好,“四分”也好,各组(类)之间并无密切的关联,而李充以乙丙之书互换次序,则分明考虑到类之间的内在联系。原来的丙部,主要是史书,为什么史书要提到“诸子”之前,和“六艺”相依?

我国古代,对史和史书的概念是广义的,是从它的政治功能着眼,非如近代只看做是独立成为一门学科的“历史”、“历史学”。孔子把《春秋》和《尚书》都纳入“六艺”,作为培养政治人才的基本教材,后来且尊之为“经”。晚出的史书,虽无此资格,但实质上仍被等同看待,且扩大了内涵和视野,如果说,六艺概括了立国、治国的指导思想和对君主、大夫、士的教养内容,史书则包含了立国、治国的措施、经验教训。二者体用结合,相辅相成。

李充把这种关系体现到图书分类上,使图书不仅“以类相从”,类之间还尽可能体现更紧密的内容关连,“甲”“乙”“丙”“丁”不再混有只具序数的含义,而完全成为类的代词。这当然是进步,无怪“自尔因循,无所变革”。稍后的史传,如在《宋书》、《南齐书》、《魏书》中所记载的,亦多经史或儒史并称。

《隋书·经籍志》虽然也是产生于整理国家藏书,但无论是在规模上、还是在人员素养、领导力量等方面都远远超过了前代。事物总是发展、前进的,在总结了前代经验的基础上,它对图书分类有了一个完整而明确的构思:“夫仁义礼智,所以治国也;方技数术,所以治身也;诸子为经籍之鼓吹,文章乃政化之黼黻:皆为政之具也。”“经”、“史”已经视为一体了。其它,犹是从“为政之具也”这一角度采择的,分明勾画出一具以孔子学说为核心的中国封建社会成熟时期的文化结构。后人每讥“子部”设置不当,如:江瑔谓“子书之体不明,先民之绪遂湮,无惑乎诸子百家之学响沈景绝于后世,而缀学汲古之士所以侙然而惧也”[①];姚名达谓“空谈理论之诸子,记载实用之技艺,充满迷信之术数,摭拾异闻之小说,混同一

---

① 《读子卮言》。

部，真所谓熏莸同器，不伦不类矣”[①]；杜定友谓“古之学术有道器之分，形而上者谓之道，形而下者谓之器。诸子之学，所谓道者也，为无形之学；术数方技，所谓器者也，虚理实事，义不同科”[②]。殊不知这里的“子部”之子，已非“诸子”之子。清代的四库馆臣，对此解释得很清楚，“夫学者研理于经，可以正天下之是非：徵事于史，可以明古今之成败；余皆杂学也”[③]。“子部”之“子”，其实与“杂”同义。既杂矣，又有何“混同”可议？又何须作道、器之别？“诸子百家之学，响沈景绝于后世”者，自有其不符社会发展需要而被时代淘汰的内在因素，何可归咎于“子书之体不明”！倒是杂，也有个范围，倘还不属“为政之具”的，还要再归另册。“道、佛者，方外之教，圣人之远致也。俗士为之不通其指，多离以迂怪，假托变幻乱于世，斯所以为弊也”[④]。唯其在前代以至当时，风靡影响颇大，客观存在，“不可诬也”，故作“附录”，以有别于正统文化。

从唐到清，由于门阀制度逐渐消亡，科举取士，知识阶层迅速扩大，市民经济发展，版刻印刷逐渐应用和普及等多种因素，我国封建文化达到高潮。图书内容、形式、品种大增。原来只处于辅翼地位的儒家《孟子》，南宋以后也被抬为维护政体、养育统治人才、教化社会成员的基本教材，与《论语》，《礼记》中的《大学》、《中庸》组成《四书》，元以后且成为从科举入仕的必修课程。北宋加强中央集权以来，强调地方政权职能，出现了由地方史、地理记、图经演化的地方志；政府职能不断完善，治理国家的经验日益丰富，促使有人开始记载一代或研究前代各种典章制度的沿革损益，出现了“会要”；史书鉴古知今的作用被广泛认识和接受，但编年、纪传两体于一事原委每多支离隔越，于是出现了以一事为中心，前后始末可一览了然的“纪事本末”体。出现了大量的医方、本草、农艺、格

① 《中国目录学史·分类编》。

② 《校雠新义》卷五。

③ 《四库全书总目·子部总叙》。

④ 《隋书·经籍志》。

物、杂说、类书、小说等方面的著作。以讲求词藻篇章为主的诗赋文集，逐渐演化为记事述史兼可论学的个人著作全集，等等。但由于文化结构并无根本变化，所以从新旧唐书的经籍、艺文志，直到《四库全书总目》，皆可沿用这种“经史子集”四部分类体系。所有以上文献的发展，只需在二位类以下，做些增删调整即可解决。清代的乾隆皇帝所以说，“以经史子集为纲，裒辑分储，实为古今不易之法”[①]，实质就在这里。

从《七略》到《四库全书总目》，尽管分类有创建、定型、完善之不同阶段，但有两个基本特点却始终存在：一是以图书的政治功能为类分的第一要素；二是在保持主辅翼佐结构关系的前提下，无固定的类目，因书而设，增删调整自由。因此从《七略》到《四库全书总目》，继承、沿袭的脉络虽然十分明显，却没有一部类目和前一部完全相同。这表明它既有体制的严肃，又有实用的灵活。

三

古籍分类的“非主流派”尽管曾被人喝彩为“闯出四部牢笼”、“起而革命者”，但终不能成为“主流派”，主要原因有二：一是不顾现状，刻意摹古；二是体系支离，矛盾谬误。

刘宋王俭是复古派，在已是经史并称的时代，仍要模仿《七略》，不给史书独立地位，而模仿又只求形似，《七略》实只六略—六类，一略乃总叙性之“辑略”，王俭为凑成“七”之数，又立“图谱志”一类。图谱者何？《隋书·经籍志》曾述及，曰：“纪地域及图书”，似乎是地理图经和簿录（书目）。“其事分在众职，而冢宰掌建邦之六典，实总其事。太史以典逆冢宰之治，其书盖亦总为史官之职”[②]，不知类例，或强行拆开依附，或离本体而孤立，难免“削足适履”之讥。

梁阮孝绪比王俭现实些，但仍属片面求“七”，把已从政治功能

① 《四库全书总目·卷首》。

② 《隋书经籍志·地理类叙》。

着眼形成的完整体系割碎。所以《隋书·经籍志》只吸收了它在二位类标目上可取的部分和以佛道为外篇的构思，整体结构仍取李充之四部。

南宋郑樵最强调“部伍之法”，“士卒之亡者，由部伍之法不明也。书籍之亡者，由类例之法不分也”①。但看他的类例实践，不过仍是在“经史子集”四部的基础上把“经”、“子”割开，硬凑为“十二”这个不无比附某种概念形态之嫌的序数。殊不知四部之“经”，原是以“儒术”设教的一个整体，是从“六艺”演化来的，要分割，就必须分割彻底，全面调整，否则必不伦不类。“周官”是记载周代官制的，但也含有儒家的政治理想，西汉末刘歆为置学官列入“六艺”②，是政体模式教材。但按其内容，与梁阮孝绪《七录》始置，《隋书·经籍志》以后一直因袭设类的“职官”全同。“礼”离“经”自立，既设“礼·周官”，又设“史·职官”，“礼”非经非史，是何物？“礼”所体现的是儒家理想中的社会模式和秩序，是移风化俗的实质性措施。从孔子时代就属设教的基本教材之一。在理学方兴，儒家学说日趋深化的南宋，岂能把“礼”从“经”的本体中分割出来？正如郑樵自己所说，“是不明书”了。无怪连他族孙郑寅编制藏书目录时也不用这个十二类，而把“礼”、“乐”、“小学”又并入“经录”③。

郑寅的“七录”也有复古的痕迹，也是片面求“七”，不知四部分类的“经”、“史”、“集”各是一组有机体，“子”也是，为“杂”。把它分解了，支离的“艺”、“方技”、“类”，和立国、治国的指导思想与全民教养课程的“经”，立国、治国措施和经验总结的“史”，历代个人诗文著作汇编的“集”相衡，品种零单，内涵琐细，颇不协调，宜无应者。

---

① 《通志·校雠略》。

② 《汉书·艺文志》、《六艺略·周官经》条下注：“王莽时，刘歆置博士。”

③ 见《直斋书录解题》卷八《郑氏书目》。

姚名达曾称明代的《文渊阁书目》“能不守四部之成规，实开有明一代之风气”，“在分类史中实为一大解放”①。实则这个书目毫无分类因素，本是清点藏书的登记簿，因而钱大昕评以为：“此书不过内阁之簿账，初非勒为一书，如《中经簿》、《崇文总目》之比，必以撰述之体质责之，未免失之苛矣！”②强以之为别出心裁的类分，使纲目混杂，如“礼书”、“经济”与“史”、“子书”同列；或竟失目，如“史”下只分“史”、“史附”、“史杂”，“子书”下只分“子书”、“子杂”、“杂附”。终明之世，一些主要藏书家、学者编的书目，如：高儒的《百川书志》，朱睦㮮的《万卷堂书目》，焦循的《国史经籍志》，徐𤊹的《红雨楼书目》，祁承㸁的《澹生堂藏书目录》，都未受其影响。

清代孙星衍的十二类之分，有序有说，并非偶然所为，是比较彻底地“闯出四部牢笼了”。但直到民国以后推倒四部分类之论甚嚣尘上之际，也未见一家袭用。除部类之设有明显不通，如医学与律学同类，谓可以生人、杀人；文集概以词赋视之等外，狭义地看待经、史，在当时来说，实失于支离。倘就家藏所及，为之位置，亦无不可，但是若把它视为通行法式，用来类分大量藏书，显然是难以做到的。

四

中国古籍分类的“正统派”与“非正统派”是由历史评定和区分的。适应，或接近适应事物本身规律的，就存在下来；不适应的，要么修正，要么就被淘汰。但也并非适应者就可作为通行之法，“经史子集”四部分类，只是构成一种分类体系，并无成法。它的类目，虽有因袭，但设立却取决于所需类分图书的具体内容，因此也可以灵活调整或创立。《四库全书总目》的类目是这种分类体系一个最完善的典范，但其类目是因《四库全书》所收书而设的，有局限性，只可用于《四库全书》，而不能通用于一切古籍目录。

---

① 《中国目录学史·分类编》。

② 钱大昕《潜研堂文集》卷二十九。

《四库全书》只是一部经史子集选编,《四库全书总目》只是一部从维护正统封建文化着眼的推荐书目。它和历代经籍志、艺文志有所不同,并不囊括一代图书。如:杂涉经史子集的丛书,释道以外的宗教著作,话本、公案、演义之类的文学作品等就都不收,无可位置之类目。此外,由于学术发展,乾隆末年以后所出著作有的已难在原定位置容纳,如:金石之学虽一盛于宋,但元明间颇为冷落,至清初虽有顾炎武等数家"抉剔史传,发挥经典"之作,但终嫌寥落,是以四库馆臣附庸视之,置诸"目录"类下。约是与《四库全书》成书同时,随考据学之大兴,金石学又推向一个新的高潮。视野之广,研讨之精,论述之系统,卷帙之繁多,远逾前代。尤其清末,陶器、甲骨、简牍迭出,著录、摹写、纂释、考订,皆置诸"金石"范畴,涵义愈广。此后编制目录,处理这些图书时,自当在史部中增加新的类目。

民国初年有一种将一切图书全部纳入古籍分类四部体系的做法,也不妥。如,《江苏省立国学图书馆图书总目》,子部中还包括哲学、自然科学、社会科学三类。类下且分:总论、派别、心理学,总论、物理、化学、生物、矿物、地学,总论、社会学、经济学、教育学、言语学、新闻学诸目。姚名达讥之为"四部分类法之最后残垒","其不能传世而行远也,则大势所趋,无可奈何者矣!"①

这种做法,所失在于泯灭了古籍和现代图书的界限。从文献史角度看,中国古籍基本上是中国封建文化的产物,无论内容、形式、体裁,莫不受这一历史时期政治、思想,经济和文化的制约。"经史子集"四部分类体系也是基于此形成和完善的。而鸦片战争以后,中国社会进入半封建半殖民地,其文化除了原来的封建部分之外,逐渐掺入在西方资本主义社会形成的,属于近代科学的部分。科举制度废除之后,这一部分迅速居于主流,自成体系,内容、形式、体裁都有别于前者。

---

① 据北大、武大两图书馆系合编《图书馆古籍整理》(1982 油印本)《附录一、对照表》,确也是指明相应类目就在文学类。

近三十年来又有相反的一种做法，即无论古籍和现代图书，一总纳入现代图书分类体系，实际上这也是不合适的。如:《礼记》、《中国图书馆图书分类法》(1980 书目文献)指定分入 K892.9，即历史地理类，风俗习惯目，“古代礼制”;《中国科学院图书馆图书分类法》(1979 科学　第二版)，亦指定分入 26.709，即历史类，风俗习惯目“古代风俗制度”。

《礼记》是包括了儒家的政治思想、教育思想、道德标准、社会秩序，以及其它学说的综合性文献。南宋以后其中的《大学》、《中庸》两篇且与《论语》、《孟子》合为《四书》，是明清以来科举考试八股文题所由出的必修课程。两千多年来一直是国家用以递传孔子基本思想，教化社会成员，培养统治人才的主要经典之一，不宜与因自然与社会条件形成的一方生活习尚合入一类。反之，如果《礼记》一书内容可以视为“风俗习惯”，那么哲学、道德伦理学、政治学、社会学、教育学等等皆可以是“风俗习惯”之同义语了。

再如“别集”，在《中图法》和《科图法》两种分类法中，都置于文学类下，或称“作品综合集”(《中图法》)，或称“个人作品综合集”(《科图法》)。又在哲学类下列出一批标人名的细目，如:李耳、列御寇……王守仁，等等。有说明，只收“哲学家的著作及其研究”，当是指《道德经》、《列子》及其研究之属了。王守仁呢，似乎没有什么纯哲学的专著。嘉靖初年王守仁死后，弟子们先刻了一种《阳明先生文录》，为正录五卷、外集九卷、别录十卷(后刻增至十四卷)。邹守益《阳明先生文录序》中说:“钱子德洪刻先师文录于姑苏，自述其裒次之意:以纯于讲学明道者为正录，曰明其志也;以诗赋及酬应者为外集，曰尽其全也;以奏疏及文移为别录，曰究其施也。于是先师之言灿然聚矣。”隆庆间谢廷杰增刻为《王文成公全书》三十八卷，都是从多方面使人认识王守仁的。王守仁的哲学思想寓于广泛的体用之中。这可就难与《道德经》、《列子》相类了。但如此内容归入文学，似更不伦。两种分类法都设有综合类，是否可相容呢？实际上入综合类也不行，因为它已标明是只收“综合性论文集”的。[1]

别集之源起，和文学确是很有关系，“别集之名，盖汉东京之所创也，自灵均已降，属文之士众矣。然其志尚不同，风流殊别。后之君子欲观其体势而见其心灵，故别聚焉，名之为集”[2]。但自宋元以来，纯为诗文者甚少，多属个人著作合集，说经述史，杂涉百家，疏传铭记，诗赋词章并具。结构体裁不受任何约束。仍以文学视之，也与内容不符。

五

从目前现状看，凡收藏中国古籍有一定规模的图书馆或藏书单位，绝大多数仍沿用“经史子集”四部分类体系。有意无意地在受这一事物内在规律的支配。从实践中体会到，使用它，易于归属，学术源流易于辨识，目录结构也显得完整。强以古书纳入现代图书分类体系，单书处理往往要“削足适履”，从整体看，两千多年的文化成果支离破碎，无源流可辨，无系统可言。基于以上原因，所以整理中国古籍、编制古籍的分类表还是以保持它自已特有的分类体系为宜。

现在有些图书分类学家常常设想，要编制出一种固定的，长远可行的图书分类表。作为一种愿望，企图借此使藏书组织与流通具有科学条理，是良好的。但任何一种分类表期之可行于永久，却未必。因为世间一切分类都是相对的，事物总在演化、发展，新学科、新技术、新物种、新概念、新体系是不可能都预先估计到的。

可是，就中国古籍而言，尽管从来没有固定的分类表，但由于古代文化已经是历史的，古籍只有新发现，而无再发展，现在着手编制一部总结性的中国古籍分类法，也许比现代图书分类法相对稳定性要强一些。

---

① 据北大、武大两图书馆系合编《图书馆古籍整理》(1982 油印本)《附录一、对照表》，确也是指明相应类目就在文学类。

② 《隋书·经籍志》。

根据中国古籍分类的演化史，这种分类法不能预制，要在编制中国古籍总结性目录中产生。随着科学研究领域的开拓，古籍整理工作的开展，国际文化交流的需要与图书馆技术的现代化，这项工作不久必将提到日程上。因此，全面、系统、客观而冷静地研究中国古籍分类问题，已是一项现实的研究课题。

附记：

本文成稿后，又获读台湾地区同行前辈昌瑞卿先生《版本目录学论丛》。诸论多获我心，深领教益。然于“四部法”为我国前代图书分类主流之成因，历代旨于改革者终未获成功之缘故，及现代改革之设想，颇多值得深入探讨处。遐思海峡两岸同道聚集一堂，切磋我中华传统文化典籍之“部次流别”，当何融融。乃人为隔阻，虽学术信息，亦迁延十载始得递至，又不胜慨然。

（发表于《中国图书馆学报》1987 年第 1 期）

关于中国古籍善本的范围、版本鉴定和目录组织

美国研究图书馆组织(Research Libraries Group)提出了一项编制北美洲东亚馆、进而可能包括整个东亚地区图书馆所藏中文古籍善本书目的计划,这对于充分利用、整理与保存这部分人类文化遗产,无疑具有积极作用。

20 世纪 70 年代末,中国大陆曾组织编辑《全国古籍善本书总目》(下简称《善本总目》),虽至今尚未全部完成,但在编辑过程中遇到并处理的一系列问题,对同类书目的编制来说,很有参考价值。作为一名该项目的参加者,现提出个人的一些心得和认识,和各位先生、同行和同学交换意见。

善本的时代下限

在汉语中,“善本”原有两种涵义:足本、校勘完善的本子;珍贵稀见的本子。前者属于文献学范畴,后者属于文物学范畴。英语所称 Rare Books,也是珍贵稀见的意思。图书馆工作中的“善本”概念,偏重于后者,因为它立足于区别管理,偏重于标明图书的文物价值。但由于后者应用较广,影响较深,给人留下了稀见本即善本的印象,因而时常造成争议,其实是不必要的。在某些场合,如收集原版或进行注释时,“善本”即含有前者的含义,两者并不互相排斥。

属于文物学范畴的“善本”概念,约产生于明代中期。品种不多、印量有限的宋元刻本,被人和鼎彝、字画、名窑瓷器等同列为古董(antiques),供人清玩,相传还曾出现过以美婢换宋刻本之事(《逊志堂杂钞》)。至明末,宋元刻本日稀,藏书家降格以求,多以明弘治、正德刻本为断限。其后又降至明嘉靖刻本。清末至民国

初年则大体以明代为断,酌收清初稀见刻本。

近数十年,古书传世者日稀,清代顺、康、雍、乾年间的刻印本也已可遇而不可求。中国大陆50年代后期所建立的图书馆,收藏的古籍大多是影印、铅印、石印或清代同治、光绪以后的刻本。一些藏书丰富、视野开阔的图书馆,确定善本时,断限亦多下移,或取其罕见,或取其名贵。当然不免仁者见仁,智者见智。70年代末筹划编辑《善本总目》时,首先考虑的是收录范围问题。经过全国范围协商、讨论,最后定出一个被称为"三性九条"的《〈善本总目〉收录范围》。九条多数是针对清代的,但执行起来仍难具体掌握。如第三条,"清代乾隆及乾隆以前流传较少的印本、抄本",何谓流传较少?后来做了诠释:1. 明代或明以前人著作,顺康雍乾间始刻,或前代虽曾刊刻但已久佚、版毁,顺康雍乾间重刻,以及前代刻非足本,顺康雍乾间又行补辑者;2. 当代人著作,顺康雍乾时初刻;3. 前代屡曾刊刻,各种版本传世尚多,顺康雍乾间又未加整理、增订,纯属重刻、翻刻者。其中第3类属不收。这样规定似乎很明确了,但《善本总目》参加单位近800家,工作人员水平不一,即使省级的专家班子也很难恰如其分地掌握标准。各馆书目汇总时,五个编辑室的负责人理解也不同。现已出版的《善本总目·经部》收录就偏严,以致清初的一些重要经学著作都未收入,其中《禹贡锥指》是作为名家批校本而收录的。经验证明,出于众手而编成的联合目录,收录标准不宜琐细。

而今这项编目计划提出以乾隆末年断限(1795年以前),我认为是可行的。仅就年代讲,二百年前的雕版印刷品,无论在什么地区都不宜等闲置之了。此外,中国同行近年还产生一种新的认识:清代嘉庆、道光年间刻印的很多学术著作,多分布于江浙、皖赣、两湖等人文荟萃之区,太平天国期间大部版毁,现所见者多是同治、光绪以后重刻印的,原刻本也迹乎珍贵。相信将来有一天,后人会把所有的雕版和铜、木、泥、活字印刷品都视为珍本。对这个问题,要持发展的眼光,不宜拘泥。从宽比从严好处要多些。

版本鉴定的难度

文献流传从抄写过渡到版刻印刷后，一书的不同传本有了群体共性，均可供阅读、引证、校勘、收藏，乃至鉴赏。其群体标志是由刻（印）年代及刻（印）人（堂·室）来表示的。版本目录之不同于单纯的书名目录，即在其具有既可区别甲乙、又能显示不同群体的标志。

从宋尤袤《遂初堂书目》到近世《四库简明目录标注》、《贩书偶记》及各图书馆古籍目录，可以看出版本目录反映的群体标志逐渐由略到详。群体单一，自可笼统概括；群体繁多，即须详明具体。明中叶以降，古籍刻印品种趋多；近代藏书又趋于集中，使群体标志增详无已。由于多种原因，要做到著录详明正确，并不容易。往往是刻印年代愈具体，错误率也愈高。一般说来，传世刻本都具有直接、间接反映刊刻年代的文字或标记。所以致误，每因疏于观察或考订。其原因大致可分三类。

1. 误以书中序跋的最晚署年为刻年。传世古籍刻印时，原来或有牌记、封面著明年代，但辗转递藏，极易失落。后世著录，每取序跋中关于刻印之记载为据。但其中情况相当复杂，如不加深究，相沿以序跋之最后署年为刻年的方法，初从事者喜其简明易为，奉为要领；实则鲜不致误。这是因为：序跋多作于稿成时，稿成非尽立即刊刻；年代最晚的序跋，有时竟未署年，易被忽略，有些序跋只是前一次刊刻的旧序；有关刊刻年代的记载，有时并不在序跋中，而反映在易被忽略的附录内。

2. 孤立地就版刻特征判断。刻印于不同时代、不同地区的古书，确曾形成过一些各自的特征。如南宋时期浙江刻本字体多近欧阳询，福建刻本字体多近柳公权；明初至弘治间刻本多黑口、楷体，正德、嘉靖间江南一带刻本多白口，字体方正；天启、崇祯间苏州、松江一带刻本字体多窄长等等。但都是约略而言，并不绝对，其上下限也不与年号变更同步。不考虑其它条件即据以确定具体刻印年代，也极易失误。比如元刻本，通常说字体特征是赵（孟頫）

体,即忽略了蒙古族入主中原的政权是从公元 1234 年起就建立的。金亡之后,中都和平水地区的书坊依旧刻书。赵孟頫生于 1254 年,生活在当时的南宋地区,1279 年南宋亡后又隐居若干年才出仕,至其成名,已是十四世纪了,怎能说整个元代刻书都是赵体呢?

3. 疏于内容查考。判断一书的刻年,不仅需要通读序跋、题记,注意版刻特征,还需就有关内容作全面查考。古籍是文献,其正文、注释、序跋作者或校注人的生活年代,以及署衔、官职、地理、纪年等用语,甚至印章文字,往往都与刻年有关,能表明其刻印情形,有助于著录时的判断,如果忽略,即会造成常识性失误。如著名的药典《重修政和经史证类备用本草》,前人认为始刻于金泰和间,所据为书中重修题记署作"泰和甲子下己酉冬日南至晦明轩谨记"。"甲子下己酉"指何年,著录者不予理会,只知泰和是金章宗年号,即定作金刻本。不知此书刻于 1249 年,而金章宗泰和甲子为 1204 年,后四十五年方为己酉,其时为蒙古定宗贵由四年,金亡已十五年。又如明冯有经撰《咏春堂集》,载袁应泰《咏春堂序》,末无署年,言及"嗣君已付梓人,未卒业,遽索序于小子某"。此为何时,无从判断。但袁应泰名下钤一印,文曰"赐剑靖夷经略司马柱史之章"。据《明史》,袁应泰于泰昌元年九月由按察使擢右佥都御史巡抚辽东,是谓"柱史";逾月擢兵部右侍郎,代熊廷弼为经略,是谓"经略司马";熹宗曾赐袁尚方剑,是谓"赐剑靖夷"。天启元年十月,沈阳陷,袁应泰殉国。故此印之刻用,只能在泰昌元年十月至天启元年十月一年之间。此集刻成亦不能早于泰昌元年。仅据字体定其书刻成于万历间有误。

此外,古人书版刻成后刷印非止一次,不同阶段刷印的书籍,也会形成同版、不同印本的差异。如明归有光所撰《归先生文集》三十二卷,附录一卷,现可见四种著录:a. 明万历元年翁良瑜雨金堂刻本,b. 明万历四年翁良瑜雨金堂刻本,c. 明万历十六年陈文烛刻本,d. 明崇祯八年归昌世刻本。取原书合校,发现为同一种版本,即 b,而 a 是 b 的初印本。此本初刻成时,卷末牌记镌"隆庆壬申男子祜、子宁编次　万历癸酉浙人翁良瑜梓行”，无序跋。印成流传未广（今仅见藏于浙江玉海楼及安徽博物馆），旋征得万历三年周诗《小引》，又于附录后缀万历四年翁良瑜《祭文》，《祭文》末牌记改镌为“万历癸酉男子祜、子宁编次　丙子浙人翁良瑜梓行”，始成定本。后于万历十六年增入陈文烛《归太仆集叙》及《太仆寺丞归震川先生墓表》，又于崇祯八年增入归昌世跋。著录者狃于序跋署年，遂据以定为c、d，实则皆b之后印本。又如明何瑭所撰《何柏斋文集》，现传世有两种著录为明嘉靖三十三年刻的本子。一本八卷，称周镐刻；一本十卷，称马汝彰刻。经对校，也是同一种版本。嘉靖三十三年周镐所刻八卷本，后由马汝彰增刻两卷，并改刻周镐《刊何柏斋先生文集序》末页，署为己名，署年则依旧。因此十卷本应著录为：明嘉靖三十三年周镐刻、马汝彰增修本。再如《说文长笺》一百卷，明赵宧光撰。现可见两种著录：明崇祯四年赵均刻本，清康熙四十三年程稰玉禾堂刻本。后者有康熙四十三年《重刻说文长笺自序》，称“吴郡赵凡夫先生……著为此书，未及版行，遽归道山，其子灵均校而授梓。然年远世移，枣梨残缺，余兹愍焉，重为校刊”。后署“谨题于广陵之玉禾堂”。两本对校，所谓重刻本，实系据赵刻旧版补修，原版、补版明显可辨。因此，“程刻本”应著录为：明崇祯四年赵均刻、清康熙四十三年程稰补修本。

单独刻印和收集旧版汇印的情况，也应注意区分，如见载于某联合目录的明王肯堂辑《六科证治准绳》明万历三十年至三十六年刊本，各家收藏多为零种。这些零种，其实都是单刻本，如：《证治准绳》八卷，《杂病证治类方》八卷，是明万历三十年刻本；《伤寒证治准绳》八卷，是明万历三十二年贺知忍刻本；《女科证治准绳》五卷，是明万历三十五年刻本；《幼科证治准绳》九卷，是明万历三十五年刻本；《疡医准绳》六卷，是明万历三十六年刻本。各单刻都自有序跋，各述编辑，撰述及刊刻始末，原非丛书。聚上述五部六种书于一帙，始于清康熙三十一年，时王氏书版皆归金坛虞氏，改称“医书六种”重加汇印。书版至此，多已磨损断裂，远非单刻原印时之清爽面目。而“六科证治准绳”的书名，又为近人所拟。这种现象，丛书、总集、全集中多有所见，宜称之为“汇印本”，以明其组合性质，加以附注，否则将出现名实不附、单刻和丛刊本难以区分的混乱。

此外，还有“转版”的问题。某些书籍刻印传世后，往往版片易主，后人重印时更换封面，变易藏版的堂室名号，常被今人误著录为另刻本。还有似同实异的重刻、翻刻本，必须逐页比勘，始能分辨清楚。

上述版本著录中的问题，各家分别著录时不易发现并解决，多家、多本的藏书汇总著录时，则问题立见。对此如不重视，或竟削足适履，强行合并，或照抄前人著录，拘于成见，必然形成种属混杂、著录互异的现象。以谨严的态度对待古籍版本鉴定，就要求编目人员慎而又慎，郑重地考察与辨识。周详的条例只能提醒工作人员使用规范格式与用语，能否正确观察、分析并判断，则决定于编目人员的视野和素养。

目录组织的特殊性

中国古籍目录以分类编排为主，类目的设置和编排强调体现学术源流，质量高的目录往往就是一部学术史纲。然而，对此长期以来也存在不同看法。概括地说，不是专门从事中国古代学术文化研究者，大多主张用通行的分类法；专门从事中国古代学术文化研究者，大多主张沿用经史子集四部分类法。这种分歧，不是偶然形成的，它基于对中国古代文化的认识程度。

经史子集四部分类，是经过历史筛选、演化形成的。古代中国在文化方面，采取国家控制的政策。从汉代以来就形成了一组以立国、治国的指导思想和对君主、大夫、士教养内容为核心的“六艺”，后来演化成为“经”。而属于立国、治国的措施，及经验教训，称为“史”；二者体用结合，相辅相成。其它被视为杂学，归入“子”，“集”则是个人诗文著作的汇集。四部的基本内涵，从宏观上囊括了封建时代产生的文化典籍，并给予有一定逻辑关系的位置。四部总框架之下，类目的设置、增减、删易，却相当灵活，“因书设类”，有其书即有其类。历代史志目录和有影响的藏书目录，没有一部类目是相同的。其中《四库全书总目》的分类，是四部分类体系的一个典型代表。四部分类体系起源于《七略》，定型于《隋书·经籍志》，完善于《四库全书总目》，历史地看，它一直在发展变化。《四库全书》只是一部选编的大型丛书，《四库全书总目》则是一部推荐书目，它和历代经籍志、艺文志有所不同，并不囊括一代图书，如杂涉经史子集的丛书、释道以外的宗教著作，话本、公案、演义之类的文学作品等都未收入，因此也就未设相应的类目。如金石学在乾隆末年以后又出现高潮，新问世著作研订之精，卷帙之繁，都远逾前代，自应适当安置类目。

如何妥善地处理今天新编古籍目录的分类体系，是个尚待完成的课题。这个问题争议了将近一个世纪，前人对此多有探索，仍难得出一种较完善的方案。《善本总目》在编辑过程中虽也拟了一个分类表，但只是一个暂行方案，并不完善，存在着不少问题。解决问题要有一个过程，需要对这个分类体系有深入的认识，并摸清需用这个体系组织哪些图书目录。因此，目前尚不存在一种通用的古籍分类法或善本分类法。一部古籍目录的分类，往往在目录最后定稿时才确定。

至于书目存贮于电脑后，可供多种途径的检索，是否可以就不再另编分类目录？我对此持保守的看法：1. 中国古籍目录“辨章学术、考镜源流”的学术史纲作用，仍宜保留，它对涉猎某一学术领域者所起的导引功能，为其它检索形式所不能取代；2. 机读目录虽已渐兴，但基于种种条件，仍将和书本目录双轨并行一个时期，犹如版刻印刷兴起后，抄写本仍长期存在一样。只有书名、著者、刻印年代及主题词的构件，未必能组合成中国古籍书本目录的骨架。

（发表于《上海高校图书情报学刊》1992年第1期）

古籍编目实践

古籍著录琐见

古籍著录和其他图书著录一样，都是揭示书名、著者、版本。所不同者，现代出版物对这几项一般都在固定位置明确标示，著录人员按规定著录条例行事便可。而古籍著录则往往缺乏这样的条件，需要著录人员根据内容作具体的识别和判断，稍有疏忽或识力不足，便有可能失误。因此，它并非是一种单纯的技术性工作，对著录人员有一定学识素养要求。且见以下实例：

书　名

古籍题名比较混乱，封面、扉页、目录、序跋、正文卷端往往不一致。为避免分歧，一般以正文卷端所题为准，少数例外，但也有约定俗成的规矩可循，不太成问题。棘手的是一些稿本、写本、抄本，或无名，或只有偶然性的题署，取录不当，往往淹没文献的特殊价值。

例一：　　姑妄听之　不分卷
稿本

这是八本编号粘贴成册的禀帖，封面题“姑妄听之”。著录者依卷端无题名，按封面、版心或目录、序跋所题的通行办法径直取录。但目前图书馆古籍目录还很少有解题，多是简目。无论书本式或卡片式，读者看到这样的书名是得不到具体提示的，或者还联想可能是“小说异闻”一类，等闲视之。

八册禀帖共七百零四件，每件都署有日期，由受禀者按年编号。起光绪七年七月，止光绪十五年九月。内容全部是报告河南巡抚、布政使司、按察使司衙门中的公务，诸如主官动态、军政要闻、重要刑名钱谷案件之内幕与处理、河南官员任免、过境要员行动以及朝政要闻、开封及河南社会新闻等。禀报人身分隐秘，但系消息灵通可靠之“知情人”，禀帖中多次向受禀者警告：“切勿将内容传出”。受禀者据分析是当时陈州知府吴重熹。

清代官场积习，州县在府，府道在省都安置专人刺探情报，或由“坐省”师爷，或收买上司衙门中的幕僚，原不足奇。只是“工作报告”绝少见到，且不见其他有系统的记载。这八册禀帖不仅提供了实例，而且由于连续性强——每次禀报相隔最多三日，内容广泛可靠，在客观上已构成光绪七年七月至光绪十五年九月的《河南省报》，从文献或史料角度讲是难得可贵的。如果正名为《河南政情禀帖——光绪七年七月至光绪十五年九月》，似乎比较确切，可以直接提示读者使用。

例二：　　奏议　不分卷

抄本

原件是两册白棉纸蓝格抄本，字体瘦劲，墨色清淡，属明代风格。且不说抄本时代，单就内容看，抄的是崇祯六年二三月巡按江西监察御史王某的题本，涉及崇祯四年十二月广东石窟（今蕉岭县）苏俊、钟陵秀等农民起义军攻陷江西南安府（今大余）的经过；崇祯五年九月陕西农民起义军进入山西、河北、河南后，明王朝内外慌乱，江西省在赣北沿江地区紧急布防的措施；以及朝廷为筹饷，加紧搜刮地方，勒令清丈田亩，增派额征，因而造成“民苦饥、吏苦罚”的严重局面。这些内容以一个时期与地区的侧面，反映了崇祯六年初，明王朝政治、军事和经济状况，某些具体事实是其他文献未曾详及的，不能说不是一份有重要史料价值和文物价值的文献。

两册抄本卷端和封面都无题名，著录者必须代拟，这在古籍著录中本属常例，不过必须准确、恰当。

明代和清初的文书制度很严格，题本和奏本有区别，不能含混地称“奏议”。即便是“奏议”，只示内容体裁，不附加何人、何时、何事，也过于笼统，失去书名是内容概括提示的意义。像这样身分的著者，文中虽不署名，也很容易在《江西通志》一类的书中查出。如果名之为《巡按江西监察御史王万象题本——崇祯六年二月十六日至三月十一日》,或《巡按江西题本》明王万象撰,都较只著《奏议》为好。

著 者

古籍中不知著者姓名或著者姓名有争议的不在少数。这里只剖析几个著者姓名可知、无异议、但原书未予标示或标示不明显被著录者误录、漏录的例子。

例三: 吴文恪公文集 三十三卷
明吴伯宗撰
明崇祯刻本

古籍刻印本常规,著者姓名刻在卷端书名后一行下方,著录者展卷即得。但这部书的卷端未刻著者。照通例,可从序跋或正文内容中去查找考定。

这部书有钱士升《吴文恪公文集序》,其中写道:“……万历壬辰己丑间又最盛,维时治道庞鸿,人文滃郁,馆阁名巨应期而起者项背相望,而吾师吴文恪公其最著也。师己丑对策擢一甲第二人……江右入国朝阁学,自吴公伯宗以下至师凡十九人。”

序中交代得很清楚,“吴文恪公”是谁,是万历己丑科一甲第二人,是明代江西从吴伯宗起入内阁当大学士的第十九人。具有这种身分的,尽管序中没直接提名字,也很容易从工具书中查出来,是吴道南。竟取录为吴伯宗,如果不是过分马虎,只能归咎为著录者对序中所述有关职官、科举的一些常用语看不懂。

例四:黔省轺车往返程记一卷 粤西轺车往返程记一卷
清佚名撰
稿本

稿本中无序跋,无著者题名,照常例是可作“佚名”著录。但类似这种记事之作,弄清著者,很有助于对文献价值的判断。而记事之作,十之八九是可以从内容中推断出著者姓名来的。

文中著者对安徽人都称同乡,本人是道光丁未翰林,又与丁酉、己亥、丙午科分者皆论同年。

道光丁未科馆选，安徽籍者五人，唯鲍源深曾是道光丁酉拔贡，己亥北闱副贡、丙午举人。

再取有关鲍源深的传记，核两稿中所述身分、仕历，皆相合，因此断定是鲍源深的手稿。

鲍源深这个人，是咸丰皇帝的小宠臣，咸丰末年曾为日讲起居注官、上书房师傅，襄同恭亲王奕䜣办理洋务。"祺祥"政变之后，更成为新朝的骨干，只在他《粤西轺车往返程记》一往途中，就连升三次官，沿途地方官对他异常巴结，从中颇可看出地方对中央新政权的态度。此外，咸丰五年鲍源深以贵州学政身分曾参与对太平天国革命的镇压……文中都有所记载。倘只作为佚名稿本，就会影响对其史料价值的分析和判断。

例五：　　张垣日记　不分卷

　　清怀塔布撰

　　稿本

这也是部原无题名无序跋的稿本，不知什么人在首页边缝处写了"张垣日记"、"怀塔布"等几个字，著录者不加查核，当作已经考定的书名和著者，照录。

这部稿本是日记，起光绪十五年正月，止光绪十六年二月。著者自称"麟"，对张佩纶、吴大澂等称"前辈"，又称乌少云为"同年"。清代只有翰林中才用"前辈"这种称呼。乌少云即乌拉布，同治甲戌进士，选庶吉士。此科馆选中有个翻译进士祥麟。日记中每称所处之地为"乌城"，管辖"吉厦四盟、四卡(伦)、三路台站、两乌梁海，"遇事则"咨库(伦)科(布多)二城遵办"。清中叶以来，这种职权属乌里雅苏台定边左副将军，"乌城"当即乌里雅苏台。与日记著者同官的，有"果帅"和"车藩"；自称所居为"参署"。清制，乌里雅苏台将军下置参赞大臣，其一例以蒙古王公台吉兼任。日记著者当是参赞大臣之一，另位"车藩"可能兼任过参赞大臣的喀尔喀赛因诺颜部扎萨克多罗郡王车凌多尔济。"果帅"又称"杜果帅"，于十五年三月初八病逝，当是将军杜嘎尔。据此，核对有关资料，其时满洲参赞大臣正是祥麟。

日记著者查出来了，书名也就该正为《祥麟日记》或《乌里雅苏台参赞大臣日记》。

清代乌里雅苏台将军总辖外蒙，满洲文员参赞大臣又每每是实权人物。这部日记除了庶政，还有关于当时中俄划界工作的记载，第一手的权威性资料。倘使著者姓名就此错下去，或者也是佚名，这部文献将长期淹没。

版　本

古籍版本问题十分复杂，涉及历史文物、学术资料、版刻艺术等多方面。由于种种历史原因，古籍原有的刻印牌记多已失去，有的表面上根本没有年代标记。准确地辨识它，已成专门之学。

然而迹乎已成传统的版本鉴定，颇似未采用科学方法前的古董鉴别，专凭眼力就外在形式做特征观察。丰富的外形观察经验，可以养成一定的识辨能力，在别无可据的条件下或许还是鉴定的唯一手段。但是只凭眼力观察外形，从思维逻辑讲，所据的前提往往有欠完整、确实，导致的结论难免错误。清代的一些“赏鉴家”和“收藏家”，颇以精于此道自诩。但检验他们的成果，姑从《天禄琳琅书目后编》、《皕宋楼藏书志》等算起，失误之多，世所共知。因此只能是手段之一，是别无办法的办法。主要还应从内容出发，从内容中找充足理由，据以分析、判断。

例六：　　　　　　宋名臣言行录

宋刻本

辨识宋元版，被认为是古籍版本鉴定中的核心学问，似乎能不能成为版本专家，功力深浅，胥系乎此。照传统手段，不外根据纸质、墨色、刻工风格、版式，以经验参度。这部书，曾经某馆定为宋版，后在某地区复核，有人提出异议，又拿到一次全国性鉴定会上鉴别，与会者各自披述己见，争论不休，一时难下结论。其实，单从卷端书名之题为“宋名臣言行录”就可断定绝非宋刻。理由简单，明以前人刻书，称本朝从不用光头朝代，例冠“大”、“皇”字样，或称“国朝”。这部书中有朱熹序，即称“皇宋名臣言行录”。细翻书中，多经后人续辑，已有“终宋之世”等语句，更可证实。

例七：　甲子会纪　五卷

明薛应旂撰　陈仁锡评

明嘉靖三十八年刻本

此书有嘉靖己未（三十八年）许嘉谷的一篇序。著录者即据以定刻年。这种习惯在古籍著录中很普遍。“据序断刻年”是定版本的依据之一，但有些序是“原序”，并不是此次刻印的序，因此作判断时还得综合其它条件。

此书卷端与著者并排题刻的是“史官长洲陈仁锡评阅”。陈仁锡，接触明代刻本的，都会很熟悉，他是苏州名士，评选过很多书，生于万历元年（1581），天启壬戌（二年）一甲第三名进士。明清两代，鼎甲榜后立即授职，探花例授翰林院编修。编修、检讨以上，民间习称“太史”，也就是史官。陈仁锡已经用“史官”衔头了，说明这部书之刻必在天启以后。嘉靖三十八年（1559），他还没出生。

例八：　重修政和经史证类备用本草　三十卷

宋唐慎修撰

金泰和刻本

定金泰和刻本，根据是书中有一块题为《重修本草之记》的牌记，末书：“泰和甲子下己酉冬日南至晦明轩谨记”。“甲子下己酉”是什么，著录者不清楚，而按常例，序、跋、题记等可据以定刻年但年不具体，可笼统据上下限概括，因此只标了个“泰和”。泰和是金章宗的年号，就又冠以“金”。不知中国历史纪年中也有一些复杂的名堂，“泰和甲子下己酉”是句绕弯子的话。

“泰和甲子下己酉”，指的是从金泰和甲子往下推那个己酉。金泰和只有八年，甲子是泰和四年，即公元1204年，其后的己酉是公元1249年。而金亡于公元1234年，1249年已是蒙古定宗贵由四年。刻书年代不仅不是泰和，也不是金。

这样标年代，原因可能有两种。一是当时蒙古统治者尚未建立年号，文书上用的是“虎儿年”、“羊儿年”之类，标示含混，不利辨识，而干支纪年以甲子为一元的起始，民间为找个明显的坐标点，就从最近的泰和甲子往下推。另者可能是金遗民不愿奉蒙古政权的正朔，私定年代序数，暗中有仍维系金朝正朔之意。这类例子后世屡有发现，不算特殊。

例九：　　谢康乐集二卷附谢惠莲集一卷

　　刘宋谢灵运撰　明张溥评阅

　　明刻本

两种诗集合订为一册。初为个人收藏，因谢惠莲是谢灵运的堂弟，不管版本合订起来便于翻检，原在情理之中。但图书馆收藏和著录也如此，就会造成目录、版本的混乱。

《谢康乐集二卷》，九行十八字，卷端著者后一行题"明太仓张溥阅"，无序跋，只有张溥《题词》。《谢惠莲集一卷》，九行二十字，卷端著者后一行题"明新安汪士贤校"，无序跋。

古籍中有所谓"丛书本"，指的是一部丛书中的另一种，著录时应该标示清楚，不然会使人误以为出现一种新的版本，于研究、引用、鉴别与收藏都不利。

这两者都是"丛书本"，前者是明末张溥刻《汉魏百三名家集》本，后者是明汪士贤刻《汉魏诸名家集》本，不应混编一起，另立版本名称。

从目前各公藏单位古籍收藏情况看，明以前的丛书本多散为零种。倘无整部丛书比对或有资料参考，识别判断确有一定困难。但明以前的丛书本还是有比较共同的特征的。如：卷数少，无序跋，或只有简略的远年原序，著者旁并题校阅人姓名，同一丛书的版式、行款、刻工风貌一致，等等。只要细心观察，勤翻一些有关工具书，绝大多数还是可以弄清楚的。

例十：　　皇舆全图

　　木刻本

舆图，从文献角度讲，其价值主要在两个方面：一是反映某一时代历史地理状况，一是反映某一时代勘测与制图水平。因此，著录舆图，时代标示十分重要，倘模模糊糊，使用价值与文献价值便大受影响。

这幅图原无题名与绘印年代，分十卷，每卷为一“排”，卷端背面贴黄纸签条，上书排号和所载主要地区。如“第六排京城保定府　山东济南府　山西太原府　河南开封府　陕西江南”。总宽425厘米，高500厘米。图中界以经纬线，线之间按比例约折合90公里。以京城(北京)为中心，西经44线，东经20线，北纬41线，南纬35线。盛京及藩部用满文标示，内地各省用汉文标示。

判断成图年代最可靠的办法是依据行政区划。此图中有朔平府、右玉县、左云县、平鲁县，耀、乾、鄜、葭、绥德五州俱为直隶州；磁州隶属直隶广平府。据《雍正实录》卷三十二：雍正三年五月设朔平府，治右玉，大同右卫改右玉县，左卫改左云县，平鲁卫改平鲁县。图中已全部反映。又据《雍正实录》卷三十六：同年九月西安府之商、同、华、耀、邠、乾六州，延安府之鄜、葭、绥德三州俱升直隶州。图中只耀、乾、鄜、葭、绥德等五州标明。再据《雍正实录》卷四十三：雍正四年四月河南彰德府之磁州改属直隶广平府，四川东川府改隶云南，湖南天柱县，平溪、清浪二卫改隶贵州。图中只反映了磁州已隶广平府。又据《雍正实录》卷四十六：雍正四年七月末，湖北景陵县改天门县。图中未反映。因此，绘制年代当在雍正三年九月至雍正四年七月之间。

此图字迹、线条纤细挺直，棱角分明，和习见的乾隆间一些铜版图非常相似，当非木刻，也是铜版，其绘制规模宏大，勘测精密，已属近代测绘技术，断非当时个人所能为。

清代国家绘制之舆图，据现有文献记载和传世实物，最早者为《康熙内府舆图》，或称《清内府一统舆地秘图》，但不如此图详密。两图年代相差不及十年(康熙图绘成于康熙五十七年)，或为康熙图之增订。《乾隆十三排图》当祖于此图。

截至目前，研究中国地图史的，还没人提到过它，可知绝少流传。而常见的《乾隆十三排图》多系摹刻、摹绘本或民国间复印本，康熙图亦仅见民国石印本，故此幅雍正铜版原印图，无论从资料或文物价值讲，都十分珍贵。但照原来著录，版本特点无从提示，仍将长期淹没。

辨　伪

古籍著录中，辨伪，也是要随时注意的。古籍造伪多起因于求者好古猎奇。一味好古猎奇的人，往往不怎么认真读书，造伪者大概摸到了这个特点，就专在表面或外形上下功夫，每可得逞，甚至长期不被发觉。如今辨别，倘不堕入片面地迷恋纸色墨香、印记题跋一路，注意从内容方面推敲，多可识破马脚。

例十一：　　武备志　二百四十卷

明茅元仪撰

明天启元年刻本

《武备志》确有天启元年刻本，但清初遭到禁毁，流传很少。因为罕见难得，后世就有人做伪，用其它版本顶替。这一部就是道光活字本。

道光活字本《武备志》，版式、行款和天启原刻本极为相似。辨识原刻与翻刻，一般要凭实物、书影或前人有关记载比对，缺乏这些条件，失误难免。

但是，倘若不是同时代的翻刻本，尽管做伪如何巧妙，总有明显漏洞。

据目前发现，用道光活字本《武备志》冒充天启原刻的，已不下十余部。且不谈活字与版刻可以区别，这些冒牌货多数只撤掉活字版重印序就了事，而不注意还带着一篇《明史摘要》。这篇《明史摘要》是翻印者从《明史·满桂传》中摘出的《茅元仪传》，原为对著者做些详细介绍。很明显，《明史》修于何代？成于何时？书中有了摘抄成书于清乾隆四年的《明史》，还能是明天启元年刻本吗？

例十二：　　通志十二略　五十二卷

宋郑樵撰

明正德刻本

这部书定为正德刻本的依据是有“正德庚戌岁”，署衔为“赐进士及第朝列大夫南京国子祭酒前左春坊左谕德兼翰林院侍读经筵讲官同修会典国史三山龚用卿”的一篇序，其中提到刻此书者系巡按八闽的监察御史陈宗夔。

问题也就出在这里。龚用卿嘉靖五年才中状元，何以正德间就已“赐进士及第”，而且做了“南京国子祭酒”？陈宗夔是嘉靖十七年的进士，怎么正德间就已“巡按八闽”？而且正德十六年中干支岁次从无“庚戌”，“正德庚戌岁”又是哪年？

再细看，“正德”两个字是剜补的，原刻应是“嘉靖”（显然又是后印本）。

正德与嘉靖年代相距不远，何故要做这么一番手脚？原来从刻工讲，正德嘉靖同属一代，但一则嘉靖比正德时间约长两倍；再则嘉靖以后受复古运动影响，大兴翻刻古书，“嘉靖版”远比“正德版”为多。好古猎奇者，每以正嘉分等，前者视如明初刻本，仅次于宋元，身价迥异，后者便算“大路货”。书贾为射利，就干出这种荒唐勾当。好在玩书者只玩不读，得一“正德本”，便可满足嗜古欲望，谁还管什么龚用卿的生平时代。

例十三：　修文御览　三百六十卷

唐范阳等纂

明抄本

这抄本目录前题：“尚书左仆射南平郡开国男食一千三百户上柱国赐紫金鱼袋范阳等奉勅纂集”。

据著者题衔，似是唐人。《旧唐书·经籍志·类书》亦有著录：“《修文殿御览》三百六十卷”不著撰人；《新旧书·艺文志·类书》著录“祖孝征等《修文殿御览》三百六十卷”。而宋代诸书目中已无人提及，当已佚。何以至明代又突然完整地出现了呢？

这部《修文御览》的目录编排，以赋、诗、歌行、杂文为次，和宋代李昉等纂辑的《文苑英华》相同。各卷后又都题“登仕郎胡柯乡贡进士彭叔夏校正”。马脚出来了，目次相同也罢，怎么校订始修于北宋，刻成于南宋《文苑英华》的胡柯、彭叔夏又校起唐代“佚书”《修文御览》来了？是不是就是《文苑英华》？取来校对，居然是一字不差地全抄前三百六十卷。（《文苑英华》一千卷）

明代，尤其是万历以后，刻书抄书随意改头换面是有名的。

《文苑英华》终明之世只在隆庆间重刻过一次。又因卷帙过多,传世不广,一般士人可能从来没有见过。而《修文御览》可充唐代佚书,身价想必不同。猎奇而又不甚读书之人,很容易受骗。

例十四: 会海菁华 二百卷

宋赵昚纂

明抄本

也是部明抄本,不过只看著者题名就会使人起疑。赵昚者乃宋孝宗也,他何曾撰过书来? 内容是讲历代典章制度的,从唐至明,这类著作只有唐杜佑《通典》和元马端临《文献通考》,不曾听说有什么《会海菁华》。

从事文史工作的常要翻检《通典》,这部书的卷数、篇目和《通典》完全一样,内容也“似曾相识”。取来相核,《通典》前面有李瀚序,此抄本易作《会海菁华序》,只在开头加了“朕观”二字;序中凡书“通典”处,都改为“会海”,后加“乾道七年三月十八日序”字样;正文首句“‘佑’少尝读书”改作“‘朕’少尝读书”。等等,其它文字全同。

道理同前述。不过《通典》非《文苑英华》可比,当时士子有《文选》,可以不读《文苑英华》,还说得过去,而竟于《通典》无所知,任人哄骗,可见明代末年不讲经世致用之学,空疏到了什么程度。

(发表于《图书情报工作》1981 年第 4 期)

明别集版本审订札记

一、引　言

《中国古籍善本书总目》总编中，共收到各收藏单位报送的明别集卡片 12158 张，按原定工作程序，略作整理归纳，选出标准片，就可着手编排了。

但在整理过程中，发现问题很多，尤其版本著录，相当混乱，多数错误是属于常识性的，不纠正，将严重影响《总目》质量。因此，几乎用了一年半时间，在数以百计报送单位的广大同志积极配合下，对全部卡片逐片逐种重新进行了审核、校订。

现将审订中发现的问题，略作整理，附以个人浅见，先向前辈、同行和关心这一工作的同志们汇报。至于存在问题的根源，应与版本学的历史、方法和现状有关，且涉及对我国行世版本目录的检讨和评价，当另作专文探讨。

二、问　题

审订中发现的问题可分客观和主观两个方面。

客观方面，古籍在长期辗转流传过程中，受各种因素破坏，原来标示版本的依据多已失去，倘无完整的传本或它本比对，又无可以参据的资料，虽误录，难以发现。如：

何大复先生集三十八卷

明何景明撰

附录一卷

十行二十字，白口，四周单边，刻工：温志明(卷一首页)、吴廷、邓钦、黄干等。有嘉靖三年唐龙序，康海序，嘉靖十年王廷相序，嘉靖戊午王世贞序。康海序后有万历丁丑(五年)周子义志。

据周子义志，此本系万历五年陈堂、胡秉性刻。传世本不算太少，但过去书商多将周子义志割去，遂多作“嘉靖刻本”。更有一种翻刻本，版式全同，只是不镌刻工名氏，有嘉靖四序而无周子义志。藏书单位未见过原刻本，又不知何景明集三十八卷本始于万历五年陈刻者，几乎全把它当作嘉靖刻本。再如：

空同集六十三卷

明李梦阳撰

十一行二十字，白口、无鱼尾，左右双边。书名、卷数、行格、版式全同者有：嘉靖曹嘉刻本、嘉靖曹嘉刻朱睦㮮重修本、万历十五年李四维刻本。倘失去有关序跋，又无所对照，必致相混。

主观方面，多出于识力不足或粗心。本文拟着重从这一方面提出几个比较普遍的问题，并通过剖析实例提出一些个人看法。

1. 凭序定刻年

按常规，刻印本图书应有封面（扉页）或牌记，上面镌明刻年和刻家。但清初以前刻本，由于种种原因，多不备，或已失去，辨识刻年只能借助序跋中的有关叙述。

但序跋中直接叙述本书刻印始末的，并不普遍。相沿曾用一种办法：“书内没有题出版年的可以书中所叙正文的最晚时间或最晚的序、跋文年代为出版年”。报来卡片中，有相当数量就是以书中序跋的最后署年为刻年，或径称：某某年序刻本。

从古籍刻印的一般规律看，序跋的最后署年可能确是刻印年份。如：《栖真馆集》三十一卷，有万历庚寅〈十八年〉邹迪光《栖真馆集序》，序中并未述及刊刻，但卷末有牌记“庚寅岁姚江吕氏栖真馆藏板”；另一翻刻本则把邹序改署“万历戊戌（二十六年）”，推测可能就在万历二十六年翻刻，改邹序署年的目的是为充作新刻。但，远非都如此单纯，大量例证说明其中情况错综复杂。如：

敬斋集三卷

明胡居仁撰

九行二十字，白口，四周单边。有弘治甲子余祐《敬斋集序》，序中未述及刻此书，某藏书单位即依此序署年定为“明弘治十七年刻本”,却忽略卷端大题下镌“后学北地李桢校”一行。北地李桢,庆阳人,隆庆五年〈1571〉进士,决不会在弘治十七年〈1504〉前校此书。校于何时,嘉靖、隆庆、万历间都有可能,一时无可稽考,只能定:“明刻李桢校本”。又如:

琼台类稿七十卷

明丘濬撰

有弘治五年何乔新序,提到:“都宪闵公出镇两广,见之叹曰:‘此名世之文也,当为刻之,以传于天下后世’。先生〈丘濬〉因诿予序之。”“当为刻之”,是打算刻,还没刻。某藏书单位即据以定为刻年,且考出“闵公”为闵珪,因作:“明弘治五年闵珪刻本”。却也不管卷端著者题名结衔为:“少保兼太子太保户部尚书武英殿大学士赠太傅谥文庄丘濬仲深”。赠、且“谥”,已是丘濬身后了。丘溶卒于弘治八年,此刻自当在此之后。再如:

阳明先生文录十七卷语录三卷

明王守仁撰

十行二十字,白口,左右双边。某藏书单位只见前冠嘉靖癸巳〈十二年〉黄绾《阳明先生存稿序》即定“明嘉靖十二年刻本”。不知《阳明文录》并非冷书,各种版本传世者颇多,首刻始末皆可见各本所载钱德洪《刻文录叙说》,曰始于嘉靖十四年闻人铨。一见所谓“嘉靖十二年刻本”无须查核,即可断误定。此本当有嘉靖丁未〈二十六年〉范庆《阳明先生文录跋》,述及嘉靖二十三年来守苏州,见闻刻版片多佚,因重加校葺,汇为此本,二十六年梓成,为二十卷。当是“明嘉靖二十六年范庆刻本”。失跋或难准确著录,但常见书的版刻源流却不应不知。

明刻本中有序跋而不言刻书的很多。为了严谨,通常是以署年在最后的序跋作基准,延伸一段下限。如:前述邹迪光序署年为万历戊戌的《栖真馆集》,即定万历刻本。

但这样并非就可以不考虑其它条件,仍必须在全面审查的基础上综合判断。

全面审查,指在判读序跋年代的同时,还要审阅版刻风格、书体、纸张、讳字和其它有关文字。如:《新刻张太岳先生集》四十七卷,清末重刻本和万历唐国达刻本版式、刻工极其相似,单看序跋、封面,是不得要领的,二者的纸色、纸质有显著区别,熟悉这两个不同时代纸张特点的,一眼就可识出。另外清刻本避清讳,最明显的是"万历"之"历"皆作"厤"。注意到这点,也就展卷可断。明章敞撰《章质菴先生集》四卷,(八行二十字,白口,四周单边,版心下镌"晓园"),有嘉靖甲辰湛若水序,但字体是典型的启祯间苏州松江一带刻书流行的瘦长仿宋体,就须定"明末晓园刻本"。

从内容方面提供"制约性"条件的,就更多了。如:《杨维斗先生手订王文恪公(明王鏊)家藏未刻稿》二卷,有崇祯甲戌杨廷枢序,多定为"明崇祯刻本",不察目录后尚有顺治丙申卫咏附记。明谭元春撰《岳归堂合集》十卷,《自题》一卷。(八行十八字,白口,四周单边),有蔡复一、钟惺序,万历己未谭元春序。因只见谭序之署年,藏书单位即定"明万历刻本"。而《自题》中《自题拭桐草》已有"万历庚申迄天启癸亥,予四岁多在家"等语。

序跋中即使述及刻书始末,也仍需作全面审阅。如:明杨光溥撰《梅花集咏》一卷,有弘治庚戌杨俨《梅花集咏序》,弘治庚戌胡汉跋、弘治庚戌杨文卿《书梅花集咏后》。杨文卿曰:"《梅花集咏》凡百首,予友杨沂川集古诗句以成咏者,寮友刘廷珪为之梓行。"序跋年代都是弘治庚戌,而且说明了是谁刻的,似乎可以定"弘治八年刘廷珪刻本"了,但卷端题名为:"山西按察使司副使沂水杨光溥集,山西按察司副使卫辉刘璋校正、河南道监察御史曾孙杨东野梓。"杨东野是万历五年进士,官监察御史必在万历五年之后。万历共四十八年,任期当在此之间。故应是"明万历杨东野刻本"。再如:明陈真晟撰《布衣陈先生存稿》九卷,因有嘉靖十七年周南《刻陈布衣存稿序》,卷端题名又有"赐进士漳州府同知〔 〕(疑李畿)捐俸重刊",即定"嘉靖十七年李畿嗣刻本"。不知李乃嘉靖四十一年进士,官漳州同知时已是万历三年,周序乃是前刻序。明张以宁撰《翠屏集》四卷,目录前有题记,末署"成化十六年庚子岁孟冬吉旦嗣孙张淮捐俸重刊",版刻依据似乎已一目了然,但此书传世本多已字迹模糊，有补版，且增入《明史文苑传·张以宁传》，已是清增修本。

明别集中还有不少虽有序跋，但无署年的刻本，一般认为比较棘手，多据序跋作者所属朝代笼统定为“明刻本”。见序即定刻年固属不妥，但因序跋无明显署年即不再细查书中有无其它关于刻年的提示，定得过分笼统，也不见得恰当。

序跋虽无署年，但序跋中的内容，序跋人的结衔、印章，以至书中内容都可提供刻年依据。例：

丁文恪公续集六卷

明丁绍轼撰

卷前只有无年月的丘兆麟《刻丁文恪公续集题词》，收藏单位只定为“明刻本”。但《题词》中述及：“……熹庙于是益器公，因遂大用公，然公虽柄用未得为首相也……及逆珰用中贵出镇，公大骇，以为是禄山用番将事也，亟出揭诤之，而卒不可止。公用是益愤愤，遂发疾而殒。”据《明史·宰辅年表》，天启五年八月丁绍轼晋礼部尚书兼东阁大学士，辅臣中位居第四，六年四月卒。《题词》已称“熹庙”、“逆珰”云云，是崇祯间语，入清则又不可能说上述那些话，故应定“明崇祯刻本”。

世经堂集二十六卷

明徐阶撰

此书仅有陆树声、王世贞两序，无署年，因亦多定“明刻本”。其实两序中均已述明年代。王序中说：“《世经堂集》者何？今致政少师元辅华亭徐公著也……为卷凡二十六，诸子太常君辈鸠工而梓之家塾。”“天下徒知嘉隆之际取治于公，公不明其所以，而庶犹有可窥见者，兹集在也。”徐阶于隆庆二年七月致仕，万历十一年卒。序中既曰“致仕少师元辅”又有“嘉隆之后”语，则此书之刻当在万历元年至十年之间，可定为“明万历刻本”。

咏春堂集七卷

明冯有经撰

只有无署年袁应泰序，原藏单位亦定“明刻本”。读袁序，有

"嗣君已付梓人,未卒业,遽索序小子某"语,名下钤印文为"赐剑靖夷经略司马柱史之章"。据《明史》,袁应泰泰昌元年九月自按察使擢右佥都御史巡抚辽东,踰月擢兵部右侍郎,代熊廷弼为经略,朱由校即位,赐尚方剑,天启元年十月沈阳陷,殉国。则此序当作于泰昌元年十月以后,天启元年十月以前一年之内,时本书方付刻,尚未竣,故宜定"明末刻本"。

2. 据版刻风格断刻年

刻本图书,不同时代版式、字体皆有不同特征,通常称之为"版刻风格",但这种特征只是一般的共性,不能绝对化,单纯据此得出的判断应属于"模糊判断"。且不讲有意造伪,就自然面貌来看,明正德、嘉靖刻本版式多仿南宋的白口、单鱼尾、版心下镌刻工姓名,但也有不少类似元代和明初的黑口,双鱼尾。天启崇祯间松江苏州一带刻本,行格窄、字体较瘦长,是极易辨识的"启祯风格",但中原和北方各省同时期的刻本就不具这些特征。又,宋元之间,元明之间,明清之间,以至正嘉之间,嘉隆万之间、万历天启之间,全凭版式字体判断,几乎是不可能的。过去版本目录中的失误不少是因此而生。

依据版式,字体等"版刻风格"用"模糊判断"的手段辨识版刻年代,原出于不得已。古籍传世年代既久,就难免失去本来具有的板本标识,别无依据,只可循此约略估计。阅历广,善于注意细微特征并总结规律的人,识别力就高一些。初学,或阅历不多,难免硬套附会,甚至弄出笑话。

诗文集,尤其是明清诗文集,比起各代都有可能翻刻重印的经史、诸子,类书、医家、术数等常备书,专业用书来,有很好的内在识别条件,即使序跋牌记全佚,甚至缺头短尾,也多能根据内容,具体而准确地辨识年代。因此如果不仔细判读内容,单纯据版刻风格去搞模糊判断,很容易造成常识性错误。例如:

罗山诗稿三卷

明张孚敬撰

十行二十字,白口,四周单边,双鱼尾,版心上镌"罗峰诗稿",

卷端不镌著者名氏，无序跋，原藏单位之一，据版刻风格定“明正德刻本”。

此稿以编年为序次，始“辛未”迄“丙申”。按张孚敬乃正德辛巳（十六年）进士，以议大礼希旨得朱厚熜宠信，嘉靖初即连擢为辅臣。辛未，当是正德六年，丙申则已是嘉靖十五年。又，卷三《吊桂见山三首》后自注：“上御文华殿问臣孚敬曰：‘桂萼安否！’时子已逝数日矣！伤哉！”张孚敬原名璁，因与熜同音，请旨改名，由朱厚熜特赐名为孚敬。既见孚敬之名，亦可知决非正德刻本。

侯太史摘选黍丘文集三卷诗集六卷

明彭尧谕撰　侯恪选

原藏单位定为“明万历刻本”，查询依据，复曰：“据版刻风格。”

集中有《先孺人行实》，称“母卒于天启元年”，又有“不孝尧谕以光宗皇帝诏选恩贡”等语，光宗的年号是泰昌。

此书即使不读内容，单就卷端大题和著者等题名，已能判断非万历刻本，因为卷端题名有“同社侯恪若木选”，则大题所称之“侯太史”就是这个侯恪。明代能称为“太史”的侯恪，只有一个，即侯方域的叔父，商丘人，万历四十七年进士，选庶吉士。下科为天启二年。按明代常例，庶吉士在馆期间，尚不能称“太史”，既称“太史”，必在天启二年散馆授职之后。

颇颔集不分卷

明吴骐撰

这部书的版刻风格确是启祯间江南苏松一带的窄行瘦长体字一路，单纯“观风望气”是无法把它区别出来的，因此某收藏单位即定为“明末刻本”。

此书开卷首题即：《七言律·南都得北讯甲申三月》，写道：“何人驰骑带櫜键，仓促晨呼司马门。堂上张皇群骇问，阶前恸哭已无言。共工触石倾天柱，彗孛流光入紫垣。幸有留都尚无恙，诸公应念孝陵恩。”又《乐府·乙酉谣》：“上天勿恤，国命其卒……大命不再，只自辱矣！皋月而歌，皋月而哭，阉有遗育，卒亡厥国。”《自序》

中说："年二十余而遭鼎革，窜身无地。死丧相继，饥寒困苦无可告语，时寄笔墨以宣其哀怨。"王沄序中称："乙亥腊月，吴子殁……及门诸子裒次其诗，将谋诸梓。"综上述，吴骐于顺治初甲申乙酉之际二十余岁，乙亥则已是康熙三十四年，年近八十，刻书还在此后，非但不是明末刻本，作者也应是清人。

这种例子绝非个别，一代刻工，学成某种版刻风格，不会因改朝换代而改变。后之讲版本的硬要按朝代年号划线，无明显内容制约的，可由你主观臆断，官司打不清；但有明显内容制约的，倘忽视判读内容，错误立见。

3. 套引前人著录

著录时参考其它书目、资料，是应该的。前人著录往往可以提示自己辨识之疏漏或本书有无残缺；版本依据缺乏，可以提供参考线索。但是，直到目前，国内外还没有一部考证精详，收录赅博的中国古籍版本书录或资料。几部影响较大的常用书目，也都存在一定缺陷。《千顷堂书目》、《四库全书总目》并非版本目录，《四库全书总目》虽间有版本记载，但多有讹误；《中国版刻图录》等旨在说明版刻艺术源流，且收录有限；《四库全书简明目录标注》多是汇抄各家著录，不加考订，讹误极多，根本不能作征引依据；《贩书偶记》及其续编亦只是录所闻见，《禁书知见录》等也类此，后者错误尤多。解放前后一些大型图书馆、藏书单位的藏书目录，或受所藏不完整本之限，或著录过于简略，或误录，错误率少者百分之五六，多者几乎近半。

即使上述绝少错误，也还因多属简目，对书名同、著者同、卷数同而版本不同者，不能具体区别。不就手中所执详加辨识，而到前人著录中"对号"，极易出错。

征引其它资料，也必须检验考证，不宜盲目相从，否则难免"削足适履"。亦举数例：

歇菴集二十卷

明陶望龄撰

附录三卷

《北京图书馆善本书目》(1958 年版)著为"明万历三十九年乔时敏王应遴刻本"。不少藏家皆套引,且注明"据北图善本书目"。

经查原书,此本九行十九字,白口,四周单边,版心上镌"歇菴集",下镌"本衙藏板",附录版心上镌"行略"、"祭文"、"挽诗"。有黄汝亨《歇菴集序》,万历辛亥〈三十九年〉余懋孳《歇菴集小引》,乔时敏《陶老师文集后序》。余序曰:"遗篇剩幅间存歇菴,学者争购以传,即断简单词,珍若檀旃,愚方逼吏事,不暇手录,从君奭乞得,属王生应遴传写,奉入春明,冀与师门高足订其讹误,用诏来兹。而王生亟付剞劂,顿令长安纸贵。"乔序内有。"爰捐俸余,授之梓人"语。卷端题"皇明朝列大夫国子监祭酒会稽陶望龄著　门生乔时敏校　友谢伯美　商濬弟陶奭龄订　陶祖龄阅"。北图著录时把两序所述扭合一起,因定"万历三十九年乔时敏王应遴刻本",未察乔序后署衔为"仁和知县"。据《杭州府志》:乔时敏万历三十八年进士,万历四十年至四十六年官仁和知县。版心下所镌"本衙藏板"也明显示为官刻。此刻当在万历四十至四十六年间,宜定"明万历乔时敏刻本"。

余序中所述王应遴"亟付剞劂"之本,现亦传世,为十六卷,无附录,九行十九字,白口,四周双边版心不相连,版心下为墨钉。有黄汝亨序,万历辛巳(当为辛亥)王应遴《刻歇菴先生文集题词》,万历辛亥余懋孳《歇菴集小引》,万历庚戌王应遴跋。《题词》曰:"余见知先生为日已久,况属葭莩,辱受尤渥。捐馆之日即谋诸介弟君奭,愿受遗文,俾肩较梓之役……遂铨次对雠,分为一十六卷,逾年厥工乃竣"。卷端题:"会稽陶望龄著山阴王应遴校"。

崇相集八卷　存素诗稿二卷

明董应举撰

明万历四十八年吕纯如刻本,九行十九字,白口,四周单边,单鱼尾,卷端题"三山董应举著"。明明是全书,藏家偏著"二十卷存十卷",说是据《清代禁书知见录》"崇相集二十卷,明闽中董应举撰,万历四十八年吕纯如刊",此书只十卷,因此定为残书。

所谓二十卷本,乃是另一崇祯刻本:八行十八字,白口,四周单边,无鱼尾,卷端题“闽县董应举著,连江门人王舜发较”。此本原不标卷次,以文体分,实应作十八卷。除有庚申(万历四十八年)春月吕纯如序外,尚有天启癸亥董可威序、崇祯己卯何如宠序。《清代禁书知见录》所见者,大概是撤掉天启崇祯两序充万历本的,又没见过十卷本,遂误录。

立斋遗文五卷

明邹智撰

附录一卷

明天启五年李廷梁刻本　四库底本。《四库全书总目》曰:“此本前有什邡县训导李廷梁序,称:旧版佚阙,案台李公芳麓重梓。盖天启乙丑所刊也。”据此,当是“天启五年李芳麓刻本”。查所据原书,李序虽署天启五年,但文中是“(此书)昔已刊刻传世,观者靡不敬重爱慕,若见先生面目。奈岁久板缺,多所不全,复承按台李公芳麓重梓,又已损失”。卷端且题“儒学训导李廷梁重刻”。提要著者未读毕李序全文,又不作其它考核,就匆匆落笔。

梦泽集二十三卷

明王廷陈撰

明万历十八年王追伊刻三十年王追淳增修本,四库底本。《四库全书总目》曰:“其集一刻于淮安,再刻于苏州,此本为其从孙追淳知颍州时所刻,乃第三本也。”查所据原书,有万历庚寅(十八年)陈文烛《梦泽集序》,曰:“颍州太守公追伊,先生之孙也,复有颍刻,问序于不佞。”知颍州者是追伊。目录后有万历壬寅(三十年)追淳识记,曰:“先兄颍州之梓较诸梓最详,而滥入者尤多,兄意不自安,间以属淳订其讹失,得若干字,兄亦不以淳为僭妄,遂取原刻改正以传。未及成,而兄已捐馆,是刻展转归于豪贵,淳鬻所珍米颠研梅道人画卷赎归,而残失又以过半。家贫岁馑,勉为补刻。别取家藏遗墨及名公手翰诗跋与评语散见诸籍者为拾遗、为附录。淳亦撰有《行状》、《遗事》,赘之末简。”追淳乃是据追伊颍州本增修。

边华泉集八卷集稿六卷

明边贡撰

十行二十二字，白口，四周单边，无鱼尾。此本有未署年魏允孚《重刻边华泉集序》，曰："先生集旧有本岁久而蚀，又遗所为文不载。余理济之明年，从先生仲子搜得数十篇，因叙入集中为重锓之。"为弄清魏允孚任济南府推官之年代，藏书单位曾查《道光济南府志》。其书卷二十七"推官"中有载，列于嘉靖间，曰："北直南乐人，进士，迁本府通判。"因定为"明嘉靖魏允孚刻本。"但南乐魏允孚乃万历二年进士，这该如何解释？为圆其说，竟推断为：先当推官后又考中进士。明代各府推官，多由新进士充任，旨在熟悉刑名政务，已成常例。先当推官后会试，确系罕闻。复核《道光济南府志》，魏允孚前任为谢廷寀，后任为郝大猷。谢廷寀是隆庆五年进士，郝大猷是万历八年进士。济南府推官何时有此特例：都由举人用，而后再去会试，并且都能中进士！显系误列年代。魏允孚官济南府推官当在万历三年至八年间，应是"明万历魏允孚刻本。"

4. 误定著者姓名

古籍著录，凡遇稿本、写本和未经刻印的抄本，每因原件不标明著者，又难查寻其它参考资料、著录时很容易把著者姓名弄错，或径题"不著撰人"，刻本则少见。但明人文集刻本遇到卷端无著者题名，序跋中未直接点出著者姓名又无附录者，也每因少见前人著录，无可参据，而时有误定。

究其致误之由，也可分三类：

1. 未能读通序跋文字

明嘉靖董世彦刻本《大伾集》三卷（十行二十字，白口，四周单边，无鱼尾）。前有署衔为"赐进士出身文林郎大理评事大梁陆柬"的《大伾子集序》，其中有段文字是可据以定著者的："明兴，则有王公越举进士，立功边陲，为威宁伯。尝观其所遗《辑略》，辞旨畅辩传志，勋业骏崇，信一代全材，有浚孤秀。越之后，乃有今大伾王公云。公举春秋，登进士，任监察御史，柬方为童子。公按河南，亲见其风裁，时称独步，藩臬诸吏无敢与公易言者——亦有他御史，诸吏不惮也。乃以才望忤时宰，褫其官，归浚，日登大伾、善化诸山，啸歌其间……公别业在大伾麓，故自号大伾子，遂以名其集。"这段文字并不古奥隐晦，明明指出著者是继明代浚县有名人物威宁伯王越之后，中过进士，于作序人陆柬幼时做过河南监察御史，后来罢官家居自号大伾子的王公。只需再查《浚县志》，就可弄清名字。但一是原文无标点，再则稍涉一些职官、科举方面的语词，读序人倘只粗通古文，又缺乏这方面的基本知识，确实不大容易辨清，仓促间就抓住个“王公越”定为王越。其实只要细心些，查知王越乃景泰二年(1451)进士，陆柬是嘉靖二十九年(1550)进士，二人相隔百年，断不能“柬方为童子，公按河南，亲见其风裁”，总可发现问题。(按：撰人乃王璜)

2. 误读序跋，又不加考订

清康熙六十一年于继先刻本《忠肃公和梅花百咏》一卷，(九行二十字，白口，四周单边)，所报卡片备考项中提示：“胡具庆序：‘《梅花百咏》，于忠肃公慎抚梁晋时和周宪王之所作也。康熙辛丑，公之十世孙继先谋付剞劂而属余为之序’”。著者题“明于慎行撰”。读后使人发生疑问：于慎行自庶吉士至礼部尚书兼东阁大学士，馆阁一生，纯系文臣，何得谥“忠肃”？又何时抚过梁(指河南)晋(指山西)？周宪王即朱有燉，袭周王封，在洪熙元年(1425)，主要活动于宣德正统间(1426—1449)，于慎行乃隆庆二年进士(1545生，1607卒)不是同代人，如何参与唱和？及查原书，“慎抚梁晋”乃“填抚梁晋”之误，一字看差，又衍出“行”字，更不加覆核考订。这忠肃公当是于谦，据《明史》，于谦宣德正统间以兵部左侍郎巡抚河南山西，驻开封，与朱有燉同城，“和梅花百咏”，即于此间。于谦弘治间追谥肃愍，万历中改谥忠肃。

3. 不考核本书内容、单纯依赖工具书

明嘉靖三十五年陈甘雨刻本《黎文僖公集》十七卷(十一行、二十一字，白口，四周双边)，有正德辛未〈六年〉李东阳《黎文僖公集序》，语及“民表辑其家藏遗稿，得若干篇……釐为若干卷”。又嘉靖丙辰(三十五年)陈甘雨《跋文》，称：“右《黎文僖公集》凡壹拾陆卷，雨刻于德安郡斋……按方伯公谋入梓、李文正公著序日、去今三世矣，始刻于德安。”著者是谁，已有明显提示。但原藏单位只据

《中国人名大辞典》查“黎民表”，寻出“贯子”、“万历中官至河南布政使参议致仕”等释语，即定“明黎贯撰”。却不想一下，布政使司参议是否可称“方伯”？万历中才致仕的人，怎么嘉靖三十五年的跋中就说他打算刻家藏遗稿之时已“去今三世矣”？黎贯是正德十二年进士，为什么正德六年李东阳就为他做出死后才有可能得到的谥号，“文僖”公序来？而且黎贯只做过御史，嘉靖初便贬黜为民，死后亦不曾得谥。其实，细心些、翻翻正文，也会发现卷十五《上内阁南阳李先生书》后署“天顺八年十一月二十一日翰林门生黎淳顿首再拜”。这黎淳，才是本书著者，他是华容人，天顺元年进士一甲第一人，官至南京礼部尚书，谥文僖，子民表，成化二十年进士，官至布政使。这个黎民表，虽然官也做得不小，但无甚声名，一般工具书中都不载。附带一说，不久前出版的《贩书偶记续编》，《黎文僖公集》条下，著为“岭南黎淳撰”，注曰“乃黎民表之父，李东阳之弟子”，也是没弄清那个屡见诸史传的“从化”黎民表和“华容”黎淳的关系。

另一类误定是对同姓名人物失辨。如：明孙传庭刻本，明张凤翼撰《句注山房集稿》二十七卷，注曰：“张凤翼，长洲人，嘉靖举人。”长洲张凤翼，在嘉靖间颇负文名，人所熟知。但明代叫张凤翼的不见得都是这个人。此集名“句注山房”，已可提示：句注山在山西代县，有雁门关，并非僻处，张凤翼一向在江南活动，如何名其居曰“句注山房”！卷端题“雁门张凤翼九苞著，门人孙传庭校梓”，就更具体了：是雁门人，雁门在山西代县，长洲张凤翼字伯起，无九苞其字；孙传庭是山西振武卫（亦在代县）人，万历四十七年进士，长洲张凤翼是嘉靖四十三年举人，师生乡会试相隔五十五年，是不可能的。此集著者，代县张凤翼，是万历四十一年进士。

三、关于人物断代

人物的生活时代，本属客观存在，生活在明代，就是明人，生活在清代，就是清人，生活在明末清初，就是明清间人，原很清楚。但受两千年来“正史”断代的影响，过去对历史人物都习惯归属一个朝代，生活于递嬗之际的，或上附或下依。历代书目自不例外。

各代"正史"对人物时代区分标准，主要依据"政治立场"，大抵是，凡归降于新朝者，不论在前朝生活多久，有何勋业地位，概作新朝人；志节不移，以遗民终者，则不论在新朝生活多久，概作前朝人。但具体处理，往往不很严格。如：《明史》中收入杨维桢和戴良，如果说杨维桢虽不仕明，总还参与了百余日纂书，戴良则先弃官而走，后又因不受官，拘死。两人应有区别。明末遗民，《明史》中收了个姜埰，而类似姜埰的还很多。如：孙奇逢、钱澄之、方以智等都未收，后来都入了《清史稿》，作为清人。

书目中所涉人物远比载入"正史"的多，就更容易出现顾此失彼。如：《四库全书总目》以方以智为明人，或鉴于他是崇祯庚辰进士曾官翰林院检讨；但天启丁卯举人曾官至福建按察使司佥事的郑赓唐却又作清人。郑之为清人或是据所著《读易蒐》成于顺治四年，而方以智的主要著作也都完成于清代。同是一代刻书家，毛晋作明人，闵齐伋作清人，两人都活到顺治末年，闵齐伋比毛晋还长十多岁。

这些本来都是人为的问题，原可不纠缠，譬如说，生活在明末清初，就叫明清间人。但基于种种牵连，《中国古籍善本书总目》，对此尚只能随旧从俗，不过也必须有个不致出入太大，互相矛盾的断代标准。

经过反复权衡，觉得起文献索引作用的书目，于人物断代既应考虑史家处理常例，也该立足于文献本身特点。明人别集即应是关于明代的文献，单纯从"政治立场"考虑，会导致一系列混乱。如：黄宗羲、顾炎武、王夫之都是坚定的抗清志士，但以之为明人，就将和清代学术史、思想史的处理发生矛盾。姜埰的著作传世者为《敬亭集》、《埰饪集》，前者收甲申至己亥（顺治元年至十三年）诗文，后者收庚子至壬子（顺治十七年至康熙十一年）诗文，如列为明人，其文献与明代又无直接关系。元明之间的，因大都见于《四库全书总目》，可照顾其一致性，不作更动。明清之间的，是否可按以下原则处理：

1. 降清、仕清者,不论在明代是何科分、年龄多大,入清后活了几年,皆作清人。如:钱谦益、王铎、吴伟业等。

2. 在明代有仕历,业绩、集中所载多属明代事,入清后深居潜隐或不知所终者,作明人。如:郑三阳、王象晋、文德翼等。

3. 明代虽曾中甲、乙科,有仕历,有名声,入清后亦不降、不仕,但主要学术成就、社会活动或影响在清代者,亦作清人。如:孙奇逢、方以智、钱澄之等。

4. 身分不明或不甚详细,集中记事多在清代,虽以遗民自居,亦作清人。如:吴骐。著作多在明代,集中记事亦多在明代,稍涉顺治初年,亦不曾应清朝科举或出仕者,作明人。如:李盘。

(发表于《图书情报工作》1983 年第 1 期)

从几部书的版本著录来认识版本鉴定

整理与著录中国古籍，存在着版本鉴定问题。鉴定的着眼点以至方法等等，前代和当代的学者多有论述。除了某些论点失于以偏概全而外，都是从实践中总结出来有指导和借鉴意义的，兹不赘述。

倒是知道这些道理，读过一些书，用来鉴定版本往往茫然无措，可以形容为“心中易了，眼下难明”。除了因为这是一桩实践性很强的工作，需要经验积累外，还因为它是具有科学性的考订工作，需要多角度、多条件结合，才能得出正确的结论。把它理解为某些人眼光一扫就可断定为某某版本，是太简单化了。

今夏在普林斯顿大学葛思德东方图书馆看了一些书，发现了一些原著录不正确的版本问题，曾用来说明因何错失，何为正确，解释中包含了多种版本鉴定角度，注意点和提出必要的证据。无意中展示了版本鉴定的实际过程。因想把它提出，藉收“班门弄斧”之愿。

一、何文定公文集　十一卷

明何瑭撰，明嘉靖刻本（书影一）（《普林斯敦大学葛思德东方图书馆中文善本书志》，以下简称《葛思德书志》，P. 449）。

这部书是用作者的姓氏和他的谥号来组织大题的。谥号是古代中国对皇帝、贵族和大臣死后主要寓褒奖之意的评价称号。一般是死后即评议给谥，也有时是在若干年后追谥或改谥。因此，有时间性，有必要查一查。

此本正文前恰有张卤《何文定公传》，内述“壬午，肃皇帝嗣位，起公为山西按察司提学副使”。肃皇帝，是嘉靖皇帝朱厚熜的谥号，“嘉靖刻本”中怎能出现这个称呼，已经不对了。下面又是“隆

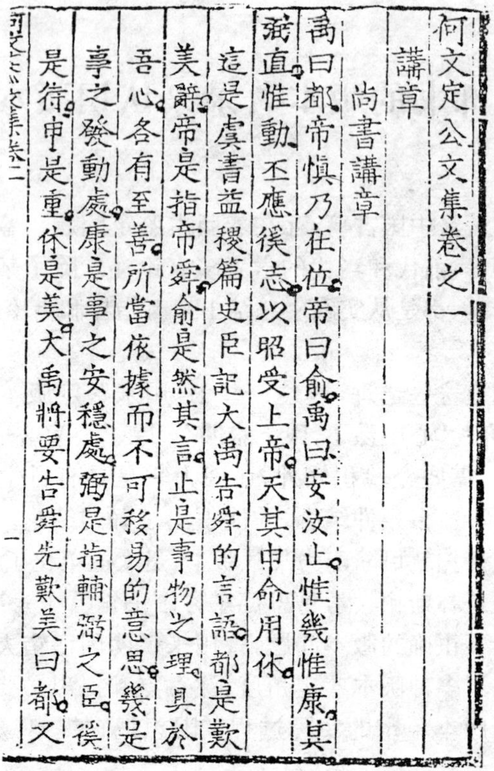
何文定公文集卷之一
講章
尚書講章
禹曰都帝慎乃在位帝曰俞禹曰安汝止惟幾惟康其
弼直惟動丕應徯志以昭受上帝天其申命用休
這是虞書益稷篇史臣記大禹告舜的言語都是歎
美辭帝是指帝舜俞是然其言止是事物之理具於
吾心各有至善所當依據而不可移易的意思幾是
事之發動處康是事之安穩處弼是指輔弼之臣徯
是待申是重休是美大禹將要告舜先歎美曰都又

书影一

庆初，诏言官举先朝应得恤典诸臣，卤时叨官谏垣，乃冒昧上章，特为公请给赠谥……上方素重公名，乃特恩赐谥文定”。文定之谥是隆庆间追赐的。为了核实，取《明实录》验证一下，《穆宗实录》卷十五，“己丑（隆庆元年十二月初九日）吏科都给事中王浩等言，‘故礼部侍郎何瑭理学纯正，宜加美谥’……诏赐瑭谥文定”。

“嘉靖间刻本”是站不住了。为什么当初如此判断呢？怕是受“按序断年”的影响。这部书中有嘉靖四年自序，嘉靖二十八年郑王序，嘉靖三十七年许宗鲁序，嘉靖四十一年孔天胤序及吴三乐序，都在嘉靖间，按常例似乎是可以这样笼统定的，没想到书名竟有时间性，对“嘉靖”的排斥是绝对的。

那么,这是什么时候的刻本呢?

就字体审视,已非明初软体,趋向于横平竖直了,但还没形成方方正正的仿宋体。过去有人视为"嘉靖风格",有失绝对。嘉隆万之间都可见到这种字体。原著嘉靖刻本,恐怕就导源于这种认识,结果不顾内容的时代约束,弄错了。

嘉隆万间,排出嘉靖,还有隆万间,是哪一本呢?查书目,现载录比较全的是《中国古籍善本书目》(草目)有"明万历四年贾待问刻本",大题,行格都与此本同,是不是呢,仍不宜就此判断。

比较理想的是取较详细的版本资料检核。明别集的版本资料是有的,中国科学院图书馆有《明别集版本志》。以之相核:大题、版心、行格、版式等皆同。《版本志》确定为明万历四年贾待问刻的依据是,有万历四年贾待问《重刻何文定公全集序》,内称"斯集也,郑王殿下始校编刻之,池州太守卫源马公复校编重刻焉。暨余重审定,始终凡三刻"。又有"校刻衔名",后镌"万历四年夏五月五日重刻"。此本缺贾序及衔名,显系有人作伪,冒充嘉靖本,目的确也达到过。

所以,这部书是明万历四年贾待问刻本。由于模泐断版甚多,又属后印本。

二、白沙子全集　九卷　附录一卷

明陈献章撰,明嘉靖三十年内江萧世延刻本(书影二)。(《葛思德书志》,P. 444)。

前人积累下来的鉴别版本法则中,主要的一项是观察字体。但用之绝对,譬如说嘉靖间是何字体、隆庆间又是何字体,则必有失。因为版刻字体不是和朝代变更同步变化的。但从广视野角度,譬如元末明初,正嘉、嘉隆万间、万历、明末、清初,则又确有时代特征。

这部书之所以定"明嘉靖三十年内江萧世延刻本",是因为有一则嘉靖辛亥项乔《重刻白沙陈先生全集后序》,称:"吉水罗公侨

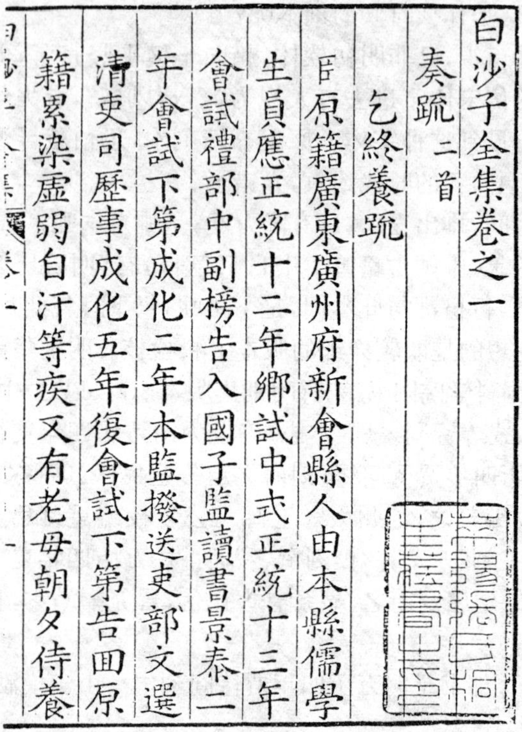
白沙子全集卷之一
奏疏二首
乞終養疏
臣原籍廣東廣州府新會縣人由本縣儒學
生員應正統十二年鄉試中式正統十三年
會試禮部中副榜告入國子監讀書景泰二
年會試下第成化二年本監撥送吏部文選
清吏司歷事成化五年復會試下第告回原
籍累染虛弱自汗等疾又有老母朝夕侍養

书影二

令新会尝刻之矣。今侍御内江萧先生世延又重刻之”①。这则序说得很明确:重刻、全集、内江萧世延、嘉靖三十年。较之一般以序跋之最后边署年为刻年的处理,不完全相同,看似有理。但是如果审视一下字体,就应发现嘉靖间版刻不会出现这种舒展的类颜体字写刻本,其时代要晚得多。

别集中的附录,多是后人为本书著者写的传记性纪念文章,撰

① 据《明别集版本志》嘉靖三十年萧世延刻本二十一卷,九行二十字,白口,四周单边,鱼尾下镌《白沙全集》。卷一首二页版心下镌“曾秀”,三、四页“曾子卿”。卷端题“门人通政司参议张诩编校,后学新会县教谕俞樟重校”。

写人的生活年代对鉴别本书的版刻年代往往是很有价值的。

附录第三十九页以后是高明区大伦著《游江门记》，首句称"予忆令东明岁在甲午，正月甲辰夜梦先生"，后又言"今去甲午十九年矣"。检《明清进士题名碑录索引》，高明区大伦，是万历十七年进士，则"令东明之甲午"当是万历二十二年(1594)，"今去甲午十九年"已是万历四十一年(1613)。

仅此，已足可否定是嘉靖三十年(1551)刻。如果遍查诸家书目，会发现有一种万历四十年何上新刻本，而且本馆库中同排架上就有①。如果取来核对，则会明显发现刻印时代皆在此本之前，是典型的万历间字体。版式、行格、内容都和此本同。(书影三)附录只有三十八页，末篇李承箕寿序与此本同。没有区大伦《游江门记》。说明此本是以它为底本重刻的，附录中增加了一些后人写的纪念性篇章。

那么，又是什么本子呢？

如果没有系统的版本资料，本馆也再无另外一部同版可以核校，是很难处理的。或笼统地定为明末刻本、清初刻本，都要确切依据，只能作为悬案。

近年中国大陆编辑《中国古籍善本书总目》，遇到大量这类问题，迫使编辑人员着手建立可供检索的版本档案。其中明人别集4300种是编有《明别集版本志》的，以之相核，此本虽与何上新刻本版式行格同，但系写刻，又增附录篇章，时代后延。根据这些特点可以检出是清顺治十二年黄之正刻本。

黄之正刻本大陆现有三家收藏，《版本志》是据北京图书馆藏本写的。原来此本有黄之正《重刻陈白沙先生文集序》和黄士俊《重刻陈白沙先生集序》。

---

① 《葛思德书志》中称："按：是集始刻于弘治年间，此本则何熊祥据嘉靖三十年(1551)湛若水刊本重刻者也。"何熊祥刻，亦不确。何熊祥虽有《重刻白沙子全集序》，但述"广文林君从南雍得甘泉先生所校善本谋诸家君重付剞劂"。黄淳《重刻白沙子序》中则说"同社何君上新遂率三五同志付之剞劂"。故应是何上新刻本。

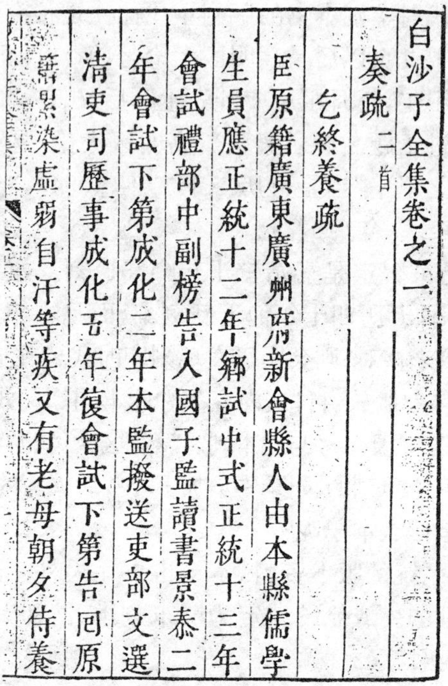
白沙子全集卷之一
奏疏二首
乞終養疏
臣原籍廣東廣州府新會縣人由本縣儒學生員應正統十二年鄉試中式正統十三年會試禮部中副榜告入國子監讀書景泰二年會試下第成化二年本監撥送吏部文選清吏司歷事成化五年復會試下第告回原籍緣染虛弱自汗等疾又有老母朝夕侍養

书影三

黄士俊序中称:“新会邑侯黄君宰邑之明年,即求白沙陈文恭集而重锓之”。黄之正序中称:“予癸巳赴铨部,甲午春二月得新会一签……新会之人沐浴于先生理学之泽者深且远哉!独恨薪火之下先生之梨枣亦灾,此则守典籍者之过也。余为先生守典籍之人,而不能保其脱祝融之厄,复不能新之公输之手,过何能赎!……乃与邑之荐绅先生谋有以锓之。佥曰:可!”据《康熙广州府志》新会知县黄之正,顺治十一年(1654)任。

三、韩文恪公文集二十一卷　首一卷　末一卷　诗集十卷

明韩日缵撰,明崇祯间刊本(书影四)。(《葛思德书志》,P. 479)。

这部书葛思德藏本无序跋,《书志》编者可能根据诗文年代下

限并参考著者卒年定为明崇祯间刊本。

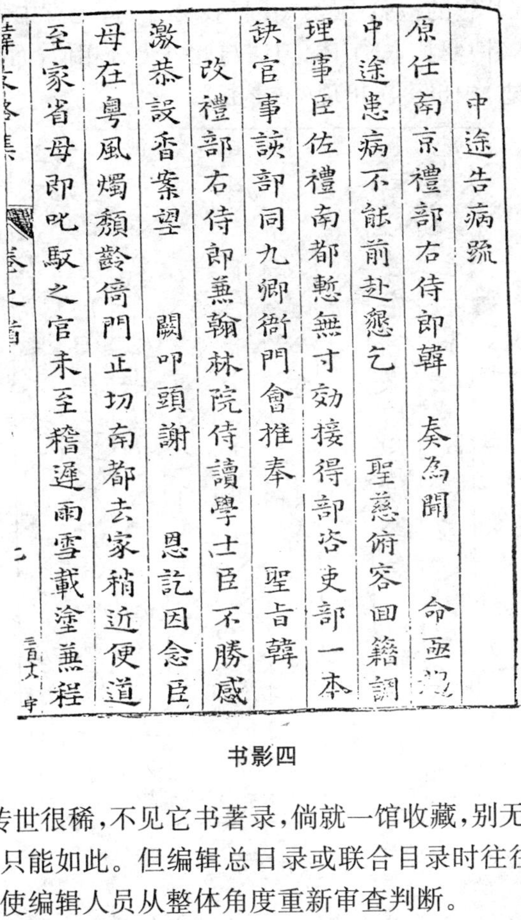
中途告病疏
原任南京禮部右侍郎韓　奏為聞　命亟赴
中途患病不能前赴懇乞　聖慈俯容回籍調
理事臣佐禮南都慙無寸効接得部咨吏部一本
缺官事該部同九卿衙門會推奉　聖旨韓
改禮部右侍郎兼翰林院侍讀學士臣不勝感
激恭設香案望　闕叩頭謝　恩訖因念臣
母在粵風燭頹齡倚門正切南都去家稍近便道
至家省母即叱馭之官未至稽遲雨雪載塗兼程

书影四

此本传世很稀，不见它书著录，倘就一馆收藏，别无参据，如此定刻年，亦只能如此。但编辑总目录或联合目录时往往会发现新的情况，促使编辑人员从整体角度重新审查判断。

据《明别集版本志》，广东中山图书馆也藏有这部书，但是有康熙八年胡大定《韩文恪公文集序》，因序中未述及此书刊刻，按常例定为清康熙刻本。

就此断定葛思德藏本也是康熙刻本，并非不可。但笔者本人，还另有一重考虑，《明别集版本志》中的绝大多数是经过两次调原书审校才定下来的，其间发现过大量的原始失误，但这部藏在广州的，却未经目验，是不是原来就无序，康熙八年序是后印时增入的？

如果中山馆是现在的合作伙伴,则可调康熙序书影来审校。不是,则只能采取其它的检验手段。在寻找旁证时,无意中发现康熙二十六年刻本《博罗县志》字体、刀法与此书十分相似,而且刻工“宇”在《博罗县志》中也多次出现(书影五)。

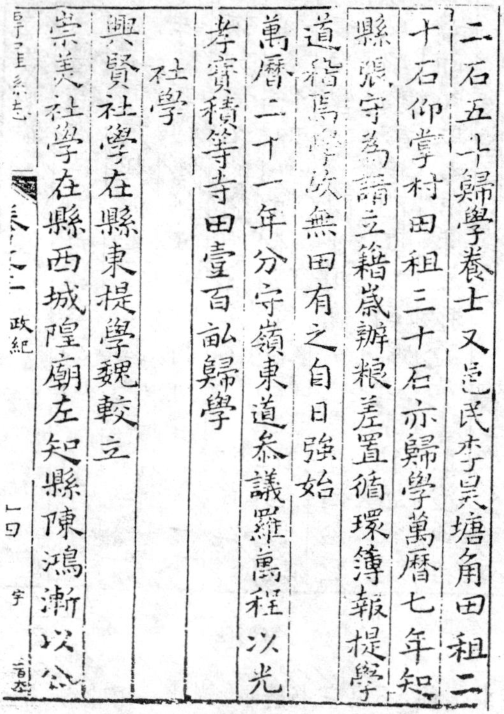
二石五斗歸學養士又邑民李昊塘角田租二
十石仰掌村田租三十石亦歸學萬曆七年知
縣張守爲請立籍歲辦粮差置循環簿報提學
道稽馬學故無田有之自日強始
萬曆二十一年分守嶺東道叅議羅萬程以光
孝寶積等寺田壹百畝歸學
社學
興賢社學在縣東提學魏較立
崇美社學在縣西城隍廟左知縣陳鴻漸以公

书影五

假设此本刻于崇祯十七年,刻工“宇”当时二十岁,则康熙二十六年已六十三岁。按正常生理,四十岁以后就开始屈光不正,从事目力工作渐渐发生困难。当时没有矫正老花眼的眼镜,六十岁以后还从事木刻,是不可能的。因此康熙八年的序就是本书付刻前后的序,应无疑问。

集中“玄”字不缺笔,又有大量反清篇章文字,如何解释?

“玄”字缺笔,普遍出现在康熙亲政以后数年,康熙十五年以前很少见。此集刻在广东博罗，时属平南王尚可喜分封地区。顺康间广东抗清之风甚炽，尚可喜亦有异志，故可无所忌讳。

《中国善本书总目·集部草目》审校时因未见原书，不知“玄”未缺笔。按《总目》著录条例，“玄”字尚未缺笔者可作“清初刻本”，亦宜修订。

四、玉台新咏　十卷

陈徐陵编，明崇祯六年吴郡赵氏覆刻宋陈玉父本（书影六）。（《葛思德书志》，P. 491）

玉臺新詠卷第一
陳尚書左僕射太子少傅東海徐陵字孝穆撰
古詩八首　古樂府詩六首　枚乘雜詩九首
李延年歌詩一首并序　蘇武詩一首　辛延年羽林郎詩一首
班婕妤怨詩一首并序　宋子侯董嬌饒詩一首　漢時童謠歌一首
張衡同聲歌一首　秦嘉贈婦詩三首并序　秦嘉妻徐淑荅詩一首
蔡邕飲馬長城窟行一首　陳琳飲馬長城窟行一首　徐幹詩二首室思一首
情詩一首　繁欽定情詩一首　古詩無名人爲焦仲卿妻作并
古詩八首
上山采蘼蕪下山逢故夫長跪問故夫新人復何如新人雖言好未若故人姝
顏色類相似手爪不相如新人從門入故人從閤去新人工織縑故人工織素
織縑日一匹織素五丈餘將縑來比素新人不如故
凜凜歲云暮螻蛄多鳴悲涼風率已厲遊子寒無衣錦衾遺洛浦同袍與我違
獨宿累長夜夢想見容輝良人惟古歡枉駕惠前綏願得常巧笑攜手同車歸
既來不須臾又不處重闈諒無鵾風翼焉得淩風飛眄睞以適意引領遥相睎

书影六

崇祯间寒山赵氏小宛堂覆刊宋陈玉父本《玉台新咏》是明末版刻中的一件精品，长时期脍炙人口，藏书家竞相购求，为总集中必备之品。

民国间南陵徐乃昌是一个好事的人，藏书编书也刻书。竟又按小宛堂本刻了一部《玉台新咏》。版式、字体、纸张、墨色，无不酷似（书影七）。但是他并不打算骗人，尽管形似，并非完全翻刻。部分错字改了，又写了一个跋，说明重刻经过。

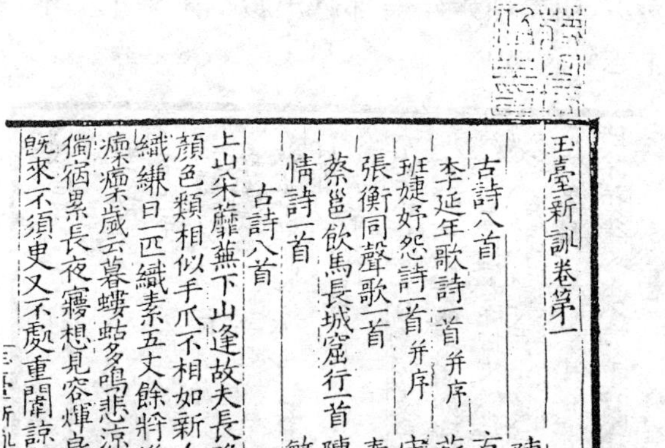
玉臺新詠卷第一
陳尚書左僕射太子少傅東海徐陵字孝穆撰
古詩八首　古樂府詩六首　枚乘雜詩九首
李延年歌詩一首并序　蘇武詩一首　辛延年羽林郎詩一首
班婕妤怨詩一首并序　宋子侯董嬌饒詩一首　漢時童謠歌一首
張衡同聲歌一首　秦嘉贈婦詩三首并序　秦嘉妻徐淑荅詩一首
蔡邕飲馬長城窟行一首　陳琳飲馬長城窟行一首　徐幹詩二首室思一首
情詩一首　繁欽定情詩一首　古詩無人名爲焦仲卿妻作并序
古詩八首
上山采蘼蕪下山逢故夫長跪問故夫新人復何如新人雖言好未若故人姝
顏色類相似手爪不相如新人從門入故人從閤去新人工織縑故人工織素
織縑日一匹織素五丈餘將縑來比素新人不如故
凜凜歲云暮螻蛄多鳴悲涼風率已厲遊子寒無衣錦衾遺洛浦同袍與我違
獨宿累長夜夢想見容輝良人惟古歡枉駕惠前綏願得常巧笑攜手同車歸
既來不須臾又不處重闈諒無鷐風翼焉得凌風飛眄睞以適意引領遥相睎
玉臺新詠卷一　二

书影七

因为它太像小宛堂本，到了书商手里就做手脚了。只需撤去徐乃昌的跋，就算崇祯小宛堂本。十年前笔者检视北京地区和东北三省善本收藏，差不多都有这个本子，十之八九当崇祯本著录。还保留徐乃昌原跋的，只有清华大学一家。分辨它并不难，《中国版刻图录》收的是崇祯本，一核对就看出来了。

此外，崇祯本卷四《秋胡诗》有不少错字，难以通读，徐乃昌本都改了过来。过去书业即以此为辨识的秘诀。

值得一提的是，这部书钤有“云轮阁”、“荃孙”、“缪荃孙藏”等朱印，这些藏章都是真的。其装帧也相当讲究，紫绢书皮、六眼订线、锦函。说明名家也出假古董。辨识版本，凭的是客体依据，不可被表面花样迷惑住。

五、沧溟先生集　三十卷　附录一卷

明李攀龙撰，明隆庆六年原刊本（书影八）。（《葛思德书志》，P. 460）

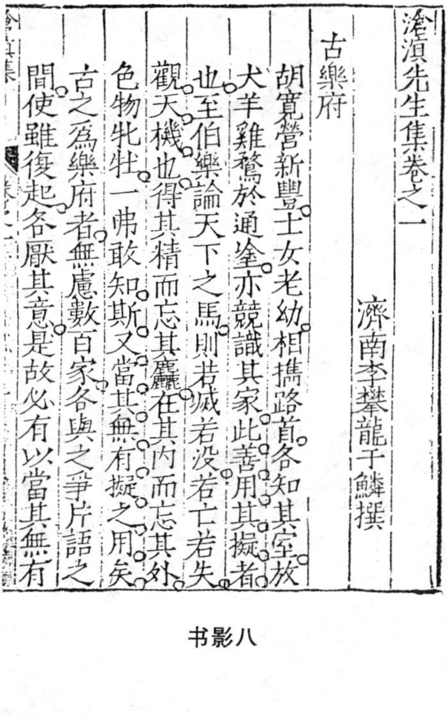
滄溟先生集卷之一
濟南李攀龍于鱗撰
古樂府
胡寬營新豐士女老幼相攜路首各知其室放犬羊雞鶩於通塗亦競識其家此善用其擬者也至伯樂論天下之馬則若滅若沒若亡若失觀天機也得其精而忘其麤在其內而忘其外色物牝牡一弗敢知斯又當其無有擬之用矣古之爲樂府者無慮數百家各與之爭片語之間使雖復起各厭其意是故必有以當其無有

书影八

李攀龙是明代文学反复古运动的后七子之一，文名很盛。《书志》著者说："此乃《沧溟集》初刊本，有隆庆壬申（六年）张佳胤序，为王世贞所编刻。"王世贞也是后七子之一，出身望族，家资殷实，曾以一座庄园换一部宋版本。这样人物的著作，这样人来刻，会刻出这种字体匠拙，结构松散的书版吗？

这部书刻成后，立刻有多家翻刻，但都自具名号，唯独此本是坊间翻的，确想混充原刻，也是最拙劣的一种。

明代翻刻之风甚盛，但在比较之下总可区别。无可比较时，应注意版刻精粗，像这种粗劣的书品，可断定是牟利的坊间翻本。

据《明别集版本志》，原刻版心下镌刻工名氏，卷一第一至十一页"陆"，十五至十六页"邦"，卷二首页"顾汝嘉"。

（收录在《中国图书文史论集》，现代出版社，1992）

一部用新观念编制的版本目录

——《中国科学院图书馆藏中文古籍善本书目》

收录 8355 条的《中国科学院图书馆藏中文古籍善本书目》，即将由科学出版社出版。

中国科学院图书馆虽属国家科学技术文献收藏中心，也还拥有一定规模的中文古籍。

20 世纪 30 年代初，它的前身北平人文科学研究所由于经费充裕，主持有人，几年间便收集了二十余万册古籍，不仅经、史、子、集、丛、志各部要籍兼具，且颇多稀见珍贵又具学术资料价值的品种，书品亦佳。和当时一些著名图书馆相较，除宋元本外，颇不逊色。

抗战胜利后，这部分藏书归属中央研究院历史语言研究所，临解放时，其中精品，如宋元刻本、稀见明刻本、近百种明代地方志、数十种明代会试录、乡试录，以及稿本、名家抄本等，被择出南迁，现藏台湾地区。

新中国成立后，由中国科学院接收。1951 年，在原有藏书基础上，建立了中国科学院图书馆。

“文革”前的中国科学院，是综合型的，包括哲学社会科学，因此从五十年代中期起，又进行古籍搜集。尽管这时书源已趋枯竭，但靠几代采访人员的努力、古书业以及社会各方面的支持，十年间又补充到二十余万册，合旧藏约近四十七万册。

做为科研机构图书馆，原未对藏书作“善本”与“普通本”之分。后来因实际已对社会开放，利用率激增，古籍又多已不可再求，产生了使用与保管的矛盾，不能不采取和公共图书馆同样的管理方式，区分“善本”与“普通本”。

“善本”这一概念，向有足本、精校本与稀见本，精刊、精抄本与旧刻、旧抄本两说。大抵前者着眼于文献内容，治学者持之；后者偏重文物价值，收藏家主之。近世图书馆几乎无例外地都把旧刊、旧抄、精刊、精抄和稀见本从一般刻印本中区别出来，称为“善本”。在此范围使用，已形成有文物价值图书的专名词。

近年编辑《中国古籍善本书总目》，参据各收藏单位的善本标准，归纳为历史文物性、学术资料性、艺术代表性三性。究其实质，是以历史文物性为核心。历史文物有时代内涵，于此，前代收藏家看法颇不一致，有专指宋元者，有指明正德以前者，有基本以明末为下限酌收清初者，等等。深究一番，并无奥说，大抵时代愈远，古籍传世者愈少，收藏家必须降低年代下限。堪称文物的年代下限是随岁月延伸而延伸的，虽然并不成同步比例。《中国古籍善本书总目》发凡起例于 1977—1978 年间，收录年代下限大体上定在清乾隆。本目录是和它同时编辑的，所以基本上亦持《中国古籍善本书总目》的收录标准。

文献传播从抄写过渡到版刻印刷以后，同一书的不同传本有了群体和共性。它可以由阅读、引据、校勘、收藏以至鉴赏、负贩者评骘优劣，确定使用价值或文物价值。每个群体都有标志，主要由刻(印)年和刻(印)人（堂室）来表示。版本目录之不同于单纯的书名目录，即在于有既可区别甲乙，又能显示不同群体的标志。

从宋尤袤《遂初堂书目》到近世《四库简明目录标注》、《贩书偶记》之属，可以看出版本目录的群体标志是逐渐由略到详的。群体单一，则可笼统概括；群体繁多，即须详明具体。明中叶以降，古籍刻印品种趋多；近代藏书亦趋集中，不同群体汇聚，所以群体标志有详无已。

但由于多种原因，做到标志详明正确，并非易事。纵观前半世纪以前的诸家版本目录，刻年著录越具体，错误率也越高。

一般而言，传世本多具有直接间接标示刻年的文字或标记，所以致误，每因疏于观察或考订；部分标示失去的，参阅同版他本，也多可获得。

鉴于此，编此目时，完全抛开前人著录，就原书逐一重新审订，遇有疑惑或佐证不足，则参验别家同版藏本。著录必有依据，依据必出自本书或同版原书，绝不从任何一家目录中套袭。

版刻印刷使书名、卷数、著者相同的文献有同版、异版之别，同版中由于印刷阶段不同，往往也有明显差异。过去读者、藏家多只接触到某版之甲或乙，少有机会认识全部不同刷印阶段之个体差异，因而也难免疏于察考，各就所见识别版本。单只一家一书，不易发现问题，多家多本汇录，则矛盾立见。

前人遇此种情况，或不惜削足适履，强行合并；或竟依误辨，自然罗列，形成种属混杂，一书多录。

鉴于此，本目录所收条目在审订时皆尽量争取可能从群体视野进行观察，虽只一部，亦力求断出其在同版刷印中之相应阶段，以"初印本"、"后印本"、"补修本"、"增修本"、"递刻本"、"汇印本"等区分：

初印本 同一版本在定型传世前有先行流通者，或尚缺序跋、凡例，或卷帙尚未最后清厘，或错字误句尚未订正，或仅属全集之部分尚未合编，或篇幅尚未刻足，属初印本。

后印本 有据可见，刷印年代非在正文刻成年，正文书板无增易，或仅有局部挖改（包括大题、讳字、参校刊梓等人名氏），增删序跋、附录，或书板已见明显断裂、模泐者，属后印本。

补修本 因书板搁置年久，脱落残缺，后人再刷印时有所补镌，间或增益附录篇章，属补修本。

增修本 一书刻就行世，相隔若干时日又在原版基础上对正文内容进行增补，或添篇章，或益新卷，属增修本。虽也利用前刻版片增添篇卷，但重加调整，编排次序不同，则视为异版别本。

递刻本 已成一书，又对正文有所增益，属增修；一书经历两个以上阶段始刻成，则属递刻。一书有前后续集，非刻于同时，久已按一书行世，亦视为递刻。

汇印本 多种书分别于不同时期刻成，且多已各自行世，其后又汇集诸板合印，另冠总书名，或无总书名由藏家代拟，称汇印本。

本目录著录与审订过程中，承北京图书馆善本特藏部、北京大学图书善本室、清华大学图书馆、北京师范大学图书馆、中国人民大学图书馆、中国中医研究院图书馆、中共中央党校图书馆、故宫博物院图书馆、首都图书馆、中国社会科学院考古研究所图书馆、文学研究所图书馆、上海图书馆特藏部、南京图书馆古籍部、浙江省图书馆古籍部、山东省图书馆古籍部、辽宁省图书馆特藏部以及《中国古籍善本书目》总编室等长期给予支持和协助,特此志谢。

(发表于1991年11月《古籍整理出版情况简报》,总第251期)

回顾与展望
——《中国科学院图书馆藏中文古籍善本书目》（第一辑）编后

历时十年，载录八千三百六十条的《中国科学院图书馆藏中文古籍善本书目》（第一辑）方告完稿。一部分量不大的馆藏书目竟编了十年，其例也罕见，个中原委，似有广征同道共识之处，因行回顾。

从自然汇集到重加审订

《中国科学院图书馆藏中文古籍善本书目》（第一辑）是在报送《中国古籍善本书目》馆藏条目的基础上编辑的，按常情，稍加序次即可成稿。只是在报送过程中，发现前人著录多有未当，但时间紧迫，来不及细校，粗做纠正，问题已很令人注意（见《古籍著录琐见》，载《图书情报工作》1981 年第 4 期）。当时以为，这只是本馆存在的个别现象。

1979 年 8 月，《善本总目》办公室组织了全国大区编辑工作巡回检查，东北组在十四个单位抽查了四千余种，最后在大连总结，一致认为："误定如果只是个别地出现，也无妨大局，但从东北地区看，是普遍的，各单位都有，而且有一定的量。有些从片子上看得出来，有些从片子上不易发觉，一对书，就立刻发现。目录中这类错误多了，将严重影响质量，而且大家过去不大在这方面留心，因此特提出来，请全国领导小组加以注意。""版本误录，必须重视，力求扩大思路，提高辨识能力，争取在原藏单位通过复核，尽最大可能消灭差错。不然，总编中的'外调'将多得不可设想，更会混进不少'隐患'，使条目经不起推敲，降低总目质量，有损国家声誉。"（《全国古籍善本书总目编辑工作巡回检查汇报　东北组》——1979 年 12 月南昌会议打印件）

在文字汇报形成之前，东北组先向全国领导小组做了口头汇报。刘季平同志当场指示，立即在上海召集全国六个大区巡回检查组联席会议，交流情况，再于南昌召开全国编辑工作会议，延缓全国汇总时间，责成各省、区领导小组再行组织复查。

问题发现了，领导处理也很果断，措施也算及时。但是，对问题的复杂性低估了。

1980 年 5 月，全国汇总开始。尽管不少省、区确实又认真组织了一遍复查，还是涌来了大量似是实非、正误难辨的著录条目，不得不被迫在京区一家一家地查阅原书，“验明正身”。京外查询，则积牍盈案，编号数以千计。

集全国之专业力量，局面竟然如此，到底是怎么回事？一时引起多人关注、思考。

个人就前后所遇多组实例分析研究后认为，它与版本学的历史、方法与现状都有关连（见《明别集版本审订札记》，载《图书情报工作》1983—1），且涉及对行世的中国古籍版本目录的检讨和评价（见《版本目录识谬述例》，载《文物》1983—7）。要言之，文献流传从抄写过渡到版刻印刷以后，不同的刻本都有了明显的个体属性—特定的书名、卷次，刻印的时代、阶段，刻印主持人或堂室名号等等。这些属性明显地区别出甲何以是甲，乙何以是乙。但传世过程越长，识别标记失去的也越多，再加上有意造伪或人为制造混乱，识别判断就有了难度。虽然明末以来，对从版式、字体、讳字、纸质、刻工姓名等方面考定版本已总结出不少经验，但多有不严谨之处。再加上文献内容、序跋作者或加工人的生活年代以至结衔、职官、地理、纪年等用语，甚至印章文字都可反映一些失去的、或根本不具有的标记，稍失注意，不加辨识，都会出现各种常识性的错误判断（见《古籍刻年误录原因分析》，载《图书情报工作》1989—2）。从清人直到当代，古籍著录中刻年著录不详或误著的现象比较普遍，某些书目中几乎篇篇可见，触目皆是。除此之外，还存在一系列前人未能意识到的其它问题，要通过大量的认识才能总结。

在中国科学院图书馆历届领导的理解和支持下，这种见解就通过编辑《中国科学院图书馆藏中国古籍善本书目》来体现了。从1982年秋季开始，我们断然对馆藏善本逐一重新鉴定、著录。遇有疑问则去兄弟馆核对或函询，不套袭任何现成著录。

群体视野中的发现

一系列问题出现了。

《六科证治准绳》是一种书还是几种书的聚合体？总名何时才出现的？是原名吗？刻年该怎么定？为什么现时见藏凡残帙，大都书品较好，全书却多模泐？

《王渔洋遗书》为什么收入王士祯长辈的许多著作，各零种都是单刻本，亦非皆刻于康熙间，版本怎么著录？总名从何而来？

《格致丛书》到底有多少种？何为全？为什么《百家名书》中大部分单种和它版同？

《归先生文集》三十二卷附录一卷，同是十行二十字，白口，四周双边，单黑鱼尾，版心下镌"雨金堂"，卷一首页版心下镌"章右之"，却有"万历元年翁良瑜雨金堂刻本"、"万历四年翁良瑜雨金堂刻本"、"万历十六年陈文烛刻本"、"崇祯八年归昌世刻本"等不同著录。

"清顺治十一年冯如京刻本"宋王柏撰《宋鲁斋王文宪公遗集》十三卷之前十二卷和明崇祯五年阮元声刻十二卷本全同。

"清康熙十五年亢宗瑗刻本"明亢思谦撰《慎修堂集》三十六卷和明万历刻本卷同、版同，只是称康熙刻本者目录和正文间有剜铲。

"清康熙四十三年程稍玉禾堂刻本"明赵宧光撰《说文长笺》一百卷首二卷解题一卷《六书汉义》七卷和明崇祯四年赵均刻本也是同卷、同版，但间有补版。

民国徐乃昌刻本《玉台新咏》十卷，版式字体极似明崇祯小宛堂赵均刻本，藏家十之八九误定。

明隆庆二年张佳胤刻本明李攀龙撰《沧溟先生集》三十卷附录一卷，传世本似乎很多，但十之八九都属翻刻。……

凡此等等，并非个别，若分为类型，则每类实例均数以百计。过去古籍著录条例中也曾有版本类型之区分，但面对这些实例，则大部分难以概括，需要系统修订，严密界说。

明清间有些名家巨族，先后刻印过不少种书，若干年后版片尚存，由本人、后裔或为他人购得重予汇印。其特征是：(1) 似丛书、总集、全集，但多无总名、总目；虽有总名、总目，必为后拟后加者，间见明显失当。(2) 各单种版式、行格、字体多不相同，但纸色纸质一致。(3) 各单种皆具独立之序跋，刻年多可征，或尚有刻书牌记。(4) 版多已模泐，间有补刻。以致著录时于种、卷何者为全，刻年如何定，总名如何取，皆难落笔（见《旧版汇印本及著录》，载《文物》1985—1）。更有坊贾以历年所刻冠以多种名目汇印，甚至一种名目之前后印本种、卷、分帙亦不尽相同。

《六科证治准绳》是其一例。它的原身是：

万历三十年刻本　证治准绳八卷杂病证治类方八卷
万历三十二年贺知忍刻本　伤寒证治准绳八卷
万历三十五年刻本　女科证治准绳五卷
万历三十五年刻本　幼科证治准绳九卷
万历三十六年刻本　疡医准绳六卷

初皆各以单刻行世，后版归金坛虞氏，清康熙三十一年曾汇印，称《医书六种》（见藏北京大学图书馆，封面镌“康熙壬申新修　王损庵先生辑　医书六种　金坛虞氏藏板”），又汇印，称《准绳六种》（见藏美国普林斯顿大学葛思德东方图书馆，封面镌“王宇泰先生鉴定准绳六种　虞衙藏板”），其时版皆已模泐。《四库全书》即以六种合收，冠名《证治准绳》。《六科证治准绳》，则不知名于何时。目前各大图书馆多见藏原印单种，反被视为丛书零种，而六种并存者，皆为模泐之汇印本。

《王渔洋遗书》又是一例。《民国新城县志》曾释其来历，曰王士禛晚年集先人诸刻版片与自己诸刻版片归新城。殁后，各房子孙视为遗产欲分之，时山东学政黄叔琳出面干预，集诸版于新城县学。其后门斗视为财路，辄代客刷印，因之种卷无定，亦无总名。清末民初，北京书业以“三十六种”称之，或又称“王渔洋著述”。

明胡文焕文会堂约从万历二十一年起陆续刻印经翼、各部杂著，至万历三十七年声称“凡有一百四十种，皆宛委、石渠、羽陵、大酉之秘，随得随刻，不加诠次，不复品骘，总名之曰《格致丛书》”。(胡文焕《格致丛书序》，今仅山东省图书馆藏本中尚存)但迄今不见这一百四十种的目录，而且其后仍“随到随刻”，据嘉庆间《汇刻书目》，已见三百四十六种。截至目前，各图书馆差不多都有《格致丛书》，但几乎无一家种卷相同。倒是约在清初发现的《百家名书》、《医家萃览》、《胡氏萃编五种》、《寿养丛书》等多与《格致丛书》某些子种同版，皆属汇印本。

不但如此，一些出现在明末清初的大部头丛书如《说郛》、《百川学海》、《续百川学海》、《广百川学海》、《唐宋丛书》、《绿窗女史》、《合刻三志》、《五朝小说》等等，都是如此汇印成的，甚至同一书名，前后印本种卷数和分帙也有差异，各具自己的目录。

著录汇印本之子种，宜各缀原刻年，与原单种行世者保持一致，以免误出异版。

《归先生文集》三十二卷附录一卷的四种著录本，都是同一套版片。初刻成时，卷末牌记镌“隆庆壬申男子祜子宁编次　万历癸酉浙人翁良瑜梓行”，无序跋。曾行世，但流传不广，今仅见藏浙江玉海楼和安徽省博物馆。后补入万历三年周诗《小引》，又于附录后缀万历四年翁良瑜刻集成《祭文》，于祭文末改镌牌记为“万历癸酉男子祜子宁编次　丙子浙人翁良瑜梓行”。今见藏者多为此次印本。其后，万历十六年增入陈文烛《归太仆集叙》及《太仆寺丞归震川先生墓表》，又于崇祯八年增入归昌世跋。藏家或有狃于“以序跋之最后署年为本书刻年”之误说者，遂视为“明万历十六年陈文烛刻本”或“明崇祯八年归昌世刻本”。

与通行本同版，而又出现在通行本之前的印本如何著录，踪跡前人经验，似尚未涉及。所以被忽略，当有两方面的原因。一是过去藏家著录多只就一书，逢甲则甲，逢乙即乙，虽甲乙版同，彼此参商不见，无从比较同异。甲乙款目形成目录后，或即形成异版，或显示为复本，不两本相阅，难发现问题。一是编入联合目录或总目录时，编者不调原书复校，多即就原著迻录，对款目虽同，但系异版误植，虽属同版但应区分刷印阶段，或款目不同实属同版等等，缺乏认识。愚意对此类书之著录，似以即用通行本的刻年刻家而加“初印”为妥。如前述《归先生文集》三十二卷附录一卷，可著录为“明万历四年翁良瑜雨金堂刻初印本”（见《古籍中的初印本》，载《图书情报工作》1987 年第 6 期）。至于斯书后二者正文书版无增易，仅添序跋、附录，印本年代非在正文刻成年，宜称“后印本”。

明崇祯五年阮元声刻本《宋鲁斋王文宪公遗集》十二卷，卷一至九卷端题：“世孙王宇启尔　王埰熙哉仝辑”。有所谓清顺治十一年冯如京刻十三卷本者，卷一至九卷端题名作“古晋冯如京秋水甫重梓　裔孙王週同男三聘辑　同郡祝基阜长康甫校”，有顺治甲午冯如京《重刻鲁斋遗集序》，称：“比承乏分藩于婺，考丽泽之遗踪，搜正学之的派，得先生裔孙王琉以遗集视余，喜而读之……第遗文虽存而梨枣散佚，余惧文献之或坠也，亟谋捐梓，以承其传。”实仅据旧版增刻补遗一卷为卷十三，剜改前九卷卷端等处辑梓人题名。当是明崇祯五年阮元声刻清顺治十一年冯如京增修本。

同一版图书已经流通，又增益篇卷的，应称增修本。过去有增修本之说，多见于族谱、方志、山志、寺庙志、祠堂志等递增性史料文献，但明清间一些诗文集中也屡有所见，多被视为异本（见《古籍中的增修本和著录审校》，载《图书馆学通讯》1988 年第 3 期）。

“清康熙十五年亢宗瑷刻本”《慎修堂集》二十卷是据康熙十五年盛符升《题后》和同年何元英《重刻慎修堂集序》等确定的。盛符升曰：“……万历甲辰镂版行世，历今七十年，散佚不可考。其四世孙辚声（宗瑷）重为校辑，谋更辑之。”实据万历版重印，且因避清讳，多处挖改。如目录卷二《送曹纪山》、《和杨胥江》两题之间填墨钉，万历原印乃《送陈雨泉宪副帅师戍蓟二首》，正文中则挖去，成空白；目录卷十五《拟弭灾疏》、《不加赋而国用足议》之间亦两行墨钉，万历原印乃《论地震疏》、《防边议》，正文中第五至十一页未印，成缺页。这又是“后印本”的一种类型（见《古籍中的后印本》，载《图书情报工作》1989年第6期）。

书版搁置年久，难免有残缺脱落，或刷印过频，木板质劣，出现严重模泐断裂，再刷印则需补镌。凡经补镌者称补修本，但多有不加说明或径称重刻者，因与原刻年代相近，补版字体近乎相同，极易误断。所谓“清康熙四十三年程稍玉禾堂刻本”《说文长笺》即属此类，系据康熙甲申（四十三年）程稍《重刻说文长笺自序》误定。这类鉴别多需在有比较的条件下始可识出（见《古籍中的补修本》，载《图书情报论坛》1989年第3期）。

类此者尚有如《玉台新咏》这样的重刻本和《沧溟先生集》那样的翻刻本。重刻本撤去重刻序跋，多与翻刻本同，在无比较的条件下很难辨别。

约从本世纪中期以来，颇编制了一些汇聚多家馆藏的这种或那种联合目录。遗憾的是，编辑者多未意识到看似简单不过的款目著录，竟会发生种种误差，以至形成大量的乙亦是甲、丙可能是丙、丁、戊，或其它常识性的问题。

《中国古籍善本书目》汇编时，由于已初步接触到这些问题，曾采取过一些措施。在全国同事的支持下，征集了大量书影和版本依据。某些部类又在原件最为集中的北京进行直接复查，逐一“验明正身”。无意之中形成了一个“群体视野”。就是说，所观察的已不是甲和乙，在一定程度上是现传世的甲群和乙群。编制本目录时仍然沿用了这种做法，始终在“群体视野”中观察，从而归纳出传世古籍还有个区分同异版的问题。不区分同版不同刷印阶段，易误一书为多书；不区分异版，易误多书为一书。

建立版本档案

“群体视野”提供了一书多部对照比较的条件，不仅可进行全面观察，而且可缀合散存的依据。

“合刻宋刘须溪点校书九种一百一卷附一种八卷”、“明杨瓛西

编 明天启刻本”。天启刻本，而书名竟直接用“校”字，不避朱由校讳，殊成疑问。经查，原无总名、总序，系著录者代拟，自属失当。后于某馆藏本中发现，原有封面及天启四年闻启祥《刻刘须溪评九种书序》。封面镌“宋刘须溪先生较书九种 小筑藏板”，钤“梅花一草堂”朱印。序中称：“吾甥杨人驹……念其板刓，若将复莽也，为之精刻，而合其九……九种之外，有记钞，是评九种人之书也，杨犹爱之。”则书名应是《宋刘须溪先生较书九种》，刻于天启四年，刻人为杨人驹，瀐西乃人驹之字。

“明嘉靖间刻本 明何瑭撰 何文定公文集十一卷”。据《明史》，何瑭谥文定在隆庆间，何来嘉靖间刻本？按原说明，“有嘉靖四年自序，嘉靖二十八年郑王序，三十七年许宗鲁序，四十一年孔天胤序，及无年月吴三乐序，《四库全书总目》所著录之《柏斋集》即此书也”。以某馆所藏《四库全书》底本《何文定公文集》相核，知此本佚贾待问《重刻何文定公全集序》及“校订同校及参与刊刻者名氏”，此名氏后镌“时万历四年夏五月五日同刻”。应是明万历四年贾待问刻本。

在群体视野中，一种版本散存的序跋、目录、牌记，多可相聚。加以缀合，就恢复了原貌。据以核定版本，判别各项著录，犹如藉标本辨识物类。

有些问题是经过一番查考才明确的。

唐陆龟蒙、皮日休撰《松陵集》十卷，有“明末毛氏汲古阁刻本”。查此本卷一至六、卷八至九末镌“虞山毛晋校刊 男扆再校”。“男扆再校”一行系嵌补。据《曝书亭集》卷七十九《严孺人墓志铭》，谓崇祯三年孺人来归毛晋，为继室，生四子，扆居季，则毛扆生年当在崇祯六年前后，又据《爱日精庐藏书续志》卷四毛扆《存悔斋诗跋》，“先君手跋在崇祯十三年闰正月十三，扆生于是年六月二十六”，能校父刻书，当在成年后，已入清矣。汪士钟旧藏毛扆手校本《松陵集》卷二末有毛扆层题识，署年己未，曰：“《松陵集》弘治间有刘济民刻本，都玄敬跋之详矣。先君子得古本重刊之，是时扆尚未生也。……甲寅岁(清康熙十三年)吴兴贾人持宋刻四册求售，不惜重价购之。……随用比较家刻,多所是正。”又顾广圻题记,已校出“谁可作梁栋”为“谁可征弄栋”之误;“庄生问枯骨,三乐成虚言”,“三”为“王”之误;“远棹投何处”,“棹”为“帆”之误等。刻本中皆未更动。是此本当印刷在康熙己未(十八年)之前,宜作明末毛氏汲古阁刻清毛扆校印本。

《边华泉集》八卷《集稿》六卷,明边贡撰。十行二十二字,白口,无鱼尾,四周单边。卷端不另镌撰人名氏。此本刻年著录颇不一,或作“明刻本”,或作“明嘉靖刻本”。盖书中所能引据者仅一魏允孚《重刻边华泉集序》,又未署年,或即按具体刻年不明处理;或仓促考订,未加详审,转生讹误。魏序中曰:“先生集旧有本,年久而蚀,又遗所为文不载。余理济之明年,从先生仲子搜得十篇,因叙入集中为重锓之。”考订者曾据《道光济南府志》查魏允孚官推官之年代,见列入嘉靖间,即转引为刻年。而府志此条实误列。魏之前任为谢廷寀,后任为郝大猷。谢为隆庆五年进士,魏为万历二年进士,郝为万历八年进士。明代新进士释褐外用者,多先为府推官,俗称司理。魏为济南推官或即在万历三年。刻《边华泉集》则或在万历四年。此本宜作明万历魏允孚刻本。

似此始末,应有简明记录,留备稽核,兼供后人参考,庶免重作摸索。

基于前述,每确定一条著录,我们都留了记载,大体包括:版式描述,主要序跋及牌记、封面,各项著录的依据和考订纪要。称之为版本档案。

和一般的“提要”、“书志”、“书录”等不同的是,不是随笔式的,而是程序式的。按照认识规律安排固定的记载程序,通过这些程序完成考订。又非纯自然的辑录,要对复杂的古籍版本现象进行整理、归纳,使之超越现存自然状态揭伪释疑、缀合残缺,恢复本原,完整地显示群体的共同属性和个体的特殊属性(见《古籍编目与版本志》,载《古籍整理出版情况简报》第 180 期)。从参与审校《中国古籍善本书目》到编成这部馆藏目录,已经累积一万余种。衷心希望古籍编目同行能共襄此举,协力集成《中国古籍版本志》。

展　望

中国古籍版本目录是从清中期才有意识地进行编制的。百多年来虽也出现过几部有较影响的传世之作，但从来无人检验、推敲，任其自为自在，更不免有慑虚名而盲目因袭套引者。直至本世纪七十年代末编辑《中国古籍善本书目》，才引起对历代、多家著录的大幅度检验。然而长期积淀，非朝夕所能清理。且涉及多端，非仅改善方法所能为。何人何家一仍粗滥，亦在所难免。

随着电脑的使用与发展，文献资源共享、信息交流已成潮流。对人类文化交流与互识来说，是进步。在这种潮流中，各种总目录、联合目录将应运而生。中国古籍记载了几千年的华夏文明，自然为众目所瞩。目前已有编制国际机读联合目录的前景。经验说明，编制联合目录或总目录，需要一系列的前期处理工作，正确揭示版本，著录标准化，用语内涵科学，是其主要内容。它将促使参与者认真考虑这些问题(见《一次编制中国古籍善本书机读联合目录的实验》，见《古籍整理出版情况简报》第 225 期)。

当这部目录将届成编之际，我们已大致对过去和现在的版本目录存在和易出现的问题有了比较系统的认识，并总结出系列的处理方法，提出了根本解决的措施，且均已在一些有影响的刊物上发表。愿它能对未来编制各类型的版本目录提供一些有实用价值的参考。更希望它成为引玉之砖，引出广泛的争辩，以谋深一个层次的共识。

(发表于《图书情报论坛》1991 年第 4 期)

一次编制中国古籍善本书机读联合目录的实验

美国研究图书馆组织 Research Libraryes Group(R. L. G)于1987年提出一项编制全美进而可能是全世界现藏中国古籍善本书机读联合目录的计划，申请到一笔“国家人文学科基金”作为阶段性工作的支持。

1988年夏，北京大学图书馆、中国科学院图书馆两馆领导人访美，R. L. G负责人就执行此项计划提出合作，两馆领导人同意，于1989年4月派出五人小组赴美，分别在普林斯顿大学Gest东方图书馆和哥伦比亚大学东亚图书馆进行工作。

美方提出的计划从设想到步骤安排都考虑得很周密详细。但由于设计者并非中国古籍版本专家，对实际存在的问题以及计划运行中将遇到的情况，缺乏认识。不过也估计到“在先行馆活动期间，编辑部将揭开一些与方针草案相反的案例，甚至还没有弄清的问题和争议”。

所谓先行馆，是普林斯顿大学Gest东方图书馆。这个馆以原存加拿大麦吉尔大学的葛思德(Guion W. Gest)藏中文古籍为基础，构成特藏，在北美仅次于国会和哈佛。曾聘王重民先生为善本编目，后由屈万里先生完稿，印出《普林斯顿大学葛思德东方图书馆藏中文善本书志》，其后又经常聘请一些来自中国大陆和台湾地区的访问学者做些工作。在计划中是这样估量的：“从本世纪三十年代以来Gest图书馆的中文善本藏书一直是编目工作审慎从事的对象。四十年代一次，七十年代两次，而且就在去年都有来自中国的专家检查了每一个书名，证实了它的作者、刷印年代等等。这样，这部分藏书的资料可作为一个坚实的基础，供人们在它上面制订一部统一的书目。”

美方原估计 Gest 的古籍编目质量是完善的，以它为基础再加以扩大就可以了，甚至对并合条目所需的条件也有所准备，认为“研究者和编目家所依靠的就是那些为基本校勘工作所需的，关于每页行数和每行字数的描述来断定两本同名的书是否属于同一个版本”，“幸喜‘中央图书馆’的磁带和为中华人民共和国统一目录（按，指《中国古籍善本书总目》）而制作的 Work-sheets（工作单）都提供了校勘资料，可以在本计划为中文珍稀图书编目时及以后各个阶段使用”。

这些估计和安排，确系经过一番调查研究，征询过意见，有其来历的。所失在于缺乏全面了解，认识深度不够。

中国古籍编目虽有通行规则、条例以至国家标准，但就具体一书，书名取录、著者及加工人认定、刊印年代辨识等，往往须著录人员选择与考定，这就增加了著录现代书刊不会遇到的难度。尤其刊印年代的辨识，涉及多方面因素，已构成一门专学——版本学，就绝非是靠某种简单的校勘所能解决的了。

这种事实，前人是有所认识的，但具体出现的问题会有哪些，比例如何，程度如何，如何正确对待，却很少有人专门剖析。历代编印了不少书目，也绝少有人检验和评价。直到近年中国大陆编辑全国古籍善本书总目，在合成过程中遇到了一系列问题，被迫调原书对条目逐一审校，发现一系列由于偏重形式辨识造成的刻年著录错误；又一系列由于未能区分同版不同刷印阶段和区别异版造成的一书录为多书，多书录为一书等问题。前人著录多就一家一书，无群体背景，故而往往疏忽不究，但编制总目录或联合目录综合多家藏品，倘不认真清理审辨，必造成版本混乱，间杂常识性失误，于读者使用，于版本目录本身的建设，都是不利的。而审校所需的条件远非是行格、字数所能提供的。

五人小组到美国后，面对美方急于求成的心理，表示理解，同时，争取用本地实例阐述自己的意见和见解。通过鉴定一批新到馆古籍，就事论事地演示版本识别与判断方面的诸问题。

美方从事此项工作的人员虽然不是专业的中文古籍工作者，

但文化、业务素质较高，尊重事实，尊重科学，问题一经展示剖析，便能理解接受，没有成见，没有旧影响束缚。因此，双方很快共同建立了一个很好的合作基础。

有了初步的相互了解和合作共事的气氛之后，美方接受了五人小组的建议：且不忙于正式输入电脑，先就 Gest 和哥伦比亚大学东亚馆的藏书做一次模拟编目实验，从中归纳问题，提出问题，并研究解决方案。

于是，哥伦比亚大学方面，边著录边归纳，提出《中国善本书编目使用 AACRII 的补充要则》，阐述中国古籍著录各款应采自全书，相当成分要通过选择与考定，非如现代书刊可以自某固定部位迻录。普林斯顿大学方面通过对《中文善本书志》经部和集部明别集的重新审校，提出《Gest〈中文善本书志〉中明别集著录误差情况调查报告》、《用 Gest 经部善本检验“台湾磁带”对版本鉴定的实用价值》、《几种特殊的版本现象——识别和处理》、《从对几部书的版本鉴定来认识版本鉴定》等一系列含有论证的工作报告。

《中文善本书志》收录明别集 86 种，复校发现版本误录 32 种，为：误定刻年 12 种，所定刻年无据 7 种，刻人误植 1 种，书名误定及卷数误计 4 种，两书扭合 1 种，以残作全 2 种，以翻刻为原刻 5 种。误录率 37.2%。又，著录欠详 20 种，为：刻年失考 9 种，刻人失考 11 种，欠详率 23.2%。总应修订率为 60.46%。如除去早年某些不谨严的习惯著录方式因素——以序跋之最后署年为刻年，具体刻年可以无依据，不著录具体刻年及刻人等，属于硬性错误者尚有 25 种，为 29.1%。

所谓“台湾磁带”，是 60 年代台湾地区“中央图书馆”编辑善本书目时的工作记录，其模式和 70 年代末大陆编辑善本总目时最初要求报送的附注项类似，用之于以群体为背景的版本审校，远远不足。用以复校 Gest 馆藏经部善本之结果是：1. 条目覆盖率不高，“台湾磁带”（经部）载录 1283 条，只相当于《中国古籍善本书目》收录 5239 条的 24.49%，以之用于 Gest 藏经部善本复校参考，可检者只 64 条，占 46.7%。2. 条目存在问题：a. 简略，多属语焉不详，不能提供具体依据，b. 非全帙，c. 本身著录有误。因此，结论是：“这份磁带本身著录尚欠完善，数量也较少，在编制大型联合目录中所能起的参考作用是有限的，基本不能为复校或著录提供版本依据。”

复校皆有记录。凡纠正皆有依据。参照中国科学院图书馆的做法，逐一立了版本档案，约三百余种。

在此期间，每月分别由哥伦比亚大学、普林斯顿大学组织一次专题研讨会，由五人小组成员担任中心发言，参加者除两馆的同事和两校历史系、东亚系的师生而外，还有纽约、费城、华盛顿以及东海岸几座大学图书馆、博物馆一些对此感兴趣的同行和学者，甚至还有来自台湾地区的同行专家。

每次研讨会的中心议题都是实质性的，围绕实例有论有说，也可问难或对问题共同探讨，因此起了很好的沟通和交流作用。五人小组成员在普林斯顿大学第一次研讨会的发言稿《关于中国古籍善本的范围、版本鉴定和目录组织》，已由普林斯顿大学东亚系 Mote 教授译为英文，将在《Gest Library Journal》发表。第三次的发言《从对几部书的版本鉴定来认识版本鉴定》，是一次辨识版本误录的现场演示：陈原书、原录于案上，逐一解析，问题所在皆有实证，有异议可以当场质辩。由于取例比较典型，证据充分，所以说服力很强，收到很好的效果。后由芝加哥大学东亚馆长马泰来博士把发言稿推荐给芝加哥大学名誉教授钱存训先生，收入他的八十寿辰纪念文集。

总起来说，五人小组在美通过编目工作实验，用现实例证提出了三个方面的问题和解决方案。

一、中国古籍著录可以采用国际文献著录标准和方法，在其基础上编制机读目录 Worksheets，但必须赋予一定的灵活性，保留著录人员的选择与考订权，允许必要的“变式”处理。

二、前人对中国古籍著录多从个体着眼，且版本鉴别偏重于形式，故失误较多，虽如《普林斯顿大学葛思德图书馆藏中文善本书志》这样出于名家撰校之手者亦难例外。版本鉴别宜从内容入手,结合形式观察,注意序跋及正文、附录中寓于文字内的年代因素。

三、为编辑联合目录并合条目所需的条件,不能仅是提供行格字数,如果标准本仅能提示行格字数,其本身的确立也会有问题。应该建立一套包括每种书的版式描述、版本特征记载、序跋的标题、撰人和撰写年代、确定版本的具体依据等的版本档案,构成《版本志》。其素材,中国大陆和台湾地区都能提供。

1989 年 9 月 18 至 19 日,R. L. G 总部在华盛顿召开了一次中国古籍善本书目工作会议,参加者除两馆从事此项工作的美中人员外,还有在美的顾问委员会成员、热心于此的教授以及国会图书馆的有关专家。原则上通过了《中国善本书编目使用 AACRII 的补充要则》,对中国古籍的版本鉴定问题,给了充分注意,但认为这不是一般工作人员所能胜任的,要由专家处理。从不同角度,大家认为这次合作与实验是成功的,实实在在地解决了一些实际问题,为下一阶段工作扫除了障碍,打下了基础。在某种意义上说,是总结了第一代中国古籍善本总目的经验教训,做了第二代中国古籍善本总目的开端。

五人小组在编目实验中,使用了 R. L. G 的 C. J. K 终端,体会到电脑虽不能代替大脑智能进行原始的识别和判断,但有宽广的检索与组合功能,贮入的资料,可随时调整、修正,陆续积累。只要处理得当,查目、编目、版本鉴定与合成联合目录可以并行,各取所需。较之手工编目,不只简便,而且可产生多种次生功能,节约大量机械与重复性劳动,无疑是一条必行之路。第二代中国古籍善本总目将来不论由国际合编还是由中国自编,技术上使用电脑该是肯定的。因此除前述实验中涉及的一些问题外,还有一系列前处理工作,如完善标准化著录条例,确立机读版本档案记载程序,研究主词表与分类表等等,也都该提到日程上。

(发表于 1990 年 5 月《古籍整理出版情况简报》,总第 225 期)

美中联合编制中文古籍善本书机读目录进展情况

美国研究图书馆组织 The Research Libraries Group 自 1987 年起筹划并试行编制中国古籍善本书机读联合目录事，笔者已于本刊 225 期（1990.5.1）以《一次编制中国古籍善本书机读联合目录的实验》为题做了介绍。

1989 年 9 月华盛顿会议后，五人小组大部分成员归国，个别成员留在普林斯顿大学 Gest 东方图书馆继续研究中文古籍机读目录著录问题。1991 年 R.L.G 设中心编辑室于 Gest 东方图书馆，聘前瑞典皇家图书馆研究员艾思仁（Sören Edgren）博士为中心编辑室主任。艾思仁是位汉学家，主攻中文古籍版刻印刷史，是西方罕有的通晓汉籍版本目录的人才。中心编辑室建立后即陆续输入普林斯顿大学、哥伦比亚大学、芝加哥大学、伯克利加州大学等北美洲一些主要东亚馆收藏的中文古籍善本记录，累计已逾千种。与此同时，又到中国大陆和有关藏书单位就一些实质性问题进行磋商。自 1992 年后半年起，中国科学院图书馆、辽宁省图书馆、北京大学图书馆等亦先后参与，在联机条件尚不完全具备的情况下，暂向中心编辑室提供版本记录或机读目录工作单，由该处输入电脑。

为完善著录规则，1993 年 3 月中心编辑室又于普林斯顿大学召开此项目的国际顾问会议。应邀出席的有中国大陆和台湾地区的版本目录学专家，美国的汉学教授、东亚馆负责人和现代图书编目专家。会上就中心编辑室提出的，自 1989 年 3 月以来第四次修订的《中文善本书编目规则（草案）》逐字逐条地进行了讨论、权衡、修改，以“不断实践，逐步完善”取得各方共识，客观地肯定了中心编辑室前一段的努力。

中心编辑室在著录方面总体构思是“现代书编目方法与中文古籍特点相结合”。认为现代书编目特点是:根据书名页或版权页的记载,照录,其结果是著录一致,有据可查。中文古籍编目特点是:著录来源通过选择取自全书各处,取录多需经过考订,其结果不尽一致,恰当或正确与否多取决于编目人员的水平。现使其结合为:书名、著者、版本三项从全书各处选择取录,注出来源;考订,或尽量照录原书用语(如著作方式);其结果有据可查、可验证,来源相同时多可期望著录一致。

比起1989年9月华盛顿会议前的著录规则草案,有了基于深入比较的调整,明显地注意到了中文古籍著录的特点。

个别意见对何以著录还需考订不甚理解,但随着讨论剖析一系列实例,也就释然了。如普林斯顿大学Gest东方图书馆藏清王应井著,清顺治刻本《礼记约言》十卷,版本项主要是依据王应井《约言四则》定的。文中言及,“初梓于武林,岁月需(濡)磨,字棱渐散。既而迁守婺郡,同志复梓。旋为兵火散遗,获存无几。今幸备员越水,接席圣贤,如睹中天之日,敢矜爝火之明。因授故盟,用呈巨订,精详颇致,善本足称。”查书中无补板,当非旧刻重印,是“越水”新刻。但刻在何时,只有查地方志。康熙《绍兴府志》载,王应井顺治六年至八年官绍兴府同知,故定顺治刻本,并注明依据。

又如中国科学院图书馆藏明李桢扆撰,清顺治九年郭之培刻本《尚书解意》六卷。书中提供的刻年、刻人线索只有两处:卷端题“古虞李桢扆华麓甫纂著　郭之培仲因甫参阅”;顺治壬辰(九年)郭亮《尚书解意序》中称,“吾宗生洲治原多暇,取其所藏李华麓先生《尚书解意》手订付梓。”郭生洲是否就是郭之培,也须经辗转查考,确知其字仲因又字生洲,刻人始可定。

再如《中国古籍善本书目·经部》第962条,为“书经章句训解十卷　明尹洪撰　明成化十年晋府刻本”,藏首都图书馆;第963条书名、卷数、著者与之同,为“明刻本”,藏中国科学院图书馆。后中国科学院图书馆著录人员持书去首都图书馆核对,实系同版,中国科学院藏本脱成化甲午(十年)沈锺序。该序中述及“其(尹洪)

所释《尚书》亦即脱稿，宦车往来，乃独私蓄诸箧笥中，暇则展玩之，意欲梓与四方学者公共之，顾力弗乃已。既而蒙恩升授晋藩纪善。未几，王荐为左相，君始以脱稿进王，王览而悦之，亟命工锓梓，不日告成”。此书止此一板，未再刻。弄清楚这些，也是要靠考订。

美国现代图书编目专家对多数版本项中标不出具体出版地，只标 CHINA 表示不理解，中国古籍版本专家做了解释。指出中国古籍除官府、书院、坊肆刻印本外，刻印地多不明确。强按著者乡里、生活地区，或刻工、刻书人所在地定为某地，极易附会，发生误差。只宜明显可辨者标，其它不强求。

又对笼统标刻年者，如“明刻本”，嫌年代跨度太大，与著者或加工人生卒年代不吻合，建议改按公元标版本，如“16 世纪刻本”、“17 世纪活字印本”等。经过辩论，最后一致认为还是要考虑中国版本目录传统的处理习惯，要和历史目录、传统目录标示版刻印刷年代的方式保持一致，否则会形成不必要的版本混乱。

机读目录是与电子时代相适应的新事物。它最大的特点是多元检索，从书名、著者、版本任何一项中的任何一个组词着手检索，都可读到全书的记录。加以快捷、便利，联网使用视野广阔，是传统目录无法做到的。

但传统目录著录简练明快，分类组排后就成为一目了然的学术史纲性标题，学者自可从中获取妙用。加以是悠久的传统形式，和历史目录浑然相合，自有继续存在的必要，不能以为机读目录一兴，传统目录就消亡了。

美国图书馆大抵是在 20 世纪 80 年代中期陆续推行使用机读目录的。自该使用年起，目录厅中不再组织传统目录，但耶鲁大学例外，仍然两种目录并行。因为一部分教授反对取消传统目录。西方传统目录虽与中国古籍传统目录不同，当亦有其不可替代的一面。

机读目录和传统目录有密切的亲缘关系，是在传统目录著录方式的基础上为适应电脑特点衍化出来的。它和传统目录有一个共同的根，即版本记录。

版本记录的主要内容是书名、著者、版本三项的来源和本书形体特征的描述。传统目录只取录由此产生判断的结果，机读目录虽可展示一部分具体依据，但限于文字容量和技术上的考虑，有些只能给出线索，正确与否则无从检验。为保证著录正确可靠和辨识各家藏书之同异，还必须建立版本记录。

中心编辑室注意到这一点，要求参与单位不论直接输入电脑或报送机读目录工作单，都必须提交含有书名、著者、版本三项具体依据和版式描述的版本记录并附书影，从而在中心编辑室建立一套版本档案。尽管还需要在审订中完善，可比起只凑集条目略事组排即称联合目录来，深化成熟得多了。当然，目前还属于起步阶段。

除中国科学院、北京大学、辽宁省等馆外，大陆还有些藏书单位也陆续表示了参加这个项目的意向。目前，R. L. G. 正积极申请下一阶段基金，获得支持后扩大参加伙伴将是必然的趋势。

（发表于 1993 年 3 月《古籍整理出版情况简报》，总第 268 期）

《中国地方志联合目录》误录示例

历时七年,《中国地方志联合目录》经几位常务编辑的不懈努力,争取到各方面的支持和赞助,终于编成出版了。

我国古籍在当代应用于科学研究和经济建设的,就幅面和使用频率而论,当首推地方志。所以,编出一部包括分布在全国一百九十个藏书单位的八百余种中国地方志联合目录,无疑是在浩瀚书海中设置了一套引航标。示踪向导之功,不可没灭。

由于是联合目录,著录出于众手,藏品散在全国,难以逐一核对。所以,出现一些著录误差,是在所难免的。仅就目验所及,归纳一些误差类型,示例于后,或可供修订时参考。限于篇幅,只能列举,笔者另有《〈中国地方志联合目录〉著录商榷》一文,核校较多,将载于《文物》,可为补充。

志名误录

如:锦州府乡土志不分卷　抄本(《联目》137 页)

按:此本乃锦县乡土志。无人题,无序跋,附一图,曰《锦州府疆域全图》,实为锦县图,著录者或即因此而误。文中《地理》载:“县　在省城西南四百九十里,县　附郭,东至头台子一百五里广宁县界,西至汤河子二十五里锦西厅界,南至海四十里,北至齐家堡四十五里义州界”。光绪三十二年至宣统三年锦州府辖义州、宁远州、锦西厅、盘山厅、锦县、绥中县、广宁县。锦县为府之附郭县。

卷数不符

如:陕西通志三十二卷首三卷　清康熙六年刻本(《联目》161 页)

按:此志目录及版心均不著“卷首”,正文前诸家序较多,或订三册,但不应即著“首三卷”。

又如,三水县志十一卷　清乾隆五十年刻本(《联目》161 页)。

此志目录作十一卷,正文则十二卷。卷十二为《补遗》,版式刻工与前十一卷同,非增刻。

纂修人误录

如,宁都直隶州志三十二卷首一卷　清黄永纶修　杨锡龄等纂　(《联目》512页)

按:此志各卷大题后均镌:"广德刘丙　太平梁栖鸾纂辑"。道光三年李宗昉序曰:"刺史刘克斋(丙)同年因创修志之议,手自削稿,稿甫就,适予校士至州,属序首简。克斋以名进士起家,治事通敏,案无留牍,故得于其暇著书,其用力也,三阅寒暑。去秋入觐,以属摄篆梁君(栖鸾),梁君复校雠不倦,可谓相与有或者矣。"是两任知州皆以纂修自任。又据刘丙《凡例》,嘉庆七年知州黄永纶聘进士彭烒纂志,未成书,二十五年知州郑祖琛仍其志草为分八门六十四类,亦未定稿。此次纂修虽亦引据,但重加辑订,易八门为三十二门,不宜再以黄修原稿视之。

强列修人

如,永嘉县志九卷　明程文箸修　王叔杲纂　(《联目》435页)

按:嘉靖丙寅王叔杲《永嘉县志序》曰:"予家食顷暇,惧文献无征,欲有效于乡邦,而友人王拱甫(应辰)氏则尝受郡公之命从事于兹而未就绪。爰相与缵订,别为例,作九志。不启局烦馈,不使众闻知,假馆于白塔僧舍,属儿辈编辑。书成,乃质于乡达诸公以祈是正。"知县程文箸序曰:"箸承乏永嘉,至则求旧典而考民风,时乡先生宪使西华王公适有新编,既三阅岁始得受而卒业……谨序,刻之。"虽由官刻,实属私纂,与由县官组织纂修者有别,不须列主修人。

修人失录

如,姑苏志六十卷　明王鏊等纂　(《联目》317页)

按:此志有主修人,为苏州知府林世远。正德元年王鏊《重修姑苏志序》曰:"广东林侯世远由近侍来守,才优政举,化行讼息,宿弊尽划,文事聿兴。一日抱文定遗稿属予曰:'敢以溷子矣。'予谢非其人。且郡多文士，有杨仪部循吉辈在焉，盍以属诸！而仪部固辞。予以侯之美意，文定之苦心，使缺焉泯没，则予诚若有罪焉者。侯乃延聘文学，得同志者七人，相与讨论。合范、卢二志，参以诸家，稗以近事，阅八月成。”

增修作创修

如，濮州志六卷　清张实斗修(《联目》573 页)

按：此志卷一正文前镌“前万历十七年赐进士尚宝司少卿郡人李先芳编次”、“本朝康熙十一年奉直大夫知濮州事三韩张实斗编次”，卷二至卷五卷端题，“郡人李先芳编次”。李先芳，万历初谪官里居，纂《濮州志》六卷，有万历刻本，类目后多缀“北山野史曰”识语，此志亦然。是增修。当作：明李先芳纂　清张实斗增修。

误录纂人

如，宁国府志二十卷图一卷　明陈俊修　梅鼎祚等纂　(《联目》465 页)

按：万历五年汪道昆《宁国府志序》曰：“南海陈君(俊)出守是郡惟兴废为孳孳，斋宿抵梅太中以郡志请。太中家世受史，故以文献首郡中。俊惧旷日久而籍滋亡是在掌故，太中敬诺，则式闾而下贡东平。”太中，乃梅守德，嘉靖辛丑进士，官至云南左参政，阶太中大夫，时里居讲学。鼎祚乃其子，未仕，嘉靖三十二年生，万历五年方二十四岁，学犹未成，誉且未立，本府太尊即欲访之，尚无须“斋宿”之隆。贡东平乃贡安国，邑人，曾官东平知州。此志纂人为梅守德、贡安国。

强列纂人

如：邓州志二十卷　清陈良玉修　彭而述纂　(《联目》597 页)

按：此志《修志姓氏》中“纂修”皆列本州职官，后缀彭而述，著录者因即视为实际纂人。彭而述，邑人，时官湖广分巡上湖道，列名纂修，乃尊其为在官本邑显宦。志中有彭而述序，曰：“太守陈侯至而志成，孰成之，陈侯成之也。邑人首其事，陈侯享其成也。昔《春秋》本鲁国之史，而一经大圣人笔削则进而为经。今州乘本一邑之书，而再经贤太守笔削，安知不可复进而为史耶！予时承乏南楚，将赴滇藩，不能与都人士弭笔分编，共襄盛举。乃邮筒南下，请序于予。”陈良玉序曰：“受今命，莅穰封，览山川人物，民俗厚、风气淳，昔所称三代遗风，不灭邹鲁，信有然者。用是延访耆旧，稍采前志，参以近迹，以次编纪。”是陈良玉纂修自任。

误定刻年

一 不读正文，只看序跋

如：河南通志八十卷 清雍正十三年刻本 （《联目》555页）

按：此本前人著录或作“雍正八年刻本”或作“雍正十三年刻本”，皆误。八年刻之说，当据雍正九年田文镜《河南通志总序》，“七年春，檄河南各府州县整辑郡邑志送到臣署，越明年二月，乃开馆置局，礼聘名彦，焚膏继晷，键户闭关，凡阅期有二月而后成书。书成，凡八十卷，敬付剞劂。”不知“期有二月”乃期年又二月，成书是在九年四月，已误。而田文镜旋即去职，并未付刻。雍正十三年刻之说，当据是年王士俊进书表，称，“谨缮新函，恭呈睿鉴”、“重编豫志盖自前督臣田文镜总辑，未及开雕”。然而所进呈者亦仅一写本。志内逢“弘”皆作“洪”、“曆”作“歷”——皆原刻，非剜嵌。卷七十九《艺文八·记》末篇《巡抚雅尔图重修万金渠记》已是乾隆六年事。此志刊刻一再拖延，约至乾隆六七年后始着手。

二 不辨版刻特征

如：山西通志三十卷 明李维祯纂修 明万历间修 崇祯二年刻本 （《联目》81页）

按：此志仅有崇祯二年祝徽《通志叙》，亦未述及修刊始末，审其版式字体，系后印时增入者，三十卷正文刻在万历间。志内举人题名至万历壬子（四十年）科，进士题名至万历癸丑（四十一年）科。“巡抚大同都御史”最后题名为汪可受，曰：“湖广黄梅进士右佥都御史见任。”《明实录》，“（万历）三十八年五月戊午，顺天府尹汪可受巡抚大同右副都御史”。又《大同志》，石昆玉“（万历）四十一年任，代可受”，志中不载。据《雍正山西通志·凡例》：“旧志始修于明成化甲午，督学佥事胡谧创修。越九十年嘉靖癸亥督学副使周斯盛重修。越五十九年(计算有误,当是四十八年)万历辛亥(三十九年)按察使李维桢重修"。"祯"当为"桢"。

三　不顾纂人生活年代

如,福清县志续略十八卷　明(释)如一纂　明嘉靖二十六年刻本　(《联目》532 页)

按:释如一字即非,福清人,俗姓林,曾为福清黄檗山万福寺书记僧,顺治十四年东渡日本,宽文三年(1663)曾于山城国宇治"黄檗山"万福寺(今京都醍醐山)为隐元隆琦助法,后于丰前小仓广寿山创福聚禅寺,宽文八年(1668)退隐,十一年示寂。志中释如一《福清县志续略叙》内曰:"今秋阁锡云外,假此野鹤余闲,乃搜奇用广,遂将早岁见闻有补于风化之未备者,一加增辑,列成一十八卷"。成书与刊刻当在日本宽文三年至十一年(清康熙二年至十年)间。释如一亦不宜作明代人。

四　不管文献形成的时代背景

如,泾阳乡土志三卷　清佚名编　清光绪二十三年稿本(《联目》167 页)

按:纂辑乡土志本因清末兴办新学,就乡土取材编辑初等小学堂史地、格致课本而起。始于光绪三十一年。是年四月初六日京师总理学务处始奏请通发乡土志例目。片中曰:"据编书局监督翰林院候补侍读学士黄绍箕咨称:'查初等小学堂章程,历史、舆地、格致三科均就乡土编课,用意至为精善。谨遵照定章编成例目,拟恳奏请饬下各省督抚发交各府厅州县择士绅中博学能文者按目考查,依例采录。地近则易详,事分则易举。自奉文日始,限一年成书,由地方官迳将清单邮寄京师编书局,一面录副详报本省督抚庶免转折迟延。……'等因,臣等察核各节均为编辑课本力求翔实起见。除分咨外,谨附片具陈。"光绪二十三年时新政未兴,科举未废,何来此名目!

版本误断

一　铅印本作活字本

如,盛京通志一百三十卷首一卷　清乾隆四十九年活字本

(《联目》128页)

按:终清之世,此志只有武英殿刻本、《四库全书》写本。版本学名词,活字本或为木、铜、泥活字印本之泛称,或专指木活字印本。则不见。或有藏民国间铅印本者,其时尚不打纸型,径以铅字复印,墨色深浅不一,行字多欹斜,与木、泥、铜活字摆印者相似,著录者缺乏版本常识(字痕粗、纸色新、用油墨),误认。然何以推出“乾隆四十四年”尚不可解。

二　分卷作单志

如,富顺县志六卷　清康熙二十六年刻本,四川叙州府志宜宾县六卷　清康熙二十五年刻本,隆昌县志二卷　清康熙二十六年刻本,南溪县志二卷　清康熙二十五年刻本……(《联目》762—764页)

按:诸志皆《四川叙州府志》之分卷。此志半页八行二十字,白口,四周双边,鱼尾上镌“叙州府志”,下镌分卷县名,如“宜宾县”、“富顺县”。卷端书名皆大小题相连,如,“四川叙州府志宜宾县”、“四川叙州府志建武”。共二十九卷,包括宜宾县六卷、南溪县二卷、富顺县六卷、隆昌县二卷、长宁县二卷、庆符县二卷、高县二卷、筠连县二卷、珙县一卷、兴文县一卷、叙永厅二卷、建武一卷。《联目》既著录府志,又按单志著录各分卷。

三　一志作两志

如:浮梁县志八卷首一卷　清康熙十二年刻本,浮梁县志九卷首一卷　清康熙二十一年刻本　(《联目》481页)

按:九卷乃八卷之增修本。卷九大题后叙曰:“自邑令王侯重修县志越十年,浮之兵燹乱离视昔加剧。荡平后幸复见天日,而六载七易县令,嗟此惊鸿,屡失怙恃,不获膺期月卒岁之拊循,宁无切踵事者之痌瘝欤! 兹恐岁久易湮,条续各款,以志民瘼。”康熙二十一年教谕邓爊跋曰:“屡奉宪檄下学访求旧志。及询乡绅先生家,俱曰:‘兵燹残烬,志版颇缺,仅存遗编。’幸粮台摄县事陈(湇)慨然捐俸,会同乡衿集资,相与重修刊成。”卷七、八中多见补版,字较原刻瘦小,刻工风格多与卷九同。九卷本当著:清康熙十二年刻二十一年增修本。

四　两志作一志

如,杭州府志一百十卷首六卷　清郑沄修　邵齐然等纂　清乾隆四十四年修四十九年刻本　(《联目》378页)

按:科图藏本一百十卷首五卷,版印清晰,有目录,无残缺,无序跋、无纂辑人题名。《凡例》后题"乾隆四十四年己亥冬十二月杭州府知府如皋　王燧谨辑"。志中职官、选举记载俱止于乾隆四十四年。民国十二年印本《杭州府志》卷一七八《前志原委》中载:"按乾隆时修《杭州府志》创于四十三年杭州知府昭文邵齐然,总修者钱塘汪征君沆、会稽王编修增、余姚邵编修晋涵。稿本略具。时巡抚王亶望以贪黩著,知府如皋王燧觊觎杭守,夤缘亶望,乃黜邵而任王燧。聘嘉定钱明经献之校正,丹徒王太守文治厘定之。四十四年十二月付梓,冒为己辑,并不述邵之始事及助纂诸人姓名,又不尽以王、钱两君校厘之本。四十五年亶望获咎革职,旋因捏灾蚀款,罹大辟。王燧擢任杭嘉湖道。四十六年正月以骄纵不法形同市侩褫职。四十九年知府仪征郑沄乃复以邵稿续行修正。总修者仍为邵编修晋涵,依据原本,详加考核,增所未备,刻于四十九年十一月,而王刻板片往往羼入其中。郑志出而王志以废,印本亦仅有存者矣。"科图藏本应即四十四年刻本,修人邵齐然,纂人为邵晋涵等。以之并入四十九年刻本则误。

多项误差

如,郴州总志四十三卷首一卷末一卷　清嘉庆二十五年刻本　(《联目》648页)

按:此志卷端大题及目录均作"直隶郴州总志"。目录列四十三卷首一卷,卷四十三为附考。正文则只四十二卷,首一卷,又"卷之终"一卷为附考。嘉庆己卯(二十四年)季冬月陈昭谋跋曰:"己卯四月始开雕。六月,常宪署州事,仍礼绅士而辑之,督工告竣,更阅数月而书成。"是始刻与刻成皆在嘉庆二十四年。

又如,大足县志八卷　清张澍修　李型廉等纂　清嘉庆二十三年刻本　清道光十六年王松增补嘉庆本　(《联目》775页)

按：科图藏道光十五年刻本，有王松《重修大足县志序》，曰："甲午（道光十四年）秋，余莅任大足……明年春，询诸绅耆，知邑旧有县志数卷盖刻于乾隆庚午年，而版久残缺。前署县张介侯重加修集，未尽完善，故所传亦仅有抄本。邑人以转相传写每多鲁鱼，拟重刻之……余亦旋奉调秋闱，九月杪自省旋任，则已鸠工集事，纷付枣梨。"无嵌补或增页，记事讫道光十五年。又载张澍《重修大足县志序》，曰："嘉庆二十三年六月赵君及莽奉调帘差，委余署其篆。相见谓曰，'县志前此奉檄修，顾余心弗慊，未付刊，子盍为之更纂！'余诺之。既而取视其稿，则缺漏冗俗如其所言。案牍之暇，辄作数纸。旋移署铜梁，公余亦载笔。数月，复调办秋闱，未竟也。揭晓后栖迟寓邸，人事纷扰，夜雨挑灯，乃得成稿。"此志诸序后皆不署年，惟此序首句即示明年月。前人著录古籍，每不加考，有"以序跋之最后署年为刻年"之陋说，当竟因此误著出一"嘉庆二十三年刻本"。张澍乃一代学者，著作之事岂肯假手他人。即此志卷端亦明示："赐进士出身前翰林院庶吉士署大足县事叙州府屏山县知县武威张澍介侯甫著。""纂修人题名"中"编辑"首列"拔贡候选州判李型廉"。据卷七《选举志》，李型廉乃道光乙酉（五年）拔贡，当是续纂人之一。此志纂修人似以著录"清张澍纂修　王松增修　李型廉等续纂"为宜。

（发表于《书品》1986 年第 3 期）

《中国地方志联合目录》著录商榷

经过多年努力，《中国地方志联合目录》出版了。在浩瀚的中国古籍中，地方志是一类资料价值高、使用范围广的文献，能集中现藏信息于一册，无疑大有便于读者。

凡总目录、联合目录中的条目著录，不外书名、卷数，撰辑者或纂修人，版刻或印刷年代，现藏单位等数项。看似简单，做起来很不容易。近年集全国力量从事编制的几种，都在这方面遇到了问题，有的甚至陷入欲罢不能的困境。

究其原因，一部总目录或联合目录不仅需要统一的、科学的体例和著录规则，更重要的是，还要求著录内容正确。否则就难以归纳，出现假象或常识性误差，降低目录的学术水平，进而形成版本体系的混乱。但，识书名、辨撰人、断版本，必须面对实物逐一目验，往往还要进行一番考订，并非轻易地就可"优为之"。前人留下来的条目要复核，今人新做的著录也需再加检校。

笔者躬与斯役，虽数折肱而终不成医，庶几可积"案例"而已。喜读新著之余，取札记重就原书复按，仍得可质疑者若干则，录出以求商榷。

深泽县志十卷首一卷

清许来音纂修

清康熙十四年修　康熙刻本

（《联目》33 页——即《中国地方志联合目录》1985 年中华书局版之页数，下同）

按，此志许来音《凡例》中曰："壬子（康熙十一年）岁汇成梗概，缮写以呈上宪，缘辟壤未得工匠，尚迟剞劂。乙卯（康熙十四年）夏有吴门梓人邓国至，遂再增补详备。""志书刻费浩繁，缮笔镌劂，工殊不赀。是书自出手辑，不烦征聘以糜廪供。至凡梨枣工匠，皆自捐俸给发。”康熙十七年知县徐开锡跋曰：“前任南漳许君……汇成是书，光之剞劂。予于丙辰（康熙十五年）承乏，得览斯志。”则此志当刻于康熙十四年。又，卷九第三十九至四十页《邑侯定山徐公治政传》系增刻。徐公即徐开锡，康熙十五年至任，二年后以忧去。

此志当是：清康熙十四年刻增修本。

又，此志卷首大题为“直隶保定府祁州深泽县志”，卷一大题无“直隶”二字。

保定府志四十卷

明冯惟敏等纂修　王国桢续修　王政熙续纂

明隆庆五年修　万历三十五年续修刻本

（《联目》51 页）

按，志内隆庆辛未（五年）郡人致仕户部尚书高耀《保定府志序》中曰：“隆庆戊辰秋，河东萧山何公为易镇兵宪，首询先务，檄府纂修郡志，适临朐海浮冯公以润州博士迁倅余郡，太守近皋贾公（淇）移文促之，至则以郡志属焉。冯公辞之弗获，乃集郡之师儒开局执事，阅岁而志成。志成则贾公以迁秩去，而继至者则孟泉章公时鸾也。章公洁己爱民，乐观厥成，相与刻之以传。”隆庆辛未保定府通判冯维敏序曰：“作志始于己巳（隆庆三年）之秋，告成于今，近三年矣，而吏事间之者三之二，余刻不给者亦如之，是以久而后成。逮于改官膏车之日，始稍稍印布焉。”是此志为贾淇、章时鸾主修，冯惟敏乃一通判，因素负文名，到任后即委主志局，总司纂辑而已。隆庆五年已刻就。

又，万历丁未（三十五年）知府王国桢《重修保定府志序》曰：“郡志……至冯惟敏氏而始得为完书。距隆庆之辛未至万历之丁未，垂三十余年，遇余，辟王政熙氏，网罗编究，僝工续之，而后乃称全帙。”则是增修。原刻字大，字体方正，类嘉靖风格；增刻字稍小，近写体。增刻板片页码另编。如：“新五一”、“新五二”，“又五一”、“又五二”（原刻页码为“五”——卷二）；“又十一”、“又十一二”（原刻页码为“十一”——卷七）。或是后续。如卷三十一末之第四十页，卷三十六末之第四十至四十七页。

当是：明隆庆五年刻万历三十五年增修本。

大名府志十卷杂录补遗一卷

明赵本纂修

明正统十年刻本

（《联目》68 页）

按，此志正统十年大名知府李辂《大名新刊郡志序》中曰：“正统初承恩出守大名，思有以仰答朝廷付托之重，夙夜拳拳，咨诹善道。逾年而政事粗立，教条粗布，细民之疲困者粗安。资其余力，乃修治庙学祠宇以及廨舍邮传，事有当为者次第皆举，独惜夫文献不存，图志散轶，使数百年之事实泯然而不可考。予切病之，爰属教授赵公采择编类，教谕吴公重加校雠。”又，卷端大题后二行题：“本府儒学教授乐安赵本编辑　清丰儒学教谕姑苏吴骥校正。”是此志乃李辂修，赵本纂。

平乡县志六卷

清赵弼修　赵培基纂

清康熙十一年刻本

（《联目》79 页）

按，此志尚有康熙十九年知县卞三畏《重修平乡县志序》，内曰：“我上龙飞之八年（康熙八年），前令赵君弼始仿《滦州志》，自甲申迄于壬子，阐旧增新，考订刊布，词简而义尽，事核而实著，诚合乎史法，善乎志体，已独操左券于前也。其谁得而易诸！顾纂辑之后，又复八载……畏不敏，承乏兹土三年，拮据靡宁，惧不克胜任。兹遵宪谕续修县志……既竣，复为言以弁诸简端。”

卞氏所续者仅卷五第四十三页一页。原四十三至四十五页《附遗》，挖改页码后置。

“康熙十一年刻”，志内无据。

此志当作:清赵弼修 赵培基纂 卞三畏增修 清康熙刻增修本。

山西通志三十卷

明李维祯纂修

明万历间修崇祯二年刻本

(《联目》81 页)

按,此志只存崇祯二年祝徽《通志叙》,审其板式字体,系后印时增入者,原刻在万历间。《凡例》中曰:“通志,成化甲午督学胡公谧始创,其辞简实无文。嘉靖甲子督学周公斯盛重修,至隆庆丁卯督学陈公瑞事方竣。总裁则大司成阎公朴,副之者则藩参潘公高也,郁郁盛哉,莫能尚矣。甲子距今又五十年余,宦迹之隆替,人物之升沉,风俗之醇漓,田赋户口之增减,灾祥休咎之变更,月异而岁同也,逐款续之。”举人题名至万历壬子科(四十年),进士题名至万历癸丑科(四十一年)。巡抚大同都御史最后题名为汪可受,曰:“湖广黄梅进士右佥都御史见任。”《明实录》“(万历)三十八年五月戊午,顺天府尹汪可受巡抚大同右副都御史”,又《大同志》石昆玉“(万历)四十一年任,代可受”,志中不载。

《雍正山西通志·凡例》:“旧志始于明成化甲午,督学佥事胡谧创修。越九十年嘉靖癸亥督学副使周斯盛重修。越五十九年(当为四十八年)万历辛亥(三十九年)按察使李维桢重修。”

“祯”当为“桢”。

荣河县志二卷

明康镕修 宋纲纂

藏园傅氏抄嘉靖十七年本

(《联目》117 页)

按,科图所藏胶卷系据日本东方文化学院藏明嘉靖十七年刻本缩摄。刻本卷端大题后一行镌“应天后学宋纲编纂猗氏县学教谕”。

嘉靖十七年宋纲《荣河县志叙》曰:“今年春,大巡舜泽苏公按临兹邑，行见风景陵庙河山古迹之致，殊绝它邑，且与所志不合，命纲编纂。……谨按通志所载，因其详细，考诸经史，询诸耆旧，参以己意，撮准事之体要，分为八纲，以统众目四十有三，后附诗文碑刻以终厥集。复谋诸县令唐子镕、教谕周子晟，命生员武思忠等更搜访湮没未尽之迹，汇入编次。……唐令乃笃饬邑政焉者，克副公美意，遂捐己俸以锲诸梓，谨并书之。”

此志之修与常规不同，系巡按御史嘱猗氏教谕宋纲编纂，纲又转求荣河县协助。明以前纂修方志不一定皆由本州县设局、地方官主持，此即一例。故可不列修人。康镕，亦误，当是唐镕，民国《荣河县志·名宦》有传。

临洮府志二十六卷
明唐懋德纂修
明万历三十二年刻本
(《联目》207页)

按，此志有万历乙巳(三十三年)荆州俊《临洮府志序》，曰:“余不佞，待罪今□，亦且八年，即奉职无状，而耳目睹记，岁月侵寻，一时纪纲之理乱，风俗之淳漓，士马之强弱，□□之充歉，士宇式廓之修辟，概焉亦详。不以此时以毕前志，一则负清时，使后有不再之嗟，今有虚度之羞；一则负渥恩，使国无久任之益，身有苟延之耻……无奈椎鲁不任研削之役，于是以属郡丞唐君(懋德)。唐君故有高名，任之不辞……遂征诸生于郡若县，使即地而搜乘，得其长于编次者郡县各二人……余亦从牛栋中检其关于利害沿革之大者，得若干卷以哀……(唐君)仍取旧志刬其浮冗无当者，以符于今，又取今所见闻，错综而藻绘之，以比于体，洋洋缅缅成一家言，于前有光矣。余为之序其本末以付之梓。”

荆州俊时以左布政使衔官临巩兵备道，驻兰州。唐懋德时官贴堂监收督粮清军总巡同知，非临洮府主官，仅秉荆意主纂辑而已。此本当作:荆州俊修　唐懋德纂　明万历三十三年刻本。日本国会图书馆藏本《官师表》内同知增刻至崇祯九年，推官至崇祯十三年，为增修本。

庆阳府志二十卷

明梁明翰 傅学礼纂修

明嘉靖三十六年刻本

（《联目》274 页）

按，志中嘉靖丁巳（三十六年）知府梁明翰《叙庆阳府志后》曰："郡之无志也，非一日矣。余嘉靖甲寅叨守兹土，暇日考山川文献，求志弗得。询诸父老，咸如前所云……越明年，仅得抄本于去任经历高璋之藏，盖高以九年考绩落职，履任之初犹及见全帙，故有此录。特简或脱略，字多舛讹，犹未可传尔。余一日礼请宪长彭原傅公学礼，言及修志事，公忻然曰：'寻复郡志，吾志也。数十年前监司临府征志，民尚有持抄本进者。因移檄翻刊，时太守某为惜公费，笞其民而禁之。后之抄本不复见。今幸获此录，考订有据，愿卒业焉。'遂偕乡进士张子旂、徐子登、孙子倌同秉直笔，各著所闻……不五旬而稿成……因命匠梓之。"傅学礼，邑绅也，庆阳府安化县军籍，非陕西司道。

当作：梁明翰修 傅学礼纂。

冠县志八卷首一卷

清虞际昌纂修

清康熙三十七年刻本

（《联目》305 页）

按，日本内阁文库藏本六卷首一卷。卷一地里志，卷二秩官志，卷三典赋志，卷四人物志上，卷五人物志下，卷六艺文志。

此志卷端大题下镌"知县钱霞增辑"。钱霞于康熙十九年据旧志增辑，有《重修冠县志序》。《凡例》中曰："冠邑志书刊于万历己酉，迄今上御极之庚申，事隔两朝，年逾七十，其间并未随时补缀。""是志始于己未，成于庚申（康熙十九年）。退食之余，细心雠校，纪述遵旧，眉目从新，鲁鱼既鲜，刊写精工。"于康熙十九年已刻。

虞际昌乃又据钱志增修者。志中康熙戊寅(三十七年)虞际昌叙曰:“冠邑志创自万历时谈侯,阅七十余年,起庵钱君踵修之。又几二十年而及余……乃征旧志,搜网见闻,汇萃时事而百补其缺轶。质诸邑士大夫,佥曰善。遂以授梓。”

有《新志同修姓氏》,首行亦题:“知县钱霞增辑。”《重修姓氏》首行题:“知县虞际昌增辑。”

卷六后犹有增刻,署年至康熙三十八、三十九年。

当作:钱霞纂修　虞际昌增修　清康熙十九年刻三十七年增修本。

长洲县志十四卷艺文志十卷

明张德夫修　皇甫汸纂　明张凤翼补辑(艺文志)

明万历二十六年刻本

(《联目》319页)

按,日本国会图书馆藏本有万历戊戌申时行《重刻长洲县志序》,曰:“县故未有志,隆庆中浮梁张侯始创为之,具冏卿顾公(存仁)所为序,迄今三十年所矣。武陵江侯(盈科)来领兹邑,既逾年,政通人和,百废具举。间考览旧志,则慨然叹曰:‘嘻,志犹史也,史之法,纪事纪言废一不可,而吴故娴于文学,词人墨士相望,乃独绌艺文不传,则岂非邑乘之缺而长民者有遗虑欤!’乃延礼名士张孝廉伯起(凤翼)等重加纂辑,益以艺文志。县自唐建,艺文亦自唐始,总之若干卷,旷分胪列,罔有缺漏,洋洋乎,缅缅乎,真一邑之全史也。”

隆庆五年顾存仁《长洲县志序》曰:“浮梁张侯至,殚心政教,百坠具兴,乃作《长洲县志》,属其笔于皇甫诸君子,不阅月而告成……侯名德夫,别号海潭,江西饶郡人,乙丑进士。皇甫诸君子俱邑人,其名衔列左方——司勋皇甫汸纂,柱史刘凤,乡进士张凤翼,太学生顾彬、张献翼、杜大中,邑庠生归大宾、周时复、吴城、陆经。”故当是:明张德夫修　江盈科增修　皇甫汸、张凤冀等纂。

又,《宦迹》最后一条为:“韩原善字继之,卢龙人,丁未进士,初除江浦县,庚戌六月以才调繁。”丁未,万历三十五年,庚戌已是三十八年。当是重刻后又增修。

高淳县志二十五卷
　清李斯佺纂修
　清康熙二十二年刻本
　(《联目》344 页)

按,李斯佺《纂修高淳县志序》内曰:“爰修礼聘,谋诸学博叶君、胡君,敦邑之鸿笔渊儒,就局从事。”高淳教谕叶楠跋曰:“与局者邛州刺史邢君、进士史君、孝廉葛君,暨予学中芮生城、陈生昆汝……侯又闻逸民吴子越彦名,以礼为罗,必延致之。皆才如班马,直并董狐。”是纂辑有专人,名姓亦可稽,为芮城等。

武进县志十四卷首一卷
　清王祖肃等修　虞鸣球纂
　清乾隆三十年刻本
　(《联目》346 页)

按,王祖肃《武进县志序》中曰:“延金沙虞考功总持执笔,副以董吉士提调分修。”常州知府潘恂序中曰:“是书垂成而考功以补官去,吉士以感疾卒。”《纂修姓名》中列:“纂修　吏部考功司郎中虞鸣球　翰林院庶吉士董潮。”二人并列,董潮似宜著入纂人。

乾隆三十年刻,志内无据。

仪真县志十二卷
　清胡崇伦修　陈邦桢等纂
　清康熙七年刻本
　(《联目》352 页)

按,胶卷系据日本内阁文库藏本缩摄,有康熙三十二年知县马章玉《增修仪征县志序》,曰:“邑志自前令重修以来已二十余载,其官师之姓名贤否，人物之忠孝节义潜德幽光当表章，与夫学校、选举、沿革、建置、灾祥、艺文诸不容略，凡三十年来未载者，必皆循例增编，予心乃慊。……绅士益以余为至公，善其说，逐类为刊补。”

卷三之“又三”、“又四”(纪事至康熙四十年)，卷五之“五”、“七”、“十三”、“又十三”，卷八之“五十七”、“五十八”，八十八页后两页(无页码)等页皆增修补板。又，凡遇“真”字多剜改为“徵”。

当作:康熙七年刻三十二年增修后印本。

靖江县志八卷

明王叔杲修　朱得之纂

明嘉靖四十四年修隆庆四年刻本

(《联目》358 页)

按，志中隆庆己巳(三年)知县张秉铎《靖江县志序》曰:“近斋朱先生(得之)以县志示余，余喜曰:‘所可以谢山川而纪文物者，不有在于兹乎。’乃以拱璧宝之。又日求益诸人士，使各售其所知以共成。……余既谋锓诸梓，不揣复为之序。”隆庆三年朱得之跋曰:“县志纂次始于壬戌(嘉靖四十一年)，成于乙丑(四十四年)。其成也，或以之啧啧，或以之讹讹，若存若亡者久之。逮己巳，始获镌木以传。”

张秉铎主持定稿与刊刻，例当列入修人。刻年则是隆庆三年。

沛志二十五卷

明罗士学纂修

明万历二十五年刻本

(《联目》372 页)

按，诸家胶卷系摄自日本内阁文库藏抄本。目录后有丁酉(万历二十五年)十月符令仪识记，曰:“仪自束发来，即有意于邑乘，积今二十年矣，第未有成书。今年春，邑父母罗公授以纂修之任，又重以二广文先生命，乃克执笔粗就此编。始两月而草毕，再一月而真完，又三月而刻竟。”又有万历三十七年邳州知州管沛县事李汝让《补修沛志序》，曰："《沛志》既成之七年，是为万历甲辰，不佞误以当道推择，自虹来知邑事。先是邑以癸卯秋受黄河之害，溃堤灌城，坏官民庐舍几尽。不佞至，莅政无所，暂假丽谯以居，间得志版于破屋之隅，急命史收而庋之。时以县务倥偬，未暇检理，丙午秋而几就绪，始取阅之，缺落者什之一矣。旋加补葺，藏之县斋。今年秋不佞治沛阅六载，视罗令君修志时一纪余矣。……爰命博士弟子简近年兴迁修创之迹，征实述事之文，付之剞刻。……今志之修，第取建置、学校、祠祀、漕政、艺文五者稍加诠次，附之志中。他若人物、忠烈诸传一仍其旧。"

抄本所据原书当是：明罗士学修　符令仪纂　李汝让增修　明万历二十五年刻三十七年增修本。

临安县志十卷

清陆文焕纂修

清康熙十四年刻本

（《联目》382 页）

按，胶卷据日本内阁文库藏本缩摄，且有康熙二十二年临安知县张顾恒序，曰："前县令臣陆文焕仍厥旧章，接以昭代，旁搜博采，编授剞劂。时因用兵筹饷，未遑拜献。今年复诏天下郡国修订志书。……臣顾恒钦承简命，延引宿儒，立局纂辑。具饩膳，给笔札，相与搜残什，询舆论，沿古续今，稍加编次，月余告竣。"

此序及增补页皆手写，似未刊。宜作：陆文焕纂修　张顾恒增修　清康熙十四年刻增修本。

昌化县志十卷

清谢廷玑纂修

清康熙十二年修　抄本

（《联目》383 页）

按，胶卷据日本内阁文库藏抄本缩摄。卷端大题为"杭州府昌化县志"，后一行书"昌化县知县臣谢廷玑纂修"。序仅一则，康熙二十二年谢廷玑《昌化县新志序》,不及刊刻事。

新修寿昌县志十二卷

清曾华盖修　张可元纂

清康熙二十二年刻本

(《联目》385 页)

按,此志卷一、三、七、十大题后六行镌:"赐进士出身文林郎知寿昌县事曾华盖主修　儒学教谕张可元、训导王芬先监修　恩拔贡生洪如琅、廪膳生员毛可威、附学生员蒋士英编辑。"纂人当是洪如琅等。康熙二十二年刻,志内无据。

武义县志五卷

明黄春纂修

明嘉靖二年刻本

(《联目》428 页)

按,胶卷据日本宫内省图书寮藏本缩摄,乃明林有年修,董遵道纂,正德十六年刻嘉靖三年黄春补修增修本。

此志目录后有正德庚辰董遵道识记,曰:"莆田林君以永(有年)自御史谪丞斯邑,以风化为首务,乃请于前提学刘公、今提学盛公、郡守王公,以其事属遵。不得辞,强为执笔。"

岁贡题名止正德十五年,训导题名止正德十六年,知县题名则止嘉靖十四年谭学(卷二第六页,补板)。

嘉靖甲申(三年)武义知县黄春《修补县志序》曰:"武义县志旧毁于兵燹,近修于邑丞林公寒谷之手,志成锓梓,公以陟守三衢,去矣。而掌记之乏,书既涣散,版亦遗失。嘉靖癸未(二年)岁仲夏,适初洗篆,用是稽考,无复全书之可观。顾时职事未暇,百废蝟集,几图修补(下泐)故捐俸命工锓梓以传,全帙庆成。"

永康县志十卷

清徐同伦修　俞有斐等纂

清康熙十一年刻本

(《联目》429 页)

按,此志康熙壬子尚登岸跋曰:“徐君亹源出宰是邑将六载,政成化洽,歌颂声洋洋盈耳也。乃翻绎旧志,手为厘定。”徐同伦自叙曰:“余不敏,愧未能抽金匮石室之藏,品题轩轾,勒成一代之典。乃于案牍偶暇,广搜遗文,博综近事,闻见从新,条例从旧。”

是徐同伦以纂修自任。

义乌县志二十卷

明熊人霖纂修

明崇祯十三年刻本

(《联目》430 页)

按,崇祯庚辰邑人金世俊《重修义乌县志序》中曰:“熊侯乃取旧志而续修之,雅不欲纷更。惟如文献所云,法当补书,则引类相从而增入之。追寻遐逖,附以新正,匝月而毕。”

《凡例》仍万历丙申周士英旧志所列者。

《纂修姓氏》中列:“裁纂　义乌县知县晋陵周士英”,“增修义乌县知县进贤熊人霖”。

崇祯十三年刻,志内无据。

当作:明周士英纂修　熊人霖增修　明崇祯刻本。

温州府志十八卷

明汤日昭修　王光蕴等纂

明万历三十三年刻本

(《联目》434 页)

按,此志修人当是刘芳誉、林继衡。万历三十三年王光蕴《温州府志小序》中曰:“万历壬辰,京口汤侯(日昭)来守吾郡,方议修辑,寻以迁秩行。大梁刘侯(芳誉)继之,进博士弟子而諏焉。……既秩然矣,会侯移守畿辅,而继以长乐林侯(继衡)。”

永嘉县志九卷

明程文箸修　王叔杲纂

明嘉靖四十五年刻本

(《联目》435 页)

按,此志嘉靖丙寅王叔杲《永嘉县志序》曰:“予家食顷暇,惧文献无征,欲有效于乡邦,而友人王拱甫(应辰)氏则尝受郡公之命从事于兹,而未就绪。爰相与缵订,别为例,作九志。不启局烦馈,不使众闻知,假馆于白塔僧舍,属儿辈编辑。书成,乃质于乡达诸公以祈是正。”同年程文箸序曰:“箸承乏永嘉,至则求旧典而考民风,时乡先生宪使西华王公适有新编,既三阅岁,始得受而卒业……谨序,刻之。”

虽由官刻,实属私纂,与县官开局主修有别。似可不著修人。

又,卷五有“又十九”页,增刻知县题名至万历十年陈其志;卷六举人题名增至隆庆元年丁卯科。当是明嘉靖四十五年刻增修本。

泰顺县志十卷首一卷

清朱国源修　朱廷琦等纂

清雍正七年刻本

(《联目》438 页)

按,此志无首卷,目录及诸序版心皆不标卷首。《纂修泰顺县志姓氏》中,“纂修”只列“松江府学廪膳生员朱廷琦　右韩　松江上海人”。雍正七年泰顺知县朱国源序中曰:“是书也,秉笔而司其成者,家孟廷琦也。”纂人可不缀“等”字。

宣平县志十卷

清侯杲修　胡世定纂

清顺治十三年刻本

(《联目》440 页)

按,此志诸序皆署顺治乙未(十二年),知县侯杲曰:“予取志而订葺之，删其芜，补其缺，正其固陋，清其支蔓，重付之剞劂氏。”“十三年刻”，疑是笔误。

望江县志八卷

明罗希益修　龙子甲纂

明万历二十二年刻本

（《联目》450 页）

按，此志胶卷系据原日本上野图书馆藏本缩摄。原刻八卷，上黑口，卷端大题为“望江县志”，鱼尾下镌“志书”，贡生题名至万历二十二年，具体刻年无征。增修一卷，白口，大题为“望江县志续纪卷之九”，鱼尾下镌“续志”。卷九前有《续志引》，曰：“望故有志，一修于正统癸亥，再修于嘉靖丁酉，迩者又修于万历甲午，语具前序中。今复有续者何？……我邑大夫乌程唐于乙未冬杪莅望，时属大眚之后，诸所废坠，绌难举盈，侯来拮据久之，次第修举，动有成绩，邑志盖彬彬改观焉。计宦成备书，会前志属有缺略，时方有补遗之役，遂续之。”

卷九所续各款皆缀“知县唐守礼”云云。职官记载至万历二十三年知县唐守礼，万历二十四年训导周拱。

当作：望江县志九卷

明罗希益修　龙子甲纂　唐守礼增修

明万历刻增修本

望江县志十五卷

清傅光遇修　吴陈琰纂

清康熙三十四年刻本

（《联目》450 页）

按，此志胶卷据日本内阁文库藏本缩摄，大题为“安庆府望江县志”。

志内《望江县志源流》中曰：“康熙十二年癸丑，主修则知县刘天维，编纂则邑人龙燮也。后续志康熙二十四年乙丑，主修者知县伊巘，编纂则邑人方学仕也。今续修志康熙三十四年乙亥，主修则知县仁和傅光遇，编纂则钱塘吴陈琰也。”

十二年志为十二卷，其后续修皆就原志补版。补页有：卷三江防“又三”、“又三末”，卷三圩塘、井泉“又八”；卷四物产“又二十”、“又二十一”；卷五职官“五”、“又五”；卷六公署一至三页（原第二页改三，第三页重）；卷七学校第二至四页（第二页重），选举“又十”，“十五”至“十八”、“二十”、“又二十”、“又二十三”，祠祀；卷八古迹“一”、“二”、“四”页；卷九理学一至三页（原第三页改“又二”）、“七”页，孝友“八”、“九”页、“又十一”，宦业十二至十四页、“十七”（原十七页作“又十七”）、“十八”、“十九”页；卷十列女一至五页（原第五页作“又五”）、“又六末”，流寓十至十二页，仙释；卷十一灾异“又十一”、十二至十三页、“又十四”；卷十二艺文一至三页（与原刻一至三页页码重）。卷十三、十四无大题，版心上标卷次。卷十五即原卷十二下。

当作：安庆府望江县志十五卷

清刘天维修　龙燮纂　伊巘、傅光遇增修

清康熙刻增修本

滁阳志十四卷

明戴瑞卿等纂修

明万历四十二年刻本

（《联目》460 页）

按，此志有于永享跋，曰：“贞阳戴公，固名勋双江公之裔也。……（治滁）越年而修滁志，命余与诸文学从事于□，远追羊城之绪旨，近绍庄肃之撰著，汇而成帙。”是纂人为于永享等。又，万历四十二年刻，志内无据。

太平府志十二卷

明祝銮纂修

明嘉靖十年刻本

（《联目》463 页）

按，志内嘉靖十年郡人祝銮《太平府新志序》中曰："正德丙子岁，前守周侯伯承重修郡志，銮僭执笔焉。迄今十有五年矣，缺者当增，后者当续，讹者当正，略者当详，冗者当剔，不无有俟于后之君子也。乃今侯西泉林公与銮有同年之雅，间尝语及志事，欲修而未果。居无何，九峰山人邹子至，遂设馆于万寿寺之东明轩，敦礼授简于九峰焉。九峰不得辞，乃殚心力，穷昼夜，稽载籍，咨耆旧，询草野。既罔不周矣，乃酌古定例，提纲汇目，具草以质于西泉公。公曰善，请终图之。越三月而书成。"

林公，林钺，时官太平知府；邹子，邹壁。是误以前志纂者为本志纂修人。

嘉靖十年刻，志内亦无据。

此志大题为"重修太平府志"。

宁国府志二十卷图一卷

明陈俊修　梅鼎祚等纂

明万历五年刻本

（《联目》465 页）

按，万历五年汪道昆《宁国府志序》中曰："南海陈君（俊）出守是郡，惟兴废为孳孳，斋宿抵梅太中，以郡志请。太中家世受史，故以文献首郡中。俊惧旷日久而籍滋亡，是在掌故。太中敬诺。则式闾而下贡东平。"

太中，乃梅守德，嘉靖辛丑进士，官至云南左参政，阶太中大夫，时归里讲学。鼎祚乃其子，嘉靖三十二年生，万历五年二十四岁，尚未仕。贡东平，乃贡安国，邑人，曾官东平知州。

此志纂人乃梅守德、贡安国。

万历五年刻，志中亦无据。

新修南昌府志三十卷

明范涞修　章潢纂

明万历十六年刻本

(《联目》480 页)

按,有首末各一卷。

万历十六年刻,志内无据。

浮梁县志八卷首一卷

清王临元修　曹鼎元等纂

清康熙十二年刻本

浮梁县志九卷首一卷

清陈湇修　邓熝　周之文纂

清康熙二十一年刻本

(《联目》481 页)

按,九卷本即八卷之增修本。卷九大题后叙曰:"自邑令王侯重修县志越十年,浮之兵燹乱离视昔加剧。荡平后幸复见天日,而六载七易县令。嗟此惊鸿,屡失怙恃,不获膺期月卒岁之拊循,宁无切踵事者之痌瘝欤。兹恐岁久易湮,条续各款,以志民瘼。"康熙二十一年教谕邓熝《浮梁县志跋》曰:"屡奉宪檄下学访求旧志。及询乡绅先生家,俱曰:'兵燹残烬,志版颇缺,仅存遗编。'幸粮台摄县事陈(湇)慨然捐俸,会同乡衿集资,相与重修刊成。"

卷七、卷八中亦多见补版,字较原刻瘦小,刻工风格多与卷九同。卷九中又见康熙末年补版,字体粗浑,纪年至康熙四十八年。

八卷本不著纂人,宜作:清王临元纂修。

邓熝,当是邓爊之误。

九卷本宜作:清王临元纂修、陈湇增修,清康熙十二年刻二十一年增修补刻本。

广信府志二十卷

清周骏升修　孙世昌纂

清康熙二十二年刻本

(《联目》486 页)

按，此志卷一大题作“广信郡志”。

《续修姓氏》首曰：“岁在壬子（康熙十一年）诏下所司征郡邑图籍，知府高梦说偕僚属暨二三文学编辑三阅月而书成。将献之当宁，会甲寅春守将柯升叛，居民逃匿，大肆焚掠，简编梨枣尽付灰烬，志几湮没而不可考矣。癸亥（康熙二十二年）礼臣奉命复征十五国志上之中秘，以章大清一统盛烈。知府孙世昌承檄即下所部七邑，旁搜残简，罗采遗文，访诸故老，设馆局、召文学，不惮夙夜勤劳，刻期成书，以对扬天子休命。”不载纂人名氏。“周骏升修”亦不知何出？

又，目录后为嘉靖乙酉江汝璧识记，后镌“康熙癸丑春王正月既望东鲁高梦说重订”。颇疑此志系就高志旧板增补者，惜不见原书，无从核对。可姑作：清孙世昌纂修，清康熙二十二年刻本。

瑞昌县志八卷
　清郝之芳修　万定思等纂
　清雍正四年刻本
　（《联目》483 页）

按，此志纂人当以章国录为首。国录，邑人，雍正二年进士，其雍正四年《郝侯续修瑞昌县志序》中曰：“余小子忝植狄门，亦分编纂之末。”“修志衔名”中，居“论定”之首，次为南昌县训导但晨。其它与修诸人，廪生皆列“续纂”，万定思为首；生员则列“编次”。

万年县志二十二卷首一卷末一卷
　清周履祥　张宗裕等纂修
　清道光七年刻本
　（《联目》493 页）

按，此志无末一卷。封面镌：“道光四年重修　万年县志　本衙藏板。”道光四年周履祥序中曰：“道光二年大宪议修通志，檄各属修志送省。谋之邑人士，咸欣然乐从，爰切搜罗，互相考订。方幸得遂初心，乃甫开局而余已谢事。幸接任张公家栻及张公宗裕擅班马之才,裕欧苏之学,正讹补缺,越岁而告成。"《重修县志姓氏》后又有《道光七年五月续修县志姓氏》,"掌修"仍为张宗裕。职官、选举等项后,间有"续增",字体视前稍异,纪年皆在道光六、七年,约是刻成后又略增补。径作道光七年刻,则不妥。

万载县志十六卷首一卷
清常维桢修　汪映极等纂
清康熙二十二年刻本
(《联目》494 页)

按,此志卷端大题后一行镌"万载县知县常维桢纂"。常维桢《凡例》中曰:"纂修县志关系一代大典,必得鸿才巨手方可成书。但礼聘名贤须夫重币,此项物无所出。惟与邑中绅士共期考订,总期信而不诬,核而有叙。至剞劂之费皆自捐己赀,不敢强人。阅三月而遂成。"常维桢纂修自任。具体刻年,志内无征。

靖安县志十卷首一卷
清朱堂修　舒友亮纂
清乾隆十六年修二十八年李纪增刻本
(《联目》499 页)

按,此志封面镌:"乾隆十六年新镌靖安县志　双溪堂藏版。"

乾隆辛未(十六年)朱堂《重修靖安县志序》中曰:"是役也,经始者为前任映清冯公,继之者晴江孔公,纂辑者为前南海令邑孝廉涂君基、邑明经舒君亮友……余虽五日京兆,而幸获成斯举,得厕名编末,亦与有荣焉。"映清冯公,名渠,当列修人之首。舒友亮,为舒亮友之误。

有乾隆二十八年李纪《续增靖邑志序》,所增辑仅卷八末艺文中疏、详案补遗两篇。宜作:清乾隆十六年刻二十八年增修本。

金谿县志十三卷
清王有年纂修

清康熙十一年修二十一年刻本

(《联目》500 页)

按,此志卷一大题后一行镌“邑人王有年辑著”。《凡例》中曰:“修志必统以邑宰,参以众论,刻以公费,无非示公而已。然往往限于时日,不能抒其所长;淆以异同,不能竟其一得;董以官役,不必期于精工。今志成于一手,刻于私家,前数者之患亡矣。虽不敢自谓传书,而惨淡经营,殊非苟且,世有识者,听其索观。否则藏之家塾,传之其人,谓是一邑之史可也,即谓是一家之书亦可也。”王有年,顺治己亥进士,历官贵州思州府推官,山东阳信知县。

此志非官修,王有年亦非金豁地方官,不宜作“纂修”。

建昌府志一百卷首一卷

清姚文光修　周宣猷等纂

清乾隆二十一年刻本

(《联目》502 页)

按,此志主纂乃郡人举人魏定国。乾隆十九年魏序中曰:“我郡伯姚公下车甫数月,仁心为质,明作有功,政简刑清,百废具举,毅然以修府志自任,集众绅士公议,裒赀共勷盛举,礼聘名宿以任分修。不鄙余愚朽,兼综其事。……二月初六之吉,力疾入馆,与诸君子酌定凡例,分派纂修。”周宣猷,长沙人,进士,乃其副者。乾隆二十年周序中曰:“癸酉(乾隆十八年)公奉简命来牧盱,政成事举。明年,聘名士,礼贤者,毅然以八十余年未修郡志自任。是年冬,余客豫章,公以事羁省,相晤于旅馆,班荆道故,唏嘘者久之。酒半酣,以笔削之贰属余。”

“纂修”题名中周列魏前,当以周乃进士出身故。

乾隆二十一年刻,志内无据。乾隆二十一年姚文光序中只述其志稿成。

吉安府志三十六卷

明余之祯纂修

明万历十三年刻本

（《联目》504 页）

按，此志卷端大题后三行镌“赐进士知吉安府事内江余之桢总修　赐进士陕西布政司参政致仕郡人王时槐纂修　刘元卿　罗大纮考辑”。无序跋。卷三十六末镌一函，曰：“新志伏蒙垂见暂密藏勿印刷，甚幸。俟数年之后，罪我者之言稍息，或有平心者，必复取而观之。则老公祖今日之盛举不终湮没，未可知也。盖此事既据理笔削，诚自尽其心，可无甚愧。至于传与不传，一付之自然，初无意必。即此便是生辈今日学问工夫，若一因人言遂至内而摇惑，外而怨尤，则其违道已甚。纵使其书倖传，亦何足贵乎！”

则此志当列纂人。具体刻年，志内无征。

信丰县志续编十六卷

清许夔修　谢肇涟　张伊纂

清道光四年刻本

清同治六年周之镛补刻本

（《联目》510 页）

按，此志与乾隆十六年刻本合订，属增修，不宜视为单独一志。其封面页右镌“乾隆十六年镌　信丰县志”，页左镌“道光肆年镌　信丰县志续编”。《凡例》末则曰：“旧志刻版完善，新编照式誊写付梓，分附各门之后，装成全帙，条目一丝不乱，展卷了然。首尾序论，旧志所撰俱极典雅，今次续编概不另撰。”又，同治补修本有同治六年周之镛《补刊信丰县志跋》，曰：“信邑旧志失修久矣，年深代远，复经兵燹，其板之失去者将十之三。余守斯土，询得其故，慨然感饩羊之亡。恐其逐渐消磨，后数十年并其存者亦就湮也，欲加重刊，则工繁费巨不易举行。且虑蒇事无期，转至半途而废也，不得已思其次焉。捐俸金购梨枣，视其板之已毁者补之，将毁者易之，合诸旧存，始成全璧。”是补修亦非仅限于道光增修部分。

当作：清乾隆十六年刻道光四年增修同治六年周之镛补刻本。

会昌县志三十二卷

清蒋启扬纂修

清道光六年刻本

(《联目》511 页)

按,志中道光十一年陈逢年《凡例》末曰:“续修新志前于道光二年仲冬逢年奉檄倡率邑绅开局兴修,嗣因卸篆未克蒇事。署令蒋启扬复集绅编纂,义例悉遵宪颁程式,其旧志有未合者,卷帙稍为改移。走书商榷,意见相同。盼望成事,竟以费缺中止。今年奉补石城,与会昌接壤,邮札在局绅士,取阅新志,烦简合宜,体裁亦得。爰拟《凡例》十则,以敦促同事诸君子,用告成功焉。其卷首署令蒋已有弁言,年不复赘。”陈逢年纂修始终其事,当列名居首。道光六年刻,无据。

宁都直隶州志三十二卷首一卷

清黄永纶修　杨锡龄等纂

清道光四年刻本

(《联目》512 页)

按,此志各卷大题后镌“广德刘丙　太平梁栖鸾纂辑”。道光三年李宗昉序中曰:“刺史刘克斋(丙)同年因创修志之议,手自削稿,稿甫就,适予校士至州,属序首简。克斋以名进士起家,治事通敏,案无留牍,故得于其暇著书。其用力也,三阅寒暑。去秋入觐,以属摄篆梁君(栖鸾),梁君复校雠不倦,可谓相与有成者矣。”是两任知州皆以纂修自任。

据刘丙《凡例》中述,嘉庆七年知州黄永纶聘进士彭烒纂志,未成书,二十五年知州郑祖琛仍其志草为分八门六十四类,亦未定稿,此次虽亦引据,但经全面辑订,改八门为三十二门。故不宜再以黄修原稿视之。

道光四年刻,志内无据。

重修瑞金县志十一卷首一卷

清郭一豪修　朱云映　谢重拔纂

清康熙四十九年刻本

(《联目》513 页)

按,此志无首卷,大题作“续修瑞金县志”,鱼尾下亦镌“续修”。康熙四十八年邑人杨以兼《续修邑志跋》中曰:“为卷之数十有一,为叶之数二百有奇。始于丁亥(康熙四十六年),迄于己丑(康熙四十八年),凡三载而后告竣。”是刻成于康熙四十八年。

福建通志七十八卷首一卷

清郝玉麟　卢焯等修　谢道承　刘敬与纂

清乾隆二年刻本

(《联目》517 页)

按,志内伦达礼《福建通志序》中曰:“世宗宪皇帝当久道化成之日,享一统车书之盛,特命纂修通志……其诏下已七年,前人业未竣,督诸绅士,总裁、分校各执其事,悉从旧制,附入新增。于乾隆首岁剞劂功成。”

乾隆二年刻,误。

卷首为四卷。

福州府志七十六卷

明喻政修　林烃　谢肇淛纂

明万历四十一年刻本

(《联目》518 页)

按,此志实为林材纂。万历癸丑林材《福州府志后序》中曰:“郡大夫豫章喻公来守福唐,首阅邵乘,缺而未续者三十年,遗佚相寻,久将安考……于是奉牛耳于大司空林先生,而属不佞为先生佐。”林烃序曰:“顾余衰老愦愦,何能为役!固辞弗获,幸都谏先生慨然载笔,聊受成焉……编摩笔削则都谏任之,独运匠斤,不摇群议,卓为良史之才,信今传后,奚三难之足云。耄大不能赞一词,徒糜公家之既禀,媿矣,媿矣。”《修志姓氏》中列“总裁　资政大夫南

京工部尚书林烃　文林郎吏科都给事中林材”。

万历四十一年刻，志中无据。

建阳县志八卷

明魏时应修　田居中　张榜纂

明万历二十九年刻本

（《联目》521 页）

按，此志正文前有县纪一卷，不标卷次，卷八后有附录拾遗一卷。

万历二十九年刻，志内无据。知县题名且至万历丁未（三十五年）叶大受，字体一致，非补镌。

浦城县志十二卷

清李葆贞修　龚五韺　梅眉季纂

清顺治五年刻本

（《联目》523 页）

按，志中有顺治辛卯（八年）吴金鉴跋，曰：“今清朝定鼎，隆隆日起。柘邑之人物风俗，聿乎维新，政未有艾也。余幸蹑尘盛事之后，剞劂告竣，得观厥成。”是刻成于顺治八年。

又，李葆贞序中曰：“时居稍闲，过学宫与龚先生华茂（五韺）讨诸废置因革、风土民情物宜，以至前代名儒巨卿、孝秀高蹈者流，咨诹而考核之。并延梅孝廉眉季及名诸生数人开馆授糈，日给笔札。”是纂人为梅眉季等。梅名彦騊，崇祯庚午举人。

浦城县志四十卷首一卷

清黄恬修　祖之望　朱秉鉴纂

清嘉庆十六年刻本

（《联目》523 页）

按，此志修成于嘉庆十六年，但志中未述及具体刻年。有封面，镌“嘉庆十八年新修浦城县志　校正定本”。卷十七《国朝县职表》列载至嘉庆十八年二月，时知县为路文泽。

卷端及版心俱题“新修浦城县志”。

福宁州志十卷
明林子燮纂修
明万历二十一年刻本
（《联目》526页）

按，志内有万历癸巳（二十一年）福宁知州史起钦《福宁州志序》，内曰：“今年而诸废稍稍调葺，于是请诸当道报可，则开局延州缙绅先生林绍木（子燮）、郑磐石（安国）、张瞻凤（大光），暨春元郑玉沙（洪图）专纂修之事，而分命诸生以次编汇。”当是：史起钦修林子燮等纂。

福清县志续略十八卷
明（释）如一纂
明嘉靖二十六年刻本
（《联目》532页）

按，释如一字即非，福清人，俗姓林，曾为福清黄檗山万福寺书记僧，顺治十四年东渡日本，宽文三年（1663年）曾于山城国宇治“黄檗山”万福寺（今京都醍醐山）为隐元隆琦助法，后于丰前小仓广寿山创福聚禅寺，宽文八年（1668年）退隐，十一年（1671年）示寂。志中释如一《福清县志续略叙》内曰：“今秋阁锡云外，假此野鹤余闲，乃搜奇用广，遂将早岁见闻有补于风化之未备者，一加增辑，列成一十八卷。”成书与刊刻当在日本宽文三年至十一年（相当清康熙二年至十年）间。释如一亦不宜作明代人。

详见《〈福清县志续略〉有关中日文化交流的一部文献》（《文物》1984年第8期）。

福清县志二十卷图一卷
清饶安鼎修　林昂　李修卿纂

清乾隆十二年刻本

(《联目》532页)

按,此志尚附遗编一卷,在卷二十后。页码与卷二十通计,自十九页至三十一页。版心镌“遗编”,不镌卷次。

乾隆十二年刻,志内无据。

海澄县志二十卷

明梁兆阳修　蔡国桢　张燮等纂

明崇祯五年刻本

(《联目》538页)

按,志中海澄知县梁兆阳序曰:“设馆于壬申(崇祯五年)之首夏。未几,潢池云扰,至嘉平月(十二月)而草创成。癸酉(六年)春移馆于郡之信芳园。……凡数易稿始付锲劂。又有锲而尚易稿者,至仲秋而梓事成。”始刻与刻成皆在崇祯六年。

宁洋县志九卷

明金基纂修

南明永历二十九年刻本

(《联目》542页)

按,志中永历二十九年知县金基《重修宁洋县志序》,内曰:“今我藩主亲统大师,恢复中原。岁在甲寅,时惟九月,德化公标都督蔡公讳隆,克复章(漳)平、宁洋二县。时宁洋乏令,主以残破之邑抚绥尤贵良吏,不以基为不材,而以内官外补。孰知入斯邑也,城郭空存,人民逃散,满目蓬蒿,真堪洒泪。甚至记室付之回禄,案牍已尽坑灰,即欲核稽册籍,岂可得哉!适从智井拾得旧志,盖前令萧亮所作也。其版帙遗失十有二三矣!正拟修葺,而镇兵云屯,索饷雷急,哀鸿未集,绵葛徒嗟。方且食之不得下咽,奚暇论黄数黑耶!然犹幸无讼之庭尽可罗雀,退思之地亦可雕虫,删其夷虏之颓风,复我明朝之旧典。草创略具,而孝廉杨君讳菁献下邑作教,窃谓世有子云矣,乌可不举以相质而求讨论也!——佥曰可。命诸梓人,使千秋万世之下,知中兴盛举,文献足征云。”

曰修,曰梓,实只据康熙元年刻《宁洋县志》旧版剜补。原刻字体仿宋,补刻为写体。

当作:清萧亮修　张丰玉纂　南明金基增修　清康熙元年刻南明永历二十九年增修本。

详见《永历〈宁洋县志〉版本识辨》(《文物》1983年第12期)。

归化县志十卷图一卷附一卷

明周宪章纂修

明万历四十二年刻本

(《联目》544页)

按,志中万历四十二年周宪章《重修归化县志叙》内曰:“余令归化之三年岁在辛亥(万历三十九年),会直指陆公檄藩臬修《八闽通志》,闽郡县故有志,独归化缺如,曰志木火矣,无有应者。已,得之黄秀才云鹭,余读一过,则志视设县初仅十余年事耳。搜逸探奇弗得,即削芜钼秽亦无可藉手,乃延乡绅陈廷诰、夏时行,里选士夏廷栋,诸生揭弘化、赖可大、李嘉谟廪给余所,鼎建藩司中耳目之所睹记、故老之所称说、残编断简之所遗留,靡弗纠拾荟萃。……(余)手为编次,阅旬有五日报竣。簿书纷拏,不遑藻润,辄捐俸付之剞劂。……亡何,旋以入觐行。越明年夏四月复令兹土……因提县志始末,而为之序。”志已刻成三年,补序其始末。

又,职官题名至万历四十年者,乃剜版后增入;贡生题名至万历四十一年者,系补版。

当是:万历三十九年刻四十二年增修本。

重修台湾府志二十五卷首一卷

清六十七　范咸纂修

清乾隆十二年刻本

(《联目》549页)

按,志中乾隆十二年高山《重修台湾府志序》中曰:“刘君(良璧)所葺志乘又觉未尽其要,曾语巡台给谏六公,而六公亦有雅意增损之说。迨侍御范公赴台,与六公参酌考订咨讨厘正,逾一年志成。丙寅(乾隆十一年)冬,二公寓书予曰:重修志乘业已刊刻告竣,言之不文,乞为一序。”是刻成于乾隆十一年。

阳武县志八卷

清张慎纂修

清康熙二十九年刻本

(《联目》568 页)

按,此志有康熙二十九年知县安如泰《阳武县志序》,曰:“兹奉抚军大人檄令阖属自呈本志,因特请寒潅张先生秉笔,而同邑卢、郝、堵、王诸先生共勷厥事,余藉星驰上之。”安如泰,当属主修。

张慎,乃张慎为之误。张慎为,邑人,顺治丙戌进士,曾官长兴知县,志中有其康熙庚午《重修阳武县志跋》,曰:“邑大夫捧宪文檄所属以志上,议者谓问途当于已经,遂以属余。”

康熙二十九年刻,志内无据。

南阳府志十八卷

明李廷龙修　朱之藩纂

明万历五年刻本

(《联目》596 页)

按,此志纂修皆李廷龙为之,时官分守汝南道右参政。万历五年郡人太常少卿方九功《南阳府志序》中曰:“万历乙亥藩参长沙李公抚民是邦,下车首询掌故,令所部各以其志送官,取而订之,属郡宁霍公暨诸属共加详校。逾三月而梓人告成事,为卷一十有八。事采诸家,义从独断,文加删润者过半矣。”《修志姓氏》中亦题“纂修　参政　李廷龙。”

湖广通志一百二十卷首一卷

清迈柱修　夏力恕纂

清雍正十一年刻本

(《联目》607 页)

按,"清雍正十一年刻",当据雍正十一年迈柱等进书表,而此志《凡例》末曰:"通志于雍正八年二月二十七日开局,雍正十年七月十五日开刻。十月二十五日接到部文,议准湖南桂阳州改升直隶州,辖临武、蓝山、嘉禾三县,其舆图、疆域、户口、田赋及一切人物、乡贤等志已渐次刊刻成书,谨识沿革志末,以备将来考核。又各省咨册未齐,凡有续增者,亦以类载各志末云。"

宜作:雍正十年刻本。

湖广武昌府志十二卷

清裴天锡修　罗人龙纂

清康熙二十六年刻本

(《联目》608 页)

按,志中康熙二十六年张芑序中曰:"我郡伯裴公堂台聘名儒、延贤士,广搜遗闻,博诹掌故,虽编辑分于群才,而笔削裁于一手。三阅寒暑,遂以成编。"裴天锡,纂修自任。

蕲水县续志四卷

清李振宗纂修

清康熙二十三年刻本

(《联目》616 页)

按,此志大题为"续修蕲水县志"。康熙二十三年刻,志内无据。

广济县志十八卷

清王玉铉　王临纂

清康熙三年刻本

(《联目》617 页)

按,此志卷一卷端题"知广济县事拔贡孙谦亨有终　进士黄玉

铉汉崖先生鉴定　儒学教谕举人李以范重叙　训导贡士胡效顺抒白　贡士刘醇骥千里参订　生员王临五宜辑著”。

孙谦亨顺治十六年来官，十八年去；黄玉铉，后孙二任，康熙三年夏来官，《宦迹》中有“捐俸修刻邑志数十卷”语；卷十三《文学》末有《王五宜传》，曰：“楚抚按大臣监司州郡诸公至，取县志，即以五宜书上，而五宜亦倦勤矣。康熙四年督学王公举行优，是秋病卒。”

卷六典史董天琇名下曰：“自癸卯(康熙二年)春奉委押夫解粮荆州等处，迄乙巳(康熙四年)冬始回任。”

或此志始刻于孙谦亨，竣于黄玉铉任内。

“玄”不缺笔。

王玉铉，当是黄玉铉之误。康熙三年刻，亦误。

嘉鱼县志八卷首一卷

清汪云铭修　方承保　张宗轼纂

清乾隆五十五年刻本

(《联目》619页)

按，此志大题为“重修嘉鱼县志”。只《凡例》第三页版心镌“卷首”，李元震序及“修志姓名”且镌“卷一”。似此，例不计首卷。

江陵县志五十八卷首一卷

清崔龙见修　魏耀　黄义尊纂

清乾隆五十九年刻本

(《联目》622页)

按，此志由荆州知府崔龙见主修，原监察御史黄义尊纂。魏耀乃江陵知县，当入修人之列。

荆门直隶州志三十六卷

清王树勋修　廖士琳纂

清嘉庆十四年刻本

(《联目》622页)

按，此志系据乾隆十九年刻旧板增修。原刻大题“荆门州志”皆予挖补，类目标题下皆嵌补“原志”字样。所增内容为：

卷四《疆域》，原刻五页，增刻六至九页，即升直隶州后来属之当阳、远安两县疆域图及说。

卷六《山川》，原刻十三页，此本第十三页易版，补版十三页自页左接刻增修内容，前冠“续”。

卷七《城池》，原刻十六页，此本增刻至二十二页，第十七页首行题“本州桥梁续补”，十八页首行题“续”。

卷十七《官师》，原刻至四十八页，此本另增一至十二页，增刻首页前题“续载”。

天门县志二十四卷首一卷

清胡翼修　章镳　章学诚纂

清乾隆三十年刻本　注　附修志十议

（《联目》624 页）

按，此志乾隆乙酉（三十年）胡翼序中仅曰“聘年友会稽章君镳、邑明经熊子士佽、程子文选共为商榷”，未及章学诚。“修志姓氏”中“编纂”亦仅列章镳，熊、程为“分编”，亦不及章学诚。章镳，学诚父。

《修志十议》民国十一年石印本始自《文史通义》中辑出增入，原刻本中无。

此志之纂学诚虽曾涉笔，究属局部，且系随父游学，非正式应聘纂辑人员。著录似当依原貌，不宜滥加。

湖广郧阳府志四十二卷补一卷图一卷

清刘作霖修　刘廷耀纂

清康熙二十四年刻本

（《联目》632 页）

按，康熙十九年知府刘作霖《郧志类编序》曰：“郧自昔丁乱以来，旧志藏板久归劫灰，后得遗本于山左，绝笔在明万历末年，飘飘断緌，即有续者，又择焉不精，语焉不精，舛漏肤诞，颇失春秋谨严之旨。于是校正删补，前志以诸史为据，后志以耆老石刻为凭。”又康熙二十四年知府杨廷耀《郧阳府志序》曰：“廷承乏于郧属。前守刘公辑乘稍有成绪，予不敏，其曷敢弗终厥役。……因取刘公所辑踵而成之。其诸贤士大夫文章显美较他郡似诎，此虽民愿俗朴弗尚浮靡，然亦建置独后，自明嘉靖迄今不过百数十年，无可纪故也。至若山川奥复，联络诸省，枢纽交会，屹如重镇，视它郡为要害焉，则志之设曷可少乎。不揣固陋，辄裒集授梓。”

据此，当是刘作霖、杨廷耀纂修。“刘廷耀”，或是杨廷耀之误。

补一卷大题曰“郧阳府志补”，后一行镌“署郧阳府事均州知州贵阳江闿续”。有康熙己巳（二十八年）江闿跋，曰：“贱子闿今上康熙二十七年冬摄理郡事，入境之日即于前贤节义事功文章周详咨询，非无谓也。不数月辄遇先府君之丧，踉跄求去，诸不暇及，姑取其废缺之大者附载一二，别名《郧阳志补》，聊以备后贤之采择云尔。”因此宜分开著录，即：补一卷　清江闿纂修　清康熙刻本。

随州志十八卷首一卷
　清张璿纂修
　清乾隆五十五年刻本
　（《联目》635 页）

按，此志中国科学院图书馆藏本《官师》、《孝义》、《列女》等卷后皆有增刻。卷八《官师》第三十六页易原版增刻，又加“三十六下”页，末有陶绍侃识记，曰：“嘉庆十四年九月，余补授斯土，翻阅州志，为时未久，无暇增修，惟十数年来官师，亟为补入。”

乾隆五十五年刻，志内亦无据。

南汇县新志十五卷首一卷
　清胡志熊修　吴省钦等纂
　清乾隆五十八年刻本
　（《联目》12 页）

按，此志当以著录姚左恒纂较为确切。胡志熊序曰："南汇分于雍正四年，知县事者自钦公琏始，县志即始于公。邑人顾侍讲成天、叶进士承分任搜辑，阅岁而稿具。侯之复来重加删补而书始成。乾隆辛亥，熊承乏兹土……集绅士采摭，以顾侍讲原稿目录为诠次，旁及碑碣谱乘，就正于吴白华、稷堂两先生，订其讹缺。复延虞山姚星岩铨部为之厘定，名曰《新志》，凡十五卷。"姚左恒序曰："癸丑春，余游云间，适南邑胡明府下车之三载，物阜民安，清和咸理，续辑志乘，业有缮本，属之检校……阅四月而诠次成帙。"

嘉定县志十二卷首一卷

清程国栋纂修

清乾隆二年修七年刻本

（《联目》17 页）

按，顾栋高《新修嘉定县志序》中曰："程侯令嘉定凡四年，政宁事和，民获苏息。以县既分析宝山，且前志已经五十余年，不可不及时编辑，乃另立体例，为卷十有二，为目七十有七。书未及成而侯移任淮安之盐城，请于上官愿终辑以蒇厥事。上官嘉其意，许之，越五年为乾隆之壬戌（七年）始克告竣。"是稿成，而非刻成。

宝山县志十卷首一卷

清赵酉修　章钥纂

清乾隆十一年刻本

（《联目》19 页）

按，"钥"乃"沦"之误，此志总辑为章沦。

宝坻县志十八卷

清洪肇楙修　蔡寅斗纂

清乾隆十年刻本

（《联目》24 页）

按，此志目录前及卷一卷端题："古歙桂林洪肇楙东阆甫手辑

男煦　烜同校字。"《新修职衔》中列:"纂修　知县事今升磁州知州加三级癸卯进士洪肇楙。"汪由敦序曰:"吾乡洪君以名进士宰斯邑,咨询掌故,唯缺佚是虚,搜讨综核,因前志而笔削之,纬以己意,正其讹谬,补其疏漏,义例详整,厘然有条。"《凡例》后署"东阆氏载书",末则曰:"予之集益则较广矣。起仲春,迄季秋,凡八月而遂竣者,局也;起辛酉,迄乙丑,历五年而后举者,心也。以旧志为蓝本,以二十一史为总裁,以诸名集为提调,以残碑断简为采访,积日累岁稿乃成。于是延同学芳三蔡子(寅斗)日夕商榷,一节必求其真,一言必归于典。蔡子曰:'是可以为信史矣!'"是洪肇楙力以纂修自任,处处示明。蔡寅斗但为审阅,不宜竞居纂人。

口北三厅志十六卷首一卷

清黄可润纂修

清乾隆二十三年刻本

(《联目》36页)

按,口北三厅属分守口北道,时道员为满洲正白旗人良卿。黄可润乃宣化知县,职责与三厅无涉。志中有其一序,曰:"可润来尹宣邑,适郡志毁于火,因续刊之。三厅毗于宣,其事通,宫保制府桐城方公(直隶总督方观承)发前口北道钱唐金副使(金志章,乾隆四年任)所创三厅志,畀增校而梓以传焉。"乾隆二十二年增修本《宣化府志》中有乾隆二十二年良卿叙,述及"金君三厅之志未刻,闻家遭回禄,稿亦毁,则文献益无征矣。闽漳黄君可润来宰宣邑,文人也,属其操笔,亦以苦无蓝本,谦让未遑。会金君贤嗣文淳君于津门查家箧中得抄本呈于宫保制府桐城公,出视之黄君,因得考订而补辑之"。是黄可润仅司纂辑,必列修人,则良卿。乾隆二十三年刻,无征。

宣化府志四十二卷首一卷

清王者辅　王畹修　吴廷华纂

清乾隆八年刻本

宣化府志四十二卷首一卷

清王者辅原本　张志奇续修　黄可润续纂

清乾隆二十二年增修本

（《联目》37 页）

按，后一条著录含混，实即前刻之增修本。增修本中有乾隆癸亥（八年）王芥园《宣化府志序》，曰："初余来守是郡，闻前守石梁王君（者辅）创议编辑，以去任未果。余谓是当有以成之，遂延诸大雅并为考订，观察金公为之折衷焉。会余改秩清河（擢升清河道），属公主之。未几来继公（乾隆七年改口北道），入境首叩之来迓者，或云公以疾去，恐郡志之中废也。余谓公去而余来，始之终之，其责有在，幸无虑。及抵郡，则公方率今守句容王君克期竣事。视余向从公及诸君子所以补遗而正误者为加详，于是知人言之不足信也。"又，乾隆二十二年口北道良卿叙曰："乾隆元年观察使者金君志章负著作之才，慨然以此自任，后王君芥园与太守王君畹先后成厥事，发凡起例少变孙志，而参订考正更为完密，共得四十二卷。已寿梨枣杀青矣，乃收掌官不戒于火，毁其大半。予与今太守渤海张君志奇念前人搜罗之不易，恐其愈久而遂湮，谋复刻之。又念自前志成后迄今又已十余年，其间因革损益之处，皆宜以次纂入。"此志修者应首列金志章，王者辅创议而不及实现，不宜列名；主持增修者为良卿。道员主修府志，知府主修县志颇有其例。

此志原刻与增修明显可辨。增修部分皆在原刻之后，页码接续，其前多冠大题"宣化府续修志"。增修部分计有：卷一第二十四至三十五页，卷二第四十至四十三页，卷三第二十八至二十九页，卷六第三十九至四十一页，卷八第四十四至四十五页，卷九第二十六至三十页，卷十第二十四至二十五页，卷十一第二十二至二十三页，卷十二第三十九至四十一页，卷十三第二十八至二十九页，卷二十一第三十至三十七页，卷二十二第三十三至四十一页，卷二十四第二十七至二十八页，卷二十六第四十九至五十五页，卷三十一第二十九至三十四页，卷三十六第三十四至五十三页，卷三十七第四十至四十三页，卷三十八第一至六十六页，卷三十九第三十三至三十四页。仅卷二、卷三十七、卷三十九增修页前未镌"宣化府续修志"。

赤城县志八卷首一卷

清孟思谊修　张曾炳纂

清乾隆十二年刻本

(《联目》37 页)

按,此志有乾隆十二年十一月知县孟思谊序,乾隆十三年口北道吴炜、宣化知府吴谷、诸锦序。断为刻于乾隆十二年,当据孟序,然孟序止言成书,并未及刻。又于《凡例》末则曰:"癸亥春谊承乏此邑,即以是书不可缓为志。购书未得而工役频繁,遂成延搁。丙寅年,书稍稍集,属同年张(曾炳)主其事,甫联缉成书,匆匆归里,未遑讨论也。丁卯(乾隆十二年)仲冬,谊复为部署删润,加以论言,有异于初矣。然首庸实不可没云。"翌年四月诸锦序中始有"纂志八卷,付刊,而问序于余"之语,是刻于乾隆十三年。

蔚县志三十一卷

清王育榞修　李舜臣纂

清乾隆四年刻本

(《联目》38 页)

按,此志各卷大题后一行俱题"蔚县知县猗氏王育榞纂修",《凡例》亦题"猗氏王育榞识",盖以纂修自任者。李舜臣以荫生候补主事列"分纂兼采访"八人之首,有跋,内称"权衡当而持择平。录善先施耆旧,树励者含笑九泉(李氏为蔚县显宦,李舜臣承兄周望荫。周望,康熙丁丑进士,官至礼部尚书);阐幽加意,孤寒敦行者舒情五内。因要害以储保障,即赋税以谨征术,缘习俗以寓惩戒,征典礼以垂遵守。一腔召父杜母之心,满纸和风甘雨之泽",当非纂人自语。诸序仅言四年书成,未及刻。乾隆四年刻,无征。

蔚州志补十二卷首一卷

清杨世昌修　吴廷华　杨大猷纂
清乾隆十年刻本
(《联目》38 页)

按,杨大猷当是王大猷之误。此志"纂修姓氏"中列"总修　内阁三礼馆纂修官前福建同知管兴化府通判事吴廷华　蔚州儒学署学正事训导王煜祖　登仕佐郎蔚州捕厅掌管神通沟巡检司印务事加一级王大猷"。王煜祖、王大猷仅循例列名而已。纂人乃吴廷华,前此一年曾与纂《宣化府志》。乾隆十年刻,志内无征。

万全县志十卷首一卷
清左承业纂修
清乾隆七年修十年刻本
(《联目》40 页)

按,乾隆六年九月宣化知府王者辅序此志曰:"余庚申(乾隆五年)夏,帝命来简郡职,既周爰所部,稽厥庶冡任事不任事,乃进诸君而告曰:'凡为治者,将惟随吏铨牍当官受成,而以为职理耶!抑将日对国人而训之耶!'且又曰,'鉴古者知今,审时者得势。不习为吏,视己成事。'咸曰,然。万全大令左君有感余言,乘而谋于野,悉其见闻,勒为志十卷。越三月以其稿来,余受而读之。"是始修于乾隆五、六年间,六年九月稿已成。又,乾隆七年七月知县左承业序曰:"公(王者辅)以它事去,濒行诿谆,意弥有加。承业益惧无以副公之望,而不敢俾拳拳之心委诸空隙。乃更芟润损益,又十月而始成,凡十卷……录之副墨,呈于道宪钱唐金公、京江王公,暨今府宪金陵王公,备蒙赐可,遂付开氏。"是定稿于七年,呈审后即付刻。

迁安县志三十卷
清燕臣仁修　张杰纂
清乾隆二十二年刻本
(《联目》42 页)

按,志中《重修迁安县志姓氏》内列"纂修　直隶永平府迁安县知县加二级燕臣仁”。其后有“分辑”,列三人,“贡生张杰　首贡魏诚　廪生王继鳌”。燕臣仁序中曰:“余于乙亥承乏兹土,即谋诸邑之学博绅士,卜地为馆,分门记载,比事属辞。余于治事之暇,亦间至其地,荟萃前闻,征据时事,窥陈编而汰其冗繁,著新书而剽其浮冒。曾不敢少留姑息,致干清议。如是者十阅月而稿脱。”亦是以纂修自任者。

丰润县志八卷
　清吴慎纂修
　清乾隆二十年刻本
　(《联目》46 页)

按,志中乾隆十九年刘靖序曰:“吴君爱山,好学嗜古,为蜀中名进士,授涞水令,有政声。调丰润,视事之始,读旧志而陋之,毅然以修辑为己任。公余翻阅书史,偏搴撰述,有不安者削其稿,常至夜分弗稍辍。阅半载书成……授之剞劂氏。既蒇事,复索序于予。”是乾隆十九年已刻成。

新安县志八卷
　清高景纂修
　清顺治间刻康熙十九年夏祚焕增刻本
　(《联目》53 页)

按,此志卷端题:“邑人高景辑”。高景,顺治三年进士,时以御史官宣大巡按。顺治五年知县王家桢《重修新安县志序》中曰:“簿书之暇,琴鹤自娱,无冠盖逢迎,车马轮蹄之扰,偃仰一室,居然十亩环堵中也。古之人有以下吏隐者,其此谓乎!侍御高公自宣云过里,适容城孙征君侨居渥水,因与诸士大夫编辑更订,共光此举,请序于予。”顺治五年高景序曰:“吾邑虽畿辅地,然僻在水乡,明兴二百余年,缺焉无志。自万历庚子刘意泽先生极意广搜,先究诸史,次访于故家之闻,又求诸长老之说,汇集为卷,自名一家。事已成矣,惧其湮没,即登之于版,不自居于志,名之曰《新安考》,所望后之君子,察其意而矜重其篇。至己未,张石初明府与陈无盟学博遂沿为志,虽小有去取繁略,大概志因于考,而体裁微有不同。今复三十年矣,局换时新,事革人易,所当裒集而表彰之者,又不止于一端。予窃有志焉,第惭学未该博,力乏坚定,未敢从事。幸孙征君先生与家荐馨(高鐈)先生侨寓吾邑,敬与阖邑绅士共为恳请,延之汉夫子祠后借憩,居两阅月,而一种之书获有史策……志成共八卷,敬授之梓。"同年孙奇逢序曰:"是役也,侍御君以提衡世道纲纪人伦之意亟为此举,而是非去取则一听于士大夫与国人。考核往牒,撰次新事,则什九出荐馨之手。予衰病,乐观厥成,期不负诸君子与人为善之意云尔。"高鐈《新安县志跋》曰:"先生(孙奇逢)既诺士大夫国人恳,予为门下士,自当佐刀锥力。"则此志之修地方官未参预,为邑绅高景发起,孙奇逢、高鐈纂,刻于清顺治五年,康熙十九年夏祚焕又予增修。

新安县志八卷

清高景原本　孙孝芬增修　张鳞甲增纂

清乾隆八年增刻本

(《联目》53 页)

按,此志即孙奇逢、高鐈纂,顺治五年刻之增修本,但中间曾经康熙十九年夏祚焕增修。康熙增修页皆标"又"。如:卷二"又十一",卷三"又一",卷五"又八"等。乾隆增修页皆标"附"。如:卷一"附三十六",卷二"附二十三",卷三附二十四至七,等。故宜著出夏祚焕、孙孝芬增修,作清顺治五年刻康熙十九年乾隆八年增修本。

完县志十卷

清朱懋德修　田瑗纂

清雍正十年刻本

(《联目》59 页)

按,此志卷端无大题,鱼尾上镌"直隶完县志"。雍正辛亥朱懋德《重修完县志序》曰:“我皇上……建元之七年,命馆阁大臣撰修《大清一统志》,州县皆重修旧志以供采择。是时前任吕公守曾方署事高阳,未几又奉荐剡入觐京师,未暇及也,至冬升迁易水,而严公宗嘉来署完事。至辛亥之三月,方择邑中诸生田子瑗,及其侄锡祜,操笔董其事。……未逾月而余奉命来是邑,即因之而开馆授饩焉。四越月而书成。”雍正十年吕守曾序曰:“今年春,邑人以新志示余,兼属为之叙。乃知署尹严公实肇举之,今尹朱公实力成之,操觚掞藻则邑诸生田氏大小阮也。”是修者为严宗嘉、朱懋德,纂人乃田瑗、田锡祜。雍正十年刻,无据。

太原县志六卷

明高汝行纂修

明嘉靖三十年刻本

(《联目》82 页)

按,此志乃高汝行私纂。高汝行,正德辛巳进士,官至浙江温处道,以事罢官回籍。卷端题“邑人高汝行纂辑　邑人王朝立校正”。高汝行跋曰:“太原为晋阳故地,且有晋祠山水之胜,故其古迹遗文视他邑为多,然原无志书,率散失无所于考。或按部索观,仓卒誊写应命而已。余留心于是者二十余年,比岁归田,乃考阅通志及抄录古碑,访询故老,摭拾成书,草略殊无足观,聊以备一邑文献而已。”嘉靖三十年刻,无据。

徐沟县志四卷

清王嘉谟纂修

清康熙五十一年刻本

(《联目》83 页)

按,此志有纂人。康熙五十一年王嘉谟序曰:“秋七月,立局,延邑之博学而能文者操其笔,疑者删之,信者增之,务核其实,毋乱其真。”“修志姓氏”中列:较编　阎鸿泰　刘弘辅。

徐沟县志十一卷

刘文炳纂修

民国二十八年修 稿本

（《联目》83页）

按，稿中刘文炳《编纂始末》曰："民国十八年四月开局，刘文炳为总纂，迁延至民国二十六年十月，避日寇出亡，政治、财政、文献等志稿俱没于县城。"刘文炳，邑人，光绪壬寅举人，后毕业于日本东洋大学，非徐沟地方官，未曾主持修志。

平定州志十卷图一卷

清金明源修 窦忻 张佩芳纂

清乾隆五十五年涌云楼刻本

（《联目》94页）

按，此志尚有续志一卷，小序曰："志稿讫于乾隆五十一年冬，经院司核定，至五十四年秋开雕。中间有应登载及前所遗失，其原本既未便增添，又不可以无传也，各因其目而续载于后。"《纂修职名》中金明源作"纂修"，其乾隆丁未序曰："始署州事蔡君倡为之，草创未就。余莅任后乃取州县之志分门别目，以州为纲，而县从之，其事之同者，详于州而略于县，其异者则各载于其下。删其繁芜，正其误讹，成书十卷。"语气俨然出于己手。《纂修职名》中另列"总理"二人，衔名为"原任江西赣州府知府窦忻 赐同进士出身原任安徽泗州直隶州知州张佩芳"，似因系本州"显宦"而特作位置者，无一序一跋述及彼等曾经执笔。

长子县志六卷

清郭守邦 霍燝纂 徐飏廷增修 徐介增纂

清康熙二十七年修 四十四年增修刻本

（《联目》102页）

按，此志卷端虽题"关中郭守邦重修，云中霍燝编纂，毘陵徐飏廷增修，南兰徐介删订"，实系对旧志全面增删调整，非属一般仅就原志类目续补增修者。徐介《凡例》中曰:“凡官师人物稽其十八载之宜增者,按班添注,其原本所有概弗去也。艺文则秽杂者削之,冗长者节之,后起者益之,其余各卷亦多有删正,总以去其繁芜归于简要而已。”“各卷序论及艺文中就其原本删改者仍书作者姓氏,不敢掠美也。其序论有全易原本者,则不复著姓氏,盖卷首已列删订之名,无庸复赘也。”“原本为广文先先霍东崖所修,旁搜博采于典章废坠之后,厥功伟矣,第其敷文衍义,以多为贵,未免伤繁则支。今力为芟汰,共毁旧板二百二十余页,而新刻百十余页。”康熙四十四年徐飏廷序曰:“谰言长语累牍连篇而无当体要者,概从删汰以清观听。前人有言曰,‘本之太史,以著其洁,庶几窃取之矣’。顾以绌于剞劂之无资,尚多裁削未尽者,姑存其旧。”实已另成一志,宜即作:徐飏廷修,徐介纂,康熙四十四年刻本。

临汾县志八卷

清徐三俊修　陈献可纂

清雍正八年刻本

(《联目》105 页)

按,徐三俊序曰:“适奉旨修《山西通志》,檄征各郡县志以备考核,而户口有归并,田赋有增垦,多旧志所无。余乃不得以不才辞,于是增缺补遗,时有损益,而大概规模一切仍旧,则犹是述而不作之遗意。事既竣,复进邑孝廉王子名毂、徐子文凤、郑子维纲、王子师诸君子商榷考订,举无异议焉。”“纂修姓氏”中亦署“纂修　临汾县知县徐三俊”。雍正八年刻,亦无据。

鼎修霍州志十卷

清黄复生修　黄翊圣纂

清康熙十二年刻本

(《联目》110 页)

按,此志卷端题“平阳府霍州知州楚黄冈黄复生雪蕉甫纂补”,《凡例》后题“霍州牧黄冈黄复生雪蕉甫识”,《修志姓氏》中题“霍州知州楚黄冈黄复生雪蕉甫纂补”。更有湖广籍者武昌夏一恺、黄冈汪郜孙、武陵贺奇、黄冈朱日浚、黄冈袁一元等五人列“参考”,又本州举人黄翊圣、贡生宋应选、安时英、副贡李思民等四人列“拾遗”。据以即视黄翊圣为纂人,似不尽是。康熙十二年刻,亦无据。

闻喜县志十二卷首一卷
清李遵唐纂修
清乾隆三十一年刻本
(《联目》113 页)

按,此志刻成于乾隆三十年。李遵唐序中曰,“捃摭编辑,阅三年而志成,上之州守张公,曰可,遂付刊焉”,后署“乾隆三十年岁次乙酉中秋月”。

垣曲县志十四卷
清汤登泗纂修
清乾隆三十年刻本
(《联目》114 页)

按,此志有封面,镌“乾隆丙戌年镌　垣曲县志　官衙藏板”。丙戌,乾隆三十一年。汤登泗序署年为乾隆三十年,序中只述及稿成。

蒲州府志二十四卷图一卷
清周景柱等纂修
清乾隆十九年刻本
(《联目》117 页)

按,此志亦有封面,上镌“乾隆乙亥重镌　蒲州府志　府署藏板”。乙亥,乾隆二十年。十九年刻,当是据诸序署年,而诸序中只恒文曾言及“将授剞劂”。将授,犹未授也。周景柱序中曰:“若谓前时为政者皆未及此,余独以是矜创获之奇,俾郡人士称有志自今始，庶几美而传焉。余意固不然，且奚必然。”“等纂修”之等字宜去。

盛京通志四十八卷首一卷
清吕耀曾　王河　宋筠修　魏枢等纂
清乾隆元年刻本
（《联目》128页）

按，无首一卷。志中惟乾隆元年王河一序，曰：“臣河荷承恩命督学东土兼署尹篆。值《盛京通志》尚未告竣，谨率所属分类纂辑。凡幅员之广，生齿之繁，文物之盛，制度之详，莫不备载，并前志或遗者亦旁搜博访，悉为增入。自夏至冬，五阅月而稿就，值奉天府尹臣宋筠到任，相与商榷论定。而各处覆询之事与远徼之所当详者，又以次俱到，因复集原纂辑诸臣细加校雠，益为增补，又七阅月，再易稿而后成。”只言稿成，不及刻。乾隆元年刻，无据。

盛京通志一百三十卷首一卷
清阿桂　董诰修　刘谨之　程维岳纂
清乾隆四十四年活字本　清乾隆四十九年武英殿刻本
（《联目》128页）

按，此志卷端大题及版心书名均作“钦定盛京通志”。《总裁纂修校对诸臣职名》中总裁阿桂之结衔为“经筵日讲起居注官太子太保议政大臣武英殿大学士文渊阁领阁事翰林院掌院学士领侍卫内大臣镶黄旗满洲都统管理吏部刑部户部三库一等诚谋英勇公”。阿桂兼掌翰林院首次在乾隆四十五年四月丁巳，“命大学士、公阿桂为翰林院掌院学士，并教习庶吉士”（《高宗纯皇帝实录》卷一千一百四）。又，梁国治“经筵讲官太子少傅东阁大学士”，据《高宗纯皇帝实录》卷一二三一“（五十年五月）丙子谕曰：‘梁国治著补授大学士……户部尚书员缺著曹文埴补授’”，卷一二三二“（六月）癸未，吏部奏请：‘大学士梁国治应定何殿阁？及兼何部尚书？’得旨：‘梁国治著为东阁大学士兼（管）户部尚书。”又，董诰，“经筵讲官户部左侍郎”,据《高宗纯皇帝实录》卷一二七三“(五十二年正月庚寅)户部尚书员缺著董诰补授……蒋赐棨著调补户部左侍郎”。据上述,此志成书当在乾隆五十年六月至乾隆五十二年正月之间。四十四年书未成,何得以活字印?志中不述刻年,“四十九年刻”亦属臆测。终清之世,此志只见武英殿刻本、《四库全书》写本,民国间始有铅字排印本。早期铅印不打纸型,墨色深浅不一,或见字形攲斜,与摆印木、泥、铜活字无异,著录者缺乏版本常识,遂致误认。然何以推出“乾隆四十四年”,尚不可解。

西丰县乡土志不分卷

清陈正源编

清宣统间抄本

(《联目》134 页)

按,抄本大题作“奉天省西丰县乡土志”,此点与奉天省各厅县同时所辑之乡土志体例一致,县名前皆冠“奉天省”。抄本不著撰人,曰“陈正源编”不知何据。《政绩》中语及“三十三年秋七月陈令正源接署西丰县事,即设清赋局、税契处、统计处,禀立习艺所。创办方殷,旋于宣统元年四月交卸。署西丰县事为贾令耕,整顿巡警,振兴教育,提倡商务,裁撤乡约、村长,选举各种董事,又设立亩捐处、戒烟所,又派员调查遗漏地亩……”则此志当成于贾耕任内。

锦州府乡土志不分卷

清朱孝威编

清光绪三十四年修　抄本

(《联目》137 页)

按,此志抄本无大题、序跋,附一图,曰“锦州府疆域全图”,实乃锦县图,著录者或即因此误作锦州府乡土志。志内《地理》载:“县　在省城西南四百九十里,县　附郭,东至头台子一百五里广宁县界,西至汤河子二十五里锦西厅界,南至海四十里,北至齐家堡四十五里义州界。”光绪三十二年至宣统三年，锦州府辖义州、宁远州、锦西厅、盘山厅、锦县、绥中县、广宁县。锦县为府之附郭县。“朱孝威编”不知何据，抄本不著纂修人。

安图县志十卷
清刘建封修　吴亚元纂
清宣统二年修　稿本
（《联目》144 页）

按，此稿本为六卷首一卷。知县刘建封序曰：“屡奉宪札饬编志书……顾鞅掌鲜暇晷，于是逡巡者久之。吾邑吴亚元稷丞，学兼中外，素负山左重名，庚戌（宣统二年）遇于沈垣，相见甚欢。询所往，则将道出吉黑，游名山大川，借考实业。……问长白山，言安图即在北麓，急尼其行，延司编辑之任。”吴元瑞序曰：“元瑞谬承斯役，深愧不文。读郡志之汇征，采方舆而纪要。宁缺无滥，寓慎于难。披沙未必拣金，载笔不参涨墨。阅十四月，成数万言。”是纂人为吴元瑞。元瑞字稷丞，山东籍举人。按科举时代，举人第一名为解元，次于解元的为亚元。

陕西通志三十二卷首三卷
清贾汉复修　李楷纂
清康熙六年刻本
（《联目》161 页）

按，目录及版心均不著有卷首。此志诸家序多达三册，不宜即著“首三卷”。诸序只述志成，未及刊刻。康熙六年刻，无据。

鄠县重续志五卷
清鲁一佐修　周梦熊纂
清雍正十年刻本
（《联目》166 页）

按，此志卷端题“三韩鲁一佐纂辑”。雍正十年知县鲁一佐序曰:“编成,私窃循省,识之不足,采取无当,则种种有之。若曰存一毫苟且因仍心,漫尔塞责,则亦不敢自诬也。……纵复纂述不谬,足继迹渼陂初编,其如仰愧志本,俯惭吏责何!矧如谫陋疏拙,纂述徒勤,无当大雅耶!”是纂辑亦出其手,周梦熊,《纂修姓氏》中列“采访讨论”三人之后,非主纂。雍正十年刻,无据。

三原县志七卷

清李瀛修　温德嘉　焦之序纂

清康熙四十四年刻本

(《联目》167 页)

按,此志冠康熙四十四年序多篇,皆诸上宪酬应者,实刻于四十三年。康熙四十三年阳月(十月)训导张士瑾《三原县志序》中曰:“己卯秋,山阴李侯来牧斯地,锐意邑乘。集缙绅士而议之,择其博识著声者委以管城之任,而广为搜讨。自制《征文献引》,遍求闾阎间二百年忠义节孝、嘉言懿行,几鲜遗珠之叹。稿成,三复订校,而付之梓。”

泾阳乡土志三卷

清佚名编

清光绪二十三年稿本

(《联目》167 页)

按,纂辑乡土志,源起清末兴办新学,就乡土取材编辑初等小学堂史地、格致课本,始于光绪三十一年。是年四月初六日京师总理学务处奏请通发乡土志例目,片中曰:“据编书局监督翰林院候补侍读学士黄绍箕咨称:‘查初等小学堂章程,历史、舆地、格致三科均就乡土编课,用意至为精善。谨遵照定章编成例目,拟恳奏请饬下各省督抚发交各府厅州县,择士绅中博学能文者按目考查,依例采录。地近则易详,事分则易举。自奉文日始,限一年成书,由地方官径将清本邮寄京师编书局,一面录副详报本省督抚,庶免转折迟延。’……等因,臣等察核,各节均为编辑课本力求翔实起见,除分咨外，谨附片具陈。”光绪二十三年科举犹未废，何来此项措施。此本亦非稿本，扉页且粘一签，题：“是编甫经脱稿即行缮写，其校核未当之处伏望当代大人先生赐之斧削，实所深幸。”抄工甚劣。

又《联目》201页“沔县乡土志一卷　清王声扬编　清同治间编稿本”，同此误。

永寿县新志十卷首一卷
　清蒋基修　王开沃纂
　清乾隆五十六年刻本
　（《联目》171页）

按，此志无首一卷。据中国科学院图书馆藏本，有原刻封面，镌“乾隆癸丑刊成　永寿县新志　古豳官署藏板”。癸丑，为五十八年。“五十六年刻”者，当是据蒋基序之署年，但蒋序只述书成，不及刊刻。

大荔县志十六卷首一卷
　清沈应俞修　叶起懋纂
　清乾隆七年刻本
　（《联目》174页）

按，此志卷端题“大荔县知县会稽沈应俞纂辑”，《纂修姓氏》中列“纂辑　陕西同州府大荔县知县加一级沈应俞”。是沈应俞纂修自任。

重修郃阳县志七卷
　清叶子循纂修
　清顺治十年刻本
　（《联目》177页）

按，此志有顺治六年庄曾明《重锲郃阳县志序》，曰：“郃阳故有华云叶公志。公文章事业冠冕一代，故其志得与《武功》、《朝邑》同不朽。无何,兵火相寻,载在枣梨者竟成灰烬……曾明承乏几三载,碌碌未有善状,顾独不能忘情于斯,唯是访之故家,得叶公所为撰述,益以五十年间之见闻,聊复翻锲,以俟后之君子。”又,顺治十年叶子循《续修郃阳县志序》曰:“求往籍,得重镌华云叶公所修县志。阅之,知前君子为作为述,条指多端。虽言人人殊,大抵为郃邑计者,盖其详哉。无患缺略,无虞晦乱,余复何赘。顾维是传信之书,弗厌详明,昔人不无待于后人,余又敢默默已乎!爰加修葺,政诸乡达。”叶子循实属增修。细审,增修处或易旧板,或就原板增刻。增刻者字体不同,最为明显。如卷五第三十一页左,知县题名“彭有义”下“陕西按察使”五字为剜补(彭于顺治九年自榆林参政道迁),“庄曾明”下“升顺天府推官”系补镌;卷六第三十五页左,杨悦等三人顺治八年例贡题名,字体较前为小。又如卷六第十九页为补板,板框较原刻约短三毫米。此志宜作:清庄曾明纂修　叶子循增修　清顺治六年刻十年增修本。

华阴县志九卷

明王九畴修　张毓翰纂

明万历四十二年修　四十九年刻本

(《联目》179 页)

按,此志原刻只八卷,卷九系清康熙中增修列入者,仅韩奕《浚河记略》、塔尔禅《开河记》两篇,记康熙四十九年疏浚方山河事。原刻于明万历四十二年。万历甲寅王九畴序曰:“余喜文献不至于坠地,而又幸借手以副思续之初心,遂寿诸梓。”四十九年刻,不知何据。

扶风县志十八卷

清熊家振修　张埙纂

清乾隆四十四年刻本

(《联目》186 页)

按,此志有首一卷,《序一》首行下镌“扶风县志卷首”。封面镌

“乾隆四十六年重纂　扶风县志”，目录后镌“乾隆四十六年岁次己亥春正月开雕”。

三水县志十一卷
　清朱廷模　葛德新修　孙星衍纂
　清乾隆五十年刻本
　（《联目》169 页）

按，此志卷端均镌：“知县葛德新主修阳湖孙星衍撰”，毕沅序中亦只述，“知县葛君到官以来政平民和，百废具举，因言其地缙绅耆老好尚文雅，念圣朝厚泽深仁，重熙累洽，自一县官师制度法良意美，及孝悌节烈掇科中策之士蒸蒸焉，月异而日新，不可无记载以表当时而示来世。适有阳湖孙明经所学该博，负一时盛望，因属撰成之”。诸序中皆未述及尚有他人创修或接修此志。朱廷模者，乾隆四十六年曾署三水知县，《纂修姓氏》又于主修葛德新后，列“署三水县知县朝邑县知县朱廷模”。约是刊刻中又来署任，可不著，尤不宜列葛德新之前。此志目录作十一卷，正文为十二卷。卷十二为补遗，大题后一行亦镌“知县葛德新主修　阳湖孙星衍撰”，第三行镌“补遗十五”（卷十一为“图序十四”）。

兰州志四卷
　清刘斗修　陈如稷纂
　清康熙二十五年刻本
　注：有补刻，记载至康熙五十四年
　（《联目》207 页）

按，刘斗顺治十八年至康熙九年间官甘肃巡抚，曾修兰州志，约刻于康熙八年，但传世本中原修序跋久佚，仅存康熙二十五年临洮参政道郭景昌一序，内及：“州志由前至今三百余年，修而复修者相继四次……我大清丁未则大司空中丞耀微刘公（斗）盛输薪俸，办枣梨、集书写、董剞劂，辉煌旧物，焕然一新……至康熙乙卯间罹滇黔之变，万籍千函尽付煨烬，询诸耆老，仅得一帙（乾隆《皋兰县志》载旧序略去此段）……予不佞，列在参政，倘曰国民俗罔与仔肩，甚非所以上敷王化，近体主持之心也。亦捐俸集工，备梨枣，付剞劂。慎去存，严笔削，以续一郡成书。”似是原刻版毁，又行重修，刻于康熙二十五年。但细审则属增修。如：卷一第二十五至二十七页载康熙十年后寺庙兴建事，即撤原版另刻，又闰一“又二十七”页；二十八页后闰一“又二十八”页；二十九页亦另刻，载康熙二十一年巡抚巴锡于莲荡池设造扁舟事。卷二第十至十二页亦换版补刻，又闰一“又十”页，载康熙四十七年临洮道魏勷卒官入祀事。卷三闰“又三十二”、“又三十三”页载康熙六十一年旌表周氏等事。卷四闰“又四十九”页，又第七十一至七十三页补版，增刻康熙五十四年《重修兰州城隍庙碑记》。综上述，此志宜著：清康熙刻郭景昌等增修本。

狄道州志十六卷

清呼延华国修　吴镇纂

清乾隆二十八年刻本

（《联目》211页）

按，此志《纂修姓氏》中列“编辑　甘肃兰州府狄道州知州呼延华国”。叙曰：“公退之暇，从容握管，以扬扢盛朝之雅化，表章闾里之遗风余烈。”《凡例》亦署“华国识”。吴镇时任陕西耀州学正，州人，列衔曰“校订”。自乾隆十五年至此际，州中唯此一举人，时尚在官，当是以“显宦”尊之。“校订”或可，纂则未必。不宜列为纂人。

正宁县志十八卷

清折遇兰纂修

清乾隆二十八年刻本

（《联目》214页）

按，此志《凡例》中载，“兹志成于癸未（乾隆二十八年），至甲申（二十九年）始付剞劂，凡乾隆二十九年事迹亦间为增入”。

成县新志四卷

清黄泳修　汪于雍等纂

清乾隆六年修十七年刻本

(《联目》219 页)

按,据科图藏本,此志首冠乾隆六年黄泳《新纂直隶阶州成县志叙》,曰:“戊午秋,余奉简命来宰是邑,适调任霖苍吴公手志稿一编授余曰:‘此浩莅成数年中草创者,以山川古迹建置沿革未经核证而艺文一帙散失遗亡,罔或裒择,维公其续成之。’……岁辛酉,秋成颇丰,因于簿书之暇,取吴公所贻者而加考订,更得邑选贡汪君于雍出明季成宰谢公所辑旧本及家藏艺文以备采择。余乃属同怀兄沛,弟瑞鹤,偕邑绅士考据编辑,阅数月告成,嗣以授梓。”卷四《艺文》第八十一、八十二页《邑侯黄公德政去思碑记》末镌:“乾隆八年季春续入。”记中曰:“侯于壬戌(乾隆七年)夏六月十六日解任旅寓馆舍”;“志久无成书,侯卸任之后,犹为付梓成集。”则此志于乾隆七年已刻成,传世乃增修本。十七年刻,不知出自何说。

朔方新志五卷

明杨应聘　杨寿纂修

明万历四十三年修四十五年刻本

(《联目》227 页)

按,万历丁巳(四十五年)杨应聘《朔方新志序》中曰:“前抚振峰崔公(景荣)安攘之暇,有慨乎中,念旧章不可以遂湮,近事不可以缺载。会癸丑杨君(寿)假归,檄道礼延主笔,暨一二逢掖开局纂修。甫就,而公奉简命入贰枢筦,杨君亦以谒选行。适余来代,访旧问遗,乃获君稿于儒官黄机,机固佐君共襄考订者也。方下所司督锓诸梓,而君复以司农使事过里门,又间加参续。请余言,弁诸简端。”此志当作崔景荣、杨应聘修,杨寿纂。

历城县志五十卷首一卷

清胡德琳修　李文藻等纂
清乾隆三十八年刻本
(《联目》256 页)

按,此志刻于乾隆三十六年。乾隆三十六年胡德琳序曰:“丙戌(乾隆三十一年)夏,余自济阳调任,丁亥春杪即开志局……志甫脱稿,余已迁济宁,延前廉使沈萩林先生偕前淄川令盛君秦川修《济宁志》,是编借以商榷,裨益亦不少焉。然非刘氏、叶氏草创于前,则文献无征,安知不用力尤艰也。开雕将竣,蒙恩擢守东昌。凡三易寒暑,簿书之余,时勤校勘,兢兢焉唯恐不竟厥事。”

高密县志十卷首一卷末一卷
清张乃史修　钱廷熊纂
清乾隆十九年刻本
(《联目》279 页)

按,乾隆十八年张乃史序曰:“自仲秋承乏以来,即以邑乘为问,而邑之绅士遂挟其前任钱公廷熊之旧稿请质于余。……每叹钱公之雅意搜罗,表扬先哲,殆与余有同心欤。爰付梓人,命之速就,历五越月余始克成书。其间修明探讨,余虽不敢擅钱公之长,而发凡起例,参互考订,余窃与有力焉。”钱廷熊序曰:“壬申(乾隆十七年)秋,岁薄收,爰进邑中士大夫而谋之,或任采访,或司纂辑,或醵金鸠工,余乃得受成事焉。未及授梓,谬蒙上宪奖借,量移臣邑,深以不获终事为憾。甲戌春,工既讫功,邮函索序。”据此,当作钱廷熊、张乃史纂修,乾隆十八年刻本。

郯城县志十二卷首一卷
清王植纂修　张金城续修　王恒续纂
清乾隆十四年修二十八年续修刻本
(《联目》286 页)

按,据乾隆癸未原莆田知县邑人王恒序:“乾隆十四年邑父母深泽王公虑其久而缺略也,爰取旧志增而修之。公廉明刚果有政绩，事在本传语中，其义例详见自序。属稿未竟而去，士民惜之。又十余年，乾隆辛巳，渤海张父母莅任兹土……比岁年丰，政成民和，遂于公余取深泽未竟稿而纂成之。心辑手订，怀铅握椠而不以为劳；博采延访，询及刍荛而不以为渎。征核必确，褒扬务实。盖本其生平之学，一邑之政，以为今日之识与笔也。恒于是岁告养在籍，猥叨延誉，重以下帷覃思论道属书之任。稿定，因不弃昧愚，而就之商榷。自分弇鄙，愧莫能赞。间有传闻异词者，本一得以参订焉。"此志实知县张金城就前令王植旧稿重订者，宜作张金城纂修，或王植、张金城纂修。王恒以缙绅而参与审稿，实非续纂，可不列。乾隆二十八年刻，无据。

邹县志三卷

清娄一均修　周翼纂

清康熙五十五年刻本

（《联目》294 页）

按，康熙五十四年九月知县娄一均叙中曰："志成书，总其类凡三，列其目二十有五，授梓以报上公。"是刻于康熙五十四年。志前有康熙五十五年山东巡抚蒋陈锡、视河使者许大定各一序，皆"报上公"而后所为之序，不宜以之为本志刻年。

济宁州志十卷

清廖有恒修　杨通睿纂

清康熙十二年刻本

（《联目》296 页）

按，此志卷端题"济宁州知州廖有恒纂辑"，《凡例》中曰："郑生职疆舆，姜生核田赋，李张二生司官秩、学校，戴杨三士撰次人物、艺文。"戴为生员戴沂，杨为监生杨通睿、生员杨通俊兄弟。杨通睿非总纂，宜作廖有恒纂修。康熙十二年刻，无据。

姑苏志六十卷

明王鏊等纂

明正德元年刻本

(《联目》317 页)

按,此志有主修人,为苏州知府林世远。正德元年王鏊《重修姑苏志序》曰:“广东林侯世远由近侍来守,才优政举,化行讼息,宿弊尽划,文事聿兴。一日抱文定遗稿属予曰:‘敢以溷子矣。’予谢非其人。且郡多文士,有杨仪部循吉辈在焉,盍以属诸!而仪部固辞。予以侯之美意,文定之苦心,使缺焉泯没,则予诚若有罪焉者。侯乃延聘文学,得同志者七人,相与讨论。合范、卢二志,参以诸家,裨以近事,阅八月成,得六十卷。”正德元年刻,无据。

长洲县志三十四卷首一卷

清李光祚修　顾诒禄等纂

清乾隆十八年刻本

清乾隆三十一年许治刻本

(《联目》319 页)

按,科图藏本有封面,镌“乾隆三十年重镌　长洲县志”。乾隆三十一年许治《重修长洲县志序》曰:“近补长洲,问及志乘,知不戒于火,板片毁销……因商之大宗伯归愚沈公——今之献也,治叨同谱,每与追数八十年前事,历历如绘,遂请公重修,公推同学顾子禄百,业充识老,堪任其事。”故三十年刻本已属重修,修者许治,纂者则仍顾诒禄。

昆山新阳合志三十八卷首一卷末一卷

清张予介等修　顾登等纂

清乾隆十六年刻本

(《联目》323 页)

按,此志总纂乃王峻,刻于乾隆十五年。乾隆十五年张文运叙曰:“前任新令张君予介,昆令邬君召南于戊辰冬始谋创修。赖邑绅亳州司马顾名登尚义慷慨,捐赀设局,延聘邑中潜修笃行之士,萃力草创。又敦请虞山王侍御总裁点定，删繁就简，斟酌尽善。至己巳冬，稿备精详，校订无讹。若鹾商王名廷扬、圣裔孔名传泗等亦各捐赀赞襄。今春三月开刻，腊月告竣。”《修刻昆山新阳合志姓名》载：“总裁　江西道监察御史翰林院编修虞山王峻。”

镇洋县志十四卷首一卷末一卷
　清金鸿修　李镂纂
　清乾隆十年刻本
　（《联目》325 页）

按，乾隆九年赵锡礼序曰：“邑长介岩金君初下车，即以修辑志书为己任。然事当创始，未能猝就。越四年乃设馆于学宫，延访绅士之有文誉者共为编摩。今已成书而付梓矣。”金鸿序曰：“开局在癸亥（乾隆八年）之四月，迄今甲子之九月，凡十有七月而告成，遂付诸梓。”是刻于乾隆九年。

吴江县志十六卷首一卷
　清郭琇修　屈运隆纂
　清康熙二十四年刻本
　（《联目》332 页）

按，屈运隆曾于康熙癸亥（二十二年）主纂《吴江县志》，成书后因遭讥被废，邑令郭琇另行组织修纂，为四十六卷首一卷。其后屈运隆以废志自行，当属私纂，不宜再冠以郭琇修。此志内康熙乙丑潘耒序曰：“癸亥夏，朝廷议修一统志，郡县被符，各修新志，而吾邑屈子骏声以所辑志书上之当事。会有讥其芜冗者，开局别修，三月而竣事。其传人物，十九本诸文献，颇称简核，顾他文未能称是，于是人复思观屈氏之书，而屈子遂刻其志以行。”

镇江府志五十五卷首一卷
　清高龙光修　朱霖纂
　清康熙二十四年刻　乾隆十五年增刻本

(《联目》340 页)

按，此志乃高得贵修 张九征纂，康熙十三年刻，五十四卷首一卷之增修本。首次增修在康熙二十四年，高得贵序曰："岁癸丑，皇帝爰咨廷臣纂修统志……维时贵适承乏南徐，欣逢巨典……于是设局月观，互相稽讨。越岁甲寅，厘然成书……贵恭承盛朝文治，庶可借手以告无罪也夫。剞劂之费，贵敬偕僚属捐俸鸠工，诸荐绅共助以成。"实乃增修，辑入者多属职官、贡举。卷二十三第三十页知府题名原刻至康熙十三年刘鼎，其后之千纪龙、蒋灿、高龙光皆增补，明显可辨。至雍正四年，冯咏增刻卷五十五，版式字体与前卷有明显差异。其《续镇江府志后序》曰："(北平魏公——镇江知府)以郡志五十四卷多残缺，属咏补刻三万五千余字，复完其旧。又以今上加恩于兹土，悉志所缘起，公与咏所酌而为之者作文若干首，为一卷，附于后。"乾隆十五年又增修。朱霖序曰："溧阳始属江宁，雍正八年后拨入镇江……溧阳县志修于乾隆八年，已有成书，是宜以郡志例，类入之。兹以原板之磨灭不可复识，与夫溧邑之所应入者，纂序编辑汇成一书，付之剞劂。"视为康熙二十四年刻，盖误读朱霖之判断，朱霖序中曰，"郡守三韩高崇吾率作兴事，几历寒暑，至康熙二十四年郡守闽山高紫虹方省乃成"。实误。即使如此，作高龙光修(康熙二十四年时知府)、朱霖纂(乾隆十五年时知府)，亦不合。

仪真县志二十二卷

清陆师纂修

清康熙五十七年采碧山堂刻本

(《联目》353 页)

按，此志纂于陆师离任后，已属私纂，非官修，不宜著纂修。康熙五十七年陆师《仪真志序》曰："丁丑春正，师始到官即取县志阅之，旧者体例善而事不续，新者条目具而义未精，欲重修之。遂蓄意为搜采，盖逾年而未克即举。会已得征，因汲汲成之，诚不敢以岁月之浅而自诿，而缺此地之一要务也。假馆汪氏之园，从事于排纂缀属，溽暑中未尝暇逸。自孟夏至秋而卷帙完。”又曰：“是书之成不敢以捐俸请之上台，亦未尝谋诸邑中佽助。用己力节缩之余，经营以就梓。去取详略之间，稍以己意裁之。窃恐一人之见未必有合于众目，仍藏板于采碧山堂，亦不欲贮之公库。倘为见者所许，则存以为邑之续乘，或可征信而传久。倘以为未当，则仍属陆氏一家之书，又可别修新志。”

泰州志十卷首一卷

清褚世暄修　陈九昌等纂

清雍正六年刻本

（《联目》356 页）

按，此志不知纂人，知州褚世暄亦不言自纂。雍正六年褚世暄《重修泰州志序》曰：“征讨之下，而抱残守匮，详不可闻。本欲为画一之书，究难免罣漏之诮。董其事者屡以不敏谢矣。虽然，前人畏难而贻之后，今日之难前日之所致也，今复畏难而中止，势必使今此之仅存者而亦付之凋零废坠。是存者且因不存者而尽湮也。于是再四思维，万无听其尽湮之理。今取其现存者萃而梓之。”其中似有隐情。《重辑泰州志秩官姓氏》中列“监辑　泰州知州褚世暄笔峰　分辑　同知陈九昌建章　州判魏徐宽滋厚　吏目蒋廷相元均”。陈九昌等属于列衔，非实际纂辑人。

山阳县志二十二卷首一卷

清金秉祚修　丁一焘等纂

清乾隆十四年刻本

（《联目》364 页）

按，此志当著金秉祚纂修，刻于乾隆十三年。乾隆十三年杨殔叙曰：“当阳金公莅治六载，政有余闲，独毅然以志书为己任，搜求遗编于乡先哲张检讨鸿烈，理其旧绪，益以时事，与缙绅贤士条列而排纂之，遂得裒然成集，煌煌乎丽制巨典也。金公锐意图成，旋膺迁擢，登车以去，犹惓惓于镌刻未就，期竣事于蔡、冯两广文及邑人张孝廉起。三君不虚所属，复不尸其功，因余承乏兹邑，检送原稿索订之，盖欲同校雠工剞劂焉。余既得请于郡宪吴公，倡捐刻资，遂锓版告成。”《纂修姓氏》中亦题：“中宪大夫知徐州府事前知山阴县事当阳金秉祚辑。”

杭州府志一百十卷首六卷
清郑沄修　邵齐然等纂
清乾隆四十四年修四十九年刻本
（《联目》378 页）

按，科图藏本一百十卷首五卷，版印清晰，有目录，无残缺，无序跋，无纂辑等人题名，《凡例》后题“乾隆四十四年己亥冬十二月杭州府知府如皋王燧谨辑”。卷中职官、选举记载俱止于乾隆四十四年。民国十二年印本《杭州府志》卷一七八《前志原委》中载：“按乾隆时修《杭州府志》创于四十三年杭州知府昭文邵齐然，总修者钱塘汪征君沆、会稽王编修增、余姚邵编修晋涵。稿本略具。时巡抚王亶望以贪黩著，知府如皋王燧觊觎杭守，夤缘亶望，乃黜邵而任王燧。聘嘉定钱明经献之校正，丹徒王太守文治厘定之。四十四年十二月付梓，冒为己辑，并不述邵之始事及助纂诸人姓名。又不尽从王、钱两君校厘之本。四十五年十二月亶望获咎革职，旋因捏灾蚀款，罹大辟。王燧擢任杭嘉湖道。四十六年正月以骄纵不法，形同市侩褫职。四十九年知府仪征郑沄乃复以邵稿续行修正。总修者仍为邵编修晋涵，依据原本，详加考核，增所未备，刻于四十九年十一月，而王刻板片往往羼入其中。郑志出，而王志以废，印本亦仅有存者矣。”科图藏本应即四十四年刻本，修人为邵齐然，纂人为邵晋涵等。《联目》以之并入一条，似不妥。又，四十九年刻本属于增修抑或自成新志，以未见其书，不便臆断，但以邵齐然领纂，似亦欠妥。

萧山县志二十一卷
清邹勷修　蔡时敏　蔡含生纂

清康熙十二年刻本

(《联目》388 页)

按,康熙十一年聂世棠序曰:“余从政事之暇,亦尝加意督辑,俾有成书。夫修志之难也,自辛亥至今屈指两载而始得成。至于鸠工缮刻,万难措置,余不殚竭蹶,勉力竣事。”卷二大题后二行题“文林郎知萧山县事邹勷　承德郎知萧山县事聂世棠重修　邑文学蔡时敏　蔡含生编校(它卷编校人不同)”。是刻成于康熙十一年;聂世棠终其事,得并列为修人;纂人宜作蔡时敏、蔡含生等。

重修嘉善县志十二卷

清杨廉　郁之章纂

清康熙十六年刻本

(《联目》392 页)

按,此志《凡例》末则曰:“杨侯身任编纂,编以主入,纂以主出。其慎且重如是,可以入古作者之林矣。”卷端大题后三行镌:“三韩杨廉澹庵父纂修　严陵邵廷章于会父参　邑绅郁之章衷恒父　魏学渠青城父裁定　邑生毛蕃稚宾父　郁广远心父同校。”是杨廉自任纂修。

乍浦志六卷首一卷末一卷

清宋景关纂

清乾隆二十二年刻本　清乾隆五十七年增刻本

注:增刻续纂二卷

(《联目》394 页)

按,此目实为两书,当分列,即:乍浦志六卷首一卷末一卷　清宋景关纂　清乾隆二十二年刻本;乍浦志续纂一卷　乍川题咏续纂一卷　清宋景关纂　清乾隆刻本。续纂本有壬子(乾隆五十七年)宋景关《乍浦志续纂小引》,曰:“《乍浦志》刻于乾隆丁丑……颇为笺疏家援引。近日两修邑志亦据以订正,不可谓无益于桑梓者。今岁阅三纪,事迹递增,续加排纂,以俟重修之君子采葑菲焉。”目次列“乍浦志续纂一卷　乍川题咏续纂一卷”(前志末卷大题及版心俱作“乍川题咏”)。两卷正文前各镌大题,版心书名与之同。

乌程县志十六卷

清罗愫修　杭世骏纂

清乾隆十一年刻本

(《联目》401 页)

按,此志纂人乃张熷。罗愫序曰:“余自辛亥下车以来,更考绩者五,恪居官次,庶竭驽骀,幸获民安其政,从容休息。因于共职之余,载缉是志。时则有张君南漪为之属稿,甄综考正,荟萃成帙。又属邑儒张君冠霞点校,而后质之杭编修堇浦研核精裁,乃始锓木。”《纂修姓氏》中列:罗愫主修、杭世骏鉴定、张熷编辑、张朝纲校辑。

安吉州志十六卷首一卷

清刘蓟植修　严彭年纂

清乾隆十五年刻本

(《联目》404 页)

按:此志卷端题“奉直大夫知安吉州事衡湘刘蓟植辑”。《凡例》后署“蓟植载识”。曰:“安吉抄本《古桃志》一卷,见于明陈栋《塘江志序》,云残缺已甚,亦莫知所自始。继虽修于施善,而稿不及传,至伍志始有成书,而江志踵之。二志详略各异,今亦仅有存者。而伍志已鲜完本,曹志成于本朝康熙十年,距江志百二十载,然只仍其旧而续增之。今且八十年矣。余因亟为搜罗以补所未备,本之旧志,参以列史诸书,裒辑成编。非敢夸多,用以传信。”此志凡邑中诸绅皆列名,不冠修志职分,严彭年亦其中之一,不知何以目为纂人。乾隆十五年刻,无据。

武康县志二十四卷首一卷

清疏筤修　陈殿阶　吴敬羲纂

清道光九年刻本

(《联目》406 页)

按,湖州知府吴其泰序曰:“道光七年桐城疏君来绾县符,下车亲问父老疾苦,兴利除弊,所以为民计者,罔不毕举。公余之暇,因慨然曰:‘邑诚有志,顾历年久而散失者多矣。使非修辑而表彰,代远年湮,遂至不可端绪,抑亦守土者之羞也。’爰进诸生之彦者为之采访,期无遗漏,条分缕析,移晷忘倦,阅一月而成。”是诸生采访,疏筤自为纂辑。《纂修姓氏》中亦题“纂修赐进士出身武康知县桐城疏筤”。陈殿阶乃武康县丞,吴敬羲为邑训导,俱循例列名而冠以“编次”,诸乡绅则冠以“分纂”,皆无其实。道光九年刻,无据。

镇海县志八卷首一卷

清王梦弼　邵向荣纂修

清乾隆十七年刻本

(《联目》412 页)

按,王梦弼序曰:“今瓜且及代矣,无可慰吏民贻久远者,修志之举阅经六载,宁堪再缓,重辜众望耶。乃于春夏复理前后所为稿,再事芟补校雠编次,厘为八卷三十类,举以付梓。”卷端题:“知镇海县事商邱王梦弼纂修　儒学教谕姚江邵向荣订正。”邵向荣不宜与王梦弼并列为纂修人。

余姚志四十卷

唐若瀛修　邵晋涵纂

清乾隆四十三年修　四十六年刻本

(《联目》414 页)

按,乾隆四十三年知县唐若瀛序曰:“予自下车即取史传及省郡之志与旧志互相考核。苦行笈之寡书也,则假诸邑中藏书家。虑一人之见闻狭隘也,则分采访册于都人士。继又设局于儒学,余时至与贤士大夫往复商榷以论定其是非。簿书之余,舟车之暇,不假手他人,唯以修志为事,阅一年有余而始克成书。”《同修姓氏》

中,邑中在官在籍乡绅俱列名,邵晋涵亦其一,不宜因最知名即以为纂人。四十六年刻,无据。

金华县志十卷图一卷
清赵泰甡修　张䎘纂
清康熙三十四年刻本
(《联目》427 页)

按,此志卷端大题作“金华县志书”。县志皆有图,目录中或图前未另标卷者,例不著出,此志亦是。康熙三十四年刻,无据。

灵璧县志略四卷首一卷
清贡震纂修
清乾隆二十五年刻本
(《联目》438 页)

按,此志当属贡震私纂。乾隆二十五年贡震跋曰:“是书脱稿于乾隆二十三年之夏,余以睢河局务,由符离移寓濠梁。明年春有京师之行,夏六月至建平任,与灵璧士民益远。诸生张遐书以书来请余稿,余惟灵邑积歉之后,难望捐资付梓,此书未有副本,或恐传观遗失。今年夏建邑时和民乐,山署翛闲,酷暑中不惜目力,手写一本,募工开雕,始于六月之朔,八月十二日卒业。”后且附《河渠原委》四卷,亦因此志非官修,故得并入。

泗州直隶州志十八卷
清莫之翰纂修
清康熙三十七年刻本
(《联目》439 页)

按,此志版心及卷端大题俱作“泗州志”,刻于康熙二十七年。其年莫之翰序曰:“频年水害,版籍漫漶,藐焉无有。索一二抄本阅之,亥豕鲁鱼,又多残缺失次……爰于公余之暇,掇拾成帙。及今不为编辑,后之绍述者欲考据无由矣,讵敢曰郡之乘犹国之史，继笔削于已往，昭劝惩于将来也耶！遂不辞挂漏，付诸剞劂。”

凤阳府志四十卷
清耿继志等修　汤原振等纂
清康熙二十三年刻本
（《联目》460 页）

按，此志刻于康熙二十四年。康熙乙丑（二十四年）耿继志序曰：“余滥竽承乏，适当天行洊灾，民生殚瘁，拮据抚绥，未遑从事笔墨。会奉征取之檄，仓卒成稿，录送志局，聊应一时之命。而诖漏草率，知所不免也。兹乙丑春复奉部檄取，未敢以诖漏草率之编进，乃属学博汤君、张君重加厘订，镂刻成书。”

休宁县志八卷
明李乔岱纂修
明万历三十五年刻本
（《联目》471 页）

按，此志纂人为邵庶。志中有万历丙午邵庶序，曰：“是志也，始于成化乙巳，则太史前予，继于嘉靖丁未，〔　〕奉新后劲。今岁运复周，不佞肃李公赐命而新之……李公名乔岱，辛丑进士，陕西洋县人。”邵庶，邑人，万历十一年进士，官礼工二科都给事中。

休宁县志八卷首一卷
清廖腾煃修　汪晋征纂
清康熙三十二年刻本
（《联目》471 页）

按，此志目录、版心，及诸序前，皆未标首卷。有康熙三十二年诸家序，序中只述及稿成，未言即于是年付刻。

橙阳散志十五卷

清江登云纂　江绍运续纂

清乾隆四十年纂　稿本　清嘉庆十四年刻本

(《联目》471 页)

按,中国科学院图书馆藏嘉庆十四年刻本,有江绍莲(运,误)《续编引言》,曰:"《橙阳散志》十有二卷,先子爱山公手辑也,作于乾隆甲申,成于乙未。"则"乾隆四十年纂　稿本"当是十二卷。又,"迄今上已巳,又历三十五载……举志中已见者续之,未及者增之,有因时日孔迫夙未详尽者则采掇以补之,广为十五卷……若夫村隶于邑,邑之疆域形势、山脉水源、建置沿革、城郭乡隅、风俗礼教,实村之统会有不可不知者。撰为五考,曰'备志',厕于卷末,以备参证"。嘉庆十四年刻本为十五卷末一卷。

南城县志三十二卷首一卷

清时式敷修　廖连等纂

清道光六年刻本

(《联目》503 页)

按,此志修人当首列松安。道光六年廖连叙曰:"前邑侯松(安)以奉文修纂,嘱余董是役。余当以弇陋固辞,复承责以桑梓大谊,不敢不勉力从事……自甲申季春至乙酉仲夏乃就初稿。适值新任时侯(式敷)以班范之才为吾邑师帅,润色挥毫,群情共仰,谨缮就正,鉴定发刊。"实则其时已完稿。道光五年时式敷《增修南城县志序》亦曰:"乙酉四月,余调任斯邑,与贤士大夫相晋接,询廖茹庐先生司其事,而诸君子分任纂校,业已告成,将付剞劂。"

河南通志八十卷

清田文镜等修　孙灏等纂

清雍正十三年刻本

(《联目》555 页)

按,此本前人著录或作"雍正八年刻本"或作"雍正十三年刻本",皆误。八年刻之说,当据雍正九年田文镜《河南通志总序》:

“七年春，檄河南各府州县整辑郡邑志送到臣署。越明年二月乃开馆置局，礼聘名彦，焚膏继晷，键户闭关，凡阅期有二月而后成书。书成，凡八十卷，敬付剞劂。”“期有二月”乃期年又二月，成书是在九年四月，八年刻，已误。而田文镜旋即去职，并未付刻。十三年刻之说，当据是年王士俊进书表，称“谨缮新函，恭呈睿鉴”，“重编豫志盖自前督臣田文镜总辑，未及开雕”，然而所进亦仅写本。刻本志内“弘”“曆”已避讳——非剜补，卷七十九《艺文八·记》末篇《巡抚雅尔图重修万金渠记》，已是乾隆六年事。此志刊刻一再延搁，约至乾隆六、七年后始着手。

新郑县志五卷
　清冯嗣京修　张光祖纂
　清顺治十六年刻本
　（《联目》560 页）

按，此志主纂乃署教谕李一榴。顺治已亥李一榴后序曰：“榴戊戌冬之郑庠，一见四山环抱，溱洧交流，堪舆可谓大地。及询之士民，懵如也。著述缺如也。名贤冯之故老，风俗侦之耆旧，以及忠孝节烈诸事，佥曰信疑两可。则志之举戛戛乎难之，且不可缺且缓也。时台司大人以是檄大父母冯公，公初予谒之日即惓惓以此注念，榴实深惭寡陋，敢不唯唯。奈实典无征，日与二三同人如伥伥歧路，恍惚何凭。奈于灰烬余，仅得遗篇十之一二，日究夕考，阅五十昼夜始成缃帙。……是是非非，一准大父母鸿笔而总其裁焉。役竣，榴勉当后序。”张光祖者，邑人，时为在任兵部职方司员外，与诸绅俱列名“纂修”，实未预志事。志内有其一序，但云：“邑父母冯公学贯天人，大笔如椽。兼以署谕李先生文章宿老，互相商榷。或访之名儒，或询之故老，或参之断碣残碑，往事仅存千百于什一，而岁时景物、忠孝节义，靡不志以著之，简而核，典而则。余披其草，愯然曰：‘古有才子十人，殆公之谓耶！’”“余八年偈偈吏治，幸擢兵曹，惧乏长子之选，为大司马辱。忽被流风所感，桓桓武事顿加饬焉。其造于余实多矣。行将扬之部院公祖，莫不称贤，宁直一志彰善声哉。”顺治十六年刻，无据。

仪封县志十二卷首一卷末一卷

清纪黄中　王续修　宋宣纂

清乾隆二十九年刻本

（《联目》562页）

按，纪黄中序曰：“黾勉职守于今三年，判牍稀疏，讼庭常静，乃举旧志而厘正之，增润之，信益求信，疑复存疑，不敢师心自用也，借良友而参订焉，犁然而成编矣。”乾隆二十九年王绩序曰：“余莅仪之明年，前升任纪讳黄中纂修邑志稿成，慨捐廉俸，属余付梓。犹虑不无遗讹，并惓惓于参订、采访，俾成完璧。……余宁不乐终厥事！因延原事诸绅士厘正校订，俾免豕亥之此。虽间有补入，亦必质诸主稿而后定，无敢专也。”《编纂姓氏》中列“纂修　升任仪封县知县下北河同知纪黄中　仪封县知县王绩”。是纪黄中自任纂修，王绩善后，例可并列。宋宣曾与采辑，但非主笔，不宜派列纂人。王续乃王绩之误。

濮州志六卷

明李先芳纂修

明万历九年刻本

（《联目》573页）

按，李先芳字北山，邑人，嘉靖丁未进士，官尚宝司少卿，左迁，后以宁国府同知罢官里居，为此志。万历壬午（十年）季春李蓘《濮州志序》曰：“《濮州志》者，北山李公之所修也。李公自解组归，大有著述流播海内，固已炳炳琅琅称艳文囿矣，而近复修是书成。……志凡六卷，成于万历九年之冬。志有附《北山野史传》，其所以自本者悉矣。”是属私纂，通例不著“纂修”。志成，皆指稿成。万历九年刻，无据。

濮州志六卷

清张实斗修　南洙源纂

清康熙十二年刻本

(《联目》573 页)

按,此志系据李先芳旧本增修。卷二至五卷端题“郡人李先芳编次”,原本类目后多缀“北山野史曰”识语,亦皆如旧。卷一正文前镌前后两次编纂人名氏,首列“前万历十七年赐进士尚宝司少卿郡人李先芳编次”,“本朝康熙十一年奉直大夫知濮州事三韩张实斗编次”。宜著明李先芳纂清张实斗增修。南洙源曾参与增辑,但非总领其事者,可略。康熙十二年刻,无据。

项城县志十卷首一卷

清韩仪修　张延福纂

清乾隆十一年刻本

注:此志每卷题张氏修,查《官师志》等,实韩氏主修,张氏付梓而已。

(《联目》580 页)

按,此志各卷卷端题“陈州府项城县知县张为旦纂修”。有乾隆十一年张为旦《续修项城县志序》,内称:“乙丑夏四月余奉天子命来抚项邑,下车聿始,披阅邑志。揭其卷帙,成于前署令,业报各宪,然其间犹有缺而未备者。顷奉府宪刊刻郡志,飞檄饬行续修,爰谋之荐绅暨诸生若而人,细加考核,增修申送。余已捐薄俸听候府宪合刊。但既刊府志以为总汇,即当刊邑志以示风励。因不揣固陋,与诸君子更为博采广集,分为十卷,寿诸枣梨。”张为旦为终其事者。而始其事亦非韩仪。乾隆十年张延福《续修项城县志跋》中称,“甲子秋八月,余将拟北上,会大方伯赵檄饬续修邑乘,甚盛典也。邑侯赵(德宏)委任于余,谢不胜者三,不容已,承命珥笔。事以确,文以朴,不涉己意,不庇亲属,或阅诸案牍,或问诸父老,与同事诸先生挑灯纂辑,务期不支不漏。未几,赵邑侯捐馆,未毕乃事。及摄篆韩侯首务志事,凡匝月而稿呈各宪,未及问诸枣梨。”是创修乃赵德宏,未及竣稿而亡故,摄篆韩仪收其功,张为旦定稿刊刻。一志之修,似此历程者颇有。

鹿邑县志十卷首一卷
清吕士鹓修　梁建纂
清康熙三十一年刻本
(《联目》581 页)

按,此志亦知县纂修自任。《修志姓氏》中载:"合纂　鹿邑县知县加一级吕士鹓。"其序中曰:"旧志原有蚀漏,以至句涉聱牙,字仍鱼鲁,盖以从前遗于考误,相沿至今。士鹓宁以缺疑,不敢臆窜,尚待卓识君子。"学官与诸绅皆居"分辑",梁建列乡绅之首,似不宜径作纂人。康熙三十一年刻,无据。

确山县志四卷
周之瑚修　严克嶟纂
清乾隆十一年刻本
(《联目》590 页)

按,此志刻于乾隆十年。是年周之瑚序曰:"确不弃予,予亦自幸不为确弃。人与地习,识与习长。乃取旧志,始自康熙癸酉,缺者补之,讹者正之,邑黉士踊跃以勷。适上游饬修旧志,檄文下,而予稿已就,呈阅称允,遂用捐俸,寿诸枣梨。"

伊阳县志四卷首一卷
清李璋堉修　张施仁　赵先弟纂
清乾隆三十一年刻本
(《联目》601 页)

按,此志各卷端均镌"知伊阳县吴门李章堉编"。《修志姓氏》中载:"乾隆丙戌志　知县李章堉纂修　教谕王煜校订　举人张施仁　贡生赵先弟搜辑　廪生刘炜　夏有恒　张鸣珂　生员常乐志分编　廪生马钊　陈焕　生员陈煌　马允中　雷鸣盛缮录　廪生曹建绘图　元和庠生李凤书　李凤丹参阅。"李章堉序曰:"甲申冬，奉道宪欧阳公檄，令各属增修志乘，余乃受令，不敢忽，因即于乙酉春仲设局书院，延请邑绅士之博闻敦行者共襄其事。先之以采访，继之以考订，益之以参核，终之以删润。而余公余之暇特加排纂修辑，而成帙焉。”张施仁、赵先弟只参与采访，主纂李章堉自任。“璋”乃“章”之误。

邓州志二十卷

清陈良玉修　彭而述纂

清顺治十六年刻本

（《联目》597 页）

按，此志《修志姓氏》中“纂修”皆列本州职官，后缀彭而述。前人著录因即视为实际主纂人。不查彭而述时官湖广分巡上湖道，不仅未执笔，且不在州中。列衔于“纂修”，盖尊本邑显宦且在官者也。彭而述序曰：“太守陈侯至而志成，孰成之，陈侯成之也。邑人首其事，陈侯享其成也。昔《春秋》本鲁国之史，而一经大圣人笔削则进而为经。今州乘本一邑之书，而再经贤太守笔削，安知不可复进而为史耶！予时承乏南楚，将赴滇藩，不能与都人士弭笔分编，共襄盛举。乃邮筒南下，请序于予。”陈良玉序曰：“受今命，莅穰封，览山川人物，民俗厚，风气淳，昔所称三代遗风，不减邹鲁，信有然者。用是延访耆旧，稍采前志，参以近迹，以次编纪，凡为图一、纪一、表四、志八、列传四，总若干卷。”是陈良玉纂修自任。顺治十六年刻，无据。

太平县志八卷

清刘崇元修　张枚等纂

清雍正三年刻本

（《联目》110 页）

按，此志雍正三年刘崇元序曰：“有侧席而言者：维邑有志，我幔亭张侯业于康熙己亥之夏网罗散帙参互考订，凡我平邑德行可风，品诣足述者，类皆辑之于志，以示不忘，其书已告竣云。余欣然亟取而阅之，始自地理，卒于艺文，书凡八卷。……越乙巳，簿书之暇，复取志而读之。读未竟，辄爽然如有所失者。夫平之经制万古不磨，若平之孝弟节义、乡举里选何岁无之。自己亥以迄乙巳，七载之间，其光邦家而荣史册者谅不乏文，倘不嗣而辑之，广搜而增订之，不惟无以阐潜德之幽光，抑且使青云之士不获扬名于后世矣。爰是以改属之年(雍正二年太平改属绛州)若月并所谓孝悌节义乡举里选者一一次之，付之剞劂。"张枚《弁言》曰："幔亭(张学都)父母，自丙申(康熙五十五年)冬下车，即不以予为菲薄，谬兹重属。迨壬寅春将授锓，而公奉檄从事酒泉军。岁复比饥，谷值如涌，匠饩之靡，蓰倍曩估。凡涉珠桂之谋，尽解冰雪之橐。濒行谆嘱，远怀酌剂，乃克讫工。""癸卯(雍正元年)冬，厚庵刘父母来莅兹方：修理文庙，议设社仓；建牌坊以振文风，造城楼以图巩固；捐挑古井，补助穷黎；砌街道，立义学。……缘嘱余复修是编，用志数言。"卷一卷端题"知县事三韩刘崇元厚庵氏重修　邑人张枚卜公甫　臧尔心子端甫　张宿爌远光甫仝修"。"知县事三韩刘崇元厚庵氏"十一字系嵌补。又卷一第五页右末行"雍正二年诺抚军题请改属绛州平为首邑"，卷七第三十页左六行至九行"十一月十五日冬至二十二日雨　雍正元年夏旱收薄　二年春愆雨收薄　三年雨旸时若名歌大有"亦嵌补。卷二"又十九"页《御箴楼记》，三十二页左、"又三十三"页《崇圣祠》，卷四"又二十"页知县题名，"又三十"页教谕、训导题名，卷五"又二十"页举人题名等系增刻。文中逢"禛"、"曆"字皆挖。

综上述，此志当是：清张学都修　刘崇元增修　张枚等纂　清康熙六十一年刻雍正三年增修后印本。

颜神镇志五卷

清叶先登修　冯文显纂

清康熙九年刻本

(《联目》258 页)

按，此志卷一、四卷端题"镇通判闽武安叶先登纂著　镇通判

晋上党赵良璧校梓　颜山张联翼　张联星视草　闽人叶自根　叶自本　邑庠生冯文显仝编次”。张联翼《颜神镇志引》中曰：“余每扼腕颜城无志，里士大夫之耻，抑亦莅斯土者之未光也。顺治庚子春，余解绶归里，谋之荐绅先生及诸乡耆高明有识者，皆有同志焉。因搜讨见闻以俟纂修总裁者。值闽昊庵叶公祖以别驾来治镇，谂其起家由太史氏出参秦晋方岳，以直道召诖误左迁于此。其读中秘书也富，其阅历山川名迹也广，其采风问俗备辑贞淫以献当宁也，乃其才所优为而职所当为者，岂以蕞尔而遂不足辱如椽哉！于是胪其条件质之叶公祖。公曰，善……援笔脱草，徐谋付剞劂焉。”叶先登时官镇通判，镇志又脱稿其手，当属“纂修”。冯文显者，曾与其事，但非主纂。列“仝编次”之名亦在二叶后，不宜径列为纂人。

长沙府志六卷
　明徐一鸣纂修
　明嘉靖十二年刻本
　(《联目》640 页)

按，此志嘉靖十二年潘镒《序长沙郡志》曰：“嘉靖庚寅，予自荆移潭，前守滁阳孙君以郡志稿属曰：‘子其终之。’请乡宦宫赞茶陵张君重搜删益，义例准迁史。癸巳 (嘉靖十二年)入刻。……郡志古有不可考，国朝久未辑刻。孙君创稿而代去，非职史兼长如张君，其何以振千百年之旷典哉！……孙君名存，字性甫，甲戌进士；张君名治，字文邦，与予同辛巳进士。”又张治《引志》中曰：“长沙志久废弗修……嘉靖戊子，太守滁阳孙子性甫乃属地官郎杨子林考郡之故，而创志焉。既就稿，孙子代去。辛卯，婺源潘子希平自荆州来守潭，复以属之子治……乃取子林所为稿而笔削之。”此志当是：明孙存　潘镒修　杨林　张治纂。

长沙府志二十卷首一卷
　清苏佳嗣修　谭绍琬　张应绍纂

清康熙二十四年刻本

(《联目》640 页)

按,此志无首卷。卷端题"长沙府知府襄平苏佳嗣纂辑　同知于越赵宁　通判萧山王骏参订",赵宁序中曰:"《长沙府志》实维郡守苏侯总司其事,不数月因此告成。"苏佳嗣纂修自任,未更列纂人。

湘阴县志二卷

明张灯纂修　李廷龙续修

明嘉靖三十三年修　四十四年续修刻本

(《联目》643 页)

按,志内嘉靖甲寅(三十三年)张灯《湘阴县志序》中曰:"旧志修于成化初年,迄今又散逸无存……乃敝精竭虑,考郡志、一统诸旧志而日校雠之,扬其纲领,疏其条目,各类俱僭为叙论,以尽其愚,毋使后之视今,如今之视昔焉。……遂定《湘阴志》为二册,以付梓人。"则是已刻。嘉靖乙丑(四十四年)李廷龙《续修湘阴县志序》中曰:"瑞泉张公(灯)来宰吾湘,三年而政成化理,遂重搜补益,义例准迁史,裒集成帙,章程具矣。后有作者夫何为哉,虽然志提封而城池未建也,志创设而仓廪未增也,志学校而义田未置,典籍弗存也;职官之代者几矣,贡举而化者又几矣……可以弗志乎!〔　〕少尹刘君伯生,司训虞君大治、黄君阁佥议纂续,偕王生钥、邵生洛、孙生恩、严生大化质于予,乃相与订讹补缺,参酌增辑。"则属增修。志中原刻版片皆单线鱼尾,补板多单黑鱼尾;板框较原刻约高一厘米,页码多加"又"字。教官、贡举题名又至万历间。此志当作:明张灯纂修　李廷龙增修　明嘉靖三十三年刻四十四年增修后印本。

茶陵州志二十三卷首一卷

清赵国宣修　彭康纂　甘庆增　朱怡滋增纂

清嘉庆十八年增刻康熙本

(《联目》646 页)

按，此志增纂者乃尹勋。嘉庆癸酉甘庆增《茶陵州志书重刊序》曰："去冬来牧茶陵，亦如前三邑之首征州志，而梨枣旧质缺焉不备，即有从前刷本，字迹亦多漫漶。盖自康熙乙亥重修以来，甲子两周矣，微特上官莅任无以应檄取，亦守土故实莫由稽循。因访故家，得一二残编凑成完书，不禁慨然于举废之难也。然亦各视此身如寄传舍，遂因循岁月，百二十年等诸不急之务。其实有志竟成，不畏难亦何难之有。爰谋之绅士，欲详稽成宪，细核档册，搜罗旧闻，增续邑事，期成全书；使已往不致失考，后来得所依据。乃以权篆未及一期，而工费又无从遽办，成全书有待耳。不得已而思重刻。有州绅尹勋欣然独任其事，解囊召剞劂氏，照旧本重新之。间有依类稍添，如选举、官守等志，亦不过十之一，皆信而有征者。余则悉仍其旧。"同年尹勋跋曰："前宪倡之屡矣，州人士咸深虑夫鸠工庀材之非易，征文考献之尤难，而皆不溃于成。欣逢甘夫子下车谋捐修之，士绅俱如前言，乃属其事于余。余曾辞之不已，乃取原本出赀重刊，其应增入者，悉依旧例详载……余生也鲁，亦奚知夫摛藻掞华要惟是公。是公非无一毫私意，存乎其间而已。"称"嘉庆十八年增刻康熙本"，语嫌含混，易生两歧，以作：嘉庆十八年刻本，或嘉庆十八年尹勋刻本为宜。

郴州总志四十三卷首一卷末一卷
清朱偓修　陈昭谋纂
清嘉庆二十五年刻本
（《联目》648 页）

按，此志卷端大题及目录前题均作"直隶郴州总志"。目录列四十三卷首一卷，卷四十三为附考。正文则只四十二卷，首一卷，又"卷之终"一卷为附考。故当是四十二卷首一卷终一卷。嘉庆己卯（二十四年）季冬月陈昭谋《重修郴志跋》曰："丁丑岁（嘉庆二十二年）湖南有重修省志之举，檄令各州县皆修志乘，郡伯朱宪嘱谋赞勷其事……凡阅岁而书成，上之大宪。随札调五县志稿汇为一州总志……因五县志稿迟延，至己卯四月始开雕。六月，常宪署州事,仍礼绅士而采辑之,督工告竣,更阅数月而书成。”是始刻与刻成皆在嘉庆二十四年。

衡州府志二十三卷

清张奇勋修　周士仪纂　谭弘宪续修

清康熙三十一年增刻本

(《联目》652页)

按,此志各卷端皆题“衡州府原任知府张奇勋初修　今任知府谭弘宪续修　郡后学周士仪两修　邹章周同修”。康熙二十一年布政使薛柱斗序曰:“文安谭君慎伯由民部郎擢守此土,能以经术饰吏治,期年之间既已百废具举,尤于案牍之间留心文献。念郡志自前守修订而后旋遭散轶,仍访曩年操笔之孝廉周子重加增订。其目十有三条,分帙二十三卷,悉循庚戌之例,不更侈张。第于其中断者续之,讹者正之,略者详之,繁者节之,集诸劂氏,畀之枣梨。”非就原刻增补,著“康熙二十一年增刻本”易生歧义,宜去“增”字。

道州新志十五卷

清张大成修　魏希范纂

清康熙六年刻本

(《联目》657页)

按,此志卷端大题及目录前题均作“道州志”。纂人当首列常在。康熙六年知州张大成《跋后》曰:“邦国有志,盛典也。成何人,斯敢言修志!只以莅道之日旋奉两台征志之檄,咨访搜求虑无以应,赖州学生常在得拾残篇相遗。幸与乡荐魏子希范、何子大晋皆素称淹洽博识之士,遂分帙订正,而常生之较画居多。不三阅月告竣焉。俨然文献足征,可以报上命也。”

永州府志二十四卷

清刘道著修　钱邦芑纂

清康熙九年刻本

(《联目》654 页)

按,据此志目录,有首末各一卷。首一卷含序、姓氏、凡例、总目;末一卷含后序、跋。胶卷系据日本内阁文库藏本摄,缺末卷。“康熙九年刻”,志内无据。

沅州府志五十卷首一卷
清瑭珠修　朱景英纂
清乾隆二十二年刻本
(《联目》663 页)

按,此志诸序中未及纂人事略,唯《名衔》中列“纂修　原任福建福宁府宁德县知县武陵朱景英　原任芷江县儒学训导益阳郭瑗龄”。宜同著。乾隆二十二年刻,无据。瑭珠序中但言“丙子秋开局,越岁书成”。书成,指稿成。

沅江县志三十卷
清唐古特修　骆孔僎　陶澍纂
清嘉庆十五年刻本
(《联目》671 页)

按,嘉庆十三年骆孔僎《重修沅江县志序》曰:“嘉庆丙寅冬,郡伯薛宪议修郡志,檄饬四属先将邑志底本呈核,又以此事校官宜分厥任,复下其牒于学。余乃商之邑令,集邑人而谋始焉。顾以百余年遗文遗事欲会萃于一时,其为势甚难,幸邑老成杨君尚载,素尝留心于此者,曾有频年手录世父麓北翁草稿,规模粗具。更择邑中绩学持重之士,开局分曹,互相斟酌而损益之。其润色,则属之安化陶云汀太史。搜罗在丁卯之春,编辑在是岁之秋。至戊辰(嘉庆十三年)秋始付剞劂,三阅月而告竣。”是刻成于嘉庆十三年。《重修沅江县志姓氏》中,“纂修”但列“沅江县教谕宁远骆孔僎”,陶澍未予位置列名,亦颇可不列为纂人。此志传世者多为增修本。中国科学院图书馆藏本《职官》记载即增刻至嘉庆十七年,《祥异》记载则至嘉庆二十二年。又有封面,镌“嘉庆庚午(十五)年重修　沅

江县志　尊经阁藏板”。增修不止一次，十五年当是首次。“十五年刻本”之说或即据此封面，误。

广东通志七十二卷

明郭棐纂修

明万历三十年刻本

（《联目》673 页）

按，郭棐，南海人，嘉靖四十一年进士，时以光禄卿致仕家居。万历壬寅（三十年）序曰：“制府陈公大科，直指马公文卿爰议修志。左辖游公应乾，右辖胡公心得佥谋胥同，乃肃刺具币诣不佞棐，请偕王禄丞学曾、袁藩参昌祚总其事……辛丑（万历二十九年）春，制府长泰戴公燿、直指贵阳李公时华先后下车，视志益虔，催竣惟亟……爰以稿上，参阅发梓……又阅三月剞劂就绪。”则此志当是陈大科、戴燿修，郭棐纂，刻成于万历二十九年。

广州府志六十卷首一卷

清金烈修　张嗣衍　沈廷芳纂

清乾隆二十四年刻本

（《联目》674 页）

按，志中乾隆二十四年吴鸿序曰：“观察金公来莅会城之一年，政修人和，百废具举，病首郡之无志而不称厥观也，爰与郡守张君开局经始，延粤秀山长沈椒园前辈主其事，未逾年而成。”金烈序曰：“今日之修举废坠固余与太守张君之责也，适余友沈荻林先生以中州秉臬，读礼家居，应前制府杨大中丞鹤二公之聘来主粤秀讲席，遂亟与商榷而纂辑之。”张嗣衍当列入修人。乾隆二十四年刻，志内无据。

新修翁源县志七卷

清孙可训修　郭弘缵纂

清康熙十三年刻本

翁源县志七卷
清刘士骐纂修
清康熙二十五年刻本
(《联目》680 页)

按,此两志实为一书。九行二十字,白口,四周双边,版心上镌“翁源县志”,卷端大题为“新修翁源县志”。七卷为七志,各志前皆冠《总论》,题“知县孙可训撰次”。又,刘士骐总论曰:“前括苍孙令可训,业已遵照本属郡志依河南陕西体式分为七卷,而七志中又疏为四十二目,条分缕析,较若列眉,无事过为纷更矣!然旧者已备,而新者未增,则吏治无由稽察,民风何从览观,度宸衷有不能一日忘者也。今奉敕谕复颁,继孙令而详加纂辑。自甲寅(康熙十三年)以迄今兹,仅十有三载,其间事故亦大概可约略计也。”应是孙可训修,郭弘缵纂,刘士骐增修。康熙十三年刻或二十五年刻,志内皆无据。

乳源县志八卷
清张洗易纂修
清康熙二十六年刻本
(《联目》683 页)

按,此志纂人为李师锡。志中张洗易序中曰:“讨论编次者,广文李师锡也,参校辑录者,邑庠诸子也。”李师锡,南海人,康熙二十一年来官。康熙二十六年刻,志内无据。

河源县志八卷
清王驹纂修
清康熙二十八年刻本
(《联目》684 页)

按,此志亦有纂人。王驹《凡例》中曰:“共事较编者,则邑之明经邝奕俊、文学李希邕、关麟锡之功居多也。”康熙二十八年刻,志内无据。

河源县志十五卷
　清陈张翼修　尹报逵纂
　清乾隆十一年刻本
　(《联目》684页)

按,志内乾隆十年陈张翼《河源县志书序》曰:"待罪河源三年于兹矣。陟巘降原,周流境内,举凡天时地利、人力物性,所见所闻既心领而神会。于是考订邑乘,重加修辑,直取诸怀。……阖邑绅士亦愿重修邑志。余谓延师集士,团局给札,意见参差,校对不精,徒费光阴物力,其书颇不佳。昔唐臣修《晋书》,其弊坐此。不若出于一人之手,为得其实。余不敏,其敢惜此公余而负夙昔之意乎!特是纵观前志,又搜得旧志,叹其失体,有违史法。凡一邑之重且大者,概从其略,何其疏也。爰发凡起例,另标义类,若纲在网。仍取旧志、前志之所存者胥归条理,广询博采,参以己意。其文倍增于前,其事悉传于后,而河源之志以成。"《纂修姓氏》中列"赐进士文林郎知广东惠州府河源县事浙江陈张翼手纂"。陈张翼于此之前曾纂《南海县志》二十卷,今为主官,颇以纂修自任,毫不假手他人。尹报逵者,乃儒学教谕,与二训导并列"分编",实循例列名,固未曾预志事。乾隆十一年刻,志内无据。

东莞县志四十六卷
　清彭人杰　范文安修　黄时沛等纂
　清嘉庆三年刻本
　(《联目》686页)

按,中国科学院图书馆藏本有封面,镌"嘉庆二年孟冬重修镌　东莞县志　本衙藏板"。嘉庆二年彭人杰《东莞县志序》曰:"余承乏莞邑三载于兹,修举废坠日不暇给,自书院义学以逮普济堂、义冢之属,一一修治,薄有成劳,邑人士乃合词以请……时定南友人黄君石农(时沛)在籍,驰书币延总其事,进邑中诸君子助之搜讨,发凡起例,余时共商榷焉。乃取前书芟其冗蔓,订其讹缺,于事为因,于义为创,属草于仲夏,七阅月而书成。"范文安,嘉庆二年十二月来署知县，时志书已付刻，无所施为，仅于《修志姓氏》循例列名。可不录。

平远县志十卷图一卷
清刘骏名原本　黄大鹏增修
清康熙九年刻雍正九年增刻本
(《联目》687页)

按，此志乃刘骏名纂修，刻于康熙初年，康熙二十五年知县顾奇宿、雍正九年知县黄大鹏皆据以增修。原刻左右双边，雍正补版四周单边，无直格。谓原刻康熙九年，无据。

兴宁县乡土志二十卷
清罗献编
清光绪二十七年编　清抄本
(《联目》689页)

按，光绪二十七年编乡土志，误。说见《泾阳乡土志》(《联目》167页)条。此志实依历史、地理、物产为卷，不标卷次。历史卷卷端题"编辑李杖乙　校正罗献修"；地理卷卷端题"编辑王灵岐　罗绮文"；物产卷卷端题"编辑萧整文"。罗献，当是罗献修之误，亦非编者。宜作李杖乙等纂。

陆丰县志十二卷
清王之正等修　沈展才等纂
清乾隆十年刻本
(《联目》693页)

按，此志纂人当列出章朝赓。乾隆十年王之正《陆丰县志后序》中曰："余不揣固陋，亟谋修举邑志，适有明经章子朝赓者来谒，出所著《海陆总要》相质，虽草创未备，而节目已具，爰委襄是役，俾重加采择，复与二三友人旁搜远览，兼取邑人士所见闻者参订之，州署部居，成十二卷。"乾隆十年刻，志内无据。其年王之正已调顺德，九月惠州知府谢王生序中曰“君自顺德遣伻持志稿示余”，“此志也，未就于在陆之日，而成于调顺之时”。

南海县志十七卷

清郭尔戺　胡云客纂修

清康熙三十年刻本

（《联目》694 页）

按，此志亦有纂人，《凡例》末题“邑人冼国干谨述”。《纂修姓氏》中列“邑人壬戌科进士冼国干　文林郎原直隶故城县知县黄挺华”等“同纂修”。

新会县续志十卷首一卷

清彭君谷修　钟应元　李星辉纂

清同治九年刻本

（《联目》697 页）

按，此志卷端大题及版心书名均作“新会县志续”；同治九年刻，志内无据，中国科学院图书馆藏本有封面，镌“同治辛未春镌　纬经楼承刊　新会县志续　学衙藏板”。同治辛未，十年。

琼山县志十卷

清王贽修　关必登纂

清康熙四十七年刻本

（《联目》701 页）

按，此志王贽以纂修自任。康熙四十七年教谕关必登但为之序，内曰：“邑侯王公……得旧稿二册，相传贡生王凝机手编，前郡丞潘公、邑侯佟公虽略加参订，而诖漏尚多，未及付梓，因董而成之。”康熙四十七年刻，志内亦无据。

崖州志十卷

清李如柏修　黄德厚纂

清乾隆二十年刻本

（《联目》704 页）

按，此志乾隆二十年琼州同知李璜序中曰："欲览其志乘以考历代之兴衰，而片板只字无复存者，则飓风、白蚁、州署倾圮之故也。州牧宋君惕然忧之，广咨博访得残编于儒士之家，复取省府各志参考互订，以求至是。……一切旧志所未载者，咸于委蛇退食时悉心采辑，手自裁定，务期去伪存真，足以信今而传后。至于折衷参订，编次校阅，学正黄君亦与有劳焉。"卷端题"知州宋锦增辑 学正黄德厚分修"。宜作宋锦修。乾隆二十年刻，无据。

阳春县志十八卷

清康善述纂修

清康熙二十六年刻本

（《联目》706 页）

按，此志纂人为刘裔烗。卷一、十六大题后镌"阳春县知县晋绛康善夫纂修、儒学教谕古冈张文明　儒学训导古冈刘士课考订　邑举人刘裔烗编修　贡生刘大镜　欧阳志学　李乘运　伍熎仝辑"。康熙二十六年刻，无据。

四会县志二十卷

清陈欲达等纂修

清康熙二十七年刻本

（《联目》710 页）

按，此志大题为"肇庆府四会县志"，纂人为教谕邹紫客。志中有康熙戊辰邹紫客序，曰："客也，承侯嘉命共董是役。兼集阖邑荐绅旁搜参稽，咨之士庶，访之遗逸。务集众人之知，无徇一己之见；矢公矢慎，润色前所已成，增益今所未备。编汇成集，录呈邑侯，以请上宪之裁成，以俟今上之睿鉴。"康熙二十七年刻，无据。

东安县志十一卷

清袁承泰纂修
清康熙二十六年刻本
(《联目》711 页)

按,袁承泰当是袁承秦之误。袁承秦字绳祖,湖广兴国州人,监生,康熙二十三年来官东安知县。康熙二十六年刻,无据。

东安县志四卷
清庄大中纂修
清乾隆五年刻本
(《联目》711 页)

按,此志有纂人。志内庚申(乾隆五年)徐逢举序曰:“邑侯庄公以名进士来莅兹土,期年政简刑清,披阅图志,慨然念纂修之难缓,乃谋诸绅士,参之舆论。以举籍是邑,且于公为同谱,授以指南,定厥规模而后从事焉。举固迂拙鲜通,而事关巨典不敢辞,因偕同事诸君矢公矢慎,刻意搜罗,两阅月而袖稿以进。公遂出其才、学、识,详加考订……折衷至当而不可易,乃召梓人登诸梨枣,而亲董其成。”徐逢举,邑人,乾隆二年进士,与庄大中同榜。

罗定直隶州志十卷
清刘元禄纂修
清康熙二十六年刻本
(《联目》711 页)

按,此志大题为“罗定州志”。康熙二十六年刻,无据。

广西通志一百二十八卷
清金鉷修　钱元昌　陆纶纂
清雍正十一年刻本
(《联目》715 页)

按,中国科学院图书馆藏本尚有补纂二卷,不序卷次,一卷为宦迹人物,一卷为艺文。艺文中《郁林州瑞泉祠记》记事至雍正十二年七月。雍正十一年刻,无据。

南宁府志十一卷

明方瑜纂修

明嘉靖四十三年刻本

(《联目》716 页)

按,胶卷系据日本内阁文库藏本缩摄,乃嘉靖四十三年刻万历崇祯增修本。卷六、卷七中多补版。如:卷六又一至又七页、又又八、又四十,卷七首页、又五、又十二、又十七等页。卷十一末《安南志》后,镌"知府梁炫增补"。梁炫,南海人,万历三十六年至四十年来官。卷七《兵备志》首页镌"左江兵巡道中军守备府衙门在治西,天启三年(创建)"。知府题名至陈世绳。陈,高安人,崇祯十三年来官。

宾州志二十四卷

清耿省修修　张鹏展纂

清道光六年刻本

(《联目》717 页)

按,志中道光五年右江道伍长华《宾州志序》内曰:"本年冬,刺史耿君逊轩以州旧未有志,今汇辑成编,绘图分类,共二十四卷,付之梓。"是刻于道光五年。

广西太平府志三卷

明蔡迎恩修　甘东阳纂

明万历五年刻本

(《联目》718 页)

按,此志大题后一行镌"太平府儒学训导马平甘东阳修辑　乡进士邑人刘业成谢世臣校正"。万历三年乙亥甘东阳《太平府志凡例》内曰:"咨耆老士夫舆论攸同,然后一书,不敢妄有加削。又惧体要之或乖也,则本之《通志》以立其规,参之《通考》,以稽其事,与夫本省志、苍梧志以广其见。越岁癸酉秋望稿成……又越乙亥夏季始缮成编,序为凡例……稿成,请于太尊泉亭蔡公(迎恩)订正之……锓梓者实蔡太公焉。”蔡迎恩序曰:“甘子独任,三年志成。当予履任之初也,甘子出是帙请予叙。”按明清间边徼府州修志,不一定拘泥由行政长官主持,或径由学官操办,此其一例。“蔡迎恩修”可不录,即作甘东阳纂修。此志刻于万历三年。

养利州志不分卷
清傅天宠纂　汪溶日续纂
清康熙三十三年刻本
(《联目》720页)

按,此志大题后镌“河东傅天宠荷庵甫原纂　古蓼汪溶日镜水甫重辑　州尉汪鼎隆两湖氏　郡人袁简临敬亭氏仝校”。傅天宠,顺治间知养利州;汪溶日,现任知州。康熙三十三年文举鼎跋曰:“侯于簿书之暇翻阅笥中,得抄录遗本取而纂定之,繁者必约,略者必详,正其鲁鱼豕亥之讹,削其鬼僻荒唐之说,更杂以游观之睹记、晨夕之咨询,光之梨枣,焕然一新。”盖并非续纂,乃重加辑订。当作,清汪溶日纂修。

廉州府志十四卷
明张国经修　郑抱素纂
明崇祯十年刻本
(《联目》733页)

按,此志卷一至三大题后二行镌“海北兵巡参议张国经编辑　知廉州府事郑抱素订正”。实张国经一手纂辑。崇祯十年《重修廉州府志序言》中曰:“余奉玺书备兵海北,至则索乘以代咨诹,而前志修于世庙中年,后无续者。溯及隆万时事,已若存若亡矣。窃以此为第一义,图所以苴其漏,衍其坠者。然邻多椎剽村,尝告急,制器征援之,弗遑处也。再逾月,执鞭弭从,按部于擎雷,代匠斫抡士于琼岛。及棘闱役竣,荒居诸者一载,几落兹事矣。既而念之,祭征虏营中习祀，邓司徒马上披书，奈何葺一乘辄让未遑哉！乃采梨枣于高凉，召剞劂于羊城。郡守郑公、合令向君实襄之，荐绅公其品骘，学博补其断简，遗稿资其搜罗。以参为验，以掇为集，丙夜手录以梓，七阅月刻成。"郑抱素虽现任知府，但于此志只循例备名。宜只作，张国经纂修。

廉州府志十四卷

清徐成栋纂修

清康熙六十一年刻本

（《联目》733页）

按，此志刻于康熙六十年。知府徐成栋康熙六十年《重修郡志序》中曰："公余之暇，不惮焚膏继晷，删繁补佚，厘为十四卷，分为十二集，错综铨次而付之剞劂。……是役也，始于庚子（康熙五十九年），迄于辛丑（康熙六十年）仲秋。"

西林县志一卷

清王维淮纂修

清康熙五十七年刻本

（《联目》733页）

按，胶卷据日本内阁文库藏本缩摄。共十七页，类目有图考、星野、建置、疆域、山川、形势、风俗、城池、津渡、墟市、公署、塘铺、扞圉、人丁、田赋、物产、祀典、官司、文艺。按古籍著录惯例，应属"不分卷"。又有《公余偶吟》一卷，页码另起。

四川总志三十六卷

清蔡毓荣等修　钱受祺等纂

清康熙十二年刻本

（《联目》737页）

按，此志《纂修姓氏》中，钱受祺列"编订"之首。而列"编订"者，皆现任川省各府知府，钱受棋乃"参议改补成都府知府"。皆虚以位置者。实际纂人皆列"纂辑"，首为龚懋熙，江津人，崇祯庚辰进士。康熙十二年刻，无据。

四川通志四十七卷首一卷
清黄廷桂等修　张晋生等纂
雍正十一年刻本
清乾隆元年补版增刻本
(《联目》737 页)

按，此志创修于雍正十一年，刻成于乾隆元年，无补版增刻本。乾隆元年二月窦启瑛序曰："雍正十三年春，臣窦启瑛奉天子命任四川布政使事……适会《四川通志》纂辑将成，启瑛复加校正，补其未备，付之剞劂。既竣事，敬拜手稽首为之序。"

新繁县志十四卷首一卷
清郑方城修　朱敦修等纂
清乾隆八年刻本
(《联目》746 页)

按，此志卷端题"邑令闽中郑方城纂"。乾隆癸亥郑方城《凡例》末则曰："是志经始于乾隆五年十月，告竣于六年正月，迄今三载而后付梓，中间偶有新得辄为增修。广文齐柱峰先生亦时出所见佽余不逮，而邑人杨上含家富缥缃，尽出以资探讨，故得黾勉告成，其功均不可没也。至于荟萃群书，参考同异，则余长子天锦有劳焉。"是郑方城亦以主纂自任。又有末一卷，后序及跋鱼尾下俱镌"卷末"，目录中亦列出。

潼川府志十二卷首一卷
清张松孙等纂修
清乾隆五十一年刻本
(《联目》749 页)

按，此志有封面，镌"吴趋张鹤坪编辑　郡志　乾隆乙巳冬孟

镌刻　本衙藏板”。乙巳，乾隆五十年。又乾隆五十年张松孙《序言》曰：“新修郡志十二卷共三十余万言，皆予政事之暇所手自订定者也。卷页既繁，编纂不易，且未及匝岁，甫脱稿亟以锓梓。远近闻风争购，杀青后初印百部以应求者。”

遂宁县志十二卷首一卷
清张松孙　李培峘修　寇赉言等纂
清乾隆五十二年刻本
（《联目》753页）

按，张松孙时官潼川知府，以重修一府八县志为己务，不仅主修，且亲自执笔，诸志多出其手。志中张松孙序曰：“乾隆癸卯秋奉命典郡梓州，于教养之事次第兴举，见一府八县志乘缺略，遂以重修为己任……适滇南李君培峘来宰是邑，振兴学校，讲求吏治，雅有同志，爰属广文绅士分事诹访，予得按部就班详稽确核。依郡志例，分纲列目，成书十二卷。”李培峘《重修遂宁县志序》中曰：“郡伯鹤坪张公典领梓郡，清香画戟，文章直替左司；饲鹤调琴，风节群推清献。汉文翁导民礼教，既兴起于诗书；员半千为政风流，更粉泽以文雅。萃八邑之志乘，尽一已为网罗。”寇赉言乃在籍检讨，掌教书院，并未与纂修，仅以乡绅列名。其序中曰：“鹤坪郡伯癸卯岁莅梓，留心教养，凡所有事莫不次第兴举，骎骎乎政简刑清，治臻上理。见一府八县志旧多缺略，遂立意修辑，考文征献三阅寒暑，郡邑志以次观成。最后乃及遂宁，今亦裒然成帙矣。余快而读之，体裁严整，不拘常格，出以史笔。”

射洪县志十八卷首一卷
清陈廷钰等修　赵爕元等纂
清嘉庆二十五年刻本
（《联目》753页）

按，嘉庆二十五年赵爕元《射洪县志后叙》曰：“嘉庆壬申重修通省志，奉大府檄，采访各州县志略，余与秦兰谷、李檬岩两孝廉共司其事。时草草应命,不暇考校群书,遗误者十有五六。事既竣,将此稿付及门于生靖安,属随事搜辑,订为善本。越七载,采访略备,卷帙已成。己卯夏,余师田甘霖澍川先生,邑博士任秋涛文渊等协谋于邑广文聂浑庵、冯宣猷两先生,详加雠核,用付剞劂,阅岁而后蒇事。是役也,一切经费则甘霖先生与任秋涛实始终之,而缮写则罗柏林之力也。至于雠校乏人,舛错良多,余实不敢辞其责。”是乃私纂,无主修人,以径著赵爕元、于靖安纂为宜。

安县志三十卷首一卷
清杨英灿纂修
清嘉庆十七年刻本
(《联目》756 页)

按,中国科学院图书馆藏本有封面,镌“嘉庆岁次癸酉丙辰月刻　安县志　板藏县署”。癸酉,嘉庆十八年。此志仅嘉庆十七年杨英灿一序,但言:“岁在辛未,蜀之大府请于朝,续修全省通志。檄下府厅州县各辑成书以备采择,重志乘也。余承乏安县一载余兹矣……自愧庸陋,不敢妄有撰述,即近今掇拾,亦可以为国章、作身鉴,备全省通志之一隅。后有君子宏览博物,捃摭益富,使丰编照物,历久益光,是余之所厚望也。”并未及刻。

〔康熙〕宛平县志六卷
清王养濂修　李开泰　张采纂
清康熙二十四年刻本
(《联目》1 页)

按,此志无序跋,《凡例》中云:“县旧无志,统之于府志中,以其附郭也。迩者邑侯王公念其缺典,慨然谋创造之,以备稽考。会两张公尹京兆,檄修邑志,王公乃礼聘泰等分任其事,且敦请右中允兼翰林院编修紫来米先生以董其成。创始于康熙二十二年十二月中浣之吉,告成于康熙二十三年五月上浣之吉。”进士题名至康熙乙丑(二十四年)科“高寿名”。《修志姓氏》列“右春坊右中允兼翰林院编修米汉雯鉴定　顺天府举人李开泰　顺天府恩贡郝尚礼　顺天府岁贡徐兆斗　顺天府儒学廪膳生张采编辑”。康熙二十四年刻,无据。纂人宜作李开泰等。

隆庆志十卷

明谢庭桂纂　苏乾续纂

明嘉靖二十八年刻本

(《联目》2 页)

按,苏乾《隆庆续志序》称:“嘉靖戊申(二十七年)七月既望,侍御程公按部至隆庆。越数日授简于乾,使举士博洽者三五人续《隆庆志》。乾受而请教,公曰:‘旧志已可观,但所载诗文有可去者,事条有错杂者,有未备者,均惟子裁。’乾诺而退,不敢以衰朽寡陋辞,乃举致仕主簿程万里、监生王钦、生员张世敏、黄麻、杨愈,使之搜括遗事以成公命。……旧志所有者则存其是,而翦其芜,所未有者则开其端而著其迹,以接其绪,以达其流。四十日而稿就。其列疆域于建置之前,数山川于形胜之后,诰敕难伦于艺文,则尊之而独为一卷,仕宦不必由于科贡,则合之而各注其官,叙人物而系以风俗,详财赋而议其时政,乾于此有僭焉。粤惟旧志修于成化乙未,迄今七十余年……公命续之,其用心何周至哉。……公字信甫,号古川子。是志也,去岁季秋方欲锓梓,地方不幸而遭北虏之惨祸,摄州事者无暇及此。今岁己酉(二十八年)仲春,前虏复入寇,官之无暇犹昔也。未及半年两经虏患,志中事条有当增数语者,故于旧稿不能不更录焉。四月下澣。吾郡守王君尚友自蜀尹升来,下车之初即询郡志,盖将考往政而发新政也。闻未刻,慨曰:‘修志吾亲民者事,矧代巡有檄弗可终稽!刻当在我。’于是遣人赴京师召铁笔者用襄厥绩。”卷十后有“七十七页”,镌“嘉靖二十七年七月巡按察院案验修志　承行官吏目迟谅　典吏王承恩　供给老人黄鑣　北京刊字匠纪缙　邓纪　徐栾　张龙　黄明　纪毫”。

明代巡按御史事权极重,代天子巡狩,按临所至,民社事务亦可干预。此志即巡按宣大监察御史程轨主修者。

此志卷端虽镌“编氓蒲坂后学谢庭桂编次　郡后学苏乾续编”，据苏乾述，“续编”之意仅承其后而已。志中有成化乙未谢庭桂序，称：“谨遵《大明一统志》为主，旁搜传记，博采见闻，门分汇别，诠次成编。凡为卷十有六。”体系、分卷皆不同。再录前志纂人，实无必要。著录当从内容实际，不宜拘泥形式。

又，此志尚有附录一卷，记嘉靖二十七年九月十三日及二十八年二月十三日两次边扰。首行题“郡志附录”，版心镌“附志”。

雄乘二卷

明王齐纂修

明嘉靖十六年刻本

（《联目》57 页）

按，此志有王齐二序。一《自叙》，曰：“镜堂王齐曰，雄旧弗乘，予谕雄之三年以太守北泉阎公命始乘之。……三月乃既。予不才是惧。爰命诸子袭相校勘。适少溪谢侯（九仪，嘉靖十一年来官知县，翌年为刻志，有叙）绾章莅政，遂笔削以传焉。”一嘉靖十六年序，曰：“王齐曰，予少也孤，遭兵燹之余，父书俱失，又不甚知隆师友，望望亡所问途，故闻见亦孤。弱冠得领乡荐，就谕于雄而乘雄也，雄无多大夫士，而书史亦鲜存者，兀兀穷年，犹家居也。故《雄乘》未备而少溪（谢九仪）已刻传矣。比牧任丘，数领少傅序翁及诸名公之教，且得多读异书，删剔补正，视旧孔益，欲再梓而弗能焉。今年春鲁西王侯（王子麒字仲郊号鲁西，汝南人，嘉靖十六年来官雄县知县）崇文敦化，淑世牖民，以予《任丘志》之成也，谋诸沙田（王世臣，雄县训导），复委订正。然实不能详详略略如《任丘》也，姑厘而归之。其卷为二，其纲为十，其目六十有五。”据二序，可知《雄乘》初刻于嘉靖十二年，修人当是谢九仪。王齐升任任丘知县后，又加删补，旋受雄县知县王子麒正式委纂，嘉靖十六年由雄县再刻，即此本。修人当列王子麒。

又，《联目》此则下有“雄乘二卷　明王元修等纂修　明万历十四年刻本”一条。王元修似即王齐（号镜堂字元修，丰城人，新蔡籍,举人),何以万历间又纂此志?康熙《雄乘》载姚文燮重修县志详文称"按雄邑志书修于明朝嘉靖年间,至今百有余载,事迹久淹,板籍荡废"。光绪三十一年刘崇本《雄县乡土志序》中亦称"考雄县志托始于明嘉靖间教谕王公齐,再修于康熙九年知县姚公文燮",俱不及有万历志。事繁,未及核阅,且存疑。

潍县志九卷
清王珍修　陈调元纂
清康熙十一年刻本
(《联目》227 页)

按,此志有康熙十一年王珍、陈调元两序,仅言纂修始末,未及刊刻。目录作八卷。正文九卷。卷九无大题,鱼尾上镌"续潍县志",下右镌"卷九"。所收多为陈调元所作序、记、传之属。记事讫康熙二十二年。卷二职官知县增刻至康熙十六年任卢豫,卷八有"又三十九"补版两页。当作,康熙刻增修本。

武定州志二卷
明郑希侨修　刘继先　崔士伟纂
明嘉靖二十七年刻本
(《联目》266 页)

按,"郑希侨修",不知何据。此志卷端题"武定州知州安福吾南刘佃校修　儒学学正新昌琴溪何宙考正　乡贡进士邑人敬虚刘继先　溪南崔士伟同修"。刘佃《武定州志叙》曰:"嘉靖戊申(二十七年)《武定州志》竣,乡进士刘君、崔君持其稿来请曰:'盍梓诸!'余曰:'志也者志也,为可征也,为可信也,为其可传也。三者有缺,志虽竣未也。勿梓可也,曷已诸!'刘君崔君怃然有间,复请曰:'志之弗修久矣,敝州缺典也。幸兹竣编,愿有以竟之。'余曰:'非也,吾不乐其成也,乐其成而永也。不忧其梓也,忧其梓而敝也。姑待诸。'二君俯而退。于是持其稿复入局,研精殚思,摛藻掇华,冗者剔之,刓者正之,缺者补之,再逾月而就编。往迹来鉴,章程大备。

余取而订阅之，详而核，贞而不忒。故可征核，故可信贞，故可传。以是而观风考政，厘弊问俗，犹视诸掌也。于是二君复申前请益力。乃卜日以授梓人……是志也，始其命者兵宪樗庵王公，劳其事者乡进士刘君继先、崔君士伟，督而乐成之者，学正何宙也。”兵宪樗庵王公者，佥事道王烨，《职官志》中载，“字韬孟，号樗庵，金坛人，丁未命修州志”。何宙《武定州志叙》中云：“昔日兵宪樗庵公修学功成之日兴言及此，后以奏绩未遑。”

颍州志六卷

明刘节纂修

明正德六年刻本

（《联目》454 页）

按，此志卷端题：“乡进士颍州同知庐陵刘节编辑　赐进士第河南道监察御史储珊校正绣梓。”正德六年储珊《重修颍州志序》曰：“颍州旧有志书，其朴略不可观。成化丁酉年，二守刘公节奉命来守是邦，蚤作暮思，惓惓以淑人心、敦教化为首务。越明年政通人和，百废具举。公余遍阅载籍，稽诸遗老，参以旧闻，重加修辑。旧者厘，新者续，讹者订，阙者补。卷分类别，事核理明，盖一郡之全书，近世以来未之有也。恨未能锓刻以广其传。公不幸以疾卒于官，裔是无有承公志者，是书几于无所附丽，而公之志孤矣。余少辱知于公，得而宝之，不啻拱璧。深欲寿诸梓以与州人共之，顾其时力未能为也。幸忝第甲科，拜宪职，迁浙臬，始得节俸以成其美。”是属储珊私刻。又记载多续至正德间，卷四第十四页后有补版两页，记“制贡”至正德十二年。故宜作，正德六年储珊刻增修本。

兰阳县志十卷

明褚宦修　李希程纂

明嘉靖二十四年刻本

（《联目》561 页）

按，此志刻于嘉靖二十五年。卷一卷端镌“知兰阳县事柏乡褚宦锓梓　邑人后学蒙泉李希程编次　后学杨一和正管士珍校”。嘉靖丙午（二十五年）重九日褚宦《跋兰阳县志》曰：“甲辰岁夏六月宦以简命来知兰阳县。既盟典神，谒当路，乃简修庶务。厥废惟百，问之县志，佥谓其初未有。夫布之轨以照训戒，按之迹以核实效，是谓百里公鉴，有司者顾安诿之！就谋之耆旧诸生，将求始事。时蒙泉先生以进士家居，乃出素稿始终披阅。蒙泉得之淡然，淡然得之典故。间有润色，亦稽乎舆情，凿凿实录，率非臆说。用是礼致，再加檃括，汇叙分合，遂成卷帙。因重恳名公冠首以文，乃敢锓梓。”

内黄县志九卷
　明董弦等纂修
　明嘉靖十六年刻本
　（《联目》575 页）

按，此志初修于嘉靖五六年间，嘉靖丁亥（六年）林文俊序曰：“嘉靖癸未永昌张侯古来知邑事。始至稽邑故实焉，而病于无志也。乃喟然曰，邑无志犹国之无史也，篾从稽矣。兹岂不在予。既三年政成化孚，百坠修举，乃即乡先生大尹周君万金谋焉。君力学嗜古，暇日尝稽图志，咨之耆宿，私为志一帙。以未成书，藏之中笥，人莫得见，至是出以示侯。侯曰：‘君积劳于是有年矣，今之任是事非君孰可者。’乃以币征就局卒业焉。尤恐容有遗漏舛讹，乃请邑庠司训孙君良辅偕庠生董弦等相与搜罗雠校。于是事无巨细，义所得书者具载靡遗，而数千百年缺典，乃今而克备焉。”但迤逦十载，数易知县，至嘉靖十六年始重加编校付梓。嘉靖丁酉（十六年）王崇庆《新刻内黄县志序》曰：“是集更四令而后成，斯亦艰矣。在弘治庚戌则有若宜春张子凤未果也，在嘉靖甲申则有若永昌张子古未果也，在丙申则有若琴川张子文凤将命梓而台召下又未果也。信哉，文之有待也。于是新令河内张子鹏以前事白诸抚公，黄岩公曰：‘志以信后，文以行远。’讨而润色，必慎其人。于是移文府君孟门。孟门曰：'吾意也，吾责也。'因遂滥及小子庆。既不果辞，则踵其旧而小变之；义取、删繁、事存夏五也。"其卷端题："邑人董弦　王训　侯瓒　司恩　郭世禄　邢植编集　开州王崇庆校正"。宜作：张古　张鹏修　董弦　王崇庆等纂。

长垣县志九卷
明杜纬修　刘芳纂
明嘉靖二十年重刻正德本
（《联目》576页）

按，此志卷端镌"县庠生刘芳　王汉　王珙　杨旻编集　州庠生郭九迁　张文锦　张来庭校勘　开州王崇庆订正　邑人邢第同订　监生杨桂　邵墀　胡湜重校"。正德丙子胡锭《长垣县志后序》曰："正德乙亥张侯以进士拜今官。……入官初，首索旧志而读之，缘文寻意，披阅至再，病其疏而固，简而滞，即欲参互考订，祛其固陋。乃命生员刘芳、王汉、王珙、杨旻愬采民隐。成帙以献，而其立意、著例则断以己意，他人不能赞一辞也。"嘉靖辛丑辽东苑马卿王崇庆《重刻长垣县志序》曰："垣志旧未闻也。搜志而加修，自西京张侯治道始也。考其年盖正德丙子云。蒲坂杜侯纬继尹兹邑，乃嘉靖辛丑（二十年）夏四月。使来问志，曰：'……吾忧志之未备而又惧其坏也，先生何以教我？'王子曰：'……吾不敢以文倡诸时，而又不欲效夫琐琐弄文墨者。亦惟曰"即名以究义，因义以求实，"如是而已耳……'侯再拜而谢曰：'先生教我矣，然吾未敢专也。'于是复请诸当路……既而皆报曰'可'。于是遂命梓人刻新志焉。将卜月而告成事，且以告邑之人。若夫知我罪我，则有君子在。"嘉靖辛丑杜纬《长垣县志后序》曰："夫志，邑史也。史必萃而群言聚，是故始之以编集。吾观垣生刘芳、王汉、王珙、杨旻驰搜于历代，渔猎于百氏，可谓劳而勤矣。然文博而必约，夫博而弗约则滥而寡要。是故继之以校勘。吾观开生郭九迁、张文锦、张来庭分门以考义别类以辨志，可谓研精而竭力矣。苟混于弗择，而狃于罔断，吾未见其为完书也。是故订而正，要未可缺焉。吾观例以示则，论以申意，义以标准，则又有端溪王公、北岗邢公及杨子诸彦秀终焉。于是既喜邑乘之告成，而又为后之为邑令者告焉。”实系据正德志加以删订增补，另成新志。应是：杜纬修　王崇庆　邢第等纂　明嘉靖二十年刻本。

鄢陵县志八卷
明刘讱纂修
明嘉靖十六年刻本
（《联目》585 页）

按，此志大题为“鄢陵志”。刘讱非地方官，乃丁忧在籍之监察御史，属私纂，宜去“修”字。嘉靖丁酉（十六年）刘讱《修志序略》曰：“予在告日，有观风使过访者曰：‘志，史类也。以事为体，以文贲篇，以义立例。事不备，奚纪；文不足，奚传；义不精，奚训。鄢志若是，子盍修诸！’予唯而告姻友澮亭陈子、三源胡子，因考世家以论人物，即名实以核是非。……稿成求正于研冈杜公，辱弁序焉。会蜀前溪史君来令鄢，推学饬政，率德导民，受志读之，慨然许刻梓，无何，以忧去。丙申三月予终制，挟稿入京，今令楚育峰曾君亦重是举，书抵予曰：‘都人士书法刊式罔不良，愿捐俸以助刻。’谂于研冈、三源，咸韪之。乃托中舍陈汝忠校雠，填先公讳，计资简工刻于京。”

汝州志八卷
明王雄修　承天贵纂
明正德元年刻本
（《联目》600 页）

按，志中知州题名至正德五年，宝丰知县、县丞，伊阳教谕题名俱至正德三年。皆非嵌补。正德元年张邦瑞《汝州志后序》末镌“正德五年岁次庚午秋七月　旦　奉直大夫知汝州事秦州安世贤重刊。”

偃师县志四卷
　明魏津纂修
　明弘治十七年修　明抄本
　(《联目》603 页)

按,此志纂人为张让。弘治十七年训导冯伯达《偃师县志后序》曰:“郃阳魏侯弘济来宰是邑几三考,廉明果毅,百废俱兴。乃于政通人和之暇,慨邑志缺典,躬以物色,征前司训武定张公修纂。而张公亦能体悉其心,爰考旧绩,益加咨诹,举其纲领,类其条目,删繁就简,补缺拾遗。既成编,仍托某校正,彼此更定其是非,古今互正其信疑。厘为四卷,命工锓梓。”志内职官题名有“张让,山东阳信县人,由监生,弘治六年除本县训导”。

连阳八排风土记十卷
　清李来章纂
　清康熙四十七年刻本
　(《联目》682 页)

按,康熙四十七年李来章《连阳八排风土记自序》曰:“于簿领之暇访问父老,略为诠次,命人缮写,存其梗概,为卷凡八。”有总目,亦为八卷。卷一图绘、卷二形势、卷三风俗、卷四言语、卷五剿抚、卷六建置、卷七约束、卷八向化。康熙四十七年刻,无据。又,《小方壶斋舆地丛抄》本只一卷。

揭阳县志不分卷
　明冯元飙修　郭之奇纂
　清抄明崇祯四年本
　(《联目》693 页)

按,此志稿成未刻,纂修始末及全志轮廓可于明崇祯刻本郭之奇撰《宛在堂文集》中见之。此集卷二十八至三十为《辑志副指》,有吴仕训《读辑志副指》序。《凡例》中曰:“旧志成于嘉靖年间,知县王公凤创稿,邑孝廉郑君大仑较增。”“岁庚午(崇祯三年),冯公元飙申请修刻,之奇以省觐家食,函币再至,力辞不可。因敦语冯君牒学,分请诸庠士搜寻事迹。既以浪游,未获援笔。""岁辛未(崇祯四年)署篆江公愈敏,据学呈报庠士王阳春等分纂,而以奇总其成。属有犬马疾,不能与闻。""岁壬申(崇祯五年),陈公鼎新及合邑绅衿俱属奇以身任其事。再承仪币,逡巡谢,不获命。起草秋中,告成于仲冬之晦。凡四阅月而告竣。""志中为纲六,曰地纪、曰时纪、曰政纪、四献纪、曰文纪、曰余纪。"《副指》中收录地纪文十二篇、时纪文五篇、政纪文二十五篇、献纪文六篇、文纪文一篇、余纪文二篇、附传八篇。冯元飙,慈溪人,天启壬戌进士,六年来官揭阳,崇祯三年去。郭之奇,邑人,崇祯元年进士,时官礼部主客司主事。

据上述,可知冯元飙于崇祯三年曾倡修,以无人主笔,未果。崇祯四年江愈敏又倡修,亦拟请郭之奇主笔,以疾辞,又未果。直至崇祯五年,陈鼎新再倡修,郭之奇始起草,稿成于是年十一月末,未刻。故抄本于修人、成书年著录皆当有误。

四川叙州府志二十九卷

清何源濬纂修

清康熙二十六年刻本

(《联目》762 页)

按,此志系一"丛志",包括宜宾县六卷、南溪县二卷、富顺县六卷、隆昌县二卷、长宁县二卷、庆符县二卷、高县二卷、筠连县二卷、珙县一卷、兴文县一卷、叙永厅二卷、建武一卷。皆八行二十字,白口,四周双边,鱼尾上镌"叙州府志"。鱼尾下镌子目,如"宜宾县"、"富顺县"。卷端书名皆大小题相连,如"四川叙州府志宜宾县"、"四川叙州府志建武"。

康熙二十五年马湖知府何源濬府志叙中曰:"源濬任事龙湖,与叙邻。向者承乏绾道篆,颇习民俗。今且兼摄叙事,竭蹶图治。奉修志之檄,不敢怠慢,征诸各邑,参以旧闻,延礼谙典故者辑成郡志以献。"各县亦有序,各有纂修人。府志即由十二志组成,何源濬但修不纂。康熙二十六年刻,无据。宜按丛书著录。

富顺县志六卷

清钱绍隆修　范潞纂

清康熙二十六年刻本

(《联目》763 页)

按,此志即《四川叙州府志》之零种,卷端大题为“四川叙州府志富顺县”。《纂修姓氏》中只题“纂辑”范璐等三人。康熙二十六年刻,无据。宜作,清康熙刻四川叙州府志本。

四川叙州府志宜宾县六卷

清平廷鼎修　樊星炜等纂

清康熙二十五年刻本

(《联目》762 页)

按,此志乃《四川叙州府志》之零种。康熙二十五年刻,无据。宜作,清康熙刻四川叙州府志本。

隆昌县志二卷

清钱振龙纂修

清康熙二十六年刻本

(《联目》763 页)

按,此志亦《四川叙州府志》之零种。不著纂修人。卷端大题为“四川叙州府志隆昌县”。康熙二十六年刻,无据。宜作,清康熙刻四川叙州府志本。

南溪县志二卷

清王大骐纂修

清康熙二十五年刻本

(《联目》764 页)

按,此志亦《四川叙州府志》之零种。不著纂修人。卷一卷端无大题，卷二卷端题“四川叙州府志南溪县”。康熙二十五年刻，无据。宜作，清康熙刻四川叙州府志本。

南溪县志十卷首一卷
清胡之富修　包字纂
清嘉庆十七年刻本
（《联目》764页）

按，此志封面题“嘉庆十八年新镌　南溪县志　奎星阁藏板”。志中仅嘉庆十七年胡之富一序，曰：“前无所承，后无所藉，征文考献，创始为难。因与邑中绅士网罗旧闻，征引轶事。并就耳目所及，如年来户口之加增，祠祀之修奉，田野之开辟，科贡之踵兴，悉为订补。以至蟫编蠹简，断碣残碑，无不遍加采摭，次第辑录。六阅月而始竣事，统为十卷”。

“十七年刻”，或据此。然“竣事”者乃稿成，稿成非刻成，或即付刻。此志之例，最为明显。

直隶泸州志十二卷
清沈昭兴修　余观和等纂
清嘉庆二十五年刻本
（《联目》765页）

按，此志目录列十二卷，卷一舆地志上，卷二舆地志下，卷三建置志上，卷四建置志下，卷五食货志，卷六武备志，卷七、八官师志，卷九选举志，卷十人物志上，卷十一人物志下，卷十二杂类。正文则只十卷，武备志并入卷五，卷六、七职官志，卷八选举志，卷九、十人物志，杂类置卷十末。

又，据中国科学院图书馆藏本，“分纂”王元本衔名剜改为“道光己丑科进士江苏即用知县”，它项则无增续，当属嘉庆二十五年刻后印本。

叙永厅志二卷

清宋敏学修　袁斯恭纂

清康熙二十五年刻本

(《联目》766 页)

按,此本亦《四川叙州府志》之零种,卷端大题为"四川叙州府志叙永厅"。不著修人。康熙二十五年刻,无据。袁斯恭当是袁思恭,《纂辑姓氏》中列:"纂辑　贡生袁思恭　沈熏　吴重任。"宜作,清康熙刻四川叙州府志本。

兴文县志一卷

清宗让纂修

清康熙二十五年刻本

(《联目》767 页)

按,此志亦《四川叙州府志》之零种,卷端大题为"四川叙州府志兴文县"。不著纂修人。康熙二十五年刻,无据。宜作,清康熙刻四川叙州府志本。

长宁县志二卷

清宗让修　宋肄樟纂

清康熙二十五年刻本

(《联目》767 页)

按,此志亦《四川叙州府志》之零种,卷端大题为"四川叙州府志长宁县"。《纂修姓氏》中但题"纂修　举人　宋肄樟"。康熙二十五年刻,无据。宜作,清康熙刻四川叙州府志本。

四川叙州府志庆符县二卷

清丁林声修　王之熊纂

清康熙二十五年刻本

(《联目》768 页)

按,此志亦《四川叙州府志》之零种。《纂修姓氏》中但题"纂修见任马湖府儒学训导里人王之熊"。康熙二十五年刻,无据,宜作，清康熙刻四川叙州府志本。

建武志一卷

清张官纪修　刘世禄纂

清康熙二十五年刻本

(《联目》768页)

按，此志亦《四川叙州府志》之零种，卷端大题为“四川叙州府志　建武”。不著修人，目录后题：“叙州府儒学生员刘世禄编纂”。康熙二十五年刻，无据。宜作，清康熙刻四川叙州府志本。

珙县志一卷

清庄廷璋等纂修

清康熙二十五年刻本

(《联目》768页)

按，此志亦《四川叙州府志》之零种，志内不著纂修人，时知县为邵廷章，有序。卷端大题为“四川叙州府志珙县”。康熙二十五年刻，无据。宜作，清康熙刻四川叙州府志本。

高县志二卷

清王廷谋纂修

清康熙二十五年刻本

(《联目》769页)

按，此志亦《四川叙州府志》之零种。卷端大题为“四川叙州府志高县”。不著纂修人。康熙二十五年刻，无据。宜作，清康熙刻四川叙州府志本。

筠连县志不分卷

清丁林声纂修

清康熙二十五年修　抄本

(《联目》769页)

按，此志原刻属《四川叙州府志》诸种之一。卷端大题作“四川叙州府志筠连县”。不著纂修人。分二卷：卷一，图、建置沿革、形胜、星野、山川、城池、宫室、学校、祠祀（附寺观）、古迹、风俗、贡赋、名宦、秩官；卷二，人物、孝义、科第、隐逸、列女、木政、筹边、诗、艺文。

大足县志八卷

清张澍修　李型廉等纂

清嘉庆二十三年刻本

清道光十六年王松增补嘉庆本

（《联目》775页）

按，中国科学院图书馆藏道光十五年刻本，有王松《重修大足县志序》，曰：“甲午（道光十四年）秋，余莅任大足……明年春，询诸绅耆，知邑旧有县志数卷，盖刻于乾隆庚午年，而版久残毁。前署县张介侯重加修集，未尽完善，故所传亦仅有抄本。邑人以转相传写每多鲁鱼，拟重刻之……余亦旋奉调秋闱，九月钞（杪）自省旋任，则已鸠工集事，纷付枣梨。”无嵌补或增页，记事讫道光十五年。又载张澍《重修大足县志序》，曰：“嘉庆二十三年六月赵君及莽奉调帘差，委余署其篆。相见谓曰，‘县志前此奉檄修，顾余心弗慊，未付刊，子盍为之更纂！’余诺之。既而取视其稿，则缺漏冗俗如其所言。案牍之暇，辄作数纸。旋移署铜梁，公余亦载笔。数月，复调办秋闱，未竟也。揭晓后棲迟寓邸，人事纷扰，夜雨挑灯，乃得成稿。”此志诸序后皆不署年，唯此序首句即示明年月。昔人著录古籍，每不加详考，有“以序跋之最后署年为刻年”之误说，或即由此著出一“嘉庆二十三年刻本”。张澍乃一代学者，著作之事，岂肯假手他人。即此志卷端亦明示“赐进士出身前翰林院庶吉士署大足县事叙州府屏山县知县武威张澍介侯甫著”。“纂修人题名”中，“编辑”首列“拔贡候选州判李型廉”，据卷七《选举志》，李型廉乃道光乙酉（五年）拔贡，当是续纂人之一。

此志纂修人似以著录“清张澍纂修　王松增修　李型廉等续

纂”为宜。

续修定远县志二卷

清张嗣鸿纂修

清道光二十二年修　抄本

(《联目》787页)

按,此志有道光刻本,九行二十一字,白口,四周双边,单黑鱼尾,版心上镌“定远县志”,卷端大题为“续修定远志”。无序跋目录,卷一大题后载:“定邑自嘉庆十七年壬申岁邑令沈远标遵奉宪札创修县志,已有成书。兹奉宪示重加采访,谨将原志缴呈。其自十七年以后例应续入者,遵照采访门类按次续入。其原志采访未备者,亦照各条增补,另帙呈览。”职官题名止道光二十二年。时在任知县为张嗣鸿。

续修定远县志二卷

清李玉宜纂修

清同治元年修　抄本

(《联目》787页)

按,此志有同治刻本,九行二十一字,白口,四周双边,单黑鱼尾,版心上镌“定远县志”。无序跋目录。卷一大题后载:“定邑自嘉庆十七年壬申岁创修县志,又于道光二十二年壬寅岁邑令张嗣鸿遵奉宪札续修一次,俱有成书。兹奉宪示重加采访,谨将原志缴呈。其自二十二年以后例应续入者,仿照前志门类按次续修。又咸丰十一年滇匪入境滋扰,或御贼捐躯,或临危殉难,叠奉大宪檄饬申赍,详请恤典,并示县属殉难绅民及被贼戕害妇女堪入志乘者,逐一采访事实编入,以阐幽光而彰忠节。今遵札汇集,另帙呈览。”职官题名止同治元年,时在任知县为李玉宜。

冕宁县志十二卷首一卷末一卷

清李英粲修　李昭纂

清咸丰七年刻本

(《联目》794 页)

按,此志封面镌:“咸丰七年嘉平月镌冕宁县志　版藏学署”。教谕李昭识《凡例》曰:“县志久应纂修,苦于无赀。今春陈生志一因所管书院租谷存有一百余缗,恐后为无益之费,力请纂辑此书,凡剞劂刷订之工,悉由陈生经理。至于校对缮写,则刘生坤隆及次子赓陛同任之。”卷一卷端题:“蓬州李昭朗如纂辑　受业陈志一超然梓　刘坤隆郅庵校”(它卷校人或不同)。咸丰七年知县李英粲序曰:“今年秋奉札委署斯篆,询之旧宰此土者,闻县志早就残缺,即喟然兴叹,以补修为己任。下车后往拜吾宗朗如广文,访及民风土俗,往迹时事,始知此间邑志业经大笔撰成,狂喜如获拱璧。”故此著录不必拘泥修人,可径著:李昭纂。又,传世每属增修本,中国科学院图书馆藏本除卷四、五外,卷端“蓬州李昭朗如纂辑”一行皆剜嵌为“蓬州李昭朗如纂辑　江津李廷楷端臣重修”。李廷楷,李昭后一任教谕,咸丰十一年至官。而知县题名增至同治九年季寿昌,典史题名增至同治五年王维垣。卷六、七、八、十二等皆有增页。如卷十二增页有“又十八”、“三中十九”、“五中十九”、“上十九”、“中十九”、“又中十九”、“二中十九”、“又四十六”、“六十八”、“六十九”等。记事皆在同治间。

贵州通志三十七卷

清卫既齐修　薛载德纂　阎兴邦补修

清康熙三十六年刻本

(《联目》803 页)

按,此志系就卫既齐志板片增修。康熙三十六年贵州巡抚阎兴邦《新补贵州通志序》中曰:“是志也,前抚猗氏卫公之所修者也。始于三十一年之正月,而告成是年之十月。其用志固勤,而为期则促。予阅之,非独三十二年以后事当补入,即此三十六卷,山川其有定也,而遗者十之三;古迹其失传也,而逸者十之五;职官不详其岁月;选举仅记其姓名。耳目之近,尚多放失。予意欲重修,而每叹文献之无征，又虑鸠工之不易。因取各条略加论定，可增者增之，不能增者姑仍其旧。”目录“卷三十七”及“杂记”两行系嵌补，字体异前刻。卷三十七大题后一行镌“补”。

原志著“薛载德纂”亦不妥。《修志姓氏》中薛载德列于“汇辑”之首，但此一组皆系州县主官，府一级则列于“协修”，皆为署名位置，非实际汇辑人员。众官员名衔后，又有“总订”，列“贵阳府举人吴中蕃　贵阳府举人李祺”，应是纂者。又原志著“康熙三十一年刻”，志内亦无据。当作，清卫既齐修　吴中蕃　李祺纂　阎兴邦增修　清康熙刻三十六年增修本。

余庆县志八卷

清蒋深等纂修

清康熙五十七年刻本

(《联目》805 页)

按，此志从纂辑至刻成皆在蒋深任内，序中曰：“手自缮录，凡五易其稿而后成。”“等”字宜去，又康熙丁酉（五十六年）八月蒋深《凡例》中曰：“书成三载，业质千秋。其鸠工镌板悉系自捐，不资于邑之士绅者，恐志之未尽善也。”是刻于康熙五十六年。

思南府续志十二卷

清夏修恕修　萧琯　何廷熙纂

清道光二十一年刻本

(《联目》808 页)

按，志中道光二十一年署思南府周作楫序中曰：“吾乡升平夏森圃（修恕）前辈允郡孝廉何敬堂（廷熙）之请，始起而重修焉。事未蒇，适余奉檄黔州，乃与郡人士商榷事例。秉笔者孝廉萧玉初（琯）先生，前令吾乡，退归梓里，通才博学，考据精详，因得克期以观厥成。”巡抚贺长龄序中亦曰：“道光庚子夏森圃前辈倡修思南郡志，惜未蒇其事，周小湖（作楫）侍御权守是邦，踵而成之。”《凡例》末则曰：“（庚子）三月十六日开局，暨九月末属草粗成，呈府县阅定。事未葳，森圃郡伯遽归道山，讷斋邑侯亦调贵筑。辛丑岁首重加校正，体裁事例禀承于冶亭郑邑侯（附郭安化知县郑士范）、小湖周郡伯，粗成今本。”此志实成于周作楫之手，当列于修人。

安宁州志二十卷
清杨若椿修　段昕纂
清雍正九年修乾隆四年刻本
（《联目》823 页）

按，志中《云南府安宁州志编纂姓氏职名》题下镌“雍正九年修乾隆四年刻”。职名中“总裁”前后两列，一为“云南府安宁州知州军功加一级纪录二次杨若椿”，一为“赐进士第奉直大夫知安宁州事加三级纪录三次何齐圣”。“纂修”为“赐进士第户部湖广清吏司主事段昕”，又有“刊修”，“原任河南南阳府唐县知县段一骧”。何齐圣，乾隆二年来官。《凡例》首则曰：“雍正九年州守杨公奉檄纂修，时以三泊废县自昆阳归併安宁。虽一境之土地、人民、政事，鳞次编入，灿若列眉，然只以缮本申宪，未付剞劂，历久不能无淹没之恐。况自九年以至今日，其间皇恩之叠沛，政教之日新，亦急当补入以昭圣治，故急委梓人，期传久远。其以原纂姓氏弁于首，而以刊纂姓氏录于后者，志文献之足耳。”

宜作，杨若椿　何齐圣修　段昕　段一骧纂。修年一行，无庸录。

新兴州志十卷
清任中宜纂修
清康熙五十四年刻本
（《联目》830 页）

按，志中康熙五十三年任中宜《纂修新兴州志序》曰：“五年以来，日事考订。簿书图史，杂然并进。久乃得其绪，久乃晰其原，知前人以荒裔书少，讹以传讹。中宜既信今而见实，何妨删除免惑后人。故每注一地，翻绎数十书，确然得其由来，然后敢载之于简。

厥依通志义例，分其事目，以自所得，详著其下。凡为书十卷，请于方伯卢公、廉使刘公正其所以，然后付梓，成新兴一郡之乘。”是刻于康熙五十三年。

永昌府志二十六卷首一卷
清陈廷焴纂修
清道光六年刻本
（《联目》834 页）

按，此志前有乾隆五十年云南布政使费淳序，永昌知府宣世涛序。宣世涛曰：“予壬寅冬来守兹土，退食暇即取旧志读之，知板久朽坏。得残本若干卷，前任罗公编修于康熙壬午，迄今八十余年，篇章字句已剥蚀过半。噫，谁司其责者，竟使一方文献久而就湮也。于是详明上宪，捐俸重修。”

又道光六年知县陈廷焴序，曰：“旧板剥蚀，档案霉朽，不新枣梨，诚恐久而就湮。乃命儒学广文及郡孝廉诸士子开局从事。”细审，陈廷焴实据旧版增修。或增页。如：卷三山川十四页中、下，卷十三兵制四页上、下，卷十四秩官十六页上、下，十七页上、下，十八页上、下，卷十五名宦二十六页上、下，卷十六选举十六页下、十八页上、二十二页下，卷十七乡贤八页上、下，十一页下（版心误镌“卷十二”）、二十四页下、二十七至三十一页，卷十九列女七、八上、八中、八下，九上、九中，十五中、十五下，卷二十四祥异第八页，卷二十五艺文中四十一页上、四十二页上、四十三页二、四十四页上至四十八页上，五十三页中、下，艺文下四页上、中、下，十五页下，十八页下，二十七页中、下。或嵌补。如：卷八学校第七页右五行，嵌“嘉庆十九年知县徐沛五重修”，卷二十土司二页左三行嵌：“传祚，祚传在邦，现袭。其地多以芭”，三页右八行嵌“愈新死，现委泽浩代办”，七页右三行嵌“发春传茶耀宗，现袭”，右五行嵌“凡三传段豫，现袭”，右七行嵌“允春传段珍，现袭”。或另刻，卷十二祠祀。

应作，清宣世涛修　陈廷焴增修；清乾隆刻道光六年增修本。

卫藏图识四卷附蛮语一卷

清马揭修 盛绳祖纂

清乾隆五十七年刻本

（《联目》849页）

按，此书五卷，为图考二卷，识略二卷，蛮语一卷。卷次不连计，依常例，宜列子目注出。

马揭，当是马扬之误，马扬字少云。所据自周琦跋。周跋行书，刻工又拙，易误认。

《例言》首则曰："辛亥（乾隆五十六年）之秋，廓尔喀滋扰藏界，天威震赫，命将陈师。自成都以及卫藏，军台林立。其道里山川、人情风土，凡万里从戎者咸欲周知。是书悉详载无遗。"鲁华祝《卫藏图识序》曰："友人少云马君以自打箭炉至唐古忒一隅向无刻本成书，爰同梅溪盛君采《四川通志》中《西域》一卷及无名氏《西域纪事》、《西藏志》等书，删其繁者，聚其散者，整齐其错杂者，大旨折衷于《大清会典》，额曰《卫藏图识》。"马扬、盛绳祖以军兴辑此为向导，书非志体，人非执政主官，不宜分列纂修，作马扬、盛绳祖纂即可。

（连载于《文物》1986年11期、1987年5期、8期、1988年12期、1989年第2期、1991年第3期）

有望于更上一层楼

——《清人别集总目》读后

《清人别集总目》，李灵年、杨忠主编，2000年安徽教育出版社出版。这是一部旨在为清代历史与文化研究者提供基础条件，兼具索引和传记功能的大型文献目录。涉及著者近两万，收录书目约四万条。一部专题目录包容如此宏大，在古籍目录中实属罕见。尤其，所据资料不少为亲至藏书单位查找抄录而来，其难度之大、曲折之多、耗神之巨，是非身验难以揣度的。所附小传，取材广泛，史源清楚，直可独立成书，极便检索、核校。

就规模而言，本书编者在《前言》中称其特点为：著录广泛、多列版本、详注馆藏、书传结合、便于使用，是恰如其分的。

一部目录，条目是基础，于书名、版本、刻书人及坊肆堂室，必须正确揭示，以向导研究者拣选。否则会由此浪费时间、精力，甚至误导论断。

二十多年前全国古籍工作者协力编制《中国古籍善本总目》时，于六大区编辑工作检查中发现一些藏书单位袭用旧目录，普遍存在误录问题，为此召开“南昌会议”，通报情况，决定推迟汇总半年，由各省组织力量进行复查、修订，力争不把问题带入总编阶段。但是，当时对存在问题的复杂性还是估计得太简单了，它不是单纯延长时间、增加人力所能解决的。除部分单位和地区外，多数还是依原样汇交总编。

总编工作开始是在困惑中进行的。156000张卡片分排之后，按类分审，就难以措手了。刻人刻年刻家著录可疑，凭什么断正误？同一版本著录有甲乙丙丁，孰同孰异？似是又非，歧因何在？等等问题，接二连三出现，仅凭一组卡片，摩挲三日，审度一周，也不能获解。无根据不能臆断。

困惑之后，编辑人员纷纷走出“香厂路”，各自去京区有关藏书单位，调出原书核查，藏于外地的，则发调查函，并索要有关部位书影。即便如此，某些问题也只能暂作存疑。

《清人别集总目》基本上是迻录各家书目汇编而成的，其情形和当年汇集善本卡片有些类似。但清别集较之正经正史、医家、类书、小说之属版本问题应当少些，上世纪前半期以前，还很少被标为“善本”，基本不涉造伪之类的纠纷，是否只是存在一些因著录角度和方法不同而形成的差异呢？对此，笔者做了些抽样检核，结果于下。

一、刻年误断

1195页（《清人别集总目》页码，下同） 张缙彦

菉居文集二卷

顺治刻本

按：此本韩诗《菉居文集序》中称“今大司马学士新乡张公”；卷二后附《讨 贼檄文》，首称：“兵部等衙门尚书等官张缙彦”。皆是崇祯末年语。当刻于崇祯末或弘光间。入清绝不敢刊行此等文字。宜作“明末刻本”。

2376页 熊文举

雪堂先生集选十四卷

顺治6年刻本①（○内数字系笔者所标，下同）

顺治12年刻本②

按：此书九行十九字，白口，左右双边，无鱼尾。卷端题：“新建熊文举著 西京门人杨昌龄订”。

有甲午钱谦益《雪堂选集题辞》，顺治甲午（十一年）杨廷鉴《熊雪堂选集序》，顺治乙未杨昌龄序。廷鉴曰：“吴司李吉公（昌龄字吉公）于鉴为同宗，先生己卯所得士，奉先生命属海虞钱牧翁选其全集而寿之梓，委鉴缀数言。”昌龄曰：“兹者再刻金阊，欲以广塞物听，乃先生敬挹无已，折简下颁曰：‘勿多言，是必选而后可……’虞

山宗伯当代师匠也，既选而序之。”是集选乃顺治十一、二年间事。①误。

2138页　梁清标

蕉林诗集18卷

康熙11年徐釚校刻本①

康熙17年序梁允植秋碧堂刻本②

按：此书封面镌“真定梁苍岩先生著　蕉林诗集　秋碧堂藏板”，有康熙戊午（十七年）汪懋麟序，曰：“今从子承笃（梁允植）官钱塘，乃汇前后诸刻与吴江徐子电发（釚）较而梓之，适懋林来湖上，属为序。”则①，“11年徐釚校刻”无可能，亦当是②（②“序”字应删）。

7页　丁弘诲

丁景吕诗集不分卷

康熙刻本（清人诗集叙录）

按：此书以诗体为卷，不标卷次，实为八卷。《叙录》曾考诸序，见行辈，但忽 略辛丑丁弘诲《小引》。据黎元宽序，弘诲生于天启七年，辛丑乃顺治十八年。《小引》中称，“先大人《伐檀斋集》等身盈笥，未能表章问世，而不孝遽以不文之言募金灾木，疚心孰甚。”

当是“丁景吕诗集八卷”、“顺治十八年刻本”。

207页　毛先舒

潠书8卷

顺治刻本

按：此书有顺治辛丑黄云《潠书序》，“顺治刻本”当据此而定，但卷七末章《先考继斋公行略》有“公生于万历丙戌八月一日巳时，卒于康熙丙午（五年）十二月十八日戌时”语。

780页　李因笃

受祺堂诗集35卷

康熙14年刻本①

康熙35年田少华刻本②

按：②应是康熙38年田少华刻本。有康熙己卯（三十八年）潘耒《受祺堂诗集序》，曰："先生诗文无虑若干首，晚年自定其诗，得三十五卷。乐昌令田少华，先生之表侄也，携其稿至粤东，割俸梓之以行世。以耒托先生末契，嘱为之序。"据此，①无存在之可能，乃②之误录。

789 页　李呈祥

东村集 10 卷

康熙李氏仪一堂刻本①

康熙 43 年刻本②

康熙 58 年仪一堂刻本③

按：此书有康熙五十八年许汝霖序，曰"今年秋，西音奉其尊人李年伯吉津先生《东村集》，拜手进言曰：'此先君子遗书，将开雕行世，乞夫子一言。'"是至康熙五十八年犹未付刻，故以①著录为是，②、③皆误。

1449 页　周之方

希硁斋集 6 卷

康熙 61 年式燕堂刻本①

雍正刻本②

按：此书有壬寅（康熙六十一年）周振业、周龙藻两后序，或即据以定为"康熙六十一年刻"，未查卷五《从兄尚卿先生行略》末署"雍正元年秋七月二日弟之方谨述。"①误。

1921 页　高之骙

强恕堂诗集 2 卷

康熙 34 年刻本

乾隆 3 年刻本

按：此书大题为"强恕堂诗"。八卷。

有康熙乙亥（三十四年）张笃庆《强恕堂诗集序》，不涉刊刻。目录后则镌"时乾隆戊午（三年）桂月穀旦男肇惾较梓"。

当是"强恕堂诗八卷"、"乾隆三年高肇惾刻本"

2168 页　葛祖亮

花妥楼诗 20 卷

乾隆17年刻本

按:此书有乾隆壬申(十七年)程廷祚叙,乾隆十七年自叙,但皆不及刊刻。卷十七诗题则有《壬申除夕二首》、《癸酉元旦新春二首》,卷十九有《丙子八月晤养总戎于顺德帅府》。丙子,乾隆二十一年。

此书只宜著"乾隆刻本"。

1283页　陈兆仑

紫竹山房诗集12卷

清刻本①

紫竹山房文集20卷

乾隆浙江陈氏刻本②

紫竹山房诗集12卷文集20卷

乾隆刻本③

嘉庆刻本④

按:此书十行二十一字,白口,四周双边,单黑鱼尾,版心上镌"紫竹山房诗文集"。有王昶序,未署年,但言"今陈君述祖德采遗文辑而录之"。附录一卷,顾光旭撰墓志,曰:"乾隆三十有六年正月太仆寺卿句山陈公以疾卒于位……四十有六年十一月十八日始克葬公于丁家山之原"。胡虔撰神道碑曰:"太仆寺卿陈公既葬之二十有三年,其孙春生等自楚归,展敬墓次"。已是嘉庆八年。"宁"不讳。当是④,"嘉庆刻本"。①、②皆④之残帙。③误。

2208页　韩纯玉

蘧庐诗不分卷词一卷

清风晨堂刻本①

蘧庐诗四卷文一卷

康熙风晨堂刻本②

按:此书版心下镌"风晨堂"。原不标卷次,依诗体为序。古体四言、古体五言、近体五言、近体七言等四处前冠大题,故亦可视为四卷。"文一卷"疑是"词一卷"之字误。

康熙甲子(二十三年)自序,曰:"予生不辰,蚤岁失怙。年甫二十又经乱离,携家避地……岩栖谷汲者垂七载……山中旧作汇编成帙，藏诸家塾……岁癸亥年满六袠，诸儿请付剞劂。”①、②版同，皆是“康熙二十三年风晨堂刻本”。

二、未辨同版之不同刷印阶段

增修

1393 页　呼　谷

葵园集 1 卷

顺治 13 年叶方蔼刻本①

乾隆 28 年刻本②

按：此书八行十九字，白口，左右双边，无鱼尾，版心上镌“葵园集”。二卷。

有丙申（顺治十三年）吴远抚《葵园集序》，乾隆二十八年呼莘杰跋。吴远抚曰：“今年冬，其门人叶子（方蔼）谋刻其自为诗，曰《觚斋集》，乃先辑呼子之诗而刻之。”

目录、跋，及末章《南烛诗》十二首系后刻。正文“玄”、“弘”不讳。

②当是“顺治十三年叶方蔼刻乾隆增修本”。

2073 页　曹庭栋

永宇溪庄识略 6 卷续 1 卷

乾隆 30 年刻本

按：此书有乾隆三十年慈山居士（曹庭栋）《永宇溪庄识略序》，曰：“岁庚辰，余年六十有二，欲为寿藏计，于北郭熙宁门外之永宇圩卜得隙地。永宇之义颇与寿藏合，遂名‘永宇溪庄’……去冬之仲月，乐其既竣，洒扫列几案，于兹小 憩。偶忆数年来工筑之役与诗文之作，随笔汇抄，居然成帙。因附记闲居著述及生平阅历梗概，厘为六卷。更绘图冠于首，题曰《永宇溪庄识略》……抄既毕，爰命梓。”《续识略引言》曰，“自岁乙酉（乾隆三十年）撰《溪庄识略》付梓后，每岁阅历事迹于每岁终汇录，随命刻工续入。……迄今戊戌（乾隆四十三年）又阅十四年，余年届八旬，就所未及者续为之‘识’，而仍其旧名曰‘略’。”卷六《识阅历》记事讫乾隆四十四年己亥。是为“乾隆三十年刻增修本”

2403页　潘　江

木厓续集24卷末4卷

康熙25年河墅名山堂刻本

按:此书封面镌“同学诸子参选　潘蜀藻自定　木厓续集　丙辰以后诗　河墅名山堂藏”。

康熙辛酉(二十年)吴道新《木厓续集序》曰:“今刊其丙辰后五年诗,寄予山中。”丙辰后五年,为康熙十九年庚申,此集编年,卷一起丙辰十月,卷六至庚申十二月。康熙二十四年张英《木厓续集序》曰,“今其从游诸子又汇集丙丁后十年之诗为十五卷梓以问世”。康熙丙辰后十年为二十四年乙丑,卷一五至乙丑七月。此后续刻即无序文述之。卷二四至丙子八月,丙子为康熙三十五年。卷末四卷起丙子九月至庚辰六月,庚辰为康熙三十九年。

此本当是“康熙二十年刻增修本”。

补修

1520页　屈大均

翁山诗外17卷

清初屈氏刻本①

翁山诗外存17卷

清刻本②

翁山诗外18卷

康熙凌凤祥校刻本③

清初广东刻本④

按:此书十一行十九字,黑口,四周单边,双鱼尾,版心书名同大题。版心及大题下不标卷次。目录作十八卷,卷十八词三,注“嗣出”。

目录前镌“门人陈阿平编”,卷端题:“番禺屈大均撰。”

有屈大均《翁山诗外自序》。“玄”皆缺末笔。是“康熙刻本”,①、②、④皆属此。

③亦是此本,加封面,镌“苕南凌皋亭校订翁山诗外　本衙藏

板”。增凌凤翔序，曰：“余居汝水六年，丁丑（康熙三十六年）再至羊城，翁山死矣……其《诗外》若干卷寖多亡轶，特取而补刻校正之。”卷端改题“番禺屈大均撰　茗南凌凤翔校”。是“康熙刻三十六年凌凤翔补修本”。

初印

879页　吴伟业

梅村集40卷　顾湄编

顺治17年刻本①

康熙8年刻本②

康熙刻本③

梅村集40卷目录2卷

康熙7年顾湄等刻本④

梅村诗集20卷

康熙8年顾湄刻本⑤

康熙太仓吴氏家刻本⑥

梅村集20卷

顺治17年刻本⑦

康熙刻本⑧

清刻本⑨

按：梅村集四十卷目录二卷，九行十九字，线黑口，左右双边，鱼尾下镌“梅村集”。封面镌“吴梅村先生诗集　本府藏板　翻刻必究”（在卷一前）；“吴梅村先生文集　本府藏板　翻刻必究”（在卷二十一前）。二者版式、字体全同。有顺治庚子（十七年）钱谦益序，康熙八年卢铉序，陈瑚序。陈瑚称，“往岁戊戌，梅村先生年五十，瑚尝颂之以诗，而窃拟先生于子美、退之，时人闻之皆以瑚为知言也。越十年而为戊申（康熙七年），先生著作日富，门弟子顾伊人辈裒集其诗文四十卷，刻而行之。工将竣，先生以书来告”。卷一卷端题：“太仓吴伟业骏公著　后学许旭九日　顾湄伊人订　男暻元朗　暄少融校。”当是康熙七年顾湄等刻本。④著录是。①误在以钱谦益之署年为刻年，②误在以卢铉序署年为刻年。③失于简。

二十卷本字迹清晰，即四十卷本之前二十卷。无封面，仅顺治十七年钱谦益一序。卷一卷端题“太仓吴伟业骏公著　后学许旭九日　顾湄伊人订”。从而看出，吴伟业诗文由门弟子分刻，而后合成，封面、目录等皆合成时始镌，再广征序文，子侄辈亦乘此忝列名氏。⑤⑥⑦⑧⑨皆此。就此视为另本，似不妥。或以之为通行足本刻成前之“初印本”，即“康熙七年顾湄等刻初印本”，庶几允当。

后印

756页　李　颙

二曲集26卷

康熙33年刻本①

康熙44年刻本②

康熙刻本③

按：此书九行二十字，白口，四周双边，版心上镌“二曲集”，下右镌字数。封面镌“刑部右侍郎郑　陕西督学道高　捐俸梓行　二曲先生集　富平门人惠霮嗣校”。

王心敬《新刻二曲先生集序》曰：“先生之书，南北虽传布已久，而小种零碎，读者每以不获快睹大观为憾。辛未秋，今司寇富沙郑公、学宪毗陵高公慨然以兴起绝学为己任，捐俸合刻，而诸同人亦相与量佐共襄盛举。工始于辛未仲冬，竣于癸酉(康熙三十二年)季秋。”康熙甲戌(三十三年)郑重序曰：“岁辛未……先生及门高弟子王尔缉心敬汇先生散稿成集，遂捐俸付剞劂。癸酉冬刊成。”康熙甲戌高尔公《二曲集序》曰：“司寇郑夫子由京邸致书，亦谆谆以名山著作为念。余因仰承师志，割俸付梓。”后印本增康熙四十四年李彦瑁《二曲集序》。

①②③同属一本，皆“康熙三十二年郑重高尔公刻”，②为后印本。

953页　余　缙

大观堂文集22卷

康熙38年余毓澄刻本①

康熙 44 年刻本②

康熙刻本③

按:此书九行二十字,白口,左右双边,单黑鱼尾,版心上镌“大观堂文集”。余毓澄识曰:“先君子…生平著述甚富,兴会所至,涉笔立就。往往不自珍惜,随手散逸…至二十八年先人见背之后始行搜辑成帙,挂漏之愆,实属不免。服阕之后,不孝复因谒选春明,浪游南楚,仅得汇付季弟毓湘编次校辑,遂付剞劂。始于康熙己卯(三十八年)春月,成于季秋。”①,是。后印本增康熙甲申(四十三年)张泰《大观堂文集序》,康熙乙酉(四十四年)陈悦旦序。或因袭用“以序跋之最后署年为刻年”之误说,又忽略未署年之题识,遂成②。或因两康熙序均未涉刊刻,又忽略题识而著录为③,当是“康熙三十八年余毓澄刻后印本”。

1276 页　陈至言

苑青集 19 卷

康熙 48 年芝泉堂刻本①

苑青集 21 卷

康熙刻本②

乾隆 26 年芝泉堂重刻本③

按:此书九行二十字,白口,四周单边,无鱼尾,版心上镌“菀青集”。大题下及版心不标卷次,版心下右多镌“芝泉堂”。二十一卷为诗十二卷、文七卷、词二卷。

有康熙乙丑(四十八年)毛奇龄等序,未涉刊刻。①宜著“康熙芝泉堂刻本”。后印本有封面,镌“乾隆辛巳(二十六年)重镌　毛西河先生鉴定　陈太史山堂先生菀青集　芝泉堂藏版”。文中“弘”、“禛”等皆不讳,增目录及王士禛序,序中“禛”缺末笔。③是“康熙芝泉堂刻乾隆二十六年印本”。

汇印

88 页　王士禛

渔洋山人诗集 22 卷

康熙 8 年吴郡沂咏堂刻本①

渔洋山人续集16卷

康熙23年刻本②

渔洋山人诗集22卷续集16卷

康熙8年吴郡沂咏堂刻本,续集康熙23年黄仪写刻本③

康熙刻王渔洋遗书本④

南海集2卷

康熙23年江苏刻本⑤

康熙刻王渔洋遗书本⑥

雍益集1卷

康熙刻王渔洋遗书本⑦

载书〔图〕诗1卷

康熙刻王渔洋遗书本⑧

渔洋山人精华录10卷

康熙39年写刻本⑨

王渔洋遗书本,康熙39年林佶写刻⑩

渔洋精华录10卷

清刊本⑪

精华录10卷

清刻本⑫

渔洋山人文略14卷

康熙34年刻本⑬

康熙38年刻本⑭

康熙刻王渔洋遗书本⑮

康熙39年刻雍正重印本⑯

蚕尾集8卷

康熙35年刻开化纸初印本⑰

蚕尾集10卷

康熙刻本⑱

蚕尾集10卷续集3卷⑲

清初刻本

蚕尾集10卷续集2卷后集2卷

康熙35年刻本⑳

康熙43年刻后印本㉑

康熙刻王渔洋遗书本㉒

蚕尾集10卷蚕尾续集2卷蚕尾后集2卷南海集2卷雍益集1卷

康熙35年刻本㉓

按:渔洋山人诗集二十二卷,十行十九字,白口,四周单边,单黑鱼尾,版心上镌“渔洋诗集”。卷端题“新城王士禛贻上撰”。目录第三页后有刊记,镌“康熙己酉(八年)吴郡沂咏堂雕”。即①与③之诗集二十二卷。

渔洋山人诗续集十六卷,十行十八字,黑口,左右双边,单黑鱼尾,尾下镌“渔洋续集”及卷次。卷端大题作“渔洋山人诗集”,同行下又镌“续集”,第二行镌“新城王士禛贻上”。康熙甲子(二十三年)万言序曰:“吾师宫詹学士新城王公次其辛亥以后诗十有六卷,曰《渔洋山人续稿》,其门下士刻之吴中。将成,公以示言,而命之序。”即②及③之续集十六卷。

南海集二卷,十行十九字,黑口,单黑鱼尾,左右双边,鱼尾下镌“南海集”。卷端题:“新城王士禛贻上甫。”有盛符升、金居敬两序,但曰命序,不及刊刻,金序叙事已至康熙二十四年后。宜只作“康熙刻本”。⑤及㉓之《南海集》属之。

雍益集一卷,十行十九字,黑口,单黑鱼尾,左右双边。鱼尾下镌“雍益集”。卷端题:“新城王士禛贻上甫。”康熙三十六年蒋仁锡《雍益集书后》,曰“丙子(康熙三十五年)春二月,吾师渔洋先生奉命祭告西岳江渎……迨秋九月既竣事,先生复命于朝,仁锡亟请先生近诗授梓……先生因出《雍益集》以示……梓既成,因次前后答问之语,敬复于先生”。是“康熙三十六年刻本”。㉓之《雍益集》属之。

载书图诗一卷,十行十九字,白口,左右双边,单黑鱼尾,尾下镌篇目。此集乃杂纂,多门人子侄辈题作,无序跋,只冠“总目”。其中篇幅多者为《载书图诗》,即以名集。

渔洋山人精华录十卷,十一行二十一字,线黑口,单黑鱼尾,左右双边,鱼尾下镌“精华录”及卷次。卷十末镌“门人监察御史盛符升　国子祭酒江阴曹禾同订　侯官门人林佶恭誊写　男启汸恭阅”。有康熙庚辰(三十九年)林佶后序,但只言奉命编录,未及刻。宜作“康熙林佶写刻本”⑨、⑪、⑫均属此。

渔洋山人文略十四卷,十行十九字,黑口,单黑鱼尾,左右双边。鱼尾下镌“文略”及卷次。卷端题:“新城王士禛贻上。”有康熙三十四年张云章《新城先生文稿序》,不及刊刻,为“康熙刻本”。⑬、⑭、⑯属此。

蚕尾集十卷,十行十九字,黑口,单黑鱼尾,左右双边,尾下镌“蚕尾集”。卷端题:“济南王士禛贻上甫。”有康熙丙子(三十五)宋荦序,但言读其稿,“余发箧读之,累昼夜卒业,则喟然曰:‘余交王先生三十年,仅大服其诗耳,今乃更服其文。’”乃“康熙刻本”,⑱是。⑲⑳㉓中之《蚕尾集》属之。⑰疑只存文八卷。

蚕尾续集二卷,十行十九字,白口,左右双边,单黑鱼尾,尾下镌“蚕尾续 集”。卷端题“济南王士禛贻上甫”。有康熙甲申(四十三年)吴陈琰序,但曰,“今又辑为续集,自京师走札命余序”。亦只能著“康熙刻本”。⑲、⑳、㉓中之《蚕尾续集》属之。

蚕尾后集二卷,十行十九字,黑口,单黑鱼尾,左右双边,写刻。鱼尾下镌“蚕尾后集”。卷端题:“渔洋山人王士禛”。王士禛《序蚕尾后集》曰:“余次康熙戊子(四十七年)一岁之作为《蚕尾后集》。”亦合著“康熙刻本”。⑳、㉓中之《蚕尾后集》属之。

至于④、⑥、⑦、⑧、⑩、⑮、㉒所标“康熙刻王渔洋遗书本”之来历,可阅民国《重修新城县志》卷二十五《节录张汉渡答李雨樵论渔洋山人著述书》内称:“吾乡所谓《渔洋全集》者,凡三十六种,俗目俗呼云然。其实集非全书,亦非有人纂定诠序之以成伦次也。渔洋山人平生著作不一时,有雕板者,有未及雕板者。其所雕之板不一地,有归新城者,有未及归新城者。山人殁后,其家取书与板分而储之,未数载散失已多。及北平黄昆圃(叔琳)为山东学政(康熙四十七至五十一年),惧其久而益佚,乃即其各家现存之板搜而辑之,储诸学宫。其时适有此数,印书胥役随意部汇为十六函,初无诠次。则此三十六种都为一集,不惟非山人意,亦并非昆圃先生意也。”

此汇印本取名不一,京师书业犹称“三十六种”,中科院以所汇并非王士禛一人之著述(“三十六种”中尚包括王象晋《二如亭群芳谱》等),名之为《新城王氏家集》,《丛书综录》著录为《王渔洋遗书》。称“清刻本”亦非是,宜作“清汇印本”,子目著录则须各缀原刻年代。汇印本中散出之零种如㉓,亦当如此标示。

原印本与汇印本之区别在后者卷端题名“王士禛”之“禛”字皆缺末笔。

三、多项误差

刻年、刻书人误,补修

2058 页　**梅曾亮**

柏枧山房文集 16 卷

咸丰 6 年刻本①

柏枧山房文集 19 卷

咸丰刻本②

柏枧山房文集 25 卷

咸丰 5 年刻本③

柏枧山房诗文集

咸丰 5 年杨以增刻本④

柏枧山房文集 16 卷续集 2 卷诗集 10 卷骈体文 2 卷

道光刻同治 3 年补刻本⑤

咸丰 6 年上元梅氏刻本⑥

柏枧山房文集 16 卷续集 1 卷诗集 10 卷续集 2 卷骈体文 2 卷

咸丰 6 年蒋氏慎修书屋刻本⑦

咸丰6年刻同治3年补刻本⑧

按:柏枧山房文集十六卷文续集一卷诗集十卷诗续集二卷骈体文二卷,咸丰六年杨以增杨绍穀等刻本,十行二十一字,白口,四周双边,单黑鱼尾,版心上分别镌“柏枧山房文集”、“柏枧山房诗集”、“柏枧山房骈体文”。封面镌“柏枧山房集卅一卷”、“咸丰六年三月刊成”。文集后镌杨绍穀杨绍和题识,曰:“先君子(杨以增)校刊伯言先生文集既成,续校诗集、骈体文。刊未及半,而先君子薨。穀等泣请先生为传志之文,时先生患鼻衄,旋淮安寓舍。逾旬撰家传寄示。不数日,先生亦卒,是为咸丰六年正月十二日……迨穀等促工刊蒇诗及骈体十五卷,都文集为三十一卷,先生已不及见矣!”①、②、③、④、⑥当属此。

咸丰六年杨以增杨绍穀等刻同治三年补修本,文集九至十三等页版心下右镌“甲子补刊”。⑤、⑧属此。

咸丰六年杨以增杨绍穀等刻同治三年民国七年蒋国榜补修本,封面镌“柏枧山房全集卅一卷”、“咸丰六年三月刻成蒋氏慎修书屋藏板”。戊午(民国七年)蒋国榜《题辞》曰,“甲寅(民国三年)春,国榜始为《金陵丛刻》,乙卯四月复得《柏枧山房全集》板片于淮上。历经兵燹,无多散佚。国榜以固陋为《丛刊》四集。既竣,复为刊补,整理成帙”。⑦,乃此。

刻年误,补修,汇印

749页 李 确

蜃园诗前集5卷后集5卷续集2卷

雍正11年刻嘉庆19年补刻本①

蜃园诗续集2卷

嘉庆19年数峰草堂刻本②

按:此书九行二十字,白口,四周双边,无鱼尾。续集左右双边。补板四周单边。版心上分别镌“蜃园诗前(后)(续)集”。封面镌“李介节先生全集”、“蜃园诗前(后)(续)集 数峰草堂补刊”。

癸丑(康熙十二年)陆樵《蜃园续集后序》曰,“庚戌(康熙九年)秋,余客岭南,先梓《九山游草》寄归,复请全集。至(辛)亥(康熙十年)春,先生信而授稿。爰请澹归大师手核之,搜精剔髓,存不及半。自戊午至癸卯止,分前后二集。乃得谋诸沈子融谷与家大阮共计登梨……何溘焉朝露,近赴玉楼召哉!迨夏五得嗣君果庵录遗邮示,余捧读之,不禁抚卷长叹……今得展遗编,恍睹中郎面貌,爰并授梓,暨向时杂咏,合为续集。余独经始羊城,越六月工竣,囊力俱已告匮。"嘉庆甲戌(十九年)钱椒跋曰:"介节先生诗初名《就正草》前后集,手定于初登贤书时,其后陆亦樵先生为之镂板羊城,载归以贻先生。先生此时已杜门不出矣,因改为《蜃园前后集》,前集凡五卷,后集凡五卷。迨先生殁,嗣子果庵编拾遗诗为二卷,邮寄羊城,亦樵复跋而梓之,题曰《蜃园续集》,此先生全诗本末也……予生长先生里中,遇先生残编断简必手自抄录,罔敢散佚,尝以未见三集全本为憾。辛未秋,友人吴鉴湖、路择斋于复园后人处为予购得羊城原版,惜枣梨残蚀,不免阙遗之叹。未几,友人刘素人于故书中检得《蜃园》前后续集旧本以赠,纸墨如新,不禁狂喜。因据此校勘补缀。再阅岁而剞劂工竣。"又有首一卷为自序及传,末一卷为后序及跋,乃补修汇印时编入者,分别列入前集、续集目录。

此书著录似应作:

李介节先生全集十二卷

清李确撰

首一卷末一卷

清嘉庆十九年钱椒补修汇印本

蜃园诗前集五卷首一卷后集五卷　清康熙十年陆樵刻嘉庆十九年钱椒补修本

蜃园续集二卷末一卷　清康熙十二年陆樵刻嘉庆十九年钱椒补修本

①误计干支,致刻年误;②补修汇印本之零种,即"清康熙十二年陆樵刻嘉庆十九年钱椒补修本"。

初印,增修

2403页　潘　耒

遂初堂文集 20 卷别集 4 卷

康熙四十九年江苏刻本①

雍正刻本②

遂初堂别集 4 卷

清刻本③

遂初堂别集 2 卷

康熙刻本④

遂初堂诗集 16 卷文集 12 卷别集 4 卷

康熙四十九年刻本⑤

雍正三年增修本⑥

遂初堂诗集 16 卷文集 12 卷别集 4 卷

康熙四十九年刻雍正三年初印本⑦

遂初堂集诗 12 卷文 13 卷

清刻本⑧

遂初堂文集 15 卷诗集 12 卷

康熙刻本⑨

按:⑨,十行二十一字,小字双行同,下黑口,双黑鱼尾,四周单边,版心上镌“遂初堂集”。“玄”缺末笔,“真”、“弘”不讳。无序跋。诗集鱼尾间镌集名及卷次,如“少游草卷上”(卷之一),“梦游草卷上”(卷之三)。各卷大题次行镌子集名,下缀起讫年月,如“少游草起癸卯秋至壬子夏”。卷七、十二大题下卷次尚未镌,留墨钉。文集各卷版心页码除首页外均未镌,卷一至七鱼尾间镌卷次及篇名,它卷除个别页外,未镌卷次,留墨钉。各卷首页大题后为篇目。

⑤全用⑨之板片,但铲去下鱼尾及下黑口,添封面,镌“潘稼堂太史著　遂初堂集　本衙藏板”。有康熙四十九年许汝霖序,但不涉刊刻。“玄”缺末笔,“真”、“弘”不讳。诗集各子集下铲去起讫年月。文集各卷版心皆镌卷次及页码,有总目,删去卷前篇目。

此本传世较多,板刻规范,当属正本。序跋署年不宜径作刻年,依通例合著“康熙刻本”。

⑨当属⑤之初印本,为“康熙刻初印本”。

⑥、⑦乃⑤增雍正三年沈彤《皇清敕授征仕郎日讲官起居注翰林院检讨潘先生行状》。中称:“先生为诗若文多扶树风节,裨于治道……凡诗集十六卷文集二十卷别集四卷,合名之曰《遂初堂集》,与《类音》并刻行世……又十余年,乃属彤为之状,以备史馆作文苑传之采择。”各卷内容则多有调整。如诗卷三梦游草上第二十页易原《画松歌为梅瞿山作》为《万柳堂》;文卷一赋原收十一篇,此本增至十五篇。乃⑤之增修本,为“康熙刻增修本”。

①、②、③、④、⑧乃残帙。

四、易书名

293页　卢世㴶

尊水园集略 4 卷

顺治刻本①

尊水园集略 12 卷补遗 2 卷

顺治刻十七年卢孝馀增修本②

按:①,九行十九字,白口,四周单边,版心书名及卷端大题均作“尊水园集”。有癸巳(顺治十年)程先贞《缘起》,顺治癸巳赵其星序。

②顺治庚子(十七年)李源序曰:“卢德水先生既没,程子正夫取其生平所为诗文汇成十二卷,先梓四卷,已行矣。兹其次公仲绳兄复梓八卷。”卢孝馀跋曰:“谨藉皮为楮,削骨代颖,举付剞劂。”卷一大题犹为“尊水园集”,版心补“略”字。当是“顺治刻尊水园集十七年卢孝馀增修本”。

510页　刘正宗

逋斋诗 4 卷二集 2 卷又 2 卷

顺治刻本

……一名御墨楼诗

按:此本八行十八字,白口,四周单边,无直格(二集单黑鱼尾,有直格),版心及大题俱镌“逋斋诗”。后印本卷端大题皆剜改为“御墨楼诗”,版心书名均铲去。

852页 吴 雯

莲洋集选十二卷

乾隆十五年刘组曾刻本①

莲洋集十二卷补遗1卷

雍正八年刻本③

乾隆十五年抄本④

乾隆十五年刘组曾梦鹤草堂刻王士禛评本⑤

乾隆十六年临汾刘组曾梦鹤草堂刻宋弼补修本⑥

乾隆十七年梦鹤草堂刻本⑦

乾隆三十九年梦鹤草堂刻本⑧

乾隆五十五年梦鹤草堂刻本⑨

莲洋集补遗不分卷

宋弼校刻本②

按:乾隆十五年刘组曾刻本莲洋集选十二卷①九行十九字,白口,左右双边,版心上及卷端大题镌"莲洋集选",封面镌"乾隆庚午(十五)年镌　莲洋集选　渔洋山人评定　梦鹤草堂藏板"。《例言》后刘组曾识曰:"先生诗集虽向未全刊,然散花落彩久已脍炙人口,予何敢复赘一词。仍以原序冠首,为书例言数则,以志镌诗沿起。时乾隆庚午仲夏也。"卷端题"渔洋山人评定　河中吴雯天章著　临汾贾泽洛蘅皋校　临汾刘组曾绳远镌"。

乾隆十六年宋弼据此板增刻补遗一卷。辛未(乾隆十六年)宋弼《补遗小序》曰:"予从孙瑞人前辈所,见《莲洋集》钞册,欲相与刻之,已得临汾刘君刻本向止。然视其所收犹时有遗漏,乃为之订舛补遗,以成刘君表章先民之意。"封面改镌:"渔洋山人评定　莲洋集　梦雀艸堂藏板"。版心及卷端大题挖去"选"字,成"莲洋集",题名挖去"临汾贾泽洛蘅皋校　临汾刘组曾绳远镌"两行,嵌入"后学刘组曾　王藻同校订"。补遗卷端题,"河中吴雯天章著　后学宋弼蒙泉校"。②、③、④、⑤、⑥、⑦、⑧同属此。

乾隆五十五年徐昆等又作补修。以宋弼增修本挖去大题下"后学刘组曾　王藻同校订"两行,改嵌"平阳徐昆后山　涂水乔人杰汉三濩泽张铦心镌重订"等三行。乾隆庚戌(五十五年)徐昆序曰:"渔洋手订莲洋诗向无刻本,吾乡刘绳远太守初刻之……不数年太守远宦丹厓,委其板于燕市旅舍,鼠矢蛛网,霉湿鱼蛹,不暇顾及……商诸同年乔汉三观察及张心镌孝廉,慷慨好义,一诺而成,补而修之,重为完璧。"⑨属此。当是"乾隆十五年刘组曾刻莲洋集选十六年宋弼增修五十五年徐昆等补修本"。

综前示各例,可归纳出,除翻刻外,凡其它部类藏家原始著录中经常遇到的刻年误录、不辨同版不同刷印阶段、以同为异、误残为全等等,清别集中也都存在。

何以在以往的中国古籍著录中会存在这些问题?原因多端,且留给后贤从容研讨。只是现存现象不宜含糊对待,是正是误,是同是异,是全是残,都应理清,因为无论示踪、辑录、考订,都将涉及。目录揭示的是实体,"正身"明不明,决定它的使用价值。

当然,汇集藏家的原始著录,是编制任何总目的必经程序,工作量与难度,不亚于清理、审校。这方面,《清人别集总目》做出了很大贡献,为更上一层楼,提供了丰富的素材。

所谓"更上一层楼",可拟比李时珍"取《神农》以下诸家本草,荟萃成书,复者殳之,阙者补之,讹者纠之"(《四库全书总目》)。前提是,据实物考订。

(连载于2001年《古籍整理出版情况简报》,总第361期、362期、363期)

评《中国人民大学图书馆古籍善本书目》

中国人民大学图书馆有比较丰富的古籍收藏，其蒐藏始于抗日战争时期的解放区。五十年代初期，又曾接受多方调拨、捐赠和大量选购，累积四十余万册。其中包括大量早期刻本、稀见本、名家递藏本和批校本。在目前中国古籍收藏最为集中的北京地区，人大图书馆也要推为主要收藏单位之一。

1979 年以来，由于参加根据周恩来总理遗愿进行的《全国古籍善本书总目》编辑工作，人大图书馆先对馆藏善本进行整理、著录、上报，后又成立古籍整理研究所，集中专业人员编纂《中国人民大学图书馆古籍善本书目》，历时十年，始得完成，并由中国人民大学出版社出版。它向校内外读者提供了一份内容丰富、著录翔实、检索便利、印制精美的文献使用导引，于揭示馆藏、宣传馆藏、区别管理都有积极意义。

然而，意义和作用还不止于此。我认为，《中国人民大学图书馆古籍善本书目》对善本书目编辑中带有普遍性的问题的解决，取得一定成果。下面，仅就三个方面谈谈我的看法。

(一) 辩证地处理善本范围，摆脱旧有的拘泥见解。

图书馆所持的“善本”概念，约萌起于明代中期，当时是指品种不多，稀见传世的宋元刻本。至明末，藏家降格以求，多从明弘治正德断限，以后又降至明末。近数十年，古书日稀，清代顺康雍乾刻印本也已可遇不可求。20 世纪 50 年代后期建立的图书馆，虽也有古籍收藏，大抵是些影印、铅印、石印或同光以后的刻本。此际虽藏品丰富、视野开阔的收藏单位，确定善本时也多下移年代。七十年代末筹划编辑《全国古籍善本书总目》时，首先考虑的就是这个问题，经过全国范围的协商、讨论，曾用明确的文字定下《全国古籍善本书总目收录范围》。但在执行中发现失于琐细，难以在出于众手的大型目录中体现。在目前已出版的善本书目中,可以明显地看出收录范围已无所谓“三性九条”,而是单一地以清乾隆断限。这个既成事实,中国大陆、台湾地区以及美国图书馆界的有关人士1989年就编辑中美中文古籍善本联合目录的范围交换意见时,一致认为可以接受。在近年工作中,不少同行更意识到,清嘉庆道光间江、浙、皖、赣等人文荟萃的地区刻印了许多清代学术著作;因文网松弛,许多曾遭禁毁之书也得以刊刻。但在太平天国期间,书、版大多毁于战火。这一部分幸存的古籍无疑也应属善本。《中国人民大学图书馆古籍善本书目》的《前言》中称,“鉴于古籍由于各种原因毁损极为严重,当今访求采购已极为困难,因而适当扩大善本收录范围”,并认为“是历史的必然和现实的要求”。这是适当的,也是符合实际情况的。

(二)认真审辩,独立思考。

本书目《前言》中提到,“我们重视学习和利用前人的研究成果,但忌简单地照抄前人的结论,即使是著名版本学家、藏书家的论断,著名书目的著录,如发现问题,都根据具体情况在本书目中加以订正。”这绝非饰语,而是历验前人成果,综合问题,酿成自己心得后才能发出的宣告。在学术大视野中,一些“商榷”或正误,似乎是雕虫小技,然而能有所发现、对旧说有所纠正实非轻易。以本书目所载之清嘉庆间刻本《桃花扇传奇》二卷而论,第一出《听稗》首页书影,曾载录于《中国版刻图录》,定为“康熙刻本”。诸家多有藏此本者,著录因之。本书目编纂者从讳字中发现了问题。检出“弘”作“宏”,倒也一般;检出“琰”作“玉”,就不太寻常了。此本《题辞》第七页左四行镌“钱塘吴陈玉题”,“吴陈玉”应是“吴陈琰”,乃避清仁宗颙琰讳。不过从这里发现问题实非易事,要末曾用它本逐页逐字核校(但一般鉴定版本刻年很少用此法),要末知道吴陈琰其人。吴陈琰,康熙间人,著作传世者不多,后世避颙琰讳作吴陈琬,《中国人名大辞典》即如此著录。能判断吴陈玉即吴陈琰,非对康熙间学者文士十分熟悉不可。

又,明嘉靖十一年曹嘉刻三十一年朱睦㮮增修本《空同集》六十三卷。前此诸家于此本或作“明嘉靖间朱睦㮮刊本”(《国立“中央图书馆”善本书目》),或作“明嘉靖三十一年刊本”(《普林思顿大学葛思德东方图书馆中文善本书志》),而实乃嘉靖三十一年朱睦㮮据十一年曹嘉刻旧板补版增修。如卷七末增《孤雁篇》一首,原第九页易版,增刻一页,页码作“九一”;卷二十一第九页易版,增《题张路松鹤障子赠豫斋翁》。但书中朱睦㮮序称重刻,诸家之误皆由此。只有据实物审辩、对校,才能得出正确判断。

又,明天启崇祯间毛氏汲古阁刻汇印本《诗词杂俎》十二种二十五卷。前人目录极少标用“汇印本”,即或用,并无明确概念。近年查明,古籍中多种书分别于不同时期刻成,且多已各自行世,其后又汇集诸版合印,另冠总书名,或无总书名由藏家代拟之现象颇多。过去每含混著录,一书混杂多书,关系混乱,著录无法客观准确。《诗词杂俎》是其一例,十二种中《二家宫词》、《三家宫词》版心下镌“绿君亭”,各为八行十八字,白口,四周单边,不同于其它各种八行十九字,白口,左右双边,版心下镌“汲古阁”本。绿君亭所刻二种宫词曾各自单行,皆著录为“明末毛氏绿君亭刻本”,后又与其它十种汇印,冠总名为《诗词杂俎》。本书目注意到这点,用“明天启崇祯间毛氏汲古阁刻汇印本”标出为进一步探讨如何处理这类现象提出了一种方式。

(三)提供鉴别版本的参考素材。

过去的版本目录很少有附列鉴别版本的参考素材的。《全国古籍善本书总目》在汇编时做过这方面的初步要求,因而发现了一系列版本同异及刻年误录等方面的问题。在大量的审校工作中,我们逐渐认识到,这种素材应尽可能反映一书的个体特征,包括版式描述,刻年依据,以及特异版本类型说明,鉴定判语等等。只有如此,才能汇集出一书一版的全貌;据以验证,才能纠正前人的种种谬误,正确而科学地编出各种联合目录或总目录。

传统著录方式的不足,可以在进展中改进充实。本目录每则条目下都缀有“附注”,详略不等,正是这代目录边编制、边完善的写实。尽管还有充实的余地,但已含蕴了丰富的版本素材,是下一代工作的宝贵基础。

从现在看，编辑《全国古籍善本书总目》的意义远不止于载录和报道当代大陆收藏的珍稀文献，它还诱发了对中国古籍版本目录学的检讨和建设。一门蜇伏的古老学科被激活，继续发育。版本目录学是历史文献学的基础学科之一，这个领域缺乏应有的水平，对历史文献学以及相关学科，都会产生不利影响。在这个新的发育阶段，将出现一系列代表性的成果，对过去有所总结，对未来有所开拓。中国人民大学图书馆古籍整理研究所编纂的《中国人民大学图书馆古籍善本书目》就是代表性的成果之一。

（发表于《中国人民大学学报》1992 年第 2 期）

文献研究与图书馆古籍工作

中国科学院图书馆的中文古籍收藏

中国科学院图书馆虽属当代科学技术文献收藏中心，也还拥有一定规模的中文古籍。

20世纪30年代初，它的前身北平人文科学研究所，由于经费充裕，主持有人，几年内白手起家收集了二十余万册古籍，不仅经、史、子、集、丛、志各部要籍兼具，且颇多稀见珍贵而具学术资料价值的品种，书品亦佳。和当时一些著名图书馆相较，除宋元本外，颇不逊色。一九三八年曾编印了《北平人文科学研究所藏书目录》，在学术界和古籍工作者中很受重视。

抗战胜利后，这部分藏书归属中央研究院历史语言研究所。北京解放前，其中精品，如宋元刻本、稀见明刻本，近百种明代地方志、数十种明代会试录、乡试录，以及稿本、名家抄本等，被择出南运，现藏台湾地区。

解放后，由中国科学院接收。1951年，在原有藏书基础上，建立了中国科学院图书馆。

文革前的中国科学院，是综合型的，包括哲学社会科学，因此从五十年代中期起，在贺昌群先生主持下，又开始了古籍搜集。尽管这时书源已趋枯竭，但靠几代采访人员的不懈努力，古书业以及社会各方面的支持，十年间又补充到二十余万册，合旧藏约近47万册。

这一时期入藏的，有原海关收藏的地方志，张鸿来收藏的字书、韵书，邓之诚收藏的清初人诗文集，民国初年晚清簃选诗社编辑《清诗汇》所用的底本，以及相当数量与运往台湾地区同书同版的刻本，等等。汇合旧藏，又形成了一些特色。

大体上说，由于前后皆属研究机构图书馆，选书偏重于实用，品种多、复本少。小学、目录、金石、中医药、诗文集、丛书、地方志等都较系统丰富。其中地方志达四千种，且分布均匀，各省、府、县几乎皆备；清初以前刻明人文集七百余种，颇多孤本；清人文集则逾万种，是一宗待开发的资料库。此外，还有大量的名家抄本、校本和稿本。符合《中国古籍善本总目》收录标准的，约八千种。

就目前所掌握的资料判断，藏品中具有一定学术资料价值的明刻、清初刻，已属孤本的达数百种。如：明万历四十二年刻本、明徐鉴撰《礼经讲隽》三十八卷，明嘉靖三十九年襄陵刻本、明宋大勺撰《中庸说要》一卷，明万历十九年刻本、明席珍撰《经史字义考》九种九卷，明万历刻本、明朱谋㙔撰《古文奇字》十一卷，明崇祯刻本、明徐尔铉辑《诗韵考裁》五卷；明刻本、明卜大有撰《皇明续纪》三卷，明正德十六年王成章刻本、明王恕撰《太师王端毅公奏议》十五卷，明末刻本、明叶向高撰《续论扉奏草》十四卷，清康熙五年刻本、清韩世琦撰《抚吴疏草》五十六卷，明正德刻本、明王琼撰《椽曹名臣录》一卷，明万历三十八年刻本、明张光孝撰《西渎大河志》六卷，明万历刻本、明吴文洞辑《云峰文献志》十一卷，明万历六年刻本、明张朝瑞辑《皇明贡奉考》八卷；明万历刻本、明王在晋撰《龙沙学录》六卷，明末刻本、明安傅撰《无冤录》不分卷，明嘉靖赵府刻本、明周文采辑《外科集验方》二卷，明万历四十四年滕万里刻本、明滕弘撰《神农本经会通》十卷，明万历三十七年沈儆炌刻本、明谢肇淛撰《文海披沙》八卷；明嘉靖三十六年刻本、明汪广洋撰《汪右丞诗集》五卷，明成化十六年刘钺等刻本、明刘球撰《两溪先生诗集》四卷，明隆庆钱篇刻本、明钱琦撰《东畲先生家藏集》十四卷，明嘉靖三十八年周复俊刻本、明杨慎撰《升菴七十行戌稿》二卷，明嘉靖刻本、明汪必东撰《南隽集诗类》二十卷，明嘉靖二十年傅凤翺刻本、明刘储秀撰《刘西陂集》四卷，明万历元年金学曾张克文刻本、明万恭撰《洞阳子集》十八卷，明万历十四年郑懋洵刻本、明刘伯燮撰《鹤鸣集》二十七卷，明万历刻本、明郭子章撰《蠙衣生浙草》十三卷、《晋草》二十七卷、《楚草》十三卷、《闽草》六卷、《闽藩草》九卷、《家草》八卷、《养草》七卷，明嘉靖四十三年吴履谦刻本、明王穉登撰《晋陵集》二卷，明万历刻本、明胡应麟撰《少室山房稿》三十三卷，明崇祯刻本、明费尚伊撰《费太史市隐园集选》二十四卷，明万历刻本、明赵世显撰《芝园稿》二十八卷，清顺治十七年毕际有刻本、明毕自严撰《石隐园藏稿》八卷，明天启三年刻本、明丁绍轼撰《丁文远集》二十卷、《外集》八卷，清顺治刻本、明吴沛撰《西墅草堂遗集》五卷，清顺治刻本、清陈名夏撰《石云居文集》十五卷，清康熙二年石维填刻本、清彭而述撰《彭禹峰先生文集》二十六卷、《滇黔游集》十卷，清康熙刻本、清李之芳撰《李文襄公文集》二十九卷、《年谱》一卷，清康熙三十五年刻本、清博尔都撰《白燕栖诗草》八卷；清康熙刻本、乐平县志十六卷首一卷，清康熙刻本《（广东）东安县志》十一卷，清乾隆刻本、《沅州府志》五十卷首一卷，清乾隆十六年刻二十八年增修本、《靖安县志》十卷首一卷。

又有明屠隆、杜诗、王衡等，清梁清适、张唯寅、杜堮、孙益庭、朱士端、梁章钜、鲍桂星、何绍基、鲍源深、陈池养、董平章、沈丙莹、赵国华、王先谦、段友兰、屠寄等，近人张謇、李盛铎、袁嘉穀、宋彭寿、甘鹏云、金梁、刘体智、杨树达等手稿数百种。其中以日记最富资料价值。

又有清严虞惇、汪琬、卢文弨、焦循、孔继涵、戴望、吴翌凤、黄丕烈、张穆、何绍基等人的批校本，和明澹生堂、汲古阁、清内府、吴氏绣谷亭、鲍廷博、丁氏八千卷楼等名家抄本。

此外，还有历代石刻拓片三万余件，包括北京地区石刻和大房山石经全份。

（发表于1986年《书品》第4期）

采书集录

流寇志 九卷 旧钞本 彭孙贻著

萧新祺转售献县李涵初藏彭孙贻“流寇志”旧钞九卷。彭孙贻字仲谋，一字羿仁，号茗斋，海盐人，明末选贡生，入清不仕，著有“茗斋诗余”、“茗斋杂记”等。“流寇志”一名“平寇志”，有康熙刊本，已称孤罕，北京图书馆藏一部，民国十九年据以铅印，原本于一九四零年前后运往美国，现存美国国会图书馆。

取印本“平寇志”与钞本“流寇志”对比；“平寇志”起崇祯元年，讫顺治十八年，十二卷；钞本“流寇志”记崇祯二年十月，讫十七年三月，九卷，有叙，“平寇志”无。钞本“流寇志”有涉及满清之语，称之为“建人”；“平寇志”皆删。“流寇志”或为初稿。

一九五三年金毓黻先生曾为此旧抄题记，称：“‘流寇志’中时时流露尊王攘夷之旨，实富于民族观点。至‘平寇志’，则一变为尊崇新清，攘夷精神不复存在，本书大名易‘流寇’为‘平寇’，亦以此故。”又称：“彭氏为明季贡生，又以其父死于赣州官守，故明亡后，笃志不仕新朝，而改其旧作，变其故态，谓为惧祸，恐不其然。愚颇怀疑书中被删削之字句及易名为‘平寇志’，系其卒后子孙刊版行世时所为。”

两宫西巡大事记 一册 稿本 王彦威著

稿本“两宫西巡大事记”，不著撰人及为文始末，文中遇“圣驾”、“朱批”、“皇上”、“皇太后”等词，皆空格或提行。光绪间，有黄岩人王彦威字弢夫者，值枢廷有年，庚子之变，曾随扈西安，逐日缕记行在政务，都为一编，殁后，由其子王亮（字希隐）增删编校，益以“拳匪纪事”等，成“西巡大事记”十一卷，列为自印之“清季外交史料”附刊（民国二十二年印本、线装）。取此稿核之，体裁、内容皆同，稿本勾改后存留者，即为印本之今貌。唯稿本所录诸廷寄、折、电，多提纲挈领之语，印本则详载全文。间有异者，稿本偶录琐细庶政，印本不载，而增补若干关乎外交之文件。疑此稿本即为王彦威之手稿。

稿本记载起光绪二十六年七月二十一日，二十七年四月二十二日以后即断，印本讫二十七年十一月二十八日。以篇幅计，稿本约阙三分之一。

启祯宫词　不分卷　旧钞本　高兆撰

高兆字云客，侯官人，顺康间布衣，所著除“启祯宫词”外，尚有“续高士传”五卷。钞本署名为“渤海高兆”，当为其郡望；前有赵岛序，后有数句脱落，无跋，有福州李宗言藏印。高兆“启祯宫词”曾收入“昭代丛书癸集”暨“香艳丛书”，丛书本后有沈懋德跋，然俱无序及词后说注，疑因避讳而删。此钞本名后皆有说注，如“鼓儿词”然，读之若“宫史”。尽去，则词多枯索，或茫然不可解。

观书偶笔　六卷　**续杂记**　四卷　稿本　长佶著。

长佶字友裴号益堂，满洲人，道光间曾官浙江，鸦片战争后罢归，居京师，同治初卒。“观书偶笔”系杂记诸书史中故事琐闻，间及训诂，“续杂记”亦然，且旁涉医方，俱无甚可取。唯“续杂记”中随录道光末年同治初年朝政时事，(此人于林则徐颇持异评)且及清代掌故，尚可资钩稽。

端方与梁鼎芬手札　写本

端方于光绪二十九年间与梁鼎芬手札裱本一册，凡五十四通。时端方兼湖广总督，梁鼎芬署武昌知府。手札内容可分三部分：一为“苏报”案发生后武汉方面之部署；一为一般政务，间及革命党人在鄂之活动；一为筹划办两湖学堂等新学。第一部分颇可与《中国近代史资料从刊·辛亥革命》中所辑《苏报鼓吹革命清方档案》中之《端方档》，相为表里。

汪可进传集　旧钞本

汪可进字惟正，号练溪，休宁人，万历己丑进士，石首知县，南京户部主事。传集中所收为：封诰、万历丁酉石首士绅公赠“荣觐考绩障词”、范涞撰墓志铭暨象赞、焦竑撰墓表、顾起元撰传、汪康谣撰状，暨所著"圣谕衍"、"家训"、"盟神词"等。

即墨黄氏家传　一册　钞本

原无题，亦无序跋题记，内倪灿《太保黄公列传》(黄嘉善，字惟尚，号梓山，即墨人，万历丁丑进士，总督三边，兵部尚书)、"大侠"(即墨黄贞麟轶事，贞麟字快山，顺治乙未、戊戌进士，曾任凤阳府推官)、宋琏"大金吾黄公传"(黄培，字孟坚，号封岳，嘉善孙，崇祯间锦衣卫都指挥使管卫事)、宋琏《明赠怀远将军锦衣卫指挥同知黄公传》(黄宗宪字我度，嘉善子)、《姜黄主仆大狱之变记》(嘉善仆姜自来之孙元衡顺治己丑成进士(榜名黄元衡)，官侍读，黄氏族人暨培等屡辱之，元衡衔恨，乃寻隙，以培诗《塞下曲》《千钟美酒酿葡萄，醉卧胡姬舞宝刀，一曲琵琶听不尽，前军已报过临洮》。为"背叛本朝，心怀明季"奏闻，遂构文字狱，黄氏宗支及黄培诗刻中序跋评订者皆下狱，凡二百余人，黄培处绞，时当为康熙六七年间。此事它籍无详载)、"大案变局"等六篇，不知何时所辑，民国间其族人曾辑《即墨黄氏艺文汇钞》，因以《即墨黄氏家传》名之。咸丰庚申其族人黄守平(字星阶、号莲田岁贡生)曾辑刻《黄氏家乘》二卷，收《传》、《序》、《记》、《墓志》、《列女》等三十九篇，见此钞者，仅《太保》、《大金吾》两传。

殷顽录　六卷　钞本　杨陆荣撰

扬州古旧书店钞来杨陆荣《殷顽录》六卷，无序，唯一凡例，署时曰康熙辛丑。《殷顽录》者，明亡死难臣工传集，以死难先后为序，凡四百三十七人。交极简略，有寥寥十余字者。是书鲜见著录，人多不知杨陆荣尚有此辑，唯孙殿起《贩书偶记》载及，曰康熙辛丑刊本。

南游日记　村居杂咏　各一卷，稿本　梁清适著

稿本无序跋，金镶玉装甚考究，娶园旧藏，但知著者梁姓，号倪庵，真定人，副贡生，家世似曾显赫。《南游日记》者，康熙六十一年八月迄十二月往返湖南所作，途次摭记风土古迹，逐日以七律咏之。时偏沅巡抚王之枢为其姻亲，宝庆、衡州亦有故旧，似为抽手而去。日记中备载湖南诸官自道府以下之趋奉应酬、官场陋习，描述备至。《村居杂咏》则为遣兴抒怀之作。《光绪正定县志》卷三十九,有云:"梁清适,字倪庵,康熙丁丑拔贡、辛卯副贡……文章渊雅,诗亦清新,尤长古体……著有《南游草》、《村居杂咏》,诗稿藏于家。"当即此人。诗中屡云"相国兄"、"我家相国"者,当系保和殿大学士梁清标,王之枢为其孙婿。

露桐居士年谱修订稿(残) 稿本 钱景星著

露桐居士为李殿图,字丸符,号石渠、石臞,又号露桐居士,高阳人,乾隆丙戌进士,翰林院编修,官至福建巡抚,降侍读,追谥文肃。年谱系其生前门人钱景星所撰,有嘉庆八年刊本,前编四卷、续编三卷。此残稿不分卷,系就刊本重加删润,增改之处颇多,仍钱景星所为,惜仅存四十四岁以前部分,未及全谱四分之一。

南游纪略 都门日记 各一卷 稿本 朱士端著

稿本不署名亦无序跋,日记中记己丑五月二十四日赴礼部考试教习,二十八日案出,云:"取列宗室官学汉教习第五名"后录同案名单,第五名为朱效端,江苏人。稿本首页为七律一首,后记中有"族兄咏斋"云云。按:嘉庆壬戌一甲三名进士朱士彦,字咏斋,宝应人。《道光宝应县志》选举表载:道光辛巳举人朱士端字诠甫,为士彦族弟。《同治扬州府志》则曰:"朱士端,原名效端。"当即此人。

《南游纪略》起丙戌(道光六年)五月初九日自宝应赴杭州,止戊子(道光八年)八月十六日自杭州返宝应。时朱士彦以兵部左侍郎出为浙江学政,士端入幕阅卷,其间遍历两浙十一府,以日记形式缕记各地风土胜迹,每缀题咏,词句意境俱佳。间述岁科两试情节,然只及衡文,官场应酬只字不语。

《都门日记》起自戊子(道光八年)十月二十五日,随朱士彦入京;止癸巳(道光十三年)十月十一日。记叙极简略,考取宗室官学汉教习后,唯逐月记领钱米衣物,间录为人视疾所拟处方。

陆实君从军手札 写本

陆实君,名绍治,桂林人。据手札叙及,曾于冯玉祥国民军中任主任军法官、渑池县知事等职。手札多为寄与其子之家信,始民国十五年九月二十二日，讫十六年十一月二十日，凡二十七件，然有作日记形式者，一函所载，逐日缕述数十日之见闻，综而读之，实为此年余不完整之日记。

时陆绍治家眷所居之北京，系方与国民军处敌对之奉军占据，故家信中辄作暗语，如称军中为“社中”，上司为“掌柜”，冯玉祥为“二先生”、“老将”，转移为“搬家”等。

家信所涉，每及国民军之生活、制度、纪律、待遇。时冯玉祥方由苏联返军中，受革命影响，容纳共产党员，整顿部队。家信中皆有具体之侧面反映。

陆绍治似久溷迹军伐部队，为一中上级幕僚，其参加国民军原为求作“肥阙斋主人”，然自五原至西安，以军法官身分一路处死贪污之县知事十余人，因视“放缺”为畏途，拒辞知事委任达六次，称“形势情状已大不同”，宁愿留守西安灌花浇树、啜茗赏榴，情绪极消沉。冯玉祥不解，怪为“别人求之不得，此人弃之不就”！由此亦可窥及当日国民军内部之复杂面貌。

清郡县表　六卷（缺第五卷暨第六卷附录上、中）清稿

著者不知姓名，自署“天隐庐”曰《天隐庐丛辑之一》，有民国元年前叙，曰：“余于有清季年趋曹民政，分职疆理，编纂图志之余，涉览郡国之书，辄博稽郡县建置年代之源流勒为一表……诸表据清《光绪会典事例》、《皇朝文献通考》、各行省通志、近年官报录出……相歧之处……从《会典》，征以今制，或有《会典》舛漏者，远则征《通考》，近则据志乘。”表可分四部：一、郡县增减总数表（记清代各朝，府，直隶州、厅，州、厅，县，军民土府、土州、土县增减之数）；二、各省郡县增减比较表（同前，为总表之分表，后有备考作文字说明）、郡县建置表（记清代每省各朝所添置之府、厅、州、县，后有建置变更附记）；三、郡县统系表（缺）；四、附录：上　郡县同名表（缺）；中　台湾地区郡县兴替表（缺）；下　清代舆地韵编。

清代郡县建置沿革，近年有赵泉澄《清代地理沿革表》（一九五五中华书局据开明版重印）考证赅详，图表精密，是稿与之相较，颇见绌，然鲜有遗误。类书有约节者，用备偶一查索，每较繁者便捷。

以此稿拟之，其庶几乎？

云南全省舆图说 彩绘本

《云南全省舆图说》一册，彩绘，高53.7厘米。分府为图，图后附说。首府后先为总说，如一统志例：分野而后叙山川脉络源流，次记建置沿革、民风、土俗、物产。分府说亦如是，唯不载分野而详道里。

图、说均不载绘制年月暨绘人姓名。说中有“康熙二十一年重修晋宁州城”之记，图中北胜州属大理府。据《光绪永北直隶厅志》卷二：“康熙三十一年复升北胜为北胜直隶州。”则此图说当绘于康熙二十一至三十一年之间。

羌海杂志 清稿

是稿不分卷，不悉撰人，篇前序称：“于役青海，三易寒署，辛亥秋，江汉战事起，遂入关，返金城，检拾此行所记……越明年，稍稍删葺成编……其所叙列，则皆得之亲历，庶少舛谬……”缘是，宣统元年，设立青海垦务总处，派员分路查勘，著者所任为黄河迤北，六月一日自西宁出关，经镇海堡、丹噶尔厅、兔尔干庄，遍查洞阔、东科诸寺，千布录番地，辉特南旗，绰罗斯南右翼头旗，上下郭密番地，和硕特南左翼次旗、右翼末旗，喀尔喀部南右翼旗，和硕特南左翼右旗，拉安番地，和硕特南右翼后旗、末旗，和硕特东上旗、北右翼旗、西右前旗、前左翼头旗，刚咱番地，绰罗斯北中旗，和硕特北前旗、左末旗，西左翼前旗、后旗，西右翼后旗、中旗，北右末旗，北左翼旗，公洼他尔代番族、都受番族、曲加洋冲番族等处地界、山川、地势、物产、天气、人民诸情况，先简略概述，后详具体见闻，淋漓亲切，一若郁永河《稗海纪游》。

青海调查 写本 康敷镕著

旧钞四册，无题，首页但书“安定县知事康敷镕谨呈，青海调查”，年代亦不悉，目曰：“蒙古名称番种族分住址所在、户口、畜牧、矿产、垦地、森林、出产、名山、水源、路程、寺院、名酋、古迹、气候、方域、蒙番强弱。”

竹里述略 十二卷 钞本 同治三年徐士燕纂

竹里，嘉兴县履仁乡新篁里也，以篁为竹田，故又称竹田里，简称竹里。是书以新篁里为中心，始作总述，再按向分述左近名胜故迹，凡轩、室、墅、寺、泉、桥、墓、圃，苟有来由者皆述之，文后附前人题咏。

南田山杂志 一卷 钞本 陈汉章纂

象山县南田岛，民国元年曾设县。初拟割象山之奠南乡、昌石镇，治设石浦。象山县议会抗议，乃罢。时象山县议会代表陈汉章（字伯弢，光绪戊子举人曾纂民国象山县志）以邑人懵于掌故，乃集元明清以来有关南田设治暨形势记载诸文，加以考订，附抗议分县档案，辑为《南田山杂志》一卷。初拟石印，未果，因罕见流传。近知其门人干人俊尚藏钞本，乃央之录副一部。

缑城漫钞 三卷 钞本 盧标纂

缑城，宁海之别名，道光间东阳盧标字菊人任宁海教谕，辑此三卷。卷一建置、形胜、乡贤事迹、宦贤事迹、游寓、缁流、仙迹；卷二记裘甫、杨镇龙、郑芝龙暨倭寇之变，明初筑城、浚河事迹，南田、白鹤、梁王、硖石、花楼诸庙；卷三诗、文、石刻。自序中曾曰“付之剞劂”云云，迄未见刊本，宁海干人俊藏此钞本，因亦倩为录副。

水经注再校稿 稿本 薛福成校

再校稿用光绪十四年刊全校水经注，落朱之处，多为纠字句讹误脱落，并削净版面秽痕，约千余处。

东运镜机 一卷 钞本

纂者姓名不悉，记清代山东境内峄县黄林庄以迄德州柘园运河各段：河工官员、民夫配置、职守；泉湖、堤坝、桥埝、斗门、减闸，水口、涵洞情况；挑浅、濬淤、塞冲、防溃事宜。附载泉河、沂河二厅员夫职守暨泉、河情况。

河幕指南 一册 旧钞本

分三篇：一曰河务便览，条述筑堤、取土、塞水沟、塞鼠穴、急迫护堤、备料、下埽等法，凡三十五则；一曰河防述言，分河性、审势、估计、源流、堤防、疏濬、工料、因革、善守、杂志、辩惑、河防要言等十二节；余则杂录，为：诸河考，筑堤、堤工问答十二条，钉头埽工，排桩工，埽工问答八十九条，修砌石工、砖工、挑河筑堤应用器具、月季水、月信。按：《河防述言》乃张霭生辑靳辅幕客陈潢（字天一，号省斋，钱塘人，康熙甲子南巡，辅以潢功奏闻，赐参赞河务，按察司佥事衔）之治河言论，四库收入，附靳辅《治河奏议书》后，未见刊本。惟原书第四曰《任人》，钞本删，以原书第五《源流》为第四，下皆前推，另以《河防要言》益后，为第十二，当因《任人》于幕职无涉故也。类似著述每为钞本，盖当时视为秘技，衣食所赖，不欲广作传世，故今罕遇。前北京人文科学研究所藏有《大清治河书》八卷、《河防要诀》、《河工要览》等旧钞，解放前扫数劫往台湾地区。

明闽浙沿海暨长江下游兵防图卷 彩绘本

于孔庙中国书店得彩绘旧舆图二。一起粤闽交界之南澳岛，讫浙闽交界之南麂山，对海列琉球、台湾地区、澎湖、吕宋诸岛；海为上，大陆为下。绘沿海港湾岛屿形势，详载墩台营汛、巡舡战船等海防布署。旁有说：述兵要、记里数；言多针对防倭。

又一图，起闽浙交界之流江水寨，沿海迤逦入长江，至鄂赣交界之武家穴。大陆为上，海为下；江南为上，江北为下。绘江海、港湾、岛屿、洲渚、闸堤形势，详载沿海沿江卫所、堡寨、烽堠、墩台设置。亦有说，止记里数。

二图约为万历以后所绘，高度约为 40.5 厘米，纸张、用色、绘法皆同，唯前者较细密。均无题，亦不录绘人，一图卷背签曰：“明万里长江图”，不伦，当为后人妄加者。拟定名为“明闽浙沿海暨长江下游兵防图卷”。

中华沿海形势图 长卷 绢底彩绘 光绪癸未魏玉臣摹绘

图北起鸭绿江，南至交址大白龙尾，载沿海港湾岛屿形势暨水师驻地与郡县佐贰分防处所，不依比例，繁要详绘，余则简缩。首冠二十四筹环海全图，末附琼州、澎湖、台湾地区、台湾地区后山，四图。皆载诸岛民俗物产、航程航线。尾有光绪癸未关中魏搢儒跋，暨陶斋藏印。此图母本云藏赤城洪氏家。不载原绘年月。图上无香港，舟山为定海县。按：香港于道光二十二年割英；《清宣宗实录》卷三八八，道光二十三年正月已奏准升定海为直隶厅，则原图当绘于道光二十二至二十三年之间。

东三省海防札记 钞本 胡传著

自泰州市新华书店得《胡铁华东三省海防札记》钞本一册。胡铁华，名传，绩溪人。官至台东直隶州知州。光绪七年从吴大澂阅边，历东三省，旋于三岔口办屯垦，又于珲春会俄员阔米萨尔勘界。札记所述即此行之事，其着眼在地理形势，间有论述，惜均简略。抄本内题"绩溪胡铁花明府东征记"，附：西山纪游、辽海榨盐私议、原兵、与张幼樵副宪书、对张幼樵问东陲地势夷情、中俄分界牌、郧候论，诸篇。

胡传著有诗文集四卷、钝夫年谱四卷、日记（光绪七——二十一年）、禀启存稿等。刊行者仅"台湾纪录两种"（即光绪十八——二十一年日记与禀启）、"（光绪十三年）游历琼州梨峒行程日记"。此钞本系与之同事某当时手录者。

广润志寺 十卷 钞校本 释音纬纂 包赉校

浙江宁海瑞云山广润寺，晋兴宁中僧昙猷建，初名普济寺，大中祥符间易今名，明清两代几经重建。康熙间释音纬（建康人）纂广润寺志十卷，卷首图引，分目为：地舆、建置、僧、法、艺文、法产、灵异。版久烂，刊本罕见传世。洪焕椿《浙江地方志考录》著为"七卷"、"明宁海释音纬纂"、"明刊本"；系引项士元《寒石草堂所藏台州书目》著录之误。民国间邑人包赉有钞本，并加考校，对寺之沿革别有议论。前得此本于宁海干人俊家，册中夹《广润寺志目录》一纸，分：图、地理、建筑、僧传、护法、法、艺文、产业、灾异、大事记、考异，十一章，当系新拟者。包氏于民国间曾任三门县修志馆总纂。

衍山海经证注 一卷 钞本（朝鲜）洪澹宇著 洪羲福证注

于苏州新华书店得旧钞《衍山海经证注》一卷，系朝鲜李朝洪澹宁著，其子羲福证注。叙云："金刚一山闻于天下，岭东八景甲于国中，澹宁翁之游积四十载经营，年六十三庚辰（洪澹宁道光四年甲申曾来中国朝贡，庚辰当为嘉庆二十五年，李朝纯祖二十年）之四月三日始入山，留九日历赏内外名胜，仍又遵海自丛石至于镜浦，八景而居五焉。凡二十有八日，行一千八百三十里，得五七言古诗律绝二百余首，归而录之，曰《海岳日录》，又曰《衍山海经》云尔。”其子羲福制凡例，有云：“诗以衍山海之经，经不可以无注释也，注不可以无考证也，兹以证注二字加编名；凡诸名胜必考胜览与邑志，而抄载旧说，间附己意，略加摹写而寓评品；凡引喻中国之山川名胜者，必按而注之，曰今在某省某县云云，亦云衍山海经之意。

吏部官册 写本

吏部官册一函，内题“循环簿”，宣纸蓝格，经折装，开列京官内阁学士以上，部院丞参、给事中、御史，秘书郎以上，卿寺少卿以上，顺天府府丞以上，外官督、抚、司、道、府，直隶州、厅正印官以上职衔姓名。职衔固定书写，姓名另制名条，下注籍贯出身，粘职衔之下，以便随时更动。时大学士为孙家鼐、世续、那桐、张之洞，协办为荣庆、鹿传霖，据《清史稿·大学士年表》，当在光绪三十四年至宣统元年；又，邮传部尚书为徐世昌，据《清史稿·部院大臣年表》，宣统元年正月庚子徐世昌为邮传部尚书，是月壬午朔，则当在宣统元年正月十九日以后。再，《清实录·宣统政纪》卷八：“（二月）丁卯（辛亥朔，丁卯为十七日）……四川按察使和尔赓额着开缺，另候简用。”此簿四川按察使下犹粘和尔赓额名条；同书“宣统政纪”卷七“正月……戊申，陆军部左丞姚锡光署右侍郎”，簿中姚之名条方移，时右侍郎荫昌犹未开缺，故粘其名条之下，则知此簿为宣统元年正月二十七日至二月十七日之间原貌。

太平关太平分厂光绪八年文卷稿 一册 稿本

稿中多为有关税务之呈文，详及收解正耗、纹水、羡余等银及挂号杂款、杂项铜钱数目。

光绪二十四年度保定四关米厂总局稿簿 一册 稿本

光绪间，保定每届冬令均于四关外设厂散放贫民米粮，次春裁撤。是稿簿起录光绪二十四年九月直隶布政使设厂札，讫录二十五年正月撤厂报销，内容多关经费、组织、查账、购物、规约、报销等事项。

两广优级师范学堂一览簿 五册 写本

两广优级师范学堂成立于光绪三十年六月，初名两广速成师范传习馆。是簿编于光绪三十四年八月，分：大事表，校务述略，校舍（附图），经费，职、教员，教科，生徒等七章。缮写表绘极工，封面盖有“两广师范学堂”关防。

中牟河防支局呈文底稿 一册 稿本

底稿册起民国二年六月十三日，讫同年十二月二十八日。时正值新旧河工机构交替，呈文稿中涉及建置、人事、经费、资产、汛情、工程材料等方面。

武昌关关税纪要 南宁关关税纪要 写本

武昌关关税纪要、南宁关关税纪要各一册，均为民国十二年照颁发条目报呈之誊缮本。分：建置、税务、经费、收入、章制五篇，下缀子目。

大清律集解（附例）三十卷 批注本

于孔庙中国书店得康熙九年定刊本“大清律集解（附例）”三十卷，自首及末，皆有硃笔批注，注文几逾律文，其着眼处有四：溯衍变——律史也；论罪情——律义也；释条款——律例也；详刑等——量刑也。间载康熙间律文增改数款。批注者姓名不悉，仅于三十卷末有款识一行，曰：“康熙五十三年岁次甲午重阳日鼎鼎居士识”。

李木斋藏书题记稿 稿本 李盛铎著

去岁，肖新祺持来《李木斋藏书题记稿》十九册（原二十册，阙经部首册），收之。旋因北京大学图书馆以李氏藏书绝大部分归于该馆，要求将此稿转让，经领导研究，允之，另录副一部入藏。李氏藏书，有自印目录，约一万一千二百余种，北京大学图书馆藏李氏书目，为九千零八十七种，此稿所录仅一千四百余种，然皆古刻本、旧钞本、批校本，当为李氏藏书中善本之一部分。题记着眼点率多关于版本诸项，如行数、字数、书口、版心、序跋、何人点校、藏印、书品评论、校勘记等，间亦有内容提要。

传书堂善本书目 六卷 钞本

清中叶，乌程有蒋子厚者，专攻小学，兼精校雠，其藏书之所曰俪籯馆，曰茹古精舍，为西吴藏书名家。殁后，子书箴悉推家产于诸昆弟，独取藏书，名其所为“传书堂”。孙孟蘋更益之，编善本书目，未刊，钞本见藏于江苏国学图书馆暨北京图书馆，名曰《传书堂善本书目》，十二卷，又有补遗四卷，见藏北京图书馆暨前“中央图书馆”。近得一钞本，亦题《传书堂善本书目》，作六卷，所收多明椠，间有宋元本，都千余种，前冠海宁王国维“传书堂记”。

四库全书孤本选目　稿本　金梁著

得金梁民国十九年拟《四库全书孤本选目》一册，稿本。自序曰：“戊辰（民国十七年）冬，创印四库全书，兼有选印孤本之议。伦哲如（明）素精目录学，余属以先选要目，旋即别去，久未见复，余乃用简明目录选批书眉，以待商榷。次秋，熊泽元（罗宿）东来，曾就参酌，颇有增删，似不免多漏误。今录成一册，计选要目二百四十余种，以未见刊本或已绝版者为限。其中经部十四，史部七，子部十三，集部二百七。又选次要一百五十余种，则兼收明刊本难得或不全而多讹者，其中经部六十三，史部十二，子部四十一，集部三十七。”按：是类拟目尚有赵万里《影印四库全书罕传本拟目》（民国二十二年北平图书馆铅印本）、《四库全书孤本丛刊拟目》（北平图书馆油印本）。

滇南文献备征录　不分卷　稿本

袁嘉谷辑。袁嘉谷，石屏人，光绪癸卯进士，翰林院编修，曾官云南盐运使，民国后任云南东陆大学教授。备征录仿朱竹垞蕴山书例，分存佚二编，略依四库分类，著者姓名在书名先，末缀著者字、号、籍贯、出身、仕历。

王志　卷三　卷四　清稿　王闿运著　陈兆奎等辑

王志为湘潭王闿运讲学语录，光绪丙午，其门人陈兆奎曾辑二卷，仿郑樵“郑志”名之，丁未刊刻行世。其后续有所得，编为第三卷。民国乙卯，兆奎卒，王氏后嗣假兆奎手录稿更益以闿运八十以后论述为第四卷，成是编。稿后有民国庚申后记，未署名，稿前亦未署撰、辑人姓名。

耕余剩技 六卷 天启元年刊本 程宗猷著

万历间，休宁有程宗猷者，善技击，识武略，著《少林棍法阐宗》三卷、《蹶张心法(注)》一卷、附长枪、单刀法选各一卷，名为《耕余剩技》，刊于天启元年。时监察御史阅视三关边务汪以时序曰："都人士尚武者缮写服习竞景附之，甚有冒其名以诧四方。"然其后此书传世颇罕，道光壬寅有聚文堂重刊本，亦鲜见。其实为研讨国术暨古代武备难得之资料。日前偶得此天启刊本于来薰阁。(注)弩法也，自序云："弩类颇多、名亦烦琐，兹盖以蹶而张也，故借其名而法。"

汇选针灸益览 五卷 补遗一卷 清稿 咸丰三年 马璘辑 朱铨绘图

马璘字德钦，苏州人，有印章曰"穹隆铁竹第十二世孙"，卷前有其太师叔潘瑞序，称：以年老，悉将所学针灸诸书授与璘，彼得书之后静心参考，恐诸书蕃杂无由入门，是以汇选此集，俱从《大成》、《逢源》两书中出。"大成"、"逢源"，今不悉何书。

天医雷合图说 钞本

"天医雷合"者，静电医疗器械也，构造原理略如今日之电池，说中云："西洋大富贵家必有一具，遇寒暑或烟瘴出外归家，及饱于酒食，必为震动片刻以舒筋络驱各疾。"钞本前有记，曰："余祖曾制此器，由粤东黄姓办理，来时轮船未通，由旧海船运京……物亦甚巨，比大八仙桌尚大，长方式……后至庚子，全家避乱太原，回京时此器不见矣。"云云。

溉益录 八卷 稿本 安邦栋著

天津有安邦栋字干青者，取诸经史笔记杂钞中涉及医学、病理、卫生、药物者，以近世医学观点系按语，辑为《溉益录》八卷。分：考究、论评、病症、诊治、方药、颐养、饮食、禁忌八门，约二十余万言，为一医学笔记焉。是书未见传世，前于孔庙中国书店旧钞丛中获此稿。

东皋杂钞三卷 旧钞本 董潮撰

董潮，字晓沧，号东亭，武进人，少孤，育于外家，占籍海盐，乾隆癸未进士，选庶吉士，未几卒，著作尚有《红豆诗人集》十八卷，早佚。钞本原署“红豆诗人著”，海虞瞿熙邦以卷中有“曾祖职方公讳巽祥，顺治己丑进士”句，辗转考出，跋于后。杂钞多为读书摘记及当时佚闻。四库馆抽毁书目中有《东皋杂记》一本查‘东皋杂记’无撰人姓名，其关外近边一条，幽蓟等一条，语涉偏谬，应请抽毁。”钞本无此二条，不知是否一书。

西村余录 八册 稿本 孙益庭撰

滨州孙益廷字东�，乾隆乙卯进士，曾官四川绥定知府，集民间故事传说暨己身之奇闻异见汇为一书，曰：《西村余录》，都八册，未刊，稿本前有光绪十九年吴汝纶序，称：“见其用笔之高古，措词之雅健，凡事必征诸实，理必求其正，从无浮光掠影之谈，《聊斋》而后，此属仅见。”另一册亦称“西村余录”，实为嘉庆间四川白莲教起事始末，用编年体，起嘉庆元年九月，讫十一年十二月。

瓜庐闲话·客谈异事录 一名近事异闻录 稿本 意文先生著

作者不知何人，有跋，称其为“意文先生”，据文中所述，似久游幕西南军旅，道光庚戌曾权四川南部县丞。所记多川、滇、黔三省道、咸、同暨光绪初年异事。稿册每页皆骑缝盖“云南等处承宣布政使司印”，封里皆盖“云南等处提刑按察使司兼管驿传印”。两册皆有自序，所述略同，曰：“仆好客，又好谈，所谈有可歌、可泣、可劝、可戒者，必究其某年、某地、某见、某闻，以实之。有文章之妙，名物之异，戏谑之善，亦择取，于此不过遣睡魔耗壮心而已。若夫凿空矜奇，藻饰雕绘，仆病未能也，且不耻。”

鸿泥琐记 一卷 钞本 丁碧轩著

丁碧轩号一和道人，如皋人，嘉道间游幕楚、蜀，垂四十年，集见闻札记为一帙，曰《鸿泥琐记》，未刊。钞本前有咸丰四年仁寿陈韶湘序，汤成彦题诗，暨咸丰元年自序。琐记文笔平实，不涉怪异，读书辨物而外，多记当时人事，可资掌故。

笺释骈体燕山外史 八卷 稿本 张瞻龙辑注

《燕山外史》，秀水陈球著，初刊于嘉庆辛未，光绪间有永嘉若骙子辑注，此稿成于光绪末年，引据诸书远逾前者，且对原本无删节，释文达二十余万言。张瞻龙，瑞安人，生平不详。

列子批校 稿本 蔡元培批校

修绠堂荐余蔡元培批校列子一部，系用世德堂张湛注本，参斟北宋本、道藏本、林希逸口义本、秦恩复石研斋本、湖海楼刊汪继培校本。

昌黎诗集注批注 稿本 严虞惇批注

肖新祺送来严虞惇批注昌黎诗集注一部，所据系康熙秀野草堂刊顾嗣立补注本。其批注似专为驳补注而下，后有记云："协君此书板纸精好，校正字句亦少错谬，但其所云'嗣立补注'者，则殊未妥。《五经》、《国语》、《国策》诸书，人人习之，旧注但云出某书，足矣！今直录全文而遂云'嗣立补注'可乎！旧注叙出处时事本末甚详，今概行削去，而割引"旧唐书"，未见此之善于彼也。更有明系旧注载在刻本，而改云补注，尤不可解。旧注论用韵之法及辨古今字义，功于后学不浅，今概削之，大可痛憾！"后有读之者，或讥其于嗣立有世嫌，借此以泄私忿。

安默庵先生文集 五卷 附录一卷 钞校本 （元）安熙著 王思馢校

安熙字敬仲，藁城人，宗濂洛性理之学，大德间为北方名儒，殁后，门人苏天爵辑其诸作为"安默庵先生文集"五卷，附录一卷（苏天爵撰行状称十卷，刊本仅五卷，四库提要作者以为它人再辑。）元统二年刊刻行世，曾收入《四库全书》、《畿辅丛书》、《丛书集成初编》。此为定州王思馢校本，用一旧钞，取《畿辅丛书》、《国朝文类》（元西湖书院刊本）、《滋溪文稿》（旧钞本，天津徐氏新刻本）、《清容居士集》（元赵仲穆写刻本）、《道园学古录》（元刻本）诸本合校，校记皆标眉端，后增附录补遗一卷。

刘文成公集 二十卷 崇祯丁丑贵宁道朱葵校刻本 刘基著

刘基诸作成化间汇刻为《诚意伯文集》，二十卷。其后嘉靖、隆庆间屡曾复刻，虽卷数不一，然内容、标名依旧。昨于孔庙中国书店得一崇祯丁丑贵宁道朱葵较刻本，系据隆庆括苍刻本，删其《郁离子》、《春秋明经》等，独取颂、表、赋、骚、序、记、跋、说、问答语、解、文、铭、箴、赞、碑铭、墓志铭、连珠、古乐府、歌行、古诗、律诗、绝句、诗余等，厘为二十卷，后附行状，前载成化、嘉靖、隆庆三序，名为《刘文成公集》。

耻菴先生遗稿　一册　钞本　胡超著

胡超字彦超，号耻菴，龙游人，成化己丑进士，历官工部都水、虞衡司主事、员外郎。遗稿中收入诸体诗七百余首，杂入文数篇，多为与时人往还之酬作，间亦即事即景述怀，喜用七律，甚工，诗意冲和恬淡。遗稿似初作辑录，裒然一集，未经厘分。后附长洲吴宽“耻菴说”、钱悌“感遇诗序”暨“龙游县志”载传。

水明楼集　十四卷　万历乙卯刊本　陈荐夫著

修绠堂送来万历乙卯刊，陈荐夫著《水明楼集》十四卷。此书昔经四库馆审查，云：“卷三出塞曲第四首，有原版挖空处，当系违碍之语；卷十一晋安风雅序，四代宫词序，语涉元代，殊多偏谬。”令抽毁。观此本出塞曲第四首，挖痕依然，其前后句云：“手诏下三边，军中尽控弦，椎牛宵飨士，跃马晓摧坚；白日军声惨，黄云杀气连，□□犹有□，未肯勒燕然。”卷十一两序犹在，语涉元代也者，晋安风雅序有“扫除胡运”，四代宫词序有“唯胡元倏起，毳氈肇基，沙漠茸茸，皮帽紫笼”数句而已。

大愚老人遗集　四卷　辑稿　黄毓祺著　夏孙桐辑

于苏州新华书店得《大愚老人遗集》辑稿一册，为遗集二卷，补遗一卷，附录一卷。大愚老人即黄毓祺，字介子，贡生，江阴人。江阴守城抗清，毓祺偕其门人徐趋等起兵行塘以应，鲁监国遥授兵部尚书赐敕印，隆武帝亦遥授为浙直军门，事洩被捕，死金陵狱。著有《大愚老人集》等，未刊。顾季慈曾录其诗入《江上诗钞》。光绪间夏孙桐，得《大愚老人集》钞本于里中，乃据诸书载其事、文、诗者辑补，成是稿。前于邓之诚藏书中见有钞本《二介诗钞》，为夏孙桐于民国二十二年所辑，即以此稿另益李寄诗，分订二册。二介者，黄毓祺字介子，李寄字介立也。李寄号昆仑山樵，江阴人，母徐霞客妾周氏，方孕而遣嫁，育于李氏，故又名徐介立，颖异好学，奉母隐居山中，著有《天香阁集》、《历代兵鉴舆图集》、《要艺圃存》稿等。

斯菴集选 二卷 补不足斋钞本 沈光文著

沈光文字文开，号斯菴，鄞县人，崇祯庚午副贡，南明太仆寺卿，后流寓台湾地区，居诸罗，著有《台湾舆图考》、《文集》、《诗集》、《台湾赋》、《草木杂记》、《流寓考》等。季麒光称："台湾本无文，自光文至，始有文矣。"台湾地区诸志每引录其作，唯不见单集。乾隆初，全祖望曾托人于台湾地区求其未刊之遗集，携回者亦诸志所载数诗，录入《续甬上耆旧传》。道光四年，邓传安创立"文开学院"于鹿港，其《开书院纪》中有云："今虽未见斯菴诗集，而读府志所载诸诗文，慨然慕焉！"昔"海东书院"藏书目中有著录，但不悉何本，甲午割台，皆散失。民国九年连横《台湾诗乘》暨十三年《台湾诗荟》创刊号均有《斯菴诗集》，惜未及见。此集选当为传钞人选辑者，上卷收东吟社，平台湾地区两序，下卷为诗四十三首，无序跋。

牧斋有学集诗笺注 十四卷 旧钞本 钱曾笺注

旧钞钱曾《牧斋有学集诗笺注》十四卷，无序，卷端题"牧斋有学集"。"籛后人钱曾遵王笺注"。以康熙间玉诏堂刊本较之，钞本笺注之详繁，远胜刊本，钞本卷六称《秋槐别集》，刊本称《敬他老人集下》，钞本卷十二为《投笔集》、卷十三为《东涧集上》，刊本无《投笔集》，以《东涧集上》分上、中，上为十二卷，中为十三卷。再与康熙金匮山房刊本《钱牧斋先生有学集定本》较，前十二卷同，十三卷《投笔集》定本无，十四卷为"定本"之十三卷。"定本"诗仅十三卷。

潜虚先生文集 十四卷 年谱一卷 旧钞本 宋潜虚（戴名世）著

旧钞《潜虚先生文集》十四卷，后附年谱一卷，题"桐城宋潜虚著"，有重辑序言，不署名，列目录之后，末书"道光二十九年十二月二十九日"。此即戴名世《南山集》也。

戴名世字田有，号褐夫，别号忧庵，桐城人，康熙己丑一甲二名进士，旋罹文字狱弃市，株连者极众，所著《南山集》终清之世为禁书。

道光间，其族人戴钧衡字蓉洲据私藏《南山集》康熙辛巳刊本参以桐城吴氏藏写本暨许某藏手稿，重加编集，厘为十四卷，复据著述编年谱一卷附后，化名“宋潜虚著潜虚先生文集”，传钞行世，讳避犹深，戴钧衡于重辑本序中详述编集始末、体例，然不敢署名，但缀重辑年月而已。此钞本正符当时面貌。

其后有木活字本。书名、著者、卷数、序跋，均同此钞本，唯重辑本序后署道光二十一年十二月二十九日，年谱冠于卷前，卷九多《李节妇传》一篇，卷十一无《樊川书院碑记》，年谱、目录等文字略有删润。

光绪庚辰，合肥王镜堂秉铎是邑，据诸本重加雠校，付刊，惜未竣而卒，后草草成书，多有脱误。庚子，桐城张仲沅再加补订，十四卷外，补遗三卷。余见其民国戊午木活字重印本，书名页题：“龙眠增订戴南山先生全集后附补遗”，重辑本序后始见戴钧衡名，且有徐宗亮撰传并后序，除补遗三卷外，各卷所收皆视前有增益。

据孙殿起《清代禁书知见录》，尚有：

①“南山全集十六卷　桐城戴潜虚田有撰　无刻书年月，约为光绪间刊木活字本　后有道光辛丑(二十一年)宗后学钧衡后序，又名潜虚先生集，宣统庚戌仲野轩重刊木活字本。”

②“南山全集十六卷　桐城宋潜虚撰　合肥王哲重订光绪十六年刊木活字本，又名潜虚先生集，据例言称：是集因前刻舛错互见，今详为雠校，并较前板略增若干篇。又一部卧云山房钞本。”

③“南山集十四卷补遗三卷　年谱一卷　桐城戴褐夫撰　无刻书年月　约光绪间刊，民国十一年皖黄宝文书局刊，目录后有道光辛丑宗后学戴钧衡题识，首有邑后学徐宗亮撰传并后序。”

其①不悉何本，②疑即王镜堂校订本之修订重印，③或即张仲沅增补本之初印、翻印，以皆未见原书，不敢断言，姑置待考。

此旧钞虽较诸印本为简，然尚存文字狱余悸下重辑本之初貌，且赖辗转传钞而存之书，安能遽而断出孰为完善！惜庶务繁冗，未克参用诸笈详加勘较，且留以待来者。

环渌轩诗草　稿本　范蘅洲著

范蘅洲，康雍乾时绍兴人，生平不详，似曾游幕南北，其挚友毛元存乾隆戊午以诗为诗草序，中曰：“君家浙江东，鉴湖西例有高士踪；我家浙江西，西湖百顷正合幽人栖：江湖闲旷足游衍，奈何频年逐逐随轮蹄！忆昔少年日，闭户养天质，游神宅泰定，抱志守贞一，未羞贫是病，宁恐时分失，一朝漫学祢正平，弹铗竟似冯先生。”诗草分：邗江、瀛海、癸甲、古趣(一、二)五集，俱依行止而成，约起乾隆二年，讫十五年。诗多怀古、抒情之作，喜用古体、绝句。“邗江集”曾锓版于天津，诗草中所收系节取刊本并重加饰润者。

匏系草 旧抄本

旧钞一册，题为“匏系草”，撰者姓名生平无征，解官后客居宣化，郁郁不得志，撰《塞上草》、《匏系草》二集，一由门生刘振纪为序，一由侍仆高采畴为序，自称：“立言自有本末，何事假公卿大夫余论以相为重也。”《匏系草》颇涉塞上风光故跡，是可取者。卷端题下注云“起丁亥五月，尽戊子正月”，集中有诗“忆岁戊辰值月闰在孟秋，尝赋‘闰七夕歌’，今越二十年而又遇，因仍前韵一首。”按：甲子一周戊辰、丁亥均闰七月，为乾隆十三、三十二年。又有诗“权进士天鉴赋诗兼惠葡萄赋谢即次其韵”。据清代进士题名碑，宣化权天鉴为乾隆辛巳(二十六年)进士。则丁亥当为乾隆三十二年，戊子为三十三年。

半亭诗草 一卷 词曲一卷 旧钞本

旧钞《半亭诗草》、《词曲》各一卷，不知著者为谁。以诗词中所述度之，当为苏州诸生，年逾四十，屡试秋闱不售，家境寒素，为人颇涉轻浮，非积学儒士。卷前附艮庐另纸题记，以其诗中有《沁园春·咏红梅影》云“向吾家旧曲，翻出新裁”为影吴应之“折红梅词”，因疑姓吴。又诗中有“辛未十一月二十五日皇太后万寿颂”四章，《洞仙歌·春寒词》云：“静候翠华来剪彩，铺茵般般奉龙颜。”以《东华续录》证之：乾隆十六年辛未十一月戊子(是月甲子朔，戊子二十五日)皇太后圣寿节；又二十七年壬午正月，上奉皇太后南巡。因断为乾隆时人。

愿学集 一卷 **入蜀纪行诗**一卷 附制艺 清稿 汪诚若著

旧钞一函，笺题“梅叶公制艺全稿”。“梅叶公”者，滦洲汪诚若，乾隆乙酉副贡，久官浙东，晚岁为四川荣昌、乐山知县。制艺稿无甚可称，后附诗一册，曰《愿学集》，曰《入蜀纪行诗》，多涉风物，喜用七律，对仗工整；有贾允升（字献廷，号东愚，乾隆乙卯进士，翰林院检讨，其子汪鉴嘉庆辛酉会试房师。）跋，称其人“循循若无能，而老成醇谨之度非俗吏之所能为”。诗亦类此。

梅农诗牍 写本 谢登隽著

谢登隽字金门号梅农，又号易堂，祁门人，乾隆辛卯举人，壬辰会试登中正榜，授国子监学正充四库馆篆隶总校官，后出为宜昌府同知，迁知府，历署汉阳、黄州、德安诸府，有政声，人称“冰壶太守”。登隽品学书画名著一时，然著述无传。曾馆曹文埴家十年。诗牍系与曹振镛者，振镛藏弆数十年，道光辛卯装璜成册，延黄钺跋并题签。

黔中集 一名兰泉诗稿 稿本 福庆著

福庆，号兰泉，镶黄旗满洲人，监生，历官贵州巡抚，兵部尚书，汉军都统。《黔中集》为其嘉庆七年至十三年抚黔时所作。其诗不事雕琢，抒叙自然。有陈尧华、张经田、方振、王泽、李鸿宾、毛鸿名、宋湘、姚学塽、陆以庄等识跋暨陈希曾硃笔评点。陈希曾字集正，号钟溪，江西新城人，乾隆癸丑一甲三名进士，时为户部右侍郎。

荣禄公诗赋手稿 稿本 王兆琛著

王兆琛字叔玉，福山人，嘉庆丁丑进士，翰林院编修，官至山西巡抚，著有“眄棠书屋文集”。诗赋手稿为其官翰林时所作，多为馆阁闲吟，但拥阿颂之词，鲜见性灵抒发。其孙懿荣装裱成册，题为：“荣禄公诗赋手稿”。四册，已蛀蚀。

清睿亲王端恩诗稿 钞本

诗稿钞本无序跋，可分二集：《录旧作诗稿》、《道光乙酉诗稿》，共五百余首。睿亲王为多尔衮封爵，顺治八年夺，乾隆四十三年始复，以多铎后裔淳颖袭，嘉庆五年淳颖死，子宝恩袭，七年宝恩死，弟端恩袭。据《爱新觉罗宗谱》，端恩历任正红旗蒙古都统、管爇大臣、镶红旗汉军都统、正红旗领侍卫内大臣、正蓝旗蒙古都统、正白旗汉军都统，道光六年卒。《道光乙酉诗稿》当为其死前一年所作，时三十八岁。其诗无甚可称，通畅而外，闲适二字而已，然其颇附文雅，闻见甚广，或有可征者。

平洛遗草 一卷 **九疑仙馆诗草**二卷 钞本 谈印莲（女）谈印梅（女）著

此为德清戴缨钞本，前有戴缨序，后有道光戊子震泽张履跋暨徐卿贵原序。谈印莲字步生，谈印梅字缃卿，印莲妹，归安菱湖人。印莲"平洛遗草"又名"花中君子"，系殁后印梅为辑成者。印梅又殁，其师孙宪仪持合集求跋于张履。未刊。"光绪菱湖志"卷四十一，"艺文"，著录有《平洛遗草》、《九疑仙馆诗抄》，注云："印梅…与姐印莲学诗于同里孙宪仪，每有吟咏，骚坛名宿为之敛手。尝题某雨窗怀旧图诗，有'风风雨雨江南路，红豆花开又满枝'。俞鸿渐见其诗叹为吾郡闺秀之冠。"孙宪仪字品儒，号秋士，附贡生，以能诗名于乡里，著有《劫木庵集》、《辛辛草》。殁后，湘中叶沣刻其未定稿十之一为"秋士诗存"。

慎余书屋诗稿 七册、**文稿**一册 稿本 陈池养著

陈池养，字春深，莆田人，嘉庆己巳进士。诗稿前有道光丙午自序，称"……年二十二成进士…既历仕途，备尝险艰（"林则徐日记"嘉庆十八年八月二十一日曾述及池养，曰：官直隶知县，因□案不慎，革职）。年三十四奉讳归里……授经糊口……自入仕以迄于今，凡穷愁之作不能工，而不忍弃也，裒为《畿辅游宦集》、《归田集》、《三山避地集》，凡三集，得古今体诗二百十一首"。视所得，仅《畿辅游宦集》三册，《归田集》一册，无《三山避地集》；另有《莆阳逸叟集》二册（起道光戊申），二集一册，当为后辑著；文稿一册。诗文多关道咸间闽中人事。

执鞭吟 四卷 一名味菘山人诗稿 稿本 福至著

福至字直夫，号味菘山人，满洲人，家世不详，稿前自序云："年十四侍先大人宦游襄平，庭训多以骑射为重，岁甲申道光四年考封，蒙恩赏授侍卫，戊子叨选，侍御天闲，潜于扈从，霜蹄风鬣之暇，始稍稍学为章句。气既不平，每多冲冠按剑之狂；境复穷困，更被

唤癸呼庚之患。叫砌秋蛩，不无怨风号雨之句；鸣林幽鸟，忘逞撑霆裂月之声。所以长歌代哭，短吟自谴者，借此书殳笔聊作纪事珠而已。”所集诗起道光戊子，迄乙巳，共三百二十一首，后有光绪己卯德准跋。

求我斋诗存 二卷 清稿 成毅著

成毅字忍齐，湘乡人，道光戊戌进士，岳州府教授。诗存分：《山居草》一卷，《北行草》一卷，皆未登甲科前所作，辑于道光丁未，前有小叙，寥寥数言。其人似颇古拙纯真。《山居草》多咏乡里人事，《分秧二十六韵》详述水稻种植过程，自注曰：“古诗咏农多黍稷菽麦之事，唯‘丰年多余’一言及稻，故凡种植耕耘作息皆不通于南方之农。试为此诗，备采谚语，以补古人所未及。”《北行草》为历次进京会试沿途之题咏，多怀古，亦述年景民情。

拙修吟馆诗存 四卷 钞本 朱毂昌著

朱毂昌字稻生，六合人，道光乙酉拔贡，屡试秋闱不售，遂绝意进取，薄游邗上，肆力于诗，甚工，陈孚恩称其“劲健峭厉”、“高奇旷朗。”毂昌诗渊源家学，其父朱实发字饭石，精研声律，名满大江南北，著《尺云轩诗集》四卷、《秋窗叠韵诗》一卷、《文集》二卷、《文续编》一卷、《尺牍》一卷，有道光甲子刊本，传诵一时。“拙修吟馆诗存”系其殁后弟京昌为编定者，凡四百九十首，刊于道光乙酉，有陈孚恩、冯调鼎序暨道光丙申自序。嗣经兵燹，板尽毁，刊本传世者亦罕见，其子求得一部，拟重刊，力不达，止。光绪己酉，其孙立豫、立泰、立咸等各手缮一编，存敬而弗失之意。此钞本即为其一，辗转至甬上，有“广宋斋”暨“天一阁”藏印。前得之于苏州古籍书店。

粲花佩叶山房诗稿 六卷 清稿 陈鼎雯著

陈鼎雯字子巽，定远人，道光壬辰进士，庶吉士散馆改石楼知县，历洪洞，迁代州，旋告归。咸丰初，以江西知府留河南军中，官河南粮道，著有《粲花佩叶山房诗稿》六卷，未刊，日前自中国书店乱书堆中获其清稿。陈鼎雯诗不砌典故，鲜见风月之辞，多为纪事之作，方濬颐称其“能以文言道俗情”。山西任内诸咏，州县生涯，民间景况毕见；军中所作亦多写实，非于官书记史所能见者。

秦川焚余 六册 稿本 董平章著

董平章字琴虞，一字眉轩，闽县人，道光癸巳进士，历官户部主事，环池、皋兰知县，秦州直隶州知州，《民国闽侯县志·循吏》有传。偶得此文稿六册，皆已蛀蚀，一册有题曰"秦川焚余"，盖平章咸丰初官秦州时诸作稿册，凡禀启、夹单、判、示、谕、游记、读书记、杂体诗、传记等裒然一集，不分卷。董平章颇工诗文，饶有逸兴，陇西风土人物每有咏记，然更精吏治，诸公牍多关保甲团练，皆因时因地之创见，不绳旧章——时太平军西进，筹以防之焉。

寄庐吟 一卷 清稿 路璜撰

路璜字渔宾，毕节人，道光乙巳进士，久宦河南，历署鄢陵、郾城、淮宁、浚仪等县，周旋军务二十余年，《夜坐》中有句："作宦遭多难，潢池盗弄戈，敢云经大敌，曾此捍群魔。"自注云："咸丰二年以来，粤匪、捻匪、会匪、商固土匪，叠扰中州，光绪初年始歼除净尽……凡守城御侮，无役不从，幸未挫失。"《寄庐吟》收诗六十余首，多怀人感旧之作，自中州大吏以迄学博、儒生，凡数十人，皆述其政绩、事绩，句下且有说注。吟稿辑于光绪甲申以后，时就养蜀中。

春星草堂集 十二卷 一名星匏馆随笔 稿本 沈丙莹著

沈丙莹字菁士，归安人，道光乙巳进士，久居刑垣，出为贵州安顺知府，历署铜仁，贵阳，罢归。同治壬戌癸亥间，著《春星草堂集》，一名《星匏馆随笔》，十二卷，徐维城称之曰："韵学精深，声书博洽，大而军国重事，细至巷衖琐言，心识手搜，都征劬学。"光绪戊申，其子家本刻入《吴兴长桥沈氏家集》。前于中国书店杂书堆中得此原稿，删改粘贴之痕累累，无序跋及款识。

蕉鹿草堂诗钞 二卷 稿本 翟雄飞著

翟雄飞字柳门，泾县人，少以儒生从戎幕，踪迹皖、楚、浙、闽间，后宦浙江。诗中有句："贫士十年功最苦，拟封三品可能不？"然终一典史而已。诗钞辑于同治十二年，辑入五古二十六首、七古二十八首、五绝六十三首，七绝一七七首、六律九十七首、七律二百十首，外试贴四十首。前有同治三年吴兴沈其琛序。诗颇清隽，五绝尤有唐人余意，七律则多叙事，稍涉湘军初期经历。

韩超诗稿 稿本

得一旧钞诗集，无题亦无著者名姓，读诗知其为昌黎人。有《自述》二首，其二云："九试匡衡一丙科（匡衡九试仅中丙科，予十三试终一副榜），津营投效（事在道光壬寅）出烟萝（保举以直判压班即选，旋借挑贵州府经历），八千里外（甲辰正月挑取六月到黔）如浮海，二十年来欲挽河，统计七迁（洊升令牧守道臬衔藩衔署巡抚）升爵职，拟拚百战戢干戈，畏言兼苦身多病，载石归田里笠蓑。"因疑其为韩超。韩超，字寓仲，昌黎人，道光甲午副贡，就选佐杂，后为胡林翼赏识，以镇压太平天国军功，自知府连擢贵州粮储道署按察使又加布政使衔赏武勇巴图鲁署理贵州巡抚，同治二年病免归里，卒谥果靖。诸诗当为其归里后所集，亦多此时之作，都四十余首，间有重加饰润之处，后犹空页半册，似誊稿而未竣。

青草堂遗稿 稿本 赵国华著

赵国华字菁衫，丰润人，同治癸亥进士，官至山东候补道，署按察使，咸同间以诗文名世，著"青草堂集"初、二集二十八卷，三集十六卷。殁后，乡人王金绶辑所藏国华诗古文稿、函札，装璜成册，附友人和诗、复书，皆一时大家若吴汝纶、张裕钊等，后有徐世昌、马其昶、贾恩绂等跋。以诸稿核《青草堂集》，间有未收者，盖晚岁之作也，因定名《青草堂遗稿》。

琼华诗集 九卷 稿本 俞廷瑛著

俞廷瑛，吴县人。稿本前有光绪九年自序，曰："予于咸丰乙卯自编次所作古近诸体诗共分八卷，名之曰：《琼华集》，庚申之变罹于兵火，厥后流离迁徙转入戎幕，飞书驰檄，日昃不遑，风雅一途几若冰炭。同治癸亥以署鄞县丞事，由衢州至宁波，阅十有三年始还杭州，其间虽有所作，存亦无几。迨光绪丁丑为同人邀入诗社，东涂西抹，三五少年伎俩，然邺架既尽，边笥复荒，视昔所编次者有不及无过之者矣，乃复珍而惜之，录而存之。"诗社不知何名，成员先后有秦缃业（澹如）、钱国珍（子奇）、汪昌（咏之）、丁丙（松生）等。

无为斋文集 四卷、**诗集** 二卷 稿本 张昭潜著张昭潜字次陶，同光间潍县人，诸生，受业于乡先生于祉(字澹园)。文集中多为县人传、志，《辛酉春纪事》一则，述及咸丰辛酉捻军至潍始末。诗不甚工，然每咏乡里风物，如《潍阳竹枝词》:“东城迢递对西城，中有银河一道明，三月桃花初作浪，桥头多半卖鱼声。”亦为劳动人民困苦写照，如《海上谣》:“穷莫穷兮海滨，苦莫苦兮渔翁，一年四时常苦饥:年年春日苦大风，夏日苦暑雨，一秋捕鱼水之浒，到冬旨蓄不盈筥;得鱼忙来城市边，双鱼换得百铜钱，但买脱粟炊作饭，何曾贪醉沽酒还。”又《築圩谣》:“金钱糜费多复多，千人举杵呕轧歌，呕轧歌，忙举杵，锃鸣金，坎击鼓，一面属朱雀，一面属玄武——君不见辙生行築鞭朴俱，美酒大肉吹笙竽。”光绪戊寅，其门人郭恩孚等刊其文集，分十二卷，诗集则未见刊本。

今吾庐集稿　清稿　宗汝刚著

宗汝刚字思柔，同光间常熟人，例贡生，科场蹭蹬，然善古文，为文简洁精练，叙事细腻生动，为时人所重。清稿不分卷，篇后皆有时人评赞。

秋湖山房诗存　清稿　龙雨霖著

龙雨霖字甘丞，咸同间孝感人，诸生。诗存稿似为其孙龙骧所辑，周树模称其诗:“冲和雅正，不事藻缛。”

尺木山房诗草　稿本

作者姓名无征，据诗中口吻，似为湖南举人，同治初礼闱下第，曾赴曲沃官署客居三载，光绪初入幕张曜军中，驻防阿克苏。诗多酬答之作，亦稍干边关风土。

还读书屋诗草　四卷　清稿　涂增莹著

涂增莹字莲生，又字松林，丰城人，同治丁卯贡生，历官峡江训导、信丰教谕，诗稿原名《借一枝园诗草》，起道光甲辰(时年十九)，迄光绪丁丑，按年编次，凡二百十五首，后有宣统辛亥其子翀凤跋，似拟付刊，然未见印本。其诗多选官前作，冲和中隐有抱负，未脱乡儒面目。咸丰丙辰、辛酉间诸诗，皆关太平军在赣活动。

抱润轩文稿　三册　抱润轩钞本　马其昶著

宣统己酉，怀宁潘勖等辑桐城马其昶文稿为《抱润轩文集》十卷，安徽官纸印刷局石印。此钞本用抱润轩十行兰格纸，字体恭正。以石印本较之，约相当于前四卷，篇数减之，次第略有不同，然有书《汪贞女碑后》、《重定左忠毅公年谱序》、《中学正宗序》、《奉吴挚甫先生书（乙亥）》、《与姚仲实书》、《再上于方伯书》六篇，石印本无。

意园二编 上卷 清稿 张毅著

张毅字仁府，天津人，宦家子弟，光绪庚子出为山西候补道，历署冀宁、河东兵备道。卷中所收诗约起庚子四月，止壬寅九月，丁未编集；一派少年得意语，自负甚高，唯意境尚清新，不落故实，多记事之作。庚子九月赴山东转漕《自题陈润夫太史为画漳河收米图二十韵》，颇道山东时局情况，河东道（兼管河东、陕西、河南盐务）任内诸咏亦及庶政。

自新堂诗稿 附联语 稿本 孙蓉撰

孙蓉字镜符，天津人，光绪戊子举人，历署竹溪、石首、应山知县，民国间溷迹江苏督军署，一度出任淮阴县知事，晚岁集诸作为《自新堂诗》、《自新堂联语》，广求题跋，悉附集内。联、诗俱甚拙劣，惟存一隅掌故而已。

刘廷琛文稿 稿本

刘廷琛字席儒，德化人，光绪甲午进士，翰林院编修，大学堂总监督，学部副大臣，逊清小朝廷予谥文节。文稿未冠名，无序跋，毛边纸订册，墨钞，间附草稿数纸，多为民国以后之作。为：题跋十五篇、与诸时人（陈宝琛、吴佩孚、章一山等）论时局学问书札十篇、碑志传状八篇、读书记一篇、杂文六篇。）

十苏堂率性篇后篇文集 一卷 （《惧盦四世箕裘集》二十种之十八） 清稿 李慎修著

李慎修，字思永，介休人，光绪丁酉拔贡，历官七品小京官、度支部田赋司主事，民国后解职。集中所收诸文，皆民国初年所作，以遗老自居，日逐借端攻讦民国，固迂腐荒谬，然颇聚清末民初人物故事，是可取者。

观妙庐主诗稿 稿本

观妙庐主，姓名不悉，诗稿三册，起光绪丙午，讫民国壬子，用译学馆红格日记笺，凡诗二九四首、词九首、联句四首。其人为留法学生，居巴黎，卷端自注云“时年十九”。第二册前有跋，亦未书名，题词中有“粤下多奇士，君才早著鞭”句，当为粤人。诗词多抒怀遣与酬答之作，颇具旧学根底。

遵义赵恺文稿　稿本

赵恺，遵义人，清末诸生，民国后执教中学，曾续纂《遵义府志》。文稿原为九册，佚一册，存八册。收赋一篇、象赞二篇、主赞十六篇、跋十三篇、书四篇、哀祭二篇、传（附行实事略）十一篇、墓志铭三篇、墓表三篇、题辞五篇、启六篇、记九篇、杂著三篇、平水耆旧录一篇，就草稿装订成册。为文约在民国六年至二十七年之间，皆邑人郡事，间有涉及太平天国者。

宋人集部叙录　残四册　清稿　朱彝尊辑　吴翌凤校

《宋人集部叙录》残稿四册得自苏州古籍书店，所存诸叙为：

欧阳修	六一居士集
	释秘演诗集
	释惟俨文集
苏舜钦	苏子美文集
仲讷	仲氏文集
江休复	江邻几文集
	薛简肃公文集
文同	丹渊集
陈傅良	陈止斋文集
林逋	林和靖诗集
黄榦	勉斋集
刘克庄	后村居士集
陈以庄	陈敬叟集
杨亿	武夷新集
聂茂先	云堂集、永嘉集
	广平公唱和集

道原禅师　　佛祖同参集
谢　　翱　　晞发集
丁端叔　　南征集
翁　　定　　瓜圃集
陈　　炳　　退菴居士集
赵汝鐩　　野谷集
张僺斋　　张尚书集
王　　阮　　王南卿文集
张　　潞　　张昭州集
林光朝　　艾轩先生集
林亦之　　网山集
陈　　藻　　乐轩集
汤邦彦　　颐堂集
曲周李氏　　李氏棣华酬唱集

原书泰半早佚，诸叙多辗转录自他书。

双华仙馆诗余　二卷　清稿　盛廷庆著

盛廷庆，道咸间吴县人，曾入秋闱，然吴县历科举贡均无此人，或为诸生，词中有句"于役申上"云云，生平不详。词颇清丽，意境自然，善写景，饶有韵致。

梅笙词　一卷　清稿　庄士彦著

庄士彦字眉生，生平不详，以词中流露只言半语度之，似科场蹭蹬，晚岁犹依人作幕客，稿前有同治十年五月题记，称："余前作《红薇馆词》二卷，自嘉庆甲戌至同治癸亥，删存共二百十首，今于甲子年起至庚午、辛未，又得词共八十四阕，汇录一帙，以续前卷之后。"士彦填词不甚循格律，但求形似而已，旨在借此述事抒怀，颇婉约清丽，不似六七十老翁语。

君子长生永寿馆群书校录　稿本　王思笺校

《君子长生永寿馆群书校录》内收三书："韩非子"，据赵用贤本；《古文苑》，据明成化章樵注本；《钓矶立谈》，据知不足斋本。附钞翁方纲残稿，《朱(彝尊)王(士祯)诸先生年表》一卷，《清代文苑名人别号》、《逸事录》若干则。

古鉴斋墨宝 旧钞本

旧钞一册，题为《古鉴斋墨宝》，有吴氏拜经楼藏印，内钞三书：(明)王稚登《长物编》，(元)吾衍《闲居录》、《贺氏渊著堂书画记》。

王稚登字百谷，吴县人，布衣，《明史·文苑》有传，著有《吴郡丹青志》、《弈史》、《吴社编》等。《长物编》题下称："万历丁未七月朔日分授后重置"，分：卷、轴、帖、册、法帖、砚、罏、磁器、杯、扇、盒、铜器、玉器、文具诸目。或为其藏品目录。

吾衍，一作吾丘衍，字子行，号贞白处士，衢州人，家于钱塘，工隶篆书，通音律，隐居授徒，著有《周秦刻石释音》、《学古编》等，皆收入《四库全书》。《闲居录》一名"闲中编"，乃札记手稿，尚未经编定，四库馆以其"学本淹通，艺尤精妙，虽偶然涉笔，终有典型"，亦收入。四库本而外，有乾隆四十一年吾氏竹素山房刊本、《学津讨原》本、《武林往哲遗著》本等。此钞本后有何焯题记，曰："此册出于曹秋岳侍郎家，林若抚手钞也，康熙戊子，秋翁家所存残书，皆归青霉堂书库，此册偶为陆其清借钞，乃以传本缴进，独得留余架上云。"当早于四库本及诸刊本，惜未暇比较。

《贺氏渊著堂书画记》著录宋元明诸名家书画五十五种，题下或录尺寸，题后著录款识暨各家题跋，间有评语。

即墨黄氏艺文汇钞 二十四卷 清稿

《即墨黄氏艺文汇钞》系其十八世某于民初辑之者，计：诗十卷、词二卷、古文二卷、经说六卷、杂著二卷、词余一卷、制艺一卷。其成集者为：

一、诗

◦黄作孚	字汝从，号讱斋，嘉靖癸丑进士，山西高平知县。	讱斋诗草
◦黄嘉善	字惟尚，号梓山，万历丁丑进士，总督三边，兵部尚书，赠太保。	见山堂诗草
◦黄宗辅	字靖伯，岁贡生。	质木斋诗集
◦黄宗昌	字长倩，号鹤岭，天启壬戌进士，	于斯堂诗集

	雄县、清苑知县，山西道监察御史，湖广巡按。	
◦黄宗扬	字显倩，号巨海，万历壬子举人，考授推官。	鸿集亭诗集
◦黄宗庠	字我周，号仪庭，崇祯癸未进士。	镜岩楼诗集
◦黄宗臣	字我臣，号邻庭，崇祯乙卯举人。	澹心斋诗集
◦黄宗崇	字岳宗，康熙壬子拔贡。	石语亭诗草
◦黄　培	字孟坚，号村岳，官生，生袭锦衣卫指挥佥事，锦衣卫管卫事，都指挥使	含章馆诗集
◦黄　坦	字朗生，副贡生，浦江知县。	紫雪轩诗集
◦黄　埙	字子友，岁贡生。	友晋轩诗集
◦黄　堣	字汤谷，岁贡生，费县教谕。	栗里诗草
◦黄　埉	字子明，诸生。	修竹山房诗草
◦黄　垍	字子厚，号澂庵，康熙癸卯举人。	夕霏亭诗集
◦黄贞麟	字方振，号振侯，顺治乙未、戊戌进士，户部主事。	快山堂诗集
◦黄贞观	字大观，号尧年，岁贡生。	永德堂诗集
黄大中	字元徽，号崂村，康熙丁巳顺天举人，武康知县。	球屏轩诗集
黄美中	字元美，选贡生。	竹凉亭诗集
◦黄鸿中	字仲宣，号海群，康熙戊戌进士，翰林院侍读学士，湖南学政。	华萼馆诗草
黄理中	字仲通，号墨山，雍正癸卯举人，涿州知州。	来鹤亭诗集
黄敬中	字叔直，号山淙，康熙己丑进士，禹州知州。	松园诗草
◦黄克中	字述今，雍正癸卯举人，利津教谕。	涵清馆诗草
黄致中	字元性，号屺思，太学生，刑部员外。	北海集
◦黄体中	字仁在，别号镜海渔人，诸生。	来山阁诗集
黄济世	字公楫，廪贡生，雩都知县。	一峰草堂诗集

黄靖世	字日丹，康熙癸巳举人，宁洋知县。	遂此居诗集
黄泰世	字云若，号蓬山，康熙癸巳进士，大理评事。	藤台诗草
黄芳世	字菊秋，号若洲，乾隆辛酉顺天举人，京山知县，章丘教谕。	偶存集
黄宏世	字坤咸，增贡生。	雪舫诗稿
黄簪世	字钹皆，号容庵，附贡生，顺天府粮马厅通判。	庆远堂诗集
黄晟世	字旭东，附贡生。	于时堂诗集
黄恩世	字因心，号南崖，诸生。	南游草
黄立世	字卓峰，号柱山，乾隆甲戌明通进士，潮阳知县。	四中阁诗稿
黄如瑄	字西玉，岁贡生，招远训导兼署海阳教谕。	劳劳亭诗草
黄玉书	字邻素，号介亭，增贡生。	一水山房诗集
黄玉衡	字音素，拔贡生。	二水山房诗集
黄如珂	字纫斯，诸生。	柿叶书屋诗集
黄如钧	字平一，号庐阜，岁贡生。	庐阜诗集
黄玉瑚	字东序，号栗亭，乾隆辛卯举人，溧阳知县。	白石山房诗存
黄如淦	字豫溪，号冰亭，岁贡生。	暗香馆诗草
黄如璨	字研思，号北渚。	北渚诗草
黄如玢	字德斯，诸生。	也可居诗草
黄如珣	字东华，号山村，诸生。	山村诗草
黄如沅	字凝度，号瀣亭，太学生。	浭南草
黄如瓛	字石屏。	便可居诗草
黄如玖	字子九，号梅南，诸生。	芥圃诗草
黄如瑀	字禹玉，号练红，嘉庆戊午顺天举人，黄县教谕。	敦雅堂诗集
黄 榛	字硕轩，号漪园，乾隆庚午举人。	漪园诗集

黄　植	字静轩，号复斋，恩贡生。	水湄草堂诗集
黄　范	字德舆，廪贡生。	未信轩诗草
黄　栻	字韫邑，诸生。	芸香书屋诗草
黄　栋	字隆吉，号啸斋，诸生。	辽游草
黄　桓	字牧先，号西因，岁贡生。	课余草
黄　岩	字仪廊，号鲁瞻，岁贡生。	崂海居诗草
黄　鼐	字贡九，号维棋，岁贡生。	滤月轩诗集
黄凤文	字今涪，号铁樵，廪生。	篆叶山房诗草
黄守恪	字执庵，号商民，恩贡生。	虚斋漫吟
黄守思	字对山，号石圃，诸生。	石圃诗草
黄守和	字心田，号蔼村，诸生。	紫藤居诗草，北游草
黄守怡	字昆和，诸生。	云槐轩诗草
黄守平	字星阶，号莒田，岁贡生，乡饮大宾。	潄芳亭学诗草
黄守懿	字印方，号惺斋，诸生。	晴雪梅花轩诗稿
黄锡铭	字新之，号湘佩，诸生。	小园诗草
黄守缃	字帙邻，号湘山，恩贡生，候选州判。	箱山诗草
黄念昀	字丙华，号海门，道光庚子举人，截取知县。	述游草
黄肇煃	号陟云，道光己酉拔贡，冠县、沂水教谕，青州府教授。	辽游草
黄肇颐	字孟瞻，号伟山，咸丰壬子举人，历城教谕。	长康庐诗草
黄肇鄂	字仲严，号仪山，廪贡生，候选训导。	侍颜楼诗草
黄肇颣	字肃臣，诸生。	吾庐吟草
黄象轸	字翼南，号尔方，光绪乙亥举人。	曼陀罗华馆吟草
黄象岱	字峰丈，号东阳，诸生。	杏院诗草
黄象辕	字子固，号住菴，廪贡生。	柏子菴诗草
黄象䢼	字少殷，号拙庵，诸生，国民学校	抱拙斋诗草

校长。

有◦者曾辑入《即墨黄氏诗钞》(清黄簪世辑，乾隆三十一年盐官官署刊本，据《中国丛书综录》，见藏上海图书馆)

二、词

黄　坦　　紫雪轩诗余

黄　埉　　友晋轩诗余

黄　垍　　露华亭诗余

三、古文

黄嘉善　　抚夏奏议、大司马奏议摘钞

黄宗昌　　疏稿及遗文摘钞

黄宗崇　　石语亭文集

黄　垍　　夕霏亭文集

黄肇颙　　长康庐文集

四、经说

黄　植　　周易浅说二卷

　　　　　论语会说二卷

黄象辕　　葆光易解，大学微旨，中庸阐义，各一卷。

五、杂著

黄宗臣　　四警编序及小引

黄　垍　　夕霏亭杂著，石隐轩暇笔，谈余

黄立世　　詹詹录

黄如鉴　字菱溪，岁贡生。　鸡谈三卷

黄承雘　字子丹，咸丰戊午举人泗水训导。　如不及斋随笔，寿如山房笔记

六、词余

黄立世　　散花传奇

石斋先生经传三种　崇祯刊本　黄道周著

《石斋先生经传三种》，为余姑以名之者，乃《表记集传》二卷、

《春秋表记问业》一卷、《缁衣集传》四卷，是三书通见著录为康熙间《石斋先生经传九种》本暨“礼记集传”本（据北京大学图书馆藏李氏书目），今皆称善本，不多见。日前忽于修绠堂见此三书崇祯刊本，版式极似康熙三十二年晋安郑肇刊《石斋先生经传九种》本，唯《缁衣集传》卷端题“日讲官臣黄道周谨辑”；《表记集传》与《春秋表记问业》合刻，前有《恭进表记集传序》，卷端题“经筵日讲官詹事府少詹事协理府事兼翰林院侍读学士臣黄道周谨辑”，尾刻“崇祯甲申二月望漳州府漳浦县门人商应桩”等较刊题名。

杜堮遗著八种 附白云山房诗稿

杜堮，字次崖，晚岁自号石南老人、研北老人、石樵老人，滨州人，乾隆己酉拔贡，庚戌献赋召试赐举人，嘉庆辛酉进士，翰林院编修，仕至礼部左侍郎。子受田，咸丰初刑部尚书协办大学士，赠太师大学士，谥文正。堮以子贵，加太傅衔礼部尚书，谥文端。

杜堮生于乾隆二十九年（1764），卒于咸丰九年（1859），历乾、嘉、道、咸四朝。七十三岁致仕后，即于京宅写作自娱。所著有：

《石画龛论述》六函二十四册。第一函收：《家塾绪语》、《读鉴余论》、《余论续》、《再续》、《达生编要录增释》、《仪征阮相国石画记》、《遂初草庐札记》等七种。第二函收：《梦余因话录》、《石南随笔》两种。第三函收：《梦余因话续录》、《石南余笔》、《十研斋杂识》等三种。第四函收：《十研斋杂志》、《恩余随录》、《恩余杂志及续》等三种。第五函收：《恩余录续补》、《复补》、《续复补》三种。第六函为“滁研余志”。

第二函至第六函虽各有集名，实乃未标日之日记，自道光十九年六月迄咸丰四年十月，凡时闻、时评、读书札记、奏折函稿、遣情诗赋等，皆积钞一处，成册，则冠以集名。

《武镜初编》三十二卷，两函八册。系由《资治通鉴》辑出有关军事者，分：兵制、车战、舟师、马政、战阵、将略六门，间有按语。

《读史方舆记要节钞附历代纪年》。一函四册，自识曰：“为便初学之作。”

《时文举隅》一函四册；《时文辨体》一函四册。为讲究八股之文评、文谕。

《听止轩词选》一函三册。乃九十岁以后遣情所为。

杜堮不负文名,亦不负政声,唯其当时家门显赫,称"三世四翰林"(堮,子受田,孙翰、翻),并居中枢要职(两孙均为侍郎,翰且为军机大臣),闻见颇广,且目睹四朝掌故,晚年涉笔,言非肤泛。

上述诸稿均未刊,亦未誊缮,分装十二函四十七册,光绪时曾散出,归吴重熹,后由徐世昌告知杜氏后裔赎回。此次又出,见于孔庙中国书店,幸卷帙完好,一无缺损,乃嘱送馆。

又,中国书店以杜堮诸遗稿皆为我馆购去,乃又检出杜堮《遂初草庐笔记(诗稿附)》等稿本二册送馆。《遂初草庐笔记》似亦杜堮初致仕后整理旧作时集录者,多嘉庆初年之记事题咏,所详者为辛酉会试至壬戌庶常散馆始末,暨甲子、戊辰两届顺天乡试同考情节,此外即为翰林生涯暨馆阁题咏之类。另有零散诗稿十余叶,未及誊缮,附粘于空白页上。

另一册,无题,与其兄杜坊《白云山房诗稿》同装一函,函端题《西轩笔记附白云山房诗稿》。所辑为乾隆末年之题咏记事,时堮方青壮,所详者为庚戌乾隆南巡,与其兄坊等接驾献赋及召试赴泰安行在始末,杂医方数十通。杜坊号樗园,嘉庆庚申举人,屡试春闱不第,后为蓬莱训导,诗中多科场失意语。此数稿系光绪间其孙翻重加装订者,皆"金镶玉",面复紫绢,天兰色布函,极淡雅精美。

甘氏家藏丛稿六种　稿本　甘鹏云著

于孔庙中国书店得甘鹏云《甘氏家藏丛稿》稿本九册,为:《国学笔谈》二卷、《尊经社讲演录》一卷、《甘氏家诰》三卷、《方志商》二卷、《息园晚岁诗》三卷、《潜庐续稿》十二卷。甘鹏云字翼父,号叶樵、药樵,又号潜庐,潜江人,光绪癸卯进士,日本东京法政大学毕业,民国间曾任黑龙江、吉林财政监理官,杀虎口监督,吉林国税厅长,财政部佥事,归绥垦务总办,山西烟酒公卖局长,国会议员等职,七七事变后,任北京古学院教授。著有《甘氏崇雅堂丛书》初、二编,《碑录》、《书录》、《潜庐类稿》、《潜庐诗余》等,均有自刻本;《甘氏家藏丛稿》有铅印本,然仅《经学源流考》、《尊经社讲演录》、《方志商》三种,稿本缺《经学源流考》,其它四种皆未经刊印。

重订清苑新志 残 稿本

于松筠阁仓库搜得《重订清苑新志》残稿一部,篇目凌乱,似尚未经厘定,记事讫于民国二十三年,取材多自同年印行之《金志》(六卷,金良骥修,姚寿昌纂),以《金志》《金良骥序》列《志余》之末。虽称"重订新志",视其规模实不逮"金志"之简赅条贯,剪裁适度,唯人物间有增补。

兴济县志书 二卷 (嘉靖二十八年始修,顺治间补记),肖蕃修 郑孝纂 钞本

天津市人民图书馆有钞本《兴济县志书》二卷,为别家所无。去冬,余于天津市新华书店古籍门市部见有该店所录副本,乃购之归。兴济县,宋为范桥镇,大观初置县,金初属沧州,大定六年改属清州,元并入会川县,洪武间复置,顺治十六年废为镇,隶青县。嘉靖二十八年,马平肖蕃令斯县,乃延生员郑孝纂志,成于三十九年,分:天文、地理、山川、建置、风土、学校、金石、人物,八志,四十目。建置志独详,一志即拥二十目,皆属庶政。前有主簿宜川张好仁序。顺治间有补记,然仅职官,贡举题名而已,记载讫顺治十四年,时邑令为大同李嘉会。是志未闻有刊本,天津馆藏原钞本尾附民国三十一年魏润田《补遗与考证》一纸,所据为:康熙六年兴济镇巡检陈苍延《兴济志补遗》、民国间出土金石、《青县志》记载异同者。此钞本未录,后缩摄归,拟择便补誊于后。

元河南志辑本 钞校本 赵培因、张驹贤、王寿彭校

《元河南志》系嘉庆间大兴徐松于"永乐大典"中所辑,托名《全唐文》令馆中供事钞出者,辑稿后归袁漱六、翁同龢,现藏北京图书馆。光绪庚戌,缪荃孙曾假之录副,加以编校,厘为四卷刊行,后又印入《藕香零拾》。篇首冠阮元摹刻"东汉东都城图"、"西晋洛阳京城图"、"后魏洛阳宫城图"、"金墉城图"。此本系定州王寿彭旧藏,亦依辑稿传抄者,经赵培因、张驹贤合校,复自校。赵、张校文皆以红白签条粘眉端,自校用蓝笔标注,所见之处多于缪本。钞本后附宋王之道《相山集》、《通济渠记》、《长安志》旧本《宫城图》、《永乐大典》载阁本《太极宫图》、《长安志》、大安宫章、阁本《大明宫

图》、《东宫图》。前无阮刻汉晋洛阳宫城四图，另纸附“唐大安宫图”、“洛阳城图”。

古丰识略　四十卷　钞本　咸丰十年　钟秀修　张曾纂

托泰州新华书店钞来《古丰识略》一部，四十卷。“古丰识略”修成于咸丰十年，实为归绥道志（归绥道辖六厅：归化、绥远、和林格尔、萨拉齐、清水河、托克托）。时兵备道为钟秀（字石帆，满洲正红旗人），纂者张曾（字小袁、崞县人）似为其幕宾。是志分天、地、人、物四部，天部分：星野、占候、象警、节气四卷，地部分：沿革、疆域、山川、古迹、陵墓、关津、城郭、坛庙、寺塔、公署、官学、义学、教场、仓库、田赋、市集、赛社、济卹、村庄十九卷，人部分：驻跸、巡幸、官制、兵防、宦迹、乡贤、流寓、史鉴、宸翰、艺文（上、下）、风俗、土默特、呼图克图十四卷，物部分：书籍、土产、税课三卷。是志鲜见著录，北京图书馆有张曾撰《归绥识略》晒印本三十六卷，或即此。

民国淮阴志征访稿　八卷　（记事始光绪丙子，讫宣统辛亥）徐钟令纂　钞本

是稿《中国地方志综录（增订版）》亦未载，近日始见扬州古籍书店传钞本，分诏谕、宸章、地理、河渠、经政、学校、武备、故事、官师、人物、艺文十一志。文中每称：“凡已见丙子志者不录，录其新增及昔志所遗者。”按淮阴县建置迭改，县名数易，始置于秦，称淮阴县，宋改清河，民国初年又复淮阴旧称；丙子志即光绪二年胡裕燕修，吴昆田、鲁蕡纂《清河县志》（三十六卷）。是稿记事讫于宣统辛亥，无序跋，仅卷端题：“邑人徐钟令采访。”卷七《人物志·吏阶》中载：“徐钟令，安徽无为州江防州同，代理霍邱知县。”各志分目、记事俱甚赅详，当推为清末方志中之佳作。

民国东台县志稿　四卷　一名东台采访见闻录　光绪十九年　王璋纂　钞本

此志王璋‘稿记’中云：“丹徒陈子勤（克劬）予友也，同治十年任续纂扬州府志采访东台县事，不以予谫陋聘予代其事，于是周历县境搜罗采辑”。无纲，但分选举表、祥异、水利、学校、祠祀、风俗、

方言、物产、名宦、忠节、孝友、仕绩、文苑、笃行、尚义、善堂、耆寿、隐逸、流寓、方技、列女、古迹、冢墓、寺观、仙释、艺文、撰述、杂记、身世表诸目，尚不成志体，乃采访册之属而已。此稿不闻有刊本，《中国地方志综录(增订版)》亦未载，近年扬州古籍书店广作传钞，志名缘何冠以“民国”，不得其解。

海门县志集　六卷　嘉靖十五年　吴宗元修　崔桐纂　孙氏经畬楼钞本

志集分：疆域、山水、风俗、食货、建置、礼制、官守、人物、古迹、词翰十目。流传甚罕。此钞本系南通冯氏景岫楼旧藏。崔桐，字来凤，邑人，正德丙子解元，丁丑联捷探花，时官南京太仆少卿，制居在里，因秉是笔。邑令吴宗元于卷前列修志职衔曰“邑人崔桐辑，知县吴宗元校”，不依常例居主修，或因纂者盛名以示谦退乎。

海门县志　八卷　顺治十三年　庄泰弘修　李兆星纂　刊本　缺五、六两卷

是志分舆地(风俗、灾异附)、建置、食货、(户口、土田附)、秩官、选举、人物、文翰七志。刊本仅见藏南通冯氏景岫楼，日前连同南通稀见诸志，以重价购得。刊本缺五、六两卷(选举、人物两志)，北京图书馆有钞本，未悉是否完璧。“中国地方志综录(增订版)”未著此志修人；作三卷，纂人著李兆景，均误。

海门县志　三卷　卷首一卷　道光十一年　丁鹿寿纂　刊本

江苏通州海门县建自显德五年，康熙十一年城坍入江，归併通州，改为海门乡，道光间，邑人丁鹿寿(嘉庆己卯举人)恐文献散亡，乃取顺治李兆星旧志增损重订，成是志。仿康对山《武功志》分：地理、建置、祠祀、户赋、官师、选举、人物七篇，又增艺文一篇。是志刊本亦仅见藏南通冯氏景岫楼，现归我馆。

静海乡志　三卷　道光十三年　丁鹿寿纂　刊本

道光十二年，丁鹿寿以海门乡与乾隆三十三年设海门厅(今海门县)地近易混，报部请改乡名为静海，可。乃又纂此志，以十一年重订李兆星《海门县志》为前编，断自顺治丙申，依《续绍熙云间志》例续之，仍分地理、建置、祠祀、户赋、官师、选举、人物、艺文八篇，

附大事记一卷。《中国地方志综录(增订版)》著录此志为传钞本,仅见藏北京、南京两图书馆暨上海历史文献图书馆。此刊本亦为南通冯氏景岫楼旧藏。

铜山志　不分卷　乾隆二十五年　陈振藻纂　钞本

铜山,即今之东山县,明隶漳浦,为铜山所,清属诏安,民初始改县。旧未闻有志,近闻福建师范学院图书馆以高价购得一旧钞,因央之录副。金云铭馆长跋称:"(原钞)脱漏错误不一而足,且标题正文连续书之,眉目不清,焉马参差,次序颠倒,体例不纯。兹应中国科学院图书馆嘱转录是书,乃为之校订一遍,略正乖误。"分目略为:铜山所志、建置志、名宦志、选举志、艺文志、灾祥志。

澎湖群岛志稿　又名澎湖县志稿　增订稿二十四卷　清稿　龙骧纂

龙璿先生价让《澎湖群岛志稿》(又名澎湖县志稿)修订增补清稿一部。《澎湖群岛志稿》1958年以油印本行世,此增补修订稿较前增山川、物产、财政、人物四卷(原二十卷)另于"本群岛及各箇岛屿经纬度、周围长度、满潮时面积、退潮时面积"(油印本卷二)中补入《光绪甲午澎湖志》所载"每月各日潮汐消长时刻";油印本卷三"气象"中补入《光绪甲午澎湖志》所载"风暴日期";油印本卷六"人口"(增订本卷七)中,统计加详;卷十四"渔业"(增订本卷十七)中,补入江慕云《为台湾说话》中所载"日占时澎湖水产会领导下渔业情况";卷十七"公用事业"(增订本卷十二)中增"水井"一章;卷十九"旧迹名胜"(增订本卷二十三)中增详孤拔墓之传闻异辞;卷二十"艺文"(增订本卷二十四)增详。

德化备志　稿本　李盛铎纂

稿用秀文斋九行红格纸,订一册,封面题《德化备志》另附十行红格纸散稿数页,记德化旧志轶脱暨同治以后之人物,讫民国十七年,多方从诸书中摘录,未及编排,间有另为撰传者数篇,皆草稿;亦稍及艺文,列书目数则或附提要。未署名,字类李盛铎,以其墨迹核之,果然。

民国补修嵋峨县志　七卷　外二种　钞本

杭州某，以《民国补修嶍峨县志》、《光绪武定直隶州志》、《万历冠县志》三钞本求售。系旧纸新钞，盖仿刻“云轮阁”、“荃孙”藏印，声言系缪荃孙旧藏，殊可笑。唯三志我馆均无，故亦收之。其《民国补修嶍峨县志》，仍据康熙陆志，改四卷为七卷，续增记事讫于民国十二年。补修无序跋。时县知事为徐振声。《中国地方志综录(增订本)》未载。

稀见乡土志二十三种 写本

清末兴办新学，定初等小学堂历史、地理、格致三科均就乡土编课。光绪三十一年，京师编书局监督黄绍箕拟出例目咨请总理学务处饬各府厅州县编纂乡土志送局以便删润。斯乡土志者因此而生，简陋可知。乃而今习与方志并论，《中国地方志综录(增订本)》中载录达三百七十余种，各大图书馆争相搜补，且因多系写本，传世寥寥，得之每目为善本，珍而重之，故不得不暂从俗焉。近于孔庙中国书店得一批，皆写本，不见著录，为：

德庆乡土历史志 覃乔芬，梁芸纂
德庆乡土地理志 覃乔芬，梁芸纂
琼山县乡土志 三卷 光绪三十四年 张廷标纂
惠来县乡土志 吴 兰纂
香山县乡土志 十五卷
高要县乡土志 潘文锦纂
电白县乡土志
新兴县乡土志 光绪三十二年 顾云龙纂
阳江乡土志
定安乡土志 宣统元年 莫家桐纂
来安县乡土志 光绪三十三年 余培森纂
开平县乡土志 宣统元年 张启琛纂
花县乡土志 光绪三十三年 利 璋纂
遂溪县乡土志 光绪三十四年
安邱县乡土志 十六卷 马步元纂
曲阜县乡土志

掖县乡土志　　二卷　　　　　　　　吕　昱纂

献县乡土志书

含山县乡土志

泾阳乡土志　　三卷

沔县乡土志　　　　　　　　　　王声扬纂

铅山县乡土志

华亭乡土志

南国地舆　上编　维新戊申刊本　（越南）梁竹潭纂

《南国地舆》(卷端题:南国地舆教科)越南举人梁竹潭撰,维新戊申(光绪三十四年 1908)刊本。凡例中称:“我国旧有地志诸书大率为专家研究之需,非为学堂教科之用,今日国民始注意普通教育,故是编兼采群书,略述大概,以便普通。”分二编,上编为总叙,二十节:疆域、区划、地势、山岗、江河、湖潭、海岸、气侯、人民、人物、政体、兵政、财政、民政、教育、物产、农工商艺、铁路(驿路附)、航路、邮电。附“近今省道屯所民数略记”、“三圻蛮土人种”。下编分省叙封域土俗。前于修绠堂偶得之,惜仅上编一册,刻工甚劣。

婺源李氏统宗谱　残　二册　约万历间刊

婺源李氏称唐宗室后裔,先居浮梁界田,迁祁门新田。新田有二支至婺源理田、岩田,岩田又衍一支至休宁环田;在祁门者尚有兰田一支。宗谱前似有序、谱系,俱佚。仅存行状、行实、记、象赞、诗。

窦山公家议　七卷　附录一卷　缺卷一至二　约刊于万历间

残《窦山公家议》二册,约万历间刊,所存各卷为祠祀议、田地议、山场议、庄佃议、银谷议(后钞天启七年收支帐目),附录一卷为东西军业议。窦山公,程姓,淮西人(卷中字迹多有残泐,县名不辨)。家议者,宗族事务规约,极详明具体。诸如:祠祀议中祭品规格、斤两、烹制方法,皆有定规;田地议中详列地亩等级、租谷额数;山场议中拟有具体管理条例,庄佃议中详述驾驭佃户之道;银谷议中立有严明出纳规约。为中国封建社会晚期家族经济暨租佃关系之实际写照。

婺源朱氏统宗谱 二册 崇祯丁丑重修 刊本

唐末五代，新安朱氏环、璋昆弟致仕居婺源，遂世其家，为第四世。后分阙里、香田等数支，逮崇祯间，香田一支已延三十五世。宗谱装订重复凌乱，不解纲目统系。一册分五卷，约为：序、图、家训、香田八景诗、象赞、谱系；一册不分卷，约为诸小宗谱序、象、墓图。

莆阳东里黄氏族谱 十四卷 乾隆间重修 刊本

莆阳东里黄氏源出莆田涵头延福山黄巷，唐末迁出东里暨兴化碧溪二支，称三黄。东里一世滔，字文江，乾宁乙卯进士，守国子四门博士，威武军节度推官，《八闽通志》有传。至第六世分司户、贡元、朝请、华亭簿、监簿、九翁、司理、十五，诸房，乾隆间司户、贡元、朝请三房均延至三十世，余失载。（明末，族人多有仕降武朝者。）卷首为黄岗故里图，以次略为：三黄谱序、迁居述、东里谱序、世系、诰敕、传、祠宇、茔域、古迹、祭规、坊表、祭器、官祭、思教堂条约、书目、功赏、圭田、文券等。

孟子外书 校稿本 高骧云校

《汉书·艺文志》载《孟子》十一篇，赵岐注《孟子》以外书四篇，文义欠深，遂不注。宋刊《四家孟子注》以外书四篇附后，有刘邠注。其后，外书四篇鲜见传世，嘉庆间大兴金绍纶据钞周永年藏麻沙本刘注外书校注重刻，然第四篇已不全，乃旁摭诸书征引之文附之。又有云间雷琳刻本，虽不逮金刻本之精，然较全。高骧云乃取两本合校，别录，参以己注，时在咸丰辛酉。高骧云，山阴人，生平不详。按，《孟子外书》嘉庆间尚有《艺海珠尘本》，骧云未见。其后又有《函海》、《经苑》本、道光十年施彦士集证本、光绪辛卯贵阳陈矩补注本。

说文答问疏证 六卷 校稿本 薛传均原著 刘文淇、张穆、王筠校

钱大昕《潜研堂集》有说文答问一篇，嘉庆间甘泉薛传均为之疏证，厘为六卷。传均字子韵，诸生，刘文淇撰墓铭曰："秋闱屡罢，岁科试亦屡抑，乡人鲜有知之者。"所著尚有《闽游草》、《交选古字

通疏义》等。后入福建学幕，道光九年殁于汀州。学使陈用光（字石士，江西新城人）荐此稿于总督孙尔准，为之刊行。用光差旋，以一部赠张穆（字石州，平定人），穆因其有裨初学，遂略发其舛误大端，于道光丁酉重刻。刘文淇（字孟瞻，仪征人），少与传均同窗习业，见张刻本，乃暗加删校，己亥再刻，阮元、包世臣皆为序，备赞其人其书。庚子，张穆又得刘刻，遂将删易诸处过录于丁酉刻本，复芟其未尽处，再送王筠（字贯山，号菉友，安丘人）校。筠校于眉，后缀二跋，即此稿。薛氏之误盖在必期圆成钱氏之说，因疏于音学，于钱氏谬误处不辨，且加附会。孟瞻意在玉成亡友之名，石州、菉友则务于增善内容，其间不无偏执之处，然经此一番琢磨，精到可知。此书光绪以后迭经收入《金峨山馆丛书》、《咫进斋丛书》、《玲珑山馆丛书》、《许学丛书》暨《丛书集成》，然皆取道光己亥刘刻本，《许学丛书》本后附张炳翔跋，且直斥石州为故意挑剔。此稿未闻付梓，民国间归吴瓯，二十四年影印，收入《稷香馆丛书》，然鲜有知其异同原委者。一九六二年冬，吴氏旧藏悉鬻北京中国书店，标价出售时，此稿为余择出，后书店转斐云先生建议，以藏北京图书馆为宜，归商新三馆长，从之。此稿实优于它本，而不得广为传世，因志始末。

说文疑 钞本

稷香馆吴氏旧藏中尚有钞本《说文疑》一册。不知何人著，用公牍纸，页上均有“乾隆五十六年十月初三日”印记，卷端书曰：“说文何可疑，疑其见淆于后人也。义有未安者存之以待析，至俗学相沿，形声讹谬戾于许说者附录焉。”不分卷，有八千卷楼善本藏印。按：乾隆间，江阴孔广森著《说文疑疑》二册，有嘉庆壬戌诗礼堂刊本，较之此钞，各有所见。吴氏以为稿本，目为所藏小学三佳稿之一，亦曾影印收入《稷香馆丛书》。

字雅 十二卷 稿本 高佳英浩著

英浩，高佳氏，字慕纯，号养吾，别号知命子、怿林居士，镶白旗满州人，生平不详，稿前粘光绪癸卯所摄之照片，上题曰：“不合时宜，与世多忤，戚党见憎，侪辈见妒，著述自娱，抗心自苦，呜呼升沉与荣辱，予亦莫之顾。"《字雅》十二卷，以地支分集，按部首编排，专为辩核名物，不标音；引书颇多，释句皆注出处，每字之上且缀满文。是稿言已七易，始于同治九年，至民国二年，历四十四年，犹签条重叠，丹黄斓然。英浩所著尚有：《字典校录》、《六书丛话》、《本草漫钞》、《广群芳谱补遗》等。

史韵补注　四卷　钞本　赵南星著　陈钟祥补注

赵南星字梦白，号鹤侪，高邑人，万历甲戌进士，历官汝南府推官、吏部考功郎中、太常寺卿，至吏部尚书，以忤魏忠贤谪戍代州，《史韵》即为其时消遣之作，未几卒。顺治初，孙昌龄、孙承泽、王燮等检校手稿刊成二卷（初刊于杭州，再刊于淮安），其后书不传。咸丰间贵筑陈钟祥（字息凡）牧赵州，自南星后裔处见钞本，乃注释，重为付梓，然刊本未曾见。此钞本书口题"史韵补注"，卷端题"赵忠毅公侪鹤先生史韵"，前有陈钟祥、黄彭年等序暨原刊本旧序。其注释实出蔡鹤君、查寄菴之手。《史韵》乃摘录两汉以迄于元之史事，编以四言韵语，有便于初学。

莱史　五卷　钞本　赵士喆著

赵士喆字伯濬，号东莱逸史，明末掖县布衣，顺治初走成山，与弟子董樵耦耕海上，著《建文年谱》、《石室谈诗》若干卷。《莱史》者，记莱州一府之政务、兵事、职官、科举、仕宦、祥异，编年体，起三代，讫天启二年三月。邑志曾录目，传本甚鲜。钞本为道光间其八世孙文奎手录；又一部，康熙乙酉徐之钧注，亦钞本。

埜语秘汇　残　一名启祯记闻录　存卷二、卷三　钞本　不著撰人

埜语秘汇一名启祯记闻录，残二卷，学部七行绿格纸钞本，所记为崇祯间苏州科举、官庶故事佚闻，亦旁及松江、常州、太仓诸地，次序编年，有如邑乘中之杂志。钞本仅卷二、卷三，卷二起崇祯四年正月，卷三讫弘光元年。卷二中有"是岁（崇祯十五年）余馆于王洗马巷顾氏"，卷三中有"九月初（崇祯十六年）宗师在昆山院试……次第发落岁试诸友……予丁内艰，不与考"等语，著者当为苏州诸生，姓氏生平不详。民国《吴县志》《艺文志》中有姚宗典《启

祯存是录》,《吴门补乘》中有姚宗典《崇祯纪事》,未知是否即此。

吴门日记 三卷 钞本 叶调摘辑

吴门日记三卷,记顺治初清兵陷苏州诸事,起弘光乙酉五月十一日,讫顺治癸巳八月,作者佚名。原书旧为印氏鸥天阁所藏,共四册,咸丰间,叶调以其繁琐冗杂,乃删芜择要成此三卷。叶调,字生文,号蜕翁,吴县人。

眉叟纪闻 原名眉叟年谱 钞本 许眉叟原著 葵青居士摘辑

许眉叟,又号八蠋老人,不知其名,吴县诸生,子集,字时翔,雍正癸丑进士,翰林院编修。钞本原名《眉叟年谱》,咸丰间有葵青居士者,得稿本于里中,摘辑其中有关朝政时事、庠序科举暨气象变化者别为一篇,起康熙元年,讫乾隆元年,仍依旧名,然"年谱"面貌已非,当称《眉叟纪闻》。

武塘纪事 旧钞本

旧钞本《武塘纪事》不知何人纂,编年记明末清初嘉善县大事,凡兵事、民变、科举、灾异、乡绅劣行、职官任免、钱粮额数变动等皆载,多直发隐慝,无所避讳,起崇祯十三年庚辰正月,止康熙二十一年壬戌十月,钞本后残,似尚未终篇。

按:嘉善县康熙间曾两度修志,并其后各志,有关于此者,皆或隐或略,其记顺治二年明进士吴易等组织"白头兵"之抗清活动,它籍更无载。

康乐安平室随笔 四卷 清稿 朱彭寿著

朱彭寿字杰字盦,海盐人,光绪戊戌进士,曾佐铁保军幕为文案委员,后官陆军部左丞、典礼院直学士,著有《寿鑫斋丛记》等。《康乐安平室随笔》辑于民国戊寅,或谈近事,或溯旧闻,多关清代艺文、科举掌故暨清末官制、人事变动。卷四有《清代谥法考补》暨《族人艺文考》,皆可别成一编。此稿于民国庚寅即已散出,见于旧货市破纸堆中,后为川人某购得,草加装订,辗转又至中国书店,积库中多年,散杂零本书间,为余检出。

昌平知州史廷华禀稿 附函稿 稿本

史廷华，溧阳人，以謄录议叙州同，光绪末，官昌平知州。禀稿二册，函稿一册，皆关庶政，凡教育、工业、农业、警务、刑名、外事等，皆有所及，时在光绪三十至三十一年之间。

崇祯五年孔有德兵变围莱刘重庆请救第三疏 稿本

袁崇焕杀毛文龙，部将各怀叛志，崇祯四年登州巡抚孔元化遣孔有德等援凌河，至吴桥叛，回戈陷登州，五年围莱，久困。时枢廷主抚，援军皆拥兵不动。掖城乡绅寓书邑中京官上疏请救。刘重庆字耳枝，万历庚戌进士，曾官御史，以不附魏忠贤，斥归，崇祯初再起，时为户部侍郎，五疏请兵，然兵部熊明遇主抚甚力，重庆力争不得，一愤而死。此为第三疏底稿，经乡人装裱珍藏，原题："刘司农请兵疏原稿"，无题跋。

黄侍御疏草 三卷 康熙间写刻本 黄宗昌著

黄宗昌字长倩，号鹤岭，天启壬戌进士，崇祯元年官山西道监察御史，首劾魏忠贤，又劾温体仁、周延儒，几被祸，出为湖广巡按，著有《于斯堂诗集》、《疏稿》、《崂山志》、《恒山游草》等。《黄侍御疏草》皆为官御史暨巡按时之疏稿，卷三又名《因人成事录》。康熙间其子坦辑刻，前有归允肃、宋涟两序。一九六二年秋，余在天津市古旧书店曾见此本清稿，字体、行款与刻本全同，唯另有湖广文稿一卷，刻本无，现归河北大学。此本钤有黄坦印记，篇章字句皆有删改墨痕，似拟修订。前北京人文科学研究所藏书目录中著有："黄侍御疏稿 明刊本"。原书在新中国成立前夕被劫往台湾地区，未知与此本有何异同。

完节录 四卷 钞本 陈幼学辑

陈幼学，无锡人，生平不详。《完节录》为明以前有关张巡事迹记载之汇辑。分：诗文、事迹、祀典、碑刻四卷。诗文为张巡所作；事迹为诸书所载传、表。祀典、碑刻载河南归德府、浙江海宁县、江西德兴县、江苏无锡县等处专祠崇祀始末及石刻文录。

毕拱辰传集 原名忠节遗事录 钞本 毛□辑

毕拱辰字星伯，号湖目，掖县人，万历丙辰进士，历官盐城、朝邑知县、礼部主事、吉安推官，至冀宁兵备道。崇祯甲申，李自成起义军破太原，被杀。传集原名‘忠节遗事录’，光绪十一年邑人毛姓所辑，收录：封诰、赵吉士《冀宁兵备副使毕公传》、毛贡《毕氏家传》、毛赟《毕副使传》暨拱辰所著《蝉雪哝言》、《珠船斋诗集》跋。诸传皆邑人所为，叙述各有侧重。

朱大启自著年谱 原题明刑部侍郎晋官尚书广原朱公自叙年谱 钞本

朱大启字君舆，秀水人，国祚从子，万历庚戌进士，初授南昌府推官，断案有能名，入为吏部主事，迁考功员外、文选郎中，不附宦官，悉却请托，几陷于祸。崇祯初，擢太仆少卿，督饷江西，旋晋大理卿，至刑部侍郎，清狱慎刑，平反甚众。卒赠刑部尚书，祀乡贤。著有《曼寄轩集》。年谱纂于崇祯戊寅，时年七十四，方致仕家居，成于己卯。道光间，其八世孙应櫆录副，出以示吴江沈曰富。此钞本前有沈序，卷端题“司寇公年谱”。

屠寄年谱 稿本

屠寄原名庾，字敬山，一字静山，又字师虞、归甫，自号结一宧主人、无闷居士，武进人，光绪壬辰进士，庶吉士散馆改工部主事，历任黑龙江与图局总办、电报局总办、大学堂正教习、奉天大学堂总教习、后官淳安知县，民国初任国史馆总纂。生平致力教育，著有《结一宧骈体诗文》，晚年著述行世者为《蒙兀儿史记》一百六十卷。年谱系其子所编，《蒙兀儿史记》有民国间家刻本、二十三年铅印本及一年五八年中国古籍出版社翻印本，均未附年谱，人多知其书，罕知著者生平。

何绍基道光庚子——壬寅日记 稿本

于琉璃厂宝古斋购得何绍基日记一函，用“松竹斋”九行红格稿纸，书口已残，未署名，无序跋，曾经修补重订，分装四册，起道光庚子八月十一日，讫壬寅四月三十日。第三册前，原封面尚存半页，眉题“草堂日□”。

何绍基，字子贞，号蝯叟，道州人，道光乙未湖南解元，丙申进士，翰林院编修，以书法名世。道光二十年庚子，绍基父凌汉（字云门，号仙槎，嘉庆乙丑一甲三名进士，谥文安）殁于户部尚书任，八月绍基扶柩并携孪生弟子谦丧自通州取道水路归葬长沙，二十一年辛丑九月自长沙赴道州原籍料理族中事务，旋归，十二月以湘中临兵险（时湖北崇阳农民起义，湘抚驻湘阴）避居南京。日记中所载即此段生活情事。时正值第一次鸦片战争，绍基虽守制在里，与诸当事多有过往，日记中每载见闻、评论。

黔桂两省轺车往返程记 稿本 鲍源深纂

此稿原无著者姓名，以《黔省轺车往返程记》、《粤西轺车往返程记》合订一册，就内中所叙同年同乡关系推之，著者为安徽人，道光丁未翰林，又与丁酉、己亥、丙午皆论同年，按是科馆选，安徽籍者五人，唯鲍源深为丁酉拔贡、己亥北闱副贡、丙午举人，取《光绪直隶和州志》载传核其仕历，果是。

鲍源深字化潭，号穆堂，又号澹庵，和州人，道光丁未进士，翰林院编修，官至兵、户部右侍郎、山西巡抚，著有《补竹轩诗文集》。

咸丰五年，鲍源深任贵州学政，曾积极参与镇压太平天国革命，《黔省轺车往返程记》即记此任往返途次驿站、尖宿情况。回京后甚得宠幸，入为日讲起居注官、上书房师傅，并襄同恭亲王奕䜣办理洋务。

同治元年，再出为广西学政，途中升侍讲，又擢右庶子，再迁侍讲学士，任内又三迁：侍读学士、大理寺少卿、太常寺卿。故沿途地方官极力应酬，《粤西轺车往返程记》中悉加详载。此行赴桂途中，曾因河南捻军活动，被迫在开封逗留月余，与一时军政大员往还甚密，间接载及当时捻军活动情况。

沈子聪自述 稿本

沈子聪，慈溪人，幼学商，业烟行，屡遭兵劫、回禄，家业聚而复荡者再，晚岁于杭州为宓姓经理久大亨号。《自述》书于光绪己卯，约迄庚子，录其家族事务、经营情况、产业聚散、生平遭遇灾祸始末，直至豫拟之遗嘱、坟墓图式。自称“日记”，欲传之后代，使悉先人创业艰苦。记载琐碎繁杂，然甚具体，可称中国半封建半殖民地社会前期一代中小商业资本家之实录。

东蒙古纪程 附塞上吟 钞本 陈祖墡著

陈祖墡字元甫，潍县人，曾官兵马司正指挥，光绪三十二年肃亲王善耆调查东蒙，祖墡以同知随办文案，历卓索图、昭乌达、锡林郭勒、哲里木四盟，以日记形式撰《东蒙古纪程》，起光绪三十二年三月十八日，讫五月十九日，载山川形势、气候驿站、政治民情，虽嫌简略，亦有心为之者。后附《塞上吟》诗词共三十首。钞本前有民国三年自序，称：鉴乎时局，出旧稿付印，略供一得。时任青城县知事。印本未曾见。

东游日记　一卷　清稿　吕植著

吕植，良乡人，光绪末年任保定师范学堂监学官。乙巳，学务处督办严修命植等赴日本研究教授管理之法，翌年六月乃成行，因志耳目所及、足迹所经为《东游日记》。起光绪丙午六月初一日，讫同年八月三十日。

西游记　稿本　阿眉著

作者真实姓名年里不详，仅封面题“阿眉著”。民国十三年，喀什喀尔提督马福兴控新疆督军兼省长杨增新杀马氏之妇，北洋政府令安肃道尹祁连元去新疆调查，笔者充其随员，自谓得遂壮游之志，因有是作。《西游记》为日记形式，起国民十三年十月一日自肃州起程，止十一月十二日抵迪化，载记沿途形势、景色、风土、物产暨驿路、邮电情况，只字不涉此行调查事件。其于形势、景色、每加描述，生动引人，不失为游记之佳篇。

张惟寅家书　写本

张惟寅字子畏，号学山，南皮人，乾隆丙辰进士，历官官户部江南司主事、员外郎，贵州道监察御史，吏部考功、文选司郎中、云南迤西道、驿盐道，左迁知府，历知鹤庆、永化、临安、云南诸府，复迁粮道、浙江驿盐道，至福建汀漳龙道。家书粘六册，都百二十通，原题“资政公手书”，多为寄与其堂兄受长者，受长字英军，号兼山，雍正丁未进士，官至江西粮道。家书始于乾隆初，惟寅官户部江南司主事时，末函发于乾隆二十六年八月，尚未抵家，已殁于官。家书前三册约官部曹时，除叙家务外，每及朝政时事、家乡年景物价——时受长在江西驿盐道任内。后三册为居外官时，家事而外，屡及民情庶政。

鲍桂星家书 写本

鲍桂星字双五，歙县人，嘉庆己未进士，翰林院编修，历典河南、山西乡试，任河南、湖北学政，官至工部侍郎，罢，复授编修，至詹事。家书凡八通，装一函，未登甲科居京师时者三，官编修时者三，湖北学政任后一，工部侍郎任内一。鲍桂星《清史稿》有传，内云："十五年督湖北学政，累迁至内阁学士……任满既受代，闻林清之变，疏陈上事，争驰至京。"家书中则曰："兄因又蒙恩擢，值京师俶扰之际，恭读罪己诏书，感愤不可名言，遂不待瓜期，径将印信交与中丞，轻装赴阙，同人恐其违例，兄不顾也。"《清史稿》列传当误。

莱州史传合钞 旧钞本 赵士佶等著

旧钞本一册，原无名，因皆掖县人所撰有关莱州之史传，故以此名之。内为赵士佶《毛文龙孔有德列传》，李月三《朱太守殉难赞》，钱伯衡《明故奉直大夫河南汝州知州死节锡吾钱公墓志铭》、《母钱宜人罗太君行述》、《与宫詹王阮亭书》。赵士佶，一名士喆，字伯濬，明亡后隐居海岛，著有《莱史》等。朱太守名万年，号鹤南，开泰人，万历己酉举人，崇祯四年知莱州，五年孔有德兵变，被杀。钱伯衡名大受，诸生，其父汝州知州钱祚征，字君远，天启辛酉举人，崇祯十四年御李自成起义军，被执不降，被杀死。

掖水志林 钞本 毛贡著

毛贡字九来，掖县人，康熙乙酉举人，历官天长知县、颍州知州，著有《自笈草》、《研北随钞》、《掖水志林》等。《掖水志林》一书久无传，邑志称其已毁于火。此本封面有其族人毛式丹（字芳亭，乾隆己酉恩贡生）题"嘉庆丁卯六月重订"，分"原稿"、"续稿"两部。"原稿"订一册，纸墨较近；"续稿"用"传桂堂"、"掖水志林"九行兰格纸，稍旧。"原稿"不分卷，有目，以疏、书、序、传、记、考、赞、跋类分；"续稿"亦不分卷，无目，分艺文、人物两篇，艺文亦以疏、序、记、传、考、跋类分，人物分宦业、名臣、政绩、孝友、忠节、文学、隐逸、方技、仙释、列女各目。所记皆清初以前邑中人物、故事、著作，较之邑志互有详略。

明孝廉李巢二先生图詠 辑稿 张廷济辑

李巢二先生者，明末海盐二举人李天植、巢鸣盛。李天植字因仲，后易名确，字潜初，一云潜夫，乍浦人，占籍海盐，崇祯癸酉举人，筑蜃园，与一时名流啸咏其间。明亡，髡发入龙湫山，饿死，里人私谥介节先生。著有《蜃园前后集、续集》、《乍浦九山补志》、《九山游草》、《蜃园文集》、《古今觞咏集》、《山房日录》等。乾隆间合刻为《龙湫集》。巢鸣盛字端明，号崆峒，崇祯丙子举人，明亡后隐居不入城市，殁后乡人私谥贞孝，称止园先生。此集系二人之传记、象赞、遗墨，约辑于道光十五年。张廷济字叔未，嘉兴人，嘉庆戊午举人。

(连载于中国科学院图书馆编《图书馆工作参考资料》第14期/1962年12月、25期/1963年9月)

方 志 辨

一

二十多年前，朱士嘉先生曾对国内各主要图书馆所藏地方志做过综合著录，据1957年增订本，已达7413种[①]。而目前一般估计中国古籍的总数，多称七八万种，地方志的数目就约占十分之一。就数量来讲，已是一宗比重相当大的专类图书。

北宋以来，各地虽已盛行修纂地方志，但一般视为例行的官书，是不入学林的。这从宋代几家著名藏书家的书目中就可看出，所收无多，甚至没有专门的类目。元明以至于清，大抵还是这样，著名的《四库全书》，只收入四十三种，不及当时总数的百分之一[②]。学者著述，除了一位顾亭林而外，很少见到利用方志为资料的。直到近代，由于科学的发展，学科领域的开拓，著述与研究内容的广泛和深入，这座冷落多年的资料宝库才被打开。尤其是解放以后，无论生产建设、科学研究，都几乎要利用到它。一些图书馆所藏地方志的使用率，往往大大超过其它古籍，促使很多专业图书馆和大型的综合性图书馆都把它定为特藏，作为图书补充的重点。在图书分类中，即使仍用四库分类法，也大都把它单提出来，和丛书一样，另辟一类，成为“经、史、子、集、丛、志”。

---

① 这仅是目前的一个参考数字，《中国地方志综录》（增订版）中有不少条是误录、误收、或重复，需要加以整理、淘汰；另外，近年来又陆续出现很多未收者，如再增订，总数或许仍不少于7413种。

② 以河北为例，据《民国河北通志稿》、《旧志源流》，雍正以前所修，见于著录者达815种，除去已佚者，当时见存之数亦不会少于500种，而四库只收《畿辅通志》一种。

二

但是地方志究竟是什么呢?

似乎不应当有这样的问题,似乎这个问题很容易解答,可是,实际上,它是几百年来,直到今天,仍然没有定论的一桩悬案。

清朝修四库全书的学者们,把它看成是地理书,视为地志一流。《四库全书总目提要》史部地理类云:“古之地志,载方域、山川、风俗、物产而已,其书今不可见,然《禹贡》、《周礼》职方氏其较大矣。《元和郡县志》颇涉古迹,盖用《山海经》例。《太平寰宇记》增以人物,又偶及艺文,于是为州县志书之滥觞。”

而与其同时代的史学家章学诚,则痛诋这种看法,力主方志为史,说:“唯念方志为外史所领,义备国史取裁,犹《春秋》之必资百国宝书也。而世儒误为地理图经,或等例于纂辑,比类失其意矣……臣按:周官外史掌四方之志(注谓:若《晋乘》、《楚梼杌》是一方之全书也),司会掌其书契版图(注谓:户籍、土地、形象,斯乃地理图经类耳),古人截分官守,而世儒乃于一方全书辄以地理图经视之,非其质矣。”[1]又说:“传状志述,一人之史也;家乘谱牒,一家之史也;部府县志,一国之史也;综纪一朝,天下之史也。”[2]

直到现代,这种分歧的看法仍然存在。王庸先生是持方志即地志一说的,在《中国地理学史》第三章地志史中说道:“中国古地志约可分为二类:一为普通有文无图之记志,一为图说兼具之图经。而有文无图之志,其初多为地方性质之史传记载,史记与地志杂糅。魏晋以降,因门阀关系,别传与各地耆旧传之作颇伙,史传之阑入地志者较少,但亦尚有注重史事之方志。及赵宋以后,而图经地志兼详人物始成风气矣。”

李泰棻则坚持方志为史,把章学诚的论点说得更明确些:“方志者,即地方之志,盖以区别国史也,依诸向例,在中央者,谓之史,

---

① 《章氏遗书》卷二四“为毕制府拟通湖北通志序”。

② 《文史通义外篇》一“ 州县请立志科议”。

在地方者,谓之志。”①

傅振伦先生的看法是折中的,他认为:“方志之书,自有其特质,虽兼记史地,而与史书、地记皆不相同。”②其差别,概括地讲,则是:地记大多记载疆域、山川、古迹、风土,史书则记一代典制故实;方志兼有二者内容,但比地记所载,疆域狭,时代久(地理除沿革地理外,多述断代);比史书所载,有地域限制,且不拘人物存亡,每有褒无贬。黎锦熙先生则把它归纳一下,称之为:“地志之历史化,历史之地志化。”③

比较起来,折中的看法要算全面一些,但是总嫌模棱两可,抓不到根本特征,给人的概念依然模糊。

三

要弄清地方志究竟是什么,必须追溯它的衍变由来,并对实物进行比较研究和具体分析。

中国古代专门记载地方事情的图书,大体上有三类:

一类是地理记。这类图书以记载地方地理情况为主,兼记物产或风俗,现时流传下来的有《禹贡》、《水经》等等。

一类是地图、图经(说)。是以直观手法记载区域形势,或附文字说明。中国古代地图现时流传下来时代最早的,只是阜昌七年(1137)刻在石上的《华夷图》和《禹迹图》。但见诸记载的,比地理记要早,除了《周礼》中所称司徒掌九州之图、职方掌天下之图而外,还见于《书经·洛诰》:“我又卜瀍水东,亦唯洛食,伻来以图及献卜”,则是西周初年已经有了。至于图经,在北宋以前的概念,犹如今天的“图说”,附图而行,或称“图副”,如“荆州图副”。《山海经》原来是有图的,它该是现存的最早的图经。

一类是地方史。是以地方人物为中心,记载社会活动的。即

① 《方志学》第一章通论第一节方志之定义。

② 《中国方志学通论》篇一、章三方志之性质。

③ 《方志今议》三次立两标。

是所谓鲁之《春秋》、晋之《乘》、楚之《梼杌》之类。现时流传的除《春秋》三传而外,还有《越绝书》、《华阳国志》,等等。[①]

这三类当中,地理记和图经(说),特征十分相近。但直到宋代,地理记和图经(说)还是各依传统的体裁行世,并不混淆,也就是:地理记专事文字记载;图经则傍图而行,为图之副[②],只有当失去了图,独立存在而后,才和地理记无甚区别。所以现在的人们往往把“山海经”看作地理记之始。

历代的王朝统治者,对地方情况是必然要注意的。但从三类图书比较上看,图经(说)兼具地理记、地图之内容,甚至是地图和地理记的总和,无疑,它更切于实用。至于地方史,其中重要的皆已编入国史,其余无需着眼。因此,汉魏以来,图经一直成为官书,作为了解地方情况的依据[③]。比及隋唐,更大举纂修全国性的总图经,《隋书经籍志》地理类叙:“隋大业中,普诏天下诸郡条其风俗物产地图上于尚书,故隋代有《诸郡物产土俗记》一百三十一卷,《区宇图志》一百二十九卷,《诸州图经集》一百卷……”唐代则有“元和郡县图志”[④]。

北宋结束了唐末藩镇割据的混乱局面,重新统一了中国,在行

---

① 有专门记地方风俗、物产的,如:圈称《陈留风俗传》、谯周“巴蜀异物志”,当为地理记之属;有专门记载地方人物的,如习凿齿《襄阳耆旧传》,为地方史之属。

② 《宋会要辑稿》方域七之二八:“熙宁九年八月六日,三司使沈括言看详天下州府军监县镇图,其间有未完具处,曾别编次一本,稍加精详,尚未了事,欲乞再许于尚书职方暂借图经地图草躬亲编修。从之。”可见此时图与图经犹为一体。

③ 《华阳国志》卷一巴志:“孝桓帝以并州刺史张秦山但望字伯阖为巴郡太守。……永兴二年三月甲午,望上疏曰:‘谨按巴郡图经:境界南北四千,东西四千,周万余里,属县十四,盐铁五官各有丞吏,户四十六万四千七百八十,口百八十七万五千五百三十五,远县去郡千二百至千五百里,乡亭去县或三四百或及千里……’”

④ 宋以后图佚,故现时通称《元和郡县志》。

政措施上采取加强中央集权，因此更加重视图经的纂修。《玉海》卷一四《开宝修图经》，“四年正月戊午，命知制诰卢多逊、扈蒙等重修天下图经，其书迄不克成……六年四月辛丑，多逊使江南，求江表诸州图经，以备修书。”其后，景德、祥符间更大加纂修[1]。

总图经如此，地方图经纂修之频繁，可以想见。

唐以前的地方图经，很早就已全部佚失，据《汉唐地理书钞》中辑出的片段来看，大体上还是传统的古图经的面貌。

北宋纂修的地方图经，目前尚完整流传下来的，还有一部元丰七年朱长文纂的《吴郡图经续记》。这部图经分三卷、二十八门，为：封域、城邑、户口、坊市、物产、风俗、门名、学校、州宅、南园、仓务、海道、亭馆、牧守、人物、桥梁、祠庙、宫观、寺院、山水、治水、往迹、园第、冢墓、碑碣、事志、诸杂录。看来，除了图经的固有内容而外，还显著地羼入了地方史的部分内容，即人物与记事[2]。但最主要的是涉及了具体的地方政务——仓务、治水，等。

到南宋，这种现象更趋明显。乾道五年周淙纂修的“临安志”中有关地方具体政务的，则有：学校、军营、坊市、土贡、赋税、仓场、馆驿。其后的《吴郡志》、《严州图经》更是这样，直是有加无已，有详无略。

光绪间，文廷式自《永乐大典》辑出约修于南宋末年的《寿昌乘》，记载项目有：城社、仓库、驿舍、官寺、军衙、学校、斋舍、学职、学校、贡举、贡院、贡士规约、贡士题名、器服、祭器、祭服、书籍、郡学、书院、教阅、大阅、武事、营寨、粮廪、尺籍、战舰、戎器、烽堠、关隘等。记载之琐细具体，已接近现时常见的明清方志的面貌了。

元明以后，这种趋向渐渐固定下来，一部方志，无论门类如何分，政务部分总是主要内容，占多数篇幅。

按目前习惯的观念，从《吴郡图经续记》而后，就是所称的“地

① 见《玉海》卷一五景德地理记，卷一四祥符州县图经。

② 图经、地理记中羼入人物、杂事，据《汉唐地理书钞》所辑诸残篇看来，汉魏间已有其例，但带偶然性质，不似如此之显著。

方志”了。“地方志”的确和以往记载地方情况的各类体裁的图书迥然不侔，有它自己独特的标志。这个独特的标志不是地志杂糅史传，也不是“地志之历史化”、“历史之地志化”，而是，它变成了地方官的“施政要览”。

民国初年以前的地方志序言，开头照例都是一套周官小史、外史，云云乃尔，说来说去不外乎归结到：“方志也，皆列国之志，亦即地方之史也”，于是乎有责纂修，以隆文献，供备国史采择。其实，这只是面子上的文章，真正的旨趣并不在此。

随便举一些例证：

《嘉庆浦城县志》汪志伊序曰：“今天志乘之设，所以章物采、辨土宜、叙人事、垂典则、资考览也。其事关于吏治民风为重，是以邑有志则宰斯土者必先熟阅之，非徒博搜典要以备采择也。”

《万历枣强县志》王鹤龄序曰：“其大且要，为田赋、为风俗、为闾阎利病者，不烦询诹，一披阅即举在目中，由是作何盈缩，作何表率，作何兴革，更化善治，通变宜民，举而措之裕如矣。……噫嘻，余犹有说焉：心者，宰治者也；志者，辅治者也。”

《道光桂平县志》袁湛业序曰：“志曰县志，记一县之土地、人民、政事也；官曰知县，知一县之土地、人民、政事也。匪惟知之，其当行之，况可贸贸然一无所知哉。县之有志，所以备参稽而求其知者也。”又曰：“志创于乾隆戊子……前令吴枢亭先生殚其心力历数寒暑而始成，目曰‘资治图志’。”

《乾隆六合县志》何廷凤序曰：“邑之有志，所以备一邑之掌故，纪政治之利弊，使官于此者得有所借，以相土宜，考风俗，察民瘼，监成宪也。譬之于医，六经子史犹灵素本经，志则仲景之一百一十三方，可以对证治也；譬之兵法，六经子史犹孙吴韬略，志则武侯之八阵，可以按图而布也。”

立意、譬喻之透彻，实在无庸另作解释。其间更有考虑得细微而具体者，如：“乾隆婺源县志”凡例中有云：“国朝定赋，丁田米豆有起科则例，通县有钱粮总数，粮吏隐之，志亦不载，非体也，今考他书补之，志体始备……优免六百七十三丁之银，未见所归，务必访其端的，载之于志，以免后人之惑。”

因此，可以得出这样一条定义：中国的地方志，是从宋以前图经(记)的基础上发展衍变成的，以记载地方政务为主，旁及历史、地理的综合性资料。

称方志为地方史，未尝无道理。历史原有广义与狭义之别，从广义的角度上看，“经以载道，史以纪事”，即使是一纸过去的告示，也算是史料，何况像地方志这样在历史过程中有相当一段时间和空间记载的综合性资料；而且在进行社会主义建设的今天，也断无人仍把它当作“施政要览”去直接使用。但，看待一件事物原来的特质，不应当受另一个时期由于客观上对它的要求改变而致特质变化的影响。报纸上的通讯报导，经过一段时期就成为历史资料，但这篇通讯报导之所以发表，还因为它是通讯报导，而不是为了充当历史资料。地方志虽然也记载历史，但和一般的通史、断代史不同，是为了追本溯源地叙述现在。中国古代的文人，最喜欢“厚古薄今”，独单于纂方志，必“详近略远”，记事每讫于定稿付刊之年，详载当前事件。民国期间，南方一些省纂过“概况”、“年鉴”之类，都是地地道道的地方志，按说也应该被当做地方史，可是在各图书馆的分类目录中，往往把它们纳入“地方政治”，虽不全面，但最主要的特征是抓到了。何以不发生错觉，大概是无“志”之名，不受“方志也，皆列国之志，亦即地方之史也”这套习惯概念影响的缘故。

四

地方志何以从图经(说)的基础上发展成这样一种体裁，倒是很难回答。一切事物的发展变化都不是突然的，有个从量变到质变的过程。具体而准确地指出从量变到质变的一切内外因素，是不大容易的，尤其是属于历史上的某一项社会活动。

根据文献记载和一些与之有关联的事情来分析，约略可以这样讲：

宋以后的社会经济，远较前代发达。户口、垦地大增，城市繁盛，农田水利大力兴办，随之，租、赋、役、税等名色也繁复多端，地方官的政务自是较前代繁重。同时，从魏晋到后周，基层政权中的官员大抵是藩镇军阀的家吏，国家观念很淡薄，只知聚敛以供方镇，亦无所谓制度。宋惩前弊，非但集军权，且集政权、财权于中央。[①] 因此，对地方官的考课也较前代具体严格，如唐，吏部考课叙"四善"，为"德义有闻、清慎明著、公平可称、恪勤匪懈"，全是些抽象概念。宋神宗则于"四善"之外，加"三最"以考守令，曰："狱讼无冤，赋税不扰，治事之最；农桑垦殖，水利兴修，功课之最；屏除盗贼，民获安处，赈恤困穷，不改流移，抚养之最。"就具体得多了。明清，更对地方官行"大计"，州县以月计上之府，府殿最其考以岁计上之布政使司，省则三年通考报吏部。

与此相反的是，虽然宋代拥有庞大的官僚机构，地方官的属员却比前代减少。以县来说，唐代除令、丞之外，犹有主簿、录事、尉、诸司佐等员；到宋代则只有主簿、尉；至清，则知县而外，一般只有个典史。但，六案或六房理事仍旧，而委之于地方应役的押司、书办之流。知县和吏役之间隔阂很深，一切则例、情况，多掌握于吏役之手，每被蒙蔽。虽然到后来多带一批自己所亲信的幕宾和门丁，但总不如自己心中有数，集诸般事情于册籍，既备查考，又资宣扬。

此外，宋以后的中小地主阶层扩大，地方绅士往往干预政事，除刑讼而外，着眼点在于赋税徭役和地方官所得之"出息"，地方官也必须交出一本底账，以塞众口[②]，这也就是地方志中赋役、经费

① 《宋史》卷一七九《食货志下》一："太祖周知其弊，及受命，务恢远略，修建法程，示之以渐。建隆中，牧守来朝，犹不贡奉以助军实。乾德三年，始诏诸州，支度经费外，凡金帛悉送阙下，毋或占留。"又，"每州、军岁计金银、钱、缯帛、刍粟等费，逐路关报总计司，总计司置簿，左右计使通计置裁给余。"

② 关于这些，即使是最糊涂的地方官，心里也清楚不过，写出的多只是例行"正项"，用以哄哄人而已。乾隆十七年黄印纂的《锡金识小录》就隐隐揭露过，例言中称："……其(乾隆无锡县志)或过求简约，致脱误不明，而所系实巨者，如田粮、民役之类是也。愚推此类为备参二卷，补志之缺，订志之讹，于民生艰窘之故，尤惓惓焉。"

各项总象账单的原因。

修纂方志的动力，起初来自中央，即所谓呈送州郡图经云云。但如果把事情看透，则这只不过是个介因而已。历代王朝统治者对地方所关心的只是一般概况，即所谓“天下厄塞、户口多少强弱”之类，具体吏治是不屑于理会的。因此，从《元和郡县图志》直到《大清一统志》，体例基本沿袭不变，未脱图经（说）——地理记之范畴。而郡县志却依据自己的需要另创一格，可以说是“借题发挥”，“走私夹带”。其所以如此，是因为当时的地方官若想别立名色编纂此类官书是会干议的。

明清以后的方志，虽口口声声说“备国史之要删”，也是伪托之辞。中国封建社会对知识分子有一种极森严的思想统治，就是，一切事物都是古已有之，一切典章制度都在周礼中安排暨定，不许擅自变易——即使统治者自己变易，也必引经据典寻出些符合古制的理由；为臣子的更只能率由旧章地去想、去做，否则就是离经叛道，要冒大不韪。所以提到地方志，都必追溯到《周礼》、《周官》，云云。以示师古，未尝立异。其实宋以后所修的国史，根本没有一部是用地方志做素材的。

至于某些地方官企图借修志而传播个人名声，有之，但那只是前述一系列打算中的附带打算。间或也有私人好事纂集邑志，但多是有方志之名、而无方志之实的风土记或杂记。

确实也有毫无修志之意，迫于功令而应付的，但其成品必是不三不四，如：康熙初年，直隶饬所属府厅州县修志，宁津知县程裕昌则取万历志草草增辑，卷、目、文字依旧，仅增职官题名数条，而明代主簿题名之前，犹书“国朝”，荒疏到连细读一遍都不肯。又如嘉庆《宁远府志》，按照省颁条目分五十四志，但除土司等三志之外，多极简略，或寥寥数语，或径书“查府属并无……”字样。这些，只是个别现象。

五

地方志目录以专书形式出现，是近数十年来的事，多是公私收藏家用以反映专藏的。但由于地方志的概念一向含混,这些目录中所收容的范围颇有出入,大体上说,可分广义与狭义两种。

广义的,连总志、山水志、专志都算进去。这是受四库分类的影响,把方志笼统地看为地方的地理专书。很明显,不恰当。

狭义的,则只取省、府、州、县、道、厅、乡、镇志,以及乡土志。这些,在地方志的习惯概念中,是最固定的。

这类方志目录中,收容最多、影响最大、使用最广泛的,首先要推朱士嘉先生编的《中国地方志综录》。

《中国地方志综录》初成于一九三五年,一九五七年增订,综合著录国内四十一家图书馆所藏地方志目录7413条,并附国民党反动派劫运台湾地区暨美国国会图书馆掠夺我国稀见方志目录。

从《中国地方志综录》(增订本)——(下称《综录》)中,大体可以看出目前各主要图书馆对地方志的辨识和收藏。可以发现,其中掺杂了相当一部分不属于地方志的东西。这些,约可分为六种类型:

1. 作为乡土历史、地理和格致教科书的乡土志。

清末,兴办新学,成立京师编书局编纂课本,并确定初等小学堂历史、地理、格致三科均就乡土编课。光绪三十一年,编书局监督黄绍箕拟出例目咨请总理学务处饬各府厅州县编纂乡土志送局,以便删润。于是,各府厅州县纷纷委派士绅或由志局承办,完成这一功令。定稿时间自光绪三十一年至宣统三年不等,十之九为誊缮本。类目大抵千篇一律,为:历史(沿革、政绩录、兵事录、耆旧录、人类〈民族〉、户口、宗教、实业)、地理(境界、行政区分、山、水、道路)、物产(动物、动物制造、植物、植物制造、矿物、矿物制造、商务)[①]。有些州县则分门编写,如:《德庆乡土历史志》、《德庆乡土地理志》[②],有些州县只编一门,如:《彰明县乡土志》只叙物产

① 中国科学院图书馆藏《安邱县乡土志》卷前载例目全文,达二千余言。

② 中国科学院图书馆藏,《综录》未载。

(格致)[1]。

民国以后,也有以乡土志为名,编纂小学地理课本的,或直接就称为地理教科书。这些乡土志估计当逾一千种,“综录”载录三百七十余种。

乡土志的取材,大半节录方志,鲜有增补。进行其事也比较简单,多是委派一两位当地的知识分子,不像纂修方志,要设局,因此内容多很简陋。民国以后修的,则确实只可充为小学生课本,如《昭通县乡土志略》十五课,第一课地理,为:“昭通之地,位居滇边,控驭十属,壤接黔川。南接鲁巧,会泽上连;北向彝良,下走津关;西赴永绥,河界巴蛮;东往镇雄,威宁相联。所修公路,直抵省垣,货财云集,车马骈阗。”如此八十四字,其它各课皆类此。

无论就内容或者性质讲,把乡土志当成地方志都是不妥当的,其理由正如不可把《六言杂字》视为类书,《龙文鞭影》列入通史。

2. 地理记、名胜志及风土志。

《综录》中很有一些是宋以前图经(说)、地理记一类的地理专书。如:《吴地记》、《齐乘》、《新疆建置志》、《吉林地志》等。与此类似的还有专从名胜古迹着眼的名胜志,如:《闽都记》,记福州府九县、福宁州二县之沿革、疆域及胜迹,以坊市为经,山川寺院冢墓古迹为纬,佐以题咏,体例仿《方舆胜览》暨《西湖志》。“四明谈助”更为明显,开篇即分区叙述宁波一地之旧宅故迹,旁引掌故佚闻,其它概不涉及。它如宋敏求《长安志》、《燕楚游骖录》、《杏花村志》、《杏花村续志》等,都是。

风土记和地理记亦无大区别,不同之点在于偏重记载社会生活;和地方志不同之处,在于不涉及政务。是介于两者之间的类型。《综录》中的乡镇志,多属于此类。其原因是,乡镇在当时不是政权单位,无政可记;官府不修,皆出于乡居知识分子之手,每寄趣于风俗人物、诗文名胜。私纂的州县志也有类似情形,如:《江陵志

① 中国科学院图书馆藏,光绪三十二年梁石臣纂,有弁言、总目。《综录》著为杨以垌纂,藏民族学院暨四川省图书馆,不知是否为别本。

余》略例中就明白地指出："志而曰余，非关吏治，故凡钱谷、户口、官制、贤书、里社、课程……事在有司者，姑置勿书。"它如：《海曲拾遗》、《吴兴掌故集》、《蜀典》、《续黔书》等，皆是。有些边远地区设治不久，方从事风土调查，如：《青海风土记》、《共和县风土调查录》等，都只能作为风土记。

3. 地方大事记。

"综录"中所收的还有些是编年体的地方大事记。如："广陵通典"，按顾广圻的序来说，是："用编年之体，作释地之篇，会萃修流，差次月日；吴濞开国，孙韶领镇；据割重形胜，治平饶转输。"它如：《广陵事略》、《明州系年录》、《彭山纪年》、《黔史》等，都是。

地方大事记应当是方志的构成部分之一。但单独成书，就只能视为地方史略，正如方志中常常有《艺文志》、《科第表》，而《台州经籍志》、《吴兴科第表》之类的专书，却不能算为方志。

4. 地方人物传记。

一个地方的耆旧人物，也是地方志中常常载及的，但单独成书，也只能算地方人物传记。如：《固安文献志》，二十卷，前十八卷为耆旧事汇，辑诸书传中各人之事状、著作，后二卷为耆旧碑志。把它也作为方志，更过于勉强。

5. 职司志。

职司志按理是不会混入方志的，但在《综录》中也找得出。如：《乾隆庐州卫志》。

卫所，只有在明代，在边境上的才实行军民合治，不另置地方政权机构，称"实土卫所"①。内地则另设抚民官。清以后，边境上的卫所全部裁撤，改厅置县，内地亦然②。到乾隆年间剩下来的，已全部成为职司。像这个庐州卫，与庐州府、合肥县同城，只是一个管理屯田、漕运的机构。当时的守备尹焕，以"郡县有志而卫独

① 见《明史·地理志》。

② 见赵泉澄《清代地理沿革表》。

无,一切事宜多不详悉”,而仿方志例纂修卫志,记些屯田、钱粮款额、运转事宜、屯粮船只、运白、军犯等该管事项。与此类似的如:“四镇三关志”,只记蓟、昌、保、辽四镇,居庸、紫荆、山海三关之军务。去年扬州古籍书店重印了道光十一年扬州营参将陈述祖补纂的《扬州营志》,因此就也有把它作为方志的,恐怕都是惑于有“地方”及“志”之名,而不循其实之故。

6. 地方杂记。

地方杂记多是信笔摭拾,东鳞西爪,甚至门类不分,为笔记一流,原与地方志有显著区别,之所以也列入方志目录,怕是受了作者自述意图的迷惑。如:《休宁碎事》,徐卓自序曰:“匠氏持具入山,于秀蔚葱翁中见干霄蔽日者则斧之,斯之畀以归乎巨室,其余枓者,乔者,枝而卷者,干而曲者,宛童而无姑者,离奇而赤楝白棠者,虎而櫐、鼠而梓者,散材也,而尽弃之;匪弃之,所得在大木,斯弃之矣。邑志,大木也;碎事,散材也。枓也,乔也,卷枝曲干也,宛童也,无姑也,赤楝白棠也,虎櫐鼠梓也,补志之未逮,可以资桑梓之谈,可以广枌榆之见,何嫌乎事之碎也。”凡例中则称:“山川乎,人物乎,古迹而新闻乎;有珠皆采,无璧不珍;零丝织之则为锦,剩纸剪之则为花。”不分门类,集成十二卷。它如:《黔记》、《江西考古录》、《荆溪外纪》、《宁海漫记》、《宁海六记》等,皆类之。

对待一种文献,不应当因作者自视如何而定其类别,必须从内容出发。像这一类的笔记杂谈都视为地方志,那么《东京梦华录》、《帝京景物略》、《广阳杂记》、《长安客话》,以及《昌平山水记》、《京东考古录》、《日下旧闻》等等,甚而连整个四库分类地理类中的杂记之属,都可以称为方志了。

六

辨清地方志的特征,明确它的概念,对于搜集、整理、使用和保存这一类具有丰富内容的祖国文化典籍,都有积极的意义。任何一类文献都是如此,不却广博,但也忌芜杂。

由于社会主义建设的飞跃发展,迫切需要各种文献资料,几年来,搜集地方文献已蔚成一种风气。这是好事情。但地方文献有多种类型,决非地方志一种;各种文献也都有自己的特点,并非地方志独优。由于地方志有了明确的内涵而致缩小范围,也并不会影响地方文献的提供。倒是应该很周详地研究一番:地方文献有哪些类型,如何分类,如何搜集整理,如何使其在社会主义建设中更充分地发挥作用。

(发表于中国科学院图书馆编《图书馆工作参考资料》第14期/1962年12月)

中国地方志

一

在浩瀚的中国古代典籍中，有一个后起的特殊门类，①所包容的文献以记载省、府、州、县的历史沿革、地理面貌、地方政务、自然灾害、物产、人物、艺文等综合情况为特色，其资料价值与使用率，目前被认为高于其它历史文献，这就是举世皆知的中国地方志。

类似记载一个国家中某个地方的文献，并非中国独有，然而在广度和系统性方面，中国地方志是任何别的国家所不可及的。

中国地方志在以固定的特征定型之前，有一段衍变过程。

早在三千年前后中国的周朝，就有“外史掌四方之志”、“诵训掌道方志”、“小史掌邦国之志”之说。这“四方之志”、“道方志”、“邦国之志”，顾名思义，该都是记载地方事物的，但具体内容是些什么，因原书多已佚亡，无可稽考。相类，现时还在传世，时代较早些的还有汉朝人写的《越绝书》和晋朝人写的《华阳国志》，都是记载一地的历史沿革、掌故、风土人物的地方史。

另外还有一类，以记载地方地理情况为主，兼记物产或风俗的地理记，现时流传下来的有《禹贡》②、《水经》等等。与此相近的，还有地图、图经（说）。根据现有文字记载，它的出现约和前二者同时，《书经·洛诰》中即有“我又卜瀍水东，亦唯洛食，伻来以图，及献卜”之记，马王堆汉墓中已发现西汉初年绘制的地图实物。图

---

① 传统的古籍分类，地方志归入“史部”“地理类”，为从属于地理的三位类。本世纪中以来，由于它的使用价值日增，品种数量又大，多为它辟了新类，与经、史、子、集平行，有独立的一位类，如经、史、子、集、丛、志。

② 《尚书》中的一篇。

经，也就是图说，文字部分为“说”，附图而行。周秦间人著的《山海经》原是有图的，按其原貌，当是现在知道的最早的图经。

唐五代以前，大抵是这样一种状况，三类文献相辅行世。其间，图经有所发展，成为记载各地地理面貌、风俗、物产现状的地理专书，为统治者了解地方情况提供依据，从某种意义上讲，可说是地理记和古图经的总和。这种现象的出现，是有原因的。中国从秦开始，成为统一的封建帝国，不久就著成了国家史——《史记》和《汉书》。《史记》和《汉书》的体裁是以历史事件和人物活动为主，典章制度、地理民俗、经济物产等等虽有记载，但极扼要、概括，很少具体描述。其后的国家史，基本上沿袭这种体裁。图经正好弥补国史记载不足的某一方面。而且“史”是从“鉴古”而“知今”，图经则侧重于述今，更有裨实用。

北宋结束了唐末藩镇长期割据的混乱局面，重新统一了中国，建立起一个中央集权的国家，为加强对地方情况的了解和掌握，更加重视图经的纂修，频率和广度都超过前代①。

总图经是在地方图经，即诸州图经的基础上汇辑起来的。唐以前的地方图经很早就佚亡了，现存《汉唐地理书钞》里的，只是从其它文献中辑出来的片段。北宋纂修的地方图经，目前完整流传下来的还有一部元丰七年朱长文纂的《吴郡图经续记》。这图经分三卷、二十八门：封域、城邑、户口、坊市、物产、风俗、门名、学校、州宅、南园、仓务、海运、亭馆、牧守、人物、桥梁、祠庙、宫观、寺院、山水、治水、往迹、园第、冢墓、碑碣、事志、诸杂录。看来，除了地理记、图经的固有内容之外还融进地方史——人物、事志、诸杂录等。不过最值得注意的是涉及了具体的地方政务——坊市、仓务、治水等。

到南宋，这种现象更趋明显，乾道五年周淙纂修的《临安志》中

① 《玉海》卷一四《开宝修图经》：“（开宝）四年正月戊午，命知制诰卢多逊、扈蒙等重修天下图经，其书迄不克成……六年四月辛丑，多逊使江南，求江表诸州图经，以备修书。”景德、祥符间又加纂修。

有关地方具体政务的则有：学校、军营、坊市、土贡、赋税、仓场、馆驿。其后的《吴郡志》、《严州图经》更是这样。越往后，政务部分越详细。

南宋末年的《寿昌乘》中则包括：城社、仓库、驿舍、官寺、军衙、学校、斋舍、学职、学校、贡举、贡院、贡士规约、贡士题名、器服、祭器、祭服、书籍、郡学、书院、教阅、大阅、武事、营寨、粮廪、尺籍、战舰、戎器、烽堠、关隘等。几乎绝大部分涉及日常政务，简直是地方官吏治、文事、武备的办事细则或备忘录。

元明以后这种趋向渐渐固定下来，一部地方志无论门类如何分，政务部分总是主要内容。按目前观念，从《吴郡图经续记》而后，就是现在所称的中国地方志。

二

对于究竟什么是地方志，过去的学者们有过很多争论。《四库全书总目提要》的编者认为“古之地志载方域、山川、风俗、物产而已，其书今不可见，然《禹贡》、《周礼职方氏》其大较矣。《元和郡县志》颇涉古迹，盖用《山海经》例。《太平寰宇记》增以人物，又偶及艺文，于是为州县志书之滥觞”。把地方志看成是单纯的地理记和图经。

与之同时的史学家章学诚则痛诋这种看法，力主地方志为史，说：唯念方志为外史所领，义备国史取裁，犹《春秋》之必资百国宝书也。而世儒误为地理图经，或等例于纂辑，比类失其意矣……臣按：周官外史掌四方之志（注谓：若《晋乘》、《楚梼杌》是一方之全书也），司会掌其书契版图（注谓：户籍、土地、形象，斯乃地理图经类耳），古人截分官守，而世儒乃于一方之书辄以地理图经视之，非其质矣”[①]。又说：“传状志述，一人之史也；家乘谱牒，一家之史也；部府县志，一国之史也；综纪一朝，天下之史也。”[②]

---

① 《章氏遗书》卷二四《为毕制府拟〈湖北通志序〉》。

② 《章氏遗书》卷一四《州县请立志科议》。

两种看法截然对立，都持一面之理，未看到全面。《四库全书总目提要》的编者只看到渊源，不分析后世的发展，未觉察后来本质已起了变化。章学诚企图用古代带有某种理想成分的制度概括现实事物，而不分析现实事物自有其内在成因。

其它分歧看法，不外乎是这两种。

固然，翻开民国初年以前的中国地方志，序言中触目皆是周官小史、外史、云云乃尔。归结为："方志也，皆列国之志，亦即地方之史也。"于是乎有责纂修，以隆文献，供各国史采择。其实，这只是习用套语，真正旨趣并不在此。长期控制中国封建社会的儒家思想造成一种形而上学观念，即现实生活中不允许有新事物出现，一切事物都须按古代认识标准去认识、去仿制，否则就是"离经叛道"、"邪说异端"。但如果贴上"师古"的商标另立名目，则可避开非议。

举一些例证：

《嘉庆浦城县志》汪志伊序中说："今天志乘之设，所以章物采、辨土宜、叙人事，垂典则、资政览也。其事关于吏治民风为重，是以邑有志则宰斯土者必先熟阅之，非徒博搜典要以备采择也。"

《万历枣强县志》王鹤龄序曰："其大且要，为田赋、为风俗，为闾阎利病者，不烦询诹，一披阅即举在目中，由是作何盈缩，作何表率，作何兴革，更化善治，通变宜民，举而措之裕如矣……噫嘻，余犹有说焉：心者，宰治者也；志者，辅治者也。"

《道光桂平县志》袁湛业序曰："志曰县志，记一县之土地、人民、政事也；官曰知县，知一县之土地，人民、政事也。匪惟知之，其当行之，况可贸贸然一无所知哉。县之有志，所以备参稽而求其知者也。"又曰："志创于乾隆戊子……前令吴枢亭先生殚其心力，历数寒暑而始成，目曰《资治图志》。"

《乾隆六合县志》何廷凤序曰："邑之有志，所以各一邑之掌故，纪政治之利弊，使官于此者得有所借，以相土宜，考风俗，察民瘼，监成宪也。譬之于医，六经子史犹灵素本经，志则仲景之一百一十三方，可以对证治也；譬之兵法，六经子史犹孙吴韬略，志则武侯之八阵,可以按图而布也。”

立意、譬喻之透彻,实在无需另作解释。其间更有考虑得细微而具体的,如:《乾隆婺源县志》凡例中有云:“国朝定赋,丁田米豆有起科则例,通县有钱粮总数,粮吏隐之,志亦不载,非体也,今考它书补之,志体始备……优免六百七十三丁之银,未见所归,务必访其端的,载之于志,以免后人之惑。”

因此,可以得出这样一条定义:中国地方志,是从宋以前图经(说)的基础上发展衍变而来,以记载地方政务为主,旁及历史、地理、人物、艺文的综合性资料。

三

中国地方志何以从图经(说)的基础上发展成这样一种体裁,倒是很值得研究。一切事物的发展变化都不是突然的,有个从量变到质变的过程。具体而准确地指出从量变到质变的一切内外因素,是不大容易的。

根据文献记载和一些与之有关连的情节分析,约略可以这样认为:

宋以后的社会经济,远较前代发达。户口、垦地大增,城市繁盛,农田水利大力兴办,随之租、赋、役、税等名色也繁复多端,地方官的政务当然较前代繁重。同时,从魏晋到后周,基层政权中的官员大都是藩镇军阀的家吏,国家观念淡薄,只知聚敛,无所谓制度。宋惩前弊,非但集军权,且集政权、财权于中央①。因此,对地方官的考课也较前代具体严格。如唐代,吏部考课叙“四善”,为“德义有闻、清慎明著、公平可称、恪勤匪懈”,全是些抽象概念。宋神宗则于“四善”之外加“三最”以考守令,为:“狱讼无冤,赋税不扰,治

① 《宋史》卷一七九《食货志下一》:“太祖周知其弊。及受命,务恢远略,修建法程,示之以渐。建隆中,牧守来朝,犹不贡奉以助军实。乾德三年始诏诸州,支度经费外,凡金帛悉送阙下,毋或占留。”又“每州、军岁计金银、钱、缯帛、刍粟等费,逐路关报总计司,总计司置簿,左右计使通计置裁结余”。

事之最；农桑垦殖，水利兴修，功课之最；屏除盗贼，民获安处，赈恤困穷，不改流移，抚养之最。”这就具体得多了。明清，更对地方官行“大计”，州县以月计上之府，府殿最其考以岁计上之布政使司，省则三年通考报吏部。

与此相反的是，虽然宋代拥有庞大的官僚机构，地方官的属员却比前代减少。以县来说，唐代除令、丞之外，犹有主簿、录事、尉、诸司佐等员。宋代则只有主簿、尉。至清，则知县而外一般只有个典史。但六案或六房理事仍旧，而委之于地方应役的押司、书办之流。知县和吏役之间被森严的身分等级隔开，而一切则例，情况多掌握于吏役之手，知县每被蒙蔽。虽然后来多带一批亲信的幕宾和门丁，但总不如集诸色要务于册籍，可资查考，心中有数。

此外，宋以后中小地主阶层扩大，地方绅士往往干预政务，刑讼而外，着眼于赋税徭役和地方官所得之“出息”，地方官必须交得出一本底账，以塞众口[①]，前面提到过的《乾隆婺源县志·凡例》，就是最典型的例子。

四

儒家思想培养、丰富并保护了中国的古代文化，但也给了中国古代文化很严重的束缚。士大夫标榜“雅”而不“俗”。什么是“俗”？俗就是过问日常事务。终封建之世，经世致用之学很少有人留意。官与吏之间等级区别森严，做官的只需日坐堂皇，料理日常政务的是不入流品的胥吏。凡涉及庶政的著作都被视为“吏胥案牍”，不登大雅之书。中国地方志自不例外。封建社会中像四明范钦那样系统收藏中国地方志的，找不出第二家。直到本世纪初，由于儒家思想基本崩溃和西方近代科学文化的影响，对文献认识的狭隘性逐渐突破，才开始有人系统搜集，有人编目，有人研究，但

---

① 乾隆间无锡人黄印，就注意过这些，说“其(《乾隆无锡县志》)或过求简约，致脱误不明，而所系实巨者，如田粮、民役之类是也”《锡金识小录·凡例》。

佚失严重，现存品种不及曾见目录记载的十之三、四。

中国地方志的资料价值有其它历史文献不能取代的作用。

如前所述，中国的国史（包括纪传、编年各体）以记载历史中的主要事件和人物活动为主。典章制度的专书，只载荦荦大端；诸色杂史、杂记，又嫌零星、琐碎。关于某地的历史沿革、当代建置、户口赋额、农田水利、山川物产、灾祥变异、官师科举题名、地方知名人物、地方艺文等，舍中国地方志而外，再无其它系统材料。而且详近略远，经过多人审校讨论，可征信程度远较其它私家著述为高。

近年来，整理天象、地震、地质、物候、自然灾害、物产资料等等，无一不是以中国地方志为主要文献，从中查录。

田野考古、历史地理研究、经济史、宗教史、农田水利史等研究，以及查找地方历史人物的传记、著作等等，也不能离开中国地方志。

然而，视中国地方志为万能，以为它是中国历史文献中唯一有用的，也不全面。从史料角度看，中国地方志也有其局限性。

按现有材料，中国地方志是北宋以来形成的。但由于疆域、经济、文化等一系列原因，并非所有地区那时都修过地方志。修过志的，也只能说当代材料较为翔实可靠。较远的材料，多间接录自其它史书，特别是国史。以“灾祥”为例，现知前代记载绝大多数引自“正史”的《五行志》或《灾异志》。为防止误录、误刻，征引时必须就出处加以检核。这就不如径用原书。因此，它的资料价值受一定的时间尺度约束。

纂修人水平也有高低之差。现传世的几千部中国地方志，有的出自著名史学家之手，非只体例谨严，材料也经过精审，但也有不少是应付功令的粗制滥造品。如：所谓《康熙宁津县志》，实际是万历志的再刷印，仅增职官题名数条，明代主簿题名之前，犹冠“国朝”；《嘉庆宁远府志》按省颁条目分五十四志，除士司等三志而外，多只寥寥数语，或径书“查府属并无……”字样。因此对每部中国地方志都应作具体分析，绝不是凡中国地方志资料价值皆高，也不一定稀见品种就重要可贵。

五

由于中国地方志在近代学术研究中有重要的使用价值，所以很早就编出了全国性的收藏目录《中国地方志综录》。几十年来，这部目录一再修订，对研究与使用中国地方志提供了很大的方便。但，或许是片面追求数量的缘故，截至目前为止，这部目录中收录的条目不够精审，掺入了一定数量的并非地方志的其它文献。

所以指出这点，也不完全单纯出于考虑保持逻辑概念的准确，还鉴于目录杂乱，对搜集、管理与使用都带来许多不便甚至混乱。

就现时普遍使用的《中国地方志综录》一九五七年增订本而言，其中收进了六类不应属于中国地方志的其它文献。

（一）作为乡土历史、地理和格致教科书的乡土志

清末，兴办新学，成立京师编书局编纂课本，并确定初等小学堂历史、地理、格致三科均就乡土编课。光绪三十一年，编书局监督黄绍箕拟出例目咨请总理学务处饬各府厅州县编纂乡土志送局，以便删润。于是，各府厅州县纷纷委派士绅或由志局承办，完成这一功令。定稿时间自光绪三十一年至宣统三年不等，十之九为写本。类目大抵千篇一律，为：历史——沿革、政绩录、兵事录、耆旧录、人类（民族）、户口、宗教、实业；地理——境界、行政区分、山、水、道路；物产——动物、动物制造、植物、植物制造、矿物、矿物制造、商务。有些州县则分门编写，如：《德庆乡土历史志》、《德庆乡土地理志》①。有些州县只编一门，如：《彰明县乡土志》只叙物产（格致）。

民国以后也有以乡土志为名，编纂小学地理课本的，或直接就称为地理教科书。这些乡土志估计超出一千种，仅《中国地方志综录》就载录三百七十余种。

乡土志的取材，大半节录方志，鲜有增补。进行其事也比较简

① 中国科学院图书馆藏，《中国地方志综录》未载。

单,多是委派一两位当地的知识分子,草草成篇。民国以后修的,则确实只可供小学生做课本。如《昭通县乡土志略》分十五课,第一课地理,文字是:“昭通之地,位居滇边,控驭十属,壤接黔川。南接鲁巧,会泽上连;北向彝良,下走津关;西赴永绥,河界巴蛮;东往镇雄,威宁相联。所修公路,直抵省垣,货财云集,车马骈阗。”其它各课皆类此。

无论从内容或者性质讲,把乡土志当成中国地方志都是不妥当的,其理由正如不可把《六言杂字》视为类书,《龙文鞭影》列入通史。

(二)地理记、名胜志和风土志

《中国地方志综录》中很有一些是宋以前图经(说)、地理记一类的地理专书。如:《吴地记》、《齐乘》、《新疆建置志》、《吉林地志》等。与此类似的还有专从名胜古迹着眼的名胜志,如:《闽都记》,记福州府九县、福宁州二县之沿革、疆域及胜迹,以坊市为经,山川寺院冢墓古迹为纬,佐以题咏,体例仿《方舆胜览》暨《西湖志》。《四明谈助》更为明显,开篇即分区叙述宁波一地之旧宅故迹,旁引掌故佚闻,其它概不涉及。它如宋敏求《长安志》、《燕楚游骖录》、《杏花村志》、《杏花村续志》等,都是。

风土记和地理记亦无大区别,不同之点在于偏重记载社会生活;和中国地方志不同之处,在于不涉及政务。是介于两者之间的类型。《中国地方志综录》中的乡镇志,多属于此类。其原因是:乡镇在当时不是政权单位,无政可记;官府不修,皆出于乡居知识分子之手,每寄趣于风俗人物、诗文名胜。私纂的州县志也有类似情形。如:《江陵志余》略例中就明白地指出:“志而曰余,非关吏治,故凡钱谷、户口、官制、贤书、里社、课程……事在有司者,姑置勿书。”它如:《海曲拾遗》、《吴兴掌故集》、《蜀典》、《续黔书》等,皆是。有些边远地区设治不久,方从事风土调查,如:《青海风土记》、《共和县风土调查录》等,都只能作为风土记。

(三)地方大事记

《中国地方志综录》中所收的还有些是编年体的地方大事记。

如:《广陵通典》,按顾广圻的序来说,是:"用编年之体,作释地之篇,会萃修流,差次月日;吴濞开国,孙韶领镇;据割重形胜,治平饶转输。"它如:《广陵事略》、《明州系年录》、《彭山纪年》、《黔史》等,都是。

地方大事记应当是中国地方志的构成部分之一。但单独成书,就只能视为地方史略,正如方志中常常有《艺文志》、《科第表》,而《台州经籍志》、《吴兴科第表》之类的专书,却不能算为方志。

（四）地方人物传记

一个地方的耆旧人物,是中国地方志中常常载及的,但单独成书,只能算地方人物传记。如:《固安文献志》二十卷,前十八卷为耆旧事汇,辑录诸书传中各人之事状、著作,后二卷为耆旧碑志。把它也作为地方志,尤其勉强。

（五）职司志

职司志按理不会和地方志混同,但在《中国地方志综录》中也可见到,如:《乾隆庐州卫志》。

卫所,只有在明代,在边境上的才实行军民合治,不另置地方政权机构,称"实土卫所"[①],内地则另设抚民官。清以后,边境上的卫所全部裁撤,改厅置县,内地亦然[②]。到乾隆年间剩下来的,已全部成为职司。像这个庐州卫,与庐州府、合肥县同城,只是一个管理屯田、漕运的机构。当时的守备尹焕,以"郡县有志而卫独无,一切事宜多不详悉",而仿方志例纂修卫志,记些屯田、钱粮疑项、运转事宜、屯粮船只、运白、军犯等该管事项。与此类似的如:《四镇三关志》,只记蓟、昌、保、辽四镇,居庸、紫荆、山海三关之军务。近年扬州古籍书店重印了道光十一年扬州营参将陈述祖补纂的《扬州营志》,也有把它当作地方志的。恐怕都是惑于有"地方"及"志"之名,而不循实之故。

（六）地方杂记

---

① 见《明史·地理志》。

② 见赵泉澄《清代地理沿革表》。

地方杂记多是信笔摭拾，东鳞西爪，甚至门类不分，为笔记一流，原与地方志有显著区别，之所以也列入《中国地方志综录》，怕是受了作者自述意图的迷惑。如：《休宁碎事》，徐卓自序曰："匠氏持具入山，于秀蔚葱翁中见干霄蔽日者则斧之，斯之界以归乎巨室，其余料者，乔者，枝而卷者，干而曲者，宛童而无姑者，离奇而赤楝白棠者，虎而橐、鼠而梓者，散材也，而尽弃之；匪弃也，所得在大木，斯之矣。邑志，大木也；碎事，散材也。料也，乔也，卷枝曲干也，宛童也，无姑也，赤楝白棠也，虎橐鼠梓也，补志之未逮，可以资桑梓之谈，可以广枌榆之见，何嫌乎事之碎也。"凡例中则称："山川乎，人物乎，古迹而新闻乎；有珠皆采，无璧不珍；零丝织之则为锦，剩纸剪之则为花。"不分门类，集成十二卷。它如《黔记》、《江西考古录》、《荆溪外纪》、《宁海漫记》、《宁海六记》等，皆类之。

对待一种文献，不应当因作者自视如何而定其类别，必须从内容出发。像这二类的笔记杂谈都视为中国地方志，那么《东京梦华录》、《帝京景物略》、《广阳杂记》、《长安客话》，以及《昌平山水记》、《京东考古录》、《日下旧闻》等等，甚而连整个四库分类地理类中的杂记之属，都可以称为中国地方志了。

（连载于《赣图通讯》1981 年第 1、2 期）

历史文献与地震史料

一

目前，北京以及全国各省市自治区，正根据国务院(1977)101号文件要求，积极组织力量，从历史文献中查找地震史料，准备编制《中国地震历史资料汇编》。

二十多年以前，一些史学工作者，根据当时国家进行基本建设的需要，曾就搜集整理我国地震史料，做了大量的辛勤的工作，编出《中国地震资料年表》(以下简称《年表》)。但由于当时任务紧迫，时间仓促，许多地方尚需进一步补充和订正。特别是从科学发展的需要来看，不能不再组织人力进行一次全面的工作，以编出一部比《年表》更完备、更详细、更准确，和更有科学意义的地震历史资料。

地震史料散见于浩瀚的历史文献之中，我国的文献典籍又极丰富，把它们全面、准确地收集整理出来，是一项繁重的工作。

曾有人讲过，"凡以文字形诸记录者，盖无一而不可于此中得史料"。搜集某些研究题目的史料，每每以集有一定数量的可靠、典型的素材就够用，史料虽广，无需求全。地震史料却与此不同，凡属地震记载，不论大小，不拘详略，有即应收，见则当录，力求无多遗漏。只有如此，才能对科学地研究历史地震的规律提供相对可靠的数据。因此在"凡以文字形诸记录者"的历史文献当中，涉及面极广。犹如考古工作者寻找古代文化遗址，在人类活动过的地方，几乎都会有所发现。

有人担心，如此广泛搜集是不是会把一些靠不住的，甚至是错误的资料收进来，影响科学价值。这种担心，有道理，从历史文献中查找资料，要遵循目录学方法，即所谓"辨章学术、考镜源流"，对某些可疑的记载，也要进行分析鉴别，并不意味就是杂七杂八的自然堆砌。

二

具体讲，到底该查什么，有没有个范围？有的，概括地说，凡历史文献领域中除专门之学、专学之论而外的一切记事述史部分都有地震史料。

《年表》的编者，曾称查阅过八千多种文献，由于使用过的书目记载不完整，现在难以对他们使用文献的范围、方法，作系统的认识与分析。但从已查出的一万四千多条地震史料出处来看，“路数”还是可辨的：从正史、实录、地方志中查出的史料系统，比例大，其它如取自杂史、杂考、小说异闻、档案、石刻、诗文集、报纸等处的则零散，比例也小。

是不是就是这样一种规律：应以正史、实录、地方志为主，其它文献为辅。

以上意见有道理，但不全对，因为正史、实录、地方志，多属官方文献。在中国古代社会中，凡遇自然灾害，多从灾害的客观现实和天人感应的两重角度认识。灾害是客观现实，对统治阶级和被统治阶级的正常生活都有重大影响，史书要记载，而灾害又是上天示警，是国家政治发生问题的前兆，每每因此导致政局变动，史书里也要记载，但角度不同。所谓“正史”的纪传体史书出现之后，这些记载多被分别收入作为大事记的“本纪”和自然变异录的“五行志”中。实录是正史的原始资料，方志又是仿效国史的，所以在这些文献中对地震都有系统记载。

但由于种种历史原因，这些记载远非全面，也不全都准确，要靠大量的其它文献补充，甚至纠正。而这些其它文献中的记载，多属一时一事，且散见于各种体裁、形式之中，不成系统，加以流传不甚广，收藏处所分散，不作普查，就会有大量遗漏。《年表》中显示的零散、比例小，应该是由于查阅得不全、搜集不广而形成的现象，这正是这次工作重点之所在，不在此处用力，就谈不到“完备”、“详细”、“准确”和“更有科学意义”。

下面，仅就几个方面，提出个人的一些看法。

（一）和“正史”相辅相成的“别史”、“载记”和“编年”、“纪事本末”

“正史”、“别史”、“载记”是根据封建时代“正统”观念的偏见区分的，今天说来，已极陈腐。最近，编制中国善本书总目的南京会议就把它改掉，按体裁，一律分入“纪传”或“编年”。

所谓“正史”，就是《二十四史》或《二十五史》，其中多属官修，参加的人多，记载比较全面详尽，是我国二千多年来一套体例完备、代代衔接的重要史籍。但从历史研究和史料价值的角度上看，其中有些并不是第一手材料①，不能代替其它所谓“别史”和“载记”。以《旧五代史》和《新五代史》为例，薛居正的《旧五代史》成书虽早，但后来失传，直到清乾隆后才从《永乐大典》等书中辑出，已非原貌。欧阳修的《新五代史》成书晚，谬误多，又过分简略，久为众所共认。而早在宋初，就有一些人分别著过“十国”中各国的专史，因为非属正统朝廷，这些书后来被列入“载记”，其实正是五代史不可缺少的方面。《年表》中曾见过从这类书《蜀梼杌》、《吴越备史》中引出过若干条资料，其它还有，不知是否查过。

又如宋代，当时人根据第一手资料，有很多种史事纂辑，如：《续资治通鉴长编》、《三朝北盟会编》、《宋九朝编年备要》、《中兴小纪》、《隆平集》、《东都事略》、《建炎以来系年要录》等等。根据体裁、内容，分别属于“别史”、“编年”和“纪事本末”。而《宋史》因匆

---

① 所谓第一手材料，只是相对而言。《明实录》之于明史，所提供的资料就是第一手的，比清代修的《明史》可靠。而《清实录》因有大量现存的故宫档案，所提供的资料似乎就不该称为第一手，但在故宫档案系统全面地整理出来之前，世人别无可见，《清实录》较之《清史稿》也还是要推为第一手资料。《年表》中于 1830 年 6 月 12 日磁州大震所用的第一条资料是从故宫档案中查出的，是当时直隶总督邵彦成的奏折，这似乎该算第一手的了，但现在发现了当时磁州知州沈旺生的《磁州地震大灾纪略》，故邵彦成的奏折，也又不能算是第一手的了。

忙成书,疏漏、矛盾之多,是有名的。治这一时代历史的人,都很重视《宋史》修成前的这些文献。

其它各代,大都存在类似情况。一代史事,专以“正史”为凭,是不可能全面的。

凡属成书在“正史”之前的“别史”、“载记”、“编年”、“纪事本末”体史书,都应当和“正史”同等看待,系统查阅。

(二)“杂史”、“杂家”和“小说家”中的“杂事”、“异闻”

所谓“杂史”,是指所记者为一时一事,非一代之全编。正因为如此,其中多属当时人记当时事,史料价值最高,往往是大部头史书所凭藉的第一手资料。最近天津组从天津人民图书馆查到的《磁州地震大灾纪略》就属于“杂史”。它不仅是第一手资料,而且应当列为《年表》中所谓“十次大地震”①中之一的 1830 年 6 月 12 日磁州大震的第一条资料。四川组同志最近发现的《炉霍史佚》,也属此类。就目前各图书馆藏书情况看,自明末,终清之世,以迄民国,这类书有相当数量,尤其道咸同光以来的,以多记述丛脞近事,又非出自名人之手,一向无人注意,丛书不收,目录不著,多以稿本、抄本见存。希望在各图书馆熟悉馆藏的同志配合下,注意发现,虽零篇残卷亦不应放过。

“杂家”中的“杂说”,不仅说古,而且述今,除去说古部分而外,和“杂史”艰难区分,“杂考”中也有不少涉及史事的,都应当和“杂史”同等看待。

四库分类中的“小说家”,和“杂史”也很难截然区分。大体上是,以述朝政军国大事者为“杂史”,旁及里巷闲谈者入“小说”,视为稗官野史。这和后来作为一种文学体裁专用语的“小说”,完全是两种概念。“小说家”中又有“杂事”、“异闻”之分。由于古代科学不发达,多把自然现象中的不正常视为异闻,很多确系事实。如,《年表》中已收录的《聊斋志异》中关于 1668 年 7 月 25 日郯城

① 《年表》中所谓的“十次大地震”,是由于计算草率统计出来的,即使只按原来所收录的材料,大震也决非十次。

大震的记载,就是当地震情的真实写照。天津组发现的抄本储仁逊《闻见录》,据说也是以专辑怪事异闻为主,按分类,也当在“小说家”,里面就收录了光绪年间新疆地区的具体可靠的地震史料。从《年表》引录过的书报目录来看,这类书的比例也是较大的,几占十分之一,可知不可忽视。“小说家”中凡属“杂事”、“异闻”而非单纯文学创作的,也可以说除话本、公案、短篇、长篇而外,最好也都通查。

(三) 日记、年谱与族谱

日记是年谱和个人活动的纪录,生活中遭际什么大事,年谱中例有所录。尤其日记,一是逐日记载,时间准确,二是不拒琐事细闻。气象变异、天灾兵祸等等,每每是日记中的敏感部分,而且记载具体翔实,很少夸张,是个人的《实录》。

这类文献,尤其日记,刻本较少,稿本较多,除名人者外,一般很少为人注意。对生活在多震地区、多震时期人物的,更应留心。

族谱或称家谱,几乎在竹书、帛书时代就有了。最初只是记录门阀世系,是取得优等政治权利的证明文件。唐代以后,门阀制度虽然渐渐不兴了,但宗族法权仍构成地方封建统治的基础。一些家族为维护宗法利益,继续修下去,现今传世的,不少是明中叶的刻本、活字本或写本。

现今传世的族谱中,不仅记载世系,多数还以相当大的篇幅记载家族的大事,收录族人的著作,记载族人的事迹、家族法规以及经济生活。因此,一些文献学家把它看作家族史,和方志作为地方史的地位等列,认为是继方志而后的资料宝藏。

但是,迄今为止,还很少有人使用它。因为对这类文献也还流传过一阵错误看法,以为族谱是封建族权的象征,是地主阶级用宗族关系拉拢腐蚀干部、混淆阶级关系的工具,从政治上把它打入了冷宫。一时古旧书店里族谱积压,销不出去,图书馆采访人员不敢买,编目人员不愿编,研究人员用起来也感到有些忌讳。对这问题,应采取历史唯物主义的态度,不能形式主义地看问题。族谱是地主阶级宗族法权的象征,二十四史何尝不是封建帝王法权的象征！科学研究工作使用族谱，是要族谱提供历史资料，这和使用各种体裁的史书、方志、档案、文集、性质是一样的。毛主席指出："在中华民族的开化史上，有素称发达的农业和手工业，有许多伟大的思想家、发明家、政治家、军事家、文学家和艺术家，有丰富的文化典籍。"族谱是丰富的文化典籍组成之一，不应当排除出去。

现藏于各大图书馆和专业图书馆的族谱，有一定数量，是冷门，一向无人问津，希望能把它利用上，尤其是多震区的族谱，对历史地震的记载或追述，肯定会有。除此之外，散藏于民间的，为数也还不少。广东、四川的同志都做过不少细致的工作，进行民间搜访，找到过关于海南岛和川西地区震情的记载。

（四）方志、总志、专志、山水志和游记、地理杂记

以地方志为主要资料来源之一，注意从地方志中搜集地震史料，是《年表》的特色之一。尽管其它查阅书目踪迹不明，方志目录却开列极详，达五千三百余种。给人造成一种印象：方志是需要每种皆查的。

但是，最近有些同志对方志产生了怀疑，发觉其中有不少错误，尤其元代以前的记载，皆据"正史"、"载记"引录，不只没有新内容，而且一旦错抄、错引，反而造成混乱。这是种可喜的现象，说明我们的资料普查越来越深化，不是机械地抄书，对材料出处有分析、有考证。只有这样，将来才会有一部高质量的《中国地震史资料汇编》。

和所有事物一样，对方志也要一分为二地看待，既看到它的长处，也要知道它的弱点。不能说凡方志都是珍贵史料，也不能说每部方志所载的资料都是正确无可怀疑的。

综合现今存世的几千种地方志来看，犹如社会中的人物，其中流品不一，鱼龙混杂。大体上说，类型有三种：一种是体例、取材都很谨严的上品，如章学诚的《和州志》、《永清县志》，董方立的《长安志》、《咸宁志》，郑珍、莫友芝的《遵义志》等等。一种是沽名钓誉、醉翁之意不在酒的中品，借设局修志为名，作为现任官员笼络地方豪绅和知识分子的一种手段，延揽一些人东抄西录，堆砌成书，而

后前序后跋，互相吹捧，只图虚名，不究实际，其内容自然经不起推敲。一种是应付功令，草草辑补的下品，这种志书或是利用前志旧版略续几处，便号称“续修”，或是拉杂成篇，缴差了事。还有更甚者，竟然就按照布政使司颁下的采访提纲答题，有些内容简略到所答还没有所问的多，简直是滥竽充数，这样的方志有什么价值，可想而知。

将来，或许会有谁把方志整理一番，不只出个联合目录，还要介绍各志的优缺点，和前志重复的程度，谁可代替谁，内容评价，等等。免得看来是稀见孤本，千里寻求，及至展卷，却原来相当于普遍流传的某志复本，或竟是一份拙劣的“答卷”。使用的人知道这些，纵使不遇，也可放心。

至于方志所载的资料是否宋元以前都是抄录“正史”，那倒不可一概而论。我国古代各地区文化发展不平衡，象中原、江淮、江南、闽浙一带，比较发达，文献典籍多，宋元时期就有过不少方志或地方文献，明清以来修志的人不一定全无其它资料，只能从“正史”中摘抄。而一些边远地区，前代文献无征，可能就是这么一种局面。

现时传世的总志自《元和郡县志》至《嘉庆大清一统志》，代代皆有，并非难求。总志的性质、体例，和地方志有很多共同之处，或者应该说，地方志是袭用总志一些体例修起来的。这类文献，包括地方志在内，材料大体上是越往后越全，而史料出处却是越在前越可靠，而且方志中的不少材料是从总志里摘引出来的。因此，总志也应当系统地查阅。

专志，包括古迹志、宫殿志、寺庙志、园林志、杂志，（如会馆志、书院志）等等，和山志、水志，都是局部地区或地点的历史地理文献。其特点是所记的对象单一、范围清楚，所以，提供的材料也比较明确、具体。这次要查的，除地震而外，还有山崩、地裂、地形变与海啸，因此也需要系统地查阅。

除此，不定点的地理和历史地理记载还有游记，也应和专志、山志、水志等同等看待。

还有一种类似方志，因体例或其它原因，习惯上被列为地理杂记的，如：《天府广记》、《蜀中广记》等，就其内容，或还胜于中下品的地方志，也最好不要忽视。

（五）石刻

从文献发展过程看，甲骨文而后，便是金石刻辞。稍后的"竹书"、"帛书"，因容易朽烂损坏，不便传世，远不如金石文字影响久远。对古代史的研究与考证，金石文字有不能取代的重要作用。

现已发现刻在器物上的金文，差不多都有著录和考释，一时尚未得知有关于地震的记载，所以我们只着眼于石刻。

石刻文字大兴于秦代，郑樵说："三代而上，唯勒鼎彝。秦人始大其制而用石鼓。始皇欲详其文，而用丰碑。自秦迄今，唯用石刻。"（《通志、金石略》）。这大概是刻石比刻金属容易，文字也可以多一些，不受器物的限制。

石刻文字可以考史、补史，人们已经注意了一千年，北宋时期，"金石"就已形成专门之学。但，用来考证、补充地震史，当是从我们这一代开始。

近些年来，研究地震史的地震和文物考古工作者，陆续从石刻中发现不少重要的地震史资料。最早的，要推东汉时的《三老赵椽之碑》。据兰州地震大队的同志按碑文考证，永初三年（109），在今青海省乐都附近发生过一次强震，也就是《后汉书》中所载，该年十二月辛酉，"郡国九，地震"之震中所在。[①]

从石刻中判断出这次地震的震中，在地震史上是很有意义的。因为公元105—125年之间是我国一个地震活动时期，《后汉书》中曾连续有过记载，只是范围不明（按地区编排的《年表》因无法收容，都把它们舍掉），把这次的震中揭示出来，很有助于对这一时期的地震活动进行分析。

山西的文物考古工作者对晋南多震区的石刻记载，做过一番

① 对碑中所刻的"震死"，是行文过简，确系指遭地震而死，还是"阵死"之字误，现在还有不同看法。

搜访，仅1695年那次临汾地震，在临汾、襄汾、洪洞、霍县一带就发现有记载它的碑刻24通。这些记载都比其它文献具体、准确。

《年表》取自石刻资料之处不多，是重要缺陷之一，这次必须弥补。

散见于全国各地城镇田野、山川寺庙中的石刻资料，怎么着手查呢？

大体上说，千年以来陆续发现的宋代以前的石刻，都已有拓本，现集中在一些大型图书馆或专业图书馆里，以北京地区来说，北京图书馆、故宫博物院、北京大学图书馆、中国科学院图书馆、考古所图书馆、中国历史博物馆等单位都有系统收藏。

元代以后的，情况就比较复杂。这是因为，我们的祖先，大都有些厚古薄今，尤其是后来受宋儒理学的影响，学术空气僵化。欧阳修、赵明诚那一代人研究金石，只取宋以前的，并不奇怪，因为他们是北宋时候的人，研究金石既是着眼于考古，取材宋以前已经是够近的了。可是后来人也如此断限，就不可理解了。清代考据之学大兴，金石学也因此盛况空前。但访碑、著录、考证，总是言必汉唐，著名的《金石萃编》，也只是到宋、金即止，后来不知为什么，才勉强收进八十通元刻，但属于“未刻稿”，不在正编之内。

因此，这以后的石刻，就不像以前那样，都有拓片，都已入专藏，可以按目索阅。

解放以后，从文物保管的角度着眼，不少省市曾组织过人力对现存石刻做过系统调查或传拓。以北京为例，持续进行了五、六年，据说凡从文物角度认为有价值的石刻都已搜罗到，共拓了四份，分藏在北京图书馆、中国科学院图书馆、北京市文物队等处。

有些省市因为拓工难找，且工程量大，就只有调查记录，或把其中一部分拍成了照片。

从便于实际工作考虑，石刻拓片大都幅面宽大，不便展阅，有的字迹漫漶，不易辨识，而宋以前的，近年新发现的并不多，其它的，自《隶释》、《隶续》以迄《金石萃编》、《八琼室金石补正》，不下百余种专书载录文字，考订内容，几乎收罗殆尽。这些书中，除综合性者如《金石萃编》外，有按省分编的（多数断限到元代），如《中州金石记》、《关中金石记》、《山左金石志》，有按地方分编的，如《江宁金石志》、《武林金石志》，有按处所分编的，如《龙门山金石志》，还有断代分编的，如《两汉金石记》，按类分编的，如《汉魏南北朝墓志集释》，等等。集中起这些来通览，尽管有些不可避免的重复，只需一个人，利用一家图书馆，大体上也就等于对宋以前（包括一部分元刻）的石刻文字做了一番普查。

元以后的，可分地区，争取文物部门的协助，就现有条件查阅。当然，若有可能，象山西或四川那样，在多震区进行一次石刻调查最好。前面谈过，十几年前，大家对地震史还不甚注意，文物部门做的，大抵只单纯从文物价值着眼，有些残碑断碣涉及地震记载的，未必引起注意。

另外，也还应估计到，明清以来的地方志，对当地的石刻是注意的，所谓“郡邑省并，陵谷迁改，参互考求，了于目验”（叶昌炽《语石》）。查方志时也可看到一部分当地的石刻。还有，诗文集中，作为个人的文稿，也有所载录。

综合上述几种途径，普查石刻，也就不是不易为的了。

（六）佛、道藏

《佛藏》即《大藏经》，是佛教丛书。《道藏》是道教丛书。这两种丛书，大约都始自六朝时期，逐渐丰富，到宋代先后定型。佛藏和道藏中除了经文而外，还有很多有关宗教活动的历史和地理记载，不少是两晋以迄隋唐的遗书，因此很受学术界重视。

传世的《大藏经》有好多种，如宋刻《碛砂藏》、明刻《径山藏》、清刻《龙藏》等，其实内容大同小异，如同一部书的不同版本。《道藏》则仅见明正统刻、万历续修本。《碛砂藏》和《正统道藏》解放前都曾影印，各大图书馆都有收藏，并不难得。

但因为这两种丛书都是大部头，《碛砂藏》是 6362 卷，《正统道藏》连同《万历续道藏》是 5485 卷。特别是佛藏，虽说是按“经”、“律”、“论”区分为三藏，每藏又二分为小乘、大乘，但标示眉目不清，又用《千字文》为序列，以致不熟悉内典的人感到无从入手，所以一般找资料的人都不愿触动它。

但可以肯定,其中是有地震史料的。例如,《年表》曾从《法苑珠林》中引出过若干条记载,而且不见“正史”或它书,这《法苑珠林》就是《大藏经》中的一个单行本,因此有必要进一步从中查找。

从《佛藏》和《道藏》中查找地震史料无须通查,只翻阅其记事述史的部分就可以了①。《道藏》的目录极清楚,它分“三洞”、“四辅”。“三洞”类似佛经的三藏。每洞各分十二类,其中“谱箓”、“记传”两类,都是有关历史记载的,涉及名山、道观、宗教人物、异事等。这些加起来不过六类,还不到全藏的十分之一。查《大藏经》如感到困难,可用日本的《大正藏》。《大正藏》的优点是对目录进行过一番整理,纲目清楚。我们要查的,大体上集中在《史传》和《事汇》两部分,也只不过相当全藏的十分之一。

（七）类书和记载典章制度的史书

我国古籍中类书流别很多,但基本性质是相同的。

类书,说得通俗一些,就是工具书。杂取若干文献中的内容,分类编排,供作检索。按理,工具书不是史料,不是第一手资料。但,古书散逸很多,往往原书失传了,类书中却还保留其内容。清代《四库全书》的编者在《太平御览》的提要中说:“世所传宋以前书,可考见古籍佚文者,仅六七种:曰裴松之《三国志注》,曰郦道元《水经注》,曰刘孝标《世说新语注》,曰李善《文选注》,曰欧阳询《艺文类聚》,曰徐坚《初学记》,其一即此书也。”《艺文类聚》、《初学记》和《太平御览》,就都是类书。因此,有选择地查阅一些类书,是有必要的。

类书既是按内容分类编的,查的时候也就无需通览。其作用恐怕是待查出的资料初步汇集之后,用类书作一次检查核对,或可发现某些缺漏。但对资料来源应作必要的考核。

---

①　陈垣先生曾对中国佛教史籍作过一番目录学方面的介绍,最近《中国佛教史籍概论》又重版了。佛教史籍,也多有单本传世,但考虑按目求书,并非易事,不如就一部“丛书”,集中查阅方便。

史书中有一类记载典章制度沿革损益的，如：《通典》、《文献通考》和断代的《会要》等。这类书，有的采摭极广，材料多为"正史"所未备，如：《文献通考》、《唐·五代会要》、《宋会要辑稿》等，很受学者重视。因此，也应当视为该查的类书，就其相应门类作一捡核。至于一些专就一书加以区分经纬，虽然体裁与文字可观，但无史料意义，如《西汉会要》之类，就可不查。

明清以来，还有一种《会典》，是官修的章程法规汇编，和《会要》的性质不同，没有述史的成分，应加以区别。

（八）诗文集与奏议

诗文集是个人或一些人著作的总汇。现存诗文集，唐代以前的人的，基本上是后人从史传、类书中辑出来的。宋元时候的人的，流传下来的也不算多，收在《四库全书》里的，连存目共 980 余种。明以后，尤其是嘉靖、万历以来，由于社会经济发展，刻版印刷盛行，诗文集空前多了起来，截至《四库》成书时，已见 2,100 余种，尚不包括禁毁和未广为人知者在内。到清末，据一些目录不完全统计，已近万种，加上未刻的稿本、抄本和民国以后的人的，那才真是汗牛充栋，难以数计，是现存我国古代典籍中数量最多的一类。

诗文集所谈的内容，唐代以前人的，能够流传下来的，只是少数名公巨卿、学士闻人的知名之作，从政论或词章的角度取录者多，述事记史者少，间有一些，也多辑成专集，列入杂史、杂记、杂考或小说里。

宋元以来，由于私家著作多能完整地保存下来，内容也就渐趋复杂，解经论史、疏奏事记、序跋诗词、细闻琐录，几乎无所不包，往往是兼具"经"、"史"、"子"、"集"四部内容的"丛著"。著者阶层愈往后愈广泛，达官显宦、学者名流而外，也不乏中小官吏、幕友、商贾以至江湖间谋生人士。这些诗文集，文章学术或无甚可取，记事述闻却涉及广泛，史料价值较高。

查阅地震史料是不能忽略这一部分的。《年表》只从五十余种文集中引用过资料，显然是浅尝辄止。

奏议和诗文集很难截然分开，很多诗文集中都收有奏议，但单独成集的也不少。一般说来，单独成集的，资料更完整。天津的同志，就是从毕自严的《石隐园藏稿》中发现有记载地震的奏疏后，并不满足，继续追踪找到他的《饷抚疏草》，其中果然有更系统的资料。不过，封建时代能够直接向皇帝奏报事件的，范围很窄，以明清而言，大体外官要督抚和学政以上，京官要御史、九卿和部院大臣以上，一般中小官员，倒也不必去寻找他的什么奏疏。

查奏疏，还应当利用一种总集，例如明清两代的《经世文编》，特别是《明经世文编》，由于成书较早，其中有不少后来已不见于私家文集的资料。

至于一般文献中载录的奏疏、折稿之类，是不是会和"故宫档案"雷同？可以不必管它。期望"故宫档案"全面系统地整理出来，编成明、清两代的奏议全集，还将是遥远的事。何况现存档案也未必很全。另外，私家刻奏疏的，多从政务建树着眼，着重于观点和议论。档案中的奏疏，多属事务处理，被视为"胥吏案牍"，一般不会有人自刻。所以，查档案，查文集奏议，完全可以两条腿走路。

（九）报纸

从目前来说，在民国档案尚未查阅出结果之前，从辛亥革命到解放后地震台站普遍建立，中间这一时期，报纸是地震历史资料的主要来源之一。

固然，解放前资产阶级办报，对新闻多有不够认真严肃之处，尤其报道地震，很少用科学方法和科学语言，只是当作一种社会新闻，其中不免有夸大事态，耸人听闻，或道听途说，传闻失实。对此，也要采取慎重的态度。"全凭书，不如无书"，就陷于"虚无主义"了。历史记载，能用更可信的证据去纠正，最理想不过，若暂时还没有，或连"商榷"、"存疑"也还没发现，只好信其为事实。一部"二十四史"何尝不普遍存在这种情况。

倒是报纸是不是需要普查，可以研究。一则这究竟是"现代新闻事业"的时代，像地震这样的新闻，一家登了，别家未必不登，尤其是有影响的主要报纸，漏登的可能性小。再则，时代虽然很近，要找齐收藏完整的报纸，却很困难，不少因纸张老化，已不能翻阅。

是不是各省市自治区只择取一两种本地的,有影响的,查一下就可以了,不一定种种都查,更不必去查本地区以外的。(非本地报纸,但收藏完整,而原地区已无全份,受委托代查者除外)即使有某些遗漏,因时代很近,总会由别种文献渠道补上。

当然,民国以来,由于军阀割据、国内革命战争、抗日战争等原因,某些省,在某一时期,分成几种政区,新闻相对独立,这要算例外,可斟酌具体情况多查一些。

(十) 档案

《年表》中曾利用"故宫档案"为北京地区的几次大震做出相当具体的震情说明,给人以深刻印象。

档案虽多是文书案卷,但从"凡以文字形诸记录者,盖无一而不可于此中得史料"。这一观点来看,恰是史料最集中的所在。而且,多从行政角度记述事件,说明情况,对客观事件的反映,接近真实,比较具体,每可补史书记载之不足与遗漏,或纠正其谬误,史料价值较高。我国现存档案究竟有哪些系统,数量多少,恐怕档案管理部门也一下无法说清。

档案中为人熟知、众所关注的,当然要推"故宫档案"。"故宫档案"是明清两代的皇家档案,也可以说是中央政权机构档案。始于洪武三年(1370),下面又可以和南京的"民国档案"衔接,前后579年,是我国古代和近代文献中一个极其重要的组成部分。

最近,明清档案部的同志已开始着手从中整理地震史料,情况是喜人的。仅举一例,他们发现崇祯元年宣府巡抚李仰冲的一件题本,这件题本中详细报告了是年九月初十至十二日发生于万全县一带的一次破坏性大震,初步分析,震级在6.5级以上,震中烈度9。而《年表》中只有《崇祯实录》和《明史、五行志》的记载,为"九月丁卯(10月6日),京师地震",震中、震情都无从判断,只能视为北京地区的一次有感震。可以预计,从这些档案中整理出来的地震史料,将大大弥补号称"第一手资料"的明、清两代《实录》记载之不足,并纠正其某些错误。

除了这部分中央档案而外,还发现了一些地方政权的档案。

例如:四川发现了一处清代重庆府及其所属的文书案卷,因现存巴县,故称“巴县档案”。据说,这部分档案始于乾嘉,止于光绪,仅现存的,就曾用四节火车皮装运,十三个人整理了二年,只动了1%,其数量之多,可以想见。对付这样巨量的文献,不能不考虑人力与效果的问题。有一种意见,认为象这批档案,搜集地震史料可不必去动它。因为它只是重庆府属从乾嘉到光绪时期的档案,而这一时期重庆地区并无地震活动,亦未受它处大震影响,投入相当大的力量而所获无几,是划不来的。但是,从中给了我们一个启发:四川的龙安府(今平武、松潘一带)、云南的云南府(今昆明市一带)、甘肃的宁夏府(今宁夏回族自治区),是不是也可以找得出类此的档案?如果有,就不能等闲视之了。还有,曲阜的孔府,郯城卢江带上的每次大震都会波及到它。这座二千多年来一直受封建政权维护的世家,是否也保存着一套什么档案?似乎都有必要进行一番探访。

天津方面正在查阅的“海关档案”是又一种类型。这批档案,从清代总税务司衙门时代(1860年起),一直延续到解放前。其中除文书案卷以外,还有一些年鉴式的内部出版物,如:《通商口岸贸易总册》、《海关灯塔志》等,其中都发现有地震记载。《通商口岸贸易总册》中是从反映各口岸贸易起伏情况和社会因素的角度进行记载的。更为难得的是,其记载有水域中的地震(如在台湾海峡),有边疆口岸的地震(如西藏的亚东),就目前所知的汉文记载,类似的文献可称罕见。由此类推,在铁路、银行、邮电等部门的档案系统中,也应当有类似的东西。

档案虽然有待更广泛地发掘和利用,但只局限于汉文部分,是不够的。

我国中部南北地震带以西,多是少数民族聚居地区。历史上,由于种种原因,记载这些地区情况的汉文资料很少,以青海来说,《年表》中从公元138年到1937年,只寻出21条记载,西藏自治区从1893年才见记录。这些都是多震区,记载如此之少,当然是“文献无征”之故。有关这些地区的汉文文献,确实屈指可数,如果不闯出这个圈子，仍就汉文文献中复查，恐怕不会有多少增益。

这些地区的寺院和旧政权机构中，都保存有大量的藏文资料，因文献类型还不太清楚，故亦名之为档案。

西藏的同志已经在拉萨查藏文档案，工作才开始，就有重要收获，目前已查到贞观年间拉萨的地震记载，把西藏地区的地震记录，一下推远1200多年。四州的同志准备去拓德格印经院的经版，还在设法翻译彝文中的记载。建议青海、新疆、内蒙、宁夏的同志也把重点放到少数民族语文文献上。因为，一则汉文文献中有关这些地区的记载少，再则这些地区现藏汉文文献也不甚丰富，而都有大量的少数民族语文文献可发掘利用。

我国是个多民族国家，各民族都有丰富的文化，什么记载都依靠汉文资料，本来就是不全面的。如果将来的《中国地震历史资料汇编》能收录多民族语文的资料，那将是一个重大的突破，在史料整理工作上，也是开创历史先例的。

三

综上所述，查找地震史料所涉的文献领域相当广泛，多数还需要系统查阅。如果说《年表》编辑过程中曾查阅过八千余种的话，这次要查的，当两倍或数倍于它。

这是不是凭空设想，不是的，认识来源于实践，是从两个月来部分地区查阅资料取得的成绩中总结出来时。历史文献中含蕴着大量的地震史料，过去发掘得不够。江苏省已经比《年表》多查出六百六十多条，相当《年表》江苏地震记载的百分之四十一。天津市也查出《年表》中未录的三百多条。前面讲过，新查出的史料中，有的是破坏性大震的第一手资料，有的纠正了《实录》中的不准确记载，有的正在补充时代或地区的空白。实践打破了最初的估计，是好事，是认识事物的正常规律。

要查的文献数量虽然按倍增加，但现有人力却也比《年表》编辑时代增强十倍、二十倍，甚至还多。而且一系列条件的保证，业务思想的明确，也远非《年表》编辑时代所能相比。只要相信群众，发扬民主，组织好，协调好，完全可以在较短时间内高效率、高质量地完成。

资料分散在各地，人员也分散在各地，因此必须全国一盘棋，有个统一部署和具体计划，互相配合，协同作战，否则难免重复、遗漏，甚至混乱。正如黎澍同志在全国地震历史资料工作会议开幕辞中所讲，地震历史资料的搜集、整理和编辑，是一项全国规模的科学工作。毛主席说："科学是老老实实的学问，一点调皮都是不行的。"

笔者深信，在这大好的"科学的春天"里，参加这一共同事业的地震学、史学、图书馆和文物工作者，定能发扬高度的革命热情，在以华主席为首的党中央领导下，团结一致，群策群力，编出一部远比《年表》更完备得多，更详细得多，更准确得多，和更有科学意义的地震历史资料，为我们伟大的社会主义祖国和全人类作出贡献！

（发表于中国科学院图书馆编《图书馆工作》1978 年第 4 期）

重视族谱的史料价值

我国是一个历史悠久、幅员广阔，多民族、人口众多，文化灿烂的国家。全面地了解祖国的历史、文化，需要广泛地利用现存的文献资料。

从文献资料的角度上看，几乎任何一种东西的现时用场都和原来产生它的目的不一样。《周易》，原是一部向不可知的神秘力量请求预示事物发展变化结果的占卜书，作为文献，却是一部研究古代哲学思想的不可不接触的资料；《诗经》中有一些原是统治阶级祀神祭祖、宣扬业绩的篇章，作为历史文献，却是研究周初经济制度与生产情况不可多得的资料；明清两代的《实录》，原是封建王朝自己给自己纂述的施政大事记，作为历史文献，却是价值高于其它内容类似的“正史”、“别史”、“编年史”之类的史料；地方志原是地方行政官吏的“资政要览”。作为文献，却成为综合性的地方史料……族谱也是如此，尽管它是适应统治阶级家族或家族中的剥削阶级的需要而产生的，但作为历史文献，也有它另一方面的用途。

族谱俗称家谱，又称统宗谱、世谱、世牒、支谱、房谱、家乘等等，都属此类。

中国的族谱起源很早。魏晋以来，谱学曾大盛。但现时传世的族谱，多是明清两代和民国期间修的，大体上保持着宋以后族谱的一般面貌，其主要组成，可分为规约、族产、传记、艺文、谱系等几个部分。记载有详有略，文笔有高有低，翔实程度也有值得推敲之处。但由于它的记载是以宗族为中心，反映的材料比较广泛、具体，在很大的幅度上可以弥补方志和国史的不足。

以族谱为文献资料，应用于历史或文学著述中，很早就已经开始了，众所皆知的一些例子，如：梁刘孝标广泛地利用当时的族谱作《世说新语注》；北齐的魏收"大征百家谱状，斟酌以成《魏书》"（刘知几《史通·正史篇》）；北宋时欧阳修纂《新唐书、宰相世系表》多取材于族谱及总谱；清代的钱大昕补《元史氏族表》，称："今仿《唐书》宰相世系之例取其谱系可考者，列为表。"等等。近年来，不少省、市在汇编地震史料和考察历史地震的过程中，曾广泛地查阅族谱，从中搜集到很多宏观记载，为科学研究提供了有价值的数据。随着现代科学的发展、研究领域的开拓，尤其是在以辩证唯物主义和历史唯物主义观点整理和研究祖国的历史和文化时，使用这一部分记载幅度相当宽的文献资料，更有现实意义。

一般说来，族谱中的凡例、家规、族训、族约等部分，是中国封建社会中宗族私法的具体记载。在中国封建社会中，社会基层统治单位一般是宗族和地方（都、图）双重的，而宗族实际所能起的作用，要比地方广泛和深入得多。这些包含在"礼"、"训"、"规"、"约"等部分内的私法，就是宗族体现儒家学说维护封建秩序的手段。实质虽同，但时代、地区不同，细节则有差异。探讨和整理研究这一类的问题，在目前传世的文献资料中舍族谱而外，是不可多求的。

在我国古代典籍中，有关社会经济生活的记载，一般都不够具体或翔实，其原因是著书立说的人们，大抵不屑于注意生活琐务，专门记载这些的簿书之属，又以不登大雅，绝少传世，而在族谱内有关族产和祠祭等项记载中，却系统而具体地保存了这部分资料。近年来曾有人专就某族祭祀时所用的供品、用具、价格，推论过该地区的生活风习以及某一个时期的物价指数和人民一般的生活水平。在祭器或族产管理的记载中，还可看出不同时期不同地区田价、地租、租赋、徭役的差别、状况和变化，以及对佃户的剥削、管理手段。

谱系是族谱中最基本的部分，人或以其除名号世系而外无其它具体内容而忽视之？其实，就民国以前而言，这是比官方记载大为详实可靠的"户口簿"，从中不只可以估计出某个时期某个地区人口消长情况，而且可以洞悉族姓迁徙始末，这对于了解一地的语言、文化和风俗习惯的形成，是极重要的史料。许多台湾同胞，就是从族谱中寻找出他们和大陆同胞的密切血缘关系，和祖国大陆无法分割。某些历史人物的家世、生卒年月等等，也往往从族谱中查出线索或证据。

族谱中所载的人物传记，从史料角度上看，一般说来大多数人与目前已知的大小历史事件无甚直接关联或影响，但人物、事迹多不见于其它史书、方志或诗文集，作为备征性质的史料，也是难得的。艺文部分也是如此，而且往往在客观上形成一乡、一地的风土志。有些族谱中的艺文，包括不少同族人的诗文集，其中有一些诗文集虽曾单独刊行过，但单行刻本早已佚亡了。就中国科学院图书馆而言，现藏族谱并不多，但稍作浏览，已可发现在传记或艺文中有许多不曾见于或不详于正史或其他史书的重要记载，如：元末战乱中湘潭曾遭屠城之始末；洪武初年派遣军队清查登记户口；刘瑾一案审理和处理的经过；明代以市舶太监监督广东廉雷二府采珠之弊政；稍在庄廷鑨史狱之后山东即墨发生的一场牵连颇广的文字狱始末——即与顾炎武有关的黄培诗狱；嘉庆年间北京门头沟煤矿矿主对矿工残酷役使和剥削的实况；道光二十九年闰四月和五月间常州大水灾情实况；陕西郃阳乡俗“射虎”之缘起、发展、形式及演出实况、传统剧目，等等。这些记载的最大特点是皆为执笔人亲身经历或目睹，绝非得之于传说与转录，这比经过整理加工的材料更为真实与具体。

更有进者我国历史上经历过一个长时期的封建社会，在这个较长的历史时期内受儒家思想的影响和束缚很深，特点之一是唯心主义形而上学泛滥，思想僵化，固执保守。反映在对文献的态度也不例外。尤其是从 14 世纪到 19 世纪这六百年来，绝大多数知识分子被束缚在以朱熹为代表的宋明经学之中，高谈心性，不务实际，《五经》、《四书》而外几不知世间尚有何学问。趋时骛势者只知熟读《四书注》、《性理大全》等书，作为当官发迹的敲门砖。稍通达者，除经史而外一概斥之为杂学。讲究经世致用之学者着实寥寥无几。因此，对文献的概念和认识也极狭窄，即使藏书之家，着重收藏的是:经史、诸子、名家文集,旁及医农、历算。像明天一阁主人范钦那样注意到系统收藏地方志、登科录的,恐怕找不出第二家。

20世纪初,由于儒家思想基本崩溃和西方近代科学文化的影响,对文献认识的狭隘性逐渐突破,曾被视为吏胥簿书的地方志、档案公牍以至族谱等等始渐渐被学人重视。解放以后,文献集中于公家收藏,在毛主席重视祖国文化遗产和"取其精华,去其糟粕"、"古为今用"的政策指引下,广大的图书馆工作者,古籍整理和研究人员,曾广泛发掘、征集长期被封建社会冷落弃置的文献资料。族谱是注意征集的对象之一。但曾几何时,由于林彪"四人帮"一伙肆意推行文化专制,大搞形而上学,把本来已趋明朗的问题,重新搞混,古籍全被目为"四旧",族谱之类,更被说成是"地主阶级进行复辟的工具",收集者、使用者皆遭到批判。流毒之深,至今使一些古籍工作者见"族谱"二字即胆战心惊。1978年4月,图书馆界遵循周总理的遗愿,着手编辑全国古籍善本书总目,在编辑工作会议上,讨论分类法时,犹不敢为族谱安排相应的类目①。现时私家收藏族谱更不敢轻易示人。广东的地震工作者希望利用某地现存的族谱查找历史地震的宏观记载,但不得不先找收藏者"交朋友"、谈心,而后从容说明来意要求借阅对方收藏的族谱,否则就可能使对方受惊,宁可把书毁掉以免节外生枝。这种现状必须及早改变,否则像族谱这类资料丰富但基本上尚未被发掘利用的文献,将被再度打入冷宫,终至大量佚亡毁损。相反,一些其它国家,却正在不遗余力地大力搜集。我们大家记忆犹新在本世纪初,当国内还未普遍地注意收藏地方志之前,日本人就捷足先登,从我国抢购了大量地方志,至今日本收藏的中国地方志有不少品种国内缺藏,不得不从日本摄制缩微胶卷。人们至今引以为憾,殷鉴不

---

① 传统的四库分类法,无此类目,现仅将它列为传记类的下位类也不妥当。族谱是包容全面的"家族史",并非单纯的传记。大多数同志对此看法一致,但未给它安排相应的位置,担心那样太醒目,惹人议论。

远，当以为诫。

固然，在我国社会主义革命过程中确实曾出现过农村中未改造好的剥削阶级分子藉重修族谱，利用封建的宗族、伦理观念妄图瓦解阶级斗争，但重修现代族谱和把历史上遗留下来的族谱作为文献资料，完全是两回事，不可混为一谈。其道理极简单，正如抗日战争中八路军不惜牺牲抢救并保存了珍贵的佛教典籍《赵城藏》，决不能认为这和某个时期、某个地区神婆巫祝复活是一回事。

总之，我们是辩证唯物主义和历史唯物主义者，对待事物应当善于作具体分析，不能搞形而上学。对待属于历史文献之一的族谱，也不能例外，应重视族谱的史料价值。

（发表于《图书馆学通讯》1979 年第 1 期）

识乡土志

已出版的《中国地方志联合目录》(1985年,中华书局)中载录了约500种乡土志,近总条目的十六分之一,多为稿本、抄本,复本极少。

这批“乡土志”集中出现在光绪末年、宣统年间以至民国初年(1905年至1912年前后)①。在此以前,地方文献中也有以“乡土志”为名者,但记载皆属一乡一镇,而这批,却皆属一州一县②。两者有何关系?后者是继承、发展,还另是一种事物?和传统的地方志又有何区别?是异名、亚种,还别是一种不相干的事物?从目录学角度,有必要加以辨识。

一

清末,废除科举,兴办新学,课程的设置,教材的编写,多仿西洋。京师成立编书局编纂课本。光绪三十一年(1905)四月,编书局监督黄绍箕咨请总理学务处饬各省地方官就乡土取材组织编写初等小学历史、地理和格致三科课本:“查初等小学堂章程,历史、舆图、格致三科均就乡土编科讲授,用意至为精善,并编成例目,发交各府厅州县,择士绅博学能文者按例考查,依目采录。自奉文日始,限一年成书,由各地方官径将清册邮寄京师编书局,一面录副详报本省督抚,以免转折迟延”。

---

① 此目录著录中有所谓“光绪十四年修(《锦州府乡土志》)”、“清光绪二十三年稿本(《泾阳乡土志》)”、“清同治间编稿本(《沔县乡土志》)”者,皆属误录。

② 此目录著录中所谓“府乡土志”者亦属误录。如《锦州府乡土志》实乃《锦县乡土志》。

随咨文发下一个颇称详明的例目：

历史

本境何代何年置。

未置本境以前

唐虞夏商周属何州，

春秋战国属何国，

秦汉以降何代属何郡县，

何代改何州、县名。

既置本境以后

何代属何州、郡、府。

政绩录　官本境者有惠政均纪之，以年月先后为次，约分三大端：兴利、去害、听讼。

兵事录　有全在本境者，或本境有何叛党，或它境有何叛党来犯本境，均叙其事之本末。

有涉及本境者，如一大兵事或在本境为战地，或以本境为险要，或在本境屯驻，则节录在本境一段事。

耆旧录　以本境之乡贤为后学之感劝。

约分为二：

事业　以实行为凭：孝（善于父母），婣（亲于外亲），任（信于友道），恤（恤赈忧贫）是也。

学问　以著述为凭。经、史、子、小学、舆地、算学、校勘、医学、理化是也。

凡历史名儒、名臣、功臣、名将、循吏、忠节为本境人者均应收入。惟已见正史及国史有传者不必详录全传，但著录姓名，注明见何史何传。其事迹果能感动人心者，亦须节录一二。不见正史、国史者应稍详。

附名宦祠、乡贤祠。

人类　本境于旗汉户口外，有他种人者务考其源流，叙其本末世系，现在户口若干，聚居何村何山，其风俗大略均应编入。其种约分：回、番、畲、猓、苗、猺、獞、狑、犽、狼、皿、狭、打牲、貂黎、土司。

如土司不属府州县者，则由布政司查明编辑。

户口　本境户口丁数务查明现在实数编入。如有兵荒、疾疫及因农商各事情形变迁，致与生齿盛衰聚散有相关之故者，详悉载入。并查近年来本境旗户男口若干、女口若干、汉户男口若干、女口若干。

氏姓　本境有何大姓。

某姓如何受氏，何时自何处迁居本境，至今传几代。

宗教　本境所有外教务查明编入：

回教人若干。回教与回种有分别，回种系真阿剌伯人，可编入“人类”；回回教有阿剌伯人，有旗、汉人，入教者均编于此。

喇嘛黄教、红教人若干。

天主教人若干。

耶稣教人若干。

实业　凡齐民不入他教者务查明实业，

分而为四：

士若干，农若干，工若干，商若干。

地理

本境在省城之何方向、若干里？在府城之何方向若干里？

本境四界系何境？如本境之界不止四境者则以四隅向明之。

本境分为若干区？或名为乡，或名为村，或名为田，或名为里，各就其旧称记之。

何区在城之何方向，若干里。

区之四界系何区。

城内、区内有何古迹、祠庙、坊表、桥梁、市镇、学堂。

山，某山在本境治所何方向，若干里，何区内，或盘互数区。山之何方距何水若干里——指最近处。如近山有数水，均详之。山内有何水源，其水向何方流。

水，叙水道之源委，约分为四：有源委全在本境者，某水出本境治所之何方向，若干里，何区、何山，其水向何方流，经历何区、何市镇，至何处与何小水会，其小水发源何区、何山，向何方流，经历何处来会，又向何方流，至何处，入何水，约行若干里；

有源委均不在本境者，某水发源何境、何山、何方，流至何处入本境，向何方流，至何处，有何水自何方来注，又向何方，流过何城、何区、何镇市、何大山之麓，至何处出本境，入何境，内行境内若干里；

有源在本境而委在他境者，叙法略同源委全在本境者，但后不言入何水，而言至何处出界入某境，行境内若干里耳；

有源在他境而委在本境者，叙法略同源委均不在本境者，但后不言出本境而言入何水，行境内若干耳。

又有人力沟通之水道，务载明何方自何处上承何水，向何方，行过何地，至何处注何水。

凡水之可通舟楫者，务注明自委上溯至何区、何地可行大船，自何区何地至何地可行小船，或可行筏。

凡濒海之境则须明海岸之湾曲、港汊，及所辖之岛屿。并注明海岸、岛岸之湾港，何处可泊轮船，何处可泊民船。濒长江大湖之境亦须记江湖之港何处可停泊。凡山间之水道可行船者，务注明何处为急流，何处为平流。水有春夏涨而秋冬枯者，须分别注明。

道路　自本境治地起，出城之何方，行若干里为何地（每十里记一地名），又行若干里，逾何山岭，渡何水，至何地，与何支路会？其支路何方自何地来，经何地，过何山水，行若干里来会本路。又向何方行若干里至何地。或左或右分一支路，其支路向何方行，至何地或会何路，或出界，或止本境，又向何方行若干里，至何地，出何界，与何境何路接？

物产

分天然产、制造产二端。天然产、动物、植物、矿物是也。用三者之本质制成器物,则制造产也。今以天然产列上,制造产列下:

动物　动物制造

植物　植物制造

矿物　矿物制造

制造之品虽多,其本质不外动、植、矿三类。如虎豹牛羊,皆天然动物产也。其骨革齿毛所制之物皆动物制造也。丝出于蚕,蚕为动物,产丝则为动物制造。布出于棉,棉为植物,产布则为植物制造。他如金银铜铁锡玉石制造之器皆然。兹举一二以概其余。或有合数质为一器者,则取其多数而归类焉。惟天然产、制造产均应分大宗、常产、特产而注记之。又有本境之天然,而在他境制造者,或他境之天然而在本境制造者,尤应分别详载。

商务

本境所产之物,所制之品。

何项在本境销行,每岁若干。

何项运出本境,在何地销行,每岁若干。

自他境何地运入本境之何货物,在何地每岁销行若干。"①

废科举办学堂,属于"新政",是濒临末日的清政府在不得已中自上而下推行的。尽管已经酝酿了几年,当时暮气深沉、视听闭塞、官场积习严重的基层官吏颇多不了解小学堂为何物,就乡土取材编辑课本又是怎么一回事。经过一番揣摩,觉得此事近乎修地方志,发下的例目也颇似过去为纂修一统志层层下发的修志提纲。于是比附办理,多把就乡土取材编写三种课本合而为一,即称"乡土志"。

① 录自《新繁县乡土志》。

“乡土志者,为乡土历史,舆地、格致各种科学之滥觞,实即邑乘之别派,未有邑乘缺如而乡土志可臻详核者也。况人类、氏族、宗教、实业、商务各门尤为向者邑乘之所略,必欲一一尽求其详实完美,此尤非咄嗟可以取办者矣。考雄县志托始于明嘉靖间教谕王公齐,再修于康熙九年知县姚公文燮,三修于康熙十六年知县耒公淑洙,四修于康熙三十年邑人马之骦。王志今欠佚,姚志仅存,亦磨灭不可卒读。耒志、马志均未付梓,迄今耒志无存,马志亦缺其二卷。二百余年,欠失修辑,老成凋谢,文献无征。欲强起而续之,岂不难哉。是以近十年耒私心窃计,尝欲博采旁搜,补苴完善。然每因难而辍,迄未成书。今岁夏六月,直隶学务处檄各府州县修乡土志,并颁例目,征博学能文之士按目考查,依例采录,限年成书,以为各小学堂教科书之原料。邑侯蔡穆如先生因以斯役见委。伏思继往开来吾党之责,当仁不让,古有名言。迹虽邻于僭妄,然不可谓非吾人应尽之义务也。受任以来,颇形竭蹶,每日自学堂课程六时外,以余时修志。其见于通志、府志、姚志、马志者,辄手录之;其不载者,则进阖邑父老子弟而咨询之。时而摩挲乎残碑断碣,时而历览乎族乘宗祠。长吉锦囊,随时倾倒;梁公药笼,并蓄兼收。凡六阅月而十五例目始克粗具模型”①。

东三省和新疆等边远省分,过去很少纂修地方志,借修“乡土志”填补了志书空白的也不少。

“丁未(光绪三十三年)冬,余奉檄权州事,下车伊始,访求州志,则二百余年来尚未裒有成书,即旧时案牍亦毁于兵燹。掌故无征,文物凋丧,为怅望者久之。适学部有编辑乡土志之令……录事命意不敢稍涉铺张,于近今政治尤得失较然,巨细必录。庶几史裁、政体两存其真。”②

甚至直到民国初年仍还有以“乡土志”名义征集属邑志书的。

“县有志,旧例也。双山蒙疆,居民鲜少,三年成邑,乃出意外。

① 光绪三十一年刘崇本《雄县乡土志叙》。

② 光绪三十四年洪汝坤《辽阳县乡土志序》。

每以志书缺如，引为己疚。然自揣绛灌无文，又复劝农鲜暇。求之行匣，书卷寥寥；倩诸友朋，绩学谁至。歉然者久矣。客岁奉民政长令各县送乡土志，时值筹办冬防，诉讼日繁，口辩不遑，饮食且减，又不敢无以报命，爰于风晨雪夜，据事直书。”①

当然，能够体察就乡土取材编辑小学课本基本按小学课本的要求与水平编出的，也有。

“自罢科举，士不能以浮文进身，而科学尚矣。科学之目甚多，经史、舆地、算术、图画、物理，此其要素也。推而广之，五洲万国各种图籍汗牛充栋，固非童稚所能骤学。设非有浅近课本为之阶梯，断不能升堂入室渐造高明之域。国家于是举行新法，谕天下州县编辑乡土志，殆为小学教育计耳”。②

不过，如此编成的，倒是不折不扣的童蒙读物。即如这部《晋县乡土志》，共一百六十课，地理第一课为《县治至道里教》，文曰：“今有初等学校教员领诸生一班游览晋县，诸生问曰：‘县治在保定道何方向，若干里乎？’教员答曰：‘在保定道西南二百四十里。’”《杂事》第三课为《桥梁》，文曰：“诸生曰：‘吾辈欲渡河游览，桥梁安在乎？’教员曰：‘滹沱河上。每当秋末水落，士人修桥梁以通渡口，河迁徙无常，故桥亦无定所。尔诸生读圣书，心存利济，便是无形桥梁。’”

它如：《上海乡土志》、《韩城县乡土志》、《婺源乡土志》、《德庆乡土志》等，皆类此。

有的则仍采取《千字文》一类旧式训蒙读本的体裁。

兹谨遵乡土志例，编为四言韵语。为便于童蒙诵习，其事略亦即详于分注，措词亦惟期浅显，俾童蒙易解云耳。③

“历史　洛水之南，县境式廓。隋以锡名，明改为洛。按：本境以洛南名县肇自隋开皇三年。初犹从洛，至明天启元年避光宗讳，

---

① 民国三年牛尔裕《双山县乡土志序》。

② 宣统二年夏诒垣《晋县乡土志序》。

③ 《洛南县乡土志·小引》。

始改为雒。”

“毛虫之属　虎豹豺狼，狐狸貛獭，鹿麂麝獐。人所必畜，犬羊豚彘。马牛驴骡，更供驱使。”①

“道教　学宗黄老，上一真人。天师给照，另开法门，俗呼道士，建醮申文。统核其数，无踰百名。”②

采用新式课本形式的也有，为帮助教师丰富授课内容，且还附《教学参考》。但即使这类《参考》，也不过是些粗浅的注释。如：

“秦皇　即秦始皇也，名政，统一六国，焚书坑儒。其政策务在愚民，好神仙，数幸巡，崩于沙丘”；

“岛屿　陆地之孤立于海中者曰岛屿”；

“邹鲁遗风　邹即邹县，孟子生地；鲁即曲阜，孔子生地。”③

虽出于一时人文荟萃之邦者如《江宁县乡土志》、《海宁县乡土志》等都属此类。

此外，过去府州县纂修地方志原有种种契机和内外在条件，并非单凭朝廷一纸文书就可成就佳作。勉强敷衍成篇以完功令者，原不在少数。这次仅凭编书局咨文，自然更在所难免，这类作品，犹如考试答题。

“本境何代何年置？

谨按：唐高祖武德六年置含山县(《新唐书、地理志》)。

未置本境以前

唐虞夏商周属何国？

谨按：俱属扬州(《江南通志》)。

春秋战国属何国？

谨按：春秋属楚，后入吴，吴亡入越，越亡仍属楚。战国时犹为楚地。(《左传》、《史记》、《太平寰宇记》)。”④

---

① 《洛南县乡土志》。

② 《铅山县乡土志》。

③ 《初级小学荣成乡土地理参考》。

④ 《含山县乡土志》。

二

综上述，可知清末民初出现的这类乡土志尽管形式、体裁不同，内容详略有别，取材范围却是遵循着统一的规定。是一组在特定历史时期的特殊产物，上无继承，下无发展。

要求自乡土资料取材，编辑各自行政区域的小学历史、地理、格致课本，但基于多种原因，理解与执行并不一致。或按修志规格，修成地方志亚种；或应付功令，不成篇章；或编成道地的童蒙读物。

把小学课本当地方志来修，未免小题大作。但倘非问答式地应付，客观上起填补本邑志书空白的作用，倒是“无心插柳”。这正是此类“乡土志”被比类地方志纳入方志文献体系的原因。

但是，属于此类者究竟有限。而不加区别，把这批产品一视同仁纳入地方志序列，确乎值得商榷。

纵观历代《艺文志》、《经籍志》以及公藏私蓄各种书目，除《四库全书总目》、《书目答问》等少数选目之外，原不曾有区别内容优劣一项标准，本可不必生议。但由于地方志具有多种用途，资料丰富，在古籍中流通使用率最高，自本世纪中期以来，凡藏书单位莫不争相访求补充。使用者则以《中国地方志综录》为导引，务求按图索骥，查一州一县，必欲遍阅。北方缺藏，则奔南方；南方缺藏，则来北方。“乡土志”绝不是在一馆一地能看全的，其中写本、抄本颇多，版刻、铅印、石印的只是少部分，多数且只具成稿后报呈审阅的形式。所以，现时收藏相当分散，除后来像燕京大学等汇印的一些之外，一种乡土志很少见诸多家收藏。倘千里求索，只是一册训蒙课本或“报表”，未免太不值得。

解决这个问题，似乎应该对这批“乡土志”做一次全面的调查评骘，写出提要，择其内容充实，确可补志乘之缺佚者，编印选刊或丛刊，于补充、收藏、使用、流传都将有益。

（发表于《图书情报工作》1986年第6期）

五种《台湾府志》的版本及其内容体系

我国台湾省自康熙二十三年设府，志凡五修，朱士嘉《中国地方志综录》(1958 年版)，综各家著录为：

台湾府志十卷　(纂修人)(下同)　靳治扬　王璋　(版本)(下同)　康熙三十五年

台湾府志十卷　周元文　陈滨　康熙五十一年

台湾府志二十卷　刘良璧　乾隆七年

台湾府志二十五卷　六十七　范咸　乾隆十二年

续修台湾府志二十六卷　余文仪　黄佾　乾隆二十八年

1978 年北京天文台油印本则作：

台湾府志十卷　清蒋毓英纂修　清康熙间刻本　记事至清康熙二十四年①

台湾府志十卷首一卷　清高拱乾纂修　清康熙三十三年修　三十五年刻本

(重修)台湾府志十卷　清周元文纂修　清康熙五十一年刻本

---

①　原列六种，首曰"台湾府志十卷，清蒋毓英纂修，清康熙间刻本(记事至康熙二十四年)"，藏上海图书馆。许仲凯《清代的台湾府・省志》(《福建省图书馆学会通讯》1982 年第 1 期)述及此志，并记卷端题："蒋毓英集公氏纂男国祥国祚校字。"然而，蒋毓英为台湾地区首任知府，治绩卓著，后志皆为之立传，且其去乃升任，并非缘事罢黜，何以后任对其首镌府志之大事竟无一人述及？此"蒋志"之刻印年代和与"高志"之关系，很值得详细研究。因为尚未见到原书，所以暂不置论。

(重修)台湾府志二十卷　清刘良璧纂修
　　清乾隆七年刻本
(重修)台湾府志二十五卷首一卷　清六十
　　七　范咸纂修　清乾隆十二年刻本
(续修)台湾府志二十六卷首一卷　清余文
　　仪纂修　黄佾参辑　清乾隆二十八年
　　修　二十九年刻本

近日取诸志合阅,发现上述著录不尽恰当,且内容实为三个体系。志书不易得,目前除几家大图书馆外,可以逐种全读之处不多,查资料者每奔走求索,倘知乙、戊可代甲、丁,则能省去不少时间、精力。因作此文摘要介绍。

一、台湾府志十卷　清高拱乾纂修　清康熙三十五年刻本

原书八行二十字,白口,四周双边。有康熙乙亥福建布政使杨廷耀《台湾府志序》,康熙三十五年前台厦道高拱乾《台湾府志序》,康熙三十四年台湾知府靳治扬《台湾府志序》,台湾府海防同知齐体物序,康熙三十四年诸罗知县董之弼跋,凤山知县朱绣跋,康熙三十五年台湾知县李中素跋。

高拱乾曰:"政事之余,益得与父老子弟谘询采揽,凡山川之险易,水土之美恶,物产之有无,风气之同异,习俗之淳薄,远自生番殊俗,下及闾阎纤悉,每闻见有得,辄心识而手编之。溯始明季,台所自有;迄归我朝,台以肇造,纲举目张,巨细必载,有功必录,有美必书,公诸众心,以观厥成。斯志也,亦所以志也,敢曰余一人之私言哉!……今且秩满,奉旨移补浙臬,乐台之骎骎与上国比隆也,而斯志适成。"齐体物曰:"康熙三十一年秋,岁在壬申,我上郡宪副高公以阀阅名家,词坛鼓吹,特膺简命,来巡海邦,立经久之章程,叹载籍之莫考,爰于甲戌(三十三年)冬,出其两年来搜采志草一帙,会守令开志局,揽师儒得明之士四人,文学十人,共襄校雠,计日程功优以俸余。是时体物摄郡符,与闻是役,凡四阅月而台湾新乘遂焕乎其有文章矣!明年秋,太守靳公莅任,公复出以相订,既竣事,请鉴定于院司,咸谓得所未有。"李中素曰:"甲戌秋中素奉命

自三山调补台湾令，乙亥三月东渡受事，谒宪副高夫子……授手编《台湾志》四卷，归而伏读一再过……乃偕文武寅寮、文学父老，群请于公，俾寿之梓。"

据三人所述，付刻当在康熙三十五年，但尚嫌含糊。又《修志姓氏》末，镌"督梓官 典史严时泰"，《职官表》诸罗县中载"严时泰 康熙三十年任 蒋复新 三十六年任"，则可为确据。

传世本职官中同知、经历多载入康熙三十八年至任者，诸罗儒学教谕载："施士嶽，康熙十三九年任，四十年以忧去。"皆补刻，原刻字体仿宋，补刻者为写体。本志目录：

卷一、封域志：星野、沿革、建置、疆界、形胜、山川、(附海道)。

卷二、规制志：城池、衙署、学校、社学、书院、学田、仓廒、坊里、保甲、坛庙、桥梁、津渡、水利、坊表、市镇、邮传、阨塞、恤政。

卷三、秩官志：官制、监司、郡守、郡丞、郡属、县令、县属、学官、名宦。

卷四、武备志：水陆营制、道标营制、营障、历官、墩台、教场。

卷五、赋役志：户口、土田、田赋、盐饷、陆饷、水饷、杂税、存留经费(附)。

卷六、典礼志：文庙、坛、庙、祠。

卷七、风土志：汉人风俗，土番风俗，气候、岁时、风信、潮汐、土产。

卷八、人物志：进士、举人、贡生、例监、武进士、武举、流寓、贞节。

卷九、外志：灾祥(附兵乱)、寺观、(附宫庙)、古迹；坟墓、杂记。

卷十、艺文志：宸翰、奏议、公移、序、传、记、赋、诗。

著录为："台湾府志十卷首一卷""清康熙三十三年修三十五年刻本"不确，无首一卷，宜作"清康熙三十五年刻本"。

二、台湾府志十卷 清高拱乾纂修 周元文增修 清康熙三十五年刻五十一年增修本原书八行二十字,白口、四周双边[①]有康熙五十一年台湾知府周元文《重修台湾府志序》,康熙四十九年凤山知县宋永清《增修台湾府志序》。

周元文曰:"三十一年宪副高公观察是邦,广搜博采,著为成书,凡山川、形势、风土、人物、户口之所登,田赋之所入,大而官常建置,细而草木昆虫,与夫灾祥节义、骚人逸士之类,靡不毕集,猗欤盛矣!余守延日,披而览之,了若列眉。迨四十六年,谬叨简命移守斯土,以耳目所亲历,较夫前书所备载,纤毫不爽,然后叹高公搜采之精核,载笔之详慎,其有裨于风教为不浅也。自是以来,垂十七年矣,慨未有增而辑之者,余尝有志而未逮也。岁庚寅,凤邑宋令曾肩其事,而于政治之得失,生民之利病,阙焉不详,恐不足以垂久远而备采择。爰于壬辰之春,公余之顷,与郡邑博士弟子员搜讨旧帙,谘访新闻……修而辑之。其中或因于昔,或创自今,有者仍之,阙者补之。"

名曰重修,其实是借高志旧版增补。补版字大墨淡,与原版分明可辨。

增补之处为:

卷一、封域志:沿革后增《附伪藩郑氏归降第二表》,总论后增宋永清《形势总论》。

卷二、规制志:衙署、学校、社学、书院、学田、仓廒、桥梁,坛庙后增祠宇。

卷三、秩官志:职官题名一般延至康熙五十一年,台厦道则延至康熙五十七年,知府延至康熙五十五年;名宦。

卷四、武备志:职官题名延至康熙五十年至五十一年。

卷五、赋役志:户口、土田、田赋、盐饷。

卷六、典制志:增乡饮大宾。

卷八、人物志:举贡题名增至康熙五十年,贞节。

---

① 此志原刻罕见,诸家收藏多系扬州古籍书店油印本,此本大题及行格均有变动,非原式。本文所据原刻现藏南京图书馆。

卷九、外志：灾祥。

卷十、艺文志：奏议、公移、传、记、赋、诗。

增补篇幅较多者为赋役、艺文两志。

著录为："重修台湾府志十卷，清周元文纂修　清康熙五十一年刻本"，不确。

三、重修福建台湾府志二十卷首一卷　清刘良璧纂修　清乾隆六年刻本

原书十行二十字，白口，四周双边，卷端大题"重修福建台湾府志"，版心书名"台湾府志"。

乾隆七年署闽浙总督策楞《重修台湾郡志序》，乾隆六年福建巡抚王恕《重修台湾郡志序》，乾隆辛酉舒辂《重修台湾郡志序》，乾隆壬戌巡台御史书山《重修台湾府志序》，乾隆辛酉巡台御史杨二酉《重修海东郡志序》，乾隆辛酉巡台御史张湄《重修台湾郡志序》，乾隆七年福建布政使张嗣昌《重修台湾郡志序》，乾隆六年台湾道刘良璧《重修台湾府志序》，乾隆六年台湾知府钱洙《重修台湾郡志序》。

刘良璧曰："考郡志修于康熙三十四年，维时天造草昧，三邑各自为志，略具规模而已，今者，县析而四，户口日增，田畴日辟，人文日盛，皆已百倍于前。舟车辐辏，物产丰饶，屹然为一大郡。衣冠礼乐，服物来章，郁郁彬彬，渐成海滨邹鲁。而郡志尚缺焉未修，其何以上供輶轩之采，下备外史之传乎！余自愧不文，遭逢盛世，忝由守令久任台疆，叨蒙大宪荐剡，圣恩擢用，分巡兹土，因同郡守钱恪斋以修志请于列宪。既蒙允行，乃蠲日开馆，延郡之绅士耆硕分汇纂辑，余以公暇与诸君悉心商榷，凡记载事例详而毋支，简而无略，务为实录，以信今而传后，就正于满汉巡台察院。始事于庚申十月，竣事于辛酉五月，凡八阅月而成，为卷二十。恭呈列宪裁定，授之剞劂。"钱洙曰："庚申秋来守是郡，观察刘公方有事编辑郡志，洙为轩然起舞，喜不自胜，又自惟少而失学，粗鄙不文，无能珥笔以勷盛举，幸观察公不辞劳瘁，旁搜博采，手自排纂，不数月而告成。"

《凡例》说："台自入版图，讦谟辰告远颂海外，声教之敷，于斯

为盛。兹编汇弁于首，奉诏谕为一册”；“台初赋役未备，今则租庸日盛矣，唯则例与内地稍异，宜详辨之”；“引用书目必详姓氏于简端，亦示不掩人善之义云尔”。目录为：

卷首，圣谟。

卷一，星野。

卷二，建置沿革。

卷三，山川。

卷四，疆域、形胜附。

卷五，城池：坊里、街市、水利、桥梁附。

卷六，风俗：岁时、气候、物产附。

卷七，田赋。

卷八，户役：盐课、陆饷、水饷、杂税、经费、官庄、恤政附。

卷九，典礼祠庙附。

卷十，兵制。

卷十一，学校：书院、正音书院、社学、番社学附。

卷十二，公署：公馆、仓廒、邮传、较场附。

卷十三，文职。

卷十四，武职。

卷十五，名宦、宦迹附。

卷十六，选举。

卷十七，人物：流寓、隐逸、孝义、列女附。

卷十八，古迹：宫室、寺观、宅墓附。

卷十九，杂记：祥异、丛谈、外洋各岛附。

卷二十，艺文：奏疏、公移、文、序、记、赋、诗。

职官题名迄乾隆七年。

著录为“重修台湾府志二十卷”、“清乾隆七年刻本”，不确。

四、重修台湾府志二十五卷首一卷　清六十七　范咸修　陈绳纂　乾隆十一年刻本

原书十一行二十二字，白口、四周双边。卷端大题“重修台湾府志”，版心书名“台湾府志”。大题后二行镌：“钦命巡视台湾朝议

大夫户科给事中纪录三次六十七 云南道监察御史加一级纪录三次范咸同修　修职郎卓异诸罗县学训导陈绳参阅”。

闽浙总督喀尔吉善《重修台湾府志序》，（福建巡抚）陈大受《重修台湾府志序》，乾隆十二年福建布政使高山《重修台湾府志序》，乾隆丁卯粮驿使者明福《重修台湾府志序》，乾隆十二年署台湾道庄年《重修台湾府志序》，台湾知府褚禄《重修台湾府志跋》。明福曰：“志于前者，观察高公，副使刘公相继纂修，而规制事宜未尽洽备。今给事六公，侍御范公奉命巡视兹土，乃于副使庄君，太守褚君共采旧闻，旁搜众纪为征引之据，于是取新旧二志增之损之，有纲有目。”高山曰：“刘君（良璧）所葺志乘又觉未尽其要，曾语巡使给谏六公，而六公亦有雅意增损之说。迨侍御范公赴台与六公参酌考订咨讨厘正，逾一年志成。丙寅（乾隆十一年）冬，二公寓书予曰：‘重修志乘业已刊刻告竣，言之不文，乞为一序’。”

《凡例》说：“郡志初作于康熙三十三年，观察高公拱乾成之。其后副使刘君良璧重修于乾隆六年。高志草创，多失之略，至刘志则加详矣。然刘志二十卷，星野、建置、山川外，更有疆域，而物产即附风俗下，似为不伦。高志十卷以封域、规制等为十纲，各附以目，序列有体。今合新旧二志增损之，为纲十二，为目九十有二，庶几有条而不紊尔”。又曰：“前志于台湾一邑只载寥寥数山，其罗汉门内外，概不之及，迨乙丑冬巡历至其地，见山谷盘亘，极险仄幽峻。问之土人则云朱逆作乱时皆盘踞于此，及阅《使槎录》，载罗汉门山甚详，且云‘峻岭深谷，丛奸最易，此守土者所不可不知也’。因采其语入形胜附考中，而详识其山之远近道里，补入山川志焉。”“鹿耳门为全台门户，防缉奸宄，则台防同知之责为独重。前志不载海防事宜，今特为增入，凡海港出入之要口及船只之大小并一切见行则例，俱必条列，亦以见防海宜详也。”“番社不下数百种，生熟番驯顽不一，南北番亦强弱各殊，然熟番与土庶杂处，输赋供役，则亦民也，即生番归化亦各输鹿皮饷，今考其服食、居处、性习、风尚，各番略有不同，因本黄玉圃先生《番俗六考》加以咨询所及，于风俗中分类详记，而其方言俚曲亦载其大略焉。”目录为：

卷首，序、旧序、凡例，地图。

卷一，封域：星野、建置、山川、形胜。

卷二，规制：城池、公署，仓库，坊里，番社、街市、桥梁、水利、海防、邮传、养济院、义冢。

卷三，职官：官制、官秩、列传。

卷四，赋役一：土田，租赋。

卷五，赋役二：户口、盐课、水饷、陆饷。

卷六，赋役三：存留经费、养廉、官庄。

卷七，典礼：庆贺、接诏、迎春、耕耤、祭社稷、救护、乡饮酒、乡约、祠祀。

卷八，学校：学宫、书院、社学、学田、土番、(土番)社学。

卷九，武备一：营制、营署、恤赏。

卷十，武备二：官秩。

卷十一，武备三：列传、义民、船政。

卷十二，人物：科目、乡贡、例贡、武进士、武举、列传、列女、流寓。

卷十三，风俗一：习尚、岁时、气候、潮信、风信、占验。

卷十四，风俗二：番社风俗一。

卷十五，风俗三：番社风俗二。

卷十六，风俗四：番语、番曲、番俗通考。

卷十七，物产一：五谷、蔬菜、货币、金石。

卷十八，物产二：草木、鸟兽、虫鱼。

卷十九，杂记、楼堞、园亭、寺庙、坟墓、灾祥、杂著、丛谈、外岛。

卷二十，艺文一：奏疏。

卷二十一，艺文二：露布、文移、书。

卷二十二，艺文三：序、记、祭文。

卷二十三，艺文四：赋、骈体诗一。

卷二十四，艺文五：诗二。

卷二十五，艺文六：诗三。

著录为:“清六十七,范咸纂修　清乾隆十二年刻本”,不确。

五、续修台湾府志二十六卷首一卷　清六十七　范咸修　陈绳纂　余文仪增修　清乾隆刻本

原书十一行二十二字,白口,四周双边。版心书名“台湾府志”,卷端大题“续修台湾府志”。大题后四行:“钦命巡视台湾朝议大夫户科给事中纪录三次六十七　钦命巡视台湾朝议大夫云南道监察御史加一级纪录三次范咸同修　分巡台湾道兼提督学政觉罗四明　台湾府知府余文仪续修”。

(乾隆甲午)(闽浙总督)钟音《续修台湾府志序》,福建巡抚前台湾知府余文仪《续修台湾府志序》。

余文仪曰:“予以乾隆庚辰来守兹郡,询省旧闻,得康熙间观察高公所为志及其后副使刘君补葺之书而患其未备,乃参核新旧诸志于簿书余晷,寻扯群籍,博访故老暨身所经履山川夷隘之处,传闻同异之由,心维手识,荟萃成编。始封域,讫艺文,为类十二,为卷二十有六……乃三载报政,旋膺观察之任,继而晋陈臬事,内召司寇……是书率因循而未付梓。今复奉圣天子赫声濯灵建牙于榕阴荔圃之中……爰是复加校阅授剞劂氏。”锺音曰:“甲午(乾隆三十九年)冬属序于予。”

余文仪官福建巡抚已是乾隆三十六年至四十一年,此志之刻乃在此间。虽曰续修,序中语亦俨然自成一编,实则还是仍范志之旧,有所增润,不过确系另刻,而非补版。

增补之处为:

卷一,建置:山川、形胜。

卷二,城池:公署、仓库、坊里、番社、街市、桥梁、恤政(前志作养济院)、义冢。

卷三,官制、官秩(巡台御史、台湾道题名至乾隆二十九年,知府、同知题名至乾隆二十八年),列传。

卷四,土田、租赋。

卷五,户口、盐课、水饷、陆饷。

卷六,存留经费、官庄。

卷七，庆贺、祠祀。

卷八，学宫、书院、社学、学田。

卷九，营制、营署。

卷十，官秩（题名至乾隆二十八年）。

卷十一，船政。

卷十二，人物（增进士、举人两目，题名至乾隆二十七年）。

卷十三，气候。

卷十九，寺庙、灾祥。

卷二十六，艺文七，诗四（全卷新增）。

著录为“清余文仪纂修　黄佾参辑　清乾隆二十八年修二十九年刻本”，不确。

（发表于《图书情报工作》1983 年第 4 期）

永历《宁洋县志》版本识辨

宁洋县在福建，明嘉靖四十四年(1565)割龙岩、永安、大田三县始置，隶漳州府。清雍正三年(1725)龙岩升直隶州，宁洋往属。1956年撤，划归龙岩、漳平、永安三县。

《宁洋县志》初修于万历癸未(十一年，1583)，知县杨继时据前令郑于蕃旧稿成之，六卷。万历庚子(二十八年，1600)教谕唐与之等曾再修，未成书。其后，知县许一元又修，教谕张巽进、举人廖天瑞纂，五卷，刻于万历庚戌(三十八年，1610)，今皆不传。

清康熙元年(1662)，知县萧亮三修，署教谕张丰玉纂，传本今仅见藏日本东洋文库，著录为八卷。日本上野图书馆(现并入国会图书馆)又藏有南明永历二十九年(清康熙十四年，1675)知县金基纂修之九卷本，中国科学院图书馆摄有胶卷。

据胶卷，原书九行二十字，白口，四周双边，版心上书名同大题，鱼尾下镌卷次。有永历二十九年知县金基《重修宁洋县志序》，乙卯(永历二十九年)署教谕杨菁献跋，金基《重修宁洋县志进呈藩主启》。序曰："汉相入关，先收图籍，识者谓其知所本而有治天下之规模也。今我藩主亲统大师，恢复中原。岁在甲寅，时惟九月，德化公标都督蔡公讳隆，克复章(漳)平、宁洋二县。时宁洋乏令，主以残破之邑抚绥尤贵良吏，不以基为不材，而以内官外补。孰知入斯邑也，城郭空存，人民逃散，满目蓬蒿，真堪洒泪。甚至记室付之回禄，案牍已尽坑灰，即欲核稽册籍，岂可得哉！适从眢井拾得旧志，盖前令萧亮所作也。其版帙遗失十有二三矣！正拟修葺，而镇兵云屯，索饷雷急，哀鸿未集，绵葛徒嗟。方且食之不得下咽，奚暇论黄数黑耶！然犹幸无讼之庭尽可罗雀，退思之地亦可雕虫，删其夷虏之颓风，复我明朝之旧典。草创略具，而孝廉杨君讳菁献下邑作教，窃谓世有子云矣，乌可不举以相质而求讨论也！——佥曰

可。命诸梓人，使千秋万世之下，知中兴盛举，文献足征云。"（图一）

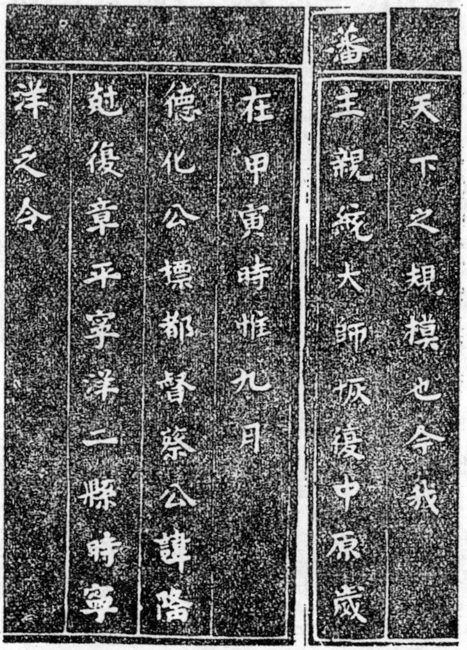

天下之規模也今我
藩主親統大師恢復中原歲
在甲寅時惟九月
德化公標都督蔡公諱降
尅復章平寧洋二縣時寧
洋之令

图一 《宁洋县志》金基序文部分书影

康熙十二年(1673)，清廷议撤三藩，十一月，吴三桂据云南反清，北征。耿精忠在福建先后两使至台湾请郑经出兵，经乃自率师至澎湖。永历二十八年(康熙十三年，1674)五月，据思明(今厦门市)，攻同安，既而下漳、泉，驻泉州。金基序中所述即此间事。

南明郑氏文献，自郑经以后殊少闻见。三藩叛乱中，滇、桂、闽一带不为清廷控制，清官方文献如《清圣祖实录》，于此间记事亦多缺略。金基此序于郑经取漳州后黄芳度(德化公)部(次年黄乃降清)深入腹地之军事行动、政权建设、地方状况，皆有具体记载，不仅于史料有所裨补，即南明郑氏政权之有地方志，亦以此为仅见。

此志目录及卷端大题下皆不标卷次，正文自卷二起。目录前题:“藩前文林郎知宁洋县事金基纂、署儒学教谕事举人杨菁献校。”以下为目录,不赘。

细审此志字体刻工,实仍康熙萧志旧版,仅略事增补剜改,即号为重修。原版字皆仿宋,补版为写体,剜改痕迹十分明显。计:

目录前纂修人题衔,嵌补(图二)。

寧洋縣志目錄
藩前 文林郎知寧洋縣事金基纂
署儒學教諭事舉人楊菁獻校
輿地志
肇建 疆域 形勝
分野 山川 里社附聚落
物產 風俗附歲時
建置志
城池 公署附公館舖舍 學校附祭器學田

图二 《宁洋县志》目录首页书影

卷二(卷次镌于版心,下同)舆地志第十二页补版。

卷三建置志首页末行“将及百载而变易几更兵燹之后地方复尔凋”(图三),首页后第一行“残如初于今百废未举不禁感慨系之矣修建”(加圆点者为剜改后字样,下同)。五页后第三行“良可浩叹”。一七页“养济院”下小字“崇祯壬午岁复为水圮□□□□□知县萧亮捐赀重建”,剜五字,未改填。

卷四赋役志三至四页间“自变革以来沧桑兵燹沧丧荒芜今且转为硗瘠则将来之振兴又不知何如”。一三至一四页补版。

卷五官司(正文作师)志六页首行“伪朝”,后增刻:“大明中兴永历二十八年　金基　章州人东宁籍　育胄馆贡生出身原吏官都事。”八页增刻:“大明中兴永历二十九年　教谕　杨菁献　泉州人丙戌科举人。”一〇页后二行,“伪朝”。一三页增刻:

寧洋縣志
建置志
城池　公署 附公館 鋪舍　學校 附祭器 學田
社學 書院　壇廟 附風碑　橋渡
街市　亭塔　樓閣　恤政
設險者在前書重門事彰在策立邑先之以城
池者盛城池固而後施政教教崇德報功興利
恤隱治且千慮攸賴顧可忽乎寧自草
將及百載而變易更兵燹之後地之

图三　《宁洋县志》建置志首页书影

“大明中兴永历二十八年　都督蔡隆　海澄人　克复章平宁洋二县以军功总镇”。

卷八人物志　二页后“闰”,“进士”上加“清”。三页二行“先后世岂无贤才辈出飏芬接武”。六页岁贡前“伪朝”。

卷九杂事志一一四页补版。

此外,凡“漳”字皆剜去“氵”作章。

东洋文库所藏之康熙元年刻本,当即此版之原印。作八卷,疑是据正文八志计算，卷一乃序跋目录。

此志原有萧亮、张丰玉两序，当已被毁弃不印。光绪《宁洋县志》卷十一《艺文下》尚存原文。一为康熙元年知宁洋县萧亮《三修宁洋县志序》，曰："年来百凡废缺，次第举而新之，求稍复两洋旧观，惟修志未举，早夜在怀。幸学博张君为莆中名宿，文士宗工，与之谋及，遂欣然领略纂辑成书……谨授梓以传。"一为张丰玉序，曰："予丁酉领一毡于兹，数椽不蔽风雨，十事九不如意。自萧侯化育五六载，政修废起，凡地方所欲为而力不逮者以次毕。去秋复向余商修志事，予踊跃而起，曰：'宁今可以志矣！'……岂敢以固陋逊谢，俾将来有'文献不足'之叹哉！"

此本应著录为：

宁洋县志九卷

清萧亮修　张丰玉纂　明金基增修

清康熙元年刻明永历二十九年增修本

（发表于《文物》1983 年第 12 期）

《福清县志续略》

——有关中日文化交流的一部文献

一

日本国会图书馆藏有释如一纂《福清县志续略》十八卷。国内著录此书的有:朱士嘉、赵慧《日本现存稀见中国地方志草目(之一)》(1982年油印本),作“福宁州志续略十八卷　明释如一纂　明嘉靖二十六年(1547)刊本　国会　二册　有缺”;中国天文史料普查整编组《中国地方志联合目录》(1978年9月油印本),作“福清县志续略十八卷　明释如一纂　明嘉靖二十六年刻本”。

中国科学院图书馆藏有此志缩微胶卷。检视原书封面有签(图一),式样略同明万历至清康熙间刻印的《径山藏》本;正文十行二十字,白口,四周单边,无直格,无鱼尾,则不同于《径山藏》本。版心书名“福清县志”。卷端大题“福清县志续略”。

图一　《福清县志续略》封面

仅一序,《福清县志续略叙》,后不署年月姓名,只镌印章二,篆文,“即非”、“如一之印”。序曰:“……闽会福清县乃予生缘地,古之长乐也,旧有邑志,天顺间重加修纂,未几板失,后之大令不问。……予也,格外天方,欲觅遗编不获一见,虽曰有心,其莫逌何。喜者,迩承从父汝读公远寄先世藏稿四卷,具载数百年畴昔之事,得从日览,致我胸怀跃跃于玉融金翅间,知此人杰钟灵,风还邃古,一一皆从未见中见,未闻中闻。扩我耳目之聪,大展史节之概。第惜未广全篇而副遐赏。今秋阁锡云外,假此野鹤余闲,乃尽搜奇用广,遂将早岁见闻有补于风化之未备者,一加增辑,列成一十八卷,名曰《福清志续略》。噫,顾兹用世典常,何与方外!第予生缘有在,未可遽忘。昔楚钟仪为晋所留,晋侯与之琴,惟操楚音。越庄舄仕于楚,既富贵,尝为越吟。夫晋、楚、越同一土,而重本之切不少忘者如此,况云孤万里,域间一川哉!予与二君迹虽有殊,而心厚于本则一也。幼自学道,道贵乎本,一本之端,无分物我,曷可以遗生缘而曰道哉!予之得以借邑志以寄厥衷,意在韵弦之外,自有赏音发其义,非徒资稽考,益见闻为灾梨枣之思。编中所集前言往行,懃懃于道德仁义、忠孝廉节,以为培植元气,养护心珠。他日一经天眼,耀古腾今,此书不为无助。或志于道者乐道,循其功者任功,农工商贾各尽本分。出世入世,一气相孚,庶俯仰不愧于方寸。兹尽一代之征闻,聊续前贤之广记,由昔之垂今,即今之属后,岂一朝之尽载,是用梓之由感也。或谓道人以法界为家乡,何沾沾于一邑而不置?乃应之曰:沧海不让细流,所以成其为海;顿忘比量,是名法界。或者不觉首之自点。”

序后为图、凡例,图后曰:“古人有书必有图。布置有法,图尽书也。予补邑志,并手绘邑图用备考览,工拙何暇计焉。自幼从释,翰染非所长,意在智愚双利,理事兼备,虽图书无法,卧游者或有取焉。丁未秋广寿即非头陀如一题。”仍镌篆文“即非”、“如一之印”二印(图二)。

卷一大题后为目次,乃全志总目。其类目较正文为繁。

正文中实刻类目只有:

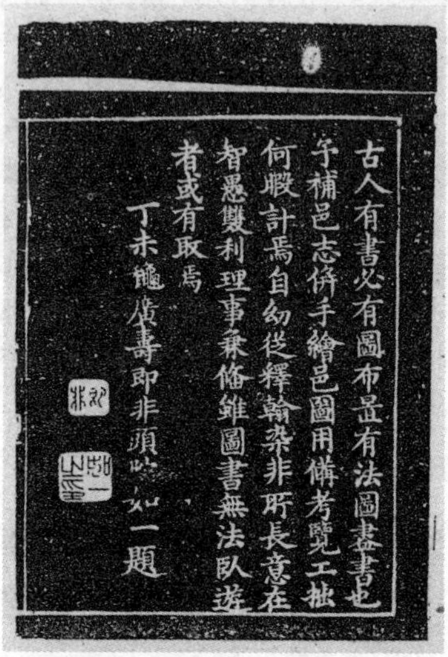
古人有書必有圖布置有法圖畫書也
予補邑志倩手繪邑圖用備考覽工拙
何暇計焉自幼從釋翰染非所長意在
智愚雙利理事兼備雖圖書無法臥遊
者或有取焉
丁未龜偃壽即非頭陀如一題

图二 《福清县志续略》图后如一题识及印文

卷一，总目、风俗、岁时纪俗。

山川、寺观、祀典。

卷二，土产：盐、谷、茶、果、蔬、花、木、草、兽、禽、甲、鱼、虫。

版籍（有说无录，只半页。后半页有板框无文字，下同）。

卷三，官制：职官（题名至嘉靖十三年）；

卷四，名宦、军政、盐法、役法、驿传。

卷五，公署（有说无录，只半页）。学校。

卷六，人物：进士（至嘉靖十一年壬辰科林大钦榜）；

卷七　　乡举（至嘉靖十三年甲午科）；

卷八　　岁贡（至嘉靖十二年）；

卷九　　荐辟；

卷十（缺，未刻）。

卷十一（无大题），忠义（有说无录，只半页）、隐逸（有说无录，只半页）、贞烈（半页）、善耆（有说无录，只半页）；

卷十二，僧宝。

卷十三，古迹(有说无录，只半页)。

卷十四，杂志(有说无录，只半页)。

卷十五至十七(缺，未刻)。

卷十八，文翰(有说无录，只半页)。

僧宝所记皆历代福清俗籍禅宗名僧。自唐黄檗希运禅师至明黄檗隆琦禅师，凡三十九人。黄檗隆琦禅师传内曰："顺治甲午(十一年，1654)秋，应聘东渡，寓兴福。应圣寿，迁普门，有三会录行。壬寅春承将军于畿内赐地开山，布金建寺，仍名黄檗，不忘所自也。广寿法子如一即非者，为师题像赞。"

二

黄檗隆琦禅师字隐元，福清灵得里人，俗姓林，年三十于福清黄檗山万福寺出家，为临济宗三十一世祖费隐禅师法嗣。福清黄檗山万福寺建于唐贞元五年(789)，原名建福寺，自希运住持后即成临济宗道场，明神宗时赐敕额，颁大藏一部，更成大禅刹。隐元曾两次住持，崇祯间重建大殿、僧寮，名传海外，所著《黄檗语录》在日本禅宗僧人中传诵。长崎兴福寺僧逸然(杭州人，1645年至日本)，经幕府许可，从承应元年(清顺治九年，1652)起，派弟子到福清再三请他东渡日本传法。先是，庆安四年(1651)隐元弟子也嬾受长崎崇福寺聘请东渡，遇风浪溺死。承应二年(顺治十年，1653)隐元受逸然第四次邀请，感于对方之诚，且痛也嬾之死，慨然说，这也好似子债父还。遂由弟子慧门接任万福寺住持，自己乃于承应三年(顺治十一年，1654)东渡，七月五日到达长崎，在兴福、崇福两寺说法。明历元年(顺治十二年，1655)又受龙溪宗潜邀请至摄津普门寺。万治元年(顺治十五年，1658)九月至江户，十一月一日谒将军德川家纲。万治二年欲归国，被挽留。六月，幕府于山城国宇治郡太和山(今京都宇治川醍醐山)赐地，依福清黄檗山万福寺原状建寺，仍称"黄檗山"万福寺，开创日本佛教的黄檗宗。延宝元年(清康熙十二年，1673)受大光普照国师赐号，四月示寂，年八十二。谥佛慈广鉴禅师。

先后追随隐元去日本的弟子多为名僧，其中木庵性瑫（1655年至日本，隐元示寂后接任万福寺住持，为黄檗山二世祖）与即非如一（1657年至日本）并称二甘露门。即非、心越、独立等善书法，对日本近世唐式书法很有影响。独立是隐元到日本后收的弟子，字性易，原名戴笠，字曼公，本是明末士人，曾著《永陵传信录》、《流寇编年录》等，1653年（顺治十年）流亡到日本，于诗文、篆刻、医道等无一不通，对日本方面影响很大，深受后世日本人民尊敬。

此外，在饮食等方面也对日本有不少影响。现在京都人称四季豆为隐元豆，据说就是由隐元传入的。

京都"黄檗山"万福寺至今犹存，为名胜之一，住持已传至第五十七代。木庵、即非等写下的匾额、对联以及木庵弟子铁眼刻的经板，被日本政府定为"国家重要文化财"。

三

释如一字即非，也是福清人，林姓，崇祯十年于福清黄檗山在隐元主持下受具足戒，后曾为隐元之书记僧。顺治八年受印可。十四年（明历三年，1657）二月东渡日本，住长崎崇福寺。宽文三年（1663）至山城国宇治"黄檗山"见隐元，与木庵共为助法。四年拟回国，途中被丰前小仓侯挽留，即于小仓广寿山创福聚禅寺。宽文八年（1668）退隐，归长崎崇福寺，宽文十一年（1671）示寂，年五十六。随侍弟子千呆性安后为"黄檗山"六世祖。

志中图后题识所署的"丁未秋广寿即非头陀如一题"，"丁未"当是1667年（宽文七年，清康熙六年），其时正住持小仓广寿山福聚寺。

中国地方志自宋代定型之后，即形成一种"志体"，由于取材多涉及官方档案资料，私修的虽有，但多属与官方有密切来往的士绅，由释子纂修，此为仅见。

正因为如此，用常规的眼光衡量此志，或觉不伦不类，或以为残缺不全。名曰续略，却于职官、科第等应续之处，毫无增补，而且目录与正文不符，地方志通常必具的内容，如建置沿革、户口赋役、公署、灾祥等，或缺载，或仅列目及说而无录。不细心看，很可能以为是缺卷短页的残书。

如一序中所述，东渡之后怀有强烈的故国乡思，“第予生缘有在，未可遽忘。昔楚钟仪为晋所留，晋侯与之琴，惟操楚音。越庄舄仕于楚，既富贵，尝为越吟。夫晋、楚、越同一土，而重本之切不少忘者如此，况云孤万里，域间一川哉！予与二君迹虽有殊，而心厚于本则一也”。是“借邑志以寄厥衷，意在韵弦之外”。如一是具有浓厚儒家思想的。

据《乾隆福清县志》，福清旧志有宋林亦之《玉融志》，黄锷《玉融志》，明嘉靖甲午朱冕修、林有年纂十卷本，俱无传。又有周坤《玉融志》十卷、王诚《玉融志》四卷，万历己未王政新修叶向高纂《福清县志》，俱未梓。如一称以所获旧志未刻稿四卷为底本，职官题名至嘉靖十三年，最后一任知县为周冕，似即林有年纂十卷本之残稿或残钞本。原想“增辑，列成十八卷”，看来力不从心，列出提纲，搜集不到材料，只写下了“僧宝”“土产”两部分自己熟悉的内容。

“僧宝”是自唐希运至明隆琦三十九位福清俗籍禅宗高僧传。“土产”则是充满了对乡邦方物怀念的情感之作，描述之详，涉及之微，食物兼具本草，是一般官修方志记载物产决难比类的(图三)。

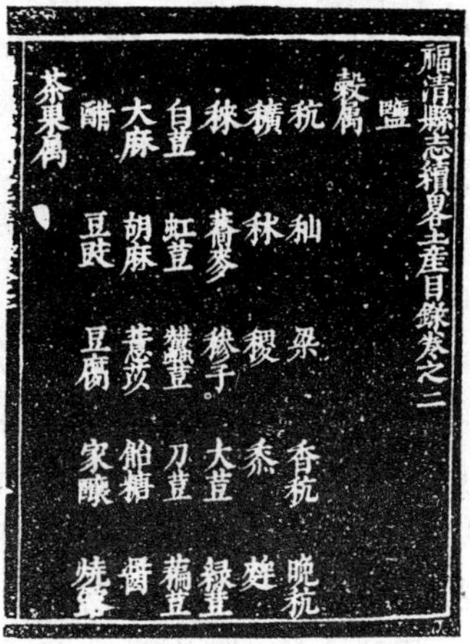
福清縣志續畧土產目錄卷之二
鹽
穀屬
秔 秈 粱 香秔 晚秔
秫 稷 黍
蕎麥 大荳 綠荳
白荳 虹荳 刀荳 藊荳
大麻 胡麻 薏苡 船糖 醬
醋 豆豉 豆腐 家釀
茶果屬

图三 《福清县志续略》土产目录

举数例：

“盐　天下之盐品甚多，有泽盐、池盐、崖盐、石盐、土盐、木盐、蓬盐，皆由煎炼而成，具青、红、黄、白、黑五色。色既有异，味自不同。造化生物之妙，未易以言悉也。吾邑福清之盐，谓之海盐，居民于海边掘小坑，上布竹木，覆以蓬茅，刮晒卤土，积于炕上，以卤水淋之，沥汁于坑中，俟盛夏烈日，取卤汁于盐埕曝之，不半日结成冰霜，其色莹洁，其味甘美，颇胜诸盐也。夫盐者，上至天子，下及士民，日用相需，时不可阙，百味赖是以调，五脏藉是而安，然不宜多食，多食则心俛气抑，凝血作渴，君子可无慎乎！附救急神方，备防不虞，谅不嫌赘：毒蛇伤螫，嚼盐涂之，炙三壮，仍嚼盐涂之；救溺水，以大凳卧之，后足放高，用盐擦脐中，待水自流出，切勿倒提；妊妇逆生，盐摩产妇腹，并涂儿足底，仍急爪搔之；妊娠心痛不可忍，盐烧赤酒服一撮；蜂虿螫叮，嚼盐涂之；目中浮瞖遮睛，白盐生研少许，频点屡效，小儿亦宜；风热牙痛槐枝煎汤二碗，入盐三斤，煮干炒研，日用揩牙，以水洗目。”

“秔稻　有早晚二收，红白二色，水旱二种，随土地所宜。其谷之光芒长短，粒之大小扁圆，饭之香粘甘美，各自不同，性之温凉寒热，亦因土色而异。如西域，土溽热，一岁四熟，婆登国每月一熟。西南夷有旱稻，干种于山畲，真腊有水稻，禾茎高丈许，随水而长。福清稻有多种，早稻三月种六月收，禾茎高五尺许，一穗三百五十余粒，得天地中和之气，同造化生育之功，所以养人也。秔音庚，与粳同，谷无芒，色白，味甘不粘，今人常食之。性温，蒸饭温中和胃气，长肌肉；煮粥通血脉，和五脏，润颜色。”

“荞麦　又名荍麦，立秋前后种，八九月收，性畏霜，苗高一二尺，赤茎绿叶，如乌桕树叶，开小白花，繁密。结实累累如羊蹄，实有三棱，老则乌色，磨为面作煎饼。若作饭，须蒸熟使气馏，烈日曝，令开口，舂米取仁。能消五脏积滞，降气宽肠，气盛有湿热者宜之。若脾胃虚寒人食之大脱元气。又不宜和一切鱼肉食，患热风，堕须眉。”

“茶　宾主相见，茶礼为先，故茶字从人；茶之初生四芽，故本字加草。天下名山皆产佳茶，其树自三五尺至十尺，及巴川有两人合抱者，皆茶之类也。茶性冷，唯雅州蒙山茶性温，及建宁北苑产者性味又与诸方不同，今独名腊茶，上供御用。其次吴之松萝，越之日铸等，天下驰名，无容赘述。且论福州本府之茶，惟雪峰、鼓山、支提、雁湖四名山所产皆称上品，为冒名色者杂之，多失本真。至于本邑福清之茶，惟黄檗之九潭、灵石之雪嶂、敛石之北湖，茶品极佳，为土茶混之，亦失本色。此言其末，更论其本。东壁李居士云：'闽中有野生茶，其子可榨油食用，清明采其叶为上，谷雨采者为次，此后皆老茗耳。'头陀云：'殊不知清明所采者非榨油之茶也。此茶只可收子为油，即山茶之别类也。其叶不可为茶，其味苦涩，戟人喉，食之坏肚，如大麻子之类，子取仁可蒸食，叶食之杀人也。'李君楚人，博雅君子，士大夫多贤之，缘未至闽，失于茶考，为传者之误。予恐后世不知，认以为是，是贻无穷之患，故表而记之。"

"榕　叶大如钱，茂密苍翠，凌冬不凋，树大数人围，避雨乘凉其下可集数百人。福清路傍多植"。

"海苔　水土润气所生，又名水衣，生海边，其细似发，其绿似萍。俟潮退收之，以淡水略洗，沥干，以早稻草温篮中二三日取出，拣去小螺草屑，以刀截碎，用加二盐、陈皮少许藏瓮中，要吃用姜醋和之，可下粥醒酒。如晒干者为苔脯，用新瓮藏之，焙法如紫菜则色绿。食之温胃，多食发疮疥，令人萎黄少血色。有咳嗽人不可食，瘿瘤结气人可食。治痔、杀虫及霍乱呕吐不止。煮汁服。心腹烦闷者，冷水研如泥，饮之即止。"

"虎耳草　生阴湿处，人亦栽于石山上。茎高五六寸，有细毛，一茎一叶如荷叶状，人呼为石荷叶。叶大如钱状，初生如葵叶及虎之耳形。夏日开小花，淡红色。瘟疫擂酒服，生用。吐利人熟用则止。又治聤耳，捣汁滴之。痔疮肿痛者，阴干烧烟熏之。"

这部从整体看碍难称为佳作的《福清县志续略》，通过如一的"以寄厥衷，意在韵弦之外"，却反映出一段中日文化交流的重要历史。这段历史，日本方面从万治(1658—1660)以来就有多种记载，而国内清人著作中却罕见叙述。后世的《福州府志》、《福清县志》虽都曾为隐元隆琦立传，但却只字不提他晚年去日本传法。因此，作为隐元弟子，在这次文化交流中也做出了重要贡献的即非如一亲手留下的记录，就更值得珍视了。

四

从版本著录角度看，原藏单位和辗转迻录者，并没仔细读过它的具体内容，只是循方志著录常规，序跋无具体年代即从职官、科举题名之年代下限，得出嘉靖间之后，又毫不加审辨地把图后题识所署干支——丁未"代入"，即定为嘉靖二十六年刻本，因之如一也就成了明代人。通过上述考证，此书著录应订正为：福清县志续略十八卷首一卷　清释如一纂　日本宽文刻本　存十四卷首一卷卷十、十五至十七未刻。

（发表于《文物》1984年第8期）

《西墅草堂遗集》和吴沛

一

吴敬梓在《儒林外史》中描述了自己,中心人物之一的杜少卿就是他的化身,所谓“一门三鼎甲”的天长杜家,实际就是全椒吴家,已是无异议的了。

“五十年中家门鼎盛。陆氏则机、云同居,苏家则轼、辙并进。子弟则人有凤毛,门巷则家夸马粪。绿野堂开,青云路近。”(《文木山房集》卷一《移家赋》)机、云,轼、辙,指的是他曾祖辈吴国鼎等弟兄五人四人成了进士,曾祖吴国对且是探花,叔祖父中又出了两个进士,一个榜眼。科举时代,子弟能如此并上青云的,实不多见。

在《移家赋》中,吴敬梓还追述了他的高祖,“自束发而能文,及胜衣而稽古。绍绝学于关闽,问心源于邹鲁”,“初奋发于制举,仍追逐于前贤。仲舒无窥园之日,公美无出墅之年。遭息翮而垂翅,遽点额而屯邅”,“望龙门而不见,烧虎尾而茫然”,“贫居有等身之书,干时无通名之谒”,“乃守先而待后,开讲堂而雒诵。历阳百里,诸生游从”。

这位高祖如此博学,却毕生坎坷,遭遇和吴敬梓有些类似。吴敬梓笔下,于科场得意、功名顺遂的,落墨不多,也不透,偏是对科名蹭蹬、终生失意的,寻出多少典型来,描述得淋漓尽致,刻画得入木三分。他高祖的生平际遇,该是在吴敬梓的观察视野和创作素材中占一个位置的。

吴敬梓的高祖名沛。就目前所知,有关他的材料,除吴敬梓写在《移家赋》里的之外,康熙《全椒县志》中有一则小传和十多篇诗文,民国《全椒县志》则仅有一则根据康熙志缩写的小传和两条书目。多少年来研究吴敬梓和《儒林外史》的,都未涉及吴沛,想必也是“文献不足故也”。

二

吴沛是有自己的诗文集的。民国《全椒县志·艺文志》中载："西墅草堂集十二卷　吴沛著。"不过，这则记载的来历不明。

吴沛是明万历、天启间人，死后不久，全椒吴氏就进入"五十年中家门鼎盛"的时代。吴沛不仅成了封翁，且进了乡贤祠。他的一个进士儿子吴国缙，做过江宁府学教授。而就在此际，南京名士黄虞稷根据闻见辑成的《千顷堂书目》中却不见著录。清代藏书家多着眼于古董赏鉴，绝少有收藏明末文人别集的，可以不论。直到当代，号称收录赅博的《增订四库简明目录标注》、《贩书偶记》及《续编》，也都未见著录。

近年了解各图书馆和藏书单位的收藏，发现中国科学院图书馆藏有一部康熙十二年吴国对重刻的五卷本《西墅草堂遗集》。

五卷本《西墅草堂遗集》，半页八行，行十六字，白口，四周单边，无鱼尾，无直格，版心上镌"西墅草堂"（图一）。此本有（崇祯）癸未、（十六年，1643）姜田广《西墅草堂逸稿序》，壬午（十五年，1642）冯元飙《西墅草堂遗集序》，杨廷麟《引言》，薛寀《引言》，吴国缙《先君遗稿跋》，壬申（崇祯五年，1632）吴国对《先君遗稿跋言》，吴国龙《先君逸稿小跋》，吴国器《先君遗稿跋言》，壬午吴国鼎《先君逸稿小引》，康熙癸丑（十二年，1673）吴国对《先太史遗集重刻引言》。

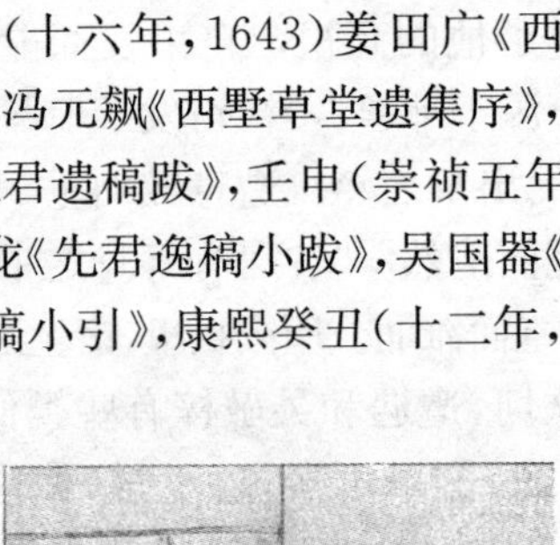

图一　《西墅草堂遗集》书影之一

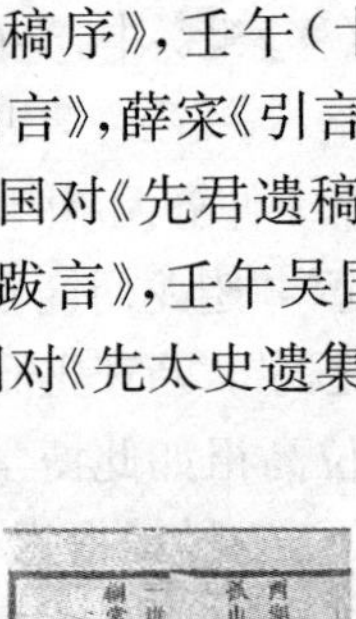

图二　《西墅草堂遗集》书影之二

吴国对《引言》曰:"先太史馆于和州,多所著撰,门人尝有抄本,会寇作尽焚去,对恨不知早为什袭,以至于此。惟《诗经删补增解》手录成帙者,对珍藏二十有余年,复归长兄所,将敬梓以行世。兹诗古文仅于书尾药裹余纸中收拾断烂,得有零巩片锦,为对髫年所藏者,于壬午春,兄弟辈谋付剞劂,后稿板散失不全。对当日所藏印本及先太史笔稿、杂秘本他经书数百卷,封贮两大柜中藏于家,后侍先安人避兵江南,化为乌有。每一追念,五内皆热。今年问医,日与叔兄谋补梓之。叔兄以为'诚不可缓矣,为先人图不朽,亦唯此流传遗集一事而已,予幸存印本有其一'。因以授对,并得倪文正公为先安人七十寿序一帙。对既欣喜,如得所未有,盥手展诵,复不禁泪涔涔湿几上……于是校雠鱼鲁,刻期竣工,先太史遗集今获再见完本,先安人令德懿徽约略见之寿序,并得合刻焉。"①

卷一卷端题"全椒吴沛宗一父著　男国鼎恭辑"。辑人各卷不同:卷二"国器",卷三"国缙",卷四"国对",卷五"国龙"。

文中"玄"字多缺末笔。

据吴国对《先太史遗集重刻引言》,吴沛的撰述,门人曾有抄本,"会寇作尽焚去",这些诗文是吴国对少年时藏下来的,曾于崇祯十五年刻印,后稿、板又散失,直到康熙十二年才从吴国器那里得到个印本,据以重刻,名为《遗集》。五卷辑人分别由五兄弟依行次分署,是完整的。民国《全椒县志》"西墅草堂集十二卷"之说,当属得自耳食。

这五卷,卷一是诗,卷二至五是文,共收各体诗文六十六首,文七十四篇。虽属"收拾断烂"、"零巩片锦",却颇可勾画出吴沛的生平、志趣和为人。

三

壬午吴国鼎《先君逸稿小引》中称,"先君子为人颀伟不群,矫矫云中鹤。胸襟洒落,内无关楗,而信义风裁复不肯假借。事王大

① 此寿序刻本中未见,康熙《全椒县志》中载入。

父以孝闻，友异母弟，析而复收者至三。家徒四壁，诸姑之无归者养之、殡之。遇四方贫士，辄解衣推食，毫不作德色。时损赀买生物活之。客居勿论知与不知，出囊中钱沽酒高唱。不治生产，殊不戚戚也。喜奖进后学，而不肯嚅睨贵介。时关先生[1]守宁国，每札相召，不肯往，抚案曰：'大丈夫不能生致青云，有负知己，何面目效侯门曳裾哉！'尝引李九我[2]先生语，谓丰殖、干谒最足令人粗心，汝辈绝勿为也！"居穷而不干谒，是吴沛儿孙们引以自励并竞相标榜的。两种《全椒县志》中的吴沛传也都以此事为中心，而以《小引》记此事始末为最详："丙午（万历三十四年，1606）[3]南闱见拔于诗，五房关先生拟第一卷进，以一二字为大主裁所摘，力争弗得。曰'是定当发元，迟三年耳！'"

在这以后还有一件蹭蹬事。丙午这年吴沛大约三十岁，又过几年虽仍未中，但在学里补了个廪，出了许多花费，不知为什么，又被褫革。《与范学博老师》中述道："某以孤寒，得蒙赏鉴，大开奖借，感也何如。后徼恩庇，滥与升斗……自立春得补以来，文钱厘镪咸出借贷，加以邀会，厚颜款语，百计始得。先抵白下，复至泗上，间关跋踄，固自甘之，亦以为劳费日前，取偿于后耳。而事有大谬不然者，费未偿而裁革至，劳未谢而百痛积。"到万历四十六年（1618）约四十二三岁时，才又补上。"维某不肖，既拙且劣，虽事铅椠，场屋久厄。往叨食饩，几幸得之，乃值数蹇，复旋褫之。仰赖福庇，兹复幸得。"（《戊午再饩告祖考词》）

此时，他对科举进身仍抱有很大期望："灯下翻书二鼓稀，忽看嬉子集人衣，凭伊报甚功名事，往往来来绕四围"（《观蛛集》）；"爆竹一声好似春雷起蛰；放花千点犹如秋月联奎"（《题联·上元》）。

---

① 关骥，南海人，万历三十二年进士，充丙午乡试房考官时为全椒知县。

② 李廷机，晋江人，万历十一年榜眼，官至礼部尚书，谥文节。

③ 康熙及民国《全椒县志·吴沛传》记此事时间皆曰"万历丙子"，误。万历丙子为万历四年，时吴沛或才出生。

但是他内心相当苦闷，怀才不遇，愤激之情盎然纸上："历阳行，牢骚磊落多风轩。怀中剌字欲明灭，瞶瞶皆然青几晴。噫嘻古来常不偶，东西南北栖栖走。会稽太守何卖薪，文园渴士何酤酒。莫笑淮阴老妇惽，绿波垂钩哀王孙。薛文任侠仍弹铗，至今却忆是平原。嗟乎，士患不为玄晏耳，莫愁宇内无皇甫。尝何岂望士，能令鸢肩遇真主。丈夫遇合应有时，休将明月暗投之。即令前路逢知己，汉际扶摇莫可期。"（《历阳行》）

吴沛六次乡试不中，这才灰了心，把希望寄托在儿子们身上。"嗣六战未获，辄咄咄曰：'我不做，儿子辈必做也！'"（壬午吴国鼎《先君逸稿小引》）醉后咏道："肚皮知不合时宜，自有千秋大业期。富贵功名等闲事，可知汗血在群儿。"（《醉题》）他在乡间筑了两间茅屋，课子读书。"结茆在西墅，差远尘市喧。漠漠天宇接，遥青纳短垣。榆柳当窗摇，清阴罩几痕。镇日少过客，不知接送烦。家贫饶藜藿，一饱腹自扪。高低五男儿，暇即与讨论。千古在目前，绝学垂宪言。浮荣何足慕，潜心味义根。我爱夏初长，寸阴当思存。"（《西墅草堂初夏》）"秋凉入林薄，四壁蛩声传。稚子还读书时对儿侍庄居，青灯西牖偏。天经乃菑畬，寸阴良足专。先世鲜中产，胼胝资遗编。言睠彼良农，逢年在力田。"（《观获·其四》）

后来吴国对回忆这段生活，写道："西墅草堂为先君旧居也。对垂髫依侍于此。草堂仅两栋，上覆以茅，土垣周之。外皆野隙地。古人云陋巷殆不过是。先君惟读书课子，怡然也。"（《先君遗稿跋言》）

吴沛一生足迹似未出南直隶（今安徽、江苏两省），曾向往西湖，终未去成。"西湖原不在天上，老病思游不得游。羡煞孤山林处士，千年犹得葬湖头。"（病中拟往湖上不果）为了谋生，他虽一度到邻境和州坐馆，但对诸子的教育未能忘怀，"雨余山寺正凄然，佳客过临遂我缘。幸有宿酲供酌久，何多薄卤到尊前。心期诸子成模样，梦入清庭亦幻颠。欲写离悰因不便，纸上话短自相牵。"（《泉水山房寄子》）

这以后，又考了一次，仍未中，"七战皆北，犹读书历阳泉水寺"

(康熙《全椒县志·吴沛传》)。其时已届"知天命"之年,回首平生,凄凉空惘,功名之心已淡。"碌碌蜉蝣未计年,奔营分敢怨缘颠。鸡声频唤三更月,马首偏悬六腊天。半世头颅徒自笑,千秋事业向谁怜。而今偶悟黄粱梦,不信清闲不是仙。"(《五十岁自作》)

吴沛的父亲吴谦是行医的,看来吴沛对医道也稍窥门径:"左心小肠肝胆肾膀胱,右肺大肠脾胃命三焦",(《脉络·左右手定位歌》);"肺大胃脾心与小,胱肾络焦胆肝了,岂知肝又与脾连,流通环复阴阳妙。"(《手足阴阳十二经脏腑传送歌》)

吴沛又多才多艺,"其他方技曲艺,亦悉旁通之,尤善二王书法秦晋篆隶,季弟对颇得其一绝。"(壬午吴国鼎《先君逸稿小引》)

当时的全椒吴氏还只是小乡绅,吴沛虽也和官府有来往,但多是些书办之流的吏员和低级武官。诗文中有五律《赠浙许千夫长九台留别》、七律《赠友人参运掾》,《孙觉寰膺来邑礼掾考满序》、《胡少峰参邑刑掾序》,等等。

值得注意的是,初刻此集,已是崇祯十五年了,时国鼎、国缙、国龙兄弟三人都已中举,竟还肯选入自己父亲和这些武弁小吏的应酬之作;到康熙十二年吴国对重刻时,五弟兄中已出了四个进士,自己又是探花,放过福建乡试正考官,门庭大变,已是阀阅名家,重刻时仍不删掉这些应酬之作,这在充满世俗势利之见的封建社会里,还是难能可贵的。

这种家风不能不说是吴沛培养教导的结果。吴沛虽然一生醉心举业,但很注意立身敦品,在西墅草堂有这样一副楹联:"函盖要撑持,须向澹宁求魄力;平生憎诡故,聊将粗懒适形神。"(《西墅草堂题联》)吴国鼎回忆道:"鼎庚午幸隽,训之曰:'男子事,不止此。无作呵拥态甚,无以势凌人。'里有富家腴田数亩,久在吾产中,忽向售。先君子曰:'而以吾儿获隽,恐侵而乎?何薄视吾父子耶!'坚却之。以故吾仲弟器,仿行之,乡里有善人称。"(壬午吴国鼎《先君逸稿小引》)吴国器回忆中也提到:"先君尝曰:'才德宜全者也,不则守德余才。'……时讨(对)诸子训之曰:'若辈姿好不一,能读书固善,不然,做一积阴德平民,胜做一丧元气进士。'"(《先君逸稿跋言》)

这种精神和教养,直到他的玄孙吴敬梓还在继承,《儒林外史》的中心思想不是与此正合么!

全椒吴氏"五十年中家门鼎盛",但那已是吴沛身后的事,生前只看到长子吴国鼎中了个自己"七战皆北"的举人,总也算应了誓言,"我不做,儿子辈必做也"。他踌躇志满地鼓励儿子:"一子登科日,双亲未老时。荣知稽古力,遇合破天奇。我自怀三釜,儿当发众篪。壮心殊未已,吾道自无私。""一子登科日,双亲未老时。睠怀酬祖德,努力达师知。干谒羞人累,轻肥耻俗移。致身须及早,康济正相期。"(《大儿登贤书喜拈成语二句卒成二首》)

吴国鼎中举在崇祯三年庚午(1630),转过年来闰十一月,吴沛就去世了。弥留之际,以手画字,遗下七绝一首:"一堆黄土盖文章,五十年来志未偿,忠孝纲常千古事,后人努力肯相将。"(《临去留题》)(图二)其年是崇祯四年辛未(1631),终年五十五岁[1]。据此推算,吴沛当生于明万历四年或五年(1576或1577)。

(发表于《文物》1985年第10期)

① 据康熙《全椒县志·吴沛传》。

《二如亭群芳谱》版本识略

一

《二如亭群芳谱》是明人王象晋万历末年一度罢官家居时所辑的一部植物类书。天启辛酉(元年)书成后,王象晋在《跋语》中写道:“予性喜种植,斗室傍罗盆草数事,瓦钵内蓄文鱼数头。薄田百亩,足供饘粥。郭门外有园一区,题以‘涉趣’。中为亭,颜以‘二如’。杂艺蔬茹数十色,树松竹枣杏数十株,植杂草野花数十器……暇则抽架上农经、花史手录一二则,以补咨询之所未备……类而著之于编,而又冠以天时岁令,以便从事。历十余寒暑始克就绪。”康熙四十四年,玄烨命汪灏等在其基础上扩编为《佩文斋广群芳谱》一百卷,加上新城王氏为山左巨族,王象晋的孙子王士禛名气又很大,这部书也就成为插架必备之品了。

然而,《二如亭群芳谱》的版本,历来著录混乱。如:

《二如亭群芳谱》二十八卷　明末刊清修本　明沙村草堂刊二十九卷本(《四库简明目录标注》)

《二如亭群芳谱》三十卷　明刻清修本(《北京大学图书馆藏善本书目》)

《二如亭群芳谱》二八卷　明末刻清修本　明末刻清虎丘礼宗书院补修本(《北京大学图书馆藏李氏书目》)

《二如亭群芳谱》二十九卷　明沙村草堂刻本(《北京人文科学院研究所藏书目录》)

《二如亭群芳谱》二十八卷　明崇祯二年刊本(《国立“中央图书馆”善本书目》)

《二如亭群芳谱》二十八卷首一卷　明天启沙村草堂刻本(《山西省古籍善本书目》)

《二如亭群芳谱》二十八卷首一卷　明沙村草堂刻本(《北京师范大学图书馆中文古籍善本书目》)

《二如亭群芳谱》二十八卷　明天启元年沙村草堂刊 $\frac{96}{190}$①(《明代版刻综录》)

二

《二如亭群芳谱》到底有几种版本？卷数是多少？

据笔者闻见所及，现传世的，有三种版本，版式、行格、分卷皆同。都是半页八行十八字(小字双行同)，白口，左右双边，有眉栏、脚栏，单黑鱼尾。尾上刻“群芳谱”；尾下刻卷次、类目，如：“卷一天谱”、“卷一蔬谱”。分为天谱三卷、岁谱四卷、谷谱一卷、蔬谱二卷、果谱四卷、茶谱一卷、竹谱一卷(目录中并茶竹谱为一卷)、桑麻葛谱一卷、棉谱一卷(目录中并桑麻葛棉谱为一卷)、药谱三卷、木谱二卷、花谱四卷、卉谱二卷、鹤鱼谱一卷，共三十卷②。另外，除棉谱外，各谱前皆有“首简”，即总论性质的卷首一卷，又诸谱前为“往哲芳踪”，当是“人谱”，亦作卷首，合计卷首十四卷。

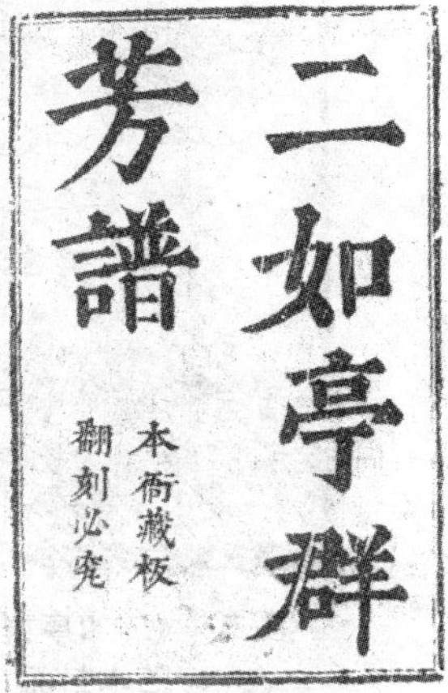

图一　《二如亭群芳谱》甲本封面

不同的是封面、版心尺寸、所收序跋和卷端诠次人题名。

甲本封面镌“二如亭群芳谱　本衙藏板翻刻必究”(图一)。

---

① 96 录自《福建大学图书馆善本书目》。190 录自《复旦大学图书馆善本书目》。

② 《四库全书总目》及《郑堂读书记》皆作三十卷，上述多作二十八卷是只看目录不核检正文之故。

版心高 21.8 厘米、宽 14.5 厘米。

有陈继儒《群芳谱序》，崇祯二年朱国盛《群芳谱序》，毛晋《小序》，张溥《群芳谱序》，王象晋《二如亭群芳谱叙》，天启辛酉王象晋《群芳谱跋语》。

乙本封面镌“二如亭群芳谱　沙村草堂藏板”(图二)。

版心高 21.8 厘米、宽 14.5 厘米。

有王象晋《二如亭群芳谱叙》，毛晋《小序》，方岳贡《群芳谱引》，陈继儒《群芳谱序》，天启辛酉王象晋《群芳谱跋语》。

图二　《二如亭群芳谱》乙本封面

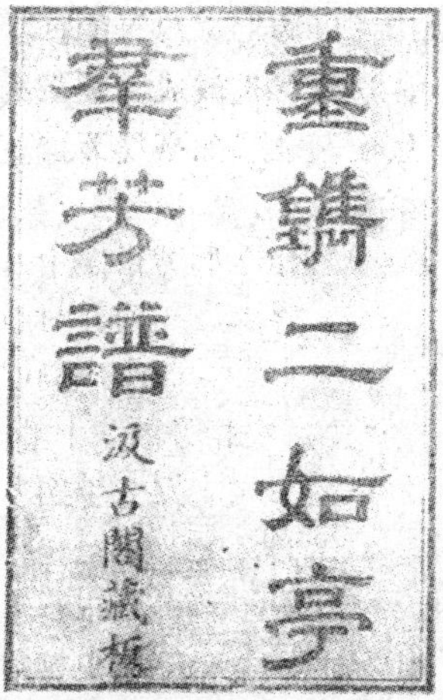

图三　《二如亭群芳谱》丙本封面

丙本封面镌“重镌二如亭群芳谱　汲古阁藏板”(图三)。

版心高 20.9 厘米、宽 14.5 厘米。

有毛晋《小序》，王象晋《二如亭群芳谱叙》。

三种本子在卷首“往哲芳踪”和诸谱各卷前皆有纂辑、较正、诠次人题名。“往哲芳踪”前题：“济南王象晋荩臣甫纂辑　虞山毛凤苞子晋甫较正”，诸谱各卷前题：“济南王象晋荩臣甫纂辑　松江陈继儒仲醇甫　虞山毛凤苞子晋甫　宁波姚元台子云甫仝较”。诠次人则诸谱诸卷各异。如《岁谱》卷三诠次人，甲本作“男王与朋　孙王士禧”，乙本作“男王与朋　孙士禧　曾孙启演”，丙本作“男王与朋　孙王士鹗”；《桑麻葛谱》诠次人，甲本作“男王与龄　孙王士雅”（图四），乙本作“男王与龄　孙士禧　曾孙启汸”（图五），丙本与甲本同（图六）；《木谱》卷一诠次人，甲本作“男王与龄　孙王士禛”，乙本作“男王与龄　孙士瞻　玄孙兆桐”，丙本作“男王与龄　孙王士登”。

二如亭群芳譜桑麻葛部卷全
濟南　王象晉藎臣甫　纂輯
松江　陳繼儒仲醇甫
虞山　毛鳳苞子晉甫　仝較
寧波　姚元台子雲甫
濟南　男王與齡　孫王士雅　詮次
桑麻葛譜
箕星之精也東方自然神木之名其字象形

图四　《二如亭群芳谱》甲本诠次人等题名

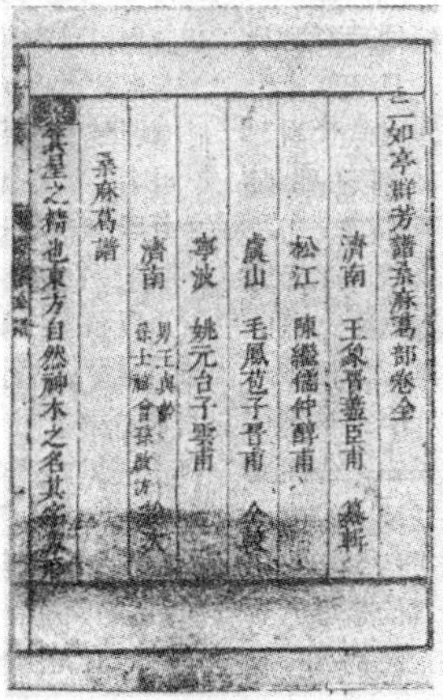
二如亭群芳譜桑麻葛部卷全
濟南　王象晉藎臣甫　纂輯
松江　陳繼儒仲醇甫
虞山　毛鳳苞子晉甫　仝較
寧波　姚元台子雲甫
濟南　男王與齡　孫士禧　曾孫啟汸　詮次
桑麻葛譜
箕星之精也東方自然神木之名其字象形

图五　《二如亭群芳谱》乙本诠次人等题名

二如亭群芳譜桑麻葛部卷全
濟南　王象晉藎臣甫　纂輯
松江　陳繼儒仲醇甫
虞山　毛鳳苞子晉甫　仝較
寧波　姚元台子雲甫
濟南　詮次
桑麻葛譜
之精也東方自然神木之名其字象形

图六　《二如亭群芳谱》丙本诠次人等题名

三

通观甲、乙、丙三种版本七家序跋，都未述及此书何时付刻，只是王士禛在《渔洋山人自撰年谱》中提到："先祖方伯赠尚书公著《群芳谱》刻于虞山毛氏汲古阁，流传已久，康熙四十四年奉旨开馆广续。"(《渔洋山人精华录训纂·年谱》卷下)另外，王士禛又在他曾祖王之垣《历仕录》后序中述及"先方伯著书大富，版在常熟毛氏汲古阁者已多散轶，惟《群芳谱》一书，亦归吴中质库。士禛于二千里外多方赎归，告诸家庙"。较正人题名中每卷都有"毛凤苞子晋甫"也是佐证。

毛氏汲古阁为什么替王象晋刻书，王士禛在王士祜《行述》中说，"兄讳士祜字叔子，一字子侧，号东亭，先方伯公第十孙，家君祭酒公第三子也。先慈孙恭人以崇祯壬申(五年)十二月八日生于常熟官署——时方伯公以参政督苏、松四郡粮储，驻节此县，因小字虞山。"(《渔洋山人文略》卷十一《赐进士出身先兄东亭行述》)王象晋复官后曾以参政道驻常熟，是当时当地的最高长官，和刻书颇有名气的毛晋互为联络，自是意中的事。

那么，甲、乙、丙三种版本中，毛氏汲古阁刻的是哪一种呢？看来应是甲本。这个本子虽也单行，但在北方，多在后人汇印的所谓"三十六种"亦即《中国丛书综录》所称的《王渔洋遗书》中[①]，书板确乎来自王氏家藏，与前说相符。

丙本虽版式字体与之相似，但刻工拙劣，毛晋是不敢以此敷

---

① 说见拙著《旧板汇印本及著录》(《文物》1985 年第 1 期)。近于《民国重修新城县志》卷二十五《节录张汉渡答李雨樵论渔洋山人著述书》中见一说曰："吾乡所谓《渔洋全集》者，凡三十六种。俗目俗呼云然，其实集非全书，亦非有人纂定诠序之以成伦次也。渔洋山人平生著作不一时，有雕板者，有未及雕板者，其所雕之板不一地，有归新城者，有未及归新城者。山人殁后，其家取书与板分而储之，未数载散失已多。及北平黄昆圃先生为山东学政，惧其久而益佚，乃即其各家现存之板，搜而辑之，贮诸学宫，其时适有此数，印书胥役随意部汇为十六函。"

衍本城上宪的，何况封面已明说是“重镌”。虽也题“汲古阁藏板”，但从版式字体看，这“汲古阁”是清代一家书坊，与常熟毛氏不相干。

不过，有个地方值得注意，甲本诠次人几乎都是铲挖后另行嵌补的（可见图四），而丙本倒都是原刻（可见图六）。为什么呢？比较一下，可发现丙本诸孙中不见王士禛。据《渔洋山人自撰年谱》，“故明崇祯七年甲戌闰八月二十八日亥时，山人生。布政赠尚书公官河南按察使，尚书公（王与敕）及孙夫人随侍，山人生于官舍，故小字豫孙”。又，“祖象晋……戊辰（崇祯元年）春报命，升按察司副使，兵备淮扬。下车摘伏如神，十城惮其风采。甲戌（七年）升河南按察使”。《康熙新城县志》卷七《人物》“乙巳[①]（崇祯二年），通州奸民乱猝起，聚众数千，烧劫豪家，势汹汹，且及官府。象晋自泰州驰赴之，擒戮其首事者数人，乱遂定。俄以参政督苏、松、常、镇粮储”。毛晋《小序》中亦有“新城宪伯王公，尝读氾氏之书，深悲无稷；每稽尹君之录，差可征葵”语。因此毛氏汲古阁刻《群芳谱》当在崇祯二年以后，崇祯七年王象晋升任河南之前，其时王士禛尚未出生，当然不可能列名。丙本倒可能是据当时传世的初印本翻刻的，甲本诠次人题名则是后印时为显示子孙家族之盛而剜补的，再后印时又因避雍正讳铲去“禛”、“胤”等字末笔。

从前述各家著录中看，现传世较多的，或向来视为善本的，是“沙村草堂”本，即乙本。

沙村草堂是谁的室名？藏板处是否就是刻家？因资料不足，姑置不论。只是著录作“明沙村草堂刻”、“明天启沙村草堂刻”或“明天启元年沙村草堂刻”，都是错误的。

乙本较之甲本，确实刻印俱精，亦无剜补。诠次人中列名的儿孙，此本独多。岁谱卷一有“曾孙启沆”。《陇首集·文林郎湖广道监察御史王公墓表》述及，“公与胤讳永锡……李自成陷京师，帝崩

---

① 当是己巳之误。

煤山，公闻变……以四月二十六日暨妻、子登楼齐缢死，遗孙启沆仅五龄”，启沆生于崇祯十三年。又，玄孙列至七人。王象晋《赐闲堂集》卷一《喜得玄孙》，“予今九十一，得玄孙四人，长孙十六，四孙十岁”，王象晋生于明嘉靖四十年，九十一岁是清顺治八年，其时只有玄孙四人。又《果谱》卷二有“曾孙启浑”。《蚕尾集》卷五《亡儿启浑墓碣铭》，“渔洋山人次子曰启浑，字奕远，母张淑人。其生以顺治十三年丙申五月”。又《桑麻葛谱》有“曾孙启汸”，《药谱》卷二有“曾孙启汧”。《渔洋山人自撰年谱》，“今上改元康熙元年壬寅，二十九岁，在扬州。正月，第三子启汸生”，“康熙十一年壬子，三十九岁……四月，第四子启汧生”。

乙本诠次人中凡玄孙之“玄”字皆缺末笔，“胤”则不缺笔。“玄”字最后一笔拖得很长，末笔一点不是挖去的。正文中“玄”字又不缺笔。这种现象在康熙初年刻本中是比较常见的。

因此，乙本之刻当在康熙间，而又不会早于康熙十一年。

《北京大学图书馆藏李氏书目》著录的那部“明末刻清虎丘礼宗书院补修本”经核对，也是甲本，不过刷印较早，书板断痕及模泐处都较轻，封面镌“二如亭群芳谱　虎丘礼宗书院藏板”，诠次人题名也都是挖补的，但不同于甲本，却完全依照乙本。

试推断，康熙初年，王象晋子孙中的某一房，曾翻刻过《群芳谱》，即乙本，而甲本板片已由毛氏汲古阁散出，归礼宗书院，刷印时因考虑到新城王氏家族声势，诠次人题名皆按乙本改补，嗣后几经辗转，“归吴中质库”。现时常见的甲本，多是王士禛“于二千里外多方赎归”后所印，约是在诠次人列名上遇到了宗族纠纷，索性简化，只及孙辈①。

四

综上述，无论甲、乙、丙本都应著录为三十卷、卷首十四卷。

---

①　曾孙辈也列三人，都是王士瞻之子，辈份低而年龄长，如王启淳，已早在崇祯十五年清兵第三次进关陷新城时，以诸生随士瞻守城，父子俱战死。

甲本宜作“明崇祯刻清印本”和“明崇祯刻清虎丘礼宗书院印本”。

乙本宜作“清康熙刻本”。

丙本宜作“清汲古阁刻本”。

（发表于《文物》1986年第2期）

一项疑问引出的版本问题

前不久，RLG 中文善本联合目录中心编辑室向笔者提出一项质询：《新刻诗识》的著者是胡文焕还是胡缵宗？之所以出现这个问题，是因为中国科学院图书馆报送的记录中有一部明万历二十一年胡文焕刻本明胡文焕辑《新刻诗识》三卷（图一），而中心编辑室又查出载录于《中国古籍善本书目·经部》的《古名儒毛诗解》子目中也有《新刻诗识》三卷，著者却标胡缵宗。

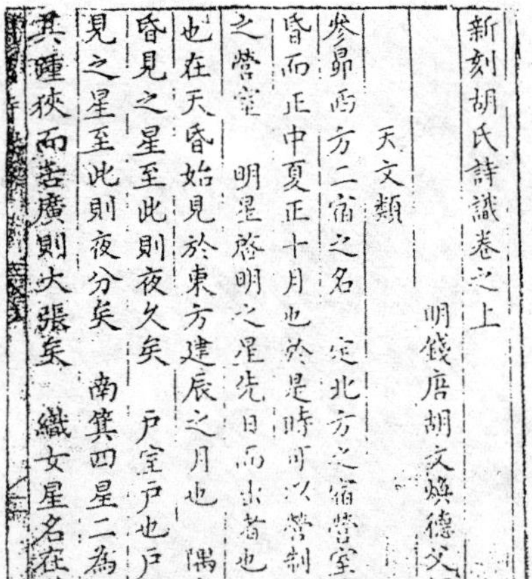
新刻胡氏詩識卷之上
明錢唐胡文煥德父[illegible]編
天文類
參昴西方二宿之名　定北方之宿營室星也此星
昏而正中夏正十月也於是時可以營制宫室故謂
之營室　明星啓明之星先日而出者也　三星心
也在天昏始見於東方建辰之月也　隅東南隅也
昏見之星至此則夜久矣　戶室戶也戶必南出昏
見之星至此則夜分矣　南箕四星二為踵二為舌
其踵狹而舌廣則大張矣　織女星名在漢旁三星

图一　《新刻诗识》

为澄清这个问题，笔者去藏有《古名儒毛诗解》全帙的北京大学图书馆查阅那部“胡缵宗撰”《新刻诗识》。展卷后发现竟和胡文焕辑本是同版，不过卷端和版心做了些剜改：原刻卷端第二行镌

“明　钱塘胡文焕　德父类编”铲去，嵌改为“明秦安胡缵宗孝明类编钟惺校阅”；版心原刻双线鱼尾及上鱼尾下之“〇”，皆铲去。

再逐一查看其它各种，竟发现十六种都是以胡文焕旧版剜嵌，手法相同（图二，图三 ），所谓“明钟惺辑”、“明拥万堂刻本”全属伪托。当然，胡缵宗撰《新刻诗识》也不存在。

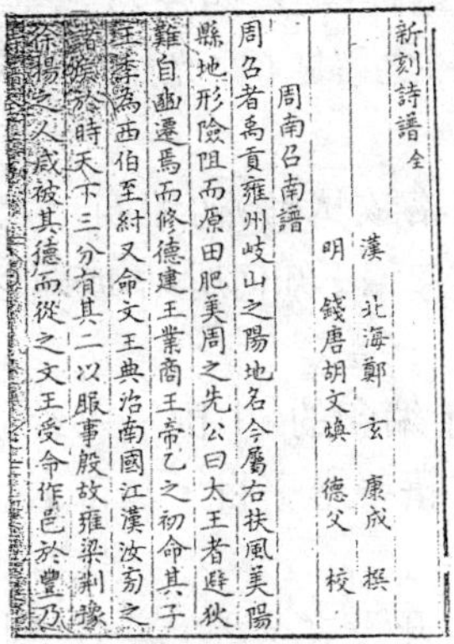
新刻詩譜　全
漢　北海鄭　玄　康成　撰
明　錢唐胡文煥　德父　校
周南召南譜
周召者禹貢雍州岐山之陽地名今屬右扶風美陽
縣地形險阻而原田肥美周之先公曰太王者避狄
難自豳遷焉而修德建王業商王帝乙之初命其子
王季為西伯至紂又命文王典治南國江漢汝旁之
諸侯於時天下三分有其二以服事殷故雍梁荊豫
徐揚之人咸被其德而從之文王受命作邑於豐乃

图二　《格致丛书》本

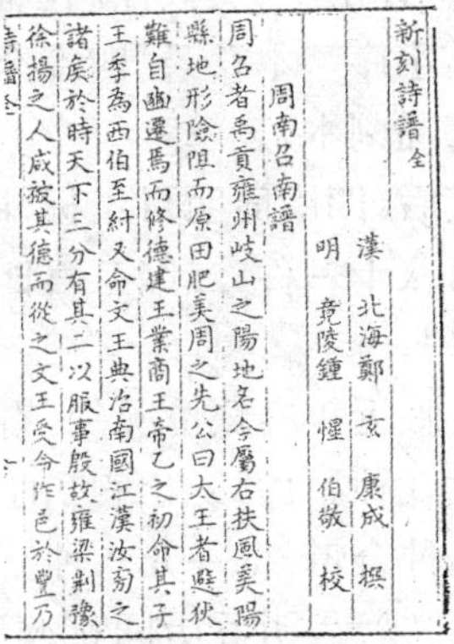
新刻詩譜　全
漢　北海鄭　玄　康成　撰
明　竟陵鍾　惺　伯敬　校
周南召南譜
周召者禹貢雍州岐山之陽地名今屬右扶風美陽
縣地形險阻而原田肥美周之先公曰太王者避狄
難自豳遷焉而修德建王業商王帝乙之初命其子
王季為西伯至紂又命文王典治南國江漢汝旁之
諸侯於時天下三分有其二以服事殷故雍梁荊豫
徐揚之人咸被其德而從之文王受命作邑於豐乃

图三　《古名儒毛诗解》本

这些胡文焕旧版，版式行格一致，写刻，书法秀丽，从事中国古籍版本的皆识之为《格致丛书》本（见表）。但是，《格致丛书》包括多少种，子目有哪些，何者是全帙，自清代至今天，没人能说得清。

最早著录《格致丛书》的，是《千顷堂书目》，卷十五载“胡文焕《格致丛书》五十卷，又《百家名书》〔　〕卷”。未列子目。其后《四库全书总目》子目杂家类存目曾有解题：“《格致丛书》　无卷数　江苏巡抚采进本　明胡文焕编。文焕有《文会堂琴谱》已著录。是编为万历天启间坊贾射利之本……随印数十种，即随刻一目录。意在变幻，以新耳目，冀其多售。故世间所行之本，部部各殊，究不知其全书凡几种。此本所列，凡经翼二十五种、史外二十一种、居官十二种、法家十二种、训诫十四种、子馀八种、尊生十八种、时令农事八种、艺术十种、清赏十七种、说类十一种、艺苑三十五种，较他本稍备，或其全帙欤?”子目未详列，因系“存目”，亦无从查对。

详列子目的，首见于《汇刻书目》，列出经训二十三种、总经训三种、小学八种、韵学三种、史学八种、掌故七种、律例十种、地舆五种，山川三种、异域三种、儒家八种、子五种、训诫二十一种、道经八种、养生三十种、释十三种、杂八种、说九种、博物十三种、艺玩十种、茶六种、农十二种、医十九种、卜四种、星五种、选择九种、相五种、堪舆五种、评诗四十二种、论文十一种、尺牍三种、乐府二种、词曲二种、评书十三种、论画四种、金石二种、类聚四种，共三四六种。条目前小序基本移录《四库全书总目》之解题（据光绪十二年上海福瀛书局刻本）。

其后《四库简明目录标注》称："《格致丛书》初编四十六种，存目一百八十一种，二编三百四十种。"二编不知何所见，或即《汇刻书目》所列。

反映近年实藏情况的，有1957年编印的《中国丛书综录》，收录一六九种。1989年编印的《中国古籍善本书目·丛部》，就各家现藏品种合辑，得一九八种。

胡文焕是明万历间杭州一书贾，开设文会堂，编书、刻书、售书。据现传世本，最早的一种有刊刻年月记载的是《新刻表学指南》，尚具原刻封面，镌"虎林胡氏文会堂万历岁次壬辰（二十年1592）季秋吉旦新梓"（现藏中国科学院图书馆），虽亦同前述版式，却未见任何一家所藏《格致丛书》或其它丛书收录过。其后有一组《寿亲养老书》，封面镌"虎林胡氏文会堂万历岁次癸巳（二十一年1593）仲春吉旦新梓"（现藏北京大学图书馆），子目三十种，内二十四种又见于《汇刻书目》所载《格致丛书》子目。又有万历二十一年刻本《新刻通天窍六十年图》、《新刻胡氏诗识》、《六度集经》、《新刻古器具名》，万历二十四年刻本《新刻文翰指南》、《新刻素问心得》等，皆合入中国科学院图书馆藏《格致丛书》中，亦曾见列于《汇刻书目》载《格致丛书》子目。

《中国古籍善本书目》所载二十一家现藏的《格致丛书》中，只有山东图书馆藏本尚保存着一篇万历三十八年胡文焕署名的《格致丛书序》，其版式、字体和胡文焕所刻诸书相同，当非伪作。序中称："余固陋无文，未尝妄有所作，亦何敢自附于述者之林！窃不自揆，信好实深，平生殚精劳神，旁搜诸子百家，上自训诂、小学、诗诀、文评、天文、地志、历律、刑名，下至稗官、医卜、老佛、边夷、鸟兽、草目，合古今凡有一百四十种，皆宛委、石渠、羽陵、大酉之秘，随得随刻，不加诠次，不复品骘，总名之曰《格致丛书》。”一百四十种都是哪些，因目录早佚，亦不可考。但可以肯定这部丛书确是“随得随刻”的。间有曾以单书或部类组合行世的，亦收入，形成“旧版汇印”(说见拙作“旧版汇印本及著录”，《文物》1985:1)。

《格致丛书》不仅是由旧版汇印的，还涉及“转版”问题。在《千顷堂书目》中与它同列的那部《百家名书》，自《汇刻书目》而后，各家书目多并列著录，子目迭见相重，但两者间有何关系，却无人述及。近年审校，发现相重者皆同版，即同版印本既收入《格致丛书》，也收入《百家名书》。中国科学院图书馆藏《百家名书》既具封面，又有署年为万历癸卯的朱之蕃《百家名书序》，言及胡文焕“尽出家珍善本，汇选若干帙，捐金绣梓，萃合成编，命曰《百家名书》。品式如一，方广无二”。癸卯是万历三十二年，其成书当在《格致丛书》之前。但此序刻工拙劣，与诸书品式、方广差异明显。封面镌“尚论斋藏板”亦非胡文焕堂号。再取相重本比较，《百家名书》本刷印明显在《格致丛书》本后。尚论斋当是胡氏文会堂书板散出后收得旧板之坊贾。或仅得百数，遂伪造朱序，另立名目刷印。与此相类者还有《医家萃览》、《胡氏萃编五种》等。《古名儒毛诗解》则另是一种手法，索性剜改，别拟编校人，使人难辨原貌。

中国古籍中的丛书和总集，存在这种情况的并非个别。传世既久，原印单刻与汇印丛书，汇印丛书与再汇印丛书的版本关系，以至某丛书所含的种卷数，刻年或汇印年，多混乱失辨。

过去藏书，多是封闭的，自藏自理，互不通问，品种、视野更相对有限，何书有单刻、汇印，如何转版，多认识不到，即使有所察觉也难理清。

近年编制各种大型联合目录、总目录的项目迭相兴起，版本目录工作者之间有了广泛协作，得有切磋琢磨的机缘。视野因之开阔，认识也逐渐深化。觉出单纯就形式特征鉴定版本易生误差，须结合内容综合考辨;异书同版、同书异版等现象宜尽量理清,否则难以编出著录可靠,能正确反映版本状况的目录。

不过,做到这样程度的鉴别,并非易事。人员素质要求高,耗时费力,出于近期功利目的,是难达到这种水准的。

《古名儒毛诗解》所用旧版知见著录表

书名卷数 \ 载录书目 \ 丛书名	格致丛书			百家名书	
	汇刻书目	中国丛书综录	中国古籍善本书目	汇刻书目	中国古籍善本书目
小序一卷	√				
新刻诗传一卷	√	√		√	√
新刻诗说一卷	√	√		√	√
新刻诗谱一卷	√				
新刻诗传纲领一卷	√		√		
新刻读诗一得一卷	√		√		
新刻印古诗语一卷	√				
新刻玉海纪诗一卷	√				
新刻困学纪诗一卷	√				
新刻诗考一卷	√	√		√	√
新刻诗地理考六卷	√	√		√	√
新刻山堂诗考一卷	√		√		
新刻文献诗考二卷	√		√		
新刻胡氏诗识三卷	√		√		
新刻读诗录一卷	√		√		
新刻逸诗一卷	√				

(发表于《Committee on East Asian Libraries Bulletin》No. 101,1993)

雕虫漫记

匡亚明同志在第三次全国古籍整理出版规划会议开幕式讲话中提到，古籍整理是把马克思主义基本原理同中国三千年或者五千年的实际相结合的一项基础工程。因为古籍是记载历史和传统文化的文字载体。

依此引申，整理版本目录又是基础工程的基础。其理由可以借清代学者顾广圻的话解释，"由宋以降，版刻众矣。同是一书，用较异本，无弗敻若径庭者。每见藏书家目录，经某书、史某书云云，而某书之为何本，漫然不可别识。然则某书果为某书与否，且若有所未确，又乌从论其精粗美恶耶。"（《思适斋文集》卷十二）。

不过顾氏的话中带有讥讽，所指是那些"某书之为何本，漫然不可别识"的藏书家目录。

这种现象有多少，似乎不是偶见，而是每见。但后世学人于此甚为宽容，不做深究，甚至曲为回护。

"某书之为何本，漫然不可别识"，在一定场合非要下判断时，就难免出错了。

被称为"善本目录之规程"（姚名达《中国目录学史·版本目录》）的《读书敏求记》载录《古列女传》一种，论证撰人、叙述篇章结构之余，旁及"牧翁乱后入燕，得于南城废殿。卷末一条云：'一本永乐二年七月二十五日，苏叔敬买到'"，"内府珍藏，流落人间"。至于是何本，则未别识。而在《述古堂藏书目》中，标出"刘向列女传八卷　二本宋版"。

此本后流入清内府，《四库全书》即据以录入。《总目》中除摘录《读书敏求记》部分文字外，且称"此本即（钱）曾家旧物，题识印记并存，验其版式、纸色确为宋椠"。

《钦定天禄琳琅书目》卷二《宋版　史部　古列女传》条称:“此本为宋宁宗嘉定七年刊行。”

“确为宋椠”,是“验其版式纸色”而定的。“嘉定七年刊行”呢,当是据目录后有嘉定七年蔡骥之按语。乾隆九年且蒙御题,称“刘向《列女传》宋嘉定间闽中所刊”。

因此,这部《古列女传》为宋刻,就被确认无疑了。嘉庆元年顾之逵覆刊,称“覆宋刊本”(《北平人文科学研究所藏书目录》)。道光间,阮福又覆刻。清末民初叶德辉据阮本描述了一番,以证原本属于“宋建安余氏刻书”(《书林清话》卷二)。

在此稍前,号称拥有两百部宋刻本的皕宋楼藏书售给日本之后,彼邦学者在清点过程中发现版本有大量讹误,“存真去伪,合计不过十之二三”(《书林清话》卷十)。于是动摇了对中国汉籍版本标定的信任,兴起了考订之热。几十年后,造就了一批版本目录学家、书志学家,其中以长泽规矩也(1902—1980)成就最著。

长泽规矩也于1932年研究宋刻插图本时遇到了这部《古列女传》,据以观察的,也是阮福覆刻本。

长泽观察到这个本子目录后接刻嘉定七年蔡骥跋,跋后又刻木记“家宝”、“建安余氏”。卷中多见刊记:卷一第三页末“静庵余氏模刻”,卷二末“靖庵余氏模刻”,卷三第一页末“建安余氏模刻”,卷三末“静庵余氏模刻”,卷五末“余氏勤有堂刊”,卷八末“建安余氏模刊”。又有嘉庆二十五年江藩跋,称:“《列女传》八卷,宋建安余氏所刻。余氏名仁仲,曾刊注疏,何义门学士所谓‘万卷堂本’也。卷末有余靖庵模刊颖,靖安岂仁仲之号与!”(长泽规矩也《绘入の宋刊本に就いて》——《书志学》第一卷第一号　昭和八年一月)。

长泽注意到叶德辉在《书林清话》中提到“吾因悟余氏刻书堂名各有分别,如万卷堂则为余仁仲刊书之记,勤有堂则为余志安刊书之记”。搜集并排出勤有堂刻本的有关资料12种,始为大德八年(1304),末至至正十一年(1351)。除一种外,刊记中都可见余志安之名。对《古列女传》中出现的“静庵”与“靖庵”,同意前人的推断，乃是一人。静庵即余志安之别号。因而产生疑问：南宋亡于1279年，距1304共25年，一个人从事刻书能亘续70多年吗！乃断《古列女传》为元刻，否定了自《读书敏求记》以来的宋版说。

直至今日，中国古籍版本目录学的研究和版本目录工作的实践都还是在封闭状态下进行的，极少交流，几代人对域外动态都知之甚少。长泽这种据事理归纳推断的鉴别方法和结果，长期无人注意或做出反应。直到1985年才有一位年轻的学者用同样的方法重复并发展了这一论断(《文献》21期　肖东发《建安余氏刻书考略》)。

在此前后，1981年书目文献出版社出版的《中国书史简编》，在《两宋时代的图书和出版事业》一节中犹笼统认为“建安余氏勤有堂（又称万卷堂)”。1989年上海人民出版社出版的《中国印刷史》，于《宋代　雕版印刷的黄金时代》一章中亦举“余靖安勤有堂刊印《古列女传》”为例。至于专靠迻录不做考订的《四库简明目录标注》，虽一再增订、续录，仍罗列“阮刊仿宋绘图本　顾抱冲仿宋刊本”、“〔续录〕宋建安余氏勤有堂刊本八卷”(1979“上海古籍”新一版254页)也就是必然的了。

分析众多版本误订的实例，任何一则追寻原委都可引出一些值得认真对待的问题。即以此例：

第一，鉴别版本年代当用科学方法考察分析，不宜只凭感性认识。试问，宋椠、元刻的版式有何绝对不容相混的区别？466年前和376年前的纸色有何差异？不做综合分析，片面地以序跋题记的最后署年为刻年，实不可取。此例中嘉定七年蔡骥按语但辨撰人，说明编排体例，无一语及刊刻。

第二，盲目相信前人，尤其是名家，往往会造成多米诺骨牌式的后果。我们的先辈凡列于“名士”者，大抵都带些浪漫气质，不大习惯以事实为据，逻辑推理。或“大概齐”或想当然，模模糊糊，实实幻幻，又岂止表现在版本鉴定方面。

第三，在众多学问中，版本目录似宜以雕虫小道自处。就在这一方寸领域，从事于斯者，也并非只有国人。域外同道，长泽就是一位代表。从1926年尚为东京帝国大学研究生时起，就参加了静嘉堂文库的汉籍整理，以后半个多世纪，凡日本大小汉籍收藏单位整理、鉴定与编目，几乎多有他参加并由他主持。长泽汉学功底深厚，于版本、目录、校勘、印刷史皆有研究，丰富并发展了日本的“书志学”，并培育了一批整理汉籍的骨干。

我国版本目录学界对长泽并非无闻，但对具体学术成就却一向缺乏介绍和研究。特别是实践性很强的汉籍鉴定与著录中的问题，在漫长的半个世纪中长泽发现了哪些，解决了哪些，又对哪些提出过可作进一步探讨的见解，就无人述及了。

20世纪70年代末以来，我国编制大型版本目录的项目迭兴，在筹划和进行中从来没考虑过域外此道之进展与水平，更谈不到使“它山之石”溶入为用。

而今，这类项目还在继续，且已不由主观意愿地置于国际同类或近似项目的比较中。因此，广拓视野，知己知彼，汲长补短，得体地确定对自己的要求和标准，还是必要的。

（发表于《图书情报工作》1994年第2期）

稀见中国地方志的文献价值

——影印本《稀见中国地方志丛刊》前言

中国古籍于今仍具有广泛应用价值的，当首推地方志。

中国地方志的文献特征是，以一地一志为基本单位，纵成年鉴式的累积记载，横则连成区域以至全国，构成一幅幅断代的资料记载面，弥补了国史记载时间与空间之所不能，所不足。一种一部固然各有其独立的文献价值，更大的功能则在由它的群体所构成的广阔、全面而丰富的资料库。

中华人民共和国建国以来，曾进行过多次大规模的历史资料汇编，如：《方志物产》、《中国地震资料年表》和《中国历史地震资料汇编》，《中国天象记录总表》和《中国天文史料汇编》。无一不是组织大量人力，通查现藏中国地方志而完成的。

因此，自中国地方志的文献价值被学术界广泛重视起来之后，无论国内外，收藏者莫不极力求全，求系统。但由于种种原因，原书尚可以直接购置的，已是极少数，可遇而不可求，近年更濒于绝迹。只有靠复制手段求其化身。从20世纪60年代上海书店影印《天一阁藏明代方志选刊》以来，陆续有台湾成文出版社影印《中国地方志丛书》、江苏古籍出版社等影印《中国地方志集成》之举，尽管根据具体条件各有选材标准，但从多角度影印原件，丰富藏书单位的收藏，提供更多的使用场地来讲，效果是一致的。

根据近年各方面提供的资料，中国地方志现传世者，国内外约有八千余种，其中近半属于稀见。基于多种原因，使用这部分方志有很多不便，复制它，更受种种制约，是以出版家复印选种多从缓考虑。

稀见方志绝大多数纂修时间较早，一般有流传较广之后志，是不是已只具版本价值，资料都汇入后志了，也并非完全如此。一县一州一府之志，有因袭前志成份，但不都是单纯的套引与增补。

由于时代不同，前志曾因时因事着眼的，后志因时过境迁，往往略去。如明代颇重视乡兵，地方军备甚具规模，明清之间所修志于此多有较详记载。康熙刻本《纂修景州志·兵马》中列库贮军器："大炮八位　大佛郎机十个　小炮二位　小佛郎机十个　三眼铳一百十五杆　单眼铳二十二杆　挨牌二十面　长枪二十三杆　铙钩二十杆　斩马刀三十三口　腰刀四十口　弓四十张　撒袋四十条　铁箭五十五把"，"隆庆四年奉例新造预备神器　中炮二十位　神枪四百杆　铁子四百三十丸　铅子一万一千丸　火药五十斤　火绳八十条　长枪四十杆　国朝西洋炮四尊　明光炮六十三尊　竹节炮四尊　花瓶炮七尊　三眼枪四十一杆"。乾隆十年刻本《景州志·兵防》只载："旧志所载年久无存。雍正十一年知州郑方坤奉例清查，止存不堪用大炮七尊、小炮二尊。"

《纂修景州志》尚详载明代马政之弊，后因马价纳入条鞭法，州县不复养马、解马，乾隆以后志皆不载。

明万历间，采矿甚兴，但因宦官督办，管理不善，滋弊甚多。康熙刻本《唐县新志》《赋役志》中列"矿害"一目，详述扰民情状，"民间富者贫于供，贫者亡于役。山中百里之内材木竭，烟火绝"。且列载各矿洞开闭年代及矿工人数。康熙刻本《夏县志》亦载明嘉靖万历间境内开采银矿始末，及由此引起之地方不靖。通篇五百余字。

采矿有利有弊，而地方多只承其弊，因此后世地方官讳言矿务，志书中多略而不载。乾隆刻本《夏县志》即只言曾有矿洞，不提"银"字，且删前志记载，所余不及二百字，只述其害，"河南卢氏矿徒劫取杀人。巡盐御史竹厓王公闻于朝，随檄河东守巡防御之，颇扰民。后平阳府同知驻节于此，添设平阳卫兵八百防护，骚扰益甚，知县胡桷申详罢之，以省祭官统药箭手代。国朝康熙四十六年太原人高华等叩阍，拟开矿以充兵饷，奉旨入洞取沙烧炼，无所得，高华等俱以欺罔治罪。"

灾害记载大抵也是近详远略。雍正八年刻本《临汾县志·祥异》载崇祯十四年灾情为:“十四年春大饥,自十三年大饥到处木皮草根剥掘既尽复食人,至有父子、夫妇、兄弟相食者。至是年春,斗米麦自八九钱至一两二钱、一两五六钱者。黄昏人不敢行。油斤银一钱八九分,猪肉亦如之。麦方秀即捣食,麦熟饱食。得病黄肿而死者甚多,有委麦于野无人收者。”又,“(康熙)五十九年大旱无禾,六十年大旱无麦。自五十九年三月至六十年六月凡十五阅月不雨,赤地千里,草根树叶俱尽,饿莩盈路……斗米直银八九钱不等。是岁六月十五日始雨,下种时已中伏,乃大有。民渐以苏”。乾隆志则只载:“(崇祯)十四年春大饥,自十三年大饥人相食”,“(康熙)五十九年大旱无禾,六十年大旱无麦。”

传记与诗文之收录,每因地方家族势力之消长,主纂人取舍角度各异,有详有略。乾隆刻本《赵城县志》《艺文》收杂著三篇、碑五篇、记三十二篇、论十二篇、传十二篇、序七篇、赋八篇,诗一百六十五首。道光刻本则只收碑记诸文三十篇,另辑入谕祭文五十一篇。

各部志书又往往有独特的记载。康熙十二年刻本《鼎修霍州志·坊市》记城中街巷:“东西大街广一丈五尺,长五百步;南北大街广二丈五尺,长六百五十步;南中街,自东城至儒林坊长四百步;南北小街,自南城至北街口长四百五十步;东西小街,自太清观至南边街,长四百步;南边街,自察院至澄清坊,长三百五十步;北边街,自关帝庙至大街口,长九十步;夜义街,自东城至西城。居民多塞在东西街之南。”后志则不载。乾隆刻本《长子县志·兵防》中录及清初安置郑芝龙降兵始末及后裔生活状况。明万历至清康熙间刻印的方册大藏,号称《径山藏》或《嘉兴藏》,其缘起、规模、章程、制度、经历,鲜见记载。康熙刻本《嘉兴府志》中却有徐善《楞严寺经坊总论》,对此有较为全面详细的记述,后志则把它删去。康熙元年刻南明永历二十九年增修本《宁洋县志》记载了康熙十四年台湾郑经部乘三藩之乱进占闽南地区并委官设治之情况。也是目前仅见的一部有关南明政权的县志。

有些志书,并非完全应付功令,纂人以个人著作自视,或述政见民情,或逞文思,或寄情怀,就更具不可取代的价值。

万历刻本明沈榜纂《宛署杂记》,叙事后多有论,论多出于京县维持局面之苦衷,政令弊端,缕缕可见。乾隆二十六年刻本陶奕增纂《合水县志》记此间贫苦,“其家常所食多杂粮,若粟麦,乃贵重之物。早米粥、午面饼,即有力之家。次者两粥,一稀一稠,甚至有日一铺而不可得者。虽不再食,不饥矣。伤哉,贫也”。“乡村自庙宇而外,有房屋者十之二,甚且神亦窑居”。“土炕并无席,旁止一锅,犹待炊焉。”即便宴会,“从无异味,羊豕且不能兼,或益以鸡而鸭亦不可得。宾皆八人共为一席,其肴或七或九。有曰炉花饼者,人各八枚即为至厚。馀止肉菜、汤饭、蒸饼、炉饼而已。又有以片肉加蒸饼人各数枚者,客食饼,而以蒿著穿其肉而归以遗老亲或幼子,曰‘今日赴席来也’”。

康熙刻本清周三进纂修《五台县志》,《村�武》一目用文学写法组成一篇长可千四百字的“游记”,不只记载地名,且对地形地貌、古迹、建筑和风景进行描述,生动可读,可供后世比较、考证。“窦村镇为一乡交易之所,自县至此四十里。出镇之北门三里至西营村,村西裴家岗,东过莪河为东营。循河北上,五里则阎家寨。东望层峦翠霭,长松郁郁,一带林光隐见楼台者,古竹林寺也;榆柳阴森,朱门掩映,宝幢扬风珠光欲露者,佛光寺也。寺后有智远墓。传为后汉高祖陵,然碑碣莫存,代远无征。又谓为唐之僧名智远者墓,寺记为唐鄂国公尉迟敬德监修,则云为僧墓者近是。”“团城村、下庄、上庄,群山拱秀,一山前掩,上建梵宇,松林茂密,楼阁参差,宛若翠屏。清泉左泻,引以灌圃,故其地蔬菜丰洁,果实甘繁也”,“四维皆山,惟中窊下,潦水无归,注于茹村之西,湛然一溪,冬夏不涸,周方四里馀,芦菰蒲菱,遍满泽畔,鸿雁鸳鸯喧啄唼呷之声昼夜不绝,令人有江湖之想。”

日本宽文刻本清释如一纂《福清县志续略》则是著者寄情之作。“噫,顾兹用世典常何与方外!第予生缘有在未可遽忘”。如一俗姓林,福清人,原福清黄檗山万福寺书记僧,清顺治十一年随隐元隆琦禅师东渡日本创立“黄檗宗”。晚年为小仓广寿山福聚寺住持,怀有强烈的故国乡思,“借邑志以寄厥衷,意在韵弦之外”。

17世纪中叶隐元东渡，对日本文化也产生过重大影响。如一写的匾额、对联现被日本政府定为“国家重要文化财”。而汉籍中留有这次中日文化交流记载的，只有这部方志了。

稀见方志刻年一般较早，不少是第一代方志、现传世最早方志或不同体系的始修志。从校勘和版本角度讲，原志当然优于因袭志。

近年方志目录出现不少，但著录颇有不确。如：既列“〔康熙〕四川叙州府志二十九卷”又列“〔康熙〕四川叙州府志宜宾县六卷”、“〔康熙〕富顺县志六卷”、“〔康熙〕隆昌县志二卷”、“〔康熙〕南溪县志二卷”、“〔康熙〕叙永厅志二卷”、“〔康熙〕长宁县志二卷”、“〔康熙〕兴文县志一卷”、“〔康熙〕建武志一卷”、“〔康熙〕珙县志一卷”、“〔康熙〕高县志二卷”、“〔康熙〕四川叙州府志庆符县二卷”、“〔康熙〕筠连县志不分卷”。是一种方志总目与子目同列，化成十三种。“〔永历〕宁洋县志九卷”乃是“〔康熙〕宁洋县志八卷”的增修本。“〔康熙〕望江县志十二卷”和“〔康熙〕望江县志十五卷”也非二书，原是一志。日本宽文刻本，清释如一纂《福清县志续略》，竟著录为“明嘉靖二十六年刻本　明释如一纂”，等等。澄清这些，非展示原书或其化身不可。

中国科学院图书馆收藏中国地方志比较系统，品种也较多，是院内外读者使用这类文献必至之所。在长期的文献服务工作中，深切感到有继续使其完整之必要。因此对任何方面组织的复印，都持赞赏和支持的态度。也认为必须多方位、多角度共同努力才能使此善举更趋完满。因而也择出二百种稀见品提供中国书店影印，使这部分已濒临佚亡的方志得到化身。

（发表于《图书情报工作》1991年第2期）

地方志采访漫记

1962年春，一天，采访部主任赵燕生找我谈工作，让我把中采全面抓起来。“线装书也要管”，他说，“不过要以补充地方志为重点！”

当时，古籍可是个冷门，除了少数学者通人外，莫不把它看做糟粕堆，一些大馆，如北大、清华，基本上已停止收藏。但由于五十年代国家组织了几次大型资料汇编，所用的主体文献是中国地方志，因得区别于“糟粕”，独受青睐。

那时访求地方志是凭借朱士嘉先生所编1957年版《中国地方志综录》来“对号入座”，按图索骥的。基于采访员买书必须懂书这样一条基本的职业要求，我不想只按前人画的“图”去索“骥”，尽管它很“权威”。于是除了阅读一些有关文献外，还就已藏方志做了大量浏览。就是亲自吃一吃梨，再判断什么是梨。

这番工夫不白下，虽然还没买过几种，但已有了些发言权。追本溯源，中国地方志是从地理记、图经、地方史演进为地方官“施政要览”的，内涵明确，外延清晰。因而发现《综录》中掺杂了不少误作比附的品类，如清末为初等小学堂编译的乡土课本——乡土志，名胜志和风土志，地方大事记、传记、职司志、地理杂记等等。我把这些认识条理为《方志辨》，进行工作也就有了主攻目标，不但知其当然，也能知其所以然，初尝“胸有成竹”之愉悦。

方志之辨，很受馆领导赞许，以论文形式发表在馆刊上，蔡国铭馆长并亲自写了按语推荐。其后朱士嘉先生来京，还曾到中采和我会面。可惜当时的政治气候，已不便从容深入探讨。

什么东西到价值被肯定之后，再想得到就难了。尤其像北京这个地方，书源本趋枯竭，全国数以百计的藏书单位又莫不想到此来得到些什么，除了新建单位家底空空的而外，已藏中国地方志两千种以上的，再想有所补充，就只能是规划中的目标了。

念兹在兹，心中有所记挂，观察反应就敏锐。一天我去北大图书馆，先到大门对面的报栏浏览了一下，见校刊上载有侯仁之先生《燕园史话》，多处引文出自金勋《北京西郊成府村志》。成府有志？不见记载，前此也没听说过。但仅据引文，可以断出它有丰富翔实的史料。是不是北大图书馆藏的？我进去问郭松年，他不知道，且断言图书馆未藏此书。于是我打电话问侯先生。他说，那是件稿本，著者已去世，书稿在他女婿吴某处。我又辗转找到吴某，几经商谈，答应价让我馆。这部书稿严格讲还未成书，但它记载了光绪庚子圆明园最后的毁败，京西诸园的变迁，燕大、清华校园的形成。著者是目睹者，是见证人，字里行间充满黍离之慨！

但像这种可遇而不可求的采访方式，是谈不到效率的。为快速充实馆藏，只能采取复制手段。期待出版家影印，当时只有上海书店一家，且天一阁藏明代方志实用价值不高，速度也慢。效率高又能主动选择急需品种，当时只有靠缩微。那时我馆复制组工作很有开创性，何绍熹同志设计了一种便携式缩微机，可以外出工作。我就利用这个条件，和他合作。

按我估计，国内收藏中国地方志有四个中心：一在北京，二在南京，三在天津，四在上海。北京有的，就不影响读者在北京用；其它地方有，北京地区没有的，打算逐步缩摄过来。

天津地方志的收藏，集中在天津馆，多是任振采天香楼的旧藏，稀见品种多，书品也好。做为采访员，我和天津馆原有多头业务联系，和黄钰生馆长很谈得来。承他支持，接纳我在馆选阅底本，并安排何绍熹同志的生活和工作场地。

天津复制告一段落后，又到南京。

南京地区有四家地方志收藏大户，即南京图书馆、南京大学图书馆、南京地理所图书馆和海盐朱氏。

1963 年夏天，许桂敏同志来馆分配到中采后，我立刻送她到复制组跟何绍熹同志学这种简易缩微，秋天便去南京，由地理所安排工作场地并提供生活条件，独立工作了一个多月，按计划完成了任务。

这项缩摄，除了地理所即在本库之外，它处原件都要借出，到地理所拍摄。

当年办事，只要单位被认可，项目合理，即可得到各方大力支持。像这种提供缩微场地，安排工作人员食宿，使用底本，底本出馆，等等，都未花一分钱使费，今天说起，很像在讲童话。

在开展缩微复制的进程中，我发现各馆都有一定数量的复本。某些复本是别家正访求的。何不交换呢？

对这个想法，范新三、吴一尘两位馆长都赞同。对象又以天津馆为首选，仍得到黄钰生馆长和妃前山等先生的支持。

用什么换，我却打了一番小算盘。古籍书品情况复杂，标复本号的，不见得比正本差，且有缺不缺页、足不足卷等诸多需要细心比较检查的工作，又涉及注销馆藏等一系列复杂手续。为避繁就简，我提出用一部《李朝实录》换若干种我馆缺藏的清代方志。《李朝实录》是研究十四世纪以来东北亚的重要史料，原为写本，分别藏在日本和朝鲜。五十年代初，郭沫若院长出资赞助日本学习院印行了藏在日本这部分，共 50 册，又由科学出版社和朝鲜合作印行了藏在朝鲜这部分，共 10 册。日本方面送郭院长 100 部，由我馆储备书库按指定的名单配上科学出版社本分发。大抵省以上图书馆都得到一部，天津馆属市馆，没能得到。我馆分剩下的还有若干部。这书是无处可买的，天津馆方面从我馆获得一部很满意。

天津古籍书店经理张振铎是个懂书善经营的行家，也很赞成用交换方式互补藏书。因而我想起书店在天祥市场对面有个库，其中有不少方志，但暂不打算出手。这批方志对大馆来说，倒都是些已藏品种，但对一些收藏不太丰富的，却颇多可遇而不可求者。

中采当时掌握着一笔特别经费，是某氏的捐赠，月以百元递增。馆里决定作为购买中文书的借用款，不列入日常经费。于是我就申请动用这项经费，从天津古旧书店库中选出一百余种，做为交换本，避开直接用馆藏交换将引出复杂的工作程序。

在科研单位中，水利科学院也是收藏方志较多的一家，当时和我馆业务来往很密切。天津这部分交换本到京后，首先和他们进行了一笔交换。不久就是“四清”、“文革”，这项活动就中止了，那些交换本还单独放在九爷府中采管的书库里。

在书源枯竭的背景下，馆际间互通有无，是很有生命力的。“文革”后期，北京市文物工作队的负责人还向我提出以明人文集交换我们的复本地方志。那时我已不问采访事了，婉言搁下。

北京中国书店当年和我馆的关系也很好，尽可能地照顾我馆需要，还在孔庙东庑时，店里也破例允许我进库翻腾，陆续发现过若干稀见方志残卷，就买了下来，委托全帙收藏馆代为抄配。做得最好的属南京大学图书馆，专组织了一些老先生做这些事。老先生们不仅一丝不苟，还互作校对，署名示责。

采访员本是不考虑编目的。可有一次向建华同志请我去看一批早年从日本买回来的胶卷，是见藏于日本的稀见中国地方志，托我代为揭示。于细微处一着眼，竟发现原藏单位的著录有许多错误。著录规则可不必强求都符通例，但硬伤性的错误则错就是错。抽段时间，我为它做了“书录”，结果发现存在同书异录、误断刻年、不辨增续后印、纂修人误定、以篇卷为单书、误植省区等误差，几近三分之一。这“书录”后来由书目文献出版社出版，印行4000册，征订发行，市面上不容易买到，在普林斯顿、耶鲁等大学图书馆中都见过，台湾地区也刊载过书评，1990年得过中国图书馆学会二次文献优秀成果奖。几篇问题突出的，扩大为专文，先后在《文物》上发表。前几年厦门大学某教授写信给我，揭发那里的某先生剽窃入己作。我感谢他的关心，但对其事一笑了之，以为有人剽窃，说明内容有用，就由他帮我传播吧！

倒是对这些流传到海外，本土缺藏的140部原书我很担心，万一出现什么意外，就无法弥补了。后来北京中国书店想和我馆合作影印书，我就把这组缩微品介绍出去，配上馆藏的另60种，影印为《稀见中国地方志汇刊》。书店方面保守，只肯印130部，结果一上市即售罄。不过总算有了130个化身。

随着对方志认识的多角度深入，我发现前代前人各家各种方志目录中普遍存在品种揭示不确切，每每导致使用者盲目求索，浪费时间和经费。明显的例子如《容城县志》。按1986年版《中国地方志联合目录》所载，有乾隆、咸丰、光绪、民国四种，藏家各异，藏有光绪志的最多，标出23家。如果一位读者在浙江图书馆看过光绪志，还要看咸丰志，最近得去南京图书馆。再想看乾隆志则需去上海图书馆。最后还有民国志也要看，则必须来北京，找中科院或人大图书馆。最后方知，这四种，其实就是一种。刻在乾隆，卷八灾异为1—4页。咸丰间奉命修志，只在后面增了一块版，为页5—6，记载延至咸丰四年春。光绪间又奉命修志，仍如法炮制，在页6后补版半块，为页7，记载延至光绪二十一年。民国志该是新编新刻的吧，竟依样葫芦，增版半块为页8，记事至民国九年。如果依次标示"咸丰志"为"清乾隆二十六年刻咸丰七年增修本"、"光绪志"为"清乾隆二十六年刻咸丰七年光绪二十二年增修本"、"民国志"为"清乾隆二十六年刻咸丰七年光绪二十二年民国九年增修本"，就一目了然，避免误导了。

当然，这类问题并非方志独具，是中国古籍著录存在的系列问题之一。近二十年来我主要从事这一领域的研究，在国内外以演说、讲课、论述、示范作业等方式揭示问题、阐述观点、争取共识。这是另外的话题了。

有一点是要陈述的，20世纪50、60年代，我们的馆风十分纯正，历任领导都以遵纪守法、培育职业道德要求干部。虽多方面设法补充馆藏，但决不采取欺诈手段巧取豪夺。亦举一例。六十年代，海盐朱氏藏书是图书馆和古书业共瞩目的。朱氏所藏并不着眼单纯的文物价值，而在于史料。朱希祖先生是民国间史学大家，哲嗣朱偰继其步武，也是一代学者。藏书以浙江地方志和明刻明人文集为最，多罕见传世之品。其时朱宅开支甚大，月靠朱偰百元薪水，难以支应，不得不谋出售部分藏书。但当年这样的"世家"很顾面子，"卖书"是不体面的，只愿商诸大图书馆，名为"捐赠"，实受酬金。中国科学院图书馆是最高研究机构图书馆，"门当户对"，经费也相对充裕，不像当时一家省图书馆每年只有八万元经费，拿不出大笔买书钱来。因向我馆函洽。这当然是求之不得的事。馆领导派我去南京办理,但明确一点:如地方不放,则尊重地方意愿!

到南京后我先去省文化局。江苏省委宣传部、省文化局重视古籍是久已闻名的,果然表示要考虑。安排我和南京图书馆协商。

南京馆由副馆长陈毅人出面,说他们早已盯住这家藏书了,只因经费不足,没有进行。省委宣传部的意见,还是希望留在江苏。

一腔希冀化为泡影,我闷闷不乐去了扬州。那里古籍书店经理姓陈,人称陈胖子,极善经营,问我此次南来何干,我说了经过。他说:“这事好办!朱家并不是不卖书的,需钱急了,也零星地卖给书店。我和他家很熟,我出面,让他卖给我。江苏省总不能管扬州书店买谁家的书吧!而后我再转给你,如何!”这样的事对他来说,不过是略施小计,事成后确实谁也说不出什么,更不犯法。但我觉得这样有违堂堂正正,是欺骗地方,就谢绝了,宁肯空手回来。

暮年回首,更不觉遗憾,倒是觉得少制造一项良心不安。尤其是“文革”中这批藏书进了南京馆古籍部,现在安然庋藏在清凉山西麓新建的馆舍里,比来科学院图书馆将罹的命运强多了!这实在太有哲学意味了!

(收录于《中国科学院文献情报中心五十年》,2000 年)

图书馆采访工作概述

第一章　绪　言

图书馆采访工作，负责补充本馆的藏书，图书馆的藏书，是图书馆完成各项业务工作的物质基础。从图书馆的建设来说，它是首要的环节；从图书馆对读者的服务工作来讲，则是负责物资供应的“后勤”。因此，图书馆采访工作，在整个的图书馆工作中，占重要地位。

图书馆采访工作，按其业务性质，可分为采访活动和采访事务两个环节。

预订、选购现货、访求等一系列用多种手段补充本馆藏书的活动，属于前者。它要求工作人员深刻理解本馆的方针任务，具有一定的学科和目录学知识，熟悉书源和馆藏，经常了解有关的学术动态和本馆主要服务对象的需要。

验收财产登录、组织采访目录和经管入藏前书刊的装订整修等一系列的事务管理工作，属于后者。它要求工作人员具有一般的图书编目常识，版本和图书文物知识，熟悉并严格遵守规章制度，工作熟练。

忽视采访活动，简单地认为它只是一种跑跑书店，圈圈订单的工作，补充藏书的质量就无保证。相反，把采访活动看得深不可测，不敢动手，选书一概委之于其它方面的专家学者，藏书补充也不可能全面求精、求妥善。

忽视采访事务，认为这方面的工作可繁可简，可有可无，必致无严密的规章制度可循，造成整个采访工作秩序混乱。轻视它，认为它机械简单，不屑于钻研，就不可能掌握它，工作起来错误层出，对整个采访工作有严重影响。

采访活动和采访事务是图书馆采访工作一个整体的两个方面,各具自己特定的业务范围和业务要求,由于图书馆的规模、性质不同,其范围和要求有程度上的区别,但是不可能用其它方面的工作来代替,二者之间也不应有所偏废。

第一章:参考复习题

图书馆采访工作的内容有哪些,自己以前是怎样认识的?

第二章　采访活动

第一节　原　则

图书馆事业有着鲜明的阶级性,它首先表现在补充图书方面,地主阶级、资产阶级收藏图书,是以利于他们的统治和阶级利益为准则,就我国而言,翻阅解放以前各公私图书馆和藏书家的目录,无一不带这个特点。我们办的图书馆,不管类型如何、规模大小,都是社会主义的图书馆。因此,采访工作必须坚持为无产阶级政治服务的总方针。

马克思、列宁主义经典著作、毛主席著作,反对现代修正主义的文献,党和政府的方针政策决议等文件,都是各类型图书馆所应必备的,只是在版本是否求全等方面可以斟酌具体情况考虑。

"厚今薄古,古为今用,外为中用"的原则,对各类型图书馆的采访工作也都是通用的。不根据需要,盲目地搜购甚至重价抢购古书,醉心于古书版本;过分地注意外文图书,尤其是资本主义国家的出版物,置我国现代出版物于不闻不问,都是不恰当的。

对本馆的方针任务,不应仅以了解字面为满足,在采访工作实践中应经常以工作结果对照本馆的方针任务进行检查,并结合对读者使用图书情况的调查研究进行分析认识。

一般说来,图书馆藏书有三种类型,即:基本藏书、重点藏书和一般藏书。

基本藏书是根据本馆的方针任务确定必备的。马克思列宁主义经典著作和毛主席著作属于此，有关学科中质量较高的基础书刊和主要学派的代表著作，常用的主要参考工具书等等，都属于此。这类图书，是本馆藏书的基础，在人力、经费的使用上需要分别轻重缓急的情况下，要给予优先。

重点藏书要在基本藏书比较完备的基础上考虑发展，它是对某个或某些学科图书或某类文献的全面系统收藏，它应当紧密结合本馆的方针任务、长远规划、藏书基础，并考虑本地区各兄弟馆藏书的特点和客观条件，最好能做到和本地区各兄弟馆之间有所分工。

发展重点藏书，要靠较长期的系统积累，所以应当拟订单独的补充计划，责成专人负责进行。

一般藏书是指和本馆的方针任务有一定联系的学科门类的图书，它的范围往往比基本藏书和重点藏书要广，品种也多，在实际工作中，即便有明确的藏书补充范围规定，也常常会遇到不易解决的问题，一般来讲，不宜泛泛收藏，选择时要特别审慎，注意不要本末倒置。

图书馆无论属于何种类型、经费宽裕与否，在图书补充上精打细算，慎重选择，注意节约，都是必要的。

注意节约不止要从经费上着眼，还要以图书进馆后涉及的一系列加工程序、占用书库空间、增大目录体积等方面考虑。

节约，并不是简单地意味着不买或少买。在图书补充工作中应当从恰当地掌握质和量的分寸着眼。

质的体现在于补充图书力求符合本馆的方针任务，妥善地划分基本藏书、重点藏书和一般藏书的范围，并注意其间的主次关系。

补充藏书如果需要使用外汇，在预订或选购时更要特别注意，一般图书馆对这类图书不宜求广求全，应当尽量从兄弟馆之间的分工和订购影印版方面考虑。

一般图书馆在补充古旧图书时，不宜追求有内容完全相同的后刻、后印本可以代替的古刻本、初印本。这类图书不仅价格比较昂贵、难得，在使用和庋藏上也都要有一套特殊管理办法，在人力、物力和实用价值上都不经济。

规模较小的图书馆，对属于一般藏书的丛书中的单刻、单印本，可以考虑不必收藏。

私人藏书一般不宜毫无选择地包下来收购，这样做，不仅多花钱，对进馆后一系列工作程序中的人力，都有很大浪费。

无价接收成批捐赠或拨赠图书，除了作为一项任务必须执行或不便辞谢而外，应当和有价收购同样处理。

量的体现主要在于对复本额的决定和变更上。任何类型和规模的图书馆补充图书的复本额，都不可能是一律的，决定不同门类和类型图书的复本额，并根据读者需要的变化及时地变更它，是一桩细致而复杂的工作，一般来讲，应以馆的方针任务，藏书的类型，结合主要读者的当前需要为主要考虑依据。

定期地淘汰一部分内容陈旧，对本馆已无使用和庋藏价值的图书，或由于读者需要转移而显得过多的复本，以及由于一时工作失当补充进来与本馆方针任务毫无关连的图书，以节约书库空间、减轻目录的臃肿，也是采访活动中应当考虑的问题，但是必须慎重从事，最好能在广泛征求馆内外群众意见的基础上研究制定淘汰藏书方案，再送领导审查批准。

采访活动中密切联系群众，经常了解读者当前需要，征求读者意见，遇到问题向专家求教，向懂得的人请教，是必要的工作方式。

了解读者需要，一般的方法要经常去出纳台和读者直接接触、交谈，翻阅近期的借条和新书展出台上的预约单，也可有重点地访问一些单位，和一些作为主要服务对象的读者建立经常联系，有目的地举办一些图书展览会征求意见等等。但是，在作对情况的分析判断的时候，切忌片面，轻执一端。对读者意见不能只看多数少数，首先要分清哪些是主要服务对象，哪些是次要的，哪些又是再次要的。主要服务对象的意见应当尽量采纳，次要或再次要的可作适当照顾，或考虑其它解决办法。此外，也要适当地考虑读者当前需要和长远需要的关系。

以今天科学事业的发展，各门学科分工的细密，以及图书馆的规模，要求图书馆采访员懂得所有的文字、学科和目录是不可能的，因此在采访活动中势必会遇到一系列不懂得或认识不清楚的问题，必须向懂得的人或专家请教。

但是，必须认识到，图书馆采访工作，是一门独立的专业，任何其它方面的专家，都只可助而不能代，企图把选书一概委诸于别人，是不妥当的。

基于上述，可以看出采访活动的原则有四个方面，即：思想性、紧密结合本馆的方针任务、节约和群众路线。

这四项原则不是孤立的，它们互相关连，而又各有自己丰富具体的内涵，随着图书馆事业的发展，还将不断出现一系列需要探索的问题。因此，既不可把它们割裂开，单独注意某一项，也不可当成几句抽象的口号，等闲置之。如何在采访活动中体现这四项原则，需要结合本馆实际，因具体情况而制宜。

第二节　业务素养

从事采访活动，需要具备一系列的业务知识，这些知识主要靠工作实践中不断地充实、提高、积累和扩大。因此，它属于业务素养。

1. 目录学知识（目录学的领域很广泛，这里只就从事一般图书采访活动所涉及的一部分来谈。）

图书馆采访员不具备目录学知识，便不可能知道本馆应该入藏些什么书，哪些书是主要的，哪些书是次要的，也分辨不出现时入藏图书质量如何，问题在什么地方，也无法制订系统地充实某一部分藏书的计划或规划。

图书馆采访员所应具备的目录学知识，不固于从事研究某一门学科所应具备的目录文献知识，它在要求上比较概括粗略，但是范围却广，起码包括本馆基本藏书和重点藏书所涉及的各门学科或文献类型。

具备这样的知识，不是单纯靠学校授课或经验交流所能得到的，也没有任何一部工具书完全能解决这些问题，主要靠边工作、边读书，在钻研中充实、积累。

求得这样的知识，比较扎实的方法是，从一门学科、或一类文献入手。

如果是一门学科，要先了解清楚它的基本内容，发展衍变近期的分枝和未来的动向，而后再了解历史上和现代的主要学派，主要学术研究机构及出版物，著名学者及其主要著作或代表著作，以及其它主要的出版物等等。

如果是一类文献，要弄清它形式和内容方面的特点，原始面貌和衍变经过；在较长的一个时期内相对地定型的原因，发展趋势；当时的功能和今天的资料价值，过去和目前流传、散布情况；珍贵稀见的品种或出版情况，当前补充方面的特点等等。

2. 了解出版机构

出版机构包括出版社、书店、学术团体、高等院校和科研单位等等。了解它们的沿革历史、方针任务、出版动态、以及背景等，对于补充图书有重要的参考价值，特别是资本主义国家，出版机构的情况相当复杂，数量也多，像日本，据 1964 年版《出版年鉴》统计，光是出版社就有 2 164 个，如果对它们缺乏具体了解，不仅选订工作会弄得极繁重，质量也无保证。

国内目前的出版机构，以中央和地方的出版社为主，这些出版社都有明确的方针任务，每年年初都制订年度的选题出版计划。了解到这些，对于哪些出版社所出的书应列为本馆补充的重点，这些出版社今年要出些什么书，大体上哪个季度出多少，有些什么重点书，便都心中有了底，可以有计划地安排工作，在发行时争取主动，避免阙漏。

一些学术团体、科研单位和高等院校也经常有一些出版物，但是印量不多，一般不作公开发行。补充这类出版物时，可选择与本馆方针任务有密切关系的单位作个别了解或建立联系。

对国外，必须注意出版机构的声誉，过去出版物的质量，政治学术背景，并参考他们的历史、规模和经营情况。

国内外历史上的重要出版机构，以及和本馆补充藏书有密切关系的，也有必要熟悉它们的历史，各时期的政治和学术背景、出版特点等等。

3. 熟悉馆藏和了解其它有关图书馆的主要收藏

图书馆采访员不熟悉本馆已有的收藏，就无法全面开展采访活动，即使在订购时有目录卡可查，但是离开办公室就不好下手选书，有计划有系统地发展和充实本馆的重点藏书，尤其有困难。

熟悉馆藏，非一日之功，特别是藏书较多，历史较久的图书馆，往往有几个藏书系统，头绪很乱，不狠狠地在其中下一番工夫，连个清楚的印象也难得出来。

熟悉馆藏，可光从基本藏书或重点藏书着手，最好有一定的目录学知识基础，否则会事倍功半，感到既枯燥又吃力。目前，在我国，重要的图书文献多集中在各地区、各系统的一些大型综合性图书馆或专业图书馆里。这些图书文献，有些由于稀见难得，有些由于进口时计划分配，不见得或不可能每个馆都有或都还能补充得到。国外，一些历史久、规模大的图书馆中也都各有收藏特色。为了明了图书文献的流传和现藏情况，在必要时进行复制和丰富目录学知识，采访员在平时也需要对有关兄弟馆和国外一些有关图书馆的主要收藏有所了解。

第三节　方式方法

采访活动的方式，大抵分：选订、选购现货、访求、交换、复制等五种。

1. 选订

图书馆采访员根据书店或出版机构发出的征订目录，挑选本馆所需要的书刊，打订单寄回，由书店或出版机构发书，是采访活动中最常用的一种方式，尤其是补充期刊和外文图书。

选订的优点是，可以从容斟酌考虑，仔细地查复本，该入藏的不致遗漏，选订后因故不能分配到馆也能心中有数，从速想其它办法，此外，也比较节省采访活动的时间和精力。

缺点是，见不到图书的具体内容，倘非具有较丰富的目录学知识，熟悉出版机构的情况，单凭书名或简单的提要圈订，质量就难有把握，此外，订单上有时著录错误，或简略重要项目，在查重时不易辨别，也容易造成复本或误购。

选订图书必须建立一套管理制度，通常是要有一套预订卡或排好订单存底，书到后即销掉，定期检查，对迟迟不到者提出催询，弄清原因后采取适当措施进行处理。

2．选购现货

图书馆采访员主动或根据通知去书店或出版机构的发行部门就现货选购本馆所需要的书刊，这也是采访活动中最常用的一种方式，尤其是补充中文图书。

选购现货的优点是看书选书，只要采访员具有一定的业务素养，质量就有把握，而且手续简单，直捷了当，没有其它周折，还可以充分发挥主观能动性，选定的图书也可迅速到馆与读者见面。

缺点是，有时不能从容考虑，采访员必须具有敏锐的辨识能力，否则好书会当面错过，同时必须熟悉馆藏，否则很容易漏购或买重。

中文古旧图书，在一般的情况下，还保留着传统的“送样书”的制度，即是采访员在书店选好图书，不立即决定购买，由书店负责送到馆内再细阅一斟的，觉得不合适，可以退回。从图书馆采访工作角度来看，这是种很理想的办法，可惜其它方面限于种种条件，不能仿行。

3．访求

图书馆补充书刊资料，并不尽靠书店和发行机构供应，有些难得的图书资料，以及非卖品书刊，都要靠访求才能获得。

调查了解出版机构的情况，其它图书馆的主要收藏，本身就属于访求性质。

访求活动有一般了解和有目的地征购两种方式。

目前，还有一定数量的古旧图书为私人所收藏，图书馆采访员在必要时也可直接向他们访求，但是书价最好通过中国书店评议。

访求图书必须有计划、有重点地进行,否则时间、精力消耗很多,而效果不大。

4. 交换

交换,是图书馆补充藏书的一种手段,按其性质,可分国际和国内两种。

国际交换的目的,除了进行国际间的学术文化交流而外,也在于获得一些难以通过订购手段得到的出版物或复制品。

非因接受国家委托的任务而进行国际交换时,对象的考虑要审慎,也不宜单纯从量的方面追求工作效果。

进行国际交换应建立一套必要的管理办法和制度。例如:记载建交单位有关问题的卡片,往来函件档案,收到和发出书刊的记录卡,检查执行情况的制度等等。

国内交换多在兄弟馆之间进行,其性质有二,一是藏书支援,一是互通有无。

一些历史较久、藏书较多的图书馆,大抵都有一些过多的复本,用这些不需要的藏书对需要它的兄弟馆进行支援,是一种双方互利的措施。但是要防止一种丢包袱的做法,即是从馆藏中剔出对任何图书馆来讲都属于过时、陈旧不适于入藏的图书送给兄弟馆,使对方增加毫无意义的工作负担。

馆际间互通有无,是近年来图书馆采访工作者共同意识到的应该开展的工作。

在书刊资料中,有一些是有用而稀见难得的,目前大都集中在一些大型的综合性图书馆和专业图书馆里,尤其是中文古旧图书,往往在一个馆里有两三部,而在别处,多年一部也求不到,因此开展馆际交换,互通有无,使有用资料得到广泛流通使用,便有十分必要。

互通有无,必须了解自己和对方的馆藏复本情况,因此在开展这项工作之前,最好先做出馆藏复本目录。

5. 复制

属于基本藏书或重点藏书范围内的图书资料无法获得原件

时,可通过复制手段补充复制品。

图书馆补充藏书常用的复制方式有照像和传钞两种。

照像分直接照像和缩摄,直接照像仍保持原件的尺寸,使用时比较方便,但成本高、体积大,不宜复制页数多的图书,缩摄成本低、体积小,可以大量生产,是目前复制图书资料的主要手段,只是有些人使用起来不习惯。

传钞比较便捷,不受设备和材料的限制,使用和保管也都方便,只是生产迟缓,工本较高,往往有脱误,钞成之后必须详加校对。

有一种影钞,把薄纸蒙在原件上勾描,钞成后,字体、行款、图象、完全和原件一样,但是很容易污损原件,而且工本高。

非读者急需或在短期内尚有可能获得原件及其它复制品的图书资料,尽可能不复制,以免造成浪费。

第四节　计划与总结

采访活动中制定计划,可以保证藏书补充有目的、有步骤、有重点、有比例地进行,不是偶然的搜集和积累。

制订计划必须考虑并符合采访活动的四项原则,因此采访员应具备前述业务素养,否则计划很难订好,即使文字上订了,在执行中也很难达到一定质量。

采访活动计划大体上分为日常采访活动、专类图书补充和远景规划三种类型。

日常采访活动计划多和采访部门的年度(或季度、月计划)合并在一起,一般包括:新年度的具体任务,过去的工作基础,新年度的工作重点,情况分析、措施、步骤等。

远景规划的内容和日常采访活动计划大体相同,但一般只是纲要和方向性的,措施和步骤等不必很具体。

专类图书补充计划,是介乎两者之间的辅助计划,一般不以时间为断限,但对情况和措施等应有更具体的分析和说明。

计划在执行中,总是会有变动的,这是因为主观认识总不可能十分符合客观实际,而且情况时时会有发展变化,因此修订计划也是经常和正常的工作。但是，计划是行动的指南，犹如军队的作战方案，不宜随时变动，变化得太频繁，部署会搅乱，形成无计划地应付局面。

修订计划时应该慎重，原来的认识不全面，不深刻，现在有了进一步的认识，要在总结前一段执行过程中经验教训的基础上进行。

实际情况有了变化，应在经过详细调查了解的基础上修订。

对某些具体问题的看法有了分歧，应该经过认真和反复的研究讨论，得出一致性的意见或决定性的意见后再修订。

总结，是检查计划执行情况的一般方式，把从认识到实践这一过程加以分析研究，得出再认识，以便再实践。它应以原计划为基础，找出执行过程中成功的经验和失败的教训，并以此作为制订下一个计划的依据。

第三章　采访事务

第一节　验收和移送

无论通过任何方式补充进馆的图书，首先必须经过验收。

验收人员根据发票或其它凭证逐一核对图书的名称、著者、版本、部册数、完整情况、金额等及总价等无误，并符合本馆规定之购买图书范围及批准手续，在发票或凭证上签字后方可进行财产登录；如有不符，即拒绝在发票或凭证上签字。

经过财产登录之书刊，由采访部门移送编目或其它部门时应建立移送手续，其记载应与财产登录紧密联系。

第二节　财产登录

一、意义和原则

在我国图书馆所收藏的图书和期刊，是全体人民的财产。图书馆工作者不仅要使它为无产阶级政治服务，为生产建设和科学研究服务，也要很好地保管它，使它完整，不受损失。

图书和期刊的财产登录，是完成这项任务的保证，它不仅可以使这些财产有可资查考的记载，还能提供各种统计数字，使图书馆可以依据它正确地向上级和人民报告工作，编制自己的工作计划和发展规划。

因此，图书期刊的财产登录，和在社会主义制度中的任何工作一样，也有明确的思想性和目的性。

一切轻视书刊财产登录工作和认为书刊财产登录可有可无的思想，都是对人民财产不负责任的具体表现。

图书和期刊的财产登录必须是全面的、系统的，还必须具体、精确。

严密图书和期刊财产登录制度和方法，是图书馆必须认真考虑和随时检查的工作之一。

然而，减少它的程序，精简可有可无的项目，使它不给工作人员造成不必要的事务负担，也是必须研究的课题。

二、应具备的基本内容

图书和期刊财产登录分总括登录和个别登录两个部分。

图书馆每次入藏和注销图书与期刊，都应该记下日期、来源或原因，凭证号码、数目和价值，并进行文字种别、学科门类或其它内容的区分，以便于统计。

来源或原因栏中，也可以附上些分析项目，如：购入、赠送、交换、剔出、毁损、遗失等。

类别区分，根据某一图书馆的具体需要，可以是一种内容，也可以多种内容。譬如：文字、学科等。

入藏图书和期刊的总括登录，也是验收记录。

无论入藏或注销图书和期刊，都应当对这部分财产做出个别登录，以便于清点，保管或检查。

图书，通常记载书名、著者、单价和出版项。出版项中可根据需要选择记载出版年、出版家、版次等等。

期刊，通常记载刊名、编者、年份、卷期和单价。

根据期刊本身的特点，应该具有全部和每种两个方面的个别登录，以便于检索和保管，装订前，须有订购登记和收到记录。

注销图书和期刊的凭证中，除了要有这部分书刊财产内容的个别登记外，还必须写明注销原因和有批准人的签字或印鉴。

编号是安排和固定次序的科学方法，也有利于统计。图书和期刊财产登录的总括登录和个别登录中，无论入藏或注销，都要各编一套系统的号码。如果这些内容分列在不同的格式内，还可以用它建立互相的关联。

三、基本格式

各个图书馆由于性质、人员条件和工作组织不同，进行图书和期刊财产登录所采用的方法和格式，不可能绝对要求一致。在符合前述原则和具备前述基本内容的基础上，可以根据自己的情况灵活运用。

下面提出的，仅是一套基本的、供作参考的格式。

(1) 图书

图书财产登录包括以下相互联系的四个部分：

1. 藏书总括登录簿

表一

日期	编号	来源	单据号码	总值	数目		区分								个别登录起讫号	备考
					种	册	种	册	种	册	种	册	种	册		

2. 藏书个别登录簿

表二

日期	个别登录号	书名	著者	出版项			部数	单价	藏书总登录编号	藏书注销总登录编号	备考

3. 藏书注销凭证

表三

藏书注销总登录编号：

图书馆藏书注销凭证

年　　月　　日　　　　　　　　　　第　　号

×装×订×线×

个别登录号	书名	著者	出版项				数量		每部单价	注销原因	备注
			年	家	版次	装订	部	册			

批准人________馆长________（各级负责人）________填证人________

4. 藏书注销总登录簿

表四

日期	编号	原因	凭证编号	总值	数量		区分								备注
					种	册	种	册	种	册	种	册	种	册	

藏书总括登录簿总括记载每次入藏图书的原因、总值、数目和内容区分，是了解馆藏图书财产情况和进行统计的主要依据。

藏书个别登录簿个别记载每本入藏图书的财产内容，是查阅、清点和保管的主要依据。

藏书总括登录簿和藏书个别登录簿从整体和个别两个角度上共同反映入藏图书的全面财产情况，而且相互关连，不仅使得账目完整，也能保证财务手续清楚和严密。

藏书注销必须填写注销凭证，填证人、各级负责人和批准人分别签字盖章后，方为有效。

藏书注销总登录簿记载注销图书的总情况，可作为统计资料，也可表示已对藏书注销凭证的有效性作过检查。

有些注销情况很少的图书馆，也可以不另立藏书注销总登录簿，每逢注销时，即在藏书总括登录簿内用红字注出，月终分别作出统计便可。

藏书注销不另作个别登录，即以注销凭证代替，因此，须按号排列，装订成册，作为财产文据永久保存。

(2) 期刊

期刊财产登录包括以下六部分

/之一　期刊收到登记卡

表五(正面)

			刊名									编号		
												份数		
年	卷	一月	二月	三月	四月	五月	六月	七月	八月	九月	十月	十一月	十二月	备注
								○						

表五(反面)

			○		
订购日期	订单号	来　　源	起讫卷期	价　格	备　　注

/之二　报纸收到登记卡

表六

<table>
<tr><td colspan="32">名称　　　　份数　　　　编号</td></tr>
<tr><td>年</td><td>1</td><td>2</td><td>3</td><td>4</td><td>5</td><td>6</td><td>7</td><td>8</td><td>9</td><td>10</td><td>11</td><td>12</td><td>13</td><td>14</td><td>15</td><td>16</td><td>17</td><td>18</td><td>19</td><td>20</td><td>21</td><td>22</td><td>23</td><td>24</td><td>25</td><td>26</td><td>27</td><td>28</td><td>29</td><td>30</td><td>31</td></tr>
<tr><td>一月</td><td></td><td></td><td></td><td></td><td></td><td></td><td></td><td></td><td></td><td></td><td></td><td></td><td></td><td></td><td></td><td></td><td></td><td></td><td></td><td></td><td></td><td></td><td></td><td></td><td></td><td></td><td></td><td></td><td></td><td></td><td></td></tr>
<tr><td>二月</td><td></td><td></td><td></td><td></td><td></td><td></td><td></td><td></td><td></td><td></td><td></td><td></td><td></td><td></td><td></td><td></td><td></td><td></td><td></td><td></td><td></td><td></td><td></td><td></td><td></td><td></td><td></td><td></td><td></td><td></td><td></td></tr>
<tr><td>三月</td><td></td><td></td><td></td><td></td><td></td><td></td><td></td><td></td><td></td><td></td><td></td><td></td><td></td><td></td><td></td><td></td><td></td><td></td><td></td><td></td><td></td><td></td><td></td><td></td><td></td><td></td><td></td><td></td><td></td><td></td><td></td></tr>
<tr><td>四月</td><td></td><td></td><td></td><td></td><td></td><td></td><td></td><td></td><td></td><td></td><td></td><td></td><td></td><td></td><td></td><td></td><td></td><td></td><td></td><td></td><td></td><td></td><td></td><td></td><td></td><td></td><td></td><td></td><td></td><td></td><td></td></tr>
<tr><td>五月</td><td></td><td></td><td></td><td></td><td></td><td></td><td></td><td></td><td></td><td></td><td></td><td></td><td></td><td></td><td></td><td></td><td></td><td></td><td></td><td></td><td></td><td></td><td></td><td></td><td></td><td></td><td></td><td></td><td></td><td></td><td></td></tr>
<tr><td>六月</td><td></td><td></td><td></td><td></td><td></td><td></td><td></td><td></td><td></td><td></td><td></td><td></td><td></td><td></td><td></td><td></td><td></td><td></td><td></td><td></td><td></td><td></td><td></td><td></td><td></td><td></td><td></td><td></td><td></td><td></td><td></td></tr>
<tr><td>七月</td><td></td><td></td><td></td><td></td><td></td><td></td><td></td><td></td><td></td><td></td><td></td><td></td><td></td><td></td><td></td><td></td><td></td><td></td><td></td><td></td><td></td><td></td><td></td><td></td><td></td><td></td><td></td><td></td><td></td><td></td><td></td></tr>
<tr><td>八月</td><td></td><td></td><td></td><td></td><td></td><td></td><td></td><td></td><td></td><td></td><td></td><td></td><td></td><td></td><td></td><td></td><td></td><td></td><td></td><td></td><td></td><td></td><td></td><td></td><td></td><td></td><td></td><td></td><td></td><td></td><td></td></tr>
<tr><td>九月</td><td></td><td></td><td></td><td></td><td></td><td></td><td></td><td></td><td></td><td></td><td></td><td></td><td></td><td></td><td></td><td></td><td></td><td></td><td></td><td></td><td></td><td></td><td></td><td></td><td></td><td></td><td></td><td></td><td></td><td></td><td></td></tr>
<tr><td>十月</td><td></td><td></td><td></td><td></td><td></td><td></td><td></td><td></td><td></td><td></td><td></td><td></td><td></td><td></td><td></td><td></td><td></td><td></td><td></td><td></td><td></td><td></td><td></td><td></td><td></td><td></td><td></td><td></td><td></td><td></td><td></td></tr>
<tr><td>十一月</td><td></td><td></td><td></td><td></td><td></td><td></td><td></td><td></td><td></td><td></td><td></td><td></td><td></td><td></td><td></td><td></td><td></td><td></td><td></td><td></td><td></td><td></td><td></td><td></td><td></td><td></td><td></td><td></td><td></td><td></td><td></td></tr>
<tr><td>十二月</td><td></td><td></td><td></td><td></td><td></td><td></td><td></td><td></td><td></td><td></td><td></td><td></td><td></td><td></td><td></td><td></td><td></td><td></td><td></td><td></td><td></td><td></td><td></td><td></td><td></td><td></td><td></td><td></td><td></td><td></td><td></td></tr>
<tr><td colspan="32">订购日期　　订单号　　来源　　○　起讫　　价格　　备注</td></tr>
</table>

2. 期刊财产总括登录簿

表七

日期	编号	摘要	单据编号	册数	总值	区分				个别登录起讫号	备注
						册	册	册	册		

3. 期刊个别登录簿

表八

日期	个别登录号	刊名(编号)	年份	卷	期	装订	合订本单价	期刊财产总括登录编号	期刊注销总括登条编号	备考

4. 期刊登记簿(卡)

表九

期刊编号________刊名__________编辑者__________

出版者________出版地________性质________刊期______

创刊年______零本单价______其它有关记载__________

个别登录号	年份	卷	期	装订	合订本单价	变动	期刊注销总登录编号	备考

5. 期刊注销凭证

表十

期刊注销总登录编号:

________图书馆期刊注销凭证

年 月 日 第 号

×装×订×线×

个别登录号	期刊编号	刊名	年份	卷	期	册数	单价	注销原因	备考

批准人______馆长______(各级负责人)______填证人______

6. 期刊注销总登录簿

表十一

日期	编号	原因	凭证编号	总值	册数	区分				备考
						册	册	册	册	

现期期刊合订后,始进行总括登录,正式入藏。

合订前须有订购登记和收到记录。订购登记可用报刊订购单等订购凭证存底代替,和收到登记卡之间以订单号和期刊刊名或编号相联系,用以记载和检查订购和收到情况,作为期刊财产登录的辅助账目。

期刊财产总括登录簿总括记载每次入藏期刊的总值，数目和内容区分，是了解馆藏期刊财产情况和进行统计的主要依据。摘要栏记载期刊入藏时的来源，有可能是直接购入，也有可能是接收装订工厂送来的成品。

期刊个别登录簿个别地记载全部入藏期刊的财产内容，期刊登记簿(卡)个别地记载每种入藏期刊的财产内容，二者相辅为用，前者为入藏期刊财产的清单，后者为查阅、清点和保管的主要依据。

期刊财产总括登录簿和期刊个别登录簿、期刊登记簿(卡)从整体与个别两个角度上共同反映入藏期刊的全面财产情况，而且相互关连，保证了账目完整和严密。

期刊编号的作用是：① 统计馆藏期刊种数；② 代替刊名。期刊财产登记如果用编号代替刊名，优点有三：① 只用数字记载，能大大提高工作效率；② 任何一个工作人员都可以进行多种文字期刊的登录、上架和清点；③ 登录簿可以缩小，既节约纸张，又便于工作。

为便于工作人员使用期刊编号，可按数序编一套期刊编号索引。另外，在收到卡上标出每种期刊的编号，期刊收到后，边划到、边在第一页的左上角把它记下，等装订回来进行财产登录时，即可凭以代替个别登录中的刊名。

期刊登记簿(卡)最好是活页的，按期刊编号顺序排列，登记时根据编号从个别登录簿中过录内容即可。

期刊注销必须填写注销凭证，填证人，各级负责人和批准人分别签字盖章后方为有效。期刊注销总登录簿记载注销期刊的总情况，可作为统计资料，也可表示对期刊注销凭证有效性的检查。有些注销情况很少的图书馆也可以不另立期刊注销总登录簿，每逢注销时，在期刊总括登录簿内用红字记下，月终分别作出统计便可。

期刊注销不另作个别登录，即以注销凭证代替。因此，须按号排列,装订成册,作为财产文据永久保存。

第三节 采访目录组织

采访目录反映本馆已订、待求和已入藏图书情况,供采访员在采访活动中使用,在性质、内容和组织方法上,和一般的公务目录、读者目录不尽相同。但在中小型的图书馆中,由于藏书比较单纯、工作分工不甚细,为求简化手续,也可用一般的公务目录代替采访目录中的已入藏部分。

采访目录分预订、已藏和待购三种。

预订目录记载和反映已订而尚未到馆图书,供采访人员查重和催询,一般不另制卡片,即用委托单或订单存底。

已藏目录记载和反映已入藏图书,供采访人员查重或查阅有关财产登录方面的问题,和一般公务目录或读者目录不同的是,有到馆日期、来源、书价、与财务手续的关连等项记载。

待购目录多用于系统补充基本藏书或重点藏书,记载和反映应当入藏而尚待访求的图书,往往印成书本式的,分送有关书店委托代为补配、采访员在外出活动时也便于随身携带。

各种目录的组织可根据具体情况分别按文字、国别、出版机构、不同时期出版物、图书类型、文献类型、或馆藏系统等划分,排列方法可根据实际需要分别按书名、著者的字顺、或依地区、年代的顺序。

组织采访目录应切实考虑实用,并在此基础上力求简化,不要为追求形式而叠床架屋。

第四节 装订整修

采访部门负责组织图书入藏前的装订整修。图书入藏前的装订整修大体分装订、做书夹或书匣、修补等三种。

旧书进馆时,脱线、散页或书皮破损,应重加装订或更换书皮。

期刊满一年,一卷(或根据使用情况、厚薄——一般以在一寸半左右为宜),应装订成册,以便保管。期刊装订时,应将目录、索引放在卷前或卷末,如某期或全卷有补编、亦应订入,并在书脊上烫印名称、卷期号、出版年、以及馆藏字样,其名称不得任意缩写。

装订期刊使用的材料、颜色,应前后一致。如有缺期,可临时简装,待补齐后,再正式装订。

页数少,不能在架上立放的图书应装入特制的硬壳书夹内,以便于典藏、出纳。

线装书入藏前如原来的书套破损,应重新做书盒。珍贵的善本,必要时应特制樟木书匣。

古旧图书破损,应进行修补、钞配或托裱,其规格、要求,应视具体图书和破损情况而定。

书刊送往工厂进行装订整修,应有一定的手续和记录。

古刻本、写本、绘本、拓本书籍或图卷、钤盖馆藏印,一概不得用橡皮章或红兰印油,登录号亦应打在书衣或衬纸上,以免污损文物。

(这是一份 1964 年的油印讲义,未发表)

图书馆中文古籍工作

仅就中国大陆图书馆中文古籍工作的现状，从个人理解和认识的角度向大家做些介绍。其中不包含任何法规或条例性的内容，更无官方身份背景。其中涉及一些具体问题，也许在座各位感到兴趣，也有高见，希望交流，共作探讨。

中文古籍工作对中国大陆图书馆来说，是一项传统的基础工作。近代模式的图书馆应从 1903 年建浙江图书馆开始，其后陆续建立起江南图书馆、京师图书馆等等。最早的基本藏书是古籍，最初的业务工作是整理古籍——编目、分类、典藏、阅览。有些馆的声誉是建立在古籍收藏基础上的，如北京、北大、南京、浙江等馆，因此有人说，没有中文古籍就不是中国图书馆。

但由于古籍的时代性，和近代、现代科学文化不相融通的比例越来越加大，在图书馆文献流通中比例越来越缩小，因而日益呈现“抱残守缺”的景象，“门前冷落鞍马稀”。

现代文化日益在扩展广度和深度，作为记载人类文化一段历史的中文古籍的文献作用比例越来越小是事物发展的必然趋势，是进步，是正常现象。但不等于中文古籍的文献生命力就衰竭了。花园扩大，不意味着早期栽植的花卉要残败。

当然，企图使古文献工作压倒现代文献工作也是荒唐的。但确实并不排斥在特定环境中深化工作，继续发展。

事在人为。

由于自然存在的一些因素：典藏系统、馆舍条件、读者群，以及采访、加工、出纳、典藏方面一系列工作特点，凡古籍原件收藏较丰富的大中型图书馆，古籍工作大都处于半独立状态，形成古籍部、特藏部等等，一些专业性图书馆则或仍以古籍为主体。如中医药研究单位和院校系统和社会科学院的某些研究所、博物馆和档案馆系统。

这些古籍收藏部门横向联系比较密切，一些大型的联合目录编辑和文献编辑是纽带，如《中国古籍善本书目》、《中国历史地震资料汇编》、《中国古地图集》等等。

日常工作都是大同小异，不出传统的图书馆工作方法程序。差别主要在对“藏”与“用”的分寸掌握上。

应该承认，中国古代藏书楼藏重于用的余绪在中国现代图书馆的办馆思想上是起影响的，在嫡传的古籍部门中浓度更大。但也必须注意到一些客观现实：原件的文物性日趋扩大，又多已可遇而不可求，一旦遗亡毁损，无法补救。古代的藏书楼不可全面否定，否则现在我们得不到数以百万计的丰富遗产。不过统统封闭起来，确也不是积极的措施。目前，根据各自的具体情况，各立其法：

属于文物系统的，如博物馆、天一阁文物保管所，以藏为主，用时需通过一定手续。

公共图书馆系统和对社会开放的政府机构图书馆，有控制地提供阅览，不外借。

大学和研究机构图书馆，除善本外，对本校本所某些人员仍可外借。

但公共图书馆和向社会开放的图书馆不加限制地提供阅览也有问题。如，中国地方志，使用率最高，读者整天像翻辞典似地翻来翻去也不是事。因此多已所谓复制，今后一般阅览只提供复印件或缩微品。

整理与编目历来是核心工作，人员素质要求较高，无论图书或其它文献（如金石拓片），都不像现代书刊著录时只需要遵循某种规定客观迻录即可。除新印古籍外，书名、著者、刻印年的取录只有大致的规律而无固定的标准和规范，间有造伪、残缺，要靠编目人员去选择、鉴别，因此须具备一定的经验和学识。

这部分工作原是封闭的，各搞各的，各有家法、路数，互不往来，甚至互相封锁，秘不传人。近年通过一系列大型联合目录的编制，封闭打破了，神秘性也不存在了，走向合作、交流，因而开拓了视野。

所谓开拓视野，是说不只看到了自己的，也看到了人家的；不只看到了自家的一部书，也看到了多家的一群书（指同种、同版），高低精粗有了比较。

这个动荡影响是很大的，它重新调整了版本学的内涵，标出了新的水平，清醒地检查并认识了过去。

概括说，尽管这部分工作历来位置很高，非名人莫属，如嘉业堂聘缪荃孙，涵芬楼聘孙毓修。但一直缺乏科学的态度，不脱玩古董的习气，抓一点不计其余，轻易论断，不加检验。一些荒唐的要诀泛滥流传，如以序跋之最后署年为刻年、元版是赵松雪体等等。

具体情况和例子，前几次都讲过，不再赘述，只是说，想要纠正也还不太容易。以前仍属“书皮子学问”，“观风望气”约略可下论断，现在必须动书瓤子——通读书中序跋、附录，甚至篇章内容。这要求一种功力，真功力，不能依靠关系、地位、资格。

要言之，版本学至此已走上科学的阶段，古籍著录、版本鉴定不再是凭主观揣度、臆测，而是凭对原材料的审辨、缀合、比较，有理有据地得出论断，并向今人、后人提供有形有质可供检验的资料。

目前，对此的认识还不尽一致，要有个过程。但编制种种联合目录或总目录会缩短这个过程，因为它将遇到一系列直观的、可察觉的问题。要不要解决，怎么解决，答案将是很明确的。

古籍编目除了著录一部书的个体，还要编多部书的群体，这就涉及目录学范畴。“版本目录”之概念，就是由于这样的组合而产生的。版本学的对象是古籍的个体，目录学的对象是如何排列这些个体为群体。

目录学有两种概念。西方目录学大抵着眼于目录组织的方法；中国古典目录学则强调“辨章学术，考镜源流”，要求排列组合的结果是学术史纲式的展示。

西方的图书馆学家可能不以为然，认为这已是过时了的，在电脑时代，着眼于从属学科的图书分类已经没意义了。但做为中华传统文化系列载记的中文古籍，研究它的学者却还要求它保持固有的传统，认为这不仅是有益于初学，学者用它检索时面对一个学术大纲，更有助于思维。在未来，将存在这种“双轨”检索。

不过，古籍目录的组织，较之一书一种地辨识版本，更有其难度。

为什么直到现在中外古籍目录仍用“经史子集”四部分类体系？别的分类法为什么不能取代？这种四部分类体系是怎样形成、发展、定型的？它的特点、优点、缺点和存在的问题是什么？未来需要做哪些工作？却还有待深入研究。在未来的中文古籍总目录编制过程的中后期，它将成为热门课题。《中国古籍善本书目》涉及过，但没有解决这个问题，基本上仿《四库全书》分类敷衍过去，它可以仿，其它目录则难仿。

对大型图书馆的古籍部门和专业性强的古籍收藏馆来说，研究馆藏、揭示馆藏也是一项重要的工作，它的成果可以纳入历史文献学的范畴，和社会上的学术研究融为一体，构成一个重要组成部分。

一些省市图书馆和地方色彩强的大学馆，都是地方文献研究中心。如四川大学馆，以研究四川人著作而知名于社会，四川省图书馆则以研究四川人著作版本及存佚而知名。

图书馆古籍部门依靠丰富的馆藏做各种文献研究，较社会人士进行这种研究条件无疑好得多。当然，要因地制宜、因人制宜。有人无书不行，有书无人也不行。

编制大型的资料集，图书馆中文古籍部门往往是主要参与者。如，《中国地震历史资料汇编》、《中国古地图集》。

有些项目似乎由图书馆古籍部门完成更为相宜。如中国书史，从《书林清话》算起，到目前编印的各家专著与讲义不可谓少，但大都在载体变化和印刷史方面落墨，还没看到以文献类型的萌生、发展、衍变、特点和文献价值为体系的。当然，这比前者难度大，但学术价值、应用价值比前者高。通体研究，骤然难成，不妨分阶段，先做部分研究。

近年对中国地方志的研究出现不少成果，族谱研究也正在兴起，其它如诗文集、丛书、类书、笔记小说（可包括杂说、杂记、杂考、杂事、异闻、琐语、谐谑），对其类型特征、衍变、各个时代的特点、文献价值等进行一定的探讨会有助于识别文献和使用文献。

过去在这方面出现过不少问题，如：专靠地方志查找天象资料，将《佩文韵府》、《新编广韵》视为韵书，认定诗文集是文学作品或以唐以前的诗文集集中查史料，认为丛书都是专门编刻的，等等。

研究一部书或整理一部书也常常是工作内容。如昌彼得《说郛考》、马泰来《〈南方草木状〉辨伪》、中国社会科学院近代史研究所资料室《张集馨日记》、中国科学院图书馆《续修四库全书总目提要》等等。总之，天地广阔，事在人为。有的可以立课题，有的可在业余进行。只株守于日常服务，质量不会高，人材也将萎缩。

图书馆中文古籍专业人员的理想条件是：既懂图书馆管理，有图书馆学、目录学和版本学的基本知识，又有文、史、哲（起码是文史）的学科素养，熟悉馆藏，有事业心。

但是，人才难得，后继乏人。任何一所大学一个专业，无法直接培养、输送。古籍部门像座轧钢厂，接受钢坯，再锻炼加工。

要充分意识到这个行业的知识累积性和所涉的广度与深度，不可一蹴而就，急于求成。

持谋饭碗或搭桥过河的态度，在这领域是难以成材的。想取得成就，必须化入对此事业如醉如痴、执著求索的境界。

（这是一份学术交流的发言稿，未正式发表）

文献整理

郎园学行记

整理者说明：叶德辉（1864—1927）字焕彬、奂份，号郎园，湖南长沙人，光绪十八年进士，授吏部主事，但随即请假返长沙，过乡绅生活。讲学、著书而外，且参预省政。在清末民初的改良变法与民主革命中，叶德辉一直站在进步力量的对立面，是守旧的顽固派中的典型人物。

叶德辉于经学、小学，皆有相当造诣，著书、刻书，且富于藏书，为当时湖南最大的藏书家。他所著的一部笔记体裁的中国版刻印刷史和版本学的《书林清话》，迄今为止，任何一部与此有关的专著或论述，无不以之为资料长编，从中有所汲取。

约在1923年，叶德辉年届六十的时候，在长沙出现了一篇《郎园学行记》，分“记学”与“记行”两部分，对叶德辉的学术观点与成就、参预湖南省政若干件大事中的活动等等，一一作了叙述。从史料学的角度评价，《郎园学行记》应该说是坦率而翔实的。这对全面了解叶德辉，间接了解本世纪初的湖南政局，很有参考价值。

《郎园学行记》原署“受业　长沙杨树榖 树达记”。从文字内容看，也似乎杨树达写的“记学”，杨树榖写的“记行”。杨氏兄弟二人，从光绪二十五年还是青少年时即从叶德辉受业，师生关系极为密切。杨树达且被章炳麟目为叶氏大弟子。兄弟二人写出这篇东西，也很在情理。

然而据杨树达《回忆录》（稿本，藏中国科学院图书馆），却有数次力辩署名之诬。“民国十七年三月八日，（盐谷温）博士贻余郎园师追悼录多册，内有《郎园先生学行记》，乃师门子弟所撰，昔年拟以余兄弟名印行，而家大人不允，婉辞叶氏子弟者也。师门遭难后，同门松崎柔甫曾以此文油印分布，署余名，盖文中多刺讥湘中前辈语句，家大人谓极不宜也。今博士所印，已削去余名，题曰‘长沙某某记’，而文中却有某以所著《老子古义》呈阅之语，则犹未之削也。博士留此隙欤，抑偶疏未检欤，不可知矣。”又，“四月一日，桥川时雄印行《郎园学行记》，未署余名，而内有以所著《老子古义》呈阅语，见者扑朔迷离，不明其故，特叙明以解世人之惑也。”“五日，与任公（梁启超）师书谈《郎园学行记》事，因文内有诋毁康、梁二先生语也，师门子弟为此恶作剧真累余不浅矣。”

《杨树达日记》（藏中国科学院图书馆），只在民国十二年一月二十一日、二十五日有两条记载“为郎园先生撰寿文”。《郎园学行记》是精心结构之作，即使二人分撰，也有万五千字，断非两日所能蒇事，杨氏辩诬之言当可信。

时间已过去多半个世纪，往事皆成历史，《郎园学行记》到底何人执笔，不妨从容查考。不过后世想要了解叶德辉的，会感谢实际的执笔人。由于种种原因，到目前为止，这位在近代文化史中有影响的人物，一直缺乏全面、完整的传记资料，可看到的只有一篇不满千字的许崇熙撰写的《叶郎园先生墓志铭》。

本文所据底本，是现藏中国科学院图书馆原北平人文科学研究所后期入藏的十一行四周双边兰格美浓纸复写本，共三十四页，卷端仍题“受业长沙杨树穀树达记”。按《回忆录》所述，当属松崎油印（?）流传的“第一代”本子。推算其入藏年代，大概在四十年代初期，当时正由桥川时雄主持东方文化事业委员会，北平人文科学研究所是其属下的研究机构，藏书楼就在委员会的后院，竟然没能入藏到桥川十年前印行的本子，如果不是更有特殊考虑，恰说明传本之稀。

复写本无标点，错字也较多，因加点校，并略缀一些必要的注释。

记　学

吾湘经学近始倡于王船山先生夫之。初无所谓汉学，南海吴荷〔屋〕中丞荣光[1]创湘水校经堂，选府县高材生实之，然成就人才极少。以故湘中经学尚不如江浙间。嘉道末流，邵阳邹叔绩先生汉勋[2]，湘乡曾文正公国藩，于汉学皆有私淑。而邹先生以殉难安徽，早故，未得大成。文正为中兴元勋，雅不欲与经生争席。邵阳魏默深先生源，得阳湖刘礼部逢禄之传，学成矣，而主张残佚之今文，非东汉正脉[3]。同光之间时论推县人王葵园阁学师先谦、湘潭王湘绮侍讲师闿运为尊宿[4]。吾师特与二王师鼎足。于是有长沙王叶、湘潭王叶之称。顾吾师之学迥与二王宗派不同，吾师恒言阁学师不出桐城古文范围，于经学有中年出家之弊，侍讲师乃六朝文士，不足当经学大师。读吾师《经学通诰》一书，可以知吾师学旨矣。

吾师于经学不饾饤破碎，而于东汉许魏〔郑〕两大儒之书穿穴贯通，途途是道。许氏《说文解字》一书，乾嘉以往者无虑百家数

① 吴荣光字殿垣，一字伯荣，号荷屋，广东南海人，嘉庆四年进士，翰林院编修，道光十一年至十六年间官湖南巡抚。

② 邹汉勋字叔绩，湖南新化人，咸丰辛亥举人，参江忠源军幕，败殁。著有《邹叔子遗书》、《读书偶识》等。

③ 刘逢禄字申受，江苏武进人，嘉庆十九年进士，翰林院庶吉土，散馆改礼部主事。从外祖父庄存与、从舅庄述祖治《春秋公羊传》，为学务通大义，不专章句，著《春秋公羊经何氏释例》十卷、《后录》六卷、《刘礼部集》十二卷等，为常州学派奠基人。

魏源字默深，湖南邵阳人，道光二十四年进士，从刘逢禄习治《春秋公羊传》，主张"通经致用"，著有《诗古微》十六卷、《圣武记》十四卷、《海国图志》六十卷、《古微堂集》十卷等，并参与编辑《皇朝经世文编》。

④ 王先谦字益吾，号葵园，湖南长沙人，同治四年进士，自编修官至国子祭酒。光绪中叶家居，主讲思贤讲舍及城南、岳麓两书院。著述甚多，尤以集解补注史书为便于后学。

王闿运字壬秋，号湘绮，湘潭人，咸丰举人，曾为曾国藩幕僚，后主讲四川尊经书院，任长沙思贤讲舍、衡州船山书院山长。

十，世称段玉裁、桂馥、王筠三家为巨子[①]，吾师皆致不满。同门请业尝问吾师三家孰优？吾师云："段注精核者多，而窜改旧文，最足贻误后学。王氏句读书尚明晰，未至精深，释例则说多拘带〔滞〕[②]。桂氏义证近于类书，似是未卒业之作。余者自郐盖无讥焉。"故吾师著有《说文解字故训》一书，宾〔实〕发前人未发之蕴。所谓故训者，以周秦诸字〔子〕、两汉经传训诂及九流之书与本书相证明者，即义有出入悉行采录以广异闻。引用前人断自三国而止，虽魏晋以后《广雅》、《字林》、《玉篇》等书亦罕取证。其体例之严如此。吾师自谓必传之作，盖亦得失寸心知矣。

吾师自二十岁以后迄今四十年，舟车出入必以《说文解字》、《四库全书总目提要》二书自随。尝言《说文解字》为治群书之梯航，《四库全书总目》[③]为读群书之响导。尝见吾师手校《说文》，密行细字盈满行间。又纠举《四库提要》考证议论之讹舛者百数十条，惜皆视若无足轻重，未曾褒〔裒〕录成帙。树穀兄弟[④]自从吾师受业即授此二书，谓非此不能得读书门径。树穀兄弟谨受，致至今略有闻见，未尝非得此二书之力也。

吾师治经皆衡穿贯通，《经学通诰》言之綦详。平生不喜孟子书，以为《十三经》当去《孟子》而入《大戴礼记》。又不喜"四子书"

---

① 段玉裁，字若膺，江苏金坛人，乾隆二十五年举人，师事戴震，曾官四川知县，积数十年精力著《说文解字注》三十卷，又有《经韵楼集》十二卷等。

桂馥，字冬卉，号未谷，山东曲阜人，乾隆五十五年进士，官云南知县，亦积四十年功著《说文义证》五十卷，又有《晚学集》十二卷等。

王筠，字贯山，号菉友，山东安丘人，道光举人，官山西知县，著有《说文句读》三十卷，折衷段桂之说。

② 原抄作带，由整理者酌改，以下例此者，不一一注明。

③ 原抄无"总目"二字。

④ 杨树穀，字芗诒。湖南长沙人，光绪壬寅副贡生，肄业于日本法政大学，民国间曾任国务院主事、财政部盐务署秘书。

杨树达，字遇夫，树穀弟，同留学日本，曾任教育部编审员，师大、清华、湖南大学等校教授，著名文字学家。

名义，以为《大学》、《中庸》皆《礼记》之一篇，不当折〔析〕出，反致郑注沉晦。虽《中庸》汉志已别行，要不可与《论语》比列。此虽经朱子集注，不敢因服膺朱子之故与之苟同。又言老、庄、荀、孟可别而为四子书，或增管、韩、墨、孙为八子。后世学官论定，当有取于吾言。树榖等茫昧不敢赞一词，每退思吾师之言，信有至理，千万世必有举而行之者矣。

吾师精熟三礼，以三礼皆郑氏一家完书，洵有取之无尽，用之不竭之益。尝言三礼之中惟《周礼》分官治事、因事设官，于近今泰西政教大概相似，宜稍变贾疏[①]疏通名物训诂之例，专以群经诸子书与此互相发明之义，别纂一疏，以明此书之实用。若徒循贾疏之旧，如孙诒让《周礼正义》之作，重儓舆隶，于经训何补？仪礼节文今已从简从宜，而精意即在行习之事。胡培翚〔翚〕《仪礼正义》究不必胜于贾疏。惟《礼记》杂出七十子之徒，其中有变礼，有古制，有孔门所言之微言大义，孔疏[②]远不如贾疏，正可别撰一书发明书中精蕴，而人皆畏其繁复，不暇用功。吾师每嘱树榖兄弟抄撮《通典》及马国翰玉函山房所辑六朝以来礼说、礼书，先成底本，然后荟萃群经训诂，撰成义疏。忽忽半生，无所成就，追怀诱训，愧慈〔滋〕多矣。

吾师于三传不喜公羊、穀梁，尝言公、穀皆文章家，非传说家，惟左氏文章传记兼尽其能，于圣人笔削褒贬之心可以因事证明得其微旨。刘逢禄理董公羊之说，于是后之假公羊以行其邪说者，推波助浪，极于离经叛道而不之觉。戊戌朝变，吾师著书辨驳，见于所辑《翼教丛编》[③]各篇中。吾师尤不信《春秋繁露》之书，尝言《汉

① 贾公彦，唐永徽间太学博士，著有《周礼注疏》四十二卷、《仪礼注疏》十七卷。

② 孔颖达，唐贞观间国子司业、祭酒，著有《礼记注疏》等。

③ 《翼教丛编》六卷，苏舆辑，有光绪二十四年刻本。

书·董仲舒传》载董著书百余，篇第云“清明竹林玉杯繁露”[①]，今竟以“繁露”名全书撰（疑误字）为后人掇拾之作，且其中多阴阳五行杂记，亦不尽系于《春秋》。今之为公羊学者乃欲比傅影射附入经传之中，名为尊经，实则诬圣。至注家如何，邵公之非常怪论是谓“学术杀人”！今日思吾师先见之言，其祸尝未有止息。茫茫学海，何日一睹安澜乎。

吾师言经传训诂皆周秦两汉师师相承之古言，形近声近，形误声误，释者各有讹传。故治经当从涵泳经文始，遇不可通者乃看注文，注文不可通者然后即看义疏。义疏未必即能全通，或通而疑难之处不能释然，于是取本经文前后比例参稽，更取他经文旁搜互证，则通一经兼通群经。《皇清经解》前续两篇〔编〕[②]，本经学渊海，然寒畯购求不易，不如依吾法行之，较为简易。虽然此事谈何容易，苟非如吾师之群经烂熟，谁能有此优游自得之时。去年吾师来京，树达出所著《老子古义》、《刘向说苑集证》、《新序集证》、《韩诗疏证》等书，呈请吾师赐序，极蒙赞许，谓树达善于著书，实则本吾师以经证经之例也。

吾师邃于小学，于《说文》用四十年之力，可谓深知笃好者矣。然闻吾师尝云，《说文》非字学，乃汉学。五百四十部首字既非仓颉原编，增多之字大半因假借而孳乳，注解意义与汉儒经传注训相同。其他与许书及诸经训故不合者如《春秋元命包》、《春秋说题辞》[③]之说字，《墨子》之说经，大抵各有师承，别为异义，不必许书是而他书非也。即如《方言》，乃一方鄙俗之词，本无古谊可准，许书闲〔间〕引其说，乃因偶采其字，不得不就原文之义借以证明。若

---

① 《汉书》原文为：“仲舒所著皆明经书之意及上疏条教凡百二十三篇，而说《春秋》事得失，《闻举》、《玉杯》、《蕃露》、《清明》、《竹林》之属复数十篇，十余万言，皆传于后世。掇其切当事施朝廷者著于篇。”（中华标注本 2525—2526 页）、（《四部备要》本 835 页）。

② 《皇清经解》一四〇八卷，有道光九年学海堂刻咸丰十一年补刻本；《皇清经解续编》一四二〇卷。有光绪十四年南菁书院刻本。

③ 皆纬书，有《守书阁丛书》本。

释名释义以声为后世字母翻切之滥觞，尤不得据为文字声音之本。又如许、郑同时巨儒，而其说解文字形声往往彼此歧出。如《说文解字·广部·庌》，"庑也，从广，牙声，《周礼》曰，'夏庌马'"；"庑，堂下周屋，从广，无声"。而《周礼·夏官·圉师》，'夏官〔庌〕马'注，"玄谓，庌，庑也。庑所以庇马凉也"。《木部·槷木〔槷〕》谓"从木，执声"，而《考工记·轮人》则无"槷"，而"圜"，注玄谓"槷，读如涅，从木，热省声"。《豐部首》云："豆之豐满者也，从豆，象形，一曰乡饮酒有豐侯者"。而《仪礼·太〔大〕射礼》有"豐幂用锡若絺"，注："豐以承尊也，说者以为若井鹿盧，其字从豆，豐〔豳〕声"。若此类者，义训形声皆不相合，可知两汉诸儒距仓颉、沮诵造字时之原文已屡变而不一变，则其望文生义当亦事理之常。吾师之论《说文》如此，是因非构〔拘〕守一先生之言，茫然不考事之原头者所可同日语也。吾师治小学不取字母之说，以为未有文字之始，人之名物必先有音，有音而后就其所名之物或象形或象事或象声，造之为字，其即以原呼之音而定为声，声有清有浊，有轻有重，有长有短，有疾有徐，有高有下。此则四方分域各表其音之不同，岂一地一域之字母音纽所能统摄！至于积字成句，积句成文，咏叹长言而后成韵。韵者，均也。六书无韵字，《说文·音部》新附"韵"下，引裴光远云，古即均字[①]。按《土部》"均"，平编〔徧〕也。从土，匀声[②]。本无音韵之义。盖文字至于平编〔徧〕易诵而韵自寓其中。三百篇中民俗之作为多，初何尝如后世诗文家寻检韵书而后下笔耶！树达年来偕同学数人致力国音字母，吾师力驳其说，其所言洵探原之论。吾师又云："欲中国言语大同，必待路轨交通自然趋于一致。"可谓要言不烦。但目前急救不得不立一法以整齐之，此树达之本旨耳。昔侍函丈，闻吾师言："天下有方音无正音，有今仁〔音〕无古音。九州之大，以何地音为正，此人所不能指定者。古音即前古方音展转递变而成今音，故古音有存者有亡者。字母之说出入西域，

---

① 原文为："裴光远云：古与均同，未知其审。"

② 原文为"平徧也，从土从匀，匀亦声"。

神珙数经重译，安见不漓其真。今尤又效之，定有扞格不通之病。况西域字用音，中土字用形，习惯自然，各得其利。假使中国人人知六书假借，则临文之字当减其半，岂可得乎！"盖吾师论字始终不主音母，树达异日固当知所适从矣。

吾师能识古文奇字，凡钟鼎彝器金玉器铭字，古刀币秦汉镜瓦钤印之属，一经吾师审定考释，无不厘然当于人心。曩读吾师金石题跋及与友人论学之书，大抵曲证旁通，能使读者精神一振。然绝不以之诠解经义小学。若近日出土之龟兆文字[①]，以及古竹简刻书，其文奇古多不可识，吾师以古籀递变之形象释之，一经考定，无以易其说。昔官京曹，吴县潘文勤祖阴〔荫〕、潍县陈寿卿部郎介祺皆富收藏，潘藏之盂鼎、陈藏之毛公鼎为著名法器。吾师所释与诸家不同，读者服其神悟。南归后适吴县吴愙斋尚书大澂、浭阳尚书忠愍端方先后抚湘，二公均以收藏金石著称，每于文讌，从容出与吾师鉴赏。吾师每与人曰："吾乏他长，所见古器多，文法字例熟耳！"

吾师藏书三十余万卷，中多宋元明本及历代名人校抄，故版本之学近推吾师与江阴缪筱珊学丞荃孙为海内第一，平时每得一书必竭数日之力，逐卷校读而后释手，即一书有无数刻本亦必复读重校，辨其行字异同是非，或某本有误脱、某本有增窜，一寓目即终身不忘。插架齐一，书根多出手书。客中须检某书，则寓书世兄群从云："某书在其橱某架某行某卷。"一一检得抄寄，百无一误。每遇旧书止钤姓名斋堂道号印章，一见即知其人之时代履历。尝见夫所藏《天禄琳琅书目》正续两编，凡编校诸臣未考得之人名印章，吾师以朱笔蝇头小楷写于纸隙书眉，详为补出。又见手评黄丕烈《士礼居藏书题跋记》，于原书来历及散后落于何人，皆以墨笔书于上阑，精楷悦目。每获一书即有题记，于作者宗旨、刻板源流，言之详尽。世兄录出编为《读书志》[②]，方之宋晁公武《郡斋读书志》、陈振

① 指甲骨文。

② 《郋园读书志》一六卷，有 1928 年上海澹园印本。

孙《直斋书录解题》殆无以过，他日刊行，亦书林枕秘也。居书于刻板见之既多，知之遂熟。尝过书肆，见古书十数本整齐在案，吾师曰："此非《世德堂六子》[①]乎！何缺《老子》也！"书友愕然问故。吾师又曰："此中配版，非尽原刻也。"书友益惊愕。吾师曰："此非难辨，吾见书口墨阑字痕知之耳。原刻为双线阑，翻刻为单线阑，无他故也。"又一日见书肆有《感旧集》[②]，吾师曰："此抽毁一卷钱谦益之改本，非初印也。"检视信然。江阴缪学丞为南皮张文襄撰《书目答问》，姓名讹误、书卷缺载数目之处甚多，吾师随手补正，以朱笔校录十余部分给子弟门生。尝戏语学丞曰："江东无我，公当独步！"虽一时笑谈，固定论也。

吾师通籍[③]，年未三十，文采风流早已倾动侪辈，当光绪中叶时朝政尚未陵替，京朝官从客〔容〕文宴，酣禧太平。每退职归，群集于琉璃厂书肆，其时书值未若今日之昂贵，吾师所得多在冷摊破书堆中，其明人旧刻稀本、名贤手校手抄书，书估不知，往往为吾师贱值所得。吾师尝云，悔当时识陋，所失尤多。一日有帖估持原拓《天发神谶碑》[④]十张，索京平银二十两，匆遽间不信其为原拓，因见拓本古致，遂收其一。及帖估去，细审，确是原石。急往踪迹之，早已为识者全购去矣。又见黄氏士礼居影刻宋大字《三字经》，皆从来藏书家所未道及者，因其村塾书索值银二两，亦遂弃之。又见钱谦益、钟惺[⑤]会试闱卷合装一本，其式与同光间刻闱卷同。又见明初袖珍本《杨家将》，迥与今通行小说本有异。记其一事：世所称佘太君，明刻作折太君，核以宋人说部书所记载者，折本不误。又

---

① 即《六子书》六〇卷，明顾春辑，明嘉靖十二年吴郡顾氏世德堂刻本，又有翻刻本。六子中独《老子道德经》为二卷，它为八卷、十卷、二十卷。

② 《感旧集》一六卷，清王士祯辑，卢见曾补注，清乾隆十七年卢见曾刻本。初印本卷一有钱谦益诗二十二首、补遗十五首。

③ 叶德辉为光绪十八年(1892)进士。

④ 吴天玺元年(276)立，原藏江宁府孔庙，嘉庆间毁于火，后阮元、端方等皆曾摹刻。

⑤ 钱谦益与钟惺皆万历三十八年(1610)进士。

《汲古阁秘本书目》所载《元板画像搜神广记全后集》[1]，值不过数金，亦以躇踌为上海姚子梁文栋得去，后闻毁于拳匪之火。吾师每念此书世间更无二本，见明刻有《绘图三教搜神大全》一书，即元刻稍有增补，因影写刊行[2]，亦慰情胜无也。此吾师道之津津不值〔置〕者，故得详记之。

吾师著书绝不依傍门户，每一书出，海内风行，其体例皆独出心裁，语有根据。当代老师如陈东塾澧、俞曲园樾[3]、王湘绮闿运，吾师皆有微词，而于湘绮之尤力。王阁学先谦与吾师最称莫逆，每著一书必就商再四，辄以不合，各行其是。盖吾师无论说经撰文绝不引重乾嘉诸儒旧说，即诸儒或有误漏，亦不屑断断〔龂龂〕致辩，与之剖争。尝言毛西河之考朱子，陆清献之辟阳明[4]，无非舍田芸田耗用心力，即阁学著述等身，虚己下问，吾师每以类书相讽，谓其非著书，乃抄书，宜其于并世诸贤未有不视为覆瓿物矣。居恒与阁学笑谈，谓公书不如某之传久传远。阁学问曰（曰当是衍字），吾师答："公书动辄累数十百卷，又多官样文字，阅者既苦其繁重而寡味，坊估翻刻亦费多赀，不如吾书，三教九流，人人可读，且卷帙多者止十卷、八卷，后人得之，翻刻易于成功。此传不传预操之券。"

---

① 即《汲古阁珍藏秘本书目》一卷，嘉庆五年黄氏士礼居刻本，后收入《士礼居丛书》。所载《搜神广记》原题《元板画相搜神广记前后二集》。

② 当是《三教源流搜神大全》七卷，宣统二年影印，后收入《丽廔丛书》。

③ 陈澧字兰甫，学者称东塾先生，广东番禺人，道光十二年举人，为广州学海堂学长数十年，晚年主讲菊坡精舍，治学会通汉、宋，著有《汉儒通义》七卷、《东塾读书记》二一卷、《东塾集》六卷等。

俞樾字荫甫，学者称曲园先生，浙江德清人，道光三十年进士，翰林院编修，主讲杭州诂经精舍三十余年，其间曾总办浙江书局，著有《群经平议》三五卷、《诸子平议》三五卷等，后俱收入《春在堂全书》。

④ 毛奇龄字大可，学者称西河先生，浙江萧山人，康熙十八年试博学鸿儒，授检讨，与纂《明史》，所著《四书改错》，对朱熹《四书集注》极力抨击。

陆陇其字稼书，浙江平湖人，康熙九年进士，曾知嘉定、灵寿等县，以清廉名，乾隆元年特谥清献。著有《四书讲义困勉录》三七卷、《松阳讲义》一二卷、《三鱼堂文集》一二卷等，为学专宗朱熹，诋斥王阳明，谓以禅论儒。

阁学为之莞尔。

甲寅[①]有清史馆之设。袁公[②]令赵公尔巽为馆长。赵公属柯凤荪学士劭忞邀吾师入馆纂修艺文志。吾师笑曰:“此脱克脱也,吾岂与之共事哉!”时缪学丞,柯师皆就馆职,吾师数数过谈,间亦讨论史例。吾师曰:“近代史书共推《明史》,然其名称有不可袭用者,如‘儒林’、‘文苑’,本《史》、《汉》旧名,有清文治远轶宋、元,然而儒不成林,文亦非苑。‘儒林’当从《唐书》、《元史》改称‘儒学’,‘文苑’当从齐、梁诸史改称‘文学’。唐以后始有‘奸臣’、‘逆臣’、‘叛臣’之分,《明史》变叛逆之号谓之‘流贼’,不如《汉书》王莽、《后汉书》梁冀、《晋书》王敦、《唐书》宇文化及、安禄山、史思明,或奸或叛,事迹昭然;《后汉书》董卓、《三国志》诸葛恪等为逆为贼,名实俱在。史例重在书法、笔削不在题名。《春秋》盗不书名,赤眉、黄巾宁非流贼,但其事迹止散见平乱讨贼诸人传中。此史笔之森严,所以垂诫后世。《明史》为张、李特立《流贼传》、劝盗乎,亦贬恶乎,不可解也。闻馆中将援其例为洪秀全等作传,则太无识矣。至于‘忠义’、‘孝友’,始于《唐书》,此沿《宋史》‘孝义’《梁书》‘孝友’之例,前无所本。六朝、唐人溺于词章,安知史法!况忠义兼君臣朋友,《后汉》‘独行’庶乎近之。孝友庸行庸言,两汉以孝弟力田举人,其行义皆载本传,未尝别为标题,此可以为法者也。‘独行’变为‘卓行’或一行,名近而实非。且与‘逸民’、‘隐逸’相同,嫌于重复。《宋史》‘道学’,乃党锢之变例,当时诬之为伪学,可知其非美名。有清一代理学诸儒如陆清献、汤文正[③],有政事可纪,当为列传中

① 民国三年(1914)。

② 指袁世凯。

③ 汤斌,字孔伯,安徽睢州人,顺治九年进士,国史院检讨,官至工部尚书,著有《汤子遗书》一〇卷,乾隆元年谥文正。

人。李二曲、孙夏峰、张杨园、陆桴亭、颜习斋①诸人当入隐逸。顾亭林、黄梨洲、王船山②，其心不甘为异姓之臣，自当为之特立'遗逸'。'遗逸'、'隐逸'本逸民，而在明清鼎革之交，不得不有分辨，否则仍如阮文达③《国史儒林传》旧例，不分汉、宋，按次时代入儒学传中。儒既无林，则传经与传道一也。亭林、梨洲、船山本可以《后汉书》郑康臣〔成〕、卢植传例，特致尊崇，顾无以表其拳拳故国之思，亦非所以励臣节而申士气。若二曲、夏峰本自讲学，非其比

---

① 李颙，字二曲，陕西周至人，康熙十八年荐博学鸿儒，称疾笃舁床至省，水浆不入，终不赴。

孙奇逢，字启泰，河北容城人，明万历二十八年举人，入清辞荐辟，率子弟门人躬耕辉县苏门山夏峰下，所居成聚，学者称夏峰先生。

张履祥，字考夫，学者称杨园先生，浙江桐乡人，受业于刘宗周，国变后躬耕自给。

陆世仪，字道威，号桴亭，江苏太仓人，亦从刘宗周游，入清归里凿池筑亭，不通宾客。

颜元，字易直，号习斋，河北博野人，顺治间补诸生，旋弃去，后主讲肥乡漳南书院。

上述五人《清史稿》皆入《儒林》。

② 顾炎武，字宁人，学者号亭林先生，江苏昆山人，明末诸生。南京陷清后，曾与归庄从昆山令杨永言组织抗清武装，鲁王授为兵部司务，事败，去家不返。曾畜牧于雁北，卜居于华阴，皆期有所为。康熙十七年大臣争荐举博学鸿儒，不赴，以死自誓。

黄宗羲，字太冲，学者号梨洲先生，浙江余姚人，鲁王监国立，纠里中子弟数百人从之，号"世忠营"，授御史，作《监国鲁元年大统历》颁浙东，后入四明山结寨自固。又从亡鲁王于海上，授左副都御史。事皆败，奉母返里讲学。康熙十七年诏征博学鸿儒，辞不赴，又辞顾问《明史》。

王夫之，字而农，湖南衡阳人，崇祯壬午举人，永历初荐为行人，见事不可为，返里著述石船山下，学者称船山先生。后吴三桂称帝于衡州，夫之避入深山。三桂平，清大吏闻而嘉之，请见，以疾辞。未几卒，自题墓碣曰："明遗臣王某之墓。"

《清史稿》亦皆入《儒林》。

③ 阮元。

也。前史皆有外夷传，此亦当有变更，自海西棣通，列强已成，彼国从前即偶修职贡，并非藩服称臣。此当名实相孚易名。外国客臣如戈登、赫德之类，即叙入其本国传中。诸传但略叙其开国源流，而详于与中国交涉之事。此一定之文义也。'艺术'，即六艺，书、数亦其中之两门。后世书画并称，算学日益精进，并为一类。书画琴棋仍为'艺术'。'列女'与'烈女'有别。《后汉【书】·列女传》兼重四德，《旧唐书》以下或改'烈女'，则专以节烈论，失蔚宗[①]创传之意矣。其他志表出入增省，则《明史》可以遵循。'游侠'、'滑稽'、'货殖'、'日者'、'龟策'、'刺客'诸名，汉初沿周秦遗风，于政治风俗皆有关系，故史迁[②]为之立传，班范[③]以后，政俗已变，诸史皆废其文。《艺文志》可有可无，既有《四库全书目录提要》颁行在先，自可续补一书以备一朝文献，何必断代为志，循班书[④]之名而失其实乎！"

吾师论文不主宗派，以为文以载道，事理通达，虽随手结构自有义法可循，果其经史诸子百家文集积累在胸，则造句选辞当无不雅饬之理，钱谦益，龚自珍皆文家作手，以好用释氏书之故，致文体不洁，识者诋为旁门，韩昌黎氏极推樊宗师[⑤]之文，谓其文从字顺各识职。樊他文不得见，传者惟《绛守居园池记》，其文奇涩无足取，若循是以为文体应尔，则将走入魔道不可救药，湘中武陵杨性农彝珍即蹈其害者也。夫文莫古于两汉，西京董贾、东京中郎[⑥]，试取其文诵之，有一语佶屈聱牙否。文莫大于忠孝，又试取诸葛武侯《出师表》，李令伯[⑦]《陈情表》读之，有一语出于造作否。况山水

① 《后汉书》著者范晔字。

② 指司马迁《史记》。

③ 指班固《汉书》。范晔《后汉书》。

④ 班固《汉书》。

⑤ 唐元和间河南南阳人，字绍述，为文艰涩怪僻，所著《绛守居园池记》至不可句读。

⑥ 指西汉董仲舒、贾谊，东汉蔡邕。

⑦ 东晋李密字令伯。

园林登览游宴之作，本无与于斯文，即令美观，无裨世用。大抵为文非本源经术，精熟义理，决无佳文。平时与及门论文，于宋推宗朱子，明则归震川[①]，清则方望溪、姚惜抱、张茗柯[②]，谓皆粹然儒者之言，可以引为师法。若言精美，则推汪容甫[③]《述学》内外篇。湘人则取湘阴郭养知侍郎嵩焘，谓其充实在曾文正之上。吴南屏[④]山林之体，未足比列也。

吾师年未弱冠以论诗绝句观风卷为曹仲铭中丞鸿勋提学湖南时所拔赏。王阁学归田，与吾师论诗尤相契合，每劝吾师作诗，共执牛耳。吾师偶与阁学师倡和诸作辄相引重，附刻集中。吾师每称阁学诗雅致深思，剥肤存腋，品在湘绮师之上。树穀兄弟不能文，尤不能诗，然窃闻吾师数数与人论诗，不主唐而主宋。谓北宋初大家皆学老杜、玉溪[⑤]者，只西昆[⑥]，不久即废。南宋则惟放翁、石湖、诚斋[⑦]三家，而尤以放翁为最。与其为明七子[⑧]学唐而涉于空廓，不如宋人之学杜，虽各得其一体，反能自辟门户。此吾师持平之论也。曾见吾师手抄玉溪、东坡、六一、山谷、遗山[⑨]律绝诗一

---

① 归有光，字熙甫，江苏昆山人，嘉靖进士，学者称震川先生。

② 方苞，字灵皋，号望溪，安徽桐城人，康熙进士，为文倡“义法”，为桐城派创始人。

姚鼐，字姬传，世称惜抱先生，安徽桐城人，乾隆进士，受学于刘大櫆，为文讲求考据、词章，为桐城派主要作家。

张惠言，字皋闻，江苏武进人，嘉庆进士，翰林院编修，为文创阳湖派。

③ 汪中，乾嘉间扬州人。

④ 吴敏树，号南屏，湖南巴陵人，道光举人。

⑤ 杜甫、李商隐。商隐号玉溪生。

⑥ 宋杨亿、刘筠、钱惟演等，诗宗李商隐，称西昆体。

⑦ 陆游，号放翁；范成大，号石湖居士；杨万里，学者称诚斋先生。

⑧ 当指前七子，即：李梦阳、康海、王九思、何景明、徐祯卿、边贡、王廷相。

⑨ 李商隐、苏轼；欧阳修，号六一居士；黄庭坚，号山谷道人；元好问，金人，金亡号遗山真隐。

厚帙，又抄老杜、昌黎、梅村[①]七古数十首，仿赵秋谷[②]《声调谱》之例，圈点乙识，旦夕揣摩，固知吾师非不致力于诗者。而平时每谨称诗不能工，比于时文之难深入，则尤少艰苦阅历之言也。吾师所藏诗文集自汉魏六朝唐宋元明清，大家名家无不完备。又搜采《乾嘉诗坛点将录》[③]中诗人正附一百四十余家之诗，拟合撰一集，附以《小僧诗话》，以存当时之文献。是书若成，亦巨观也。

吾师不常为诗，中年应酬之作掷弃不存片纸。同门刘帘生校官肇隅见即抄存，前后参差，殊难编次。惟《古泉杂咏》、《消夏百一诗》[④]，一论泉币，一论名画，此考据家言，未足吾师之本色。有《昆仑百咏》[⑤]律诗二百首，则己亥年与朱莼卿中丞益濬，王阁学师、易实甫观察顺鼎观剧唱和之作。虽近游戏，然一《昆仑咏》和作至二百首，亦可云才大如海矣。又有和金桧门都宪德瑛《观剧绝句》[⑥]三十首，同作者为阁学师、实甫观察、善化皮鹿门孝廉锡瑞。吾师至三叠韵，得诗九十首，自注考证剧目原委，博洽多闻。阁学师刻集至全录其注文，不敢删易，可谓倾佩至矣。吾师自谓不工五古、五律诗，故所作极少。最长者，七古、七律、七绝；七古学两家体，一学昌黎，一学梅村；七律学宋元人者多，学玉溪者少；七绝兼取遗山、渔洋[⑦]，皆正宗也。辛亥以后，岁必有诗，十年以来，裒然成集。又作《观书〔画〕百咏》[⑧]并自注，专记平生所藏诸画名迹，读之声调

---

① 杜甫、韩愈、吴伟业。吴伟业，明末清初太仓人，号梅村。

② 赵执信，号秋谷，益都人，康熙进士。

③ 清舒位撰，有光绪三十三年刻本，后收入《双梅景暗丛书》及《郎园先生全书》。

④ 《古泉杂咏》四卷，有光绪二十七年刻本；《消夏百一诗》二卷，有光绪三十四年刻本。

⑤ 《昆仑百咏》二卷，有光绪三十年刻本。以上三书后皆汇印入《郎园先生全书》。

⑥ 《观剧绝句》三卷，有光绪三十四年刻本，后收入《双梅景闇丛书》。

⑦ 清王士祯号渔洋山人。

⑧ 《观画百咏》四卷，民国六年刻本，后汇印入《郎园先生全书》。

风趣兼而有之，殆不知其涉于考据，能者固无施而不可耶！吾师长于骈文，少年应诂经课，考古题辄以工此体得选首。尤精律赋，每押奇险之韵，无不舒卷自如，至今犹有传抄之者，吾师向不存稿。通籍以后未与馆选，此事遂废，然间亦为应酬之文，无不典则高雅，墓志、碑记尤近唐人。尝为及门言，骈文本分两体，有文撰〔选〕体，有徐庾体[①]。文选用字，徐庾用典。用字者汉魏两晋诸家，其源与古文合。李兆洛所选《骈体文钞》[②]，其表著也。用典者齐梁陈隋、初唐四杰，沈博绝丽，遂与古人分途。陈均所撰《唐骈体文钞》[③]，其结句也。吾师曾同阁学撰《骈文汇纂》别裁伪体、力主正宗。阁学自序有云："商量邃密，叶张之力居多。"张乃雨珊观察师祖同也。纂此书时，王张意见各殊，而为拆〔折〕衷吾师以定去取。阁学兼录生存人文，吾师以为不可，然如缪学丞、皮孝廉[④]之作实不能割爱。是则各明一义矣。

吾师于杂艺术无不通晓。摹印之学湘中无人讲求，沅陵丁谷渠拔贡可钧初来省城，吾师于褾褙人家见周樵中书铣诒为人作楹联，其印章极工整，询其人则丁君也。亟延之宾馆，为之游扬于吴愙斋中丞、江建霞学史〔使〕[⑤]，卒获拔贡。丁君精于刀法，少见秦汉玺印，自游愙斋中丞之门，亲见所藏之印逾万方，吾师亦尽出所藏前人印谱为之指授，于是技日精、名日噪。稍后则善化雷怡甫上舍悦，始弱冠，目力更精，亦从吾师游，遂与丁君并誉。丁君为吾师刻印五十方，结构多出吾师参酌。为撰《馈石斋印谱序》，言篆刻源

① 即徐陵、庾信。陵字孝穆，郯人，曾仕梁、陈、文章绮艳，与庾信齐名，时称徐庾体。信，字子山，新野人，初仕梁又仕北周。

② 李兆洛，江苏武进人，嘉庆进士；《骈体文钞》三一卷，有道光刻本。

③ 陈均，浙江海昌人、《唐骈体文钞》一七卷，有嘉庆二十五年刻本。

④ 缪筌孙、皮锡瑞。皮锡瑞字鹿门，学者称师伏先生，湖南长沙人，光绪举人，治经宗今文，善理旧说，倡新式学校制度，曾任南学会学长，戊戌政变后斥为乱党，交地方官管束，后于湖南高等学堂、师范馆等处讲学。

⑤ 吴愙斋即吴大澂，光绪十八年至二十年官湖南巡抚。江建霞即江标，光绪二十年至二十二年间以翰林院编修任湖南学政。

流最详，不仅推重作者也。雷君亦刻五十方为《铁耕斋印谱》，其篆体配合同出吾师之手。为撰序则言石质优劣。合观之，则前后两序金针度尽矣。吾师每称陈东塾澧集中《摹印说》[①]一篇为甘苦有得之语，以为在元吾邱衍《学古编》、近人桂馥《续三十五举》之上。明赵宧〔宧〕光《篆学指南》、孙光祖《篆印发微》犹隔藩篱也[②]。

鼎革前与阁学提倡昆曲，蓄梨园一部，豪华声伎之盛，倾动一时。每入歌场，擪笛知音，闻声顾误。家藏元明人杂剧数百种，择其尤雅者授伶官重演之。于戈〔弋〕阳、二簧诸剧本，凡传刻讹误者一一考订厘正，为之一扫积尘。曾著《剧史》一书未成，乱后残稿散佚，不可收拾也。吾师收藏名画最多，故于六法深通三昧，读《郎园书画记》、《消夏百一诗》、《观画百咏》诸书，可见其宗旨。雷君工写花草，得吾师所藏名迹多云。

吾师于星历占卜形法之书兼收并蓄，多人间秘笈，为人推算星命年运休咎百不爽一。去年来京，当道要人皆经推算，如言某某何月不利，何事不吉，皆在数月以后，一一符应。至今人以为神。柯凤荪学士师亦精此术，而极推重吾师，谓为“学通天人”，又称为“学贯中西”。有与同门舒贻上论星命四书，鸿博奥衍，读者不能索解。吾师每曰：“此五行生成之数，亦天地自然之理，无他秘妙也。”尝言唐《李虚中命书》、《珞琭子三命消息赋》[③]皆出术士伪撰，故知其当然不知其所以然。今星命家祀为先河，为其立法有可遵行，故存而不废耳。实则星命之学出于《易》家，谈命必兼星汉，王充《论衡》确信其有至理。故虞仲翔注《易》主卦气，郑康成注《易》主爻辰，皆星命之根本。又言，星盘之术出于西人穆尼阁《天步真原》[④]倪荣桂

---

① 当是《摹印述》一卷，有《遯盦印学丛书》本，收入《美术丛书》初集第六辑。

② 以上四种皆，收入道光二十年刻，清顾湘辑《篆学琐著》。

③ 《李虚中命书》三卷，题鬼谷子撰，唐李虚中注；《珞琭子三命消息赋注》二卷，宋释昙莹撰。传本久佚，四库馆从《永乐大典》中辑出，后亦皆刻入《墨海金壶》及《守山阁丛书》。

④ 有《守山阁丛书》本，题《天步真原人命部》三卷。

温藻得之而称神。推其原出于回回，而回回出于印度，印度实由中国传入。观明洪武时所译之天文书，释藏文殊师利菩萨及诸仙所说《吉凶时日善恶宿曜经》、西竺金俱叱《七曜攘灾诀》，可以穷其根源。《汉书·艺文志》叙历谱家云："又以探知五星日月之会，凶厄之患，吉隆之喜，其术皆出焉。此圣人知命之术也，非天下之至材，其孰与焉！"此星命说之最古者。礼失求野，乃得之外夷。吾师之学，上下古今纵横中外。即此一艺已非陋儒之所能置喙也。

吾师鉴别书画似有天授，而不知由于学力所致。闻之先辈云，吾师官京曹时当〔尝〕与宗室伯羲祭酒盛昱、福山王文敏懿荣、江阴缪学丞日相过从，或间出书画共相品题。一曰〔日〕祭酒出示唐王维画《伏生授经图》，绢本方幅，吾师曰："此不仅非王维画，而亦非唐人画。"祭酒亟问故，吾师曰："伏生手持书卷，唐无此式。且汉初犹用竹简，《汉书·艺文志》尚书家传四十一篇。传者，伏生大传，篇者，竹简。若帛纸则称卷。维虽陋，决不至此。况线装并不出于唐制乎！"坐客咸称佩。浭阳尚书端方抚湘时邀吾师鉴别书画曰"吾有唐乙迟僧①画天主〔王〕像，晋顾恺之画洛神卷"，吾师曰："天王像是直幅乎，抑是横看乎？"中丞曰："横看"。吾师曰："真矣！"展视果然。再出顾卷，吾师曰："伪也，是卷宋人临本已入《石渠宝筏》，阮文达《石渠随笔》②载之。唐以前画龙皆行地上若犬，其在云中露一鳞一爪者，宋以后事耳。"中丞乃大服。朱莼卿中丞有晋荀勖山水卷，阅者多笑其伪。吾师一见惊叹曰："此亦不敢定其为荀勖，但确非六朝唐人所作。"以其墨气浓厚、笔阵方严，有汉武梁祠石室画像遗意，决非近代法也。其他未见画而能定其真伪，既见画而能定其真伪且辨其时代佚事颇多，不及具述。

日本同文之国，其人酷好中国文学，固也。德、法二国声教不

---

① 当是尉迟乙僧，于阗国人，贞观间入都为宿卫，善画佛像。

② 《石渠宝笈》四十四卷，有民国七年涵芬楼石印本；阮元《石渠随笔》八卷，刻入《文选楼丛书》。

同，亦向慕中学。吾师乡居三十年，日人之从学者颇盛，如松崎鹤雄从受《说文解字》(原抄作字解)，盐谷温从受金元杂曲，皆学成而去。盐谷且得博士，其父青山翁时敏，于中学尤深，且能古文，师法曾文正。又有竹添光鸿为东国耆儒，光绪初元，张文襄[①]官翰詹时来京相见已称老宿，后与吾师通问订交，极称倾佩。又有岛田翰，乃竹添门人，亦后起之名士，精于目录之学，于中国人士多致讥讽，独于吾师诚服无间。其他来游湘中者，必登门求见，备观书籍金石字画，归国则刊之笔记以志荣幸，盖比比也。西人则法人税务司德秀(原抄有片假名注，下同)从读中国传记小说。德人湘领麦令豪从受经学。吾师声驰异域，比于白傅之诗编、温公之相业[②]，盖先后辉映矣。

有清一代经学考据之盛莫甚于吴中，而以昆山顾亭林、吴县惠元龙、惠天牧、惠定宇祖孙父子一家为开山初祖[③]。继之者庄方耕存与、庄葆琛述祖、王西庄鸣盛、钱竹汀大昕、王石臞念孙、子文简引之、段懋堂玉裁、张皋文惠言[④]，皆精于汉儒之学，流风余韵沾溉百年。吾师先世居吴县洞庭西山，与诸老声气相接。太夫子雨村封公避粤寇之乱，懋迁湘省，楹书世守，于诸儒遗著郑重收藏。吾

① 张之洞。

② 《旧唐书·白居易传》："(居易诗)鸡林贾人求市颇切，自云本国宰相每以一金换一篇，其伪者，宰相辄能辨别之。自篇章已来，未有如是流传之广者。"《宋史·司马光传》："辽夏使至，必问光起居。敕其边吏曰：'中国相司马矣，毋轻生事开边隙'"。

③ 惠周惕，字元龙，康熙三十年进士；子士奇，字天牧，康熙四十八年进士；孙栋，字定宇，传祖、父之学，为乾嘉学派中吴派经学之奠基人。

④ 庄存与，字方耕，江苏常州人，乾隆十年进士一甲第二人，倡今文经学，为清常州学派创始人。庄述祖字葆琛，存与族侄，乾隆四十五年进士，传存与之学。王鸣盛，号西庄，嘉定人，乾隆十九年进士一甲第二人，受惠栋之学。钱大昕，号竹汀，嘉定人，乾隆十九年进士，始以辞章名，既而研精经史。王念孙，号石臞，高邮人，乾隆四十年进士从戴震受文字音韵训诂之学。子引之，嘉庆四年进士一甲第三人，承父学，谥文简。段玉裁，号懋堂，金坛人，乾隆二十五年举人，师事戴震，后专治《说文》。张惠言为学专治虞氏《易》。

师读之，先入为主，此其所以笃守汉学，终身由之，不为外感〔惑〕摇动也。封公喜读宋五子书，吾师幼时自塾归，必以司马公《资治通鉴》、朱子《名臣言行录》为日课。其后通籍，居官、居乡皆以风节自励，盖封公之教也。封公捐宾客已十年，一门群从咸知向学，且好收藏书籍，各拥百城，门祚如新，黄巾不扰。回思吾师一生出入险阻，夷然泰然，晚景优游，家室乐事，则固积学积善之报也。昔江藩作《汉学师承记》，以其父学佛附载其语于《宋学渊源记》，未若吾师之于封公可谓人师经师奕世载德者已。

吾师尝言一生学业成就固得力于庭训，而亦克承家学有以光大之。洞庭启族[①]，代有闻人。一世祖逵，南唐刑部侍郎，史佚无传。二世参字少卿，宋咸平三年陈尧咨榜进士，官终兵部郎中，知苏州，改知湖州，卒赠光禄卿。三世清臣字道卿，天圣二年宋郊榜进士侍读学士，知河阳，卒赠左谏议大夫，子均，《宋史》列传[②]。四世均字公秉，绍圣四年何昌言榜进士，朝奉大夫，太府卿、秘书监，事载李焘《续【资治】通鉴长编》、潜说友《咸淳临安志·进士表》。六世梦得字少蕴，世称石林先生，绍圣四年何昌言榜进士，官右丞，终崇庆军节度使，卒赠检校少保，《宋史》文苑列传，所著奏议十五卷、遗书若干种[③]，均刊行。十三世李，字太白，景定中率太学同舍生上书攻贾似道，窜漳州，宋亡归隐富春山。元世祖征遗逸，授五品秩，官至右丞，卒封南阳郡公，谥文简，《元史》列传。十七世颙，字伯昂，元和靖山长，元亡不仕，号浮丘醉史，明王鏊《姑苏志》列传。十八世盛，字兴中，明正统十年商辂榜进士，官吏部左侍郎，英宗出狩，与于忠肃有□安社稷之功，卒谥文庄。《明史》列传，所著

---

① 指吴县洞庭山，叶德辉先世居此。

② 此处语序欠妥，《宋史》载者，乃叶清臣。

③ 叶梦得著作传世者有《春秋传》二十卷、《春秋谳》二十二卷、《石林奏议》十五卷、《石林燕语》十卷、《考异》一卷、《避暑录话》二卷、《岩下放言》三卷、《石林居士建康集》八卷、《石林诗话》一卷、《石林词》一卷。

诗文为《文庄集》三十卷、《奏疏》四十卷[①]、《两广奏议》十六卷、《水东日记》四十卷、《菉竹堂书目》六卷、《碑目》六卷。菉竹堂者,公玄孙恭焕建以藏书而仍公旧题者也。二十三世初春字处元,世称吴西先生,万历八年张懋修榜进士,官礼科给事中,以疏争豫教斥归,天启初追赠光禄卿,《明史》附《李献可传》。二十四世茂才字参之,万历十七年焦竑榜进士,南京工部侍郎,与顾宪成、允成,安希范、刘元珍、高攀龙、钱一本、薛敷教为东林八君子,《明史》列传。二十四世绍袁字仲韶,天启五年余煌榜进士、工部主事,世称天寥先生,明亡为僧,号粟菴,所著《天寥年谱》二卷,《年谱别记》一卷、《甲行日注》八卷、《湖隐外史》四卷、《午梦堂》二种[②]。二十五世方蔼字子吉,号粟菴,顺治十六年徐元文榜一甲三名进士,尚书衔刑部侍郎,谥文敏,国史列传,所著诗文为《文敏集》八卷[③],《读书斋偶存稿》四卷。弟方恒字嵋初号学亭,顺治十五年孙承恩榜进士,山东济宁河道,治河有声,国史列传,所著有《山东全河备考》四十卷。弟方蔚字敷文,举康熙己未博学鸿词,所著《经钽堂诗集》八卷、《金石录补》二十七卷、《续跋》七卷。二十五世映榴字丙霞号苍岩,顺治十八年马士俊榜进士,官湖北右参政,武昌夏包子之乱殉难,追赠侍郎,谥忠节,国史列传,所著《忠节集》十三卷。二十五世燮,字星期,号己畦,世称横山先生,官江苏宝应县知县,国史文苑列传,所著《己畦文集》二十一卷、《诗集》十四卷、《残余稿》一卷、《原诗》四卷。二十五世树莲又名树廉、又名万、字石君,诸生,富藏书,精校勘,与钱谦益、毛晋互相借抄,传本极为何焯、孙从添[④]所推重,徐乾学《憺园集》[⑤]有传。从兄奕,字林宗,并好藏书,与钱曾

---

① 当是《叶文庄全集》三〇卷、《叶文庄奏议》四〇卷。

② 当是《午梦堂遗集》二卷及《窃闻》二卷、《秦斋怨》一卷、《琼花镜》一卷之属,皆收入《午梦堂集》。

③ 当是《叶文敏公集》一二卷。

④ 何焯,字屺瞻,号茶仙,学者称义门先生,康熙间江苏长洲人,校勘学家。孙从添,字庆增,江苏常熟人,藏书家。

⑤ 当是《憺园文集》。

交好，事具吴定璋《七十二峰足征集》。二十六世舒宗字元礼，康熙十五年彭定求榜进士，内阁中书，举己未博学鸿词[①]，当时吴江垂虹桥酒家女子临终求面事，王士禛《渔洋诗集》、朱彝尊《晒〔曝〕书亭记〔集〕》《高阳台》词[②]均咏其事，徐釚采入《续本事诗》，传为一时佳话。舒璐字景鸿，一字镜泓，号分干，恩贡，所著《分干诗钞》四卷。舒颖字学山，副贡，所著《学山集》十三卷。三人皆横山从子。二十七世长杨字尔祥号定湖，康熙五十九年汪应诠榜进士，翰林院编修，举乾隆丙辰博学鸿词。二十七世凤毛字超宗，号恒斋，忠节孙，以恩荫特授内阁中书，工书画，所著《说学斋经说》一卷、《内阁小识》一卷、《内阁故事》一卷。二十八世士宽，字映庭，康熙庚子科举人，官浙江宁绍台道，有惠政，李元度《先正事略》[③]有传。二十九世树藩字涵峰，号青浮，士宽次子，工画，精文选，有《海录轩文选评注》行世。二十九世佩苏，字丹颖，号辛麓，乾隆十九年庄培因榜进士，湖南布政使，护理巡抚，所著《易守》四十卷、《传经堂诗文集》十二卷、《慎余斋诗钞》四卷。三十世绍奎，字振缃，号琴柯，佩苏子，乾隆五十八年潘世恩榜进士，广西巡抚，所著《观像权舆》八卷、《琴柯诗集》六卷、词二卷。弟绍本，字立人，号筠潭，嘉庆六年辛酉恩科顾皋榜进士，山西布政使，入为鸿胪寺卿，所著《白鹤山房诗钞》二十四卷、词二卷。三十世倬，字子云，乾隆甲午科举人，闽浙总督[④]，国史列传，所著《二思堂文集》四卷、《诗集》二卷。三十一世廷琯，字调笙，一字苕生，贡生，与朱抡齐名，抡字条生，当时有绿苔〔苕〕朱条之称，所著《吹网录》六卷、《欧〔鸥〕波渔话》六卷。吾师家藏先德诸集，日夕寝馈其中，宜其不待读他氏之书已足驰骋一世，何况兼之以博览，安得不为一代巨儒也耶！

---

① 皆举而未取。

② 载《曝书亭集》卷二四《江湖载酒集上》。

③ 当是《国朝先正事略》，六〇卷。

④ 叶世倬道光二年自山西布政使迁福建巡抚，翌年病免，旋殁，未曾官总督。

记 行

吾师《六十自叙》，于生平事实概略言之，未能详也。自壬辰通籍假归，适吴愙斋尚书为巡抚，以吾师原籍同邑里，欲奏请吾师归原籍。一日王葵园阁学先谦同坐，语及此事，阁学笑谓吴公曰："此我湖南之人才，岂可使我公夺去耶！"吾师与阁学论学时有异同，而知己之感每为人称述不置，此亦一事也。吾师尝言历任巡抚惟吴公真为学人，朝廷用违其才，以之督师，致甲午牛庄一败身败名裂，国本亦为之动摇，其功罪诚有不能讳言者[①]。但其居官清廉慈惠，平生酷爱金石书画，僚属或以此投献，虽极所赏鉴之物，亦必坚忍却之。门庭如市，而简牍不通。与吾师为文字莫逆之友，时出所藏以资讨论。吴公虚怀下问，凡经吾师审定之物，退而语其幕中人曰：此叶某以为如何者。吾师丙辰[②]以后回苏，晤其旧幕吴江陆廉夫画史扳〔恢〕[③]犹道及之。是时吾师年未三十，其为公卿倒屣如此。

吾师平生耻言高尚，以为高尚乃无用之别名，独洁其身，此山林枯槁之士，亦何贵天之生我？故历任地方官初来，从不先谒；既经枉顾，或遇事谘访，则无不竭诚尽言。甲午义宁陈公宝箴抚湘，在未为湘抚前以河南罢职归[④]，侨寓湘中，即与相识。公子伯严考

---

① 吴大澂字清卿，号愙斋，江苏吴县人，同治进士、翰林院编修，光绪二十年日本侵略朝鲜，吴大澂请率湘军往援，二十一年日军陷牛庄，湘军几尽覆，辽南尽失，导致订立"马关条约"，旋革职。著有《说文古籀补》十四卷、《补遗》一卷，《字说》一卷，《恒斋所见吉金录》不分卷，《愙斋集古录》二十六卷、《释文剩稿》二卷，《十六金符斋印存》不分卷，《秦汉名人印辑》一卷，《续百家姓印谱》一卷，《古玉图考》不分卷，《权衡度量实验考》一卷。

② 民国五年(1916)。

③ 陆恢字廉夫，号狷叟，江苏吴江人，工书画，客吴大澂幕久之，得纵观所藏历代名画，并游三湘、辽东名胜。中年居苏州，潜心绘事，为清末民初江南名画师。

④ 此处似有误，光绪八年陈宝箴以河北道迁浙江按察使，旋坐事免。河南似为浙江之误。

功三立同官吏部[①]，往来亦颇相亲。陈公一意主张变法自强，二三新进少年遂乘隙而入，继而南学会、时务学堂同时并举，学说乖谬，湘中耆旧皆不谓然[②]。吾师著书诘难，是要有《翼教丛编》[③]之作。说者谓戊戌之变，肇端于湖南。陈公罢归，闻犹时时引为深恨，则固未尝不服吾师先见之明已。

湘抚自陈公去后，继任者为山阴俞公廉三。俞公由湘臬而湘藩，荐升至巡抚，其礼接吾师尤为诚挚。俞公虽出身佐贰，因官山西为张文襄[④]椽属最久，故为人风流儒雅，不染俗尘，惟无应变之才，事事拘守文法。庚子长江富有票事起[⑤]，公为鄂督张文襄函电所迫，穷治不免株连。吾师每为进言，以为此辈书生无非受人诱惑，文襄貌似风厉，宾〔实〕欲嫁祸邻抚，自居解网之仁，须知此辈乃文襄养成，彼方追悔之不暇，何忍出于穷搜！俞公憬然，遂渐宽放。当时牵连被逮者，经吾师一言一牍申论，无不立予保释。是案全活之人无数，至今犹有存者。其后革命党起，亦如富有故辙，地方官以杀人邀奖，罗织瓜蔓，不察情伪，遍及各学堂。吾师力言于当道，谓士风已坏，非诛戮可以挽回，惟修明政教，镇服人心，停此捐输，广登仕进，庶几同风一道，纳于轨物之中。否则道政齐刑，免而无耻，前蹶后起，诛不胜诛。此固正本清源之论也，惜有某不用，朝事日益纷更，辛亥揭竿一呼，天下瓦解。悲夫，岂非有数定哉！

---

① 陈三立，字伯严，宝箴子，曾官吏部主事。

② 南学会由谭嗣同、唐才常等发起，光绪二十四年二月在长沙成立，各县且设分会，由黄遵宪、皮锡瑞、谭嗣同等宣讲新学，讨论湖南新政。时务学堂先一年在长沙创办，由梁启超任总教习，经、史、诸子外且教授资本主义国家的政治、法律与自然科学，仅数月，即受王先谦、叶德辉等人攻击，停办。

③ 《翼教丛编》六卷，苏舆辑，有光绪二十四年刻本。

④ 张之洞，光绪七年至十年间曾官山西巡抚。

⑤ 戊戌政变后唐才常、林圭在上海组织正气会，建自立军，更联合各会党开富有山堂、举康有为、梁启超为正副首领，印“富有”票三十万为会员凭证。光绪二十六年七月二十七日，唐才常等谋次日在武汉起义，事泄被害，持“富有”票者皆被通缉。

庚子地方拳匪起，攻使馆，杀德国使臣，遂与列强开衅，时端庶人[①]、刚毅用事，悻悻主战，朝旨日数至，尽驱教士。俞公奉谕即拟张贴，吾师闻之随即进见。谓此类腾〔誊〕黄告示必须鄂督、鄂抚、湘抚三署联衔，即令稍缓，湖南为鄂督兼辖省分，处分不过公罪；假使告示一出，捣毁教堂之案必纷纷而起，无论战事利钝，终归于和，彼时赔偿之费将何所取？俞公犹豫，不待鄂省通知会衔，深恐违旨，录行各府县。惟湘潭知县李公尚卿，以吾师切嘱，先已查封教堂，保送教士出境。事后俞公卒以外人齮龁，枢臣藉以排之去。湘潭则未派分文赔款，外人反颂李公之德不置，不知皆吾师之所主持也。

辛丑八国和局定，各省摊派赔款，俞公集司道官及省绅会议，或主加田赋，或主厘捐。吾师以为加赋病农，加厘病商，四民之中不应利害不平至此。因与善后局总办蔡伯浩观察乃煌、王阁学师建议征收口捐，取于盐斤加价，每斤加价四文，以钱拆〔折〕银，准淮盐引地入口，计之岁可得数十万，于赔款犹余其半。时张雨珊观察祖同、孔静皆观察宪教皆韪其议，事遂定。于是一举手而得。岁获此巨大之款，视他省支支节节苛细扰民，斯诚法之至善矣。

湘省谷米，出境最为大宗，每岁厘局收捐无一定额，出口亦无限制。湘绅每主阻禁，非独鄂督力持不允，而奸商贩运输偷无法禁止。吾师与蔡观察闲谈，谓不如寓禁于征，岁可收得巨款，积之为备荒之用，亦足调剂盈虚。因议谷一石抽捐二百文、米一石抽捐四百文。观察大喜，立陈于巡抚，俞公会诸绅议，皆谓善，遂委观察总办。是岁收入银百三十万，鄂分其半犹可得六十余万。此两湖赈粜米捐局之所由立也。观察去四川，接办者不力，年减一年，所收仅三四十万。光绪三十一年粤汉铁路赎回，湘人呈请移拨此款作两省购地用项，因设局委道员总办。鄂督张文襄坚请吾师总理其

---

① 端庶人即端郡王戴漪，庚子九月削爵，前此一月与刚毅俱为军机大臣。

事，吾师核减司巡，增加委员薪水。曰："吾非节费，乃裁弊耳。多一司巡，即多一舞弊之人。司巡少则分利之人少。此少用之司巡，所获即多用，司巡之利弊或庶可少也。"从此全年收入多至一百七十余万。时人问其故，吾师曰："水太清则无鱼，伯夷叔齐断不能当司巡。吾利用之正有故耳。"人皆叹服。

继俞公为巡抚者赵公尔巽。受代后，例拜诸绅，而先与吾师、阁学诸人有成见。未几因学堂事与阁学龃龉，吾师窥其意，凡遇公宴公议之事托故不列名。适俞公任内有外人扑老克矿物〔务〕交涉案，咎由俞公不谙外务，有失礼之处，经吾师调处，立约了事。约文但言奉到华洋合办部章即行通知，以尽朋友之谊，约由蔡观【察】交际，吾师仅书证人。其约盖蔡私章，并未用洋务关防正印。赵公忽从卷中捡出，以为有隙可乘，立电军机，谓吾师干预公事。军机置电不答，外间揣揣认为与吾师有不利。吾师遂电扑老克，约其来湘自行交涉，电文有"赵抚办理交涉极其和平"之语，盖摘用赵公《保护教堂告示》中"本部办理交涉极其和平"句也。赵公知吾师相戏，而畏外人如虎，以为必有重大纠葛，因挽学务处总办张观察鹤龄、矿务局总办金观察还以会办矿务饵吾师，师笑曰："吾岂可以利动者！但使抚台知畏外人，吾决不因此断送湖南矿产为湘人唾骂也。请两君回报：'扑老克吾招之来，吾即挥之去，易事耳！'"吾师处决诸事必先求立足之地，赵公一时粗率，遂不觉留为笑柄也。

浭阳陶斋尚书忠愍端方公①抚湘时，极意联络湘绅。公性和易而门多杂宾，吾师雅不愿与之相近。一日召乐部大宴诸绅，吾师辞不往，公使戈什四处踪迹得之。吾师复书坚却，中有"士大夫居乡，门庭不可不广，岸崖不可不高"之语。又尝出示汉铜器拓本索题。吾师题句有"百官表上无名姓，来作诸侯坐上宾"之句。公【知】吾师意，自后宴会亦不复纠扰矣！公好书画金石，吾师素有收

---

① 端方，托忒克氏，字午桥，号陶斋，正白旗满洲人，工书法，喜收藏金石器物及古画，光绪三十至三十一年曾官湖南巡抚，后于辛亥革命中被杀。

藏之名。公尝率〔索〕吾师所藏，又出己所藏共赏，吾师不可，曰："我所藏公不可见，公所藏我亦不愿见。何也？老子曰：'不见不欲，则心不动。'[①]倘公见我所藏名迹欲索取，而我不与，则彼此交际未免恝然。我见公所藏或真或赝必加评断，如其真也，自无异议，如其赝也，直言则公不愿，不直言是欺公也。故不如彼此不假借。"公无如何，遂罢议。久之仍邀至署观其书画，而吾师所藏，公讫未一寓目焉。

吾师尝言历任巡抚之贤，俞公后惟常熟庞公鸿书[②]，庞公由湘臬开藩至巡抚，于湘省情形本自熟习，自赵、端二公藉办学搜括，民穷则〔财〕尽，元气大伤。公竭力培养，凡一切苛细捐款悉采吾师之言，皆从蠲减。甲辰[③]湘水为灾，饥民数百啸聚抚署，吾师驰书相告，谓宜即刻平粜，出坐堂皇，温谕遣散。公如言，出问饥民曰："尔等何事集此？"饥民曰："求食！"公曰："吾已饬府县出示平粜矣，尔复何言？"饥民闻之遂纷纷散出。其后庚戌[④]巡抚岑公春蓂亦遇其事，吾师适往乡，阁学援吾师告庞公语，谓宜出抚以示镇摄〔慑〕。岑公不能听，遂有烧毁抚署之案。时庞公为贵州巡抚，事闻，有书致吾师曰："当时幸听公言，不然真前车之覆辙矣。"庞公抚湘时每接见吾师必嘱幕僚于屏后窃听，曰今曰〔日〕不可【不】一听叶公言论。其推重如此。

---

① 《道德经》三章，原文作"不见可欲，使心不乱"。

② 庞鸿书，江苏常熟人，光绪六年进士，光绪四十一年六月以布政使护湖南巡抚，十二月实授。次年七月与黔抚岑春蓂互调。

③ 甲辰为光绪三十年，时庞尚为湖南按察使。是年春，湘抚犹赵尔巽，夏秋，由漕运总督陆元鼎署、布政使张绍华护。记中当有误，或指光绪三十二年(丙午，1906)之一次大水。

④ 宣统元年六月中旬，沅、澧二水同时并涨，滨洞庭湖各县均罹灾，至八月下旬水势犹未退，而长沙、宝庆、衡州等地又遭虫旱，全省皆陷饥馑，难民四处流徙。翌年湖南米价骤涨，或竟日携钱而无处购米。因于四月酿成长沙抢米风潮。

甲辰湘粤诸绅与美国合兴公司争废粤汉铁路约事[①]，本发端于鄂督张文襄，然文襄非争约也。缘文襄所设汉阳铁厂亏空甚巨，文襄欲盛宣怀承受，盛意不可，盛所订美公司承修粤汉铁路条约本多失利之事，文襄借隙授意鄂湘绅事〔士〕争约赎路，其意无非从中逼盛受铁厂，弥亏空也。吾师知其意，诸绅皆列名电争，吾师独不与。文襄骇怪，电召湘绅赴鄂就商，并指请吾师前往，吾师不得已赴召。至则首诣文襄曰："公真争路耶？抑别有他故耶？"吾师因言盛公大计以全国铁路多借英款，将来英之势横贯长江。此次借美款包修，原为牵掣英人路线，但闻约中有三等以上之事中国不得过问等语。若此，则是此路永落美人之手，中国无赎回之日矣。且我之争废约者，此种秘密条约既只当事盛某及合兴公司知之，此时未便揭破，致令彼设法弥缝抵制。今所争者，宜从大概入手，以包修年限将满，尚未兴功为词，庶几合兴公司无可抵赖耳。盖合兴公司摩尔根为工党巨子，其时总统罗斯佛及政府皆民党中人，公司承修中国铁路只为商贸信约，不能成为国际交涉，于是公司诸多滞碍，因将路股售与比国。比国之中又暗有法股。凡公司重股权，股既多，是此路名为美国，实则法比。此非独英人所忌即美人亦大忌。而公司所以如此者，纯为商人年〔牟〕利之法，以股价日增则获利愈厚，于是所谓金元小票售出之价已飞涨。美人有贝次[②]者，知其底蕴，来中国游说，意在推倒摩尔根，而彼仍承认。吾师以为宜乘此时机改约，不改约继用盛某牵掣英路之法。求中国有益，不在争废约虚名也。舆论哗嚣，以为不可。文襄争路本为私计，非为国计，

---

① 根据1900年签订的《粤汉铁路借款续约》，美国方面必须"以五年为限，造成全路"，而且"不能将此合同转与他国及他国之人"，但至1904年，五年将满，只修通广州到三水一段，才九十华里，而且自1902年起美国承担铁路借款的合兴公司却陆续将粤汉铁路的大半底股私自售给比利时万国东方公司，1904年夏，驻汉口的合兴公司办事人员纷纷返美，此事始揭穿。当时湖广总督张之洞与湘、鄂、粤三省的各方人士都主张废约。

② 或译为柏士、柏许，于1904年11月来中国，自称系华丰公司，愿于合兴公司废约后与中国另订合同，将此路归其承办。

盛既承受铁厂,文襄于路事已无十分争回之意。而以鼓动湘粤争赎在先,不便半途推诿。又明知湘粤两省财力万不能自修,即赎路赔利之款一时并难筹措。心知吾师改约不废约之说为洞中机要,而迫于舆论责成,于是穷而至借英款暂赎。是时英国汉领事法磊斯驻汉日久,熟于中国人情,急图揽修此路,饵以借款,而不及包修一语。文襄急不暇择,遂从借款回赎。谀文襄者乃至悬旗庆贺,而不知已吞英人之饵也。吾师既不以借英款为然,但事已成功,遂陈续借英款由官督办之策。因此时英人急急欲揽此路,与之订约当不致于苛严,若日久无功,英人必因榷〔催〕还垫借生出无穷要挟。文襄深以为然,商之粤湘诸绅,意见皆合。乃一干借路营利之人,鼓煽湘人,力主自办,其筹款之法则以盐捐、亩捐为大宗,而以招股为之辅。湘绅播然和之,不辨事之难易,不究事之始终。英款草约方定,旋即废止。英领法磊斯则坐视以待事之破裂,徐图再订借约,久之果为所算。此今日粤汉铁路所以落于英人之手也。当时亩捐之说,吾师极不谓然,以为亩捐无异加赋,富则田连阡陌,不觉有所损伤,贫者数亩之田,八口所须〔需〕,重之以捐,不啻强夺其食。万一路之不成,全归中饱,而湘人困于捐款,永远不能蠲除。是万万不可行之事。此时文襄亦知吾【师】持论正大,然不敢重违湘人之意,不得不敷衍结束矣。其后英约一再加酷,路卒逾限未成。历年各项捐款、股款七八百万,一律收归部有,博得一纸公债股票,人人染指,余亦久假不归。果听吾师之言,湘人何至受此损失,铁路何至今日不成!此吾师尝与树縠兄弟缕析言之而太息痛恨也。

文襄督鄂前后二十年,因戊戌湘变、辛丑赔款、甲辰争路,吾师皆具特见,不与诸绅同,于是誉不绝口,每见湘人必问识吾师否。戊戌电聘吾师主讲两湖书院,其电致俞公巡抚云:“明知叶某境地从容,决不处馆,但此是匡服〔扶〕正学、津逮后进之事,想必乐为。”吾师卒不就。己巳奏设存古学堂,聘吾师协理总教,以病辞。文襄复电,略云:复电以病辞,深为怅然。执事坐拥百城,徜徉山水,其乐何极,自不愿为臬比所困,如不愿久居,或暂来一行,即作为名誉教师亦无不可。前闻易实甫[①]言，台端关心学务，极愿办理学事，湘鄂一也，祈速命驾，并先电复。至感，至盼。又托梁节庵鼎芬来促。与吾师电云："何曾病得，不来芬驰骂！"梁与吾师至好，故相戏也。时抚岑公[②]力促吾师前往略事应酬。师赴鄂一月，未及开学即返。吾师乡居二十年，执经问业者各府县皆有之。官场子弟亦多束修来学。吾师不受贽雁，不馔酒食，投艺即改，有问必答，及门之士供其寝食，导之遍读所藏书，分门授学。其他日本西洋旅学来湘者无不追随问字，以从游为幸。吾师有教无类，循循善诱，无不学成而去。惟一身〔生〕不作书院山长，不就学堂监督，亦从不就府县志局之聘，为其事多拘束，反不能读书教书也。尝戏集龚定庵[③]诗句为楹联帖云："收拾遗闻浩无埃，但开风气不为师。"是可见其志矣。光绪中督抚如文襄之好学崇儒，犹有古大臣风采。吾师素不慊于居官行政，故与之若即若离。然文襄之优礼贤人，吾师之冥鸿高踏〔蹈〕，时论两贤之矣。

吾师乡居与王、张二师及孔观察[④]、黄觐舆太守自元同为地方官倚重。太守厚德，从不立言，阁学善于条陈而拙于言论，张孔以外吏见巡抚，拘于礼节，不能尽言，凡有兴革及枢府谘询之事，巡抚集司道耆绅会议多所依违，惟吾师侃侃而谈，动中窾要，历任巡抚皆虚己以听，立饬施行。因是外间有湖南绅权过重之谣，又有王、张、叶、孔四大绅士把持省政之谤，以致外来官吏不由湖南起家者往往误听人言先谋应付之策。及至共事日久，相见以诚，又无不乐湘绅之有为，可以御外侮、塞言责。文襄因办学、争路受人指斥，言官弹劾，其辩奏动引吾师如何云云、湘绅如何云云，亦可知吾师之

---

① 易顺鼎字实甫，湖南龙阳人，光绪举人，时以诗名。

② 此处疑有误，存古学堂系光绪三十一年由武昌经心书院改设，岑春蓂抚湘已是光绪三十二年七月，似不应是时尚未开学。

③ 龚自珍，字璱人，号定庵，浙江仁和人，道光进士，工诗文、小学、金石。

④ 张，或指张祖同，时以候补道家居，后为湖南粤汉铁路总公司协理；孔观察当是孔宪教，光绪十二年进士，庶吉士，时以候选道家居。

声望盈于朝野矣。

戊戌之变，文襄深藉湘绅之力得张声势。先是文襄有《劝学篇》之作，盖纠正各学堂讲义而未敢明有指斥，适湘人有《翼教丛编》之刻传入鄂中，文襄立命书局翻雕，咨送各省，因是服吾师之先见而钦湘人胆识之雄。自是信使往来日无虚闲。光绪初元，文襄《书目答问》出，有桐城古文、阳湖古文、不立宗派古文之别，阁学撰《古文辞汇纂》隐驳其说。文襄器小，因此与阁学牴牾。吾师则以诋毁所私淑陈东塾之故，相持不合。至是乃捐旧忿，极意礼罗。其聘吾师为存古学堂都讲也，一时东南名宿如：江苏曹元弼、胡玉缙，宜都杨守敬、龙阳易顺鼎皆居分教，其推尊吾师，可谓隆重矣。吾师终与之离距，尝言："文襄亦贤者，而吾遇事非难正责备贤者之义。若赵尔巽、端方，则不置一嗤也！"文襄在两江署督任内保吾师四品卿衔，吾师置不谢，后入军机，保吾师提学使记名，吾师亦不理。故事，举主认师门。吾师戏语人曰："夺我凤凰池，尚欲人认为老师耶！"盖吏部官贵，与督抚平行，提学则僚属矣。文襄辄谓人曰："叶某不庄！"吾师闻之喜曰："此一字荣褒真可谓之知己，吾非不端，又非不正，平时每与讲学论事杂以诙谐，其为不庄甚矣，岂非吾一生定评哉！"

光绪末年，长沙张文达百熙、善化瞿文慎鸿禨以与吾师亲故，每劝吾师出山。其属望之殷，恒有世正需才之叹。丙申，吾师入都，二公适为会典馆提调，张公语刘筠云国子曰："转属〔嘱〕叶某销暇〔假〕赴部，此间留有分撰出缺，待其坐补。书成奏奖，以无论题选咨留四字升缺，升补得缺后，内迁外用皆可任其所为。毋忽视也。"瞿公则语刘振愚外部曰："叶某到京，吾承望其入馆帮撰，书成可捐同知，由同知保特旨知府，分省补缺，将来腾达未可限也。"吾师笑却之。后其事为善化萧文昭所得，卒保知府，分省浙江，补台州实缺。庚子瞿公赴行在，先有入军机之信，因语〔与〕王阁学语曰："公不出山，则劝叶某出山。当此破格用人之时，至卑可保放道府。以叶某之才力，何不为国家用事！"阁学亟止之曰："此非知叶某者，叶某是吾之行秘书，吾所著书非经叶某参校不敢自信。叶去则吾书不成矣。公勿多事，断我右臂！”相与一笑而散。瞿公去。尝与吾师语曰：“君有两知己：一缪筱珊，称君之学以李希圣比；一瞿子玖，称君之吏材，以汪诒书①比。恐君感恩而不以为知己也”。盖当时与阁学语，并与汪并论云然。吾师淡于仕进，与阁学同，故惟阁学知之深也。犹忆辛丑和议成后，各省疆臣、学政奏请开经济特科，内外臣工保送之鉴〔滥〕，至有纨绔恶少、洋行买办亦钻营保荐而竟得之者。时各省督抚皆知非朝廷本意，故每泛泛举人，视为例保人才争②。湘抚俞公仅保湘人三、浙人一。湘人则罗正钧、王代功、梁焕奎，皆湘潭人；浙人则汤寿潜。蔡伯浩观察入见，诧曰：“湘潭三人，何以不并叶某而四？”俞公曰：“叶某岂受保者，保之则徒引出一篇大文相讥讽，适召侮耳！”人皆以为知言。盖吾师早已有书致文襄张公、忠愍端方，嬉笑怒骂，诋特科之非。后朝廷卒未尝重视，初次取录第一梁士诒、第二杨度，为御史纠参③，经济之称，扫地尽矣。吾师每与谐谈，言此生最畏者为考试，既已徼幸得赐出身，已觉非分。若再与考，虽博学鸿词之美科亦不敢尝试，所谓胜之不武，不胜为笑也。虽然吾师岂畏考试者，持其淡泊之心不为富贵摇夺耳。

吾师历为乡先达及地方督抚推重，然于俞公、庞公外，后惟岑公春蓂亦颇相契。吾师尝言庞公无愧循良，立身行政皆有诗书之泽。俞、岑二公为文法之吏，亦末世不可多见者。然一为识字之书吏，一为不识字之书吏。俞公识字者，岑公不识字者也。然二公在湘，洁已奉公，整躬率属，倘使承平无事，亦足以澄清吏治，镇慑浮

① 李希圣，湖南湘乡人；汪诒书，善化人。俱光绪十八年进士，与叶德辉同榜。汪诒书清末官至山西布政使，民国初曾任长沙税关监督。

② “争”字当衍。

③ 光绪二十九年闰五月试经济特科，第一场为正场，录取者再复试一场。正场取中一等四十八名、二等七十九名。嗣因一等第一名为梁士诒，疑与梁启超同族，又因康有为原名祖诒，哄之为“梁头康尾”。第二名杨度原为湖南师范生，又疑与富有票唐才常同党，复试时多加去汰。一等仅取九人，二等取十八人，梁、杨皆被黜。

器。无如新政烦兴，财源枯竭，外侮内讧，相逼而来，以二公拘守成例之才，诚无以应付左右，兼之胆力薄弱，事事听命鄂督，不敢自出主张。俞公为文襄山西属僚，岑公本湖北司道，既为文襄保奏，例亦认拜师生。此所以遇事必禀命而行，不得有所建白也。文襄好兴作，于财政往往侵及湖南，二公必借绅议与之周旋，始稍敢有抗议。然于两湖米捐局之设，以湘出口之民食而湖北强分其半，至今二十余年，官制已更，兼辖无职，而犹援案以为应得之款，则俞公当创设捐局迁就之过也。吾师为倡议之一人，坚持不可，若行其议，岂非湖南今日一大宗入款耶。

庚戌三月，饥民围烧抚署①，吾师先日适往乡，事前既未会商，事变亦未参议，事后更未与闻请易巡抚之电，无端阑入参案，谓吾师积谷万余石不肯减价出售，致为乡里无不侧目，实属为富不仁，猥鄙无耻，奏请一并与阁学革职，吾师加编馆〔管〕②。是时朝政昏暗，督抚皆以贿迁，新抚杨文鼎欲假赈案开支藉饱私囊，而素闻湘绅持正，故耸鄂督瑞澂单衔奏参。逾年，武昌革命军起，瑞澂潜逃，

① 见前注。先是，数日前长沙南门外有卖水者黄某之妻，持日所得八十文往粮店买米一升，店主以内杂已不通行之制钱数文，不售。傍晚黄妻乞得通行钱数文再往，而米价又涨，仍不得买，因愤而投水。其夫亦率子女溺死。当晚此事即传遍全城，引起群众无比义愤。后消防所长龚培林逮捕"滋事"木匠刘永福，泥木工及农民数千人聚集巡警局要求释放刘永福并举办平粜。后群众拥向巡抚衙门，沿途汇集贫民、灾民万人以上。巡抚岑春蓂无视群众要求，群众愤而拥入头门，打辕门，毁照壁，锯桅杆，捣石狮。岑春蓂调常备军开枪，死二十余人，群众遂放火焚烧抚衙，且多处响应，城厢内外各碓坊堆栈之米，抢劫罄空。

② 《宣统政纪》卷三十五："又谕：瑞澂奏《特参绅士挟私酿乱请分别惩儆》一折，据称：该省议劝绅捐，先办义粜，湘绅王先谦首先梗议，事遂迁延，变起之后，复归咎抚臣激变，电请易人，殊属不知大体；孔宪教、杨巩二人于推戴藩司、排陷抚臣，持之尤力，杨巩本系被议人员，朦捐候选道，尤属品行卑下，叶德辉当米贵时积谷万余石，不肯减价出售，实属为富不仁。等语。前国子监祭酒王先谦、分省补用道孔宪教均著交部严加议处。吏部主事叶德辉、候选道杨巩均著即行革职，交地方官严加管束。"

报纸一呼，叛兵四起，亡国之速，未有如是之奇者。吾师尝言，兄弟四房，收租仅及千石，此有粮册可稽者。千石之租，成米不过五百石，未足供城中一隅一顿之餐。晚季督抚专横，信口吹诬，无异讼徒地虎。是时有主张吾师赴督察院呈诉者，吾师曰："举朝亲贵当权，当权此革命之说排满之声大倡，是偕亡之道，吾事其小焉者。"其时京官联名为阁学申白，御史黄瑞骐〔琪〕、大学堂监督刘廷琛先后上折，为吾湘绅辩诬，均不报。旋杨文鼎求调去。革命后瑞澂杨文鼎皆客死上海。国亡与亡，岂苍苍者特假手此辈昏瞶之吏以覆清社哉！

改革以来，湘中耆绅大半物故，吾师出生入死保障乡里之志未之或忘。汤芗铭督诛夷党人，紊乱财政[1]。适癸丑九月吾师从上海归，芗铭方开通志局，网罗湘绅，吾师独不往，因是彼此已有成见。适警厅奉令取缔纸币，致市中出纸币之店户，纷纷倒闭，吾师深不以为然。乃复逞其残暴之性，屠戮党人以媚政府，吾师心尤不平，因腾言杨哲子（度）详举芗铭之事，请其上达总府，为湘人申诉。书落《亚细亚》报馆，编者喜其文之峭厉，登之本报。事为芗铭所知，于小年前后发兵围捕吾师住宅。吾师逃避日船，旋入京控告。时树穀供职国务院，言于总理熊凤凰（希龄）师，明电申救。杨哲子亦居间道地为之调停。适芗铭呈劾吾师之文亦至。大总统袁公知冤，且知吾师为湘中名家，批呈消案，欲以顾问待吾师。吾师忽欲回湘，不辞南下，行至汉口，复为芗铭捕解回省。是时方叔章（表）、杨惠周等在汉急电京营救。易寅村（培基）方寓京，言于今总理〔统〕黎公（元洪）电诫芗铭，为之辨释。柯凤孙（绍忞）学士与前大总统徐公（世昌）及吾师为布衣昆弟之交，急入府

汤芗铭字铸新，湖北浠水人，清末福建船政学堂毕业，原为北京政府海军次长，1913年10月被袁世凯派为署湖南都督兼查办使、民政长，以驱除谭延闿地方势力，到任后即逮捕谭延闿都督任内财政司长杨德邻、警察局长文经纬、会计检查院长易宗羲、筹饷局长伍仁钧等十六人，皆国民党员，不问青红皂白，一律枪决。

陈报，同乡李燮和（柱中）、梅植根（馨）等数十人上呈总府，无不为吾师抗论。交通部叶次长恭绰、龙次长建章、陆军部徐次长树铮，皆有电报致湘，语及严重。尤奇者梁任公（启超）师，昔年在湘主讲时务学堂与吾师讲学不合，致酿戊戌之变，此次亦为吾师致书芗铭兄化龙[①]，恳切责问。同门蔡斗南方供职交通部，邀湖北同乡京官权量等电达芗铭，力请释放。适国务院已改政事堂，公府两电尤严切，有“叶某系湖南知名之士，不得草率定案，据〔遽〕予处分”等语。芗铭奉电遂送吾师出署。吾师星夜入京，呈控公府，请践军民分治之令，于是刘公心源特简湖南巡按使。自是各省陆续简放，军人之威势亦稍稍替矣。吾师非独有功于湖南，而亦有造于他省矣。

乙卯[②]湖南教育会举吾师为会长。关于湖南学务、矿务两事为吾师一力保全者，事后人多不知之。知之乃或设其功归美于夫己氏[③]，是不可不为一表暴也。湖南教育经费，吾师长会时，额定九十余万。周学熙总财部，力加核减至六十万。各省减者皆无敢与部抗，即或争议，亦只向教育部陈请，教育部循例转行财部，无实力保护也。吾师一电公府，一电财部，反复陈说，亢直不挠，始奉府令交湖南巡按复查，时巡按沈公金鉴为之调停，减去八九万，吾师执不允，后查所减者本属不急之款，故所减并无大损也。祁阳水口山矿产，为湖南富源，署理湖南财政厅长陶思澄以开缺回京，条陈收归国有，自为督办。命令已下，全省恐惶。吾师电陈公府抗论，力言该矿为全省人民命脉所系，厂工几万人，皆恃此安置，一旦改由部中督办，不独属员舞弊非湘政府所能监督者，湘省财源止有此数，以后举办地方公事，势必向部索款，较所入多浮滥，无裨部款，徒失人心。洋洋数百言，公府无词答辩。于是始收回督办之命而易巡按为兼督矣。此二事吾师一人独电居多。吾师公事从不轻邀

---

① 汤化龙，芗铭兄，民初曾为众议院议长。

② 民国四年(1915)。

③ 即“某某”之意。

诸绅列名，因往者与湘绅共事，稍有风鹤，则纷纷报“窃名”，故不欲其分功分过云。

乙卯秋间，总统袁公变更国体，将复帝号。杨皙子度、严复、刘师培等首倡筹安会。芗铭热中富贵，托官银行总理钱葆青请吾师设筹安分会①，时树縠在京，从事奔走，盖民国成立忽已四年，以袁公之才，牵于种种难题，不能有所展布。吾师居恒每与树縠私议，以为天下望治，非仿英国君主立宪决不能措天下于太平，清政不纲，自取覆败，吾辈虽居草莽，岂无故□（疑脱字）之思，然坐视民国沦胥，清室亦将随之消灭，此不能不为杞之忧者也。树縠因问两全之策，吾师曰：“袁某冒天下之不韪，已不能避篡窃之嫌，今惟移清室于京，仍以东三省、蒙古等地方割还管，由是再造中国，斟酌英国宪法，参以中国风俗，定为立宪国家，解除临时约法，庶乎专制之政可以扫除，总统之争可以永息。若犹苟图权位，迁就因循，则窥伺神器之罪小，涂炭生灵之罪大，非豪杰有为之士也。”适北京有筹安会之设，树縠急驰入，询其原委，乃知动议于德、奥、英、俄诸帝国公使。……

己未冬，吾师回湘省亲，适张敬尧督湘②，闻吾师名，即先来谒。吾师回拜，与之语，喜见其人之直爽，略与谈湘治，皆明白知大体，非如外间传闻之谣，因亦时有指陈，无不虚心采纳。又令其弟敬汤从而受业。吾师见其诚恳，遇事匡正遵导之入于正轨。敬汤气质亦非十分恶劣，徒以所识无赖之相〔湘〕人逢长其恶，以致无所忌惮。自吾师相接，诸人亦稍稍敛迹矣。先是张督初至，遣敬汤拜朱鞠生之门，朱还以兰谱，此从前官场惯例，敬汤不知，以为湘绅如此之易与也。自后因朱囤睹淮水（疑有误字）益为张督所轻，卒至隙末，贻之笑柄。及陈伯弢（汉章）至省，张督闻其名，亦令敬汤执

① 民国四年(1915)八月下旬成立筹安会湖南分会，叶德辉为会长，符定一为副会长，杨树縠、左学谦、黄瑛、黄藻奇等为会员。

② 张敬尧，字勋臣，安徽霍邱人，系北洋皖系军阀，于民国七年(1918)三月至九年(1920)六月为湖南督军兼省长。

贽门下，陈时有干请，故不敢以师道自尊。若吾师则本丰采铮铮，素为人所敬惮，既无戚友求事，又止在公言公。张督之尊贤在此，吾师之保障地方亦在此。张督溃走，湘人诬以安福党名[①]不知吾师交游满天下，声气遍国中，何党何系之人不相闻问，讵止一安福党！是则湘人之陋矣。

吾湘矿山湖田为最大利薮。从前开矿惟有煤垅，后则锑砂为出洋要品，于是争相开采，贫儿暴富，炫耀乡间。有利共趋，争山争地之案因之而起。乡人无所恃，则展转求识省中要绅，为之合股，以作保障。吾师声名威望则欲遍湖南之矿山入股谁不欲得此护符者。吾师曰："是包揽词讼也，是欺压乡愚也，吾不为也！"故湘省绅士多以开矿致富，亦或以开矿失利。吾师居恒戏言："我之夜夜安寝，以无矿山也。"湖田之利亦然。吾师向不主张垦湖之说，以为争〔与〕水争地为治水大忌。小民贪目前之利，性同游牧，原可听其自然。若升科开方，是导人以夺水宅。泛滥之患，岂在下游，恐上游亦以无水所归，将成倒灌之害。且自康熙至光绪初年，每岁军机必录禁止沿湖筑围开垦谕旨行知湘抚，此国政，亦不可不知者。自前抚俞公奏设屯垦局，改建南州厅，泽国化为膏腴，而年年西水南水暴发，究亦利害相等。有湖田者每至夏秋间惶惶然日在忧患之中，是亦可以已矣。树穀家有薄田滨湖，间岁一收，得不偿失。其不如吾师之有独见矣。

吾师为人磊落光明，欲言则言，欲行则行，不知趋时，亦不知避谤。当学堂初起时以经费不敷，准提地方公产充用，至载在法令，而攘夺骚扰之事日多，地方官虽明知其非而自顾考成，多方规避，由是提充祠产、侵占寺产之讼案纠葛无已。祠产一姓之业尚属内地处分，寺产为僧众衣食之资，相率铤而走险。此黠者所以求日僧保护，而日本有加入僧人传教之条约也。吾师建言台省奏请保留寺庙僧产以免酿失主权，外则陈于地方官遇提充僧产办学之事立

① 1918年皖系政客徐树铮、王揖唐等在北京安福胡同成立俱乐部，伪造选举，成立国会，推徐世昌为总统，时称该集团为安福系。

予批驳。此类事在庞公任内为多，庞公固知政体者也。吾师尝言俞公【任】内有两学绅呈请以恤无告堂、恤嫠、救婴诸款充办医学堂，已奉批准，吾师函达俞公力言不可，于是仍将恤无堂发还，一时称快。两绅今存其一，双目已瞽，说者以为平日刻薄之报也。吾师少年计偕（原抄作偕计）过夏都门，一时名流即与之投契。吾师是时正为目录版本之学，同乡如黄荣安法丞均隆，江苏如缪筱珊学丞、叶鞠裳编修昌炽，山东王文敏懿荣，贵州黄再彤国瑾，宗室盛伯羲祭酒盛昱皆有同好。其中巧取诈夺，每起参差，吾师视之坦然，人有己有。平生盛德，每收得朋旧故物或还于本人，或赠其子孙，居官居乡皆然，至老弥笃也。朋友接待，避短取长。衡山陈伯商编修鼎，颇负乖戾之名，同乡罕与之来往，独与吾师交好，终身无间言。戊戌朝变，为掌院徐桐诬参，交原籍监禁，吾师言于俞公，待之极优异。编修博学多闻，终日闭户读书，不通世故，疑谤丛集，为得祸之因。吾师谅之，故最莫逆。易实甫观察亦长者，惟遇事儿戏甚，或狎侮老成。戊戌己亥间领湖南榷场，凡省绅皆凶隙而散，独吾师善交久敬，意气相孚。观察少负才名，脱弛自喜，人固坦白无他也。杨皙子负天下之重谤，吾师誉之不容口。余杭章太炎炳麟，向无一面之交，鼎革后遇于京师，一见如故。江西江亢虎乃倡社会主义者，吾师以为学有根底，先与通问。吾师嘉善容众，意气恢张，惟忌〔嫉〕恶如仇，不免为小人忌惮，若有真学者、真文人，未有不彼此握手言欢者也。

吾师爱才如命，出于性生，见人一艺之长，宏奖不啻口〔己〕出，平生未尝充山长、作馆师，而受业于门者日众。教人之法，导以读经史有用之书，而不废帖括声律，盖科举之世，非立于制艺，不能为进身之阶。吾师不肯高谈古言，诚恐误人进取也。每遇岁科两试，学使者搜访人才，必就吾师考问，吾师所举，辄多未识面之人。府县小试，本官、分校诸人，必以吾师所举者姓名储之夹袋。阁学亦有荐牍，而首录及前列者多吾师之人。盖阁学请托不免瞻循人情，吾师则非真才不举，此其所得多也。自学堂【兴】而科举废，一二老成持论辄谓学堂无读书之人。吾师则谓不然，以为当日八股试帖取士，亦时有文史大家出其中，人情爱好贪多，必有起而继之者。今日学堂中人果有骎骎好古者，吾师之言必有验矣。

右记同门刘肇隅、盐谷温、松崎鹤雄、左念康、雷恺、钱维骐、郭向阳、帅义等同校。

（发表于《近代史资料》57 号，1985 年）

崔建英先生生平

崔建英先生1931年8月26日生，原籍浙江宁波。2006年4月17日因病逝世，享年75岁。曾任中国科学院图书馆（中国科学院文献情报中心）特藏部主任，研究馆员；中国图书馆学会古籍版本研究委员会委员，中国历史地震研究会顾问，北京师范大学图书馆学系兼职教授。

1954年毕业于华北军区文化师范学校语文系，留校任助教。1956年到中国科学院图书馆。

1956—1958年，从事中文古籍采访、善本鉴定和编目等工作，整理馆藏金石拓片，编有《中国科学院图书馆藏历代墓志目录》、《中国科学院图书馆藏历代石刻目录》以及《中朝越日四国历史纪年对照表》。

1958—1977年，负责中文图书采访，著有《图书馆采访工作概述》（全国第一中心图书馆委员会业务进修班讲义）、《采书集录》等。

1977年以来参与编辑《中国古籍善本书总目》的筹备、组织与初审，任全国领导小组业务办公室成员、编委、第四编辑室（集部）分主编，审校明清别集21000余部。著有《关于中国古籍善本书目的收录范围》、《清代图书中的"善本"》、《明别集版本审订札记》、《版本目录识谬述例》、《古籍刻年著录致误原因分析》、《旧版汇印本及著录》、《古籍中的初印本》、《古籍中的后印本》、《古籍中的增修本和著录审校》、《古籍中的补修本》、《古籍编目与版本志》、《中国古籍分类问题》、《〈中国地方志联合目录〉著录商榷》、《日本见藏稀见中国地方志书录》、《版本学概说》、《明别集版本志》等，主持编辑了《中国科学院图书馆藏中文古籍善本书目》。期间，1978—1979年借调到中国地震历史资料总编室工作，著有《历史文献与地震史料》,参与编辑《中国地震历史资料汇编》,负责辑订隋唐五代部分。

在版本学方面主张形式鉴别与内容查考并重,注意区别同版古籍在不同刷印阶段中的差异和建立区别异版的依据,在此基础上编写《中国古籍版本志》,以便为编辑任何形式与规模的中国古籍联合目录提供鉴别资料。

在历史文献研究方面主张应侧重于资源开发和类型研究,著有《方志辨》、《重视族谱的史料价值》、《识乡土志》等。

1989 年,作为高级访问学者,到美国普林斯顿大学进行实地调研与学术研讨,代表中国科学院图书馆参加了在美国进行的编制中国古籍善本书机读联合目录的实验工作。

1992 年退休后,先后参加了《续修四库全书》和《中国古籍总目》的编辑工作。

后　记

父亲在我们眼中，是个一贯严肃和严厉的家长。他一方面以顽强毅力勤奋钻研学问，终生不辍，另一方面又很善于在物质匮乏的年代里统筹安排一家人的生活。给我们印象深刻的，是他早年因贫困辍学，但日后工作中不管身处任何境遇，都要抓住机会学习，即便在“文革”中下放干校、书库打杂期间，也要随时钻研各种应用知识，让自己成为那方面的行家里手。他一生没上过正规的学校，完全凭着天生的认真与惊人记忆力，加上贫困生活教给他的顽强与勤奋，在图书馆工作环境中吮吸所能得到的一切营养，每个晚上都是在书桌边度过，直到午夜，甚至罹患帕金森病限制了行动和书写也不停止工作，计划继续奋斗一二十年。正是凭着这种过人的勤奋和执着，日积月累，才形成了对版本目录学深厚的实践积累和独特的见解。孰料天不假年，未及系统整理，做出交待，竟溘然长逝。

父亲晚年深受病痛折磨，原来工作团队成员也因病故或其他原因相继离开，他创立的版本目录学工作方法一时竟无人继承，我们兄弟亦无缘踏足其间，母亲为此痛心不已。他的学生贾卫民先生、曾经的合作者刘晓梅女士皆为之抱憾，鼓励我们作此文集，让人们了解他的学术思想和对版本目录学的贡献，激励后人用科学、客观、严谨、务实的态度，将版本目录学事业继续进行下去。由于我们工作繁忙，对父亲所从事的领域十分陌生，因此直到现在，才得以将他的著作、论文、讲义等资料整理付梓。

在此要特别感谢贾卫民先生，幸赖鼎力支持，给予专业指导，并撰前言。还要感谢王抗越、王艳夫妇的热心帮助，促成了与凤凰出版社的合作。感谢凤凰出版社郭馨馨编辑的辛勤工作，终使文集与读者见面。

崔野韩　崔野宋

2011年7月于北京